NOÇÕES GERAIS E LIMITAÇÕES FORMAIS AO PODER DE TRIBUTAR

COLEÇÃO FÓRUM
**PRINCÍPIOS
CONSTITUCIONAIS
TRIBUTÁRIOS**

Oswaldo Othon de Pontes Saraiva Filho
Julio Homem de Siqueira
Américo Bedê Júnior
Daury César Fabriz
Junio Graciano Homem de Siqueira
Ricarlos Almagro Vitoriano Cunha
Coordenadores

Prefácio
Vasco Branco Guimarães

Apresentação
Mário Lúcio Quintão Soares

NOÇÕES GERAIS E LIMITAÇÕES FORMAIS AO PODER DE TRIBUTAR

1

Belo Horizonte

2021

© 2021 Editora Fórum Ltda.

É proibida a reprodução total ou parcial desta obra, por qualquer meio eletrônico, inclusive por processos xerográficos, sem autorização expressa do Editor.

Conselho Editorial

Adilson Abreu Dallari
Alécia Paolucci Nogueira Bicalho
Alexandre Coutinho Pagliarini
André Ramos Tavares
Carlos Ayres Britto
Carlos Mário da Silva Velloso
Cármen Lúcia Antunes Rocha
Cesar Augusto Guimarães Pereira
Clovis Beznos
Cristiana Fortini
Dinorá Adelaide Musetti Grotti
Diogo de Figueiredo Moreira Neto (*in memoriam*)
Egon Bockmann Moreira
Emerson Gabardo
Fabrício Motta
Fernando Rossi
Flávio Henrique Unes Pereira

Floriano de Azevedo Marques Neto
Gustavo Justino de Oliveira
Inês Virgínia Prado Soares
Jorge Ulisses Jacoby Fernandes
Juarez Freitas
Luciano Ferraz
Lúcio Delfino
Marcia Carla Pereira Ribeiro
Márcio Cammarosano
Marcos Ehrhardt Jr.
Maria Sylvia Zanella Di Pietro
Ney José de Freitas
Oswaldo Othon de Pontes Saraiva Filho
Paulo Modesto
Romeu Felipe Bacellar Filho
Sérgio Guerra
Walber de Moura Agra

FÓRUM
CONHECIMENTO JURÍDICO

Luís Cláudio Rodrigues Ferreira
Presidente e Editor

Coordenação editorial: Leonardo Eustáquio Siqueira Araújo
Aline Sobreira de Oliveira

Av. Afonso Pena, 2770 – 15º andar – Savassi – CEP 30130-012
Belo Horizonte – Minas Gerais – Tel.: (31) 2121.4900 / 2121.4949
www.editoraforum.com.br – editoraforum@editoraforum.com.br

Técnica. Empenho. Zelo. Esses foram alguns dos cuidados aplicados na edição desta obra. No entanto, podem ocorrer erros de impressão, digitação ou mesmo restar alguma dúvida conceitual. Caso se constate algo assim, solicitamos a gentileza de nos comunicar através do *e-mail* editorial@editoraforum.com.br para que possamos esclarecer, no que couber. A sua contribuição é muito importante para mantermos a excelência editorial. A Editora Fórum agradece a sua contribuição.

Dados Internacionais de Catalogação na Publicação (CIP) de acordo com a AACR2

N758	Noções gerais e limitações formais ao poder de tributar/ Oswaldo Othon de Pontes Saraiva Filho... [et al.] (Coord.).– Belo Horizonte : Fórum, 2021. 494 p.; 14,5x21,5cm. Coleção Fórum Princípios Constitucionais Tributários – Tomo I ISBN: 978-65-5518-307-8 1. Direito Tributário. 2. Direito Constitucional. 3. Teoria do Direito. I. Saraiva Filho, Oswaldo Othon de Pontes. II. Siqueira, Julio Homem de. III. Bedê Júnior, Américo. IV. Fabriz, Daury César. V. Siqueira, Junio Graciano Homem de. VI. Cunha, Ricarlos Almagro Vitoriano. VII. Título.
	CDD: 341.39
	CDU: 351.72

Elaborado por Daniela Lopes Duarte - CRB-6/3500

Informação bibliográfica deste livro, conforme a NBR 6023:2018 da Associação Brasileira de Normas Técnicas (ABNT):

SARAIVA FILHO, Oswaldo Othon de Pontes; SIQUEIRA, Julio Homem de; BEDÊ JÚNIOR, Américo; FABRIZ, Daury César; SIQUEIRA, Junio Graciano Homem de; CUNHA, Ricarlos Almagro Vitoriano (Coord.). *Noções gerais e limitações formais ao poder de tributar*. Belo Horizonte: Fórum, 2021. 494 p. (Coleção Fórum Princípios Constitucionais Tributários – Tomo I). ISBN 978-65-5518-307-8.

SUMÁRIO

PREFÁCIO
Vasco Branco Guimarães 13

APRESENTAÇÃO
Mário Lúcio Quintão Soares 19

INTRODUÇÃO
Oswaldo Othon de Pontes Saraiva Filho, Julio Homem de Siqueira, Américo Bedê Freire Júnior, Daury César Fabriz, Junio Graciano Homem de Siqueira, Ricarlos Almagro Vitoriano Cunha 21

PRIMEIRA PARTE
NOÇÕES GERAIS SOBRE OS PRINCÍPIOS CONSTITUCIONAIS TRIBUTÁRIOS

DISTINÇÃO ENTRE NORMAS, REGRAS E PRINCÍPIOS EM FACE DO SISTEMA TRIBUTÁRIO NACIONAL
Vittorio Cassone 27
1   Notas introdutórias 27
2   Significado amplo e restrito dos vocábulos 29
3   Norma 30
4   Regra 32
5   Princípio 34

OS PRINCÍPIOS SÃO REGRAS!
Eros Roberto Grau 51

PRINCIPIOS CONSTITUCIONALES. CONCEPTO
Gloria Ramos-Fuentes, Patrici Masbernat 63
1   Teoría de los principios 63
2   Los principios constitucionales 71
3   Los DDFF y los DDHH como normas, valores y principios 76
     Conclusiones 78
     Referencias 79

PRINCÍPIOS CONSTITUCIONAIS TRIBUTÁRIOS
Ives Gandra da Silva Martins 81

THE TRUE ROLE OF TAX PRINCIPLES AND THE EMERGENCE OF TAXPAYER RIGHTS
Eddy De la Guerra Zúñiga 93
1   Introduction 93
2   The object of the study of constitutional law in relation to public finances 94
3   The true role of tax principles 98
4   Taxpayer rights 102
5   Final considerations 105
    References 108

AVOIDING CONSTITUTIONAL LIMITATIONS. OVERRULING AND LEGISLATING BEYOND PRECEDENT; IGNORING U.S. CONSTITUTIONS
Henry Ordower 111
    Introduction 111
I   Overruling Precedent 116
II   Legislating beyond Precedent 122
III   Ignoring the Constitution 126
IV   Conclusion 131

TAXATION IN THE ABSENCE OF A CONSTITUTIONAL COURT IN THE NETHERLANDS
Gerard Meussen 133
    Introduction 133
    The Dutch Constitution 134
    ECHR 135
    Decisions of the Dutch Supreme Court in tax cases with regard to violation of human rights 136
    The SNS bank shares case, violation of the right of ownership .. 137
    Case law concerning a violation of the right to equal treatment 138
    Fictitious yield on private investments 139
    Inheritance tax and exemption for business assets 140
    Verhuurderheffing 143
    A terme de grâce 144
    Protection of individual taxpayer rights 145
    Conclusions 145

I PRINCIPI COSTITUZIONALI IN MATERIA TRIBUTARIA NELL'ORDINAMENTO ITALIANO: LATITUDINE E LONGITUDINE DI UN MODELLO IN FIERI

Claudio Sacchetto, Daniela Conte 149

1 I principi costituzionali in materia tributaria nel sistema delle fonti del diritto. Gli artt. 75 ed 81 Cost. 149
2 Il principio della riserva di legge quale espressione del "consenso" all'imposizione: evoluzione storica e contenuto dell'art. 23 della Costituzione 154
3 Il principio di capacità contributiva: la funzione solidaristica e quella garantista dell'art. 53 Cost 171
4 Il diritto alla "giusta" imposta: considerazioni conclusive 176

A PRATICABILIDADE NO DIREITO TRIBUTÁRIO MODERNO: FUNDAMENTO, CONCEITO CONSTITUCIONALMENTE ADEQUADO E FINALIDADE REDUTORA DA COMPLEXIDADE

Daniel Giotti de Paula 181

1 Introdução do tema em debate: a praticabilidade 181
2 Os fundamentos tradicionais da praticabilidade tributária 182
3 Os fundamentos modernos da praticabilidade tributária 188
4 O conceito constitucionalmente adequado de praticabilidade tributária e sua finalidade redutora de complexidade 192
5 Conclusões finais 195

SEGUNDA PARTE
PRINCÍPIOS CONSTITUCIONAIS TRIBUTÁRIOS DE CARIZ FORMAL

PRINCÍPIOS DA ANTERIORIDADE E DA NOVENTENA

Hugo de Brito Machado 199

1 Introdução 199
2 Normas, regras e princípios 200
3 Os princípios constitucionais tributários 202
4 Os princípios da anterioridade anual e nonagesimal 204
5 O princípio da anterioridade e a revogação de isenção 209
6 Exceções ao princípio da noventena 212
7 Conclusões 215
  Referências 215

PRINCÍPIO DA ANTERIORIDADE E DA NOVENTENA

Ricardo Lodi Ribeiro 217

1	Introdução	217
2	Temporariedade, anualidade e anterioridade	218
3	A trajetória da temporariedade no Brasil: da anualidade à anterioridade	221
4	A anterioridade na Constituição de 1988	224
5	A anterioridade nonagesimal	227
6	A noventena constitucional	228

PRINCÍPIO DA ANTERIORIDADE E DA NOVENTENA
Tercio Sampaio Ferraz Júnior 233
        Anterioridade nonagesimal 240

PRINCÍPIOS DA ANTERIORIDADE E DA NOVENTENA
Fábio Martins de Andrade 249

1	Introdução	249
2	Arcabouço constitucional	250
3	Evolução jurisprudencial no âmbito do STF	254
4	Conclusão	263

PRINCÍPIOS DA ANTERIORIDADE E IRRETROATIVIDADE DA LEI
Oswaldo Othon de Pontes Saraiva Filho 267

1	Introdução	267
2	Brevíssima amostragem geral da irretroatividade da lei no Direito brasileiro	267
3	Os princípios da anterioridade e da irretroatividade da lei no Direito Tributário brasileiro	277
4	Conclusão	302
	Referências	304

O PRINCÍPIO DA IRRETROACTIVIDADE
Suzana Tavares da Silva, Marta Costa Santos 307

1	Enquadramento geral	307
2	Retroactividade e nascimento da obrigação tributária	309
3	Retroactividade e normas fiscais interpretativas	317
4	Retroactividade, coerência e mudança de paradigma jurisprudencial	318
	Conclusão	321
	Referências	322

A REFORMA TRIBUTÁRIA, A NECESSIDADE DE FEDERALIZAÇÃO (EFETIVA) DO ICMS E A COMPETÊNCIA TRIBUTÁRIA: UMA PROPOSTA JURÍDICA PRAGMÁTICA

Fabio Cunha Dower 325

    Introdução 325

1   A federalização do ICMS como motor de uma reforma tributária e a questão das competências tributárias 326

2   O desafio prático da modificação da competência tributária do ICMS para sua federalização 331

3   Competência tributária: conceito, características e funcionamento 331

4   Competência tributária x repartição de receitas tributárias 334

5   O desafio da federalização do ICMS é de ordem econômica e não jurídica 336

6   A "Câmara de Compensação" da PEC nº 293-A/2004 337

7   A pragmática da federalização: "distraindo" a competência tributária 339

    Referências 341

PRINCÍPIO DA LEGALIDADE NO DIREITO CONTEMPORÂNEO

Flávio Quinaud Pedron, Rafael Alves Nunes 343

1   Introdução 343

2   O que a dogmática do Direito Tributário pensa sobre os princípios jurídicos e o que o resto do Direito pensa? 346

3   Princípio da legalidade a partir de uma perspectiva geral 347

4   Princípio da legalidade no Direito Tributário – a ideia de legalidade estrita 348

5   Considerações finais 355

    Referências 356

PRINCÍPIO DA LEGALIDADE

Margareth Vetis Zaganelli 359

1   Introdução 359

2   O poder de tributar 360

3   Os princípios constitucionais como limitações ao poder de tributar 361

4   O princípio da legalidade tributária 362

5   Características do princípio da legalidade tributária 362

6   Funções do princípio da legalidade tributária 363

7   Âmbito material do princípio da legalidade tributária 364

  Conclusão 367
  Referências 367

PRINCIPIO DI LEGALITÀ E BUON ANDAMENTO DELL'AZIONE AMMINISTRATIVA: LA RESPONSABILITÀ DELL'AMMINISTRAZIONE FINANZIARIA

Adriana Salvati 369

1 L'articolo 97 della Costituzione: endiadi di doveri e responsabilità della Pubblica amministrazione 369
2 La legalità dell'azione amministrativa e il buon andamento 371
3 La trasposizione dei valori costituzionali in ambito tributario: lo Statuto dei diritti del contribuente 374
4 Inadempimento dei doveri e responsabilità da contatto sociale 377
5 Responsabilità da contatto e presunzioni di colpevolezza 379
6 Conclusioni 383

THE PRINCIPLE OF LEGALITY IN THE CONTEXT OF DANISH TAX LAW

Mark Ørberg, Peter Koerver Schmidt 385

1 Tax law and the principle of legality 385
2 The Danish constitutional framework 386
3 Taxing powers and the non-delegation doctrine 387
4 Interpretation of tax provisions 392
5 Concluding remarks 399
  References 400

EL PRINCIPIO DE RESERVA DE LEY EN DERECHO FINANCIERO ESPAÑOL COMO MANIFESTACIÓN DEL PRINCIPIO CONSTITUCIONAL DE LEGALIDAD

Luis María Romero Flor 401

I Introducción 401
II Las diversas funciones del principio de reserva de ley en materia tributaria 403
III Ámbito material de aplicación 404
IV El alcance de la de reserva de ley 408
  Conclusiones 414

PECUNIA NON OLET

Raphael Maleque Felício, Julio Homem de Siqueira, Antônio Lopo Martinez 415

1 Introdução 415

2	O que é o princípio *pecunia non olet*	418
3	Princípio *pecunia non olet* decorrência do princípio da igualdade	426
4	Considerações finais	428

PRINCÍPIO DA ESPECIFICIDADE DA LEI TRIBUTÁRIA BENÉFICA
Bernardo Motta Moreira, Maurício Pereira Faro 431

1	Considerações iniciais	431
2	O art. 150, §6º, da Constituição de 1988: o histórico e a abrangência dessa limitação constitucional ao poder de não tributar	431
3	A visão do STF e a flexibilização da especificidade da lei tributária benéfica	438
4	O princípio da especificidade da lei na legística formal	444
5	Conclusões	450

ENFRENTANDO O PARADIGMA DO PRINCÍPIO DA INDISPONIBILIDADE DO CRÉDITO TRIBUTÁRIO
Ana Paula Pasinatto, Antônio de Moura Borges 453

1	Palavras iniciais	453
2	Noção de paradigma	454
3	Interesse público	456
4	O paradigma do princípio da indisponibilidade do crédito tributário	459
5	Palavras finais	467
	Referências	468

O PRINCÍPIO DA (NÃO) AFETAÇÃO E A DISPUTA POR RECURSOS PÚBLICOS
Francisco Secaf Alves Silveira 471

1	Introdução	471
2	O debate sobre as espécies tributárias: a (não) afetação é um critério de distinção para as espécies tributárias?	473
3	O princípio da não afetação e as ressalvas no Texto Constitucional	477
4	O debate sobre a afetação ou não das receitas e seus reflexos no Brasil pós-1988	482
5	Considerações finais: os contornos atuais do princípio da não afetação e o correlato princípio da afetação	486

SOBRE OS AUTORES 489

PREFÁCIO

O primeiro tomo da obra *Coleção Princípios Constitucionais Tributários*, que agora se apresenta à apreciação crítica do leitor, reúne um conjunto de 25 textos que, numa organização tipológica entre noções gerais e limitações formais ao poder de tributar, abordam de forma monográfica e especializada as diversas expressões e conteúdos dos princípios e regras que, ao nível constitucional, enformam, condicionam e dão expressão ao Direito Tributário.

É sabido e consensual que o Direito Tributário é uma ciência recente no universo das ciências jurídicas, o que desde logo significa que o imposto não foi – durante a maior parte da existência das civilizações – um fenômeno social, econômico e político regulado e percebido no âmbito de uma ciência do Direito.

Significa isto que a agressão patrimonial, que o imposto significa e materializa, foi durante grande parte da existência das civilizações organizando um fenômeno de imposição e força, legitimada no poder que se manifestava, mas não no consenso e consentimento da maioria representativa dos pagadores de impostos, com poder de legislar ou autorizar o seu lançamento ou liquidação.

Esta coexistência de imposto/poder versus imposto/dever-consentido ainda hoje está presente em formas mais sofisticadas e derivadas na dicotomia entre legalidade formal (enquanto expressão normativa do poder tributário) versus princípio fundamental e na difícil e permanente tarefa de harmonizar e hierarquizar os vários princípios e preceitos tributários de forma a obter uma aplicação uniforme, justa, equitativa, clara, perceptível e consentida do imposto em vigor.

Para aqueles que têm dúvidas e buscam soluções e caminhos, a obra que tenho a honra de prefaciar fornece amplo material de consulta e reflexão, porque referida a vários ordenamentos jurídicos soberanos e supranacionais, permitindo verificar a riqueza das manifestações jurídicas e a similitude das soluções e análises encontradas nos vários países e espaços econômicos federais e parafederais.

O ser humano – a quem interessa em primeiro lugar a ciência do Direito – procura encontrar no sistema jurídico a segurança de que necessita para poder – com previsibilidade, antecipação e de forma construtiva e planeada – gerir os seus interesses econômicos, sociais e pessoais.

Curiosamente ou não, são o instinto de sobrevivência e a segurança as duas percepções humanas que levam o ser humano a não gostar dos impostos. Desde logo porque sendo o ser humano um ser dependente dos bens materiais para sobreviver não consegue instintivamente aderir ao ato de ablação patrimonial que o imposto significa e materializa. Por outro lado, vencida a batalha da sobrevivência, outro desafio psicológico e existencial se perfila: a segurança material que permite garantir que é possível mais do que sobreviver – viver – incluindo a acumulação que permite criar laços gregários, ter descendência e/ou assegurar conforto, dignidade ou segurança aos progenitores.

O imposto enquanto fenômeno ablativo da propriedade privada dificulta, impede ou perturba este instinto humano primário. O mínimo de existência e a capacidade contributiva enquanto conceitos tributários com dignidade constitucional só parcialmente respondem a estas questões.

É certo que nas sociedades organizadas os impostos financiam e garantem serviços públicos e semipúblicos, que dão margens significativas de segurança e bem-estar à população, o que permitiria afastar ou pacificar a necessidade humana de segurança material. Os países onde isto acontece são realidades minoritárias.

Uma análise desapaixonada das experiências sociais existentes nos vários países revelará que existe uma percepção maioritária na opinião pública de que não existe uma relação sã e equilibrada entre aquilo que é apropriado pelo imposto e o que é devolvido através das funções primárias e sociais do Estado.

Esta tensão permanente entre o direito e a necessidade de apropriação pública e o instinto de sobrevivência e segurança do ser humano individual, só é ultrapassável através duma manifestação humana superior que é o consentimento ao imposto enquanto expressão de solidariedade e inteligência do sacrifício individual, que representa a ablação patrimonial em nome da vivência organizada e redistribuição social da riqueza que o imposto permite.

O imposto consentido torna-se um ato individual de inteligência e cidadania. Mas, ultrapassada em tese a questão da alocação dos réditos fiscais, surge uma nova manifestação que importa regular e dar expressão constitucional, que é a garantia – formal e material – de que os recursos públicos tributários são bem gastos e utilizados para os fins para que foram coletados.

A fiscalização processual e material de que a alocação dos dinheiros públicos é feita de forma transparente, verificável, sem conflito de interesses e de forma eficiente é um ato de cidadania.

Esta pequena excursão à raiz do imposto regulado por lei permite integrar e enquadrar a importância essencial dos princípios constitucionais na fixação, regulação, hierarquização e materialidade da relação jurídica de imposto.

Ainda aqui uma pequena reflexão se impõe: o Direito Tributário autonomiza-se do Direito Financeiro como uma necessidade de garantia dos particulares face à aplicação das regras da atividade financeira, que estruturam e enquadram a apropriação, sistematização, alocação e controle dos recursos públicos que não têm origem no património dos entes públicos.

O caráter garantístico do Direito Tributário confere-lhe uma importância fundamental na descoberta e revelação dos princípios constitucionais tributários.

Num Estado de Direito todos os princípios têm de ser revelados por lei escrita? A realidade revela-nos que assim não acontece. Sendo o Direito Tributário um direito de sobreposição, em que os conceitos por ele utilizados vão sendo encontrados e adaptados de outros ramos de Direito, mesmo quando redescobrem funções próprias e específicas, existe uma necessidade reforçada de princípios.

No dizer de Jorge Miranda, catedrático da Faculdade de Direito da Universidade de Lisboa: "*O carácter fundamental dos princípios num ramo de direito em construção pode ainda ser revelado pelo facto dos princípios serem de aplicação imediata com três vertentes essenciais: a) as normas que se referem a direitos fundamentais têm carácter preceptivo e não programático; b) os direitos a que se referem ou expressam fundam-se na Constituição e não na lei; c) a lei deve mover-se no âmbito dos direitos fundamentais e não o oposto*". Cfr. MIRANDA, Jorge. *Direitos fundamentais*, Introdução geral, apontamentos das aulas, Lisboa, 1999, p. 143 e 144.

Ficam assim pacificadas as dúvidas daqueles que possam pensar que o tema dos princípios constitucionais do Direito Tributário é um tema esgotado ou sem aplicação prática aos casos em concreto, ou desprovido de verdadeiro conteúdo dogmático aplicável na legislação tributária ordinária. Mas a obra não se limita à análise dos princípios constitucionais tributários e da sua consagração em vários ordenamentos jurídicos, enfrentando desde logo a questão da distinção entre princípios e regras e a sua compatibilização.

Princípios como a legalidade, irretroatividade, igualdade, anterioridade, indisponibilidade e outros são cuidadosamente tratados em múltiplas perspectivas e com conteúdos sólidos.

Nos volumes seguintes desta coleção, os autores que participaram desta obra ousaram alargar os horizontes aos princípios tributários essenciais de natureza processual e econômica, como a revisão do conceito de capacidade contributiva nas suas dimensões clássica e atualizada, a neutralidade – sem a qual não seria possível conceber ou implementar impostos como o IVA –, ou perceber a necessidade de universalidade na tributação direta do rendimento.

A transparência, o acesso à justiça, a proibição do confisco, a não incriminação, as restrições à concessão de amnistia, a segurança jurídica, o federalismo fiscal, o financiamento da seguridade social e o mínimo de existência, entre outros específicos, ajudam a completar um quadro rico, complexo e estimulante de discussões técnicas, que visam estabilizar e enquadrar os comportamentos da Administração Tributária e permitir aos Tribunais uma aplicação coerente, integrada e profícua das normas tributárias, no respeito pelos direitos, liberdades e garantias, mas também pela neutralidade, seletividade e eficácia da tributação indireta, no respeito pela sua função de arrecadação de receita.

Não me ficaria bem terminar estas breves palavras sem focar o desafio e a tensão que a economia digital coloca à tributação tradicional e aos seus princípios, que foram analisados nesta obra.

Todo o edifício tributário está baseado em três pilares fundamentais: quem tem o dever de pagar?, o que é que está sujeito a imposto? e onde está a competência para tributar?

A desmaterialização através da utilização do meio digital cria dificuldades acrescidas à visão soberanista da tributação porque destrói os elementos de conexão, tornando-os de difícil detecção ou identificação.

A tendência normal numa primeira fase seria qualificar como obsoletos os «velhos» princípios ou ultrapassadas as regras atualmente consensuais. Não penso que esta linha de pensamento perdure ou tenha condições para vingar.

O processo de criação e apropriação de verdadeira riqueza, na sua vertente capacidade contributiva ou consumo, não deixará de lidar com a conjugação dos três fatores de produção – elementos naturais, capital e trabalho – e as suas manifestações por mais sofisticadas que possam ser, acabarão por ter expressão detectável, enquadrável e, em consequência, tributável.

Uma última palavra aos coordenadores da obra, que na concretização da sua ideia deixam um testemunho importante, não só com o que escreveram mas também na forma como selecionaram os textos e como organizaram a obra, deixando instrumento de trabalho útil e perene para aqueles que por vocação ou ofício têm de lidar com estas matérias.

Encimo com o meu agradecimento ao dileto amigo e um dos mais destacados tributarista brasileiros, o Professor Oswaldo Othon de Pontes Saraiva Filho, pelo airoso convite para que eu elaborasse o presente prefácio desta relevantíssima obra.

Lisboa, 12 de agosto de 2020.

Vasco Branco Guimarães

APRESENTAÇÃO

Esta obra coletiva consiste em um convite à reflexão sobre o sistema tributário, tanto no âmbito interno de vários países, quanto na complexa comunidade internacional.

Trata-se de estudo minucioso da questão tributária que desperta amplo debate sobre os limites constitucionais do poder de tributar por parte do Estado.

Os abusos praticados pelo aparelho estatal ensejam um movimento de resistência, mediante o devido processo legal, no sentido de reduzir a carga tributária que sistematicamente sobrecarrega o cidadão comum, principalmente o que se dedica às atividades empresariais.

O Brasil vivencia uma crise econômica que se manifesta na precariedade de seu sistema tributário, em face de sua ineficiência, devido a sua complexidade, morosidade, burocracia, grande taxa de sonegação, guerra fiscal e má gestão da alta carga tributária existente.

Diversos autores, consagrados na área do Direito Tributário, contribuem, nesta obra, com artigos instigantes sobre o tema, ao analisar, de forma esclarecedora, os diversos princípios constitucionais tributários, observando a sua incidência no ordenamento jurídico brasileiro.

Urge a necessidade de se fazer uma reforma tributária no Brasil, na perspectiva de uma tributação mais justa e que impulsione o desenvolvimento nacional.

O sistema tributário tem como função principal arrecadar divisas a fim de custear as atividades de responsabilidade do governo, tais como educação, saúde, segurança, moradia, saneamento básico, infraestrutura, cultura, dentre outras.

Além disso, deve criar mecanismos institucionais para proteger a economia nacional, ao fortalecer a migração da informalidade para a formalidade; ao desenvolver políticas de integração e oferecer benefícios; ao desonerar a produção, ao garantir a função social da propriedade, dentre outros objetivos.

No mais, uma boa leitura a todos.

Belo Horizonte, 14 de agosto de 2020.

Mário Lúcio Quintão Soares

INTRODUÇÃO

Os textos constitucionais contemporâneos afirmam, implícita e explicitamente, quais os princípios que devem reger as relações tributárias. O uso do vocábulo *princípio*, aliás, não decorre de uma preferência arbitrária, mas de um consenso não unânime, existente na comunidade jurídica, de que os princípios são espécies de normas. Esse consenso é muito bem representado no livro pelos capítulos de Vittorio Cassone, de Gloria Ramos-Fuentes e Patrici Masbernat e de Ives Gandra Martins, ao passo que o contraponto é desenvolvido no capítulo assinado por Eros Roberto Grau. Assim, é importante notar, já de início, que, apesar do título atribuído ao livro, não há uma escolha por um perfil teórico relacionado à teoria das normas, seja de matriz kelseniana (em que não há a distinção das normas em espécies), seja de matriz não kelseniana (em que existe a distinção e muitas variações).

O melhor título, então, para evitar a presunção de assunção teórica, talvez despontasse como *limitações constitucionais ao poder de tributar*. Com efeito, parece um título mais adequado para evitar confusões teóricas, mas, não as coíbe. Uma leitura e interpretação atentas dos dispositivos constitucionais que permitem sua extração autoriza a concluir que essas limitações, caso se adote a divisão das normas em espécies, aparecem ora como regras, ora como princípios. Outro termo surge, ainda, como possibilidade: *garantias*. No entanto, como, em geral, as garantias estão diretamente relacionadas com os direitos, uma vez que sua função é basicamente protegê-los,[1] não se pode acolher a pretensão de reduzir

---

[1] Ver, por exemplo: TUCCI, Rogério Lauria. Devido processo penal e alguns dos seus mais importantes corolários. *Revista da Faculdade de Direito da Universidade de São Paulo*, vol. 88, 1993; DALLARI, Dalmo de Abreu. Os direitos fundamentais na Constituição brasileira. *Revista da Faculdade de Direito da Universidade de São Paulo*, vol. 88, 1993; BONAVIDES, Paulo. *Curso de direito constitucional*. 5. ed. São Paulo: Malheiros Editores, 1994; DELGADO, José Augusto. A supremacia dos princípios nas garantias processuais do cidadão. *Revista de Informação Legislativa*, vol. 31, n. 123, 1994; SARLET, Ingo Wolfgang. Valor de alçada e limitação do acesso ao duplo grau de jurisdição: problematização em nível constitucional à luz de um conceito material de direitos fundamentais. *Revista de Informação Legislativa*, vol. 33, n. 131, 1996; SCHÄFER, Jairo Gilberto. As garantias dos direitos fundamentais, inclusive as judiciais, nos países do Mercosul. *Revista de Informação Legislativa*, vol. 36, n. 142, 1999; LEITE, Carlos Henrique Bezerra. A garantia no emprego na perspectiva dos

a função das limitações tributárias, que não apenas garantem (ou protegem), mas também orientam o exercício dos deveres fundamentais relacionados com a contribuição para as atividades estatais por meio de tributos.[2] Portanto, diante da existência de um consenso, o título mais apropriado (ou o menos inapropriado) é o corrente.

Com o esclarecimento desse ponto, o livro caminha em direção aos artigos que fecham a primeira parte, os quais abordam as questões das relações dos princípios tributários com os direitos dos contribuintes e com as limitações constitucionais. Esses capítulos são assinados por Eddy de la Guerra, Henry Ordower, Gerard Meussen, Claudio Sacchetto e Daniela Conte, e Daniel Giotti de Paula. Como se pode notar, são trabalhos que partem da análise dos ordenamentos jurídicos equatoriano, estado-unidense, holandês, italiano e brasileiro. A propósito, essa diversidade está muito presente no livro, o qual, todavia, não tem como objetivo apresentar estudos comparativos entre ordenamentos jurídicos distintos,[3] já que isso demandaria ou uma restrição temática maior ou um tratado. O proposto a cada autor foi algo mais singelo: discorrer sobre um princípio tributário de matriz constitucional, observando ao menos a ordem jurídica com a qual estivesse mais familiarizado.

Nesse sentido, a parte seguinte do primeiro volume desta coleção cuida dos princípios de cariz formal. Aos autores foi dada a liberdade de escolher qual princípio abordar, enquanto aos coordenadores coube

---

direitos fundamentais. *Revista de Direitos e Garantias Fundamentais*, n. 7, 2010; GRINOVER, Ada Pellegrini. Antecipação de tutela no inquérito civil à luz das garantias constitucionais fundamentais do contraditório e da prova "inequívoca". *Revista de Direitos e Garantias Fundamentais*, n. 8, 2010; PRESOTI, Fábio Passos; SANTIAGO NETO, José de Assis. O processo penal constitucional e o devido processo legal como garantia democrática. *Revista de Direitos e Garantias Fundamentais*, vol. 14, n. 2, 2013.

[2] Sobre deveres fundamentais, ver, entre outros: CASALTA NABAIS, José. *O dever fundamental de pagar impostos: contributo para a compreensão constitucional do estado fiscal contemporâneo*. Coimbra: Almedina, 2009; BARCAROLLO, Felipe. O dever fundamental de pagar impostos como condição de possibilidade para a implementação de políticas públicas. *Revista de Finanças Públicas, Tributação e Desenvolvimento*, vol. 1, n. 1, 2013. A respeito da teoria dos deveres, ver, por exemplo: SIQUEIRA, Julio Homem de. Los deberes fundamentales y la Constitución brasileña. *Revista de Direitos e Garantias Fundamentais*, n. 9, 2011; GONÇALVES, Luísa Cortat Simonetti; FABRIZ, Daury César. Dever fundamental: a construção de um conceito. *In*: DE MARCO, Christian Magnus *et al*. *Direitos fundamentais civis*: teoria geral e mecanismos de efetividade no Brasil e na Espanha. Joaçaba: UNOESC, 2013; SIQUEIRA, Julio Homem de. Elementos para uma teoria dos deveres fundamentais: uma perspectiva jurídica. *Revista de Direito Constitucional e Internacional*, vol. 95, 2016.

[3] Não se utiliza, aqui, a expressão "direito comparado", porque se entende que não existe um ramo jurídico que admita esse qualificativo. Na verdade, o que usualmente se denomina "direito comparado" é um estudo comparativo de normas jurídicas, ordenamentos jurídicos. Ver, nesse sentido: SIQUEIRA, Julio Homem de. Natureza de direito comparado. *Repertório de Jurisprudência IOB*, vol. 11, 2012.

a tarefa de evitar que eles quisessem tratar sobre o mesmo princípio. Com isso, o que se fez foi garantir um maior número de princípios, sem perder a diversidade de posições sobre cada um, o que é imprescindível para o desenvolvimento do Direito. Restou grande a variedade das abordagens sobre os diferentes princípios.

Na segunda parte, foram colocados os princípios que formalmente limitam o poder de tributar e determinam como os deveres tributários devem ser estabelecidos, isto é, dizem respeito ao procedimento de instituição e de cobrança de tributos. As escolhas geraram os seguintes princípios: princípio da anterioridade e noventena (Hugo de Brito Machado; Ricardo Lodi Ribeiro; Tercio Sampaio Ferraz Júnior; e Fábio Martins de Andrade); princípio da competência tributária (Fábio Cunha Dower); princípio da especificidade da lei tributária (Maurício Pereira Faro e Bernardo Motta Moreira); princípio da indisponibilidade do crédito tributário (Ana Paula Pasinatto e Antônio de Moura Borges); princípio da não afetação (Francisco Secaf Alves Silveira); princípio da *pecunia non olet* (Raphael Maleque Felício, Julio Homem de Siqueira e Antonio Lopo Martínez); princípio da anterioridade e da irretroatividade (Susana Tavares da Silva e Marta Costa Santos; e Oswaldo Othon de Pontes Saraiva Filho); princípio da legalidade (Flávio Quinaud Pedron e Rafael Alves Nunes; Margareth Vetis Zaganelli, Adriana Salvati; Mark Ørberg e Peter Koerver Schmidt; e Luis Maria Romero Flor).

Como se pode notar, além da variedade de temas, há um grande número de autores colaboradores, oriundos de vários países. Em sua ampla maioria, os autores são professores, pesquisadores ou militam na área tributária.

Embora não seja uma obra órfã no mercado editorial,[4] trata-se, em razão de todos os seus predicados, certamente de uma coletânea ímpar, que permite não apenas uma melhor compreensão dos princípios tributários constitucionais, mas também do sistema tributário constitucional como um todo. Aliás, como permite deduzir a etimologia do

---

[4] Podem ser citadas outras obras com a mesma temática, por exemplo: LACOMBE, Américo Lourenço Masset. *Princípios constitucionais tributários*. 2. ed. São Paulo: Malheiros, 2000, 286p.; MACHADO, Hugo de Brito. *Os princípios jurídicos da tributação na Constituição de 1988*. 6. ed. São Paulo: Malheiros, 2019, 184p.; TORRES, Ricardo Lobo. *Tratado de direito constitucional financeiro e tributário*: valores e princípios constitucionais tributários – volume II. 2. ed. Rio de Janeiro: Renovar, 2013; PIRES, Adilson Rodrigues; TÔRRES, Heleno Taveira (Coord.). *Princípios de direito financeiro e tributário*: estudos em homenagem ao Professor Ricardo Lobo Torres. Rio de Janeiro: Renovar, 2006; CORDEIRO, Rodrigo. *Princípios constitucionais tributário*. Porto Alegre: Safe, 2006.

vocábulo *princípio significa início, fundamento, essência*, é a *causa primeira, a raiz* de algo, no caso, do sistema tributário. Nesse ponto, como os textos constitucionais contemporâneos declaram, implícita ou explicitamente que o produto dos tributos deve ser utilizado para finalidades públicas, exclusivamente,[5] nada mais adequado e apropriado que estudar as normas (e suas possíveis interpretações) que dão suporte ao sistema tributário.

Oswaldo Othon de Pontes Saraiva Filho
Julio Homem de Siqueira
Américo Bedê Freire Júnior
Daury César Fabriz
Junio Graciano Homem de Siqueira
Ricarlos Almagro Vitoriano Cunha

---

[5] UCKMAR, Victor. *Princípios comuns de direito constitucional tributário*. Trad. Marco Aurélio Greco. São Paulo: RT, 1976.

PRIMEIRA PARTE

NOÇÕES GERAIS SOBRE OS PRINCÍPIOS CONSTITUCIONAIS TRIBUTÁRIOS

DISTINÇÃO ENTRE NORMAS, REGRAS E PRINCÍPIOS EM FACE DO SISTEMA TRIBUTÁRIO NACIONAL

VITTORIO CASSONE

1 Notas introdutórias

O tema *Distinção entre normas, regras e princípios* tem sido longamente debatido no seio doutrinário, com alta indagação jurídica, registrando-se entendimentos convergentes nos seus aspectos básicos, e divergentes em alguns pontos.

Diante desse quadro, reputo desnecessário seguir o mesmo caminho, já por demais explorado e com o brilho que merece, preferindo transcrever alguns trechos doutrinários – representando a parte *teórica* – e neles vou inserindo considerações que representam a parte *prática*, a qual direciono para o "sistema tributário nacional", composto pelos artigos 145 a 156; 182, §4º, II; 195; 239; 240, da Constituição da República Federativa do Brasil de 1988 (CF/88).

Por esse proceder, procuro seguir a recomendação do então ministro Moreira Alves, do Supremo Tribunal Federal, que, em conferências de abertura dos Simpósios no Centro de Extensão Universitária de São Paulo (CEU/SP), coordenados por Ives Gandra da Silva Martins, enaltecia a importância da *teoria* (referia-se à doutrina alemã), que deve andar junto com a *prática* (referia-se à doutrina italiana).

Jean-Louis Bergel assevera que:

> O jurista deve ser um regente de orquestra, apto a dominar e coordenar todos os instrumentos do direito: a solução jurídica não pode provir do som, por vezes discordantes, de uma disposição isolada, mas depende para sua compreensão, para sua aplicação e sua execução dos princípios, das instituições, dos conceitos e dos procedimentos técnicos da ordem jurídica geral.[1]

Nesta temática, o "sistema tributário nacional" é um *subsistema* dentro do *sistema-maior*, que é a Constituição Federal, e nele se encontram as normas, regras e princípios de natureza tributária, objeto de interpretação pelos critérios tradicionais de interpretação das leis (gramatical, teleológico, histórico e sistemático – Savigny), acrescidos, hodiernamente, de outros ingredientes.

Com efeito, Peter Häberle defende a tese de a sociedade aberta ser partícipe da interpretação constitucional, nestes termos:

> Interpretação constitucional tem sido, até agora, conscientemente, coisa de uma sociedade fechada. Dela tomam parte apenas os intérpretes jurídicos 'vinculados às corporações' (*zünftmässige Interpreten*) e aqueles participantes formais do processo constitucional. A interpretação constitucional é, em realidade, mais um elemento da sociedade aberta. Todas as potências públicas, participantes materiais do processo social, estão nela envolvidas, sendo ela, a um só tempo, elemento resultante da sociedade aberta e um elemento formador ou constituinte dessa sociedade (... *weil Verfassungsinterpretation diese offene Gesellschaft immer von neuem mitkonstituiert und von ihr konstituiert wird*). Os critérios de interpretação constitucional hão de ser tanto mais abertos quanto mais pluralista for a sociedade.[2]

Creio que essa nova visão se contrapõe, parcialmente, à *Teoria pura do Direito* de Kelsen, que o saudoso mestre Geraldo Ataliba adotava em suas conferências tributárias, de interpretação "pura", ou seja, sem o acréscimo de critérios exegéticos estranhos ao Direito – assim explicada por Hans Kelsen:

---

[1] BERGEL, Jean-Louis. *Teoria geral do direito*. 2. ed. São Paulo: Martins Fontes, 2006, p. XV. Copyright 1989 Editions Dalloz. Tradução de Maria Ermantina de Almeida Prado Galvão.

[2] HÄBERLE, Peter. *Hermenêutica constitucional* – A sociedade aberta dos intérpretes da constituição: contribuição para a interpretação pluralista e 'procedimental' da Constituição. Porto Alegre: Sérgio Antônio Fabris Editor, 1997, reimpressão 2002, p. 12. Tradução de Gilmar Mendes.

Quando a si própria se designa como 'pura' teoria do Direito, isto significa que ela se propõe garantir um conhecimento apenas dirigido ao Direito e excluir deste conhecimento tudo quanto não pertença ao seu objeto, tudo quanto não se possa, rigorosamente, determinar como Direito. Quer isto dizer que ela pretende libertar a ciência jurídica de todos os elementos que lhe são estranhos. Esse é o seu princípio metodológico fundamental.[3]

Em matéria tributária, o Supremo Tribunal Federal (STF) tem utilizado, basicamente, os critérios tradicionais de interpretação das leis.

Com efeito, e a título de exemplo, colho do voto do Ministro Sepúlveda Pertence:

> Mas, Senhor Presidente, o compromisso do juiz, particularmente, do Juiz desta Corte, é com a ordem constitucional. Com a ordem constitucional, tal como a entender cada Juiz. De minha parte, não consegui fugir à convicção que me ficou, ao final da leitura e da releitura de todos esses documentos, de que, efetivamente, o tributo questionado carece de respaldo constitucional. O que me restou, assim, foi apelar para as sábias advertências de Konrad Hesse (*A Força Normativa da Constituição*), de que, em caso de eventual conflito com a realidade histórica de seu tempo ou com as necessidades da conjuntura, a Constituição não deve ser considerada necessariamente a parte mais fraca. Ao contrário – e esse é o nosso compromisso básico nesta Casa –, a realização e a efetivação da Constituição, ainda que contrariando as conveniências mais respeitáveis, é um valor mais alto, é um valor que compensa as desvantagens momentâneas do respeito de suas normas.

2 Significado amplo e restrito dos vocábulos

A Teoria Geral do Direito ensina que vocábulos como "norma", "regra", "princípio" possuem sentido amplo ou restrito, aspecto que deve ser examinado em cada disposição normativa, a fim de atribuir-lhes a devida qualificação.

Francesco Galgano esclarece:

> Un sucessivo grado di approssimazione alla definizione del *diritto* sta nel distinguere il sistema di regole – in cui il diritto consiste –, da altri sistemi di regole che governano la convivenza umana, come i principi

---

[3] KELSEN, Hans (1881-1973). *Teoria pura do Direito*. 8. ed. São Paulo: Martins Fontes, 2009, p. 1. Tradução de João Baptista Machado. Copyright Viena, 1960.

della *morale*, basati sulla distinzione fra il bene e il male, le regole del costume, che distinguono tra ciò che è corretto e ciò che è scorretto, i comandamenti delle *religioni*, concepiti come regole di fonte sovranaturale ecc. I contenuti di queste regole spesso coincidono con i contenuti del diritto: uccidere o rubare è un reato per il diritto, é un male per la morale, è un peccato per le religioni. [...]

L'unità elementare del sistema del diritto è la *norma giuridica*; il sistema nel suo complesso, ossia l'insieme delle norme che lo compongono, prende il nome di *ordenamento giuridico*. [...]

Ciascuna norma, presa a sé, consiste in un *comando* o *precetto*, formulato in termini *generali* ed *astratti*, coloro ai quali la norma si rivolge, inponendo o proibendo dati comportamenti, sono i suoi *destinatari*. Il testo della legge è, tradizionalmente, diviso in articoli, numerati in ordine progressivo; e gli articoli sono spesso divisi in commi. Orbene, ciascun articolo di legge o, se diviso in commi, ciascun comma può contenere *una o più norme*, ossia una o più proposizioni precettive, che prescrivono cioè un dato comportamento. (Destaquei)[4]

3 Norma

A unidade básica ou elementar do sistema do direito é a *norma jurídica*, e o conjunto de normas que compõe o sistema jurídico recebe o nome de *ordenamento jurídico*.[5]

No ápice do ordenamento jurídico situa-se a Constituição, que é qualificada como *norma fundamental*, assim vista por Francesco Rimoli:

Norma fondamentale. Nella construzione a gradi (*Stufenbau*) dell'ordinamento giuridico elaborata da Merkl e da Kelsen, la norma fondamentale (*Grundnorm*) é una norma pressuposta, non posta, che costituisce il fondamento di tutte le altre norme che, in forma gerarchica, da essa traggono validità, cosí entrando a far parte dell'ordinamento stesso. La norma fondamentale, che lo stesso Kelsen definisce come '*una norma la cui validità non può essere derivata da una norma superiore*', ossia come '*il vincolo fra tutte le differenti norme di cui consiste un ordinamento*', è infine

---

[4] GALGANO, Francesco. *Fondamenti di diritto privato*. 5. reedição. Bologna: Zanichelli, 1991, 1995, p. 2-3.

[5] "La scienza del diritto utilizza il concettto di ordenamento giuridico per indicare il sistema, cioè l'insieme degli elementi che compongono il diritto secondo critério dedotti dalla sua stessa natura. Il concetto sta cioè a indicare la struttura, la forma assunta dal diritto o per il cui tramite il diritto si manifesta nella realtà. Sistema, unità e comune natura (giuridica) delle sue componenti sono, quindi, i ter elementi essenziali di un ordinamento giuridico." *In*: "Dizionario costituzionale" a cura di Michele Ainis. Roma-Bari: Editori Laterza, 2000, p. 314-315.

il frutto di un artificio logico-giuridico, che si rende necessario per rendere compiuto il sistema gradualistico. Oggetto di numerosissime riflessioni critiche e rielaborazioni da parte di studiosi successivi (la stessa *"norma di riconoscimento"* formulata da Hart è in parte una rilettura della norma fondamentale di Kelsen, il quale pure ne ridefinì i contorni nelle sue ultime opere), il concetto di norma fondamentale, per sé astratto, dovrebbe infine riconnettersi, sul piano della concreta realizzazione di un ordinamento, alla dimensione dell'effettività, ovvero al luogo in cui il dover essere e l'essere, la dimensione prescrittiva e quella descrittiva, trovano un reale momento di contatto.[6]

Tércio Sampaio Ferraz Junior,[7] examinando os vocábulos *norma*, *regra* e *princípio*, anota que tal temática tem registrado sérias divergências doutrinárias.

No entanto, o fato de haver divergência doutrinária sobre como nomear determinado vocábulo, termo ou expressão, se norma, regra ou princípio, não altera a sua essência, a sua substância, aquilo que representa, a sua verdadeira natureza jurídica.

Se alguém disser que a "legalidade" (art. 150, I, CF/88) não é um princípio, mas uma técnica, ou uma regra, tal entender não altera o que ela efetivamente representa, os efeitos que irradia, na medida em que U-E-DF-M só podem exigir ou aumentar tributo através de lei.

Em nível infraconstitucional, o Código Tributário Nacional (CTN), pedagogicamente (porque via interpretação constitucional já se resolve), estabelece:

> Art. 4º A natureza jurídica específica do tributo é determinada pelo fato gerador da respectiva obrigação, sendo irrelevante para qualifica-la a denominação e demais características formais adotadas pela lei.

Isto posto, na interpretação da norma tributária, seja em nível constitucional ou infra, importante observar os termos ou vocábulos nela inseridos, os quais determinam o modo de proceder dos contribuintes: *deverá, poderá, é obrigatório, é facultado, é permitido, opcionalmente, será, não poderá*, e assim por diante.

---

[6] RIMOLI, Francesco. *Norma fondamentale. In*: "Dizionario costituzionale", a cura di Michele Ainis. Roma-Bari: Editori Laterza, 2000, p. 314.
[7] FERRAZ JUNIOR, Tercio Sampaio. *Introdução ao Estudo do Direito*. 6. ed. rev. e ampl. São Paulo: Atlas, 2011, p. 73 e ss.

Quando a norma oferece facultatividade, se exercida a opção, torna-se obrigatória para o período, tempo ou modo prescrito, e se houver bônus e ônus, ambos devem ser observados.

De modo geral, as disposições legais que contêm vocábulos obrigatórios ou facultativos não são princípios, mas regras.

Por fim, a norma tributária, por mais clara que possa parecer, deve ser interpretada.

Mario Rotondi resume o que a doutrina manifesta:

> A norma jurídica para ser aplicada ao caso concreto deve ser interpretada. A interpretação é um momento essencial na aplicação da lei, e um pressuposto indispensável, porque logicamente não se pode conceber a aplicação de uma norma jurídica que não tenha sido previamente interpretada, se por interpretação se entende, como deve entender-se, o processo lógico através do qual se releva e se põe em evidencia o conteúdo da disposição legislativa. [...]
> O intérprete, mesmo devendo, segundo opinião mais temperada, manter-se fiel à letra da lei, deve também avaliar, com a devida sensibilidade, as mudadas exigências sociais.[8]

E, na arte de interpretar, Aliomar Baleeiro nos legou uma bela lição, de cunho teórico-prática:

> Voltando aos meus exemplos americanos, Holmes, no seu famoso livro *Common Law*, logo na primeira página, logo na primeira linha, diz: '*Direito não é lógica. Direito é experiência*'. Dando murros, tentando, se chega a uma solução. [...]. Só se pode fazer progresso em Direito, como em tudo, pensando, repensando, tentando, errando, recomeçando.[9]

4 Regra

O Dicionário Jurídico da Academia Brasileira de Letras Jurídicas oferece o seguinte conceito:

---

[8] ROTONDI, Mario. Verbete *Interpretazione della Legge*. Novissimo Digesto Italiano. Torino: UTET, 1957, Volume VIII, p. 893/902.Terza edizione a cura di Antonio Azara e Ernesto Eula. Em tradução livre.

[9] BALEEIRO, Aliomar. Aula magna sobre "imunidades e isenções tributárias" proferida no IV Curso de Especialização em Direito Tributário, coordenado por Geraldo Ataliba, na Faculdade de Direito da PUC-SP, 24.11.1973. In: *Revista de Direito Tributário*, São Paulo v. 1, p. 67-100, jul./set. 1977.

Regra. S.f. (Lat. *regula*) Herm. Preceito legal de natureza técnica, que estabelece previsão, mas sem *estatuição*, e que a distingue das *normas*. A regra jurídica é apenas autorizante; a *norma* é, em geral, coercitiva. OBS. Para exemplo, são regra, não norma, todos os 19 artigos da LICC.[10]
Laurent Robert-Wang examina longamente a regra de direito:[11]
Regra de direito. [...]. Dos principais manuais de direito aos dicionários jurídicos, a regra de direito é classicamente apresentada nos seguintes termos: 'Regra de conduta nas relações sociais, geral, abstrata e obrigatória, cuja sanção é exercida pelo poder público' (*Lexique des termes juridiques*, Dalloz, 1995, p. 469). Tal definição, porém, é bastante criticável e isso pode ser exemplificado por quatro constatações.
Em primeiro lugar, a não ser que se empregue o termo 'generalidade' para designar a necessária abstração da regra de direito – o que não parece muito rigoroso –, a habitual definição de regra jurídica como regra de alcance 'geral' já não parece pertinente (...) o direito francês está repleto de normas jurídicas que visam indivíduos determinados. O Conselho Constitucional, aliás, não se opõe em absoluto à enunciação de tais regras, conforme demonstram, por exemplo, suas decisões de 16 de janeiro e de 11 de fevereiro de 1982 (admitiu-se aí que o legislador podia fazer uma lista nominativa de bancos nacionalizáveis[12]). [...].
Em segundo lugar, a tradicional definição de regra de direito como norma obrigatória já não é indiscutível. A presença de certo número de normas jurídicas chamadas 'flexíveis', que não proíbem nem prescrevem, mas incentivam certos comportamentos, desmente esse antigo critério. É possível citar uma das mais célebres dessas recomendações: a do artigo 371 do Código Civil francês, que afirma que irmãos e irmãs se devem assistência mútua e devem honrar e respeitar os pais. [...]
Em terceiro lugar, o tradicional critério da sanção, frequentemente anunciado para fazer a distinção entre obrigação jurídica e deveres morais, é também muito contestável. Em primeiro lugar, como ressaltou Gérard Timsit, 'a definição clássica de norma jurídica como obrigação acompanhada de uma sanção' não é convincente, pois 'faz da juridicidade da norma uma qualidade que lhe vem de fora: o fato de ser acompanhada por uma sanção, que é do Estado' ("Une definition systémale du droit", Droits, nº 10, 1989, p. 91). Por outro lado, esse critério parece pressupor

---

[10] Dicionário Jurídico – Academia Brasileira de Letras Jurídicas. Planejado, organizado e redigido por J. M. Othon Sidou. 8. ed. Rio de Janeiro/São Paulo: Forense Universitária, 2003, p. 741.
[11] ROBERT-WANG, Laurent. Verbete *Regra de Direito.* Dicionário da Cultura Jurídica. Obra organizada por Denis Alland e Stéphane Rials. 1. ed. São Paulo: Martins Fontes, 2012, p. 1549-1552. Tradução: Ivone Castilho Benedetti. Revisão técnica; Márcia Villares de Freitas.
[12] Trazendo a questão para o campo tributário, talvez possamos dizer que no Brasil podem servir de exemplo certos benefícios concedidos individualmente ou para determinado grupo de empresas, ou para a indústria automobilística

que a qualidade de uma norma jurídica depende do respeito que lhe é determinado e de sua efetividade. No entanto, uma regra jurídica não deixa de sê-lo mesmo quando desrespeitada. [...].
Por fim, alguns autores só atribuem a qualidade de 'regra de direito' às normas que emanem de fontes bem determinadas. Paul Roubier, por exemplo, em sua *Théorie générale do Droit*, distingue um número delas. Portanto, distingue 'regras formais' e 'regras não formais'; as primeiras, que reúnem essencialmente as normas legislativas e as decisões jurisprudenciais, devem seu valor ao 'poder que as ditou' (Sirey, 2. ed., 1951, p. 8). As segundas designam sobretudo as regras consuetudinárias e doutrinárias: 'Há regras baseadas na experiência, que correspondem às necessidades da vida em sociedade: são as regras espontaneamente acatadas pela prática jurídica, as regras consuetudinárias; e há regras baseadas na razão, que correspondem a um ideal de justiça; são os princípios gerais do direito, ou sejam regras descobertas pela doutrina jurídica, regras doutrinárias' (id., p. 12). [...].
Em suma, apesar de algumas inevitáveis exceções, a definição que F. Gény dava para a norma jurídica não perdeu força: as 'regras de direito visam, necessária e exclusivamente, a realizar a justiça, que nós concebemos no mínimo com a forma de uma ideia, a ideia do justo no fundo [,,,] o direito só encontra conteúdo, próprio e específico, na noção do justo, noção primária, irredutível e indefinível, que implica essencialmente não só os preceitos elementares de não prejudicar ninguém e atribuir a cada um o que lhe é devido, mas também o pensamento mais profundo de um equilíbrio que deve ser estabelecido entre os interesses em conflito, para garantir a ordem essencial à manutenção e ao progresso da sociedade humana' (*Science et technique en droit privé positif*, t. I, 1914-24).

Visitando o Código Tributário Nacional, de 25.10.1966, atualmente vigente com alterações posteriores, localizamos as "Normas gerais de direito tributário" no Livro segundo, com fundamento no art. 146, III, da CF/1988.

5 Princípio

Princípio, do ponto de vista comum, é o que vem em primeiro lugar, início, começo; para o Direito, *princípio* significa algo que serve como guia e que deve ser respeitado.

Patrick Morvan, explica:

> *Principium*: de *primo* (primeiro) e *capere* (tomar). (...), O princípio é um início. Além da etimologia, o Dicionário da Academia Francesa (1694) apresenta o conjunto mais claro de acepções, visto que no fim do século

XVII o vocábulo tinha chegado à maturidade (J. Turlan, op. cit,, p. 117). Mas foi Lalande (*Vocabulário técnico e crítico da filosofia*, ver Princípio) que esclareceu sua triplicidade fundamental de sentido: ontológico, lógico e normativo. [...].

O princípio *normativo*, na última vertente, não descreve o objeto nem uma forma de conhecimento (ponto de vista ontológico, da alçada da filosofia), tampouco um axioma ou sistema de regras construído pela razão (ponto de vista lógico, de alçada da ciência do direito), mas uma norma jurídica que dita um dever-ser (ponto de vista normativo, apenas da alçada do direito). Nesse sentido, não há 'princípios de interpretação', embora algumas dezenas de códigos civis estrangeiros mencionem os 'princípios' como último recurso para o intérprete judiciário desamparado (ver P. Morvan, op. cit., nº 38). Os adágios de interpretação pertencem às regras formais do raciocínio lógico (Ch. Rousseau, *Droit international public*, Dalloz, t. I, 3. ed., 1970, nº 299). Em direito, elas se contradizem, são desprovidas de força coercitiva e estão sujeitas à política de um juiz.[13]

Robert Alexy distingue entre regra e princípio, e dele transcrevo o seguinte trecho:

1. Critérios tradicionais para a distinção entre regras e princípios
A distinção entre regras e princípios não é nova. Mas, a despeito de sua longevidade e de sua utilização frequente, a seu respeito imperam falta de clareza e polêmica. Há uma pluralidade desconcertante de critérios distintivos, a delimitação em relação a outras coisas – como os valores – é obscura e a terminologia vacilante.
Com frequência, não são regra e princípio, mas norma e princípio ou norma e máxima, que são contrapostos. Aqui, regras e princípios serão reunidos sob o conceito de norma. Tanto regras quanto princípios são normas, porque ambos dizem o que deve ser. Ambos podem ser formulados por meio das expressões deônticas básicas do dever, da permissão e da proibição. Princípios são, tanto quanto as regras, razões para juízos concretos de dever-ser, ainda que de espécie muito diferente. A distinção entre regra e princípio é, portanto, uma distinção entre duas espécies de normas.
Há diversos critérios para se distinguir regra de princípios. Provavelmente aquele que é utilizado com mais frequência é o da generalidade. Segundo esse critério, princípios são normas com grau de generalidade relativamente alto, enquanto o grau de generalidade das regras é relativamente baixo. Um exemplo de norma de grau de generalidade relativamente alto

---

[13] MORVAN, Patrick. Verbete *Princípios*. Dicionário da Cultura Jurídica. Obra organizada por Denis Alland e Stéphane Rials. 1. ed. São Paulo: Martins Fontes, 2012, p. 1391/1395. Tradução: Ivone Castilho Benedetti. Revisão técnica; Márcia Villares de Freitas.

é a norma que garante a liberdade de crença. De outro lado, uma norma de grau de generalidade relativamente baixo seria a norma que prevê que todo preso tem o direito de converter outros presos à sua crença. (...). Princípios e regras são diferenciados também com base no fato de serem razões para regras ou serem eles mesmos regras, ou, ainda, no fato de serem normas de argumentação ou normas de comportamento.[14]

Ronald Dworkin examina longamente os "Modelos de regras I e II", e dentre eles o item "3. Regras, princípios e política", e reproduzo, deste item, os seguintes trechos:

> Com muita frequência, utilizarei o termo 'princípio' de maneira genérica, para indicar todo esse conjunto de padrões que não são regras; eventualmente, porém, serei mais preciso e estabelecerei uma distinção entre princípios e políticas. (...). Denomino 'princípio' um padrão que deve ser observado, não porque vá promover ou assegurar uma situação econômica, política ou social considerada desejável, mas porque é uma exigência de justiça ou equidade ou alguma outra dimensão da moralidade. Assim, o padrão que estabelece que os acidentes automobilísticos devem ser reduzidos é uma política e o padrão segundo o qual nenhum homem deve beneficiar-se de seus próprios delitos é um princípio. [...] A diferença entre princípios jurídicos e regras jurídicas é de natureza lógica. (...). As regras são aplicáveis à maneira do tudo-ou-nada. Dados os fatos que uma regra estipula, então ou a regra é válida, e neste caso a resposta que ela fornece deve ser aceita, ou não é válida, e neste caso em nada contribui para a decisão.
> Esse tudo-ou-nada fica mais evidente se examinarmos o modo de funcionamento das regras, não do direito, mas em algum empreendimento que elas regem – um jogo, por exemplo. No beisebol, uma regra estipula que, se o batedor errar três bolas, está fora do jogo.[15]

Também José Maria Arruda de Andrade aponta dificuldades na distinção entre regras e princípios:

> Um dos pontos que sempre nos incomodou nessa discussão dogmática dos construtos teóricos daqueles que adotam a distinção entre regras e princípios a partir de considerações qualitativas (e não somente quantitativas ou de generalidade) é a possibilidade de, a partir de textos

---

[14] ALEXY, Robert. *Teoria dos direitos fundamentais*. 2. ed. 5. tiragem. São Paulo: Malheiros Editores, 2017, p; 86-87. Obra traduzida por Virgílio Afonso da Silva.

[15] DWORKIN, Ronald. *Levando o direito a sério*. 3. ed. 3. tiragem. São Paulo: Martins Fontes, 2010, 2014, p. 36 e 39.

de direito posto, distinguir quais seriam *princípios* e quais seriam *regras*, de forma apriorística e decisiva. [...]
Além disso, os textos normativos são dispostos em formulações gramaticais que não estabelecem necessariamente um padrão de incidência (antecedente e consequente) e sequer se 'manifestam' como princípios em si (pense-se na questão da não cumulatividade do Imposto sobre a Circulação de Mercadorias e Serviços – ICMS). Tratar-se-ia de mera técnica de apuração? De uma técnica de apuração prevista em uma regra constitucional? Uma garantia fundamental na forma de regra? Ou um princípio? Até mesmo a legalidade. Seria ela sempre uma regra (reserva legal) ou poderia ela ser utilizada como argumento de fundamento final, como a máxima da legalidade (princípio, portanto)?[16]

Com esse exemplo, Arruda de Andrade nos leva até o "Sistema tributário nacional", o que nos permite tecer algumas considerações.

Exemplificando: a "não cumulatividade" (do ICMS, do IPI)[17] pode ser qualificada como técnica constitucional (ou regra superior), pela sua abrangência menor; enquanto a "legalidade" consistiria em princípio constitucional (ou regra superior), em face de abrangência maior.

Entretanto, seja qual for a denominação que se lhes dá, o que importa é que ambas estão situadas em nível superior, ou seja, no texto da Constituição, e como tal devem ser observadas pelas normas infraconstitucionais.

Por oportuno, colho, do Ministro Moreira Alves, as seguintes considerações, no que diz respeito aos princípios constitucionais que protegem o contribuinte:

> E nessa discussão, o Tribunal se dividiu. A maioria entendeu que o princípio da anterioridade, assim como todos os princípios que protegem o contribuinte – ou seja, que são tuteladores da posição do contribuinte – seriam princípios fundamentais, enquadrando-se no dispositivo constitucional relativo às cláusulas pétreas. [...].
> Posteriormente, surgiu a questão relativa à não cumulatividade. E aí também se evocava o mesmo fundamento: a não-cumulatividade é um princípio e, sendo um princípio, o STF já teria declarado que os

---

[16] ANDRADE, José Maria Arruda de. Entre princípios e regras. Entre progressos iniciais e fanatismo. *In*: *Direito*: Teoria e Experiência. Estudos em Homenagem a Eros Roberto Graus. São Paulo: Malheiros Editores, 2013, Tomo I, p. 91 e 92.

[17] O STF tem qualificado a não cumulatividade do IPI como "princípio" – ex.: Aires Britto (AgR no RE 255090, 2ª Turma, DJe 190 de 08.10.2010); Eros Grau (AgR no RE 501773, 2ª Turma, DJe 152 de 15.08.2008); Ricardo Lewandowski (AgR no RE 550170, 1ª Turma, DJe 149 de 04.08.2011).

princípios constitucionais de tutela do contribuinte são princípios que se enquadram dentro daquelas cláusulas pétreas.

Lembro-me que também o Tribunal se dividiu, sendo que prevaleceu que não se tratava propriamente de um princípio, mas de uma técnica.

E aí, então, se disse: bem, já que não é princípio, mas apenas uma técnica, a técnica não se integra naqueles princípios fundamentais que estão no terreno da impossibilidade de modificação, em virtude das cláusulas pétreas.

E aqui então surge esse problema: *afinal é um princípio ou é uma técnica?* O Dr. Cassone diz que é um princípio, mas não existe impossibilidade de modificações por parte do constituinte derivado porque não se trata de cláusula pétrea.

O professor Ricardo Lobo se afasta dessa dicotomia, sustentando que, na realidade, não se trata propriamente de princípio, mas de um *subprincípio*, que apresenta uma característica realmente interessante: vincula-se a outros princípios como: o do Estado do local de destino, o da capacidade contributiva, enfim, a vários outros princípios. Mas esse subprincípio não se enquadraria exatamente em nenhum deles, dado o fato de que não apresentava as mesmas características daquilo que realmente seria *princípio*.

A meu ver, a melhor solução é realmente considerar que não se trata propriamente de um princípio constitucional de proteção do contribuinte, dado o fato de que está ligado ao modo pelo qual se concebem determinados impostos, para efeito de impedir o efeito cascata desses impostos. (Destaquei)[18]

Geraldo Ataliba dizia, recorrentemente, que o princípio da igualdade é o maior entre os princípios, e essa é uma verdade inconteste, que não cabe aprofundar neste estudo.

Entretanto, partindo do mesmo exemplo em que cabe examinar, numa determinada disposição legal, a não cumulatividade, a legalidade e a igualdade, se a lei, ao instituir um imposto, deixa de fixar a alíquota,

---

[18] MOREIRA ALVES, José Carlos. Conferência inaugural para o XXIX Simpósio Nacional de Direito Tributário, tema "Princípio da Não Cumulatividade", realizado no Centro de Extensão Universitária/SP em 15.10.2004. In: "Pesquisas Tributárias Nova Série 11". Coedição CEU/SP e Editora Resenha Tributária, 09/2005, p.15-16. Simpósio realizado sob a coordenação de Ives Gandra da Silva Martins e relatório de Fátima Fernandes Rodrigues de Souza e Vittorio Cassone. Colaboraram para a obra "Princípio da Não Cumulatividade" os seguintes autores: Aires F. Barreto, Antonio Manoel Gonçalez, Fabio Brun Goldschmidt, Fátima Fernandes Rodrigues de Souza, Fernanda Guimarães Hernandez, Gustavo Miguez de Mello, Hugo de Brito Machado, Ives Gandra da Silva Martins, José Eduardo Soares de Melo, Kiyoshi Harada, Luiz Fux, Marilene Talarico Martins Rodrigues, Misabel Abreu Machado Derzi, Octávio Campos Fischer, Oswaldo Othon de Pontes Saraiba Filho, Ricardo Lobo Torres, Roberto Ferraz, Sacha Calmon Navarro Coêlho, Vittorio Cassone, Yoshiaki Ichihara.

que na hipótese seria indispensável, o mais importante não seria a "igualdade" (que não chegaria sequer a ser examinada), nem a "não cumulatividade" (direito de crédito), mas a "legalidade" (art. 150/I CF/88: art. 97 CTN/66), por faltar à descrição legal (hipótese de incidência) um dos seus elementos indispensáveis para a instituição do imposto.

Destarte, nomear a "não cumulatividade", a "legalidade", a "igualdade", a "capacidade contributiva", de técnica, regra ou princípio, tem, indubitavelmente, sua importância didática, pedagógica, que deve ser adotada; entretanto, o cerne da questão consiste em saber se estão situadas em nível superior (na CF) ou em nível inferior (norma infraconstitucional).

E, como todos sabem, disso resulta que uma disposição constitucional (regra superior) não pode ser desconsiderada ou alterada por uma disposição infraconstitucional (regra inferior).

O Ministro Celso de Mello ensina:

> A superioridade normativa da Constituição traz, ínsita em sua noção conceitual, a ideia de um estatuto fundamental, de uma *fundamental law*, cujo incontrastável valor jurídico atua como pressuposto de validade de toda a ordem positiva instituída pelo Estado. [...].
> A estrutura escalonada do ordenamento positivo consagra o reconhecimento da *precedência* das espécies normativas de grau superior nas quais repousa o fundamento de validade e de eficácia das regras inferiores.
> A teoria da graduação da positividade jurídica, reconhecendo a pluralidade de fontes institucionais, *hierarquiza*, numa relação de verticalidade, as normas que delas emanam.
> Tratando-se de normas situadas, em planos *desiguais* de validade e eficácia, resolve-se, sistematicamente, o conflito entre elas existente, pelo prevalecimento da regra de maior hierarquia. (Os destaques pertencem ao original)[19]

Destarte, trata-se de aplicar, conforme o caso, o critério hierárquico (subordinação – nível superior e nível inferior), ou de coordenação (mesmo nível), ou o critério interpretativo, denominado de *invasão de competência*.

Norberto Bobbio, examinando as *antinomias*, diz que as regras fundamentais para sua solução são três: (a) o critério cronológico; (b) o critério hierárquico; e (c) o critério da especialidade; e esclarece:

---

[19] MELLO, Celso de. Voto na ADI 42/DF, p. 35 e 37.

O critério cronológico, chamado também de *lex posterior*, é aquele com base no qual, entre duas normas incompatíveis, prevalece a norma posterior: *lex posterior derogat priori*. [...]

O critério hierárquico, chamado também de *lex superior*, é aquele pelo qual, entre duas normas incompatíveis, prevalece a hierarquicamente superior: *lex superior derogat inferiori*. [...]

O terceiro critério, dito justamente de *lex specialis*, é aquele pelo qual de duas normas incompatíveis, uma geral e uma especial (ou excepcional), prevalece a segundo: *lex specialis derogat generali*.[20]

No critério da *especialidade*, num primeiro momento a lei geral abrange (ou pode abranger) também a hipótese prevista em lei especial, mas, justamente pela existência ou superveniência de lei especial, esta se qualifica como exceção àquela lei geral, ambas convivendo harmonicamente.[21]

O art. 146 da CF/1988 nos diz quão bela e desafiante é a arte de interpretar:

> Art. 146. Cabe à lei complementar.
> [...]
> III – estabelecer normas gerais em matéria de legislação tributária, especialmente sobre: (a) definição de tributos e de suas espécies, bem como, em relação aos impostos discriminados nesta Constituição, a dos respectivos fatos geradores, bases de cálculo e contribuintes.

Essa disposição possibilita uma série de considerações, onde se verifica que o critério *gramatical* é, como de costume, muito importante, porque, se é verdade que todos os critérios de interpretação são e devem ser levados em consideração, não é menos verdade que, muitas vezes, o "gramatical" (ou literal), por ser o primeiro, chega a ser o mais importante, pois quando se parte de algo errado, fica difícil de consertar.

Abro parêntesis para trazer o Ministro Moreira Alves que, em determinado ponto, examinando estudos constantes do Caderno de Pesquisas Tributárias – Nova Série 10, tema *O Princípio da Não-cumulatividade*,[22] asseverou:

---

[20] BOBBIO, Norberto. *Teoria do Ordenamento Jurídico*. 2. ed. São Paulo: Edipro, 2014, p. 94/98, traduzida por Ari Marcelo Solon.

[21] Grosso modo, o Código Tributário Nacional (Lei nº 5.172/66) nos oferece o seguinte exemplo: Art. 98. Os tratados e as convenções internacionais revogam ou modificam a legislação tributária interna, e serão observados pela que lhes sobrevenha.

[22] Coedição Centro de Extensão Universitária e Editora Revista dos Tribunais, São Paulo, 2004.

"Não é bem assim. A interpretação literal é aquela que não vai contra a interpretação lógica".[23]

Em primeiro ligar, a Constituição, utilizando o vocábulo "cabe", está outorgando *competência* à lei complementar, competência que somente emenda constitucional pode alterar (além de uma nova Constituição).

A competência outorgada é para "estabelecer" normas gerais em matéria de legislação tributária – não, portanto, para "instituir" tributos.

Ao dizer "especialmente", admite que possa haver outras "normas gerais em matéria de legislação tributária". Entretanto, isso não representa carta branca, devendo, eventual superveniência de lei complementar a prever outra hipótese estar sujeita à interpretação constitucional, se fere ou não a Constituição, ou seja, se se trata, efetiva e concretamente, de norma geral, ou se ela tem validade sob outro prisma.

Tendo em vista que a lei ordinária não poder dispor diversamente de tais "normas gerais", a esse fenômeno dá-se o nome de *hierarquia* entre Lei Complementar (LC) e Lei Ordinária (LO).

Por outro lado, cabe à Lei *instituir* ou *aumentar* tributo (art. 150, I), não podendo, neste ponto, ser aplicado o critério hierárquico entre LC e LO, em face da *competência* diversa que a CF outorgou a cada uma dessas entidades normativas.

Finalmente, cuidando de "impostos", cabe à LC definir os respectivos fatos geradores, bases de cálculo e contribuintes, não, porém, das *alíquotas*, que podem ser estabelecidas por LO (abrangendo a medida provisória).

E colho do Ministro Moreira Alves a seguinte assertiva, ao examinar o tema "Contribuições sociais":

> E um dos problemas era o de saber se havia uma hierarquia, situando-se a lei complementar em escala intermediária entre a Constituição e a lei ordinária, e o problema foi mais ou menos resolvido, já que a questão não é de hierarquia, mas diz respeito a invasão de competência, tanto assim que leis complementares, quando ingressarem no terreno das leis ordinárias – já que o seu processo legislativo especial apenas diz respeito a problema de quórum de votação – se consideram como simples leis ordinárias.

---

[23] MOREIRA ALVES, José Carlos. Conferência inaugural para o XXIX Simpósio Nacional de Direito Tributário realizado no CEU/SP em 15.10.2004, sob a coordenação geral de Ives Gandra da Silva Martins.

Agora, se a lei ordinária ingressar no terreno do âmbito circunscrito à lei complementar, aí, nesse caso, o que há é inconstitucionalidade por invasão, e não o que alguns chegaram a sustentar, que haveria ilegalidade porque lei ordinária teria disciplinado matéria reservada pela Constituição às leis complementares.[24]

Coerentemente, a jurisprudência do Supremo Tribunal Federal tem dado importância à utilização correta de institutos, expressões e termos tributários, a teor da ementa do RE nº 166.772/RS:

> INTERPRETAÇÃO – CARGA CONSTRUTIVA – EXTENSÃO. Se é certo que toda interpretação traz em si carga construtiva, não menos correta exsurge a vinculação a ordem jurídico-constitucional. O fenômeno ocorre a partir das normas em vigor, variando de acordo com a formação profissional e humanística do interprete. No exercício gratificante da arte de interpretar, descabe *"inserir na regra de direito o próprio juízo – por mais sensato que seja – sobre a finalidade que 'conviria' fosse por ela perseguida"* – Celso Antônio Bandeira de Mello – em parecer inédito. Sendo o Direito uma ciência, o meio justifica o fim, mas não este aquele.
>
> CONSTITUIÇÃO – ALCANCE POLÍTICO – SENTIDO DOS VOCÁBULOS – INTERPRETAÇÃO. O conteúdo político de uma Constituição não é conducente ao desprezo do *sentido vernacular das palavras*, muito menos ao do *técnico*, considerados institutos consagrados pelo Direito. Toda ciência pressupõe a adoção de escorreita linguagem, possuindo os *institutos*, as *expressões* e os *vocábulos* que a revelam conceito estabelecido com a passagem do tempo, quer por força de estudos acadêmicos quer, no caso do Direito, pela atuação dos Pretórios. (Destaquei)[25]

Anteriormente, o STF já evidenciara a necessidade da utilização de termos técnicos adequados a que a norma visa atingir:

> O SENHOR MINISTRO MARCO AURÉLIO – Senhor Presidente, leio, de memorial que me foi apresentado pelo escritório Ulhôa Canto, Resende e Guerra, o seguinte trecho:
> 'Senhor Presidente, é certo que podemos interpretar a lei, de modo a arredar a inconstitucionalidade. Mas, *interpretar interpretando e, não, mudando-lhe o texto e, menos ainda, criando um imposto novo, que a lei não criou.*

---

[24] MOREIRA ALVES, José Carlos. Conferência inaugural no XVII Simpósio Nacional de Direito Tributário (tema: Contribuições sociais) realizado no Centro de Extensão Universitária/SP em 1992, sob a coordenação de Ives Gandra da Silva Martins. In: *Caderno de Pesquisas Tributárias*, São Paulo, n. 181993, p. 646, relatório de Fátima Fernandes de Souza Garcia e Vittorio Cassone.

[25] RE 166.772/RS, STF, Pleno, Marco Aurélio, maioria, 12.05.1994, DJU 16.12.1994, p. 34896.

Como sustentei muitas vezes, ainda no Rio, se a lei pudesse chamar de compra o que não é compra, de importação o que não é importação, de exportação o que não é exportação, de renda o que não é renda, ruiria todo o sistema tributário inscrito na Constituição.

Ainda há poucos dias, numa carta ao eminente Ministro Prado Kelly, a propósito de um discurso seu sobre Milton Campos, eu lembrava a frase de Napoleão: *'Tenho um amo implacável, que é a natureza das coisas.'* Milton Campos também era fiel a esse pensamento.

No caso, data vênia, não posso ler o DL 401 como dizendo o contrário do que diz. Ele declara que o contribuinte é o remetente. Não posso ler: 'contribuinte é o destinatário'. Ora, se pela lei, que não posso alterar, contribuinte é o remetente, e este não aufere renda, mas tem despesas (os juros que paga), não posso considerar devido o imposto de renda.'

É trecho, Senhor Presidente, de voto proferido, nesta Corte, pelo saudoso Ministro Luiz Gallotti. (Destaquei)[26]

Roberto Quiroga Mosquera oferece exemplo de legislação tributária mais recente, em cujo estudo aponta a inconstitucionalidade do §2º do art. 23 da Lei nº 9.532/97:

A inconstitucionalidade da Lei 9.532/97 encontra-se no §2º do art. 23, ao se estipular como contribuinte do imposto sobre a renda o inventariante, no caso do espólio, ou o doador, no caso da doação. Tributa-se aquele que está experimentando um *decréscimo patrimonial* (ex.: doador) e não aquele que experimenta um acréscimo de patrimônio (ex.: donatário). Ora, aquele que faz a transmissão do bem não demonstra – para fins de imposto de renda – *capacidade contributiva*, uma vez que a operação referida é a antítese da hipótese de incidência tributária do mencionado imposto. Não há como se tributar aquele que está experimentando uma mutação que corresponda a uma perda de elementos patrimoniais. (Destaquei)[27]

Eis o que dispões a Lei nº 9.532/97:

Art. 23. Na transferência de direito de propriedade por sucessão, nos casos de herança, legado ou por doação em adiantamento da legítima, os

---

[26] É dessa forma que, às fl. 1538, começa o voto do Ministro Marco Aurélio no RE 150.764-1/PE, STF, Pleno, 10.12.1992, DJU 02.04.1993, p. 5623, RTJ 147-3/1024.

[27] MOSQUERA, Roberto Quiroga. *IR sobre Doações ou Heranças e a Lei nº 9.532/97*. Citado por Vittorio Cassone no estudo intitulado "Imposto de Renda sobre herança e doações. Art. 23 da Lei nº 9.532/97 e as correntes doutrinárias que se formaram. O art. 96 da Lei nº 8.383/91. A E.M. de 02.05.2016 que ajusta a tributação da doação e herança". *Revista Fórum de Direito Tributário*, Belo Horizonte, ano 14, n. 82, p. 51, jul./ago. 2016.

bens e direitos poderão ser avaliados a valor de mercado ou pelo valor constante da declaração de bens do *de cujus* ou do doador.

....

§2º O imposto a que se referem os §§1º e 5º deverá ser pago: *(Redação dada pela Lei nº 9.779, de 1999)*

....

II – pelo doador, até o último dia útil do mês-calendário subsequente ao da doação, no caso de doação em adiantamento da legítima; *(Incluído pela Lei nº 9.779, de 1999)*

Pelo que se percebe, a imprecisão terminológica pode proporcionar sérias complexidades, a ponto de determinar sua ilegalidade ou inconstitucionalidade, conforme o degrau em que a norma estiver situada na escala hierárquica.

Everardo Maciel também se manifesta no mesmo sentido:

> Sem lugar para dúvidas, há conceitos na legislação tributária do País que reclamam aperfeiçoamento, a exemplo de receita bruta, indenização, substituição tributária, responsabilidade dos sócios, planejamento tributário abusivo, etc. Esse aperfeiçoamento se resolve com a edição de novas normas, precedida por uma percuciente discussão das deficiências conceituais. (...). Clareza das normas é um dever do Estado que se deduz do princípio constitucional da moralidade administrativa.[28]

E para evitar tal problemática surgiu a Lei Complementar nº 95, de 26.02.1998, que "Dispõe sobre a elaboração, a redação, a alteração e a consolidação das leis, conforme determina o parágrafo único do art. 59 da Constituição Federal, e estabelece normas para a consolidação dos atos normativos que menciona".

Finalmente, Miguel Reale nos legou a seguinte lição:

> *Linguagem do Direito* – Para realizarmos, entretanto, esse estudo e conseguirmos alcançar a visão unitária do Direito, é necessário adquirir um vocabulário. Cada ciência exprime-se numa linguagem. Dizer que há Ciência Física é dizer que existe um vocabulário da Física. É por esse motivo que alguns pensadores modernos ponderam que a ciência é a linguagem mesma, porque na linguagem se expressam os dados e valores comunicáveis. Fazenda abstração do problema da relação entre ciência e linguagem, preferimos dizer que, onde quer que exista uma ciência, existe uma linguagem correspondente. Cada cientista tem a

---

[28] MACIEL, Everardo. Reformas não são mágicas. *Jornal "O Estado de S. Paulo"*, 07.02.2019, p. B8 Economia.

sua maneira própria de expressar-se, e isto também acontece com a Jurisprudência, ou Ciência do Direito. Os juristas falam essa linguagem própria e devem ser orgulho de sua linguagem multimilenar, dignidade que bem poucas ciências podem invocar.[29]

5.1 Princípios e valores

Geraldo Ataliba, já em 1972, lecionava que "A Constituição nós interpretamos com os critérios constitucionais, conhecendo os *princípios* constitucionais e fazendo a exegese das *normas* constitucionais".[30]

Jane Reis Gonçalves Pereira lembra que:

> Um dos temas mais controvertidos da teoria jurídica contemporânea diz respeito ao conceito de princípios e à possibilidade de distingui-los das regras. A despeito de tais desacordos, a doutrina costuma convergir quanto à descrição dos princípios como normas dotadas de maior abstração e generalidade, que traduzem os fundamentos do ordenamento jurídico, imprimindo-lhe a característica de sistema.
> Porém, quando se trata de determinar o papel dos *valores* na interpretação constitucional, não existe espaço de consenso nem no plano conceitual nem no terminológico. Isso ocorre, em grande parte, porque a própria admissão da existência de valores na realidade jurídica insere-se no complexo problema concernente às relações entre ética e Direito, dizendo respeito, assim, à vetusta disputa que opõe jusnaturalismo e positivismo.[31]

Jusnaturalismo que a Constituição da República de 1988 consagrou em seu Preâmbulo, ao dispor que:

> Nós, representantes do povo brasileiro, reunidos em Assembleia Nacional Constituinte para instituir um Estado Democrático, destinado a assegurar o exercício dos direitos sociais e individuais, a liberdade, a *segurança*, o bem-estar, o desenvolvimento, a *igualdade e a justiça como valores supremos* de uma sociedade fraterna, pluralista e sem preconceitos, fundada na harmonia social e comprometida, na ordem interna e internacional, com

---

[29] REALE, Miguel (06.11.1910 – 14.04.2006). *Lições preliminares de Direito*. São Paulo: Saraiva, 1991, p. 8-9.

[30] ATALIBA, Geraldo. Hermenêutica e sistema constitucional tributário. In: *Interpretação no Direito Tributário*. São Paulo: Saraiva e EDUC, 1975, p. 18. Notas taquigráficas do II Curso de Especialização em Direito tributário, promovido pela Pontifícia Universidade Católica de São Paulo, no segundo semestre de 1971.

[31] GONÇALVES PEREIRA, Jane Reis. Princípios e valores. In: *Dicionário de princípios jurídicos*. São Paulo: Elsevier Editora Ltda., 2011, p.1036. Obra coletiva organizada por Ricardo Lobo Torres, Eduardo Takemi Kataoka e Flavio Galdino, com a supervisão de Silvia Faber Torres.

a solução pacífica das controvérsias, promulgamos, sob a proteção de Deus, a seguinte CONSTITUIÇÃO DA REPÚBLICA FEDERATIVA DO BRASIL. (Destaquei)

Peter Häberle atribuiu papel importante ao Preâmbulo da Carta de 1988:

> O presidente do Supremo Tribunal Federal, ministro Gilmar Mendes, abriu na noite deste segunda-feira (8) palestra realizada no auditório Nereu Ramos, da Câmara dos Deputados, sobre 'Dignidade humana, democracia e estado constitucional'. O tema foi abordado pelos doutrinadores Miguel Azpitarte Sánchez (Espanha) e Peter Häberle (Alemanha). Em sua exposição, HÄBERLE avaliou símbolos nacionais, como o hino e a bandeira, como elementos que dão estabilidade à constituição de um país porque unificam seu povo nos mesmos ideais. Ele lamentou que no texto constitucional brasileiro não existam referências mais específicas à bandeira brasileira. *'Ela é uma das mais eloquentes e chama a atenção mesmo se colocada entre tantas outras bandeiras do mundo'*, disse. Por outro lado, HÄBERLE elogiou a força do preâmbulo da Constituição Brasileira, dizendo que o texto por si só já é uma constituição dentro da Carta maior, sendo sua maior característica o triunfo da democracia sobre o autoritarismo.[32]

Alexandre de Moraes, entre outras considerações, anota:

> O preâmbulo de uma Constituição pode ser definido como documento de intenções do diploma, e consiste em uma *certidão de origem e legitimidade do novo texto e uma proclamação de princípios*, demonstrando a ruptura com o ordenamento constitucional anterior e o surgimento jurídico de um novo Estado. [...]
> O preâmbulo, portanto, por não ser norma constitucional, não poderá prevalecer contra texto expresso da Constituição Federal, e tampouco poderá ser paradigma comparativo para declaração de inconstitucionalidade, porém, por traçar as diretrizes políticas, filosóficas e ideológicas da Constituição, será uma de suas linhas mestras interpretativas.[33]

Como se percebe, é no Preâmbulo da Constituição da República de 1988 que se encontram os primeiros e mais importantes princípios (já que é o povo que se expressa, que imprime diretriz ao legislador), também aplicáveis (quando pertinentes) às questões tributárias: a segurança, a igualdade, a justiça, que, como "valores supremos", integram, real e

---

[32] HÄBERLE, Peter. Trecho extraído do serviço "Notícias STF" do dia 09.09.2008, sob o título "Häberle e Azpitarte debatem dignidade humana nas constituições modernas".
[33] MORAES, Alexandre de. *Direito Constitucional*. 15. ed. São Paulo: Atlas, 2004, p. 51.

efetivamente, o sistema constitucional tributário, que é um subsistema dentro de um sistema maior, que é a Constituição.

E sobreveio o neoconstitucionalismo para tratar da principiologia, assim vista por Carlos Mario da Silva Velloso:

> 2.1 A CONTRIBUIÇÃO DO NEOCONSTITUCIONALISMO PARA UMA NOVA INTERPRETAÇÃO CONSTITUCIONAL. A PRINCIPIOLOGIA
> O neoconstitucionalismo, que surge na Europa na segunda metade da década de 1940, mais precisamente com a criação e instalação dos Tribunais Constitucionais europeus, contemporâneo do pós-positivismo, confere à jurisdição constitucional notável relevância e inaugura a nova interpretação constitucional em que a principiologia assume posição central. Essa nova interpretação constitucional comete ao juiz papel relevante, de verdadeiro construtor do direito, porque lhe cabe, através de valoração do sentido das cláusulas abertas, de conceito indeterminado, realizar escolhas entre soluções possíveis.
> Cláusulas gerais, princípios, colisões de normas constitucionais, ponderação, argumentação, constituem instrumentos de trabalho do intérprete. Nas cláusulas abertas, ocorrentes também nas normas de direito comum, deve o intérprete determinar-lhe o conceito, conceito de regra indeterminado. No ponto, deve o intérprete buscar ajuda no método de interpretação tópico-problemático, criação de Viehweg, que se realiza a partir do exame do caso concreto, ou das circunstâncias deste. Assim, por exemplo, quanto às expressões ordem pública, interesse social, boa-fé, direito à vida, dignidade da pessoa humana, igualdade, o seu alcance dependerá da valoração dos fatores objetivos e subjetivos existentes nos fatos subjacentes à norma.
> A *principiologia*, que assume relevância no novo constitucionalismo, que lhe confere normatividade, *requer distinguir princípios de regras*. Aqueles consagram valores, constituem as vigas mestras do sistema. As regras descrevem condutas específicas. Conceituar os conteúdos dos princípios não constitui tarefa fácil, que importa conferir ao intérprete papel relevante. (Destaquei)[34]

Giorgio Bongiovanni anota que:

> *2 Il neocostituzionalismo di R. Alexy, C.S. Nino, R. Dworkin*
> La nascita di uno specifico approccio 'costituzionalistico' (neocostituzionalismo) al diritto si sviluppa in diretta relazione alla attività delle Corti costituzionali. Esso si specifica, in Germania, in rapporto alla

---
[34] VELLOSO, Calos Mario da Silva. Hermenêutica Constitucional e o Supremo Tribunal Federal. *In*: *Direito, Economia e Política*: Ives Gandra, 80 Anos do Humanista. 1. ed. São Paulo: Editora IASP, 2015, p. 241/243.

giurisprudenza per 'valori' del *Bundesverfassungsgericht* e, negli Stati Uniti, a partire dall'attivismo giudiziale della Corte suprema guidata dal giudice Warren.

I lineamenti generali di questo approccio sono stati precisati, in particolare, dall'analisi di R. Alexy e R. Dreier che, sulla base del dibattito tedesco, ne hanno messo in evidenza i punti principal alla luce del confronto critico con l'interpretazione della costituzione di derivazione positivistica (legalismo).

Questa contrapposizione nasce in rapporto alla interpretazione dei diritti fondamentali sviluppata dal *Bundesverfassungsgericht* che, in una serie di sentenze, li vede come parte di un ordinamento valutativo oggettivo (*objektive Wertodnung*) contenuto nel *Grundgesetz*. Questo ordinamento oggettivo viene considerato dalla Corte come impulso e direttiva per tutta l'attività giuridica che, perciò, è concepita come vincolata al rispetto e all'applicazione di questo nucleo di valori. Ne deriva, nella prospettiva della Corte, un'idea di costituzione che non si limita ad essere un fondamento procedurale per la creazione del diritto, ma diviene un insieme che contiene un preciso sistema di valori. Ciò comporta due ulteriori conseguenze rinvenibili nella giurisdizione della Corte: da un lato, il fatto che, in base a questa considerazione della costituzione, il diritto non si riduce alla legge, ma fa riferimento all'ambito dei valori contenuti nei principi e nei diritti costituzionali; dall'altro lato, il dato per cui tutta l'attività di applicazione del diritto non può più essere considerata come di símplice sussunzione del caso alla norma: la decisione giurisprudenziale deve essere vista come attività che ha quale punto di riferimento i diritti e i principi contenuti nella costituzione e ciò comporta una dinamica di ponderazione e bilanciamento rispetto ai casi.

A partire dalla giurisprudenza del *Bundesverfassungsgericht*, si articolano le diverse posizioni del costituzionalismo e del legalismo [...].

Viene, poi, messo in evidenza che, '*mentre il costituzionalismo ha alla base un concetto non positivistico di diritto, il legalismo ne presuppone uno positivistico*'. La differenza si situa principalmente nel dato per cui, mentre il costituzionalismo comprende nella definizione del diritto '*elementi della correttezza sostanziale, cioè della giustizia*', il legalismo limita la visione del diritto agli elementi della sua '*positività autoritativa o della sua efficacia sociale, o della combinazione di questi due elementi, con l'esclusione di quelli di correttezza sostanziale*' (Dreier). L'incorporazione dei principi e dei diritti nella costituzione corrisponde alla presenza nel diritto dei '*moderni principi fondamentali del diritto di natura e di ragione, e quindi anche della morale del diritto e dello Stato moderni*' (Alexy, Concetto di validità del diritto, cit., p. 74). [...]

Ciò significa che il neocostituzionalismo mette in evidenza la rilevanza della interpretazione giurisdizionale e, in particolare, di quella delle Corti costituzionali e supreme per l'individuazione del diritto e, in questo senso, propone una visione del sistema giuridico che vede la presenza contemporanea di soggetti diversi della 'attuazione' del diritto.[35]

Informação bibliográfica deste texto, conforme a NBR 6023:2018 da Associação Brasileira de Normas Técnicas (ABNT):

CASSONE, Vittorio. Distinção entre normas, regras e princípios em face do Sistema Tributário Nacional. *In*: SARAIVA FILHO, Oswaldo Othon de Pontes; SIQUEIRA, Julio Homem de; BEDÊ JÚNIOR, Américo; FABRIZ, Daury César; SIQUEIRA, Junio Graciano Homem de; CUNHA, Ricarlos Almagro Vitoriano (Coord.). *Noções gerais e limitações formais ao poder de tributar*. Belo Horizonte: Fórum, 2021. p. 27-49. (Coleção Fórum Princípios Constitucionais Tributários – Tomo I). ISBN 978-65-5518-057-2.

---

[35] BONGIOVANNI, Giorgio. *Costituzionalismo e teoria del diritto*. 1. ed. Roma-Bari: Editori Laterza, 2005, p. 60/65.

OS PRINCÍPIOS SÃO REGRAS!

EROS ROBERTO GRAU

01. Tenho insistido, em tudo o quanto digo e escrevo desde há alguns anos,[1] em que os *princípios* são um tipo de *regra* jurídica. Daí ser de todo descabida a afirmação de que violar um *princípio* seria mais grave do que descumprir uma *norma jurídica*.

Começo esta digressão observando que as *normas* resultam da interpretação de *textos normativos*. *Texto* e *norma* não se identificam. A interpretação é atividade que se presta a transformar *textos* – disposições, preceitos, enunciados – em *normas*.

Como as *normas* resultam da interpretação, o ordenamento jurídico é um conjunto de interpretações, um conjunto de *normas*.

O conjunto dos *textos normativos* – disposições, enunciados – é ordenamento em potência, conjunto de possibilidades de interpretação, conjunto de *normas potenciais*. O significado [isto é, a *norma*] é o resultado da tarefa interpretativa. Vale dizer: o significado da *norma* é produzido pelo intérprete. Por isso sustento que as *disposições*, os *enunciados*, os *textos normativos* nada dizem. Dizem o que os intérpretes dizem que elas dizem.

---

[1] Veja-se, por tudo, meus *Por que tenho medo dos juízes* (9. ed. São Paulo: Malheiros Editores, 2018), *Pourquoi j'ai peur des juges* (Paris: Éditions Kimé, 2014) e *Das Verhältnis der Richterschaft zum Recht* (trad. Volkhart Hanewald, Baden-Baden: Nomos, 2019). Valho-me, ao escrever este texto, também do quanto afirmei em meu Nota crítica sobre os chamados princípios do direito. *In*: *Boletim de Ciências Económicas* [homenagem ao Prof. Doutor António José Avelãs Nunes], vol. LVII, p. 1.551/1.568, 2014.

02. Mais, permito-me observar que *interpretação* e *aplicação* dos textos normativos consubstanciam uma só operação, de modo que os juízes interpretam para aplicar o direito e, ao fazê-lo, não se limitam a interpretar [= compreender] os textos normativos, mas também compreendem [= interpretam] a realidade. Evidentemente me refiro à *interpretação/aplicação* dos *textos normativos* procedida pelos juízes, eis que somente eles estão habilitados a emitir *normas de decisão*.

Explico-me: a *interpretação/aplicação* parte da compreensão dos textos normativos e da realidade, passa pela produção das *normas* que devem ser consideradas para a solução de determinado caso e finda com a escolha de determinada solução para esse caso, consignada na *norma de decisão*.

Por isso, é indispensável distinguirmos as *normas jurídicas* produzidas pelo intérprete – a partir dos textos e da realidade – da *norma de decisão* de cada caso, expressa nas sentenças e acórdãos judiciais.

A *norma jurídica* é produzida para ser aplicada a um caso concreto. Essa aplicação se dá mediante a formulação de uma decisão judicial (sentença, acórdão) expressiva de *norma de decisão*.

Aí a distinção entre as *normas jurídicas* e a *norma de decisão*. Esta é definida a partir daquelas.

A plena compreensão do que afirmo neste como que ponto de partida de exposição é premissa do quanto passo a afirmar. Peço ao leitor, se não aceitar a distinção entre *texto/norma/norma de decisão*, que não perca tempo, não prossiga a leitura do que passarei, serenamente, a expor.

03. A afirmação da *força dos princípios* para além das *regras* gravita entre nós há algum tempo, mas creio ter sido por aqui efetivamente instalada a partir da lição, de um argentino, reiteradamente reafirmada por outro jurista brasileiro, segundo a qual *é mais grave descumprir um princípio do que violar uma norma*. Isso foi e permanece sendo reiteradamente repetido, sem que quem o diga se dê conta de que está a afirmar que o Direito é um amontoado de *regras* (= *normas jurídicas*) e algo mais, os *princípios*, delas distintas porque *normas jurídicas* não seriam!

Tal e qual afirmei em outro texto,

> [p]artindo da pressuposição de que a Constituição de 1988 consagre um Estado Democrático de Direito construído mediante a manipulação de princípios e valores, fazendo tabula rasa das regras de direto positivo, nossos neoconstitucionalistas [lastimo dizer *nossos*] são como que sucessores, a ele retornando, do chamado *direito alternativo*.

Aquele movimento importado da Itália que surgiu por aqui na década dos anos oitenta e se foi, felizmente, no início dos anos noventa. Limito-me a lembrar que há anos afirmei, no meu *O direito posto e o direito pressuposto*: o *direito alternativo* volta e meia consubstancia nada mais do que uma nova versão da velha regra que recomenda tudo para os amigos, para os inimigos a lei. Nossos juízes e tribunais *alternativos* estão a se transformar em meros produtores da *justiça de Cadi*, qual a ela se referia Max Weber. Isso tudo terá fim quando começar a comprometer a fluência da circulação mercantil, a calculabilidade e a previsibilidade indispensáveis ao funcionamento do mercado. Juízes e tribunais limitar-se-ão, corretamente, à prática da prudência, a velha *phrónesis* aristotélica. Voltarão a exercitar a prudência do direito – a *juris prudentia* – incompatível, estranha, adversa aos desempenhos artísticos televisivos.

04. Quem seja dotado de senso crítico de pronto perceberá o equívoco denunciado na aguda afirmação de Nicos Poulantzas[2] ao observar, há mais de cinquenta anos, que "[l]es principes généraux du droit ne constituent pas à proprement parler des régles juridiques, mais sont partie des valeurs par rapport auxquelles ces règles sont intégrés à des structures significatives".

Kelsen[3] já anteriormente dedicara um capítulo da sua Teoria Geral das Normas à crítica da exposição de Esser sobre os princípios, negando-lhes importância jurídica. A norma individual que expressa a decisão judicial de um caso concreto – dizia Kelsen – pode ser influenciada por princípios morais, políticos ou dos costumes. Seu fundamento de validade, no entanto, encontra-se no direito positivo, na força da coisa julgada, não em qualquer daqueles princípios. Nenhum deles confere validade à decisão judicial. Somente uma norma geral positiva o faz. Os princípios morais, políticos ou dos costumes podem ser chamados jurídicos apenas na medida em que influenciam a criação de normas jurídicas individuais pelos juízes. Não obstante, não se confundem com as normas jurídicas cujos conteúdos sejam a eles adequados. E o fato de serem designados jurídicos não significa que integrem, como se parcela dele fossem – qual o nome parece dizer – o direito positivo vigente em determinada sociedade. A circunstância de influenciarem a criação de normas jurídicas não significa sejam eles "positivados", convertendo-se em parte integrante desse direito positivo. Compõem-se entre os motivos considerados pelo legislador. Mas juridicamente não

---

[2] *Nature des choses et droit*. Paris : LGDJ, 1965, p. 314.
[3] *Théorie Genérale des Normes*, trad. de Olivier Beaud e Fabrice Malkani. Paris : Presses Universitaires de France, 1996, p. 151 e ss.

obrigam. Não preenchem as características das normas jurídicas. O princípio de justiça não perde o caráter de princípio moral porque o conteúdo de uma norma jurídica lhe seja conforme. E mais, explorando a imprecisão da alusão de Esser a princípios e normas – imprecisão que até hoje vem sendo reiterada, contaminando a clareza do debate sobre a matéria – e a distância, na *common law*, entre *principle* e *rule*, Kelsen afirma que, se há alguma diferença entre princípio e norma, o princípio não pode ser uma norma. E mais, referindo-se acidamente a Esser, diz ele que "mesmo o título de seu livro, Princípio Geral do Direito e Norma, implica essa diferença".[4]

05. Valendo-me, sucintamente, de algumas linhas de exposição de Antoine Jeammaud a propósito do tema,[5] lembro que o vocábulo princípio assume significados distintos na linguagem do Direito e na linguagem dos juristas.

Na primeira são enunciadas as regras de direito [em sentido amplo], entre as quais estão eles incluídos. A segunda, linguagem da dogmática jurídica, é metalinguagem em relação à primeira.

Princípios, na linguagem do Direito [= princípios que consubstanciam autênticas regras jurídicas], não podem ser valorados como verdadeiros ou falsos. Deles cabe unicamente afirmarmos serem vigentes e/ou eficazes ou não vigentes e/ou não eficazes.

Aqueles em regra[6] referidos como princípios gerais do Direito pertencem à linguagem dos juristas. São proposições descritivas [= não normativas] através das quais os juristas referem, resumidamente, conteúdo e grandes tendências do Direito positivo.

Essa distinção algumas vezes torna-se difusa, o que se dá, por exemplo, quando um juiz toma um princípio geral do Direito como fundamento de determinada norma de decisão. O que se diz, então, é que esse princípio foi "descoberto" pelo juiz no ordenamento positivo. O princípio descritivo é assim transformado em princípio "positivado", mas não em virtude de lei, senão da vontade do juiz ou tribunal que o afirme. Daí que sua convolação em princípio de direito [= regra de direito] resulta de uma invenção desse juiz ou tribunal, invenção que em geral se procura legitimar sob a assertiva de que encontra inspiração

---

[4] Ob. cit., p. 154.
[5] Les principes dans le droit français du travail. In : *Droit Social*, 9-0, set./out. 1982 e De la polysémie du terme "principe" dans les langages du droit et des juristes. In : *Les principes en droit*, sous la direction de Sylvie Caudal. Paris : Economica, 2008, p. 49-74.
[6] Sim, é de modo propositado, a evidenciar a ambiguidade da linguagem natural, que uso o vocábulo *regra* nesta e nas duas frases anteriores.

doutrinal. O que levaria ao delírio de admitirmos que princípio geral do Direito, na linguagem dos juristas, é princípio [regra de direito] ainda não "positivado", mas que a qualquer momento poderá vir a ser como tal formulado ou (re)formulado pela jurisprudência. O delírio conduz a descaminhos nunca vistos, no percorrer dos quais o Direito positivo é, literalmente, reescrito pelos juízes.

06. Insisto neste ponto: o que caracteriza os princípios, espécie de regra, é seu grau de generalidade, seu caráter mais amplo e largo de generalidade. E mais – afirma Jeammaud em outra exposição[7] – certa proximidade aos valores inspiradores do Direito positivo. Ainda assim, contudo, princípios são regras de Direito em sentido amplo. Sua proximidade aos valores não lhes retira o caráter de regra em sentido amplo. A reflexão que proponho ao leitor, em torno das considerações de Antoine Jeammaud, é evidentemente feita sob a ressalva de em nenhuma hipótese admitirmos superposição entre princípios e valores.

Pois é certo que, enquanto nossos juízes confundirem princípios com valores e nossa jurisprudência estiver fundada na ponderação entre princípios – isto é, na arbitrária formulação de juízos de valor –, a segurança jurídica estará sendo despedaçada.[8]

07. Princípio [= regra em sentido amplo] e regra *stricto sensu* são um número indeterminado de vezes aplicáveis às situações que realizam suas hipóteses. Não obstante, o princípio é distinto da regra *stricto sensu* na medida em que seu objeto engloba uma série ilimitada de outros objetos, objetos que, por sua vez, podem ou poderiam ser disciplinados [= regrados] por uma série de regras *stricto sensu*. Daí que determinada regra [em sentido amplo] será qualificada como princípio quando uma série de outras regras *stricto sensu* dela se desdobre como aplicações especiais suas [aplicações da regra princípio].

08. De resto, se voltarmos a refletir sobre a concepção deôntica da normatividade do Direito, teremos ainda, quanto às distinções que se

---

[7] *De la polysémie du terme "principe" dans les langages du droit et des juristes*, p. 71-73.
[8] Recorro, a esta altura, a trecho de voto que formulei na ADPF nº 153, ao tempo em que exerci a magistratura no STF: "Estamos, todavia, em perigo quando alguém se arroga o direito de tomar o que pertence à dignidade da pessoa humana como um seu valor [valor de quem se arrogue a tanto]. É que, então, o valor do humano assume forma na substância e medida de quem o afirme e o pretende impor na qualidade e quantidade em que o mensure. Então o valor da dignidade da pessoa humana já não será mais valor do humano, de todos quantos pertencem à humanidade, porém de quem o proclame conforme o seu critério particular. Estamos então em perigo, submissos à tirania dos valores. Então, como diz Hartmann, quando um determinado valor apodera-se de uma pessoa tende a erigir-se em tirano único de todo o *ethos* humano, ao custo de outros valores, inclusive dos que não lhe sejam, do ponto de vista material, diametralmente opostos".

apontam apartarem princípios e regras – e, por todas, refiro as indicadas por Dworkin – não resistirem a certas críticas, quais as de Genaro Carrió,[9] autor que nossos neo e pós-constitucionalistas jamais leram.

Algumas vezes me pergunto – e com maior frequência, na medida em que o tempo passa – como faziam os antigos para decidir, ao tempo em que os princípios e suas diferentes dimensões de peso e importância ainda não haviam sido inventados.

Hoje sei que as transgressões antigamente eram praticadas discretamente. Há alguns anos encontrei em uma pequena livraria em Paris, *La Mémoire du Droit*, uma preciosidade: um exemplar datilografado de uma tese de Jean Schmidt,[10] de 1955, jamais publicada. Nessa tese Jean Schmidt afirmava, há quase sessenta anos: "[l]e juge veut atteindre un certain but. La loi lui interdit de rechercher un telle fin, mais il pense que la solution apportée par lui recevra l'adhésion de la Société. Sans doute, les dispositions édictées par les législateurs ne permettent pas de trancher le litige dans le sens désiré, il faut néanmoins considérer cette pensée sociale, dont la pensée du juge est le reflet, et qui lui 'commande' de déroger à la loi. Comment ne pas être alors tenté de recourir aux principes géneraux du Droit[?] Mais, une remarque capitale s'impose: il ne s'agit plus de véritables principes géneraux, mais de la formule 'Principes géneraux du Droit', formule vidée de son sens et n'ayant plus d'autre utilité que de justifier la position adoptée. Par ce moyen, le juge atteint le but recherché et transgresse ainsi la loi en semblant la respecter" (grifo no original).

Nada de novo, como se vê, sob a face da terra. Salvo a circunstância de que aqui, entre nós, agora, todos os limites são ultrapassados!

09. Permitam-me insistir em que os princípios são regras em sentido amplo e apenas na afirmação da legalidade e do Direito positivo – repito-o – a sociedade encontrará segurança e, os humildes, proteção e garantias de defesa.

De mais a mais, o que hoje se passa nos tribunais superiores brasileiros – e de modo exemplar no superior a todos eles – é de arrepiar. Tomando a proporcionalidade e a razoabilidade como princípios – em especial a primeira – reiteradamente se pratica, em lugar do controle da constitucionalidade, controles da proporcionalidade e da razoabilidade

---

[9] *Notas sobre derecho y lenguaje*, 4. ed. Buenos Aires: Abeledo-Perrot, 1990.

[10] *Essai sur la notion de principe juridique* – contribution à l'étude des principes géneraux du droit en droit positif français, datilografado (thèse pour le Doctorat en Droit présentée et soutenue publiquement le 10.6.1955, Université de Paris, Faculté de Droit).

das leis. Essa transgressão é cotidianamente consumada, sem nenhum espanto, porque fomos docemente conduzidos a crer que "violar um princípio é mais grave do que violar uma norma" e continuamos a conceber a interpretação do direito como exercício de mera subsunção.

10. É necessário, por fim, estarmos atentos à circunstância de que todos os operadores do Direito o interpretam, mas apenas certa categoria sua realiza plenamente o processo de interpretação, até o seu ponto culminante, que se encontra no momento da definição da norma de decisão. Este, que está autorizado a ir além da interpretação tão somente como produção das normas jurídicas, para dela extrair normas de decisão, é aquele que Kelsen chama de "intérprete autêntico", o juiz.

Permito-me a esta altura, acompanhando Michel Troper,[11] nos seguintes termos redesenhar a teoria kelseniana da interpretação: "a. L'interprétation porte aussi sur le fait. b. Elle a pour objet non une norme à appliquer, mais un texte. c. Elle émane de tout organe d'application. d. Mais seule doit être considérée comme authentique l'interprétation donnée par une cour statuant en dernier ressort, parce qu'elle est créatrice d'une norme générale qui est la signification du texte à appliquer. e. Cette norme générale est obligatoire pour les tribunaux inférieurs et pour les individus ou autorités soumis à la juridiction de cette cour".

11. O quanto até este ponto afirmei permite-me asseverar, incisivamente, que o recurso à proporcionalidade e à razoabilidade somente se justifica – única e exclusivamente tem sentido – no momento da formulação da norma de decisão. Por isso a prática, pelos juízes e tribunais, dos controles da proporcionalidade e da razoabilidade das leis consubstancia uma excrescência, apenas concebível no torvelinho do delírio dos princípios.

12. Mas não é só. Outro hábito dos juízes, o da ponderação entre princípios, instala a insegurança e a incerteza, permitindo que cada um deles decida no plano do que um dia foi chamado de direito alternativo, à margem do direito positivo, da lei e da Constituição.

Abro mão, neste passo, de qualquer exposição teórica para desnudar a absoluta incerteza dessa ponderação. Proponho ao leitor simplesmente que examine votos proferidos no HC 82.424/RS, no STF, em que foi examinada a publicação de um livro antissemita. Dois ministros

---

[11] Kelsen: la théorie de l'interprétation et la structure de l'ordre juridique. In : *Revue Internationale de Philosophie*, 138, 181-fasc. 4, p. 524.

fizeram uso do "princípio" da proporcionalidade para analisar a colisão da liberdade de expressão e da dignidade do povo judeu, ponderando-as. Fizeram-no para alcançar conclusões – e decisões – antagônicas. Um deles entendeu que a restrição à liberdade de expressão provocada pela condenação à publicação do livro antissemita não é adequada, necessária e razoável, por isso não constituindo uma restrição possível, permitida pela Constituição. Outro, que a restrição à liberdade de expressão causada pela necessidade de coibir-se a intolerância racial e preservar-se a dignidade humana é adequada, necessária e proporcional, logo permitida pela Constituição.

13. Cada um, com seus valores, lendo a Constituição ao seu gosto pessoal. Em voto na ADPF nº 144, ao tempo em que exerci a magistratura no STF, alinhei razões que parcialmente passo a reproduzir.

O Poder Judiciário não está autorizado a substituir a ética da legalidade por qualquer outra. Não hão de ter faltado éticas e justiça à humanidade. Tantas éticas e justiças quantas as religiões, as culturas, os costumes em cada momento histórico, em cada recanto geográfico. Muitas éticas, muitas justiças. Nenhuma delas, porém, suficiente para resolver a contradição entre o universal e o particular, porque a ideia apenas mui dificilmente é conciliável com a realidade.

A única tentativa viável, embora precária, de mediação entre ambas é encontrada na legalidade e no procedimento legal, ou seja, no direito posto pelo Estado, este com o qual operamos no cotidiano forense, chamando-o "direito moderno", identificado à lei. A cisão enunciada na frase atribuída a Cristo – "a César o que é de César, a Deus o que é de Deus" – torna-se definitiva no surgimento do Direito moderno, o direito do modo de produção capitalista posto pelo Estado, direito erigido sobre uma afirmação a atribuir-se a Creonte, ainda que não formulada exatamente nessas palavras: "Prefiro a ordem à justiça". No Direito moderno se opera a separação absoluta entre *lex* e *ius*.

É certo que o temos, o Direito moderno, permanentemente em crise. Mas o que se passa agora é mais grave. Pois, ao mesmo tempo em que se pretende substituir suas normas por outras, descoladas da eficiência ou de alguma distinta vantagem econômica, a sociedade como que já não lhe dá mais crédito e se precipita na busca de uma razão de conteúdo. Coloca-nos então sob o risco de substituição da racionalidade formal do direito [com sacrifício da legalidade e do procedimento legal] por uma racionalidade construída a partir da ética (qual ética?), à margem do direito.

Insatisfeita com a legalidade e o procedimento legal, a sociedade passa a nutrir anseios de justiça, ignara de que esta não existe em si.

E, mais, de que é incabível, como observara Epicuro,[12] discutirmos a "justiça" ou "injustiça" da norma produzida ou da decisão tomada pelo juiz, visto que nem uma, nem outra ["justiça" ou "injustiça"], existem em si; os sentidos, de uma e outra, são assumidos exclusivamente quando se as relacione à segurança [segurança social], tal como concebida, em determinado momento histórico vivido por determinada sociedade. Por isso mesmo é que, em rigor, a teoria do direito não é uma teoria da justiça, porém, na dicção de Habermas,[13] uma teoria da prestação jurisdicional e do discurso jurídico.

14. É possível e desejável, sim, que o Direito, em sua positividade, seja interpelado criticamente a partir de conteúdos éticos e morais nascidos da luta social e política. Esta luta se dá, aliás, desde o advento da modernidade, com o propósito de realizar, para o maior número de pessoas, as promessas de liberdade, da igualdade e fraternidade. Outra coisa é a pretensão de substituir-se o Direito pela moralidade, o que, na prática, significa derrogar as instituições do Estado de direito em proveito da vontade e do capricho dos poderosos ou daqueles que os servem. Quem o faz não se dá conta de que procura *ius* onde não há senão *lex*.

15. Eu poderia concluir insistindo que apenas na afirmação da legalidade e do Direito positivo a sociedade encontrará segurança e, os humildes, proteção e garantias de defesa e que os princípios são regras. Não estaria a dizer o quanto devo dizer, no entanto, se me detivesse neste ponto.

É que o modo de pensar que determina as práticas judiciais nas sociedades capitalistas é de todo coerente e comprometido com a legitimação do modo de produção capitalista. Magistrados em regra não sabem o que fazem. Mas aí estão, juízes e tribunais, nas práticas que exercitam, a legitimá-lo a pretexto de produzirem Justiça. Curiosa e provocantemente, relembro uma afirmação ainda de Kelsen,[14] a justiça absoluta é um ideal irracional; a justiça absoluta – diz ele – "só pode emanar de uma autoridade transcendente, só pode emanar de Deus (...) temos de nos contentar, na Terra, com alguma justiça simplesmente relativa, que pode ser vislumbrada em cada ordem jurídica positiva e na situação de paz e segurança por esta mais ou menos assegurada".

---

[12] *In* : NIZAN, Paul. *Démocrite Épicure Lucrèce* – les matérialistes de l'antiquité (textes choisis). Paris : Arléa, 1991, p. 151.
[13] HABERMAS, Jürgen. *Faktizität und Geltung*. Frankfurt am Main: Suhrkamp, 1992, p. 241.
[14] *O problema da justiça*, trad. de João Baptista Machado. 2. ed. São Paulo: Martins Fontes, 1996, p. 65.

E, recorrentemente, retorno a uma precisa observação de Franz Neumann:[15] "um sistema legal que construa os elementos básicos de suas normas com princípios gerais ou padrões jurídicos de conduta não é senão um disfarce que oculta medidas individuais".

O pensamento crítico que me conduz convence-me de que o modo de ser dos juristas, juízes e tribunais de hoje – endeusando princípios, ao ponto de justificar, em nome da Justiça, a discricionariedade judicial – compõe-se entre os mais bem-acabados mecanismos de legitimação do modo de produção social capitalista. Decidir em função de princípios é mais justo, encanta, fascina na medida em que instrumenta a legitimação desse modo de produção social. Aquela coisa weberiana da certeza e segurança jurídicas sofre então atenuações, evidentemente, no entanto, apenas até o ponto em que não venha a comprometer o sistema.

O que tínhamos, o que nos assistia – o Direito moderno, a objetividade da lei –, o Poder Judiciário aqui, hoje, coloca em risco. A aguda observação de Bernd Rüthers a propósito do que denuncia como transformação constitucional gradual pela qual a República Federal alemã passa nas últimas décadas cabe como luva aos nossos juízes. O Estado de direito fundado na divisão dos poderes – diz Rüthers[16] – transformou-se em um Estado de Juízes (Richterstaat). E de tal modo que a incontrolada deslocação do poder do Legislativo para o Judiciário coloca-nos diante de uma pergunta crucial: pode um Estado, pode uma democracia existir sem que os juízes sejam servos da lei? A Lei Fundamental alemã – como a Constituição do Brasil, digo eu – submete-os à lei. Independência e submissão do Executivo e do Judiciário à legalidade são inseparáveis: a independência judicial é vinculada à obediência dos juízes à lei e ao Direito (Gesetz und Recht), qual define o artigo 20, III, da Lei Fundamental alemã.

16. Nossos tribunais são hoje como que aglomerados de juízes – onze deles lá naquele no qual estive a judicar – como se fosse cada um por si...

Ouso, ao cabo do que estou quase a gritar, transcrever literalmente um trecho do que afirmei em meu *Por que tenho medo dos juízes*,[17] referindo-me à alusão de Sartre à conduta de um garçom que executa

---

[15] *Behemoth*: the structure and practice of National Socialism. London: Victor Gollancz Ltd., 1942, p. 361.
[16] Geleugneter Richterstaat und vernebelte Richtermacht. *In: Neue Juristische Wochenschrift NJW*, Verlag C. H. Beck, p. 2.759/2.760, 2005.
[17] Ob. cit. p. 22-23; p. 20-21 na edição francesa e p. 25-26 na edição alemã.

uma série de gestos solícitos para atender ao cliente, traz o pedido até a mesa equilibrando a bandeja etc. – conduta própria de um jogo. O garçom "joga", cumpre o papel de garçom do café. É o que dele se espera. Que cumpra essa cerimônia de gestos próprios de um garçom, de modo tal que ele se transforme em coisa-garçom e passe a ser uma representação para os outros, um modo de ser que não é ele mesmo, mas somente o ser do garçom do café. Um outro que não é ele mesmo. De modo que ele pode ser tudo, no sentido de que não é perpetuamente essa ou aquela outra coisa. Apenas está sendo, neste momento, o garçom do café. O espaço entre o que é e a coisa que representa – espaço que é o nada – permite que, enquanto viver, ele seja, amanhã e depois, qualquer outra coisa.

Assim é o juiz: interpreta o Direito cumprindo o papel que a Constituição lhe atribui. E de modo tal que se transforma em coisa-juiz e passa a ser uma representação para os outros, um modo de ser que não é ele mesmo, mas somente o ser do juiz.

Ele pode ser tudo, no sentido de que não é perpetuamente juiz. Mas, enquanto estiver sendo juiz, deve representar o papel de juiz, nos termos da Constituição e da legalidade. Não o que é (e pensa) quando cumpre outros papéis – de professor, de artesão, de jardineiro, por exemplo – e se relaciona com os outros ou consigo mesmo.

Ao não representar o papel de juiz (= quando não estiver a judicar – durante um dia podemos ser, por exemplo, músico, esportista, pescador, acólito eclesiástico; podemos estar a representar diversos papéis), poderão, sim, prevalecer seus valores (recomenda-se apenas que, já que também desempenha o papel de juiz, seja discreto...). Enquanto juiz, contudo, há de se submeter unicamente à Constituição e às leis e por elas ser determinado.

Decidir com fundamento em princípios expressivos de valores pessoais, portanto à margem das regras de Direito em sentido amplo, é expressão involuntária – ou seria voluntária? – de agressão à Constituição e às leis. Ouso repetir o que escrevi no prefácio desse meu livro:

> Além de tudo, porque passei a realmente temer juízes que, usando e abusando dos princípios – lembro aqui a canção de Roberto Carlos –, *sem saber o que é direito, fazem suas próprias leis.*

17. Ao cabo desta minha exposição limito-me a repetir, conclusivamente, que o que me dá paz aos quase oitenta anos é ler novamente, na Bíblia, o profeta Isaias (32,15-17) nos dizendo do futuro:

O direito habitará no deserto e a justiça morará no vergel. O fruto da justiça será a paz e a obra da justiça consistirá na tranquilidade e na segurança para sempre.

Informação bibliográfica deste texto, conforme a NBR 6023:2018 da Associação Brasileira de Normas Técnicas (ABNT):

GRAU, Eros Roberto. Os princípios são regras! *In*: SARAIVA FILHO, Oswaldo Othon de Pontes; SIQUEIRA, Julio Homem de; BEDÊ JÚNIOR, Américo; FABRIZ, Daury César; SIQUEIRA, Junio Graciano Homem de; CUNHA, Ricarlos Almagro Vitoriano (Coord.). *Noções gerais e limitações formais ao poder de tributar*. Belo Horizonte: Fórum, 2021. p. 51-62. (Coleção Fórum Princípios Constitucionais Tributários – Tomo I). ISBN 978-65-5518-057-2.

PRINCIPIOS CONSTITUCIONALES. CONCEPTO

GLORIA RAMOS-FUENTES
PATRICI MASBERNAT

1 Teoría de los principios[1]

1.1 Introducción

Los principios jurídicos son una clase de normas, que corresponde ser determinados por la doctrina legal, los jueces, el legislador o el constituyente.[2]

Ellos presentan múltiples contenidos y, además, fluctuante en el tiempo. Por ejemplo, el Derecho Natural dota de una clase de contenido a los principios jurídicos. El positivismo del siglo XIX recurrió a los principios generales del Derecho como una fuente complementaria. Desde ahí a nuestros días han surgido diversas concepciones de los principios del Derecho.[3] Modernamente, ha sido Dworkin quien más ha contribuido a revitalizar a los principios como fuentes del Derecho,

---

[1] Abreviaturas: CS Corte Suprema; DDHH Derechos Humanos; DDFF Derechos Fundamentales; DDCC Derechos Constitucionales; TC Tribunal Constitucional; C Considerando; CP Constitución Política.

[2] LUZZATI, Claudio. *El principio de autoridad y la autoridad de los principios*. Madrid: Marcial Pons, 2013, p. 144.

[3] BELADIEZ, Margarita. Los Principios Jurídicos. *Cuadernos Civitas*, Pamplona, p. 21-38, 2010.

quien en su ya clásica formulación sostuvo que todo el ordenamiento jurídico se compone de principios (*principles*), medidas o programas políticos (*policies*, medidas políticas semejantes a las normas genéricas –*standards*–) y reglas o disposiciones específicas (*rules*). Mientras las reglas son normas que sólo presenta dos opciones de aplicación (todo-nada), los principios otorgan una orientación al decisor pero no en un único sentido, *i.e.*, aun cuando según su formulación sean aplicables al caso concreto, no determinan necesariamente la decisión, sino que solamente proporcionan razones en favor de una u otra decisión posible. Por otro lado, las reglas son normas que incluyen un elemento fáctico en su estructura, lo que no sucede con los principios y valores (y entre estos dos últimos, hay una diferencia de menor y mayor abstracción). En tercer lugar, las reglas se aplican mediante el silogismo lógico, en cambio los principios y valores deben aplicarse mediante procedimientos argumentativos o de justificación. Dworkin planteaba que los principios tienen una dimensión que las reglas no exhiben, *i.e.*, una dimensión de peso que se muestra en las colisiones entre principios. Si colisionan dos principios, se da un valor decisorio al principio que tenga un peso relativamente mayor, sin que por ello quede invalidado el principio con el peso relativamente menor. En otros contextos o casos, el peso podría estar repartido de manera opuesta. En cambio, si ocurre un conflicto entre reglas, *v.g.*, cuando una regla manda algo y otra prohíbe lo mismo, sin que una regla establezca una excepción para la otra, al menos una debe ser siempre ser inválida.[4]

    Para Alexy, las reglas se distinguen de los principios en los casos de colisión. Los principios son normas que ordenan que se realice algo en la mayor medida posible, en relación con las posibilidades jurídicas y fácticas, son mandatos de optimización que se caracterizan porque pueden ser cumplidos en diversos grados y porque la medida ordenada de su cumplimiento no sólo depende de las posibilidades fácticas, sino también de las posibilidades jurídicas.[5] El campo de las posibilidades jurídicas está determinado a través de principios y reglas que juegan en sentido contrario. En cambio, las reglas son normas que exigen un cumplimiento pleno y, en esa medida, pueden siempre ser sólo o cumplidas o incumplidas. Para descubrir lo fuerte que pueda ser una teoría de los principios desde el punto de vista de su rendimiento, según Alexy, hay que fijarse en la semejanza que tienen los principios

---

[4] DWORKIN, Ronald. Ronald M. Dworkin. The Model of Rules. *The University of Chicago Law Review*, vol. 35, n. 1, p. 22, autumn 1967.

[5] ALEXY, Robert. On the Structure of Legal Principles. *Ratio Juris*, vol. 13, n. 3, p. 295, 2000.

con lo que se denomina "valor". En lugar de decir que el principio de la libertad de prensa colisiona con el de la seguridad exterior, podría decirse que existe una colisión entre el valor de la libertad de prensa y el valor de la seguridad exterior. Toda colisión entre principios puede expresarse como una colisión entre valores y viceversa. Alexy manifiesta que "la única diferencia consiste en que en la colisión entre principios se trata de la cuestión de qué es debido de manera definitiva, mientras que la solución a una colisión entre valores contesta a qué es de manera definitiva mejor. Principios y valores son por tanto lo mismo, contemplado en un caso bajo un aspecto deontológico, y en otro caso bajo un aspecto axiológico. Esto muestra con claridad que el problema de las relaciones de prioridad entre principios se corresponde con el problema de una jerarquía de los valores".[6]

Como vemos, principios y valores se relacionan, de modo que es necesario referirnos a estos últimos.

Estrada efectúa un importante estudio de la Teoría de los Valores (especialmente a nivel constitucional), es crítico de ellos, tanto porque la doctrina no tiene capacidad para manejar y distinguir ambas categorías como por la incorporación de elementos morales y políticos a un cuerpo de pretensiones jurídicas, generando el peligro de una teoría constitucional influenciada por una filosofía moral. Sostiene que la Constitución Política incorpora normas cuyos contenidos son elementos morales (valores), políticos (directrices) y, principalmente, jurídicos (principios), que aumentan el universo de objetos de análisis, exigiendo una teoría general dispuesta a desvelar la naturaleza de los mismos. Sostiene que ese "pluralismo de perspectivas desde las cuales se busca dar respuesta a la noción de principios y valores, sumado al proceso de irradiación constitucional, ha llevado a lo que se podría calificar como reduccionismo epistemológico, entendido como la explicación y solución de todos los problemas jurídicos a partir de la dogmática constitucional", lo que muestra el "proceso de hiperconstitucionalización entendido como la tendencia de dar cuenta de todo asunto jurídico a partir de la Constitución Política asumida toda ella como norma jurídica sin distinguir sus elementos políticos (directrices) y morales (valores) de los jurídicos". Como ejemplo de lo que sostiene, se encontrarían los conceptos de principio y valor, pues el "derecho constitucional ha pretendido dar explicación de su naturaleza y funciones a pesar de ser

---

[6] ALEXY, Robert. Sistema Jurídico. Principios Jurídicos y Razón Práctica. *DOXA* 5, p. 145, 1988.

notoria la ausencia de un estatuto epistemológico propio que le permita dar razón de esos elementos", debiendo por tanto "acudir a la filosofía y a la teoría jurídica para la realización de un necesario deslinde al interior del cuerpo de normas constitucionales entre lo moral y lo jurídico".[7]

1.2 Los principios

Los autores le han otorgado un diferente contenido a esta categoría. Pérez Luño señala que el término principio sugiere la idea de inicio, origen o causa de algo, no obstante, en el lenguaje jurídico los principios generales del derecho aparecen, las más de las veces, como las consecuencias o resultados: 1) de la actividad del legislador, quien de acuerdo con la concepción iuspositivista es quien define los principios como normas tácitas inducibles, por un proceso de abstracción y generalización, de las normas particulares del ordenamiento jurídico y es el propio legislador el que determina su papel como fuentes del derecho; 2) de la actividad del juez, quien los establece a través de una interpretación analógica de las leyes o los descubre a partir de la naturaleza de las cosas o del derecho natural; 3) de la doctrina, que los elucida en sus construcciones teóricas dirigidas al análisis, elaboración y sistematización de los sistemas jurídicos; 4) o se hace derivar su validez de la costumbre, *i.e.*, del hecho reiterado de su invocación y aplicación como normas jurídicas; 5) o de las convicciones y aspiraciones morales que se manifiestan en las sociedades.[8]

1.3 Las clases de principios

Bobbio, distingue los distintos principios del derecho, considerados de menor a mayor grado de generalidad: i) de un instituto; ii) de una materia; iii) de una rama del derecho; iv) o del ordenamiento jurídico. BOBBIO distingue, asimismo, los principios de derecho, dotados de generalidad relativa a tenor de la clasificación reseñada, de los principios del derecho, de carácter universal dotados de una

---

[7] ESTRADA, Sergio, La noción de principios y valores en la jurisprudencia de la Corte Constitucional. *Revista Facultad de Derecho y Ciencias Políticas*, Medellín, vol. 41, n. 114, p. 41-76, 2011.

[8] PÉREZ LUÑO, Antonio-Enrique. Los Principios Generales del Derecho: ¿Un Mito Jurídico?, *Revista de Estudios Políticos*, n. 98, p. 9, octubre-diciembre 1997.

generalidad absoluta. Bobbio indica que la admisión de estos últimos es un rasgo característico de las teorías del derecho natural.[9]

De acuerdo a Buenaga, los principios pueden estructurarse en cuatro grandes niveles de actuación en el Ordenamiento jurídico: i) Nivel superior o fundamentador: el principio de justicia; ii) Nivel de todo el Ordenamiento jurídico: principios establecidos en la norma constitucional o en normas con rango o importancia paraconstitucional; iii) Nivel sectorial: principios básicos de cada una de las ramas del Ordenamiento jurídico; iv) Nivel institucional: principios de cada una de las instituciones que conforman cada parcela del Ordenamiento jurídico.[10]

Para Beladiez, las distinciones sustanciales entre los principios, que efectúan los autores. En general carecen de trascendencia jurídica, y realmente su contenido representa los valores ético jurídicos significativos para una sociedad. La única distinción relevante se encuentra, para este auto, entre los principios constitucionales y los principios que no tienen rango constitucional.[11]

1.4 El Derecho como razonamiento práctico o como razonamiento teórico. Métodos dogmática y de argumentación jurídica[12]

El Derecho como razonamiento práctico es la perspectiva del Derecho como instrumento regulador de los conflictos sociales, lo que lleva a enfatizar los procedimientos prácticos y teóricos de aplicación del Derecho en los casos concretos (perspectiva dinámica, razonamiento inductivo). Esta perspectiva se opone al Derecho como razonamiento teórico o deductivo (perspectiva estática, razonamiento deductivo).

Esta distinción tiene consecuencias metodológicas. Surgen dos perspectivas metodológicas para abordar el fenómeno jurídico: la dogmática jurídica, vinculada a la hermenéutica; y, el razonamiento jurídico-práctico, vinculada a las teorías de la argumentación jurídica.[13] Ambas perspectivas no son necesariamente contradictorias.

---

[9] BOBBIO, N. Principi generali di diritto (1966), se cita en Contributi ad un dizionario giuridico. Torino: Giappichelli, 1994, p. 275 y ss.
[10] BUENAGA, Oscar. *Metodología del razonamiento jurídico-práctico*. Elementos para una teoría objetiva de la argumentación jurídica. Madrid: Dikinson, 2016, p. 241.
[11] BELADIEZ, *op. cit.*, p. 190-193.
[12] Este vinculo es explicado por ALEXY, Robert. Sistema Jurídico. Principios Jurídicos y Razón Práctica. *DOXA* 5, 1988, p. 139-151.
[13] BUENAGA, Oscar, *op. cit.*, p. 38 ss.

La dogmática hace uso de dogmas jurídicos, entre ellos, los principios generales vertebradores del propio Sistema, conectados entre sí, y que dotarían de sistematicidad al Ordenamiento; las instituciones jurídicas, respecto de las cuales la dogmática establece su denominación específica jurídica; a su vez, dentro de cada institución estarían los principios generales de la misma (la función de la institución) y los conceptos jurídicos elaborados en torno a los problemas que conforman la institución; finalmente, cada concepto jurídico estaría conformado por el conjunto de normas jurídicas relativas a dicho concepto, que incluirían también las decisiones judiciales o las opiniones doctrinales vertidas sobre la operatividad práctica de normas.

Con argumentación jurídica no queremos aquí hacer referencia a la actividad general de los operadores del Derecho sino a una actividad reglada, construida bajo ciertos parámetros.[14] Uno de ellos, obviamente, son los elementos de que hace uso, *i.e.*, las fuentes del Derecho; otro, los medios, cual es la racionalidad de las aseveraciones; y una finalidad, cual es, la justificación institucional. Podríamos decir, entonces, que se trata de la justificación racional de las decisiones institucionales en el campo del derecho, como por ejemplo, las sentencias judiciales. En el campo de la aplicación de los principios este mecanismo es esencial, dado que los principios en relación a los hechos de la causa, pueden dar lugar a múltiples soluciones aceptables, y las teorías de la argumentación jurídica entregan herramientas para defender institucionalmente aquella decisión más plausible. Como mostraremos más adelante, la vinculación entre la argumentación jurídica y el neoconstitucionalismo ha sido continuamente destacada por la doctrina.[15]

La aplicación de las normas jurídicas hace referencia a la actividad consistente en trasladar el contenido abstracto e hipotético de una norma jurídica a una situación concreta que acontece en la realidad social. Las normas jurídicas aparecen formuladas, por su propia naturaleza, con un contenido general y abstracto. La actividad de aplicación del Derecho tradicionalmente se ha considerado como un proceso esencialmente deductivo (silogismo lógico, propio de la aplicación de reglas) en el que el juez realiza la interpretación de la regla abstracta para resolver un

---

[14] En los términos expuestos por MARTINEZ, David. *Metodología Jurídica y Argumentación*. Madrid: Marcial Pons, 2010, especialmente páginas 187 y ss.

[15] MUÑOZ, Mario. Argumentación jurídica y principios constitucionales: su incidencia en el derecho privado. *Derecho y Realidad*, n. 23, p. 330, 2014.

caso concreto.[16] Sin embargo, la aplicación del Derecho es mucho más que esta tarea, dado que la resolución de cada caso concreto conlleva un reajuste de la norma a la realidad social que pretende disciplinar y obtener una solución justa y aceptable socialmente, con consideración del caso concreto, los hechos de la causa, etc. (y esto vale tanto para los principios como para la aplicación de las reglas, dado su contenido difuso, o respecto de los casos difíciles[17]). Esto conduce al razonamiento inductivo. En esta perspectiva la actividad institucional del juez es más relevante. Finalmente, el razonamiento abductivo o reductivo, se caracteriza por partir de una serie de datos diversos para llegar a la formulación de un enunciado concreto que resulta ser la hipótesis más verosímil de explicación de dichos datos, el cual podría ser considerado como una subespecie del razonamiento inductivo.[18]

Como explica Buenaga, el razonamiento jurídico presenta una serie de rasgos diferenciales que lo separan de cualquier otro tipo de razonamiento, configurándolo y determinándolo. Como condición necesaria de validez lógica de un razonamiento normativo está el que su conclusión sea una norma y que entre sus premisas aparezca también al menos una norma jurídica. De este modo, en él concurren premisas normativas y cognoscitivas (o descriptivas), y una conclusión que es siempre normativa. En definitiva, el razonamiento jurídico consiste en la utilización racional de las normas jurídicas para obtener conclusiones fundamentadas en las mismas. Añade que a esta *actividad racional* con normas se le suele denominar más frecuentemente argumentación jurídica o discurso jurídico, siendo indiferente el uso de tales términos, dado que se refieren a la misma realidad.[19] Entonces, se caracteriza por su insumo básico (las normas jurídicas, las fuentes formales del Derecho, que deben estar presentes en una de las premisas y en la conclusión); la existencia de una metodología propia que implica un uso peculiar del lenguaje; sistematismo o pretensión de integridad que funciona con arreglo a reglas específicas; uso de categorías específicas del pensamiento como son las instituciones jurídicas; una finalidad específica de lograr decisiones o conclusiones justas, y no verdaderas, demostrables o

---

[16] Alexy sostiene que "The formal structure of subsumption may be represented in a deductive scheme, which one might call the 'Subsumption Formula.'" Dentro de este campo, ese esencial la distinción entre los métodos de aplicación de principios y de reglas. Esto se encuentra bien descrito en: ALEXY, Robert. On Balancing and Subsumption. A Structural Comparison. *Ratio Juris*, vol. 16, n. 4, p. 433-449, 2003.
[17] MARTINEZ, *op. cit.*, p. 31 y ss,; p. 57 y ss.
[18] BUENAGA, *op. cit.*, p. 47.
[19] BUENAGA, *op. cit.*, p. 47.

correctas necesariamente, lo que enfatiza la consideración finalística o flexible de las normas jurídicas como instrumentos resolutivos de los conflictos; en el caso del razonamiento jurídico-práctico, su estructura discursiva de funcionamiento es propia y peculiar, razonando sobre la aplicación de reglas con formulaciones abstractas a situaciones de la realidad para dotar de solución (justa) a un conflicto planteado.[20]

En definitiva, el razonamiento jurídico-práctico es un método o técnica que utilizan los operadores o aplicadores jurídicos para razonar o argumentar las decisiones que adoptan para la resolución de un caso concreto planteado aplicando el Ordenamiento vigente (razonamiento legal), siendo el razonamiento jurídico empleado legítimo si la decisión adoptada del caso concreto es justa. Se trata de emitir un *acto decisional de la cuestión jurídica*.[21]

1.5 El acto decisional de la cuestión jurídica

Buenaga expone que el acto decisional constituye el paso final del razonamiento jurídico, donde el operador realiza la operación lógica, racionalmente justificada, de aplicar la norma seleccionada a los hechos determinados y extraer del ordenamiento jurídico la consecuencia jurídica establecida en la norma. En este estadio del razonamiento jurídico-práctico, la cuestión primordial es la cualidad de justa de la decisión, esto es, justificable, ya que caben en muchos casos varias soluciones justas de un mismo asunto. El problema fundamental en este punto es la aplicación del último criterio de ajuste de la decisión normativa al principio de justicia en los casos en los que la aplicación rígida de la norma lleve a una solución injusta. Asimismo, la posibilidad de varias soluciones justas a un mismo problema, permite sostener la tesis de la existencia de unos criterios mínimos de justicia que cualquier resolución debe respetar, lo que explica que el decisor pueda adoptar varias decisiones justas que respeten tales criterios.[22]

Para Buenaga, las resoluciones judiciales decisorias (sentencias, pero también autos) son actos normativos. Son fuentes del Derecho por cuanto aún resolviendo casos concretos, tienen pretensión de universalidad, es decir, que si se presentase un caso sustancialmente

---

[20] BUENAGA, *op. cit.*, p. 47-49.
[21] BUENAGA, *op. cit.*, p. 26-27
[22] BUENAGA, *op.cit.*, p. 27.

igual resolverían de la misma manera. En este sentido, explica, implica un criterio de predictibilidad.[23]

Continúa este autor, sustentando que los precedentes judiciales debieran considerarse tanto por los jueces como por los abogados, dada su importancia decisiva (a un nivel prácticamente normativo) como auténticas fuentes del Derecho. El carácter normativo de la sentencia se encuentra fundamentalmente en la *ratio decidendi* del asunto, en la aplicación de las normas jurídicas correspondientes al supuesto concreto, por cuanto en aplicación del criterio implícito de justicia de la universalidad, cualquier persona extrae la consecuencia de que si se produjese un caso similar el Juez dictaría una sentencia igual. El principio de tratamiento igualitario exige que los casos similares deban ser tratados igual, y este es un principio jurídico general derivado de la propia noción formal de justicia y del principio de igualdad ante la Ley.

2 Los principios constitucionales

2.1 Importancia de los principios en el neoconstitucionalismo

El neoconstitucionalismo constituye una profundización del constitucionalismo, el paso del legalismo, marcado por el formalismo jurídico y la reducción de competencias de los jueces, al un proceso político-jurídico que enfatiza el contenido valorativo de la Constitución e intenta hacerla valer con ayuda del Poder Judicial, dado el caso, también frente al legislativo y al ejecutivo.[24] Esto es muy explicado por Faralli, quien destaca la incorporación de elementos valóricos en el Derecho, especialmente a través de los principios jurídicos.[25] En los sistemas neoconstitucionales, los tribunales o cortes constitucionales juegan un rol preponderante.[26]

Para el neoconstitucionalismo, explica Cruz, la Constitución representa "un orden valorativo (u orden objetivo axiológico que

---

[23] BUENAGA, *op.cit.*, p. 27.
[24] CRUZ, Luis. La constitución como orden de valores. Reflexiones en torno al Neoconstitucionalismo. *Díkaion*, vol. 23, n. 18, p. 26, diciembre 2009.
[25] FARALLI, Carla La apertura de la filosofía del derecho a los valores éticopolíticos, p. 81-143, Base de Datos: Id. vLex: VLEX-42571406. Link: http://vlex.com/vid/apertura-derecho-valores-42571406.
[26] Cruz destaca la Sentencia Lüth del TCF Alemán, de 1958, donde se establecen los conceptos centrales de valor, ordenamiento valorativo, jerarquía valorativa y sistema de valores, en los que se apoyará posteriormente el TC en numerosas decisiones.

conforma la vida social y demanda su aplicación en todos los ámbitos del Derecho) donde los elementos estructurales del Estado obedecen a principios sustantivos que se hallan también en la base del sistema de los DDFF. Lo decisivo y novedoso de este constitucionalismo radica en las cualidades materiales o sustanciales de la Constitución, que la tornan prácticamente omnipresente en toda operación de creación y aplicación del Derecho".[27] En las constituciones modernas, se distinguen al menos tres elementos fundamentales: un núcleo central de ideas que configuran verdaderos principios y valores del respectivo régimen constitucional; una ordenación de las instituciones de gobierno, la atribución de poder a los órganos que la misma establece; y un determinado orden económico y social en que se basa el orden mismo de la comunidad mediante los cuales tales instituciones desenvuelven su vida.[28] Este autor agrega que la Constitución, encarna un proyecto político, y, por tanto, no se limita a fijar las reglas del juego, sino que participa directamente en el mismo, condicionando futuras decisiones, mediante la incorporación de un denso contenido normativo, compuesto de valores, principios, DDFF y directrices a los poderes públicos.[29]

2.2 Distinción entre valores y principios

La CP incorpora valores y principios.[30]

Por ejemplo, los valores superiores expresados en el artículo 1.1. de la Constitución de España. Para Pérez Luño, los valores tienen una función fundamentadora, ya que son el núcleo básico e informador de todo el ordenamiento; una función orientadora, dirigiendo al ordenamiento hacia metas o fines predeterminados, y una función crítica, porque sirven como criterio o parámetro de valoración de hechos o conductas. Para Peces-Barba, los valores incorporan contenidos materiales a las Constituciones, asegurando en este sentido la unidad del ordenamiento, y considera que legitiman el Derecho, complementando la finalidad integradora de la Constitución.

---

[27] CRUZ, *op. cit.*, p. 16.
[28] ALCALDE, Enrique. Relación entre valores y principios generales de derecho en la interpretación constitucional de los derechos fundamentales en Chile. *Rev. Chilena de Derecho*, v. 35, n. 3, p. 264, 2008.
[29] CRUZ, *op. cit.*, p. 26.
[30] FREIXES, Teresa; REMOTTI, José Carlos. Los Valores y Principios en la Interpretación Constitucional. *Revista Española de Derecho Constitucional*, n. 35. 1992, p. 99-101.

Los valores son reglas prescriptivas, *i.e.*, vinculantes, obligatorias, eficaces y expresivas de un contenido material.[31]

Las funciones de los valores son las siguientes: i) Incorporan contenidos materiales a la Constitución; ii) Tienen varias funciones: orientadora, informadora y crítica de todo el ordenamiento, tanto en la producción de normas como en la interpretación de las mismas; iii) Delimitan el significado de las normas; iv) Determinan entre sí una relación de complementariedad que no permite establecer jerarquías entre ellos; v) Permiten superar las aparentes antinomias, incorporando al análisis constitucional la finalidad integradora propia de las Constituciones consensuadas.[32]

Los principios son instituciones con proyección normativa de las cuales se extraen reglas jurídicas. En cuanto tales, cumplen con una función informadora de todo el ordenamiento. Esta función es más concreta que la realizada por los valores (de ahí su diferencia funcional con los mismos), ya que a partir de su mayor grado de precisión (pues, aun cuando son indeterminados, son predictibles) los principios ofrecen mayores argumentos para decidir el significado concreto de una regla. Así, también, de los principios se extraen reglas aplicables a los casos concretos, y la posible transmutación de los principios en reglas supone el ejercicio de diferentes opciones de política legislativa. Corresponde, pues, al legislador concretar los principios constitucionales en reglas y al intérprete jurisdiccional aplicar las reglas inferidas de los mismos, pero con menor grado de discrecionalidad que el legislador, ya que el contenido material de los principios determinará el sentido de las reglas durante el proceso de interpretación. Los principios han de deducirse de las reglas constitucionales. Por otro lado, las posibles colisiones deben ser resuelta superando las contradicciones a través del *balancing* o equilibrio que exige el efecto integrador buscado por las normas constitucionales.[33]

Respecto de la función constitucional de los principios puede concretarse en que: i) Tienen eficacia directa; ii) Permiten extraer las reglas aplicables al caso concreto; iii) Su función positiva consiste en informar el ordenamiento; iv) La función negativa comporta que tengan fuerza derogatoria; v) Su interpretación debe realizarse en forma complementaria e indisociable; vi) Facilitan, a partir de su transmutación

---

[31] FREIXES; REMOTTI, *op. cit.*, p. 99-101.
[32] FREIXES; REMOTTI, *op. cit.*, p. 99-101.
[33] FREIXES; REMOTTI, *op. cit.*, p. 101 y 104.

en reglas, la posibilidad operativa de una pluralidad de opciones cuya elección concreta corresponde a criterios de política legislativa.[34]

Respecto de su consagración, algunos de los principios están positivados en la Constitución; otros no están formulados expresamente, sino que se deducen de una interpretación operativa a partir de las reglas constitucionales (como, v.g., el principio democrático, que se extrae de la estructura constitucional), que deberán ser concretadas a partir de los principios deducidos; otros principios tienen una dimensión histórica que ha venido siendo reconocida regularmente como propia de todo sistema jurídico.[35]

Los principios constitucionales tienen las siguientes características estructurales: i) Son normas inferidas de una interpretación operativa sobre las reglas constitucionales; ii) Constituyen proyecciones normativas a partir de elementos reglados; iii) Contienen gérmenes de reglas indeterminadas, pero predictibles; iv) Sus elementos estructurales son permanentes; v) Entre los principios no existe relación jerárquica a nivel estructural.[36]

2.3 Interpretación de los valores y principios

Freixes & Remotti explican que la interpretación de los valores y principios constitucionales sigue las reglas generales de interpretación jurídica. Pero, de su estructura normativa y de su función constitucional se desprenden algunas peculiaridades: (i) Tanto valores como principios tienen una estructura jurídica estable y permanente, mientras que, por otra parte, su función constitucional es flexible y dependiente de múltiples circunstancias que pueden generar una pluralidad de opciones; (ii) Su carácter normativo e institucional vincula a los poderes públicos y a los particulares; (iii) La estructura de los valores como metanormas y de los principios como gérmenes de reglas origina una vinculación especial a los poderes ejecutivo y legislativo, al imponerles como límite a su actuación el orden de valores y principios constitucionales; (iv) El contenido material expresado en los valores y principios constitucionales, a partir de la función fundamentadora, pretende asegurar que el contenido material del ordenamiento jurídico esté de acuerdo con el orden material establecido en ellos, constituyendo la medida de la legitimidad; (v) Cuando entre los valores o principios subyacentes a

---

[34] FREIXES; REMOTTI, *op. cit.*, p. 101 y 104.
[35] FREIXES; REMOTTI, *op. cit.*, p. 101 y 104.
[36] FREIXES; REMOTTI, *op. cit.*, p. 101 y 104.

las normas exista conflicto, debe encontrarse una interpretación que no anule ninguno de los valores o, en su caso, principios; (vi) Ni entre principios y valores superiores, podemos establecer un orden jerárquico interno, ya que la Constitución no lo determina.[37]

2.4 Aplicación de los principios y valores constitucionales

Todos quienes se encuentren sujetos a ellos, deben aplicar los principios y los valores constitucionales. Pero es preciso plantearse si la aplicación de los valores o principios puede ser o no directa, es decir, determinar el grado de aplicación de los valores o principios partiendo directamente del propio texto constitucional o a partir de su subsunción en las leyes. Distinguiremos al respecto la aplicación por parte del legislador, la aplicación por parte del juez y la aplicación a realizar por el TC: i) El legislador está directamente vinculado, bajo control del TC o la CS; ii) El poder judicial, *i.e.*, los tribunales ordinarios, deberán aplicar las leyes, las cuales se presumen constitucionales; y de acuerdo a las normas nacionales especificas, deberán interpretar la ley conforme a la Constitución, o aplicar directamente la Constitución o enviar el asunto al TC en caso de conflicto entre ley y CP; iii) El TC o CS, en su caso, la aplican.

2.5 Colisión de principios

Buenaga explica que es común que los principios generales del ordenamiento jurídico se contradigan o se limiten entre sí, dado que su formulación es muy abierta y universal, lo que les lleva a chocar entre sí. Casos típicos son los de la libertad y la igualdad; la justicia o la libertad y la seguridad jurídica; la intimidad y la libertad de expresión; el derecho de huelga y la libertad de empresa; etc. Agrega que, en general, los DDFF, los principios constitucionales, los grandes principios legales de áreas del Ordenamiento (buena fe, abuso de derecho, protección de la confianza legítima, etc.), tienen una vocación expansiva que les lleva a chocar unos contra otros. Ello muestra que la estructura fundamental del ordenamiento jurídico es dialéctica, al estar conformada por aquéllos, y que las normas jurídicas que se edifican sobre tales cimientos no son sino formulaciones de equilibrio o consenso entre los mismos, establecidos

---

[37] FREIXES; REMOTTI, p. 104 y ss.

por el legislador democrático en atención a los valores o sensibilidades sociales imperantes en el momento histórico.[38]

Para este autor, en este estadio del razonamiento jurídico se plantean los problemas de: i) ausencia normativa (lagunas); ii) concurrencia normativa entre sentencias judiciales contradictorias o contradicción de normas jurídicas entre sí (o con las sentencias), y que se resolverán de acuerdo con el principio de jerarquía y competencia; y, iii) problemas de interpretación de las normas debidos a la existencia de distintos criterios o cánones de interpretación, y sobre todo, al problema de la jerarquización entre estos criterios.[39]

3 Los DDFF y los DDHH como normas, valores y principios

Los DDFF presentan una faz objetiva y una faz subjetiva.[40] En su faz objetiva, las funciones de los DDFF son las de constituirse en valores o principios que iluminan en sistema jurídico en el proceso de creación, interpretación y aplicación de las normas jurídicas y actos jurídicos. En su función subjetiva, los DDFF representan y actúan como derechos susceptibles de exigirse *erga omnes*, son inalienables e imprescriptibles. Esto ha sido destacado por los tribunales constitucionales de todos los países occidentales, especialmente y desde muy antiguo por el tribunal constitucional alemán, se consideran como valores, una suerte de "ancla iusnaturalista".[41]

La vinculación entre DDHH y de DDFF depende de las doctrinas jurídicas, las decisiones judiciales, y los sistemas jurídicos nacionales.[42] Para las escuelas europeas, la diferencia entre los DDHH y los DDFF tiene base jurídica, dado que los DDHH son considerados como elementos morales, orientadores del deber ser del Estado que, desde una perspectiva filosófica, definiría el modelo de Estado que tendría que perfilarse para el futuro; y los DDFF son considerados como aquellos derechos que, por su importancia política específica en un momento determinado de la historia, encarnan el contenido de las

---

[38] BUENAGA, *op. cit.*, p. 24.
[39] BUENAGA, *op. cit.*, p. 26.
[40] Una explicación completa en BARRANCO, María. *Teoría Jurídica de los Derechos Fundamentales*. Editorial Dikinson. 2000. España, p. 31 y ss.
[41] CRUZ, *op. cit.*, p. 20.
[42] ANGULO, Geofredo. *Teoría Contemporánea de los Derechos Humanos*. Elementos para una Reconstrucción Sistémica. Editorial Dikinson. 2015. España, p. 63 y ss.

constituciones de los Estados, como valores principales y normas específicas, provistas, además, de mecanismos concretos para su defensa y garantía, mediante procedimientos especializados y, preferentemente, también ante jurisdicciones especializadas destinadas a la defensa de la constitucionalidad frente a los poderes del Estado. Para otras escuelas de pensamiento, inspiradas en la reflexión latinoamericana, los DDHH serian todos los derechos inherentes a la persona humana y, por esa sola condición, independientemente de la existencia de una fuente jurídica que los reconozca y, menos aún, sin condicionar que tal fuente jurídica sea de tal modo fundamental como para determinar que la incorporación al texto constitucional sea lo único relevante: y, por su parte, los DDFF serían aquellos DDHH cuyo ejercicio no puede ser suspendido, sin garantías constitucionales y legales, ni siquiera en situaciones de un situación de emergencia.

Otro aspecto, es el relativo a la interpretación, dado que, los DDFF exigirían una interpretación especial diferente del resto de normas constitucionales, tanto en su aspecto de derechos subjetivos como de principios jurídicos, lo mismo sucedería con los DDHH,[43] aunque en este lugar nos interesa su faz objetiva o en cuanto principios.[44]

Otra característica de los DDFF es su efecto horizontal y su efecto de irradiación, productos de las ideas de la "constitución como derecho aplicable" o "la fuerza normativa de la constitución", y de la teoría de la eficacia directa de los DDFF.

El efecto horizontal de los DDFF es denominado de esa manera en oposición al efecto vertical (Teoría "mittelbare Drittwirkung"). El primero hace referencia al efecto de los DDFF en las relaciones jurídicas entre los particulares, esto es, entre sujetos sin potestad estatal; el segundo, hace referencia al efecto de los DDFF en las relaciones jurídicas entre el Estado o alguno de sus órganos y las personas que están sujetos a su imperio. Respecto del efecto irradiación o de expansión de los DDFF,[45] significa ellos en tanto normas objetivas de principio influyen amplia y materialmente en todas las esferas del sistema jurídico, por tanto, son normas que no se limitan a regular la relación inmediata

---

[43] AGUILAR, Gonzalo. Principios de Interpretación de los Derechos Fundamentales a la luz de la Jurisprudencia Chilena e Internacional, *Boletín Mexicano de Derecho Comparado* nueva serie, año XLIX, n. 146, p. 13-59, mayo/ago. 2016.
[44] KUMM, Mattias. Constitutional rights as principles: On the structure and domain of constitutional justice. A review essay on A Theory of Constitutional Rights. *International Journal of Constitutional Law*, vol. 2, Issue 3, p. 574-596, 2004.
[45] ANZURES, José Juan. La Eficacia Horizontal de los Derechos Fundamentales. *Revista Mexicana de Derecho Constitucional*, n. 22, p. 13 y ss., enero-junio 2010.

Estado-ciudadano, sino que a la sociedad en su conjunto, también en las relaciones particulares, convirtiéndose además en deberes de protección hacia el Estado.

Un último aspecto es el de la posibilidad de colisión de derechos fundamentales. Para resolver esta colisión, se han planteado múltiples enfoques, constituyendo los métodos más reconocidos los de ponderación o *balancing test*,[46] determinación del contenido esencial de los derechos, y principio de proporcionalidad.[47] Para todo esto, es útil referirse a la sentencia "S. v. Makwanyane (1995) 3 SA 391", citada por Moller,[48] o en general la obra de Fernández que trata este mecanismo en el derecho europeo.[49] Obviamente estos mecanismos de solución de conflictos de derechos o principios no se encuentran ausentes de críticas.[50]

Conclusiones

La comprensión del concepto de principios del derecho, en cuanto normas, es un asunto muy complejo. Esta complejidad se refleja en los principios constitucionales, no obstante la especialidad de estos últimos.

El contenido de los principios jurídicos, en general, o constitucionales, en particular, puede conocerse mejor en relación a las reglas, en relación otra clase de normas, en relación a cómo efectivamente operan en la realidad institucional, por ejemplo, en su aplicación judicial o en caso de conflicto de principios.

Sobre la base de la evolución del Derecho Positivo nacional, de la doctrina especializada, e incluso del derecho internacional de los

---

[46] MOLLER, Kai. *The Global Model of Constitutional Rights*. Oxford University Press, p. 134 y ss.

[47] MOLLER, Kai. *The Global Model of Constitutional Rights*. Oxford University Press, p. 178 y ss. Que se descompone en cuatro elementos, que deberán ser sucesivamente acreditados por la decisión o norma impugnada; 1º Un fin constitucionalmente legítimo como fundamento de la interferencia en la esfera de los derechos; 2º La adecuación o idoneidad de la medida adoptada en orden a la protección o consecución de dicho fin; 3º La necesidad de intervención o, lo que es lo mismo, del sacrificio del tercero, mostrando que no existe un procedimiento menos gravoso o restrictivo; y 4º La proporcionalidad en sentido estricto, que supone ponderar entre daños y perjuicios que se obtienen a través de la medida limitadora y los daños y lesiones que de la misma se derivan para el ejercicio del derecho (ponderación).

[48] MOLLER, Kai. *The Global Model of Constitutional Rights*, Oxford University Press, p. 14.

[49] FERNÁNDEZ NIETO, Josefa. Principio de proporcionalidad y derechos fundamentales: una perspectiva desde el derecho público común europeo, Dykinson S.A. y Servicio de Publicaciones de la Universidad Rey Juan Carlos, Madrid, 2008, comentado por Patricio Masbernat en revista Ius et Praxis 15 (2), 355-379.

[50] SILVA, Virgilio Afonso da. Comparing the Incommensurable: Constitutional Principles, Balancing and Rational Decision. *Oxford Journal of Legal Studies*, vol. 31, n. 2, p. 273-301, 2011.

derechos humanos que influye en los derechos nacionales, es posible sostener que se trata de un área jurídica abierta al cambio permanente. Por ello, continuarán presentes los desafíos para lograr su conocimiento como para perfeccionar su aplicación, especialmente, en el ámbito judicial.

Referencias

SILVA, Virgilio Afonso da. Comparing the Incommensurable: Constitutional Principles, Balancing and Rational Decision. *Oxford Journal of Legal Studies*, vol. 31, n. 2, p. 273-301, 2011.

Informação bibliográfica deste texto, conforme a NBR 6023:2018 da Associação Brasileira de Normas Técnicas (ABNT):

RAMOS-FUENTES, Gloria; MASBERNAT, Patrici. Principios constitucionales. Concepto. *In*: SARAIVA FILHO, Oswaldo Othon de Pontes; SIQUEIRA, Julio Homem de; BEDÊ JÚNIOR, Américo; FABRIZ, Daury César; SIQUEIRA, Junio Graciano Homem de; CUNHA, Ricarlos Almagro Vitoriano (Coord.). *Noções gerais e limitações formais ao poder de tributar*. Belo Horizonte: Fórum, 2021. p. 63-79. (Coleção Fórum Princípios Constitucionais Tributários – Tomo I). ISBN 978-65-5518-057-2.

PRINCÍPIOS CONSTITUCIONAIS TRIBUTÁRIOS

IVES GANDRA DA SILVA MARTINS

Durante os trabalhos constituintes, decidiram os responsáveis pelas 24 Subcomissões e oito Comissões em que o plenário foi dividido, durante três meses, aproximadamente, ouvir especialistas para cada um dos temas escolhidos para compor o texto da futura lei suprema.

Participei de duas destas audiências, que duraram, praticamente, um dia (parte da manhã e parte da tarde). Falei nas Subcomissões do Sistema Tributário e da Ordem Econômica, presididas respectivamente por Francisco Dornelles e Antonio Delfim Netto.[1]

---

[1] Assim se referiram os parlamentares da Subcomissão à colaboração dos juristas que a assessoraram no primeiro anteprojeto: "Atendendo à sugestão do Constituinte Mussa Demes, vou apenas registrar notável esforço que esta Subcomissão de Tributos, Participação e Distribuição das Receitas realizou, ao longo das últimas três semanas, no sentido de ouvir e receber subsídios e sugestões de todos os segmentos da sociedade brasileira interessada em um novo desenho do Capítulo sobre o Sistema Tributário Nacional.
Cumprindo prazo regimental, apresentamos proposta de anteprojeto ao texto da futura Carta Constitucional que, não tendo a pretensão de ser algo perfeito e acabado, deverá sofrer aprimoramentos através das emendas que os membros desta Subcomissão certamente haverão de apresentar.
Necessário se faz assinalar a valiosa contribuição oferecida a esta Subcomissão pelas autoridades e entidades aqui recebidas em audiência pública: os Profs. e Técnicos Fernando Rezende, Alcides Jorge Costa, Geraldo Ataliba, Carlos Alberto Longo, Pedro Jorge Viana, Hugo Machado, Orlando Caliman, Ives Gandra da Silva Martins, Edvaldo Brito, Souto Maior Borges, Romero Patury Accioly, Nelson Madalena, Luís Alberto Brasil de Souza, Osiris de Azevedo Lopes Filho; o Secretário da Receita Federal, Dr. Guilherme Quintanilha; os Secretários da Fazenda dos Estados, que antes de aqui comparecerem promoveram, sob os estímulos desta Subcomissão, os encontros de Manaus e Porto Alegre; os Secretários de

Nestas subcomissões e audiências públicas, o jurista convidado discorria por mais de uma hora sobre a sua visão do tema e as propostas que tinha para inclusão na Carta da República e depois era sabatinado pelos constituintes presentes.

Na subcomissão do Sistema Tributário, fui eu um dos primeiros a ser ouvido. À época, apresentei uma proposta, que trabalhara com brilhante Comissão de Juristas, entre eles: Gustavo Miguez de Mello, Ruy Barbosa Nogueira, Geraldo Ataliba, Alcides Jorge Costa e Hamilton Dias de Souza, encampada pelo Instituto dos Advogados de São Paulo, que eu presidia à época, e pela Associação Brasileira de Direito Financeiro, presidida por Gilberto de Ulhôa Canto.[2]

À evidência, por ter sido uma proposta das duas instituições, apresentei-a em primeiro lugar para depois tecer algumas considerações de natureza formal e com sugestões não constantes do anteprojeto IASP-ABDF.

É sobre esta audiência pública e sobre os artigos 145 a 149 da Constituição, intitulada, na Seção I do Capítulo I do Título VI, de "Princípios Gerais" de Direito Tributário, que falarei, pois acredito que o que disse naquela audiência pública influenciou, em parte, a conformação daquela Seção e a formulação dos três grandes vetores que plasmam o Direito Tributário brasileiro, encampando toda a imposição

---

Finanças das Capitais, o DIEESE, a Organização das Cooperativas Brasileiras, o Instituto Brasileiro de Mineração; a Organização Nacional das Entidades de Deficientes Físicos; as associações dos funcionários fazendários, a Unafisco e a Fafite, as entidades representativas do municipalismo brasileiro – a Frente Municipalista, a Associação Brasileira dos Municípios, a Confederação Nacional dos Municípios e o Ibam. Tenham todos a certeza de que a discussão aqui ocorrida em torno das propostas e sugestões apresentadas será decisiva para o posicionamento dos membros desta Subcomissão em relação à definição do Capítulo Tributário, que desperta enorme interesse na sociedade brasileira (Diário da Assembleia Nacional Constituinte, 19 jun. 1987, p. 139).

[2] Bernardo Cabral, relator da Constituinte, assim se manifestou sobre esta Comissão: "Dentre as Comissões Temáticas e a Comissão de Sistematização, quero deter-me apenas na Comissão de Orçamento, Sistema Financeiro e Tributos e a respectiva Subcomissão de Tributos. Assim, passo a discorrer sobre o sistema tributário na Constituinte.

Ao longo de duas semanas, foram ouvidos diversos constituintes, vinculados à comissão temática e vários especialistas, dos quais destaco o nome do professor Ives Gandra da Silva Martins, um dos mais festejados tributaristas brasileiros, de renome internacional.

A eles foram entregues dois anteprojetos preparados pelo Ipea, da Secretaria do Planejamento, e outro encaminhado pelo próprio professor Ives, em nome do Iasp e da ABDF. Deles resultaram o primeiro anteprojeto da subcomissão, em estudo convergente, sendo que o trazido pelo professor Ives era mais no campo jurídico, e o do Ipea, no econômico, mas, sem dúvida alguma, considerado o mais bem trabalhado, tecnicamente, por aquela comissão" (30 anos da Constituição da República Federativa do Brasil – virtudes, obstáculos e alternativas, coordenadores Ives Gandra da Silva Martins, Luís Antonio Flora e Ney Prado, ed. Conselho Superior de Direito da Fecomércio-SP/Academia Internacional de Direito e Economia, 2018, p. 57).

dos entes federativos, na busca de uma nova política tributária eficiente, justa e capaz de promover o desenvolvimento.

O primeiro dos princípios é o das espécies tributárias. Esta separação é fundamental para conhecer a natureza jurídica de cada uma das formas impositivas do sistema brasileiro.

Em 1976, durante o 2º Encontro Regional Latino-Americano de Direito Tributário, em Porto Alegre, apresentei minha tese de que elas seriam de cinco espécies, a saber: imposto, taxa, contribuição de melhoria, contribuições especiais e empréstimo compulsório.

Juristas de renome presentes ao encontro opuseram-se à minha divisão quinquipartida dos tributos, embora tivesse a adesão de juristas de peso, como Bernardo Ribeiro de Moraes e Aires Fernandino Barreto.[3]

À época, o saudoso constitucionalista Geraldo Ataliba defendia que os tributos só poderiam ser de duas espécies: impostos ou taxas, sendo que as próprias contribuições especiais ou seriam impostos ou seriam taxas.

Geraldo opôs-se, portanto, por estar presente, à minha exposição no Encontro de Porto Alegre, como veio, nas audiências públicas da Constituinte para as quais também foi convidado, a defender a tese de que os tributos só poderiam ser impostos ou taxas. Tinha o apoio da figura maiúscula de Paulo de Barros Carvalho, que, todavia, não me lembro se veio a participar das audiências públicas da Subcomissão do Sistema Tributário. O certo é que a tese que defendia desde o início da década de 70 voltei a expor perante os constituintes, que a sufragaram, pois na Seção I do Capítulo I do Título VI separaram e distinguiram as cinco espécies.[4]

---

[3] A jurisprudência do STF veio a consagrar a divisão quinquipartida das espécies tributárias, como se observa do voto do Min. Moreira Alves: "De feito, a par das três modalidades de tributos (os impostos, as taxas e as contribuições de melhoria), a que se refere o art. 145 para declarar que são competentes para instituí-los a União, os Estados, o Distrito Federal e os Municípios, os arts. 148 e 149 aludem a duas outras modalidades tributárias, para cuja instituição só a União é competente: o empréstimo compulsório e as contribuições sociais, inclusive as de intervenção no domínio econômico e de interesse das categorias profissionais ou econômicas" (STF, Pleno, RE 146.733-9-SP, excerto do voto do Rel. Min. Moreira Alves, j. 29.06.92, DJ. 6 nov. 1992, p. 20110)" (Ives Gandra da Silva Martins, O sistema tributário na Constituição, Saraiva, 6. ed., 2007, p. 76).

[4] Sobre as espécies tributárias, lê-se na Representação da OAB-SP, encaminhada pela Procuradoria-Geral da República ao Supremo Tribunal Federal e recebida por aquela Corte Constitucional, com provimento que entendeu que as custas judiciais são taxas e não preço público, o seguinte: "Têm os doutrinadores discutido sobre as espécies tributárias, isto é, se se teriam duas apenas, corno deseja Paulo de Barros Carvalho ("Comentários ao CTN", Ed. Revista dos Tribunais, c/ Rubens Gomas de Souza e Geraldo Ataliba), três, corno entende a maior parte da doutrina e o art. 5º do CTN, quatro, como pretendem Manuel de Juano ("Curso de Finanzas y Derecho Tributario", Ed. Molachino) ou Aires Fernandino

Assim é que, no artigo 145, cuidou de três (impostos, taxas e contribuição de melhoria). Está assim redigido o *caput* do artigo:

> Art. 145. A União, os Estados, o Distrito Federal e os Municípios poderão instituir os seguintes tributos:
> I – impostos;
> II – taxas, em razão do exercício do poder de polícia ou pela utilização, efetiva ou potencial, de serviços públicos específicos e divisíveis, prestados ao contribuinte ou postos a sua disposição;
> III – contribuição de melhoria, decorrente de obras públicas.

Não há definição de imposto no dispositivo, pressupondo-se que, por ser a mais relevante forma impositiva, a definição do artigo 16 do Código Tributário Nacional, escrito à época em que juristas e não regulamenteiros perfilavam as leis, seria suficiente para esclarecer sua natureza, até porque o CTN apenas explicita o conteúdo intrínseco de toda norma impositiva, sendo, portanto, a lei com eficácia de complementar aquela que esclarece a natureza jurídica ínsita na Constituição.

Está assim redigido o artigo 16 do CTN:

> Art. 16. Imposto é o tributo cuja obrigação tem por fato gerador uma situação independente de qualquer atividade estatal específica, relativa ao contribuinte.[5]

Barreto ("Caderno de Pesquisas Tributárias nº 2", Ed. CEEU/Resenha Tributária), ou ainda cinco, como propugnam Fábio Nusdeo, Bernardo Ribeiro de Moraes e Ives Gandra da Silva Martins ("Comentários ao CTN", vol. 3, Ed. José Bushatsky; "Caderno de Pesquisas Tributárias nº 2", Ed. CEEU/Resenha Tributária, e as "Contribuições Especiais numa Divisão Quinquipartida dos Tributos", Ed. Resenha Tributária/Inst. Latino-Americano de Direito Tributário, respectivamente)" (A natureza jurídica das custas judiciais. OAB, p. 28).

[5] Escrevi: "A definição do que seja imposto, pelo Código Tributário Nacional, é clara e precisa. Não obstante sua limitada extensão, o conceito enunciado pela legislação complementar, em que se transformou a Lei n. 5.172/66', é juridicamente inatacável e sua formulação atende às melhores correntes doutrinárias".
Aliomar Baleeiro, embora defina imposto como "a prestação de dinheiro que, para fins de interesse coletivo, uma pessoa jurídica de Direito Público, por lei, exige coativamente de quantos lhe estão sujeitos e têm capacidade contributiva, sem que lhes assegure qualquer vantagem ou serviço específico com retribuição desse pagamento", não pensa de forma distinta, aceitando a expressão codificada como jurídica. Da mesma forma Geraldo Ataliba quando diz:
"Essa definição me parece lapidar, perfeita, completa, e só a sua presença nesse Código já justifica a sua própria existência, valorizando-a extraordinariamente".
Rubens Gomes de Sousa, por outro lado, sugere apenas pequena alteração, ao dizer: "Uma melhoria de redação que vejo anotaria no exemplar que tenho à minha frente e que não é meu, seria esta: substituir as palavras 'Cuja Obrigação" simplesmente pela palavra 'que'. Imposto é o tributo que tem por fato gerador etc.". (Comentários ao CTN, volume I, 7. ed., 2013, p. 213).

Apesar de o imposto estar desvinculado da aplicação de sua receita a qualquer finalidade específica, o constituinte não excluiu a destinação a objetivos especiais parcelas dele, como demonstra o artigo 212 e seu §1º da Lei Suprema, com a seguinte dicção:

> Art. 212. A União aplicará, anualmente, nunca menos de dezoito, e os Estados, o Distrito Federal e os Municípios vinte e cinco por cento, no mínimo, da receita resultante de impostos, compreendida a proveniente de transferências, na manutenção e desenvolvimento do ensino.
> §1º A parcela da arrecadação de impostos transferida pela União aos Estados, ao Distrito Federal e aos Municípios, ou pelos Estados aos respectivos Municípios, não é considerada, para efeito do cálculo previsto neste artigo, receita do governo que a transferir (...).

É, todavia, a característica maior do imposto, a desvinculação, perfilada na linear definição, também do CTN, do que seja tributo (art. 3º), com o discurso que se segue:

> Art. 3º Tributo é toda prestação pecuniária compulsória, em moeda ou cujo valor nela se possa exprimir, que não constitua sanção de ato ilícito, instituída em lei e cobrada mediante atividade administrativa plenamente vinculada.[6]

Além das taxas e contribuição de melhoria com desenho constitucional bem definido, no artigo 148, o constituinte cuidou de colocar o que sejam os empréstimos compulsórios, com a redação que se segue:

> Art. 148. A União, mediante lei complementar, poderá instituir empréstimos compulsórios:
> I – para atender a despesas extraordinárias, decorrentes de calamidade pública, de guerra externa ou sua iminência;
> II – no caso de investimento público de caráter urgente e de relevante interesse nacional, observado o disposto no art. 150, III, "b".

---

[6] Hugo de Brito Machado esclarece: "Sabe-se que, em princípio, não é função da lei conceituar. A lei deve conter urna regra de comportamento. Entretanto, em face de controvérsias, às vezes deve a lei estabelecer conceitos. Isso aconteceu com o conceito de tributo, que é atualmente, no Brasil, legalmente determinado. O legislador, afastando as divergências da doutrina, disse que "tributo é toda prestação pecuniária compulsória, em moeda ou cujo valor nela se possa exprimir, que não constitua sanção de ato ilícito, instituída em lei e cobrada mediante atividade administrativa plenamente vinculada" (CTN, art. 32).
Assim, já agora se mostra de nenhuma utilidade, no plano do direito positivo vigente, o exame dos diversos conceitos de tributo formulados pelos juristas e pelos financistas" (Comentários ao CTN, 7. ed., volume 1, 7. ed., 2013, p. 51).

Parágrafo único. A aplicação dos recursos provenientes de empréstimo compulsório será vinculada à despesa que fundamentou sua instituição.[7]

Nas diversas conversas que mantive com o presidente, relator e assessores da Subcomissão de Tributos, mostrei a necessidade, nos empréstimos para investimentos relevantes, de colocar o respeito ao princípio da anterioridade, pois sua urgência não seria idêntica à da iminência de guerra ou de calamidade pública, em que, nitidamente, tal princípio seria inibidor da eficácia da exigência. Dornelles e Patury mostraram sensibilidade e o parágrafo único do artigo 148 consagrou a necessidade de o empréstimo respeitar o princípio da anterioridade.

Por fim, as contribuições especiais de tríplice natureza (interesse das categorias, sociais e de intervenção no domínio econômico) tiveram seu perfil esculpido no artigo 149, que por emendas posteriores recebeu considerável "contribuição de pioria", ostentando hoje a seguinte redação:

> Art. 149. Compete exclusivamente à União instituir contribuições sociais, de intervenção no domínio econômico e de interesse das categorias profissionais ou econômicas, como instrumento de sua atuação nas respectivas áreas, observado o disposto nos arts. 146, III, e 150, I e III, e sem prejuízo do previsto no art. 195, §6º, relativamente às contribuições a que alude o dispositivo.

---

[7] Hamilton Dias de Souza entende que: "A dupla referência aos empréstimos coativos em dispositivos diversos da Constituição não conduz, todavia, o intérprete à conclusão de tratar-se de realidades distintas, sujeitas a diversos regimes jurídicos. Com efeito, outros exemplos há no texto constitucional onde se verifica mera repetição no trato de matérias idênticas. Assim ocorre com o princípio da reserva absoluta de lei para a instituição de tributos, prevista nos arts. 1º, inc. I, e 153, §2º, e também com a competência residual da União para criar novos tributos, além dos já previstos, regulada igualmente em dois dispositivos (arts. 18, §5º e 21, §1º)".
Vale notar que jamais a doutrina procurou dar a tais regras conteúdos diversos por estarem previstas em dois dispositivos da Constituição. Ao contrário, o que sempre se afirmou é haver redundância, sendo inútil um dos artigos. Nesse sentido confiram-se as opiniões de A. R. Sampaio Dória, Manuel Gonçalves Ferreira Filho e Aliomar Baleeiro.
O que há, na verdade, é imperfeição na elaboração dos textos, comum em trabalhos do legislativo, como afirma Maximiliano: "fixado o acordo sobre alguns tópico, descuram não raro da forma que é base da interpretação filológica. E por essa razão que tal método deve ser visto com reservas, devendo prevalecer a exegese feita a partir de princípios expressos ou que se extraem do direito positivo, bem como dos demais métodos hermenêuticos, sobretudo a teleológico e o sistemático. Pelo primeiro, comparando-se a Enseada Constitucional nº 18/65 com a Constituição de 1946, verifica-se que a inserção dos empréstimos compulsórios no capítulo destinado ao Sistema Tributário teve por objetivo pôr fim à polêmica existente sobre sua natureza jurídica. Pelo segundo, fácil é constatar que a inserção de unia matéria em capítulo pertinente a tributos indica tratar-se de espécie daquele gênero" (Resenha Tributária, comentário 1.3, n. 26/83, p. 514-5).

§1º Os Estados, o Distrito Federal e os Municípios instituirão contribuição, cobrada de seus servidores, para o custeio, em benefício destes, do regime previdenciário de que trata o art. 40, cuja alíquota não será inferior à da contribuição dos servidores titulares de cargos efetivos da União. (Redação dada pela Emenda Constitucional nº 41, 19.12.2003)

§2º As contribuições sociais e de intervenção no domínio econômico de que trata o caput deste artigo: (Incluído pela Emenda Constitucional nº 33, de 2001)

I – não incidirão sobre as receitas decorrentes de exportação; (Incluído pela Emenda Constitucional nº 33, de 2001)

II – incidirão também sobre a importação de produtos estrangeiros ou serviços; (Redação dada pela Emenda Constitucional nº 42, de 19.12.2003)

III – poderão ter alíquotas: (Incluído pela Emenda Constitucional nº 33, de 2001)

a) ad valorem, tendo por base o faturamento, a receita bruta ou o valor da operação e, no caso de importação, o valor aduaneiro; (Incluído pela Emenda Constitucional nº 33, de 2001)

b) específica, tendo por base a unidade de medida adotada (incluído pela Emenda Constitucional nº 33, de 2001)

§3º A pessoa natural destinatária das operações de importação poderá ser equiparada a pessoa jurídica, na forma da lei. (Incluído pela Emenda Constitucional nº 33, de 2001)

§4º A lei definirá as hipóteses em que as contribuições incidirão uma única vez. (Incluído pela Emenda Constitucional nº 33, de 2001).[8]

O segundo princípio capital é o da lei complementar, que se encontra formalizado no artigo 146, com a seguinte redação atualizada pela EC nº 42/03:

Art. 146. Cabe à lei complementar:
I – dispor sobre conflitos de competência, em matéria tributária, entre a União, os Estados, o Distrito Federal e os Municípios;
II – regular as limitações constitucionais ao poder de tributar;

---

[8] Escrevi: "A grande novidade é o encerramento definitivo da polêmica criada com a Emenda Constitucional nº 8/77. Por essa emenda foram instituídas contribuições sociais no elenco do processo legislativo (art. 43, X, da Constituição pretérita) e reduzido o quadro enunciado no §2º, I, do art. 21 da EC nº 1/69".

Em livro escrito com meu filho Ives, intitulado Manual de Contribuições Especiais, não obstante a posição não conclusiva do Supremo Tribunal Federal sobre o PIS e a firme jurisprudência do Tribunal Federal de Recursos sobre sua natureza tributária, posicionando-nos, os dois, pelo caráter fiscal dessas contribuições, apesar da EC nº 8/77.

A matéria fica definitivamente solucionada com o novo texto, visto que as três espécies foram albergadas pelo sistema na seção dedicada aos princípios gerais.

III – estabelecer normas gerais em matéria de legislação tributária, especialmente sobre:
a) definição de tributos e de suas espécies, bem como, em relação aos impostos discriminados nesta Constituição, a dos respectivos fatos geradores, bases de cálculo e contribuintes;
b) obrigação, lançamento, crédito, prescrição e decadência tributários;
c) adequado tratamento tributário ao ato cooperativo praticado pelas sociedades cooperativas.
d) definição de tratamento diferenciado e favorecido para as microempresas e para as empresas de pequeno porte, inclusive regimes especiais ou simplificados no caso do imposto previsto no art. 155, II, das contribuições previstas no art. 195, I e §§12 e 13, e da contribuição a que se refere o art. 239. (Incluído pela Emenda Constitucional nº 42, de 19.12.2003)
Parágrafo único. A lei complementar de que trata o inciso III, d, também poderá instituir um regime único de arrecadação dos impostos e contribuições da União, dos Estados, do Distrito Federal e dos Municípios, observado que: (Incluído pela Emenda Constitucional nº 42, de 19.12.2003)
I – será opcional para o contribuinte; (Incluído pela Emenda Constitucional nº 42, de 19.12.2003)
II – poderão ser estabelecidas condições de enquadramento diferenciadas por Estado; (Incluído pela Emenda Constitucional nº 42, de 19.12.2003)
III – o recolhimento será unificado e centralizado e a distribuição da parcela de recursos pertencentes aos respectivos entes federados será imediata, vedada qualquer retenção ou condicionamento; (Incluído pela Emenda Constitucional nº 42, de 19.12.2003)
IV – a arrecadação, a fiscalização e a cobrança poderão ser compartilhadas pelos entes federados, adotado cadastro nacional único de contribuintes. (Incluído pela Emenda Constitucional nº 42, de 19.12.2003).[9]

---

[9] No que concerne à limitação ao poder de tributar, escrevi: "O Código Tributário Nacional, que tem eficácia de lei complementar, de um lado, e foi recebido pela nova ordem constitucional por não ser com ela conflitante, de outro lado, expõe alguns princípios limitativos, que apenas estão implícitos na Constituição, como, por exemplo, o da tipicidade fechada, o da dúvida beneficiando o contribuinte, o da retroatividade benigna, o da integração analógica apenas a favor do contribuinte, com o que elenca um complemento limitativo à ação sempre mais forte do Estado contra o elo mais fraco de quem, não podendo brandir a espada da imposição, pode apenas defender-se com o escudo da lei. E a lei complementar é a principal limitação ao poder de tributar.
Por fim, há a considerar que os recepcionados princípios do CTN deverão ser alargados na futura lei complementar. Nem por isso –se o princípio estiver plasmado na Lei Suprema e não tiver sido regulado- deverá deixar de ser usado como proteção do contribuinte, posto que as limitações constitucionais por si só servem de barreira ao poder de tributar" (*O Sistema Tributário na Constituição*. 6. ed. São Paulo: Saraiva, 2007, p. 135/6).

Episódio interessante ocorreu para a definição das matérias que deveriam constar da lei complementar ao esclarecer quais seriam as normas gerais do Direito Tributário. Na redação original aprovada pela Subcomissão, constava apenas "Lei complementar disporá sobre" e enunciava as diversas hipóteses, tornando aquelas matérias "numerus clausus" para regulação por lei complementar.

Quando Dornelles enviou-me o texto por fax, liguei-lhe e falamos por quase uma hora, tendo eu dito que, ao tornar "numerus clausus" as hipóteses para definição por lei complementar, à evidência, estava o constituinte fulminando uma boa parte do CTN, que não se enquadrava nas referidas hipóteses, como lei que poderia ser alterada por lei ordinária e não mais por lei complementar. Como deveriam tais dispositivos ser normas gerais de direito tributário para aplicação por todas as instituições federativas, sugeri-lhe transformar as hipóteses de taxativas, em exemplificativas, utilizando o advérbio 'especialmente'. Dornelles aceitou a ideia e o texto passou a ser 'Lei complementar disporá especialmente sobre:..'".[10]

A importância da lei complementar é que é uma autêntica lei da Federação para sistematizar o Direito Tributário no território nacional. Conforma, desde a EC nº 18/65, um sistema, onde tal legislação pode ser produzida, com parâmetros e limites bem acentuados, inclusive no que diz respeito à limitação constitucional ao poder de tributar.

Entre as sugestões que apresentei, à luz de que o tributo seria uma norma de rejeição social, como discorrera em minha tese de doutoramento em 1982, seria necessário que as limitações ao poder de tributar fossem consideradas em uma única seção, o que ocorreu com os artigos 150 a 152. Creio que Hugo de Brito Machado, Gilberto

---

[10] Celso Ribeiro Bastos ensina: "Esta espécie é aplicável a todas as leis complementares cuja ausência implica obstáculo à emanação da lei ordinária com ela materialmente aparentada. *Nesta categoria em estudo, à lei complementar compete um papel tão proeminente, na disciplinação final da matéria, que a sua omissão acarreta uma inviabilidade lógica ao surgimento da lei ordinária. Esta ostenta uma dependência tal da lei complementar a ponto de só ser concebida à luz dos dados e critérios fornecidos pela lei complementar.* O que é importante frisar é que, de modo algum, deve-se vislumbrar, na espécie, uma subordinação hierárquica. A lei ordinária tem, inequivocamente, matéria própria, diretamente outorgada pela Constituição. Veja-se, por exemplo, o que se dá com a criação de um empréstimo compulsório. A instituição do empréstimo só se dá por via da lei comum. Acontece, entretanto, que o art. 18, 3º, da Constituição Federal condiciona essa criação à obediência de casos excepcionais definidos em lei complementar. A toda evidência, resulta claro que o estabelecimento do empréstimo compulsório fica na estreita dependência de leis complementares autorizadas. A ausência destas gera a absoluta inviabilização de uma lei ordinária que, implícita ou explicitamente, tente substituir-se à norma complementar faltante" (grifos meus) (*Lei Complementar* – teoria e comentários, Saraiva, 1985, p. 40-1).

de Ulhôa Canto e Edvaldo Brito propuseram tese semelhante perante os constituintes.

Por fim, o último princípio é o da capacidade contributiva plasmado nos artigos 145 §1º, e 150, inciso IV. Tal princípio, que muitos vinculam também ao princípio da igualdade (arts. 150, inc. II, e 151), está na essência do que propugnaram os elaboradores do relatório da "Royal Comission on Taxation" do Canadá, em que a justiça tributária e o desenvolvimento econômico e social seriam as grandes alavancas do progresso das nações.

Estão os citados artigos assim redigidos:

> Art. 145. [...]
> §1º Sempre que possível, os impostos terão caráter pessoal e serão graduados segundo a capacidade econômica do contribuinte, facultado à administração tributária, especialmente para conferir efetividade a esses objetivos, identificar, respeitados os direitos individuais e nos termos da lei, o patrimônio, os rendimentos e as atividades econômicas do contribuinte.
> Art. 150. Sem prejuízo de outras garantias asseguradas ao contribuinte, é vedado à União, aos Estados, ao Distrito Federal e aos Municípios:
> [...]
> IV – utilizar tributo com efeito de confisco;
> [...]

Pessoalmente, teria inúmeros outros princípios a acentuar, como relevantes, como, de resto, apresentei na minha tese de doutoramento, enumerando-os pela ordem de meu livro os 10, que, a meu ver, conformam o Direito Tributário, a saber:

> Os princípios da capacidade contributiva e da redistribuição de riquezas
> Os princípios da legalidade e da tipicidade na tributação
> Os princípios da igualdade e da desigualdade seletiva
> Os princípios da inter-relação espacial e da imposição igualitária
> O princípio da tríplice função integrativa
> O princípio do superior interesse nacional.[11]

Muitos deles estando espalhados por outros capítulos ou seções da lei suprema. Neste trabalho, todavia, quis centrar-me apenas naqueles três que os constituintes consideraram de tal relevância que abriram uma seção exclusiva para enunciá-los, a que deram o título

---

[11] *Teoria da Imposição Tributária*, 2. ed., LTR, 1998, índice, p. 19.

de "Princípios Gerais". Foi sobre eles, portanto, que decidi escrever, de forma breve e nos limites do tamanho sugerido, para este livro comemorativo coordenado pelos eminentes juristas Oswaldo Othon de Pontes Saraiva Filho, Julio Homem de Siqueira, Américo Bedê Freire Jr., Daury César Fabriz, Junio Graciano Homem de Siqueira e Ricarlos Almagro Vitoriano Cunha.

Informação bibliográfica deste texto, conforme a NBR 6023:2018 da Associação Brasileira de Normas Técnicas (ABNT):

MARTINS, Ives Gandra da Silva. Princípios constitucionais tributários. *In*: SARAIVA FILHO, Oswaldo Othon de Pontes; SIQUEIRA, Julio Homem de; BEDÊ JÚNIOR, Américo; FABRIZ, Daury César; SIQUEIRA, Junio Graciano Homem de; CUNHA, Ricarlos Almagro Vitoriano (Coord.). *Noções gerais e limitações formais ao poder de tributar*. Belo Horizonte: Fórum, 2021. p. 81-91. (Coleção Fórum Princípios Constitucionais Tributários – Tomo I). ISBN 978-65-5518-057-2.

THE TRUE ROLE OF TAX PRINCIPLES AND THE EMERGENCE OF TAXPAYER RIGHTS

EDDY DE LA GUERRA ZÚÑIGA

1 Introduction

It is a well-known fact that all of us are required to contribute to public expenditures... This is how the this author begins nearly every presentation she makes at academic events on the issue. She goes on to demonstrate how the tax-paying duty has limits based on constitutional principles.

This article sets out to demonstrate that such limits are the set of rights laid out in tax-related constitutional principles, and act as a counterweight to the duty of contributing to public expenditures. While this duty is initially directed at legislators who, by constitutional mandate, are required to seek out resources and where such resources are found, determine taxes through a tax law, the end recipients of such duties are citizens themselves who, as *taxpayers*, are required to pay the taxes provided by law, in addition to a set of formal obligations. This relationship between citizens and the State is developed within the framework of principles that govern contributions made to public expenditures, and which, based on my theory, through which a set of material taxpayer rights arise and are configured. As a result, the goal here is to prove that the true role of principles is not exclusively to establish limits for the State in the creation of taxes, but also, and fundamentally, to recognize the connatural rights of citizens in their role as taxpayers.

The line of research in this paper follows financial aspects of constitutional law, which is understood as the legal branch that regulates the rights and duties existing between the State and taxpayers.

2 The object of the study of constitutional law in relation to public finances[1]

More than a hundred years of a legal discussion, which was begun by the Austrian writer Franz Von Myrbach-Rheinfeld,[2] regarding the content of the financial law in 1906, and which was taken up again decades later by Sainz de Bujanda,[3] is a doctrine we turn to once again today, along with that of Vogel,[4] to redefine the object of study of this branch to move it outside of the duty of making contributions to public expenditures and into the rights of the taxpayers.

According to Sainz de Bujanda: "effectively, [...] *not all* financial law is administrative law, since an important core group of financial institutions are framed in what is known [...] -rarely correctly- as constitutional law".[5] This misconception is attributed precisely to Myrbach-Rheinfeld, who, at the beginning of the 20th century, affirmed that financial law is made up of "the parts of positive public law that have the purpose of managing the Treasury in relation to other public authorities (in other words, the State and the autonomous administrative bodies that exist within it)". He also affirms that it covers constitutional law and administrative law. In the former, he is evidently referring to

---

[1] The statements made in this section are the result of research published under the name: "Origen y contenido mínimo del Derecho constitucional financiero," *Revista Foro*, n. 28 (2017): 5-29.

[2] Frans Von Myrbach-Rheinfeld, *Précis de Droit Financier*, trad. R. Bouché-Leclereq (Paris: E. Giard et E. Brière, 1910).

[3] Fernando Sainz de Bujanda, *Sistema de Derecho Financiero* (Madrid: Universidad Complutense de Madrid, 1977).

[4] Klaus Vogel, "Grundüge des Finanzrecht des Grundegesestzes," in *Der offne Finanzund Steuerstaat* (s/e: Heidelberg, 1991).; "La Hacienda pública y el Derecho Constitucional", *Revista hacienda pública española*, n.º 59 (1979): 15-23.

[5] Sainz de Bujanda, *Sistema de derecho financiero*, 438. The Spanish professor correctly pointed out that some of the contents of these two diversifications of financial law (constitutional and administrative) are undeniably questionable. It is important to remember that accepting his criterion on the distinction between financial constitutional law and financial administrative law allowed, in due time, for issues including budgets and public debt to be granted an individual academic treatment within the framework of public law. Meanwhile, issues relating to taxation were studied within the framework of tax law, which would significantly affect the discussion about academic autonomy of financial law, although it would have little room for the study of scientific autonomy, as alluded to previously.

provisions of a fundamental nature, while in the latter, to ordinary laws and regulations, resulting in the two conceptions of financial law.[6]

Notwithstanding the warnings from Sainz de Bujanda relating to questions raised by him about some of the content of Myrbach-Rheinfeld regarding financial constitutional law, the author does not come out against this differentiation insomuch as it does not orientate toward a bifurcation of financial law into two separate branches, and says nothing against highlighting the *constitutional aspects* of financial law: "on the contrary, before, the legal-constitutional dimension of the treasury has been a basic foundation of its management, but it should not serve to separate it internally into two parts or blocks of institutions",[7] which he reiterates, may or may not be detailed in the constitution, without that altering it substance; this, however, does not apply to the matter of hierarchy, which is reflected in the strength and rigidity of the regulating norms.

However, the growing neo-constitutionalist trend and its South American focus on constitutional guarantees do, to a certain extent, allow us to, if not reinterpret, at least take advantage of the Myrbach-Rheinfeld opinion, which, for Sainz de Bujanda, was strictly didactic, to reclaim some of his main ideas and express the constitutionality of financial law. Current authors like Zagrebelsky[8] and Ferrajoli[9] discuss constitutional principles, describing them as general and open norms that regulate rights and duties which, to be effective, require instrumentation through the rules of law in infra-constitutional norms.

In that sense, and for strictly didactic purposes, we can describe financial constitutional law as being that containing the constitutional principles that regulate rights and duties in the framework of budgets, public revenue, the tax system, public debt and credit, while financial

---

[6] Myrbach-Rheinfeld articulated contents both for financial constitutional law and financial administrative law, with the first one including: 1) The way to establish a budget, 2) annual approval of taxes, 3) control of financial administration, 4) issuance and conversion of loans, including the disposal of real estate and charges applied thereupon, and 5) the scope of action of Chambers in drafting financial laws. Meanwhile, administrative law covers: 1) The organization, classification, duties, and scope of organisms, 2) legal and material norms through which legal and financial duties are imposed on individuals, 3) statutes of limitations that must be observed upon applying the abovementioned laws and the complaints filed by individuals against public agencies, and 4) statutes of limitations relating to cash services, accounting, internal control, and debt administration. See von Myrbach-Rheinfeld, *Précis de Droit Financier*, 16-7.

[7] Sainz de Bujanda, *Sistema de derecho financiero*, 442.

[8] Gustavo Zagrebelsky, *El derecho dúctil* (Madrid: Trotta, 2005).

[9] Luigi Ferrajoli, *Derechos y garantías: la ley del más débil* (Madrid: Trotta, 1999); *Los fundamentos de los derechos fundamentales* (Madrid: Trotta, 2009).

administrative legal principles are formalized in codes, laws, regulations, and other infra-constitutional norms.

While it would be possible to refer to financial constitutional law or constitutional financial law indiscriminately, for the purposes hereof, it is worth making a small, strictly didactic distinction: since "the legal-constitutional dimension of the treasury constitutes a basic ingredient of this sector of the [legal] system",[10] and considering that no branch of law can be studied in complete isolation from the constitutional framework and much less the State's financial activities, given the nature of its content, at least for the purposes hereof, the understanding is that financial constitutional law makes reference to the financial principles contained in the Constitution, while constitutional financial law refers to constitutionality and, in turn, effectiveness of infra-constitutional norms that formalize and materialize the principles contained in the fundamental norm [the Constitution].

The scope of financial constitutional law is determined by the constitution of each State, which will determine its minimum content. In general terms, it will tend to refer to budgets, public revenue, both from taxes and other sources, public expenditures, credits, and public debt. The *duty to contribute*, which is an institution of financial law, arises from the constitution, and must be fulfilled through a just tax system based on financial capacity. In other words, there are rights and guarantees associated with said duty, inspired by that set of fundamental principles.

With the above, the line of research undertaken is justified (financial constitutional law), which implies, additionally, in terms of the object of the study, that this paper will not focus only on said main pillar (the duty to contribute to public expenditures), but rather focus on principles and, therefore, rights.

As Sainz de Bujanda proposes, today we undoubtedly find financial constitutional law, or, if you prefer, financial constitutional principles, that have a more general character and affect the system of producing norms in the financial realm and relating to the financial capacity of citizens as determining both the cause and measure of taxation;[11] in consequence, affecting the heart of the set of principles,

---

[10] Sainz de Bujanda, *Sistema de derecho financiero*, 442.
[11] Fernando Sainz de Bujanda, *Hacienda y Derecho*, 1955, cited in Yebra Martul-Ortega P., *Constitución financiera: veinticinco años* (Madrid: Ministry of Treasury / Fiscal Studies Institute, 2004), 31. This citation has been taken from the reprint used in 1962 of the Instituto de Estudios Políticos de Madrid, page 429. At least foreign readers like myself are surprised to find the relationship between this statement, which dates back to 1955, when fundamental laws preceding the current Constitution were in force, that the very

and, therefore, rights, that tax doctrine has both traditionally refrained from recognizing and developing.

Vogel, who not only recognizes the existence of financial constitutional law, but also provides a definition, argues that it is "the precepts of financial law that formally belong to constitutional law, or in other words, the precepts of constitutional law that are related to public finances".[12] He further argues that the fundamental mission of constitutional law is to guide the exercise of power by the law itself and ensure the public liberties of citizens against the uncontrolled exercise of power. Its scope extends no less to the Treasury than to any other realm of state activity. Therefore, we must ensure that constitutional principles are fully effective also in the field of public finances.[13]

While this definition is rather bare bones, the relevant part of both of Vogel's criteria is related to the scope of financial constitutional law insomuch as it relates to the practical effectiveness of financial constitutional principles. On this issue, Yebra Martul-Ortega affirms that "the function of financial constitutional law will consist of making this legal- constitutional equality a reality between different subjects involved in financial activities".[14] From the point of view of contemporary constitutionalism, this would be understood as the weighing of rights and duties that are firmly rooted in the duty to contribute.

To close this section, I would like to point out that the broad purpose of studying financial constitutional public law is to address the relationships between the State and its citizens, which can be grouped into specific purposes, namely: a) the legal relationship that is derived

---

same author in 1977, in column I of his work *Sistema de Derecho Financiero*, one year before the current Constitution was passed, neither ratified nor complemented this criterion. On the contrary, he dedicated a large part of his work to breaking up the elements that he found objectionable in the theory of Myrbach-Rheinfeld and the content that said author proposed for the constitutional financial law some decades before. It is also curious to see that, upon publishing Volume II of this same work in 1985, 7 years after the Constitution had been in force, he never revisits the issue, not even in the introduction, and directly justifies the classification of financial law into its various branches. This work beautifully develops an analysis founded on the issue of public law, with sections projected relating to financial subject matter, which is really nothing more than analyzing the content of the various branches that converge together as a set, both of constitutional principles as well as the actual rules contained in the Constitution. This argument is valid for all Constitutions and not only those being analyzed in this study.

[12] Klaus Vogel, *Revista hacienda pública española*, n.º 69 (1979), 38. In his opinion, these legal-financial regulations are described within a Constitution and also globally as a financial Constitution.

[13] Vogel, "La Hacienda pública y el Derecho Constitucional", 16.

[14] Perfecto Yebra Martul-Ortega, *Constitución financiera: veinticinco años* (Madrid: Ministry of Treasury / Fiscal Studies Institute, 2004), 33.

from the duty to contribute to public expenditures; b) the constitutional principles that inspire the public finance system, in particular, tax principles; c) one connection that has not been well developed but is recognized by a new sector of tax doctrine, which is the legal relationship of public expenditures[15] and its relationship with the economic, political, social, and fundamental rights that are satisfied by the State through its public expenditures; and d) taxpayer rights, which are the focus of study that, according to the position detailed herein, is where the new constitutional tax theory should focus its attention.

3 The true role of tax principles

Based on anti-formalist premises and in opposition to classical positions that only recognize an informative character of a legal system that requires specific rules to guarantee its application and that recognize rights as being only those that are recognized under and incorporated into official declarations, the contemporary propaedeutic proposal,[16] which is the basis hereof, tends to make an interpretation that is at once different, comprehensive, and systematized, of the principles of material tax justice,[17] with the intention of reorienting said study to materialize its practicability within the framework of financial reality.

In previous research,[18] this author had already mentioned that in order to understand the new dimension and the true role of the

---

[15] Theory developed by José Vicente Troya Jaramillo, *El derecho del gasto público: especial referencia a los derechos económicos, sociales y políticos en el Ecuador* (Bogotá: Temis, 2014), supported by the work of Juan José Bayona de Perogordo, "Notas para la construcción de un derecho de los gastos públicos", *Presupuesto y gasto público*, n.º 2 (1979): 65-80.

[16] The methodological proposal of Francisco Escribano is an example of this. According to Escribano: "the constitutional formulation of the principle of contributory capacity provides the most brilliant colophon to proposals that, as anti-formalists, expected to obtain the greatest triumph, that of seeking a jurisdictionally actionable reference that was dismissively described by the formalists as a decidedly non-legal principle." See from the author, "Actual configuración del Derecho financiero y tributario: Rol de la jurisprudencia constitucional y del Tribunal de Justicia de las Comunidades Europeas". In Jorge Bravo Cucci, Daniel Yacolca Estares and César Gamba Valega, dir., *Introducción al Derecho financiero y tributario* (Lima: AIDET / Jurista Editores E.I.R.L., 2010), 27-28. To reflect on the anti-formalist line of thought, another source is Carlos Palao Taboada, *La enseñanza del Derecho Financiero y Tributario*, Civitas: Revista española de derecho financiero, n. 40 (1985): 493-504.

[17] The systematic interpretation of the constitutional text tends to respect the essential content of the law, which is fundamental to any type of consideration. (See: Spain, STC 11/1981, F.J. 4º-6º; STC 196/1987, F.J: 11 and STC 197/1987).

[18] Reorientation of the interpretation of tax justice principles is something the author has been doing in previous research, namely in her doctoral research entitled: "Los principios del deber de contribución al gasto público" (doctoral thesis, Universidad Complutense de

principles of tax justice, it was important to begin by distinguishing between constitutional rules and principles, particularly because the principles play an influential role in the legal-tax relationship. As a result, the traditional understanding is that principles are a substantive norm, and in consequence, open, while a rule is a rigid norm, which is the specific application of a principle. While the Constitution can be directly applied by public authorities, financial principles require the development of norms that can be materialized in rules of law. Hence, the legal duty to contribute first addresses the legislator, who has to regulated by applying the principles of a "fair" tax system through developing norms.

While the distinction between rules and principles can be attributed to the studies of Esser[19] in Germany and Wilburg[20] in Austria, over time I keep insisting that it is Dworkin's work[21] that has most contributed to the conceptual delimitation of these categories and, therefore, is the most useful in carrying out the proposed interpretative exercise. Using these premises, two theoretical positions have been identified that are clearly explained by Alexy:[22] the first consists of considering principles as mandates of optimization that can be fulfilled to certain degrees, while the second refutes such conception, attributing to them the character of norms themselves, since principles, strictly speaking, do not have an adjustable structure.

For Rodríguez Bereijo, who is the fundamental author aiding in understanding tax principles, from a structural and functional point of view, legal principles are characterized for being: a) normative rules or precepts that presume the existence of other specific norms, and whose purpose consists of, not so much regulating relationships or defining specific legal positions, but rather addressing the application of such

---

Madrid, 2017, published with the title: *El deber de contribución al gasto público: principios que lo informan y derechos del contribuyente* (México, D. F.: Porrúa, 2018).

[19] Josep Ezzer, *Grundsatz und Norm in der rechterlichen Fortbildung des Privatrechts* (Tübingen, 1974).

[20] Walter Wilburg, "Entwicklung eines beweglichen System," in *Bürgerlichen Recht* (Graz, 1950).

[21] Ronald Dworkin, "The Model Rules," in *Taking Rights Seriously* (London: University of Chicago, 1978).

[22] Robert Alexy, *Tres escritos sobre los derechos fundamentales y la teoría de los principios* (Bogotá: Universidad Externado de Colombia, 2003), 94. Based on one of these positions, "principles explain the idea of optimization and that is how they differ from rules; this conception should be referred to as the "theory of principles." The other point of view is more of a combination. However, there is unity in it that the conception, according to which the principles are optimization mandates, is false: either exaggerated or insufficient, "pp. 93-137.

norms since, according to Larenz,[23] "principles merely indicate the direction of the rule that remains to be found," b) relative indifference of content, "in the sense that it incorporates the limits of various fields of legal regulation" (Carrió);[24] hence, its character of general rules and also possible qualification of norms without presupposing a specific event; and finally, c) indicating how specific norms should be applied, namely: "what scope they should be given, how to combine them, when to grant precedence to any one of them" (Carrió).[25] As a result, financial principles establish general rules and limits to the State's power of taxation,[26] since its evident direction aims to steer the tax system toward tax justice.

The same author (Rodríguez Bereijo) comments that among the principles and *stricto sensu* norms of the Constitution there is no difference in terms of nature, but rather only regarding structure of function. Both of these precepts are part of the legal system, and as a result, are both equally objective law. However, the principles that govern financial activity, particularly those related to the budget and public expenditures, constitute a special class of legal rules, because rather than directly applicable mandates, "they are the basis or justification of certain mandates that are specified in subsequent norms and decisions".[27]

Some authors argue that the constitutionalization of financial matters, whether in terms of budgetary or tax aspects, comes in response to a unitary purpose that, for citizens, provides a legal safeguard, and for the Public Treasury, a legal course of action. In these two cases, at least from a theoretical point of view, the value of equality becomes a reality,[28] since the principles that feed such value are the subjective rights of taxpayers.

---

[23] Karl Larenz, *Derecho justo: fundamentos de ética jurídica*, Civitas (1993): 32-33.

[24] Genaro Carrió, *Notas sobre derecho y lenguaje* (Buenos Aires: Ed. Abeledo-Perrot, 1994).

[25] Ibid.

[26] Regarding limits, I recommend reading Gianni Gutiérrez y Marcelo Marchetti, *Límites a la creación y recaudación de impuestos: control del gasto público* (Montevideo: AMF, 2018).

[27] See Álvaro Rodríguez Bereijo, *Los fundamentos constitucionales de control interno de la actividad financiera del Estado* (inaugural conference of the I Conference on Internal Control in the Public Sector, organized by the General Public Accounts Department of the State Administration on the occasion of the 1st Centennial of the Creation of the Expert Body on State Accounting, March 22, 1993), in *Cuadernos de formación-Inspección de tributos* (Madrid: School of the Public Treasury, 1993), 3-4. "To put it in the words of Karl Larenz, constitutional principles are 'directing thoughts and causes for justification of a positive regulation that underlies the idea of fairer Law.' Therein we find, inevitably, a certain level of indetermination, openness or imprecise contours, which is reflected in the role that [such constitutional principles] play in the legal system to limit the exercise of financial power or its level of effectiveness."

[28] Yebra Martul-Ortega, *Constitución financiera*, 34.

For others, "the motives behind constitutionalization of principles that operate within financial matters come in response to the idea of generating greater stability and firmness, with the consequences being, technically, the presentation of material limits to the remaining legal norms and to the exercise of legislative power that creates [such norms],"[29] understanding that the situation relates to effective limits derived from the constitutional configuration itself, with manifestation that is verified in the content of the tax law, which is the result of the legislature's normative development. Therefore, the fact that taxpayers can require that such limits be applied involves an implicit configuration of specific rights, in which each limit corresponds to a right that has been formulated at the heart of each principle.

It is not appropriate to describe tax principles individually; rather, upon mentioning them, we cannot set aside the formal principles of legality, legal certainty, and normative certainty, etc., and the material principles of equality, contributory capacity, progressivity, non-confiscation, recognizing that this list is incomplete, and should merely serve as an example of such principles. Doctrine has already been quite generous in these principles, and my arguments stated in previous research papers precisely address that in the proposed reorientation of the study, and the new interpretation, a set of rights can be identified and described, which may be new from a theoretical point of view, but in reality, go back as far as taxation itself. Along this line of thought, we can affirm that, since limiting principles are intrinsic to the duty of contributing to public expenditures, they are at once the substantive core of a wide range of subjective taxpayer rights that are different from rights that have been traditionally recognized.

As a result, it is only upon making an analysis–a study of the principles of tax justice–that we can obtain a general conceptual delimitation of the right that corresponds to each principle,[30] with the purpose of identifying the mechanisms that are most appropriate to guarantee each right, based on its nature and material scope, since the substantial content of each principles contains the primary description of the distinctive elements of the corresponding right. Below, I would

---

[29] Miguel Ángel Martínez Lago, "Una interpretación constitucional de la funcionalidad de la capacidad económica como principio informador del ordenamiento financiero," *Civitas: Revista española de derecho financiero*, n. 55 (1987).

[30] This is done with the purpose of developing specialized doctrine to determine mechanisms to effectively guarantee each right in following with the legal system that is in force for each State.

like to make a few short comments on each of such rights before moving on to other matters.

4 Taxpayer rights

Mortati explains that "the only reason to mention duties that are necessarily related to a citizen's position is to specify the ways in which they can be fulfilled".[31] This general statement serves to emphatically point out that contemporary constitutional provisions should not exclusively determine a citizen's duty limited by a set of principles. Today, such duty is accompanied by a while set of subjective rights[32] that are derived from the material manifestation of such principles in rights whose effective enforcement is not only guaranteed through their mention in the constitution, since they extend into binding legal obligations.

Beginning with this idea, and the generally recognized catalog of tax principles, I can absolutely affirm that despite the principle of legality having a formal nature, alongside that of no tax being able to be levied except under authority of a law, and legal certainty, these principles arise and become formulated into citizen rights that are extremely important to the taxpayer: *a) the right to the legality of taxes, b) the right to legal certainty on tax matters, and c) the right to self-imposition.* These rights guarantee the democratic participation of taxpaying citizens upon formulating the laws that establish their tax obligations. It is a legislative debate that legitimizes the creation or modification of taxes.

Legality, and therefore also the principle of legality, has been understood as a formal principle proper to the rule of law, with particular features of its approach to the tax system; in this way, legality

---

[31] Constantino Mortati, *Istituzioni di Diritoo Pubblico* (Padova: CEDAM, 1958), 746.

[32] Certain subjective public rights are known, and there is no doubt relating to rights derived from due process, and particularly, those relating to administrative due process, especially in relation to management and inspection by the tax administration. Here, we can mention the rights to protection of personal and tax privacy. The first of these is recognized in the broader scope of community law under the European Convention on Human Rights (ECHR), dated November 4, 1950, Art. 8. For further study of this right, we recommend reviewing: Pilar Cubiles Sánchez-Pobre "El derecho a la protección de la vida privada y familiar en el ámbito tributario," in *Derechos fundamentales y Hacienda Pública: una perspectiva europea*, García Berro F., dir. (Madrid: Civitas-Thomson Reuters, 2015), 58 et. seq. The second, known as the right to tax secrecy, "involves the consecration of the reservation or confidentiality of all information obtained by the tax administration," José Manuel Calderón Carrero, *El derecho de los contribuyentes al secreto tributario: fundamentación y consecuencias materiales y procedimentales* (Coruña: Netbiblio, 2009).

in its standing as a principle is considered to be a requirement for the validity of tax law, with legal certainty being a logical consequence of its fulfillment. However, for reasons that will be explained below, it has been affirmed that there is a right to legality, concurrently with a right to legal certainty in tax matters, all derived from the classic Anglo-Saxon principle of *no taxation without representation*, which means not paying any taxes that have not first gone through the democratic participation of the people vis-a-vis their representatives who are the actors in the process of making laws that create and modify taxes. This principle is related to the right of *self-imposition*, which demands social participation in the drafting of tax laws. For this reason, the first democratic Constitutions make a tacit reference to a right to consent to taxes in a prominent place in the catalog of public liberties.

According to Rodríguez Bereijo, the principle by which no tax can be established or imposed without law (*nullum tributum sine lege*; *no taxation without representation*) is an expression of the oldest political principle of self-imposition or consent of taxes by taxpayer representatives.[33] As a result, the political function of democracy materializes in tax matters through the constitutional manifestation of the principle of legality, which, in turn, sets out the respective rights for which any taxes that do not come to fruition through a democratic manifestation and popular acceptance can be challenged in the highest court of constitutional law.

Likewise, the principle of *tax equality*[34] gives rise to a right of the same name, which guarantees that the State, in determining taxes in the tax law, shall apply the criteria of equality to ensure that people only pay taxes in accordance with their economic capacity, which requires the application of progressivity to put equity into effect, along with certain

---

[33] See Álvaro Rodríguez Bereijo: "The origin of which dates back to the middle ages, and fulfills – as Fernando Pérez Royo points out – a function of individual guarantees and legal certainty in the face of arbitrary interference in the sphere of the freedom and property of citizens, and a political function of ensuring the democracy of citizens in establishing a tax system that fulfills the duty of solidarity, in which everyone shares the obligation to sustain public expenditures." See from the author "Los principios de la imposición en la jurisprudencia constitucional española", *Civitas: Revista española de derecho financiero, n. 100* (1998): 593-626.

[34] On this principle, I also recommend Álvaro Rodríguez Bereijo's, *Igualdad tributaria y tutela constitucional: un estudio de jurisprudencia (Igualdad tributaria del art. 31.1 e igualdad ante la ley del art. 14 CE: el problema del recurso de amparo en materia tributaria)*. (Madrid: Marcial Pons, 2011).

quantitative inequalities, which are understood as materialization and practicability as part of said right.[35]

It is true that general legal doctrine has recognized the right to equality. However, on tax matters, a special right must be recognized that is based on differences and not on equality in and of itself. The only way to guarantee this right is by recognizing that duly justified differences in the law merit differentiated treatment, which is in no way discriminatory and which fully guarantees rights. Likewise, contributory capacity and progressivity allow for a differentiated and fair treatment to taxpayers, effectively based on equality.

To this effect, an important right, which jurisprudence has already recognized and is currently being debated as to whether it should be categorized as a fundamental right, is the *right to be taxed in proportion to one's ability to pay*.[36] A great amount of doctrine has been generated on this principle since 1950.[37] It is a principle that was oftentimes stagnant, but has regained strength by being a taxpayer right that their contributions to the State and their collaboration, while it is several, it

---

[35] On these issues, Juan Arrieta Martinez de Pinzón has also pointed out that upon attributing a nature and effects to rules of exemption, modern doctrine justifies their foundation, finding that they are part of the content of the duty to contribute, since said duty is not limited only protecting tax or collection interests of providing a certain value to a public entity in the form of a tax, but rather comes in response to the principles of justice. Its content has the purpose of making such principles a reality as contributions are used to sustain public expenditures, with a specific modality in each case. See Juan Arrieta Martínez de Pisón, *Técnicas desgravatorias y deber de contribuir* (Madrid: McGraw-Hill, 1999), 172.

[36] On this issue, see Pedro Herrera Molina, *Capacidad económica y sistema fiscal: análisis del ordenamiento español a la luz del derecho alemán* (Madrid: Marcial Pons. 1999), who leans toward placing this under the category of a fundamental right.

[37] On this principle, I recommend reviewing the following, in chronological order based on the date of publication: Benvenuto Griziotti, Il principio della capacita contributiva e le sue aplicazioni," Saggi sui rinnovamento della scienza delle finanze e del diritto finanziario (Milan: Giuffrè, 1953); Emilio Giardina, *Le basi teorche del princiio della capacita contributiva*, (Milan: Giuffrè, 1961); Matías Cortés Domínguez, "La capacidad contributiva y la técnica jurídica," *Revista de derecho financiero y hacienda pública*, n. 60 (1965); Carlos Palao Taboada, "Apogeo y crisis del principio de capacidad contributiva," in *Estudios jurídicos en homenaje a profesor Federico de Castro*, vol. II (Madrid: Tecnos, 1976); Magín Pont Mestres, "La justicia tributaria y su formulación constitucional," *Civitas: Revista española de derecho financiero*, n. 31 (1981); Magín Pont Mestres, "Principio constitucional de capacidad económica y ordenamiento tributario," *Civitas: Revista española de derecho financiero*, n. 38 (1988); José María Martín Delgado, "Los principios de capacidad económica e igualdad en la Constitución de 1978," *Revista hacienda pública española*, n. 60 (1979); Miguel Ángel Martínez Lago, "Una interpretación constitucional de la funcionalidad de la capacidad económica como principio informador del ordenamiento financiero," *Civitas: Revista española de derecho financiero*, n.º 55 (1987); Carlos Palao Taboada, "Nueva visita al principio de capacidad contributiva," *Civitas: Revista española de derecho financiero*, n.º 124 (2004); Vicente De la Casa, "Los principios de capacidad económica y no confiscatoriedad como límite a la concurrencia de tributos," *Revista crónica tributaria*, n.º 144 (2012).

is not only inspired in the ideas of justice and equity, but also under technical and quantitatively verifiable parameters relating to their actual ability to pay.

As a final note, on the principle of non-confiscatory taxes and limits on the tax system's progressivity, comes the *right to non-confiscation*[38] *through taxes*, thereby reinforcing the right to private property, which also relates to the *right to inherit property*,[39] which in tax matters has a broader connotation than the fundamental right to non-expropriation except for purpose of social interest and upon paying indemnity.

Taxation on equity can involve tax techniques and aggressive rates that can put the universality of private property at risk. As a result, a *taxpayer's right to private property*[40] implies a guarantee that their equity, notwithstanding the requirement to guarantee its constitutionally established social purpose, cannot be more public than private, and as a result, exists first to serve its owner before serving the State. Consequently, taxes, and, in turn, coercive collection undertaken to enforce payment, cannot infringe upon economic rights. In other words, taxes cannot entail reducing, destroying, decreasing, creating warranties, or the total or partial disposal of property to make such payments. This right is especially recognized as being "fundamental," and must be protected and administered in the face of any apparent move by the treasury into ideologically-based collection.

5 Final considerations

This article shares conclusions that the author has reached in previous studies, and which, over the years and with further research, she continues to reaffirm. As a result, it is worth noting that these rights cannot be seen as something new, although perhaps they were when I first made by first studies back in 2008. At that time, the viewpoint

---

[38] Leopoldo Gonzalo y González studies the principle of non-confiscation in, "El principio constitucional de no confiscatoriedad tributaria," in *El sistema económico en la Constitución Española*, vol. 2, 1551-1560 (Madrid: Ministry of Justice, 1994); Gustavo J. Naveira de Casanova, *El principio de no confiscatoriedad: estudio en España y Argentina* (Madrid: McGraw-Hill, 1997); Francisco García Dorado, *Prohibición constitucional de confiscatoriedad y deber de tributación* (Madrid: Dykinson, 2002).

[39] On this issue, see the publication by Eddy De la Guerra, *Herencias, legados y donaciones como objeto de imposición* (Quito: Universidad Andina Simón Bolívar / Ius et Historiae, 2018).

[40] On this issue, it is worth looking at the work of Carlos María López Espadafor, "El derecho de propiedad desde la perspectiva tributaria en un Estado social y democrático de derecho: España en Europa", in *Derecho y Realidad* 1, n. 20 (2012): 215-258. https://revistas.uptc.edu.co/revistas/index.php/derecho_realidad/article/view/4863/3955.

of traditional doctrine strongly marked most research, concentrating its efforts on studying tax principles in the material sense, recognizing taxpayers' rights to property and certain procedural rights to the highest degree.

However, the recognition, at least academic, of some of such mentioned rights, including others, has gained more traction over time. One example of this was the approval of the Latin American Letter of Taxpayer Rights, which was discussed during the 30th Latin American Conferences on Tax Law, organized by the Latin American Tax Law Institute, held in Montevideo in 2018. However, it cannot be said that such theoretical recognition – since the letter has no normative value- is the product of a recent birth or derivation of innovative jurisprudence. On the contrary, these rights are as old as the very duty to contribute to public expenditure. However, they have not received sufficient attention in doctrine, perhaps because the rights are recognized – above all, as "fundamental" rights – when they have been violated recurrently and perversely, making it necessary to identify them as fundamental to guarantee their effective protection. On the other hand, this does not mean that more waiting is in order to recognize them, since, given the risk of possible violation, prevention is – in law just as in medicine – the best way to protect citizens.

In reference to the rights that have been identified and briefly described, it is worth pointing out a conclusion previously reached in *El deber de contribución al gasto público: principios que lo informan y derechos del contribuyente*, which is that, as they were named "subjective public" rights, they should be directly applied by public authorities without requiring any normative development in a special law. However, any taxpayer who considers their rights to have been affected can take the administrative and jurisdictional actions and mechanisms set out in the legal system to ensure their effective fulfillment. As a result, there is a major need for deeper study of these rights to contribute to their dogmatic construction.

Turning to the *right to contribute to public expenditures based on one's ability to pay*, while its definition as being a "fundamental" right is still under discussion, it is, effectively, one of the most representative rights in the relationship between taxpayers and the State, not only because it is correlative to the duty to contribute, but also because it is the famed right that limits the actions of public authorities.

It is now evident that this right could not be made effective were it not for the fulfillment of the other subjective rights that, as I had stated, are guaranteed without requiring any legislative development, since they arise from constitutional principles.

Therefore, the right to *legality*, to *legal certainty*, and *equality*, in addition to the right to *non-confiscation of taxpayer property*, are the foundations of a broader, more complex right: "The right to contribute to public expenditures only to the extent of one's ability to pay".

Consequently, insomuch as these rights are guaranteed from the moment in which tax obligations are created under tax law, and through a variety of taxation concepts, the State's obligation shall be considered to have been fulfilled upon guaranteeing protection of the legal interest in the legal-tax relationship, which refers to equitable distribution of the tax burden.

Therefore, the "subjective public rights" of taxpayers go beyond an economic quantification of the ability of citizens to pay and their basic needs. Such rights are materialized through the fulfilment of specific and defined legal principles and, therefore, a bundle of rights, all of which are directly applicable by legislators, who, with the freedom available to them in their political drafting processes, *may not*, or at the very least *should not* incur in predatory legislative practices.

Finally, the State, in its current arrangement, has seen substantial growth in its financial needs. Such needs grow significantly based on available resources, increases in population, and expansion of the state apparatus. State assets have become insufficient, making tax collection the main source of public revenue and, as a result, efficient instruments of public policy.

The dynamics of the relationship between revenue and expenditures is the object of knowledge in financial law, and its main source is the constitution. The constitution lays out the duty to contribute to public expenditures, and establishes the material limits to the State's power of taxation. However, almost no constitution expressly addresses taxpayer rights, not even those constitutions known as being liberal or protectionist. Facing this situation of possible violations to taxpayer rights, urgent amendments must be made to keep the State from treating citizens as nothing more than a source of revenue.

In general terms, ideas are revisited relating to the importance of financial constitutional law, since while it is true that the main objective of study in this branch has always been related to the duty to contribute to public expenditures, the polarity needs to be inverted, since taxpayer rights should be the main object of study, such that specialized doctrine determine and describe the most appropriate guarantees to protect taxpayers and their families, to make paying taxes an equitable financial phenomenon inspired in full equality, solidarity, and fair treatment.

References

ALEXY, Robert. *Tres escritos sobre los derechos fundamentales y la teoría de los principios.* Bogotá: Universidad Externado de Colombia, 2003.

ARRIETA MARTÍNEZ DE PISÓN, Juan. *Técnicas desgravatorias y deber de contribuir.* Madrid: McGraw-Hill, 1999.

BAYONA DE PEROGORDO, Juan José. Notas para la construcción de un derecho de los gastos públicos. *Presupuesto y gasto público*, n. 2 (1979): 65-80.

CALDERÓN CARRERO, José Manuel. *El derecho de los contribuyentes al secreto tributario*: fundamentación y consecuencias materiales y procedimentales. Coruña: Netbiblio, 2009.

CARRIÓ, Genaro. *Notas sobre derecho y lenguaje.* Buenos Aires: Ed. Abeledo-Perrot, 1994.

CORTÉS DOMÍNGUEZ, Matías. La capacidad contributiva y la técnica jurídica. *Revista de derecho financiero y hacienda pública*, n. 60, 1965.

CUBILES SÁNCHEZ-POBRE, Pilar. El derecho a la protección de la vida privada y familiar en el ámbito tributario. *In: Derechos fundamentales y Hacienda Pública*: una perspectiva europea, García Berro F.: dir. Madrid: Civitas-Thomson Reuters, 2015), 58 *et seq.*

DE LA CASA, Vicente. Los principios de capacidad económica y no confiscatoriedad como límite a la concurrencia de tributos. *Revista Crónica Tributaria*, n. 144, 2012.

DE LA GUERRA, Eddy. *El deber de contribución al gasto público*: principios que lo informan y derechos del contribuyente. México, D. F.: Porrúa, 2018.

DE LA GUERRA, Eddy. *Herencias, legados y donaciones como objeto de imposición.* Quito: Universidad Andina Simón Bolívar, Sede Ecuador / Ius et Historiae, 2018.

DE LA GUERRA, Eddy. *Los principios del deber de contribución en Ecuador y España: análisis comparado.* Doctoral Dissertation, Universidad Complutense de Madrid, 2017. https://eprints.ucm.es/40977/1/T38315.pdf.

DE LA GUERRA, Eddy. Origen y contenido mínimo del Derecho constitucional financiero. *Revista Foro*, n. 28 (2017): 5-29.

DWORKIN, Ronald. The Model Rules. *In: Taking Rights Seriously.* London: University of Chicago, 1978. [Traducción libre del título original: "The model rules", en Talking Rights Seriously].

ESCRIBANO, Francisco. Actual configuración del Derecho financiero y tributario: Rol de la jurisprudencia constitucional y del Tribunal de Justicia de las Comunidades Europeas. *In*: BRAVO CUCCI, Jorge; YACOLCA ESTARES, Daniel; GAMBA VALEGA, César (Dir.). *Introducción al Derecho financiero y tributario.* Lima: AIDET / Jurista Editores E.I.R.L., 2010.

EZZER, Josep. *Grundsatz und Norm in der rechterlichen Fortbildung des Privatrechts.* Tübingen, 1974.

FERRAJOLI, Luigi. *Los fundamentos de los derechos fundamentales.* Madrid: Trotta, 2009.

FERRAJOLI, Luigi. *Derechos y garantías*: La ley del más débil. Madrid: Trotta, 1999.

GARCÍA DORADO, Francisco. *Prohibición constitucional de confiscatoriedad y deber de tributación*. Madrid: Dykinson, 2002.

GIARDINA, Emilio. *Le basi teorche del princiio della capacita contributiva*. Milan: Giuffrè, 1961. [Título original en italiano: Le basi teorche del princiio della capacita contributiva].

GONZALO Y GONZÁLEZ, Leopoldo. El principio constitucional de no confiscatoriedad tributaria. *In: El sistema económico en la Constitución Española*, vol. 2, 1551-1560. Madrid: Ministerio de Justicia, 1994.

GRIZIOTTI, Benvenuto. *Il principio della capacita contributiva e le sue aplicazioni, Saggi sui rinnovamento della scienza delle finanze e del diritto finanziario*. Milan: Giuffrè, 1953.

GUTIÉRREZ, Gianni; MARCHETTI, Marcelo. *Límites a la creación y recaudación de impuestos*: control del gasto público. Montevideo: AMF, 2018.

HERRERA MOLINA, Pedro. *Capacidad económica y sistema fiscal*: análisis del ordenamiento español a la luz del derecho alemán. Madrid: Marcial Pons. 1999.

LARENZ, Karl. *Derecho justo*: fundamentos de ética jurídica. Civitas (1993): 32-33.

LÓPEZ ESPADAFOR, Carlos María. El derecho de propiedad desde la perspectiva tributaria en un Estado social y democrático de derecho: España en Europa. *Derecho y realidad*, 1, n. 20, p. 215-258, 2012. Disponible: https://revistas.uptc.edu.co/revistas/index.php/derecho_realidad/article/view/4863/3955.

MARTIN DELGADO, José María. Los principios de capacidad económica e igualdad en la Constitución de 1978. *Revista hacienda pública española*, n. 60, 1979.

MARTÍNEZ LAGO, Miguel Ángel. Una interpretación constitucional de la funcionalidad de la capacidad económica como principio informador del ordenamiento financiero. *Civitas: Revista española de derecho financiero*, n. 55, 1987.

MORTATI, Constantino. *Istituzioni di Dirito Pubblico*. Padova: CEDAM, 1958.

MYRBACH-RHEINFELD, Franz von. *Précis de Droit Financier*. Traducido por R. Bouché-Leclercq. Paris: E. Giard et E. Brière, 1910.

NAVEIRA DE CASANOVA, Gustavo. *El principio de no confiscatoriedad*: estudio en España y Argentina. Madrid: McGraw-Hill / Interamericana de España, 1997.

PALAO TABOADA, Carlos. Nueva visita al principio de capacidad contributiva. *Civitas: Revista española de derecho financiero*, n. 124, 2004.

PALAO TABOADA, Carlos. La enseñanza del Derecho Financiero y Tributario. *Civitas: Revista española de derecho financiero*, n. 40, p. 493-504, 1983.

PALAO TABOADA, Carlos. Apogeo y crisis del principio de capacidad contributiva. En: *Estudios jurídicos en homenaje a profesor Federico de Castro*, vol. II. Madrid: Tecnos, 1976.

PONT MESTRES, Magín. Principio constitucional de capacidad económica y ordenamiento tributario. *Civitas: Revista española de derecho financiero*, n. 38, 1988.

PONT MESTRES, Magín. La justicia tributaria y su formulación constitucional. *Civitas: Revista española de derecho financiero*, n. 31, 1981.

RODRÍGUEZ BEREIJO, Álvaro. *Igualdad tributaria y tutela constitucional*: un estudio de jurisprudencia (Igualdad tributaria del art. 31.1 CE e igualdad ante la ley del art. 14 CE: el problema del recurso de amparo en materia tributaria). Madrid: Marcial Pons, 2011.

RODRÍGUEZ BEREIJO, Álvaro. Los principios de la imposición en la jurisprudencia constitucional española. *Civitas: Revista española de derecho financiero*, n. 100, p. 593-626, 1998.

RODRÍGUEZ BEREIJO, Álvaro. Los fundamentos constitucionales de control interno de la actividad financiera del Estado. Inaugural conference of the 1st Conference Series on Internal Control in the Public Sector, Madrid, March 22, 1993. In: *Cuadernos de formación-Inspección de tributos* 22. Madrid: Public Treasury School, 1993.

SAINZ DE BUJANDA, Fernando. *Sistema de Derecho Financiero*: Introducción, vol. I, Actividad financiera, ciencia financiera y Derecho financiero. Madrid: Universidad Complutense de Madrid, 1977.

SAINZ DE BUJANDA, Fernando. *Hacienda y Derecho*. Madrid: Center for Political and Constitutional Studies, 1955.

SÁNCHEZ-POBRE, Pilar Cubiles. El derecho a la protección de la vida privada y familiar en el ámbito tributario. *En: Derechos fundamentales y Hacienda Pública*: una perspectiva europea, dirigido por F. García Berro, 58 *et seq*. Madrid: Civitas-Thomson Reuters, 2015.

TROYA JARAMILLO, José Vicente. *El derecho del gasto público*: especial referencia a los derechos económicos, sociales y políticos en el Ecuador. Bogotá: Temis, 2014.

VOGEL, Klaus. Grundüge des Finanzrecht des Grundegesestzes. *En: Der offene Finanz* – und Steuerstaat. s/e: Heidelberg, 1991.

VOGEL, Klaus. La Hacienda pública y el Derecho Constitucional. *Revista hacienda pública española*, n. 59, p. 15-23, 1979.

WILBURG, Walter. *Entwicklung eines beweglichen System*. Bürgerlichen Recht. Graz, 1950.

YEBRA MARTUL-ORTEGA, Perfecto. *Constitución financiera*: veinticinco años. Madrid: Ministry of the Treasury / Fiscal Studies Institute, 2004.

ZAGREBELSKY, Gustavo. *El derecho dúctil*. Madrid: Trotta, 2005.

Informação bibliográfica deste texto, conforme a NBR 6023:2018 da Associação Brasileira de Normas Técnicas (ABNT):

ZÚÑIGA, Eddy de la Guerra. The true role of tax principles and the emergence of taxpayer rights. In: SARAIVA FILHO, Oswaldo Othon de Pontes; SIQUEIRA, Julio Homem de; BEDÊ JÚNIOR, Américo; FABRIZ, Daury César; SIQUEIRA, Junio Graciano Homem de; CUNHA, Ricarlos Almagro Vitoriano (Coord.). *Noções gerais e limitações formais ao poder de tributar*. Belo Horizonte: Fórum, 2021. p. 93-110. (Coleção Fórum Princípios Constitucionais Tributários – Tomo I). ISBN 978-65-5518-057-2.

AVOIDING CONSTITUTIONAL LIMITATIONS. OVERRULING AND LEGISLATING BEYOND PRECEDENT; IGNORING U.S. CONSTITUTIONS

HENRY ORDOWER

Introduction

Constitutions, taxes and court review in the United States. The United States Constitution (the "Constitution") reserves all powers to the states or the people unless the power in question is delegated expressly to the United States or prohibited expressly to the states.[1] The Constitution delegates the power to impose taxes to Congress: "[t]he Congress shall have power to lay and collect taxes, duties, imposts and excises, …; but all duties, imposts and excises shall be uniform throughout the United States".[2] In addition to uniformity, the Constitution also requires that "… direct taxes … be apportioned among the several states which may be included within this union, according to their respective numbers …"[3] and further "[n]o capitation, or other direct, tax shall be laid, unless

---

[1] U.S. Const. Amend. X (1789): "The powers not delegated to the United States by the Constitution, nor prohibited by it to the States, are reserved to the States respectively, or to the people." ("Constitution" with a capital "C" and without further designation in this chapter refers to the U.S. Constitution.)

[2] U.S. Const. Art. I, Sec. 8, clause 1.

[3] U.S. Const. Art. I, Sec. 2, clause 3.

in proportion to the census or enumeration ...".[4] The Constitution prohibits federal duties on exports but not imports.[5]

The Constitution also prohibits states from imposing import or export duties unless Congress consents which means that Congress has exclusive jurisdiction over import duties.[6] The Constitution does not prohibit states from imposing other taxes despite taxing power having been delegated to the U.S. In *McCulloch v. Maryland*,[7] the U.S. Supreme Court[8] held that a state tax on a national bank impermissibly interfered with the federal government's lawful exercise of its powers, including powers "necessary and proper" to the U.S. although not expressly enumerated in the Constitution.[9] *McCulloch v. Maryland* accepts the concurrent power of both states and the federal government to tax, but its limitation of the state's power to tax federal functions and, conversely, the federal government's power to tax states is based in the notion "[t]hat the power to tax involves the power to destroy"[10] which led to development of a doctrine of intergovernmental tax immunity. That doctrine has contracted in scope over the years. The U.S. may tax interest on state and local obligations without running afoul of intergovernmental tax immunity or the tenth amendment.[11] States may tax salaries and pensions of employees of the U.S. provided that they do not treat those employees more harshly than employees of the state.[12]

The next reference to taxes in the Constitution is the Sixteenth Amendment adopted in 1913[13] permitting the imposition of an income

---

[4] U.S. Const. Art. I, Sec. 9, clause 4.

[5] U.S. Const. Art. I, Sec. 9, clause 5.

[6] U.S. Const. Art. I, Sec. 10, clauses 2, 3.

[7] 17 U.S. (4 Wheat.) 316 (1819). Compare the E.U. where the central authority lacks the power to tax but the member states impose a contribution requirement for E.U. expenses on each member state. European Parliament, Fact Sheets on the European Union, General Tax Policy (available at http://www.europarl.europa.eu/factsheets/en/sheet/92/general-tax-policy).

[8] The "Supreme Court "and the "Court" as used in this chapter refer to the United States Supreme Court established under U.S. Const. Art. III, Sec. 1.

[9] U.S. Const. Art.1, Sec. 8, clause 18: "[t]o make all Laws which shall be necessary and proper for carrying into execution the foregoing powers, and all other powers vested by this Constitution in the government of the United States, or in any department or officer thereof."

[10] McCulloch v. Maryland, supra note 7, at 431.

[11] South Carolina v. Baker, 485 U.S. 505 (1988) (interest on unregistered bonds taxable).

[12] Dawson v. Steager, 586 U.S. (2019) (citing McCulloch and its progeny, the Court confirmed that a state could tax federal employees on their pension payments from the U.S. but not more severely than it taxed state retirees on their state pensions. Discrimination by the state against federal employees was impermissible).

[13] U.S. Const. Amendment XVI (1913).

tax without apportionment among the states. The amendment was necessary for the enactment of a federal income tax because the U.S. Supreme Court in *Pollock v. Farmers' Loan & Trust Company*[14] invalidated an 1894 income tax as a direct tax on capital requiring apportionment.[15]

Unlike Germany and other countries which have a constitutional court with ultimate authority over interpretation of the national constitution,[16] the Constitution leaves its interpretation and application to the courts of general jurisdiction.[17] Review of statutes for consistency with the Constitution is not automatic[18] but requires a case or controversy to be presented to the courts.[19] The case may be an action for a declaratory judgment in an appropriate instance.[20] With limited exceptions, the Supreme Court has discretion to accept or reject review, including review of constitutional issues, when litigants petition the Court to issue a writ of certiorari for review of a lower court decision.[21] The courts, including the Supreme Court, generally are reticent on constitutional issues. Whenever possible, the courts resolve their cases without interpreting the Constitution. The volume of constitutional decisions relative to cases resolved on other grounds tends to be lower in the U.S. than in countries which have a dedicated constitutional court and mandatory referral of constitutional questions.[22]

---

[14] 157 U.S. 429 (1895), *affirmed on rehearing*, 158 U.S. 601 (1895).

[15] U.S. Const. Art I, sec. 2, cl. 3.

[16] Art. 100, Grundgesetz für die Bundesrepublik Deutschland (Basic Law of the Federal Republic of Germany) (available at https://www.gesetze-im-internet.de/gg/GG.pdf) requires the courts to refer constitutional questions to the Bundesverfassungsgericht (Constitutional Court).

[17] Marbury v. Madison, 5 U.S. (1 Cranch) 137 (1803) (establishing the power of the federal courts to review statutes for conflict with the Constitution).

[18] Compare France in which the Conseil Constitutionnel has the power to review legislation at enactment upon petition without any prior litigation. F.L. Morton, Judicial Review in France: A Comparative Analysis, 36 Am. J. Comp. L. 89 (1988).

[19] U.S. Const. Art. III, Section 1, clause 1.

[20] For example, the recent decision in South Dakota v. Wayfair, 585 U.S. ___, 138 S. Ct. 2080; 201 L. Ed. 2d 403 (2018), discussed infra in text accompanying note 44, was a declaratory judgment action brought by the state of South Dakota.

[21] Generally, on certiorari, see United States Courts, Supreme Court Procedures (available at https://www.uscourts.gov/about-federal-courts/educational-resources/about-educational-outreach/activity-resources/supreme-1).

[22] Compare Germany, supra note 16. See generally Henry Ordower, Horizontal and Vertical Equity in Taxation as Constitutional Principles: Germany and the United States Contrasted, 7 Fla. Tax Rev. 259 at 261 – 4 (2006) (hereinafter "Ordower, Horizontal and Vertical Equity"). For a broader collection of U.S. case law addressing the legislative power to tax Tracy A. Kaye and Stephen W. Mazza, United States – National Report: Constitutional Limitations of the Legislative Power to Tax in the United States, 15 Mich. St. J. of Int'l. L. 481 (2007).

Each of the fifty states of the United States has its own constitution. Taxpayer initiatives in some states have added express constitutional limitations on taxation, for example, the so-called "Hancock amendment" in the state of Missouri[23] and Proposition 13 in the state of California.[24] The Hancock amendment restricts the power of the Missouri state legislature and local jurisdictions to increase existing taxes by more than an inflation adjustment or to enact any new tax without a favorable vote of the electorate by ballot referendum.[25] California's proposition 13 limited increases in state *ad valorem* property taxes on personal residences (a principal source of local revenue supporting schools and other government services) until the sale of personal residence sold in an arm's length transaction. Then the tax could increase to an amount based on transfer price rather than the previous owner's historical cost. With property values increasing rapidly in California, a new resident is likely to pay a substantially higher property tax than a neighbor who has lived in her home for a long period even though the homes are substantially identical.

The Constitution limits the reach of state constitutions on matters reserved to the United States and, to a lesser degree, matters with respect to which there is concurrent jurisdiction like taxation.[26] If state law, including tax law, conflicts with the Constitution, the federal courts may strike down the state law but do so reluctantly. Whenever possible the federal courts defer to the decisions of the states' respective legislatures as long as the state law serves a rational, legitimate, governmental purpose. If, however, a state law disproportionally disadvantages a suspect classification of individuals, people of color, for example, or undermines a taxpayer's fundamental rights, free exercise of religion, for example, a federal court is likely to apply a more demanding review standard. The court may require the state to demonstrate that 1) the state has a compelling need for the law and 2) the state cannot meet that need with a law that does not harm the suspect group or limit fundamental rights.[27] In *Harper v. Virginia Board of Elections*[28] a tax imperiled the taxpayer's fundamental right to vote. The state could not demonstrate

---

[23] Missouri Const. Art. X, sec. 16 et seq. (adopted 1980) (available at http://www.moga.mo.gov/MoStatutes/ConstHTML/A100161.html).

[24] CA Const. Article XIII A [tax limitation] (Article 13A added June 6, 1978, by Prop. 13. Initiative measure.) Available at https://leginfo.legislature.ca.gov/fac.

[25] Missouri Const. Art. X, sec. 18(e).

[26] McCulloch v. Maryland, supra note 7 (prohibiting state taxation of a federal bank).

[27] In the following, this chapter refers to such review as "heightened scrutiny."

[28] 383 U.S. 663 (1966), discussed infra note 39 and accompanying text.

any compelling need for payment of the tax to secure the right to vote so the Court intervened and struck down the tax.

Even arguments based on fundamental rights are often unsuccessful. For example, in *Nordlinger v. Hahn*[29] a taxpayer challenged proposition 13 in California[30] under the equal protection clause of the Constitution.[31] Equal protection is the U.S. manifestation of the concept of equal rights. Equal protection does not demand precision in distribution of rights but requires only reasonable basis for laws that have disparate impacts on individuals or groups. Only if the law impacts a suspect class of individuals adversely or limits a fundamental right, courts may apply heightened scrutiny. The taxpayer in *Nordlinger* argued that proposition 13 led to substantial disparities in *ad valorem* real estate taxes between residences owned by long term owners and new buyers thereby infringing upon her fundamental right to travel because the substantial increase in property taxes following her purchase of a residence impinges on the taxpayer's ability to relocate to California.[32] The Supreme Court rejected the right to travel claim because the taxpayer was living in a rented apartment in California already and applied the minimal rational basis review standard holding the proposition not violative of equal protection because the tax structure served the rational state interest of maintaining neighborhood stability.[33]

In interpreting statutes and constitutions and reaching decisions in instances in which no statute resolves the specific issue in the case, courts in common law jurisdictions[34] like the U.S. rely heavily on judicial precedents under the doctrine of *stare decisis*.[35] Courts generally apply

---

[29] 505 U.S. 1 (1992).

[30] Supra note 24 and accompanying text.

[31] U.S. Const. amendment XIV §1: "… nor shall any State … deny to any person within its jurisdiction the equal protection of the laws."

[32] Shapiro v. Thompson, 394 U.S. 618 (1969) (holding a one year waiting period to qualify for welfare benefits when an individual moved from one state to another unduly restricted the individual's right to travel and establish residence in a new location).

[33] Nordlinger v. Hahn, supra note 29 at 13-14. The Court also noted that the new purchaser had no right to rely on the historical tax rate on property the individual wished to acquire. The economics are also uncertain. The market is likely to discount the value of a residence with low property taxes when it is certain that the taxes will increase substantially following sale. The discount might be as great as the present value of the increased taxes for several years.

[34] Common law refers to a system of judicial precedents developing legal rules rather than the establishment of rules by legislation. Common law dominated in many anglophile jurisdictions following the British model although today statutory law increasingly dominates even in historically common law jurisdictions.

[35] Translates from Latin as "stand decided" and in application meaning that once an issue is resolved, others with like issues should be decided the same.

rulings in earlier cases in the same court and, if the court is a trial level court, it follows decisions of any appellate court to which litigants might appeal the decision the trial court might make.[36] When rulings in similar cases exist but the court is not bound to follow them because they are from courts in other states or other judicial circuits, courts nevertheless frequently follow the earlier rulings if they find the reasoning of the earlier decisions persuasive. Precedents from the U.S. Supreme Court establish the law of the land and are controlling in all courts in the U.S. in like cases. While the Supreme Court may distinguish its prior rulings based upon differences in the facts of a case, it rarely overrules its own precedent despite changes in the composition of the Court.

Part I of this chapter examines instances in which the Supreme Court reviewed state taxing laws for conflict with the Constitution and overruled its earlier decisions in similar cases. One case involving a poll or capitation tax worked its way through the courts as the Constitution was being amended to prevent the states from using a poll tax in the future. Another case from 2018 resolves a longstanding tax collection and avoidance problem with state sales taxes. Part II focuses on a single longstanding Supreme Court precedent limiting federal tax law under the Constitution which Congress increasingly has not followed. The decision and recent congressional action is contextual in the current discussions of other taxing proposals. Part III considers some areas in which constitutional limitations exist but legislatures and courts seem to have no interest in addressing the limitations. Part IV concludes.

I   Overruling Precedent

Fundamental Rights: Poll Taxes and Voter Suppression. In *Breedlove v. Suttles*[37] the Supreme Court upheld a poll (capitation) tax applicable to all adult males but only those women who registered to vote. While the tax legislation did not expressly state that its goal was to suppress voting by people of color, the impact of the tax fell on the impoverished black population of the state and prevented many from exercising their voting rights. The Court concluded that even though the male taxpayers in *Breedlove* suffered discrimination based on their sex, adult men were not a disadvantaged and suspect class of litigants

---

[36] For example, the federal district court in Missouri generally will follow decisions of the court of appeals for the Eight Circuit to which its decisions are appealable.
[37] 302 U.S. 277 (1937).

entitled to heightened scrutiny so the state need only have a rational basis for the statute to withstand challenge under the equal protection clause.[38] The Court upheld the tax in *Breedlove* because it served the rational state purpose of raising revenue.

The Court overruled its *Breedlove* decision with *Harper v. Virginia Board of Elections*,[39] where the Supreme Court applied the equal protection clause of the Constitution to invalidate a poll tax. Failure to pay the poll tax barred the taxpayer from voting.[40] The Court concluded that as a fundamental right voting required heightened scrutiny in its review of the state tax and held that voting rights must not depend on the voter's ability or inability to pay the tax. Even acknowledging violation of equal protection, Justice Black dissented confirming a commitment to the principle of *stare decisis* even in the face of historical error by arguing that the Court should follow its precedent because the Constitution had not changed.[41]

The victory for voting rights in *Harper* and the 24th Amendment proved pyrrhic. While taxes no longer played a role in voter suppression, gerrymandering of representative districts, voter identification laws, purging of voting rolls and a variety of methods of intimidating prospective voters impact voting by people of color, especially in the southern U.S.[42] The issue of the constitutional permissibility of partisan gerrymandering of districts currently is pending before the U.S. Supreme Court.[43]

State Borders and Use Taxes: Due Process/Commerce Clause Limitations. During its 2017-18 term the U.S. Supreme Court in *South Dakota v. Wayfair, Inc. et al.*[44] decided that a state may require a vendor located in another state and having no physical presence in the taxing state to collect use tax from buyers on items the vendor ships to them from outside their state of residence. The vendor must remit the collected

---

[38] Supra note 31.
[39] 383 U.S. 663 (1966).
[40] U.S. Const. amendment XXIV ratified in 1964 prohibits denial of franchise in any federal election because a voter fails to pay any tax. The amendment did not apply to the Harper because the tax was imposed before the amendment but the amendment's ratification may have influenced the Supreme Court decision.
[41] Of course, Justice Black knew that the 24th Amendment would prevent any poll tax from preventing voting in the future.
[42] Vann R. Newkirk II, Voter Suppression Is the New Old Normal, The Atlantic (OCT 24, 2018), accessed at https://www.theatlantic.com/politics/archive/2018/10/2018-midterms-and-specter-voter-suppression/573826/.
[43] Virginia House of Delegates v. Bethune-Hill, No. 18-281 and Lamone v. Benisek, No. 18-726.
[44] Supra note 20, 585 U.S. ___, 138 S. Ct. 2080; 201 L. Ed. 2d 403 (2018).

tax to the state of the buyer's residence. The decision overruled two earlier precedents[45] as it addressed the authority of one state to reach across state lines to compel tax-related action in another state.

Most states in the U.S. impose a tax on the sale and delivery of goods within the state. The states collect the sales tax by requiring vendors in the state to collect the tax at the point of sale and remit the tax to the state. In those instances where the buyer is not a state resident and the seller ships the goods to the buyer at a location outside the state, the state generally does not impose its sales tax.[46] States imposing a sales tax also impose a complementary use tax on goods shipped into the state for use in the state.[47] Collection of the use tax has been problematic. While the consumer of the goods has an obligation to pay the tax, many consumers do not pay voluntarily and the state lacks the ability to identify all goods shipped to a consumer in the state. Until the decision in *Wayfair*, states could not simplify collection of the use tax by imposing the burden to collect on vendors having no physical presence in the state as earlier Supreme Court decisions determined.

When the state of Illinois sought to compel out of state vendors to collect a use tax on sales of goods shipped to Illinois, a Missouri vendor with no physical presence but an active mail order business in Illinois challenged the collection obligation. The Supreme Court held in *National Bellas Hess*[48] that under both the due process clause[49] and the commerce clause[50] of the Constitution, the vendor's lack of physical presence in the state precluded imposition of the collection obligation on the out-of-state vendor. Finding that the requirements of the due process and the commerce clauses were closely linked, the Court concluded that the tax collection obligation imposed a duty without the state having jurisdiction over the out of state vendor and interfered with

---

[45] National Bellas Hess, Inc. v. Department of Revenue of Ill., 386 U. S. 753 (1967) and Quill Corp. v. North Dakota, 504 U. S. 298 (1992).

[46] State requirements vary in instances in which the buyer is physically present but has the seller ship the goods to an out-of-state person who may be the buyer.

[47] The combination of sales and use taxes produces revenue for the state and local governments. Unlike many countries, the U.S. does not have a centrally administered consumption tax like a value added tax, revenue from which the central administrator might share with local governmental authorities.

[48] Supra note 45.

[49] U.S. Const. amendment XIV, §1 reads in part: "no State shall ... deprive any person of life, liberty, or property, without due process of law ...".

[50] U.S. Const. Art I, Sec. 8, clause 3: [Congress shall have the power] "[t]o regulate commerce with foreign nations, and among the several States, ...".

interstate commerce. Power to regulate interstate commerce belongs exclusively to Congress.

Later in *Quill*[51] the Supreme Court abandoned due process as a barrier to imposing tax collection responsibility on an out of state vendor. The Court concluded that it would not be fundamentally unfair to an out of state vendor to carry tax collection responsibility. The Court discussed the development of due process thinking and decided that the out of state business availed itself of the markets in the state by soliciting business there. However, in the absence of physical presence in the state, the Court found that the tax collection obligation intruded on interstate commerce and, accordingly, violated the commerce clause. The Court concluded that regulation of interstate commerce belonged to Congress and Congress had the power to impose the tax collection responsibility on out of state vendors.

In *Wayfair*[52] the Court determined that it erred in the past when it concluded that physical presence in the state was essential to the use tax collection obligation. Instead only nexus with the state was required and the vendor's nexus was its use of various means to target sales efforts to and capture sales into the state by using the internet and other means of communication with state residents. The vendor was engaged in commerce in the state albeit without a physical presence. Requiring the vendor to collect and remit state taxes on goods it sold and shipped to customers in the state did not intrude on interstate commerce in violation of the commerce clause. The Court acknowledged that the state may regulate the impact of interstate commerce as long as the state does not discriminate against out of state vendors[53] and has a rational basis for the regulation or tax in this case. The necessary rational basis is the loss of tax revenue on sales as consumers do not pay the use tax on out of state purchases they bring into or have delivered to them in the state and there is no practical means to collect the use tax in most instances. Economic nexus suffices for a collection obligation in light of the volume of commerce conducted over the internet where concepts of physical presence are easily manipulated and avoided even in the presence of substantial activity over the internet into the taxing state.

The *Wayfair* decision may be a sensible business decision for the digital age where physical presence is mutable and frequently

---

[51] Supra note 45.
[52] Supra note 20.
[53] For example, Metropolitan Life Ins. Co. v. Ward, 470 U.S. 869 (1985) (invalidating a gross premiums tax in Alabama which discriminated against out of state insurers).

means little in terms of economic activity. Nevertheless, the decision is surprising insofar as the Court in *Quill* concluded that it need not address practical policy considerations concerning the digital application of the commerce clause because Congress had the power to resolve the issue and authorize states to require out of state vendors to collect and remit use tax.[54] Despite Congress's failure to act, the Court chose to accept control over the matter as it applied a practical business standard to the limitations of the Constitution. The Court overruled its longstanding precedents.[55] The physical presence test permitted vendors to select their location and structure their businesses to avoid the collection responsibility while enabling consumers to avoid state use taxes. With so much commerce using the internet, the physical presence test gave out of state vendors a material advantage over in state vendors. Digital presence in a state sufficed to satisfy commerce clause limitations. Justice Roberts, however, joined by three other justices, dissented arguing that the Court should not overrule its commerce clause precedents even if it was wrong. It is Congress's responsibility to evaluate the economic and policy impacts of a change in the rule. Failure of Congress to act when it has the power to act does not justify the Court changing the outcome.[56]

At an international level, the *Wayfair* decision raises the question whether a state might reach across an international border to compel a vendor to collect use tax on the state's behalf – an important question for sales of products, including purely digital products having no physical substance, over electronic commerce facilities like the internet. Does international marketing or use of the international banking system for payment provide sufficient nexus to support imposition of a collection obligation on foreign vendors by local taxing authorities? If the answer is affirmative, will internet vendors eschew international banking in favor of cryptocurrencies in order to hide from taxing authorities and how will states enforce that collection obligation? In domestic contexts, the federal and state courts are available to assist in collection since the decision is the law of the land. Courts in other countries, however, are free to reject the jurisdictional conclusions of the U.S. Supreme Court.

---

[54] Quill, supra note 45, at 318.
[55] Wayfair, supra note 20, 138 S. Ct. 2080, 2097. The state court from which the case came to the Supreme Court on certiorari had followed the Supreme Court precedents and ruled against the state.
[56] Id. at 2101 – 2105 (Roberts dissenting).

The Foreign Accounts Tax Compliance Act (FATCA)[57] demonstrates how one taxing authority might compel action across national borders where it otherwise lacks jurisdiction. Under FATCA the U.S. may disqualify foreign financial institutions from favored status under U.S. tax law. Foreign financial institutions often participate in reduced withholding opportunities on U.S. investments if they certify that their underlying investors meet the reduced withholding requirements. As a condition of participation in that program, FATCA requires the qualifying institutions to assist the U.S. in identifying U.S. taxpayers who invest in or through the foreign financial institutions.[58] Non-compliant institutions risk losing preferred reporting status in the U.S. with respect to unrelated investments. Institutions in jurisdictions with financial secrecy protections have begun to reject investments from U.S. persons so that they do not have to choose between financial secrecy and loss of preferred reporting status for their non-U.S. investors for whom the institution invests in the U.S. It seems less likely that a state might have a comparable benefit to offer foreign vendors to induce use tax collection.

Borders and Taxing Jurisdiction. *Wayfair*[59] retreats from constitutional limitations on state cross-border taxing powers and, based on a broad open-ended nexus concept, substitutes jurisdiction to regulate sales activities of out of state vendors when the vendors enter in state markets. While permitting states to impose the obligation to collect the taxes from the vendors' customers, *Wayfair* does not empower states to impose taxes on the out-of-state vendors that have no physical presence in the taxing state. The Supreme Court confirmed the continuing vitality of the due process clause[60] as a limitation on the state's power to tax out of state persons in North Carolina Depart of Revenue v. The Kimberly Rice Kaestner 1992 Family Trust[61] holding that the residence of a trust beneficiary in a state did not provide a sufficient jurisdictional basis for taxing an out-of-state trust's income. The beneficiary received no income from the trust and had no power to require the trust to distribute income to the beneficiary.

---

[57] Pub. L. 111-147, 124 Stat. 71 (2010).
[58] Section 1471 of the Internal Revenue Code of 1986, as amended (the Code) (requiring U.S. withholding agents to withhold 30 percent of payments made to foreign financial institutions that are not in compliance with FATCA reporting obligations). The Code constitutes the assemblage of U.S. tax laws as codified in Title 26 of the United States Code. In the following, this chapter refers to sections of the Code as "I.R.C. §" followed by a number.
[59] Supra, note 20.
[60] Supra, note 49.
[61] Supreme Court Docket No. 18-457, decided June 21, 2019.

II Legislating beyond Precedent

A few years following ratification of the 16th Amendment to the Constitution permitting the taxation of incomes without apportionment,[62] the Supreme Court invalidated a statute which included stock dividends in income for tax purposes. The Court held that a corporate dividend declared and paid in the issuing corporation's own shares was not income within the meaning of the Amendment.[63] The decision rested on the observation that following the dividend the shareholder had nothing more than or different from what the shareholder had before the dividend. The shareholder's proportional voting and participation rights remained unchanged. Unlike a cash distribution that increases the separate assets of the shareholder and decreases the assets of the corporation, a stock dividend changes nothing.

While the Court refined the limitations of the holding in subsequent cases[64] and expanded on the language in the decision that suggested income had to come from capital or labor,[65] the Court has never overruled the decision. *Macomber* holds that, as a matter of constitutional law, separation of something from the capital or exchange of the property for cash or other property is a condition to inclusion in income.[66] Distribution of cash or property by the corporation other than additional shares of the same stock is income to the shareholder. A sale or other disposition of the corporate shares results in gain or loss includable in the income of the shareholder. Distribution of additional shares of stock with respect to stock is not income.

---

[62] Supra note 13.
[63] Eisner v. Macomber, 252 US 189 (1920). Shareholders own a greater number of shares than before the dividend but their proportional interests are unchanged. The market value of a shareholder's total shareholdings may increase as a result of the stock dividend because the market may perceive the stock dividend as indicating that the corporation is doing well so that the share price rises. Alternatively, the market availability of a greater number of shares outstanding at a reduced dilution adjusted price per share increases demand for the shares at a lower price.
[64] For example, Koshland v. Helvering, 298 U.S. 441 (1936) (common on preferred dividend was taxable).
[65] Commissioner v. Glenshaw Glass Co., 348 U.S. 426 (1955) (punitive damages are income).
[66] The exchange of property for cash or other property is referred to as realization, I.R.C. §1001(a). Gain or loss realized from the sale or exchange of property is recognized, that is, included in the taxpayer's income under I.R.C. §1001(c), unless another provision in the Code permits the taxpayer to defer or exclude the recognized gain or loss. Many examples exist of such exceptions including I.R.C. §351 permitting transfer of property to a corporation in exchange for corporate shares.

Following the *Macomber* decision, commentators characterized realization as an administrative rule of convenience rather than a constitutional requirement for inclusion of gain and recommended various permutations of taxation without realization.[67] Congress has enacted a several statutes which include unrealized gain in income under specific circumstances to limit opportunities for tax avoidance. No taxpayer or interest group has launched a serious constitutional challenge to any of the statutes. Without a case or controversy to present to the Supreme Court, the Court has not confronted the constitutional question and the statutes remain in force.[68]

The first of the inclusions without realization was the foreign personal holding company rules.[69] Under those statutes, a U.S. person who was a shareholder in a closely-held foreign corporation holding primarily passive investment assets[70] was taxable as if the corporation distributed its income as dividends.[71] The statute prevented individuals from using foreign corporations to defer inclusion in income of the return on their investments with an "incorporated (foreign) pocketbook". The personal holding company provisions that imposed a penalty tax on a U.S. incorporated pocketbook[72] did not violate the *Macomber* holding because they imposed a tax on the corporation and did not impute a non-existent dividend. A penalty tax could not apply to a foreign corporation because the U.S. did not have the power to tax a foreign corporation without a presence in the U.S. but it did have the power to tax the corporation's U.S. owners. A single reported decision rejected a challenge to the foreign personal holding company tax on the shareholders but on different grounds other than the imputed dividend and relating to the shareholder's inability to use blocked currency in the U.S.[73] When Congress later enacted another anti-abuse

---

[67] Stanley S. Surrey, *The Supreme Court and the Federal Income Tax: Some Implications of the Recent Decisions*, 35 ILL. L. REV. 779, 782–85 (1941) (administrative convenience). The literature favoring a shift away from realization based taxation is extensive: David J. Shakow, *Taxation Without Realization: A Proposal for Accrual Taxation*, 134 U. Pa. L. Rev. 1111 (1986); Jeff Strnad, *Periodicity and Accretion Taxation: Norms and Implementation*, 99 Yale L.J. 1817 (1990); Deborah H. Schenk, *An Efficiency Approach to Reforming a Realization-Based Tax*, 57 Tax L. Rev. 503 (2004).

[68] See discussion of the case or controversy requirement supra note 19 and accompanying text.

[69] I.R.C. §551 et seq. enacted 1937, repealed 2004.

[70] I.R.C. §553 (repealed).

[71] I.R.C. §551(b) (repealed).

[72] I.R.C. §541 et. seq.

[73] Eder v. Commissioner of Internal Revenue, 138 F.2d 27 (2d Cir. 1943).

structure for U.S. owners of a foreign corporation, Congress avoided imputing a non-existent dividend and taxed the foreign corporation's income directly to the U.S. shareholders.[74] Disregarding the existence of the foreign corporation with respect to income abusively directed to the foreign corporation was a more acceptable mechanism because it re-directed income to the actual owner of the income.[75]

Not until 1984 did Congress enact a statute requiring taxpayers to include in their incomes the appreciation or depreciation in the value of their property without realization.[76] The statute requires taxpayers to mark to market commodities and financial investment positions annually and include any change in the value during the year in income without an event of realization like a sale of the position. Industry participants offered no resistance to annual inclusion because they probably benefited from the statute.[77] Many industry participants did not hold the applicable positions for long periods. The statute defined includable gain from marking to market as sixty percent favored long term capital gain usually requiring a one year holding period and forty percent short term capital gain without regard to the taxpayer's actual holding period. There was no constitutional challenge to the statute.[78] The more recently enacted expatriation tax[79] uses the mark to market inclusion mechanism. The expatriation tax requires individuals who relinquish their U.S. citizenship or, if non-citizen residents their right to reside in the U.S., to mark all their property to market and include gain or loss in income when they expatriate. The tax is an anti-abuse provision and has not been challenged constitutionally.[80]

---

[74] I.R.C. §951 (taxing U.S. shareholders on certain income of controlled foreign corporations) (enacted 1962).

[75] Compare I.R.C. §482 (power to reallocate income and deductions between taxpayers to clearly reflect income) and such cases as Lucas v. Earl, 281 U.S. 111 (1930) (income from services taxable to the individual who provided the services and earned the income).

[76] I.R.C. §1256, enacted 1984.

[77] Henry Ordower, Revisiting Realization: Accretion Taxation, the Constitution, Macomber, and Mark to Market, 13 Va. Tax Rev. 1 (1993).

[78] I.R.C. §475 requiring dealers in securities to mark their positions to market also drew no challenge as it included simplified opportunities to identify securities held for investment and exempt from marking to market.

[79] I.R.C. §877A, enacted 2010.

[80] Henry Ordower, The Expatriation Tax, Deferrals, Mark to Market, the *Macomber* Conundrum and Doubtful Constitutionality, 15 Pitt Tax Rev 1 (2017).

The recently enacted transition tax[81] is not an anti-abuse provision but facilitates the change to limited territoriality in U.S. taxation.[82] The tax is imposed one time and has stretched the limits of extra-national taxation. It taxes earnings accumulated by a foreign corporation over several years to its U.S. shareholders[83] without the foreign corporation making any distributions or the U.S. shareholders taking any action with respect to the accumulated foreign income. Like the shareholders receiving the stock dividend in *Macomber*,[84] the shareholders are taxed even though they have nothing different from what they had before the tax imposition and do not even receive a stock dividend. Following the one-time tax, distributions out of foreign earnings of foreign corporations to their U.S. shareholders that are corporations are free from U.S. tax.[85] A constitutional challenge to the tax seems unlikely because the tax is imposed at a significantly reduced rate, can be spread over several years, and enables major corporations with foreign subsidiaries to repatriate foreign earnings at a low U.S. tax cost without any restrictions on how the U.S. corporate shareholders use those repatriated earnings.[86]

Current discussions in the media, among scholars and in Congress of additional tax law changes recommend taking the U.S. still further from the realization limitations of *Macomber* and apportionment clause limitation.[87] For example, several members of Congress have proposed a wealth tax, seemingly at odds with the apportionment clause[88] and not taxes on income, applicable annually on the value of the individual's property. Proposals would exclude individuals with property valued at less than a certain asset threshold so that the tax would shift more of the

---

[81] I.R.C. §965 as added by the unnamed tax act commonly referred to as the Tax Cuts and Jobs Act of 2017, Pub. L. 115–97 (Dec. 22, 2017) ("TCJA").

[82] The U.S. taxes its citizens, residents and domestic corporations on their worldwide income. I.R.C. §61, treas. reg. 1.1-1(b).

[83] A United States shareholder is a term of art abbreviated here to U.S. shareholder and meaning a U.S. person owning ten percent or more of the voting power or value of a foreign (non-U.S.) corporation.

[84] Eisner v. Macomber, supra note 63.

[85] I.R.C. §245A (100 percent dividends received deduction).

[86] Henry Ordower, Abandoning Realization and the Transition Tax: Toward a Comprehensive Tax Base, 67 Buffalo L. Rev. (forthcoming, 2019) (available at https://papers.ssrn.com/sol3/papers.cfm?abstract_id=3273098). And see Hank Adler and Lacey Williams, The Worst Statutory Precedent in over 100 Years, Part IIIA, Tax Notes (9/3/18) and Mark E. Berg and Fred Feingold, The Deemed Repatriation Tax – A Bridge Too Far?, Tax Notes (March 5, 2018) for arguments that the transition tax is unconstitutional because it is not apportioned as required by U.S. Const. Art. I, Sec. 9, clause 4, supra note 4.

[87] Const. Art. I, Sec. 9, clause 4, supra note 4.

[88] Id.

overall tax burden to wealthy residents and citizens of the U.S.[89] If enacted (and chances of enactment are low), the tax would be a direct tax on capital. The Supreme Court held such a direct tax unconstitutional long ago[90] but in this new era when constitutional limitations no longer seem a barrier, a wealth tax might not be challenged. Other proposals would expand annual marking to market to all securities and possibly other property as well.[91] Those proposals are consistent with unchallenged statutes already applicable to commodities[92] and at expatriation[93] even if their enactment seems contrary to the *Macomber* holding.

III Ignoring the Constitution

The preceding parts of this chapter suggest that in the U.S. the Constitution and possibly state constitutions as well play only a small role in constraining legislative action under the legislature's taxing authority. Constitutions primarily loom in the background informing legislative reflection and possibly encouraging legislative restraint but rarely becoming an impediment when the legislature chooses a course of action. Supreme Court decisions on tax matters provide some guidance to legislatures but the guidance tends to be vague.

Discrimination in Taxation. While the Supreme Court has determined that a state may not tax an out of state business more than a comparable in state business[94] or a federal retiree less favorably than a state retiree,[95] the Court defers to the legislature with respect to the distributional characteristics of the tax structures as long as there is some rational basis for the tax.[96] The Supreme Court has not determined that

---

[89] Neil Irwin, Elizabeth Warren Wants a Wealth Tax. How Would That Even Work?, The New York Times (Feb. 18, 2019), accessed at https://www.nytimes.com/2019/02/18/upshot/warren-wealth-tax.html?login=smartlock&auth=login-smartlock.

[90] Pollock v. Farmers' Loan & Trust Company, supra note 14.

[91] David Leonhardt, A Man With a Plan for Inequality: Let the rich be taxed the way everyone else is., The New York Times (April 3, 2019) accessed at https://www.nytimes.com/2019/04/03/opinion/ron-wyden-tax-inequality.html. See Ordower, Abandoning Realization, supra note 86.

[92] I.R.C. §1256.

[93] I.R.C. §877A.

[94] Camps Newfound/Owatonna, Inc. v. Town of Harrison, 520 U.S. 564 (1997) (property tax exemption discriminating against out of state residents is impermissible).

[95] Dawson v. Steager, supra note 12 and accompanying text.

[96] Brushaber v. Union Pacific R. Co., 240 U.S. 1 (1916) (rejecting equal protection and due process challenges to a progressive income tax). In Madden v. Kentucky, 309 U.S. 83, 88 (1940), the Court stated "the presumption of constitutionality can be overcome only by the

the Constitution requires a taxing system to embed the equality based principles of horizontal or vertical equity.[97] Seemingly like taxpayers need not be taxed alike if any rational governmental purpose for distinguishing them exists[98] and progressive taxation based on ability to pay principles may be appealing to scholars but is not constitutionally required in the U.S.[99] Even the new twenty percent deduction for qualified business income is unlikely to be challenged successfully despite its classifications of taxpayers, favoring self-employed individuals over employees and disfavoring services performed in certain professions.[100]

Scholars observe that the federal income tax discriminates racially in its delivery of the tax benefits associated with home ownership.[101] The bias in delivery of the tax benefits is not explicit in the statute. The statute allowing a deduction for mortgage interest, for example, is neutral and applies to all taxpayers.[102] It permits a deduction for residence interest where other personal interest is not deductible.[103] In addition to the tax benefits from the mortgage interest deduction, the U.S. income tax does not include the use value of homes in the income of the homeowner and applies a favorable rate of taxation to gain on sale of property. Both the exclusion of the use value of the home and the preferential rate on sale offer significant tax advantages to home owners relative to renters.[104] Renters are taxable on the income they

---

most explicit demonstration that a classification is a hostile and oppressive discrimination against particular persons and classes."

[97] Compare the decision of the German Constitutional Court requiring horizontal equity in taxation but requiring only that "taxation of higher incomes be measured against taxation of lower incomes (vertical equity)." BVerfE 107, 27, 46 (Dec. 4, 2002), translation and discussion from Ordower, Horizontal and Vertical Equity, supra note 22, at 304.

[98] Nordlinger v. Hahn, supra note 29 and accompanying text.

[99] Walter J. Blum and Harry Kalven, Jr., The Uneasy Case for Progressive Taxation, 19 The U. Chi. L. Rev. 417 (1952).

[100] I.R.C. §199A, added by TCJA, supra note 81, (allows a deduction for qualified business income but excludes services performed as an employee and income from specified service businesses under I.R.C. §199A(d). For commentary, see, Edward Kleinbard, Congress' worst tax idea ever, The Hill – 03/25/19 accessed at https://thehill.com/opinion/finance/434998-congress-worst-tax-idea-ever.

[101] For example, Dorothy A. Brown, Shades of the American Dream," 87 Washington U. L. Rev. 329 (2010) (arguing implicit bias in delivery of tax benefits).

[102] I.R.C. §163(h)(2)(D) (deduction for qualified residence interest). The deduction is an itemized deduction that is less likely to offer a tax benefit after 2017 than before 2018 because fewer taxpayers will itemize their deductions under the now larger standard deduction of I.R.C. §63 as amended by TCJA, supra note 81.

[103] I.R.C. §163(h) (personal interest disallowed).

[104] Henry Ordower, Income Imputation: Toward Equal Treatment of Renters and Owners in Anthony C. Infanti, editor, Controversies in Tax Law: A Matter of Perspective (Ashgate Press, 2015).

use to pay rent[105] but owners are not taxed on their use of their owned property. In effect owners pay for use of a residence with pre-tax dollars and renters with after tax dollars. Yet, participation of people of color in the owned rather than rental housing market tends to be low nationally relative to white taxpayers.[106] Absent an express racial classification in allowance of tax benefits, the Constitution does not prevent the discriminatory impact of the tax law.

Church and State Separation. From its beginning as an independent nation, the U.S. required separation of church and state.[107] A governmental grant to a religious organization to enable it to build or improve a facility for a religious purpose may be impermissible and inconsistent with the establishment clause,[108] yet recently the Supreme Court held that a governmental agency may provide monetary assistance to a religious organization to improve a children's playground adjacent to a religious facility.[109] That decision may open the door to direct governmental payments to support religious functions or it may be an aberration because the playground improvement subsidy was designed for children's safety without regard to religious affiliation or promotion.

From the tax perspective, a legislative decision to provide a tax benefit to religious organizations is acceptable as long as the enabling statute does not discriminate by religious sect.[110] Accordingly, a tax exemption for a religious organization is permissible.[111] In fact, taxing religious institutions may be problematic. The state would have the

---

[105] I.R.C. §262 (residential rent is a personal and family expense and not deductible).

[106] Jung Hyun Choi and Laurie Goodman, What explains the homeownership gap between black and white young adults?, Urban Institute (November 20, 2018), accessed at https://www.urban.org/urban-wire/what-explains-homeownership-gap-between-black-and-white-young-adults.

[107] U.S. Const. Amend. I reads in part: "Congress shall make no law respecting an establishment of religion [customarily referred to as the "establishment clause" prohibiting government support or religion], or prohibiting the free exercise thereof ... [the "free exercise clause" prohibiting interference with practice of religion].

[108] Everson v. Board of Education, 330 U.S. 1 (1947) (stating that the state or federal government may not subsidize a religious facility but holding that the government may provide children transportation at government expense to religious schools as it provides transportation to public schools).

[109] Trinity Lutheran Church of Columbia, Inc. v. Comer, 582 U.S. ___ (2017).

[110] Hernandez v. Commissioner, 490 U.S. 680 (1989) (denying a deduction for Scientology auditing payments because the donor of the payments receives identifiable services in exchange for the payments, the Court adding that the charitable contribution deduction for contributions to religious organizations is longstanding and not a violation of the establishment clause).

[111] Walz v. Tax Comm'n of City of New York, 397 U.S. 664 (1970). Compare, McCulloch v. Maryland, supra note 10, and accompanying text.

power to destroy the institution if the state were to impose excessive and destructive taxation.[112] The exclusion from gross income of a housing allowance paid to "ministers of the gospel"[113] withstood a challenge in the 7th Circuit Court of Appeals.[114] Other taxpayers who are not ministers paid by a religious organization may not exclude housing allowances and may exclude only lodging provided in kind for the employer's convenience and on their employer's premises[115]

The Supreme Court has stated that the indirect subsidization of religious organizations through the charitable contribution deduction does not violate the establishment clause as long as the subsidy is equally available to all religions institutions.[116] Exempting a religious organization from tax, providing school transportation, and protecting children from injury on playgrounds are different from the government subsidizing donations to religious organizations. The charitable contribution deduction statute permits donors to direct part of the amount they otherwise would be obligated to pay in tax to the religious organization when they deduct the contributions they make to religious organizations.[117] The neutrality of the statute rather than its delivery of a subsidy is the focus of the Supreme Court's *dictum*. The effect of a charitable contribution deduction is a subsidy from the government to the religious institution equal to the tax benefit the donor derives from the contribution.[118] Congress included the subsidy of the deduction in

---

[112] Compare, McCulloch v. Maryland, supra note 10, and accompanying text.

[113] I.R.C. §107 (exclusion of lodging and an allowance for lodging used for that purpose). Ministers of the gospel is neutral and includes individuals serving ministerial functions in all religions.

[114] Annie Laurie Gaylor et al. v. Steven T. Mnuchin et al.; No. 18-1277; No. 18-1280 (7th Cir. March 15, 2019) The court finds a sufficient secular purpose in the exclusion despite its effect to support religion. The court identifies three secular purposes for the legislation: "to eliminate discrimination against ministers, to eliminate discrimination between ministers, and to avoid excessive entanglement with religion." For the first purpose, some ministers would fit the general exclusion under I.R.C. §119 and some would not. Similarly, within the class of ministers, those receiving housing would exclude its value under I.R.C. §119 while those receiving money would not.

[115] I.R.C. §119.

[116] Hernandez v. Commissioner, supra note 110 (the statement is *dictum* and not a holding of the Court because there was no challenge to the deductibility of charitable contributions to churches).

[117] I.R.C. §170 (c) (allowing a deduction for contributions to certain organizations including religious organizations).

[118] For example, if a taxpayer whose income is subject to 20 percent tax makes a charitable contribution, the 20 percent tax on an equivalent amount of the taxpayer's income is redirected by the taxpayer to the donee. Of a $100 contribution the taxpayer provides $80 and the government $20. Details of the operation of the charitable contribution deduction

the tax law despite the constitutional limitation of the Establishment Clause.

State Constitutional Limitations on Taxes and Tax Increases. Several states have amended their constitutions to include tax limitations.[119] The limitations require an affirmative vote by the citizens of the state before the governmental unit may increase a tax or enact a new tax. Both the state and its underlying municipal governments and agencies[120] have found it to be difficult to persuade voters to vote in favor of tax increases to provide the state or local government with the needed revenue to fund certain governmental services. In the state of Missouri, the limitation includes governmental agency fees as well as taxes.[121] The constitutional provision in Missouri prohibits tax increases without the vote but does not require a rebate of taxes collected in violation of the constitution[122] unless the state government collects excess revenues. The state must rebate excess state revenue through an income tax refund.[123]

Circumventing the constitutional limitation on taxes, municipal governments use their police power to produce revenue. The municipal executive provides the chief of police a revenue target and the chief of police instructs police officers to increase the numbers of traffic and other offense citations that the officers issue to meet those revenue targets. Level of enforcement is flexible[124] so increasing enforcement is a matter within the discretion of the police. The municipal court imposes fines based on the citations and fees for use of the court and collateral functions of the court. The relationship between the offenses and punishment for the offenses loses significance relative to the revenue producing function.[125]

---

are complicated by computational limitations in the Code that are beyond the scope of this chapter.

[119] See discussion supra note 23 and accompanying and following text.

[120] Municipal governments and agencies are not wholly independent governmental agencies but derive their power from the state even if the state constitution or legislation grants them the power to act independently.

[121] Mo. Const. Art X, §18 (state); §22 (local governments and agencies).

[122] Mo. Const. Art X, §23. Zweig v. Metro. St. Louis Sewer Dist., 412 S.W. 3d 223, 251-2 (Mo. 2013).

[123] Mo. Const. Art X, §18(b).

[124] For example, an officer may issue a citation for any infraction of a speed limit but usually there is some tolerance for small infractions. The amount of that tolerance is flexible.

[125] Henry Ordower, J.S. Onésimo Sandoval and Kenneth Warren, Out of Ferguson: Misdemeanors, Municipal Courts, Tax Distribution, and Constitutional Limitations, 61 Howard L.J. 113 (2017).

The revenue produced by the fines and court fees are taxes, not punishments for traffic and other offenses[126] because their primary function becomes revenue production rather than promotion of public safety or punishment of law violators.[127] As taxes they violate the state constitution because they were enacted under the police power rather than the taxing power of the state and the Missouri voters did not approve them. Although there has been significant movement in scaling back the excessive use of fines in the state, no litigation has commenced to challenge the fines under the constitution tax limitations.

IV Conclusion

The Constitution includes many protections for individual liberties and guarantees due process of law, equal protection, separation of church and state. Where taxes are involved, the Constitution is rarely a barrier to legislative decision-making. The Supreme Court as arbiter of constitutional questions defers to legislative decisions with respect to taxes as long as they have a rational state purpose and do not discriminate against out of state taxpayers. With respect to federal tax legislation, the Court similarly defers to the Congress and has spoken to constitutional matters only on limited occasions. Even when the Court has spoken, the effect of its decision has retreated to insignificance except as background, informing but not controlling debate as to permissible changes in the tax laws.

Informação bibliográfica deste texto, conforme a NBR 6023:2018 da Associação Brasileira de Normas Técnicas (ABNT):

ORDOWER, Henry. Avoiding Constitutional Limitations. Overruling and Legislating beyond Precedent; Ignoring U.S. Constitutions. *In*: SARAIVA FILHO, Oswaldo Othon de Pontes; SIQUEIRA, Julio Homem de; BEDÊ JÚNIOR, Américo; FABRIZ, Daury César; SIQUEIRA, Junio Graciano Homem de; CUNHA, Ricarlos Almagro Vitoriano (Coord.). *Noções gerais e limitações formais ao poder de tributar*. Belo Horizonte: Fórum, 2021. p. 111-131. (Coleção Fórum Princípios Constitucionais Tributários – Tomo I). ISBN 978-65-5518-057-2.

---

[126] Id. at 136-42.
[127] Compare National Federation of Independent Business v. Sebelius, 567 U.S. 519 (2012) for an expansive definition of tax to include the shared responsibility payment under the Affordable Care Act of 2010, Pub. L. 111-148 (2010) (commonly referred to as Obamacare).

TAXATION IN THE ABSENCE OF A CONSTITUTIONAL COURT IN THE NETHERLANDS

GERARD MEUSSEN

Introduction

In the Netherlands, the tax administration is responsible for levying and collecting taxes imposed by the Netherlands state. The Dutch Constitution[1] (*'Grondwet'*) provides that taxes are levied by law (Article 104 of the Constitution).[2]

The Netherlands legal protection (for tax matters e.g. in tax disputes) has three stages of appeal: the lower court, the Court of Appeals and the Dutch Supreme Court (*'Hoge Raad'*). Deviating from many European Countries like Germany (*'Bundesverfassungsgericht'*), France (*'Conseil d'Etat'*) or Belgium (*'het Grondwettelijk Hof'*), the Netherlands does not have a Constitutional Court. Furthermore, the Dutch Supreme Court, the highest court in the Netherlands, does not function as a constitutional court. This has severe consequences for the testing of the

---

[1] See for an English version of the Dutch Constitution: https://www.government.nl/documents/regulations/2012/10/18/the-constitution-of-the-kingdom-of-the-netherlands-2008.

[2] See also: Arjo van Eijsden and Gerard Meussen, Netherlands, in: Procedural Rules in Tax Law in the Context of European Union and Domestic Law, edited by Michael Lang, Pasquale Pistone, Josef Schuch and Claus Staringer, EUCOTAX Series on European Taxation, Kluwer Law International, 2010, The Netherlands, p. 427-467.

constitutionality of tax regulations and gives the tax legislator in the Netherlands an enormous freedom in drawing tax rules.

The Dutch Constitution

As regards taxation and constitutional law, Article 120 of the Dutch Constitution is of utmost importance. It reads as follows: "The Constitutionality of Acts of Parliament and treaties shall not be reviewed by the courts". The Dutch Constitution does contain a principle of equality in Article 1: "All persons in the Netherlands shall be treated equally in equal circumstances. Discrimination on the grounds of religion, belief, political opinion, race or sex, or any other grounds whatsoever shall not be permitted", When the Dutch Constitution was amended in 1983, the then existing prohibition on tax privileges was removed. A separate principle of equality was no longer considered necessary. The present Article 1 of the Constitution therefore implies a prohibition on tax privileges.[3] But as a result of the ban on the testing of Acts of Parliament against the Dutch Constitution, Dutch tax laws are not tested against this constitutional principle.

But there is another important article in the Dutch Constitution namely Article 94. This article reads as follows: "Statutory regulations in force within the Kingdom shall not be applicable if such application is in conflict with provisions of treaties or of resolutions by international institutions that are binding on all persons". Dutch tax laws are therefore tested by the Dutch Supreme Court against the right of ownership in Article one First Protocol to the European Convention on Human Rights (ECHR)[4] and against the principle of equality in Article 14 ECHR and Article 26 International Covenant on Civil and Political Rights (ICCPR). Gribnau[5] states: "The result is indirect constitutional review of tax legislation. This Netherlands constitutional conception of the

---

[3] Nonetheless, an important exception is to found in Article 40, Paragraph 2 of the Dutch Constitution which states: "The payments received by them (The King and members of the Royal House/GM) from the State, together with such assets as are of assistance to them in the exercise of their duties, shall be exempt from personal taxation. In addition anything received by the King or his heir presumptive from a member of the Royal House by inheritance or as a gift shall be exempt from inheritance tax, transfer tax or gifts tax. Additional exemption from taxation may be granted by Act of Parliament".

[4] See also: Clement Endresen, 'Taxation and the European Convention for the Protection of Human Rights: Substantive Issues', Intertax, volume 45, Issue 8 & 9, p. 508-526.

[5] Hans Gribnau, Netherlands in: Separation of Powers in Tax Law, edited by Ana Paula Dourado, 2009 EATLP Congress, Santiago de Compostela, 4-6 June 2009, p. 164.

direct effect of international law means that the techniques operated by the Netherlands courts are exactly the same as those developed by constitutional courts of its continental neighbors in reviewing constitutionality of statutes". I would like to disagree with this view which will be elaborated in the following paragraphs.

ECHR

In the famous *Darby*[6] case, the European Court on Human Rights (ECHR) decided that Article 14 of the Convention, in conjunction with Article 1 of Protocol No. 1 to the European Convention on Human Rights (ECHR), prohibits discrimination in matters of taxation.

Article 14 reads as follows: "The enjoyment of the rights and freedoms set forth in this Convention shall be secured without discrimination on any grounds such as sex, race, colour, language, religion, political or other opinion, national or social origin, association with a national minority, property, birth or other status".

Article 1 of Protocol No. 1 to the Convention states the following: "Every natural or legal person is entitled to the peaceful enjoyment of his possessions. No one shall be deprived of his possessions except in the public interest and subject to conditions provided for by law and by the general principles of international law. The preceding provisions shall not, however, in any way impair the right of a State to enforce such laws as it deems necessary to control the use of property in accordance with the general interest or to secure the payment of taxes or other contributions or penalties".

Regarding tax law, Article 14 of the ECHR, in conjunction with Article 1 of Protocol No. 1 to the Convention, offers according to the Dutch Supreme Court, the same possibilities with regard to legal protection of the taxpayer as Article 26 of the ICCPR. In a judgment of 12 November 1997,[7] the Dutch Supreme Court formulated this as follows: "Unequal treatment of similar cases is prohibited by Article 14 of the Convention and Article 26 of the Covenant if there is no objective and reasonable justification, or to put it differently, if no justifiable purpose is pursued or if the unequal treatment is in no reasonable proportion

---

[6] ECtHR 23 October 1990, No. 17/1989/177/233, *Darby v. Sweden*, Series A. No. 187.
[7] HR 12 November 1997, BNB 1998/22.

to the intended purpose. The legislature is entitled to some latitude in this matter".[8]

Or as the ECHR has stated in numerous cases: "in the field of taxation the Contracting States enjoy a wide margin of appreciation in assessing whether and to what extent differences in otherwise similar situations justify a different treatment. (...) In particular, it is not sufficient for the applicants to complain merely that they have been taxed more than others, but they must show that the tax in question operates to distinguish between similar taxpayers on discriminatory grounds".[9]

Another famous ECHR decision with regard to taxation are the three Hungarian cases *N.K.M. v. Hungary*,[10] *Gall v. Hungary*[11] and *R.Sz v. Hungary*[12] In all of the three Hungarian cases the ECtHR took the position that imposing a 98% tax on the top bracket of severance payments to which the applicants were entitled, violated Article 1 of the First Protocol. Such a level of taxation was found to be of a confiscatory nature which violated the right of ownership of the taxpayers.

Endresen[13] is of the opinion that the ECHR was not written to protect taxpayers, that this was never the intention, and that there is nothing to suggest that the ECHR should reach a different conclusion today through a dynamic interpretation of the Convention.

Decisions of the Dutch Supreme Court in tax cases with regard to violation of human rights

As the Dutch Supreme Court cannot test a tax law against the Dutch Constitution, tax payers have to invoke internal human rights treaties like the ECHR and the ICCPR. Claims are than founded on the reasoning that the tax rule violates the equality principle or violates the right to owner ship. The reality is that claims like that almost never succeed before the Dutch Supreme Court and therefore almost all claims were rejected by the Court.

---

[8] See: Hans Gribnau, 'Equality, Legal Certainty and Tax Legislation in the Netherlands. Fundamental Legal Principles as Checks on Legislative Power: A Case Study', Utrecht Law Review, http://www.utrechtlawreview.org/ Volume 9, Issue 2 (March 2013) I URN:NBN:NL:UI:10-1-112925 I.
[9] Compare IT: ECtHR 22 June 1999, No. 46757/99, *Della Ciaja/Italy*.
[10] HU: ECtHR, 14 May 2013, Application 66529/11, *N.K.M. v. Hungary*.
[11] HU: ECtHR, 25 June 2103, Application 49570/11, *Gall v. Hungary*.
[12] HU: ECtHR 2 July 2013, Application 41838/11, *R.Sz v. Hungary*.
[13] Clement Endresen, 'Taxation and the European Convention for the Protection of Human Rights: Substantive Issues', Intertax, volume 45, Issue 8 & 9, p. 509 and 514.

The explanation for the attitude of the Dutch Supreme Court is perhaps to be found in the separation of powers. The court is very anxious not to place itself in the position of a tax legislator. As governments in the Netherlands consist of a number of political parties and legislation often is the result of carefully designed compromises that are the result of long negotiations between the various political parties, the idea is that the Dutch Supreme Court should not interfere in that process, unless in very blunt and unfounded cases. This however leaves the taxpayer who loses his case with feelings of unjust treatment and unfairness. On the other hand there is the principle of legal certainty. Legal certainty is important because the predictability of law protects those who are subject to the law from arbitrary state interference with their lives. If the Dutch Supreme Court overthrows a tax rules, this violates the principle of legal certainty. The Dutch Supreme Court therefore always has to walk on a thin line, balancing a possible breach of the equality principle with the concept of legal certainty.

The SNS bank shares case, violation of the right of ownership

A very remarkable and recent case was the decision of the Dutch Court in the SNS bank shares case.[14] A taxpayer, pensioner, had a bank account of € 6.504 as well as a share portfolio with a value on 1 January 2013 of € 275.434. Besides these shares he only received a small pension (€ 13.220). During the month of January 2013 he sold all his shares, and on 31 January 2013 he invested all his money in SNS bank shares. The aforementioned Dutch general bank however was in considerable financial difficulties and the next day, on 1 February 2013, the Dutch Minister of Finance announced that the bank would be nationalized to prevent a bankruptcy and the shares would be confiscated by the Netherlands state without offering the shareholders any form of financial compensation. The taxpayer therefore had lost all his private wealth in the course of only one day.

The Dutch Income Tax Act 2001 taxes private assets with a fictitious yield of 4% (in the year 2013), irrespective of the actual realized revenues on the assets. The taxpayer is deemed to have generated a revenue on investments of 4% during the whole year, irrespective of the

---

[14] HR 6 April 2018, ECLI:NL:HR:2018:511.

actual revenue realized. Furthermore there is no possibility of counter proof. The applicable tax rate is 30%.

The tax was calculated as follows:

Private assets on 1 January 2013	€ 281.938
Tax free amount	€ 21.139
Taxable assets	€ 260.799

Fictitious yield: 4% of € 260.799 = € 10.431
Tax due: 30% of € 10.431 = € 3.129

As the taxpayer only had a small pension and had lost all his private wealth, the Dutch Supreme Court ruled that according to these facts and circumstances, in this specific case, the tax burden was to be seen as an individual and excessive burden that violated Article 1 of Protocol No. 1 to the ECHR. As the taxpayer had only enjoyed the benefits of his assets during one month, the Dutch Supreme Court diminished the contested tax burden to 1/12 of = € 3.129 is € 261, as the taxpayer had enjoyed only one month in the year 2013 of his private assets.

In my recollection this is the first time ever, that the Dutch Supreme Court ruled that in an individual case, the tax burden of a specific taxpayer is to be seen as a violation of Article 1 of Protocol No. 1 to the ECHR (right of ownership). As the ECtHR reserves this violation to situations regarding taxation that are confiscatory in nature, this is seldom the case. A really hardship situation has to be at stake, which is, seen from the Dutch perspective, hardly the case. Taxpayers will put this ruling forward in future tax cases, but the chances of success in an Article 1 of Protocol No. 1 to the ECHR-case on an individual level, are very small.

Case law concerning a violation of the right to equal treatment

The tax legislator may not violate the right to equal treatment. According to the case law of the ECtHR, the legislator deserves a wide margin of appreciation. Only if the difference in tax treatment is manifestly unjustifiable, there is a violation of the principle of equality.

The great majority of cases that were launched by taxpayers in the Netherlands claiming that the legislator had violated the right to equal treatment, were rejected by the Dutch Supreme Court. And this is very disappointing from the perspective of the taxpayer.

Fictitious yield on private investments

Almost 'endless' litigation is going on in the Netherlands with regard to the Dutch Income Tax Act 2001 which taxes private assets with a fictitious yield,[15] irrespective of the actual realized revenues on the assets. Capital gains on private assets are not taxed, capital losses on private assets are not tax deductible. The applicable tax rate is 30%. This fictitious yield was introduced by the tax legislator for pragmatic reasons, in order to create a simple income tax system with a robust level of tax revenue. As the legislator takes a fictitious yield into consideration, there can be a bigger or smaller discrepancy between the fictitious income and the actual income incurred by the individual taxpayer. And it should also by noted that in the Dutch situation, the taxpayer does not have any possibility to counterproof this fictitious yield with regard to his own personal situation.

A fictitious yield is clearly in violation with the ability to pay principle, but this tax principle is not enshrined in the Dutch Constitution[16] or in any other formal Dutch tax law, and is therefore not enforceable in the Dutch situation. Apart from the question how the ability to pay principle actually should be calculated, it is not legally binding in the Netherlands. Politicians in the Netherlands frequently refer to the ability to pay principle in public, but for taxpayers this principle does not give way to any form of concrete legal protection.

A fictitious yield is in itself not a violation of the right to equal treatment. As taxation involves massive amounts of taxpayers, also the ECtHR acknowledges that the tax legislator is allowed to use fictions. The issue of course is that the more fictions deviate from the actual return on investments, the more a possible violation with the right to equal treatment is at stake.

The Dutch Supreme Court[17] ruled as follows:

> It may be required of the legislator that a flat-rate system, to which a certain roughness is inherent, be designed in such a way that it is intended to approximate reality (cf. HR 12 May 1999, no. 33320, ECLI: NL: HR: AA2756, BNB 1999/271). When the fixed rate of return was set at four percent, the legislator was therefore right to seek alignment "with the

---

[15] It should be kept in mind that the aforementioned fictitious yield encompasses capital gains as well as capital losses on private assets.
[16] In for example Spain, the ability to pay principle is indeed enshrined as a separate provision in the Spanish Constitution.
[17] HR 10 June 2016, ECLI:NL:HR:2016:1129.

returns that taxpayers in practice, if viewed over a longer period, should be able to achieve on average without being exposed to (much) risk".

In view of the aforementioned assumptions, the flat-rate system of box 3 cannot be said to be without any reasonable grounds. In view of the wide discretion that the legislator has in the field of tax law, this system is not contrary to Article 1 First Protocol to the ECHR. This system would then only be in violation of the aforementioned Article 1 if it were established that the return of four percent, assumed by the legislator at the time for a long series of years, was no longer feasible for private investors and taxpayers, partly in view of the applicable rate, would be faced with an excessive burden (see HR 3 April 2015, no. 13/04247, ECLI: NL: HR: 2015: 812). If this impracticability becomes clear and the legislator chooses to continue to use a flat-rate return, he may be required to adjust the scheme in order to restore the intended approach to reality.

Meanwhile, as of the fiscal year 2017, the Dutch legislator has already changed the aforementioned taxation system, as the interest rate on private savings in the Netherlands on a private bank account is almost 0% (For instance ING as a large bank in the Netherlands pays an interest at present of 0,03%). So on the long run, a fixed yield on investments of 4% is not feasible anymore.

In the fiscal year 2019, the taxation of private investments works as follows:

Taxable income from savings and investments	Savings part 0,36%	Investment part 5,38%	Effective return on investment
Up to € 71,650	67%	33%	1.94%
€ 71,650 up to € 989,736	21%	79%	4.45%
€ 978,001 and more	0%	100%	5.60%

A tax free amount of € 30,360 per person is also applicable.

With these amendments to the aforementioned taxation system, the Dutch legislator hopes that the system is ECHR proof. Future case law, which is pending before various tax courts, will have to answer this question.

Inheritance tax and exemption for business assets

Another case lost by the taxpayer concerns a provision in the Dutch Inheritance Tax Act. The Inheritance Tax Act includes an (additional) exemption from 100 percent of the value of acquired business assets up to 1,045,611 euros and 83 percent of the value that exceeds that amount. Only those who inherit or receive business assets are entitled to this exemption. Private assets and private wealth is fully taxed for gift and inheritance tax without any form of exemption. Is this difference in fiscal treatment in violation with the principle of equality? Not in the eyes of the Dutch Supreme Court.[18] It stated:

> With the present facility, the legislator wanted to offer a solution for bottlenecks in business succession identified in practice. To the extent that the legislator thereby relied on assumptions about the necessity and effectiveness of the measures to be taken, it cannot be said that these assumptions are so unlikely that they are obviously unreasonable. There are indications that liquidity problems do not arise in a significant part of the cases where the facility applies. However, this does not mean that the legislator could not assume that inheritance and donation of business assets without the facility in question would, in a significant number of cases, impede unchanged continuation of economic activity within the circle of the donor or the donor testator. There is also no other reason to believe that this assumption is clearly unreasonable. Partly for reasons of feasibility, the legislator has opted to take a generic measure in the form of the present facility. The fact that the facility contributes to solving the liquidity problems referred to, in the cases in which they occur, and thus promotes the intended continuation of business activities, cannot be denied. Moreover, the facility is not intended solely for that purpose, but also has the purpose of stimulating entrepreneurship more in general".
> "Taken together, the aforementioned considerations lead the Supreme Court to conclude that the facility as it is applied in the present year and also in other years is based on a choice of the tax legislator that cannot be said to be evident not bearing any reasonable ground. With the facility, therefore, the legislator has not exceeded the limits of his broad discretion. Consequently, there is no question of favoring the acquisition of business assets over the acquisition of other assets that leads to discrimination as such.

The ECtHR[19] confirmed the ruling of the Dutch Supreme Court and ruled as follows:

> The Court has often stated that the national authorities are in principle better placed than an international court to evaluate local needs and

---

[18] HR 22 November 2013, ECLI:NL:HR:2013:1206.
[19] NL: ECtHR, 27 May 2014, Application 18485/14, *Berkvens and Berkvens v. the Netherlands*.

conditions. In matters of general social and economic policy, on which opinions within a democratic society may reasonably differ widely, the domestic policy-maker should be afforded a particular broad margin of appreciation.
With particular regard to taxation, the Court has held, under Article 1 of Protocol No. 1 taken alone, that when framing and implementing policies in the area of taxation a Contracting State enjoys a wide margin of appreciation and the Court will respect the legislature's assessment in such matters unless it is devoid of reasonable foundations.[20]

Endresen[21] commented on this ruling as follows: "I read this as saying: This is for politicians to decide, we do not wish to interfere".

Another Dutch tax rule that was upheld and respected by the ECtHR was to so-called 'crisi-levy', an additional levy of 16% wages tax on wages exceeding an annual amount of 150,000 euros.[22] The Court accepted the budget reasons for the levy concerning the year 2013 (combatting the economic crisis and diminishing the State-debt) by ruling unanimously that the complaint was manifestly ill-founded. The Court even accepted retro activity of the contested tax measure. It stated:[23]

> Finally and more generally, the Court cannot accept the applicant's argument that the legislative interference in issue affected so few taxpayers that its impact on the State budget was minimal, and that other measures would have resulted in more meaningful revenue. In this connection it reiterates that, provided that the legislature chose a method that could be regarded as reasonable and suited to achieving the legislative aim to be pursued, it is not for the Court to say whether the legislation represented the best solution for dealing with the problem or whether the legislative discretion should have been exercised in another way.

From these examples it can be derived, that the Dutch Supreme Court gives a lot of space of the discretion of the legislator in the field of tax law. In most cases therefore, a breach of the right to equal treatment

---

[20] *Ibid*, paras 31-32.
[21] Clement Endresen, 'Taxation and the European Convention for the Protection of Human Rights: Substantive Issues', Intertax, volume 45, Issue 8 & 9, p. 523.
[22] NL: ECtHR, 14 November 2017, Application 46184/16, *P. Plaisier BV and others v. the Netherlands.* Previously HR 29 January 2016, ECLI:NL:HR:2016:121.
[23] *Ibid*, para 97.

in tax legislation is rejected by the court. And sometimes these rulings are confirmed by a similar ruling of the ECtHR.

Verhuurderheffing

In very rare cases however the taxpayer wins. An example is a recent decision on the Dutch Supreme Court[24] concerning a tax levy on real estate (*verhuurderheffing*). A taxpayer, together with his two brothers, owned 13 houses. The tax legislator, for reasons of efficiency, had established only one person as taxable person. He had to pay the entire levy and the two thirds of the levy that economically were borne by the two brothers, had to be recovered from the three brothers in a civil law procedure.

The Dutch Supreme Court ruled that the tax legislator had violated the right to equal treatment, as one of the three house owners was only on a random basis determined as taxable person. The court ruled:

> The Treaty provisions applicable here, Article 26 ICCPR, Article 14 ECHR read in conjunction with Article 1 EP, and Article 1 Twelfth Protocol to the ECHR do not prohibit any unequal treatment of equal cases, but only those which must be regarded as discrimination because of a reasonable and objective justification is lacking. The starting point for this is that in the field of tax legislation the legislator generally has a wide discretion when answering the question of whether cases should be considered equal for the purposes of these Treaty provisions and whether, if that question is answered in the affirmative, there is an objective and reasonable justification for settling these cases in different ways (cf., inter alia, ECtHR 29 April 2008, Burden v. United Kingdom, no. 13378/05, ECtHR 2008/80, paragraph 60 and ECtHR 22 June 1999, No 46757/99, Della Ciaja and others v Italy, BNB 2002/398). The absence of such an objective and reasonable justification can only be assumed if the choice of the legislator has clearly been devoid of reasonable grounds ('manifestly without reasonable foundation', see ECtHR 7 July 2011, Stummer v. Austria, no. 37452/02, paragraph 89, with further references). The present case illustrates that the legislator's choice based on these arguments may result in an interested party having to pay the landlord levy as if he were the sole beneficiary of the rental properties, while the other beneficiaries – such as those concerned interested brothers in the same case share as interested owner of the rental properties are not included in the levy at all with regard to those properties. This result

---

[24] HR 8 June 2018, ECLI:NL:HR:2018:846.

can be regarded as arbitrary with regard to house owners who are otherwise in the same position. Reasons for practical feasibility cannot justify such an outcome.

The aforementioned considerations lead to the conclusion that, also taking into account the wide margin of discretion that the tax legislator is entitled to, there cannot be sufficient justification for the unequal treatment that has accrued to the person concerned. In this respect, the application of the contested tax legislation with regard to the party concerned causes an infringement of his rights guaranteed in the aforementioned treaty.

The tax assessment of the taxpayer was therefore annulled by the Dutch Supreme Court.

From this case law example it can be derived that the choices of the tax legislator led to an arbitrary outcome that cannot be justified. A tax legislator can be pragmatic, and pragmatic considerations in itself are viable, but they are not limitless. Here the boundaries of a proper justification were crossed, resulting in a struck down of the contested legislation.

It is now for the tax legislator to write new rules for co-ownership situations of real estate that respect the boundaries set by the Dutch Supreme Court, being an application of the rules in this regard set by the ECtHR.

A terme de grâce

If the Dutch Supreme Court establishes that there is an unjustified unequal treatment of equal cases in violation of Article 14 ECHR or Article 26 ICCPR, the solution is obvious. The contested tax regulation cannot be applied. But it does not work out like that in most cases on the basis of state responsibilities and constitutional constraints in the Netherlands. In most cases the unequal treatment that has arisen, can be fixed in different ways. This implies that the tax legislator can make a choice on how to uplift the inequality. On how to change the contested tax provision. The Dutch Supreme Court is very aware of the fact that it does not have any legislative power. And that it there should also not make tax legislation by itself.

On the basis of the separation of powers and the system of checks and balances, the Dutch Supreme Court than decides to leave the removal of the unjustified discrimination to the legislator. It gives the legislator a certain term (*terme de grâce*) to amend the contested legislation. Only in a case were the removal of the unjustified discrimination is simple and an obvious solution exists, the Dutch Supreme Court will decided in favor of the taxpayer. But this is rarely the case. Therefore in most cases, the Dutch Supreme will decide against the taxpayer, although it has declared the tax provision to be discriminatory. The frustrating issue for the taxpayer is that his reasoning is correct, that the contested tax provision is discriminatory, but that he nevertheless loses his case. This is hard to explain to an ordinary taxpayer with not much judicial knowledge. Gribnau[25] argues: "The Court communicates quite politely the violation of the principle of equality to the legislature at the expense of the protection of the individual taxpayer".

Protection of individual taxpayer rights

If a taxpayer is contesting a specific tax regulation is being discriminatory, violating Article 14 ECHR and Article 26 ICCPR, although he is litigating in his individual case, he is in fact litigating for all the taxpayers of the Netherlands. The ultimate goal is in the end to have the contested tax rule amended or put out of order. In this sense the individual tax case affects all taxpayers in the Netherlands. But apart from the fact that it is very difficult for a taxpayer to win such a case, there is also the issue of legal costs incurred. Dutch formal tax rules offer the taxpayer only a very small refund of legal costs in case he wins his case. The refund is in effect a maximum of a few thousand euro's. Actual legal costs are not repaid by the state in such a case. This therefore presents a massive legal burden for litigating a tax case under the 'accusation' that a specific tax rule is discriminatory, because legal costs will amount to many thousands of euro's with only a small refund possible. This is a sincere financial burden and hurdle for entering into a lengthy litigation procedure.

Conclusions

The absence of a constitutional court places the Netherlands with regard to taxation in a special position. The Dutch Supreme Court can only test tax laws against the ECHR and the ICCPR. That triggers the question whether the Dutch Supreme Court is more reluctant to struck down specific tax rules because of a breach of the principle of equality

---

[25] GRIBNAU, p. 68.

or a violation of the right to ownership, compared to the situation that there would be a constitutional court[26] in the Netherlands.

No hard figures exist, as comparing the present situation to a non-existent situation is hardly feasible. But to my recollection there is a clear understanding that the Dutch Supreme Court is manifestly reluctant to struck down tax legislation on the basis of discriminatory complaints. Complaints by Dutch taxpayers in this respect are hardly ever honored by the court. The gives the tax legislator an almost unlimited freedom in drafting tax laws. It also leads to the situation that there is no substantive debate going on between the tax legislator and tax scholars in the Netherlands, because of the fact that the tax legislator has so much freedom in drafting tax laws. Many recent Dutch tax laws and amendments are based on pragmatic considerations of the tax legislator, with hardly any consideration given to tax principles. This leads to a growing tension among taxpayers of not being taxed in a fair and just way. The taxation of private assets based on a fixed yield is a clear example of that.

Consequently, the number of tax cases in which taxpayers are litigating on the basis of presumed discriminatory aspects of specific tax rules, is evermore increasing. The fact that the Netherlands lacks a Constitutional Court is in my view a lack in taxpayers protection. It gives the tax legislator un almost unlimited freedom in drafting tax laws, provided they do not violate European Union law. Protection of the taxpayer on the basis of the ECHR or the ICCPR only succeeds in rare cases. Taxpayers also encounter formidable practical hurdles like the length of the process of litigation and the lack of an adequate refund of litigation costs.

Changing of the Dutch Constitution requires a two-third majority voting, in both chambers of parliament. There is no actual change of the constitution to be expected in the Netherlands in the near future. Therefore the frequent testing in the Netherlands of tax laws against the ECHR and the ICCPR on the basis of discrimination will continue. And the judicial gap resulting from the non-existence of a Constitutional Court in the Netherlands will remain.

---

[26] Compare the role of the German Constitutional Court who plays a very active role in matters of taxation.

Informação bibliográfica deste texto, conforme a NBR 6023:2018 da Associação Brasileira de Normas Técnicas (ABNT):

MEUSSEN, Gerard. Taxation in the absence of a Constitutional Court in the Netherlands. *In*: SARAIVA FILHO, Oswaldo Othon de Pontes; SIQUEIRA, Julio Homem de; BEDÊ JÚNIOR, Américo; FABRIZ, Daury César; SIQUEIRA, Junio Graciano Homem de; CUNHA, Ricarlos Almagro Vitoriano (Coord.). *Noções gerais e limitações formais ao poder de tributar*. Belo Horizonte: Fórum, 2021. p. 133-147. (Coleção Fórum Princípios Constitucionais Tributários – Tomo I). ISBN 978-65-5518-057-2.

I PRINCIPI COSTITUZIONALI IN MATERIA TRIBUTARIA NELL'ORDINAMENTO ITALIANO: LATITUDINE E LONGITUDINE DI UN MODELLO IN FIERI

CLAUDIO SACCHETTO
DANIELA CONTE[1]

1   I principi costituzionali in materia tributaria nel sistema delle fonti del diritto. Gli artt. 75 ed 81 Cost.

Nell'ordinamento giuridico italiano, con la locuzione "fonti del diritto" si intende fare riferimento tanto alle fonti di produzione quanto a quelle di cognizione.[2] Come è noto, i rapporti tra le diverse fonti di produzione del diritto sono regolati dal criterio gerarchico, il quale comporta che le fonti stesse vengano a disporsi in modo che quella di grado superiore stabilisca le condizioni di validità o fissi i limiti alle altre collocate in un grado inferiore. La gerarchia delle fonti è stata introdotta nel nostro ordinamento dall'art. 1 delle disposizioni preliminari del codice civile del 1942 che, ispirandosi alla costruzione

---

[1] I paragrafi 1, 2.2 e 3 sono stati scritti del prof. C. Sacchetto mentre i paragrafi 2, 2.1 e 4 sono stati scritti dalla dott.ssa D. Conte.

[2] E' appena il caso di ricordare che per "fonti di produzione" devono intendersi tutti gli atti e i fatti ai quali viene riconosciuta l'attitudine a produrre diritto nell'ambito di un determinato ordinamento giuridico; per "fonti di cognizione" devono, invece, intendersi i documenti e le altre prove volti a rendere conoscibili le norme vigenti, come nel caso della Gazzetta Ufficiale della Repubblica italiana.

gradualistica di Kelsen (*Stufenbau theorie*) e della Scuola di Vienna,[3] ha ordinato le relazioni tra la legge e il regolamento e tra quest'ultimo e la consuetudine. Entrando in vigore solo pochi anni dopo, la Costituzione repubblicana del 1948 ha individuato nella gerarchia delle fonti un criterio ordinatore che, proprio come nel modello Kelseniano, colloca automaticamente al vertice la stessa Costituzione e le disposizioni costituzionali, i quali sono *"principi identitari dell'ordinamento nazionale e rappresentano quei valori e interessi fondamentali dello stesso che sono stati assunti dai nostri padri costituenti quale garanzia della permanenza delle grandi regole generali del vivere civile. Come tali sono indeclinabili e non modificabili e, in caso di divergenza, hanno la natura di controlimiti termine tecnico per indicare che sono invalicabili anche dall'ordinamento comunitario".*[4] Dunque, in base al descritto ordine gerarchico, al vertice del sistema si collocano i principi fondamentali e i diritti inalienabili derivanti dalla Costituzione; subito dopo, i Trattati e il diritto comunitario derivato, che fluiscono nel nostro ordinamento proprio attraverso i varchi aperti dagli artt. 11 e 117 Cost.; poi le altre norme della Costituzione italiana, le leggi costituzionali, le leggi ordinarie (dello Stato e delle Regioni) e gli altri atti ad esse equiparati (decreti-legislativi e decreti -legge) e, su un gradino ancora inferiore, le fonti secondarie (i regolamenti). Sul sistema delle fonti e sul tradizionale principio di gerarchia reagiscono ormai prepotentemente tanto la pressione del diritto comunitario quanto la conquistata autonomia normativa delle Regioni, alle quali la Costituzione riconosce oggi un potere normativo operante allo stesso livello gerarchico della legge formale – distinto ma equiordinato rispetto a quello dello Stato – oltre ad una potestà impositiva primaria in materia di tributi regionali e locali.[5] Oltre a ciò, emergono poi norme prodotte fuori dal sistema delle fonti, come la nuova *lex mercatoria*:[6] un complesso di regole originate dalla prassi contrattuale, che la diffusa e reiterata osservanza da parte degli operatori economici ha tramutato in norme consuetudinarie,

---

[3] Sull'evoluzione storica e teorica del principio di gerarchia cfr. F. Modugno, *Fonti del diritto (gerarchia delle)*, in *Enc. dir.*, Agg., I, 561 ss.

[4] Così F. Gallo, *I principi di diritto tributario: problemi attuali*, in *Rass. trib.*, n. 4, 2008, 919 ss.

[5] Sul punto L. Carpentieri, *Le fonti del diritto tributario*, in A. Fantozzi (a cura di), *Diritto tributario*, Utet, Torino, 138 afferma che "la pressione del diritto comunitario, dal canto suo, ha reso più complessa la ricostruzione del rapporto tra ordinamento nazionale e ordinamenti esterni, posto che la nostra partecipazione all'Unione europea ha determinato una cessione di sovranità e di potere legislativo, a favore delle istituzioni europee: basti pensare che, fin dai trattati istitutivi dell'Unione, ad atti normativi muniti di caratteri *self-executing* è stata riconosciuta una prerogativa mai riconosciuta a fonti di origine esterna, cioè la loro diretta applicabilità negli ordinamenti degli Stati membri".

[6] Così F. Galgano, Lex mercatoria: storia del diritto commerciale, Bologna, 1993, 212 ss.

recepite come forme di *soft law* dai giudici statali, e che costituiscono, ormai, un diritto trasversale e orizzontale capace di oltrepassare i confini e di alimentare una sorta di concorrenza tra ordinamenti giuridici. A causa di queste dinamiche evolutive, il sistema delle fonti è oggi molto più complesso e articolato di come non appaia dalle preleggi e dalla Costituzione e il criterio gerarchico deve essere affiancato, se non addirittura sostituito, dal criterio di competenza, per spiegare il rapporto tra atti normativi di pari grado, cui la Costituzione attribuisce funzioni o ambiti di disciplina diversi.[7] In materia tributaria, come è noto, i principi fondamentali sono disciplinati prevalentemente da norme costituzionali le quali, insieme alle norme comunitarie contenute nel Trattato sul funzionamento dell'Unione europea (TFUE)[8] costituiscono limiti alla potestà normativa tributaria, intesa come potestà di produrre atti normativi diretti alla disciplina del tributo. Le norme costituzionali operanti in materia tributaria sono riconducibili essenzialmente agli artt. 3 (principio di uguaglianza), 23 (principio della riserva di legge), 53 (principio di capacità contributiva), 75, comma 2, (principio di divieto di *referendum* abrogativo per le leggi tributarie), 81, comma 3, (principio del pareggio di bilancio) e 119 (principio di autonomia finanziaria degli enti locali). Tuttavia, l'evoluzione del rapporto tra Fisco e contribuenti verso modelli di tassazione partecipata, la richiesta da parte dei consociati della garanzia di "giustizia" nell'imposizione e una sempre più ampia integrazione europea e l'adesione dell'Italia alla *Convenzione europea dei diritti dell'uomo* (CEDU 4 .XI.1950) hanno determinato il coinvolgimento anche di altri principi costituzionali, quali il diritto ad una "buona" amministrazione, inteso come fonte essenziale di garanzie procedimentali nei confronti dell'Amministrazione finanziaria (art. 97 Cost.), e il diritto ad un giusto processo (art. 111 Cost.)[9] inteso come il complesso delle garanzie processuali, offerte alle parti, volte a favorire il bilanciamento tra l'interesse superiore della giustizia e gli interessi di

---

[7] Sul punto cfr. L. Carpentieri, *Le fonti del diritto tributario*, cit., 138 e in particolare nt. 26 per i riferimenti bibliografici.

[8] Per un approfondimento si rimanda a C. Sacchetto, *Le fonti del diritto internazionale tributario e dell'ordinamento fiscale europeo*, in C. Sacchetto (a cura di), *Principi di diritto tributario europeo e internazionale*, Giappichelli, Torino, 2016, 13 ss.

[9] F. Gallo, *Verso un "giusto processo" tributario*, in *Rass. trib.*, n. 1, 2003, 11; E. Manzon, *Processo tributario e Costituzione. Riflessioni circa l'incidenza della novella dell'art. 111, Cost., sul diritto processuale tributario*, in *Riv. dir. trib.*, 2001, I, 1113, F. Tesauro, *Giusto processo e processo tributario*, in *Rass. trib.*, n. 1, 2006, 11 ss.

cui i soggetti coinvolti nel processo sono portatori[10] e applicabili anche al contenzioso tributario.[11]

Nel contesto così delineato, si colloca l'introduzione dello *Statuto dei diritti del contribuente* (L. n. 212/2000) il quale all'art. 1, comma 1, prevede che "le disposizioni della presente legge, in attuazione degli artt. 3, 23, 53 e 97 Cost., costituiscono principi generali dell'ordinamento tributario e possono essere derogate o modificate solo espressamente e mai da leggi speciali". Le norme dello Statuto del contribuente, pur assumendo il carattere di parametro costituzionale (suscettibile di determinare il giudizio di incostituzionalità) devono, tuttavia, considerarsi alla stregua di principi generali dell'ordinamento fiscale, idonei a fungere da criteri rilevanti per l'interpretazione adeguatrice o costituzionalmente orientata delle norme fiscali vigenti. La c.d. clausola di *autorafforzamento* contenuta nello Statuto del contribuente, che stabilisce il divieto di deroghe alle disposizioni statutarie attraverso leggi speciali e comunque solo in forma esplicita, non consente, di attribuire allo Statuto una forza superiore a quella di cui è dotata nel sistema delle fonti; e pertanto lo Statuto del contribuente, in quanto legge ordinaria è un atto subordinato alla Costituzione ed è pari ordinato rispetto alle altre leggi o agli atti aventi forza di legge. Tra i principi costituzionali oggetto di esame in questo lavoro, il principio della riserva di legge (art. 23 Cost.), quello di capacità contributiva (art. 53 Cost.) e i principi di solidarietà economica (art. 2 Cost.) e di uguaglianza (art. 3 Cost.) saranno esaminati specificamente nei paragrafi successivi, trattando ora i citati artt. 75, comma 2 e 81, comma 3 della Costituzione. L'art. 75, comma 2, Cost. stabilisce che: "*E' esclusa l'ammissibilità del referendum abrogativo per*

---

[10] E' appena il caso di ricordare che l'articolo 6 della CEDU (rubricato *Diritto ad un processo equo*) stabilisce che ogni persona ha diritto che la sua causa sia esaminata imparzialmente, pubblicamente e in un tempo ragionevole, da parte di un tribunale indipendente ed imparziale. Il richiamo alle disposizioni della convenzione da parte del TFUE conferisce, dunque, natura di norma comunitaria al principio del giusto processo. Nelle fonti internazionali, il modello di "giusto processo" trova, invece, il proprio fondamento negli artt. 10 e 11 della dichiarazione universale dei diritti dell'uomo proclamata dall'Assemblea delle nazioni unite il 10 dicembre 1948 e dagli artt. 5, 6 e 13 della Convenzione europea per la salvaguardia dei diritti dell'uomo e delle libertà fondamentali (Cedu) sottoscritta a Roma il 4 dicembre 1950, ratificata con legge nazionale del 4 agosto 1955 n. 848,e dagli artt. 1-8 della Convenzione interamericana sui diritti umani adottata in S. Josè d Costarica il 22 novembre 1969.

[11] P. Russo, *Il giusto processo tributario*, in *Rass. trib.*, n. 1, 2004, 11, per il quale "non possono sussistere dubbi sull'applicabilità dell'art. 111 anche al processo tributario, senza che sia possibile in alcun modo, al fine di preservarne le singole norme che lo disciplinano da censure di illegittimità costituzionale con riferimento ad esso per invocarne la specificità di tale processo per tenere conto delle peculiarità proprie della materia costituente il substrato oggettivo delle relative controversie".

le leggi tributarie e le leggi di bilancio". Il divieto di *referendum* abrogativo risponde, come è noto, a due esigenze principali. La prima, legata alle c.d. ragioni di *"garanzia della procedura"* sottese alla riserva di legge di cui all'art. 23 Cost., è quella di confermare la scelta del legislatore costituzionale di riservare le *prestazioni imposte* alla legge in senso formale; la seconda è, invece, quella di scongiurare l'accoglimento di iniziative demagogiche, ampiamente prospettabili in materia di prelievo fiscale, che ben potrebbero essere accolte dall'elettorato a scapito *della* gestione finanziaria dei servizi pubblici. L'art. 81, recentemente riformato con la legge costituzionale 20 aprile 2012, n.1, stabilisce al comma 1 :*" Lo Stato assicura l'equilibrio tra le entrate e le spese del proprio bilancio, tenendo conto delle fasi avverse e delle fasi favorevoli del ciclo economico"* e al comma . 3:Cost. : *"Ogni legge che importi nuovi o maggiori oneri provvede ai mezzi per farvi fronte"*. C.d. principio del pareggio di bilancio . L'art. 81 Cost. è di completamento alla riserva di legge contenuta nel citato art. 23 Cost. e pone uno schermo, anche se fragile, alla tendenza dei parlamentari a gonfiare le spese e ad assumere impegni che eccedano le effettive disponibilità finanziarie.[12] Sotto il profilo del prelievo fiscale, con la nuova formulazione dell'art. 81 Cost.,[13] si corre tuttavia il rischio che difronte agli stringenti vincoli di bilancio imposti dall'Unione Europea, i governi possano essere costretti a ridurre il livello di giustizia sociale e, quindi, a trasformare i diritti sociali fondamentali in "diritti condizionati dalle disponibilità delle risorse".[14] L'attuazione dei diritti fondamentali dovrebbe,invece, indirizzare il corretto riparto delle risorse disponibili stabilendo, in via prioritaria, il livello essenziale degli stessi;[15] solo in

---

[12] L. Carpentieri, *Le fonti del diritto tributario*, cit., 147 s.

[13] Con la sottoscrizione del Trattato sulla stabilità, sul coordinamento e sulla *governance* dell'Unione economica e monetaria (c.d. *Fiscal compact*), gli Stati membri dell'Unione europea si sono impegnati ad introdurre nei propri ordinamenti il principio del pareggio di bilancio. In Italia, questo principio è stato introdotto dall'art. 1 della legge costituzionale n. 1/2012 (rubricata *Introduzione del pareggio di bilancio nella Carta Costituzionale*) che ha novellato l'art. 81 Cost. ed ha inserito, realizzando una curiosa variazione linguistica, l'espressione *equilibrio dei bilanci* al posto della locuzione *pareggio di bilancio*. La differenza tra i due termini è di carattere sostanziale in quanto l'equilibrio di bilancio consente, diversamente dal più rigido pareggio di bilancio, di finanziare la spesa pubblica con il ricorso al debito in presenza di un disavanzo annuale sempreché, nel medio periodo, si consegua l'equilibrio tra le entrate e le spese.

[14] Sulla teoria dei c.d. "diritti finanziariamente condizionati" e sull'indirizzo della Corte Costituzionale in materia, v. C. Buzzacchi, *Bilancio e stabilità. Oltre l'equilibrio*, Giuffré, Milano, 101.

[15] F. Gallo, *Disuguaglianze, giustizia distributiva e funzione del tributo*, in A. Ruggieri, *Scritti in onore di Gaetano Silvestri*, Giappichelli, Torino, 2016, 1040. In argomento, v. pure Id., *Il diritto e l'economia. Costituzione, cittadini e partecipazione*, in Rass. trib., n. 2, 2016, 302.

questa prospettiva, il tributo potrebbe assicurare, sotto il profilo etico,[16] la corretta composizione dei rapporti di responsabilità e di solidarietà tra governanti e governo.

2 Il principio della riserva di legge quale espressione del "consenso" all'imposizione: evoluzione storica e contenuto dell'art. 23 della Costituzione

Il principio della "riserva di legge", noto anche come principio di legalità dei tributi, è disciplinato dall'art. 23 della Costituzione italiana e stabilisce che: *"nessuna prestazione, personale o patrimoniale, può essere imposta se non in base alla legge"*.[17] Questa riserva di legge, nata per contenere l'arbitrio fiscale del sovrano sul patrimonio delle classi possidenti,[18] è diventata – negli ordinamenti costituzionali moderni – espressione del c.d. *principio di autoimposizione* posto a garanzia della democraticità e rappresentatività di una comunità sociale disposta a farsi *"doverosamente"* carico delle spese dello Stato. La riserva di legge, quale regola che interviene nei procedimenti di produzione normativa e nel riparto di competenza fra i vari organi ed enti dello Stato, ha assunto, storicamente, significati, funzioni e valori diversi in ragione dei differenti contesti politico-istituzionali e giuridici in cui è stata

---

[16] Mi sia consentito rinviare al mio *Riflessioni su etica e fisco rileggendo alcune pagine di Klaus Tipke*, in *Sudi in onore di E. De Mita*, Napoli, 2012, 831.

[17] L'interpretazione dell'art. 23 è oggetto di una vasta letteratura. Senza pretesa di completezza si vedano: E. Allorio, *La portata dell'art. 23 della Costituzione e l'incostituzionalità della legge sui tributi turistici*, in Dir. prat. trib., 1957, II, 86; S. Bartholini, *Il principio di legalità dei tributi in tema di imposte*, Cedam, Padova, 1957; A. Berliri. *Appunti sul fondamento e il contenuto dell'art. 23 della Costituzione*, in Sudi per A. D. Giannini, Giuffrè, Milano, 1961, 139 SS.; S. Fois, *La riserva di legge. Lineamenti storici e problemi attuali*, Giuffrè, Milano, 1963, 295 ss.; S. Cipollina, *La riserva di legge in materia fiscale nell'evoluzione della giurisprudenza costituzionale*, in L. Perrone, C. Berliri, *Diritto tributario e Corte costituzionale*, Napoli, 2006, 163 ss.; A. Fedele, Commento all'art. 23, in Comment. alla Cost. a cura di G. Branca, Bologna-Roma, 1978, 121; Id. *Prestazioni imposte*, in Enc. Giur., Vol. XXIV, Roma, 1991, 6; Id., *La riserva di legge* in A. Amatucci (diretto da), *Trattato di diritto tributario*, Vol. I, Tomo I, Cedam, Padova, 157 ss.; G. Marongiu, *I fondamenti costituzionali dell'imposizione tributaria*, Giappichelli, Torino, 1991, 29 ss; P. Russo, *Manuale di diritto tributario*, Parte generale, Giuffrè, Milano, 1994, 37 ss.; F. Tesauro, *Istituzioni di diritto tributario*, vol. I, Giappichelli, Torino, 1994, 15 ss. R. Lupi, *Diritto tributario. Parte generale*, Giuffrè, Milano, 1994, 41 ss.

[18] E. Vanoni (Opere Giuridiche, Milano, 1962, vol. I, 73 ss. e vol. II, 30 ss., in particolare 35), esprimeva tutto il proprio dissenso da quelle impostazioni che vedono nel tributo "una manifestazione della sovranità dello Stato" e afferma il proprio convincimento, osservando che "il tributo appare legato alla partecipazione personale (con la presenza nel territorio e col godimento della cittadinanza) od alla partecipazione economica (colla percezione di redditi prodotti nel territorio) alla vita dell'ente impositore".

inserita. In Italia, durante il periodo delle monarchie costituzionali si era affermato il convincimento – sollecitato anche da quanto accadeva nell'esperienza costituzionale inglese e nell'ordinamento monarchico tedesco[19] – che l'esercizio del potere tributario da parte del Sovrano fosse legittimo soltanto a condizione di essere previamente autorizzato dal consenso popolare espresso dal Parlamento in quanto organo a carattere elettivo che riusciva a garantire una adeguata rappresentanza della classe borghese. E' noto, infatti, che la riserva di legge, racchiusa nel citato art. 23 Cost., rappresenta il punto di arrivo dell'evoluzione del principio garantistico del consenso all'imposizione, già codificato nell'art. 30 dello Statuto Albertino del 1848, secondo il quale *"nessun tributo può essere imposto o riscosso se non è stato consentito dalle Camere e sanzionato dal Re"*.[20] Tuttavia, in questa disposizione, il principio del consenso all'imposizione, più che la "volontà generale" del popolo era espressione della "potere" della borghesia che aveva come obiettivo solo quello di sottrarre il proprio patrimonio al potere impositivo del monarca.[21] Dunque, la riserva di legge espressa dall'art. 30 dello Statuto Albertino era soprattutto uno strumento di "garanzia di parte" e non poteva essere diversamente in quanto "nel momento stesso in cui si afferma il principio di legalità (…) e nel momento in cui si chiamano i sudditi ad esercitare, tramite un organo rappresentativo, il potere legislativo in concorso con il sovrano, il *principio dell'autoimposizione* viene necessariamente a scomparire (…) per confusione o per incorporazione

---

[19] E' appena il caso di ricordare che, in Inghilterra, il corrispondente principio "no taxation without representation" si era affermato, dapprima, con la Magna Charta del 1215 e, successivamente, con la Confirmatio Chartarum di Edoardo I del 1297. Per un'analisi storica v. G. Bizioli, *Il processo di integrazione dei principi tributari nel rapporto tra ordinamento costituzionale, comunitario e diritto internazionale*, Cedam, 2008, 190 ss.

[20] Questa formulazione deriva, pressoché letteralmente, dalla Carta costituzionale francese del 1814 richiamandone finanche "le suggestioni del principio del consenso quale andava enucleandosi nella cultura giuridica illuministica come criterio espressivo dello scambio di utilità che doveva intercorrere tra Stato e cittadini" (così, P. Boria, *L'interesse fiscale*, Giappichelli, Torino, 2012, 55).

[21] Nelle monarchie costituzionali, l'organo della rappresentanza popolare, attraverso l'assenso al tributo, era posto in condizione di esercitare una forma di controllo sull'operato del governo, così limitando il potere del sovrano, che il governo esprimeva ed incarnava. Tanto è vero che dell'art. 30 dello Statuto Albertino venne colto ed assimilato solo il significato più ridotto: l'istanza di controllo dell'esecutivo da parte delle assemblee legislative e la funzione di riequilibrio del potere sovrano che esso finiva in tal modo per assolvere. La regola del consenso, rileva G. Marongiu (*I fondamenti costituzionali dell'imposizione tributaria. Profili storici e giuridici*, Giappichelli, Torino, 68) "non fu capita perché la nuova società borghese... ritenne di trovare nella supremazia politica della camera elettiva e nella prevalenza in essa esercitata, la migliore (se non unica) garanzia delle sue idealità profondamente sentite, la tutela delle libertà civili, politiche ed economiche, la difesa più rigorosa della proprietà".

nel detto principio di legalità".[22] Con il superamento degli assetti propri della monarchia costituzionale e l'affermarsi dei primi Parlamenti, creati allo scopo di assicurare il consenso delle Camere (nella forma della legge) alla istituzione dei tributi, la funzione politica dell'art. 30 dello Statuto Albertino, che si sostanziava – come già precisato – nella limitazione dei poteri dell'Esecutivo (espressione della Corona) – era destinata a scomparire. La contrapposizione tra sovrano e sudditi non si esprimeva più nella dialettica tra Governo e Camere: la crescente centralità del ruolo del Parlamento ha spinto la nostra forma di governo verso modelli di democrazia parlamentare, nei quali il Governo è espressione del Parlamento, che costantemente ne condiziona l'agire attraverso lo strumento della fiducia. In questo nuovo contesto, la regola del consenso al tributo, non essendo più unico strumento a disposizione delle Camere per esercitare una forma di controllo e di direzione sull'operato dell'Esecutivo, perde la sua tradizionale valenza politica e si afferma l'attuale funzione garantista volta ad assicurare la partecipazione dei consociati alla definizione delle scelte di politica fiscale del Paese. In altri termini, nell'architettura costituzionale vigente, la riserva di legge in materia di prestazioni patrimoniali imposte si pone non più e non solo come garanzia, essenzialmente individuale, dell'integrità della libertà e del proprio patrimonio[23] ma soprattutto come garanzia di carattere generale connessa, da un lato, all'attribuzione della funzione impositiva al Parlamento, organo titolare della funzione di indirizzo politico rappresentativo anche delle minoranze e, dall'altro, al controllo giurisdizionale di legittimità da parte della Corte Costituzionale sui tributi così istituiti. La stessa collocazione sistematica dell'art. 23 Cost. nel Titolo I dedicato ai *"Rapporti civili"* rivela, infatti, come il principio del consenso all'imposizione tuteli, in modo immediato e prevalente, "interessi generali" e, solo in via indiretta e subordinata, "interessi dei

---

[22] A. Berliri, *Appunti sul fondamento e il contenuto dell'art. 23 della Costituzione*, Giuffrè, Milano, 1960, 144. Nello stesso senso, G. Marongiu, *I fondamenti costituzionali dell'imposizione tributaria. Profili storici e giuridici*, Torino, 1991, 65.

[23] Per una lettura riduttiva dell'art. 23, Cost. inteso come "garanzia della libertà personale e patrimoniale" si vedano, tra gli altri: A. Amorth, *Fondamento costituzionale delle prestazioni pecuniarie ad enti pubblici*, in Diritto dell'economia, 1956, 1027ss.; A. Berliri, *Appunti sul fondamento e il contenuto dell'art. 23 della Costituzione*, cit., 327ss., secondo il quale nella Costituzione repubblicana, l'art. 23 (avrebbe) perso completamente la sua funzione politica (divenuta del resto già superflua sotto lo Statuto Albertino a seguito dell'affermarsi del Paramento quale organo deputato a tenere a freno il potere dell'esecutivo espressione della Corona) e conservato, invece, quella di norma diretta a garantire la libertà dei singoli (funzione resa anzi più vitale dal carattere rigido della Costituzione), ammettendo peraltro espressamente che tale libertà possa essere limitata non "per legge" ma "in base alla legge".

privati", posto che l'integrità patrimoniale di questi ultimi trova tutela nel disposto dell'art. 41 della Costituzione. Dunque, nell'ordinamento vigente, il Parlamento è e resta il soggetto della "co-determinazione" dei contenuti normativi primari in quanto luogo del concorso simultaneo della rappresentanza fiduciaria dell'esecutivo e di quella propria delle opposizioni, che partecipano a quel fondamentale concorso.[24] Il significato dell'art. 23 Cost. è, dunque, chiaro: le scelte tributarie devono "passare" dal Parlamento, concepito dalla nostra Costituzione nell'ottica hegeliana di *"porticato"* tra il popolo e le istituzioni.[25] L'istituzione dei tributi è riservata al legislatore ordinario e, perciò, sottratta al potere discrezionale dell'Esecutivo e al potere discrezionale della stessa Amministrazione finanziaria, a garanzia, sotto quest'ultimo profilo, dell'indisponibilità dell'obbligazione tributaria intesa come assenza di discrezionalità amministrativa sull'*an* e sul *quantum debeatur*.[26] Resta solo

---

[24] In questi termini v. A. Fantozzi, Riserva di legge e nuovo riparto della potestà normativa in materia tributaria, Relazione 50º Convegno di Studi amministrativi "L'attuazione del Titolo V della Costituzione", Varenna 16-18 Settembre 2004.

[25] L'espressione è di L. Carpentieri, *Riserva di legge e consenso al tributo*, Diritto on line, Treccani, 2015.

[26] Sul tema dell'indisponibilità dell'obbligazione tributaria, senza alcuna pretesa di completezza, si vedano: A. D. Giannini, *Circa la inderogabilità delle norme regolatrici dell'obbligazione tributaria*, in Riv. dir. fin. sc. fin., 1953, II, 291 ss.; A. Berliri, *Principi di diritto tributario*, vol. II, Tomo I, Milano, 1957, 79 ss.; L.V. Berliri, *La giusta imposta: Appunti per un sistema giuridico della pubblica contribuzione. Lineamenti di riforma organica della finanza ordinaria*, Giuffrè, Milano, 1975; G. Falsitta, *Natura e funzione dell'imposta con speciale riguardo al fondamento della sua 'indisponibilità'* in S. La Rosa, (a cura di) *Profili autoritativi e consensuali del diritto tributario*, Milano, 2007, 45 ss.; Id., *Il doppio concetto di capacità contributiva*, in Riv. dir. trib., n. 7-8, 2004, 897 ss.; Id., *I condoni fiscali tra rottura di regole costituzionali e violazioni comunitarie*, in il fisco, n. 6, 2003, 798; Id., *Manuale di Diritto Tributario*. Parte Generale, IV ed., Padova, 2003, 17; A. Fantozzi, *Il principio di indisponibilità dell'obbligazione tributaria*, in M. Poggioli, *Adesione, conciliazione ed autotutela. Disponibilità o indisponibilità dell'obbligazione tributaria*, Torino, 2007, 49 ss.; A. Fedele, *Autonomia negoziale e regole privatistiche nella disciplina dei rapporti tributari*, in S. La Rosa, (a cura di) *Profili autoritativi e consensuali del diritto tributario*, Milano, 2007, 121 ss.; Id., *I principi costituzionali e l'accertamento tributario*, in Riv. dir. trib. sc. fin.*, I, 1992, 464; Id., *Dovere tributario e garanzie dell'iniziativa economica e della proprietà nella costituzione italiana*, in Riv. dir. trib., I, 1999, 971 ss.; Id., *Concorso alle pubbliche spese e diritti individuali*, in Riv. dir. trib., n. 1, 2002, 31 ss.*;*S. La Rosa, *Gli accordi nella disciplina dell'attività amministrativa tra vincolatezza, discrezionalità e facoltà di scelta*, in Giur. trib., n. 2, 2008, 241; P. Russo, *Indisponibilità del tributo e definizioni consensuali delle controversie*, in Rass. trib., n. 3, 2008, 595; P. Peruggia, *Concordato fiscale ed indisponibilità dell'obbligazione tributaria*, in Dir. prat. trib., 1980, II, 921; M. Beghin, *Giustizia tributaria e indisponibilità dell'imposta nei più recenti orientamenti dottrinali e giurisprudenziali. La transazione concordataria e l'accertamento con adesione*, Riv. dir. trib. II, 2010, 679 ss.; A. Guidara, *Indisponibilità del tributo e accordi in fase di riscossione*, Milano, 2010; V. Ficari, *Transazione fiscale e disponibilità del "credito" tributario: dalla tradizione alle nuove occasioni di riduzione "pattizia" del debito tributario*, in Riv. dir. trib., n. 4, 2016, 481 ss.; M. Redi, *Appunti sul principio di indisponibilità del credito tributario*, in Dir. prat. trib., I, 1995, 407 ss.; M. Versiglioni, *Accordo e disposizione nel diritto tributario*, Milano, 2001.

da verificare la concreta attuazione di questo principio nell'ordinamento tributario vigente, visto che il Governo sembra aver assunto – dopo che il Parlamento ha deciso, più o meno consapevolmente, di abdicare alla propria funzione in materia tributaria – il ruolo di "promotore" esclusivo dell'iniziativa legislativa in materia tributaria.

2.1 La natura relativa della riserva legge in materia di prestazioni patrimoniali imposte: il graduale declino del tradizionale ruolo svolto dal Parlamento nazionale in materia tributaria

In materia tributaria, la riserva di legge racchiusa nell'art. 23 Cost. riguarda, come è noto, le prestazioni patrimoniali imposte.[27] La giurisprudenza costituzionale ha definito come "imposta" la prestazione stabilita in via obbligatoria da un atto di autorità, a carico del privato, senza che la sua volontà vi abbia ricorso.[28] Con questa definizione, la Corte costituzionale ha inteso fare riferimento alle c.d. "imposizioni in senso formale"[29] tra cui rientrano i tributi, quali obbligazioni a carico dei privati nascenti dalla legge ed aventi ad oggetto una prestazione di regola pecuniaria.[30] In particolare, la giurisprudenza costituzionale[31]

---

[27] E', interessante notare che, a differenza dell'art. 30 dello Statuto Albertino, nel quale figurava l'espressione "tributo" e la cui valenza è esclusivamente patrimoniale, nell'art. 23 Cost. compare l'espressione "prestazione personale e patrimoniale imposta". Con questa formula più ampia e comprensiva, il legislatore costituente ha inteso estendere la garanzia del principio di legalità anche alle prestazioni personali. Per l'analisi della nozione di "prestazione personale imposta" si rinvia a A. Fedele, *Commento all'art. 23 Cost.*, in Comment. alla Cost., a cura di G. Branca, Bologna-Roma, 1978, 37 ss.

[28] Cfr. Corte cost., 26 gennaio 1957, n. 4, in Giur. Cost., 1957, 22. I principi contenuti in questa sentenza sono stati accolti e riconfermati dalla giurisprudenza successiva (C. cost. 26.1.1957, n. 30; C. cost., 18.3.1957, n. 47; C. cost., 8.7.1957, n. 122; C. cost. 27.6.1959, n. 36; C. cost. 16.12.1960, n. 70; C. cost. 3.5.1963, n. 55).

[29] Tra le prestazioni patrimoniali imposte, oltre ai tributi, rientrano: le prestazioni patrimoniali coattive a carattere sanzionatorio, i prestiti forzosi e le prestazioni c.d. "parafiscali".

[30] A Viotto, *Tributo*, in Digesto comm., XVI, Torino, 1999, 221.

[31] La stessa Corte Costituzionale, 28 dicembre 2001, n. 435 ha affermato che "la giurisprudenza del giudice delle leggi ha allargato la nozione di "prestazione patrimoniale imposta", ai sensi dell'art. 23 della Costituzione, riconducendovi anche prestazioni di natura non tributaria, e aventi funzione di corrispettivo, quando, per i caratteri e il regime giuridico dell'attività resa, sia pure su richiesta del privato, a fronte della prestazione patrimoniale, è apparso prevalente l'elemento della imposizione legale (cfr. ad es. sentenze n. 55 del 1963, n. 72 del 1969, n. 127 del 1988, n. 236 del 1994, n. 215 del 1998)"; e "per ritenere la prestazione imposta", ha fatto ricorso ad elementi di non facile definizione, come il carattere di "servizio essenziale" ai bisogni della vita, rivestito dall'attività del soggetto cui la prestazione patrimoniale é dovuta (cfr. sentenze n. 72 del 1969, n. 127 del 1988, n. 215 del 1998)".

ha ricondotto all'interno della categoria delle prestazioni patrimoniali imposte, le c.d. "imposizioni in senso sostanziale", ossia le prestazioni di natura non tributaria che hanno valore di corrispettivo in quanto l'obbligazione, pur avendo natura contrattuale, costituisce corrispettivo di un servizio pubblico che, però, deve soddisfare un bisogno essenziale e deve essere reso in regime di monopolio. Sono, infatti, prestazioni patrimoniali imposte anche le tariffe elettriche o telefoniche per le quali il privato, in considerazione della particolare natura del bene o del servizio di cui ha bisogno, partecipa in modo solo apparentemente libero o volontario alla formazione dell'obbligazione, trovandosi in realtà in una particolare situazione di condizionamento o di sostanziale coazione.[32]

Ai fini della nostra analisi, tra le prestazioni patrimoniali imposte, assume particolare rilevanza l'imposta che, insieme alla tassa, al contributo (detto anche tributo speciale) e al monopolio fiscale, costituisce – come è noto – la categoria dei tributi. Caratteristica dell'imposta è quella di essere un'obbligazione *ex lege* (e perciò coattiva in quanto dovuta dal soggetto passivo al verificarsi di un determinato presupposto ad esso riferibile) che non presenta alcuna specifica relazione con una determinata attività dell'ente pubblico resa nei confronti dell'obbligato (di qui la differenza con la tassa che, secondo parte della dottrina, ha natura giuridica di controprestazione), con un evidente effetto di caduta redistributiva a favore di chi nulla possiede e pur riceve in termini di servizi e vantaggi che derivano dall'appartenere ad una collettività organizzata. E ciò spiega perché, secondo parte della dottrina,[33] la funzione principale dell'imposta è quella propria delle obbligazioni di riparto: il contribuente è chiamato quale membro della collettività, a partecipare alla spesa pubblica sulla base di indici di riparto espressivi di forza economica. La legge d'imposta ha, in sostanza, la funzione di ripartire tra i consociati la spesa residuale di funzionamento dell'ente pubblico non coperta dalle altre fonti di entrata; spesa, questa, effettuata nell'inscindibile interesse di tutti i consociati. Da qui deriva la definizione

---

[32] In tali situazioni, il cittadino è libero di stipulare o non stipulare il contratto ma questa solo astratta perché si riduce alla possibilità di scegliere tra la rinuncia al soddisfacimento di un bisogno essenziale e l'accettazione di obblighi e condizioni unilateralmente e autoritativamente prefissati. In tal caso, è l'evidente squilibrio di forza contrattuale dei due contraenti a rendere "imposta" la prestazione posta a carico del contraente più "debole" e a giustificare l'intervento riequilibratore della "legge".

[33] Sulla teoria dell'imposta come obbligazione di ripartizione, v. L.V. Berliri, *La giusta imposta*, cit., 1975. Per un'analisi più recente, si veda per tutti: G. Falsitta, *Natura e funzione dell'imposta, con speciale riguardo al fondamento della sua "indisponibilità"*, in S. La Rosa (a cura di), *Profili autoritativi e consensuali del diritto tributario*, Milano, 2008, 45 ss.

dell'imposta come quota individuale di contribuzione alla copertura delle spese di funzionamento dell'ente pubblico dovuta dai singoli cointeressati in corrispondenza di determinati fatti e situazioni assunti come indici di riparto.[34]

In merito alla natura della riserva di legge, la regola contenuta nell'art. 23 Cost. contiene, come è noto, l'enunciazione di una formula che richiama una precisa tipologia di riserva: la citata disposizione stabilisce, infatti, che la prestazione patrimoniale sia imposta *"in base alla legge"* e non *"per legge"*. Ciò indica che la riserva di legge è relativa e, quindi, che la disciplina degli elementi essenziali dell'imposta è "riservata" alla legge o agli altri atti aventi forza di legge mentre la disciplina di dettaglio è rimessa a fonti normative secondarie.[35] Al contrario, se il legislatore avesse utilizzato l'espressione "per legge" la riserva di legge sarebbe stata assoluta e, quindi, tutti gli elementi dell'imposta (soggetti, presupposto, base imponibile e aliquota) sarebbero stati disciplinati solo dalla legge o dagli atti ad essa equiparati.[36] La scelta di introdurre una riserva di legge relativa che prevede il concorso di fonti primarie (legge formale, decreto legge o decreto legislativo, quali atti aventi forza di legge e, dunque, collocati sullo

---

[34] Si tratta, in particolare, di fatti e situazioni – dai quali si fa dipendere la "quota di contribuzione" facente carico a ciascun singolo e alla quale corrisponde il debito individuale di imposta.- che hanno la funzione di risolvere non tanto il conflitto (in merito all'istituzione e alla delimitazione dell'imposta) tra l'interesse dell'ente pubblico impositore e l'interesse del contribuente quanto il conflitto tra gli interessi individuali dei singoli contribuenti in contrasto interno tra loro perchè ciascuno di essi tende a scaricare sugli altri la maggiore quota possibile del debito. Sul punto v. A. Fedele, *I principi costituzionali e l'accertamento tributario*, in Riv. dir. fin. sc. fin., I, 1992, 464; ID., *Dovere tributario e garanzie dell'iniziativa economica e della proprietà nella costituzione italiana*, in Riv. dir. trib., I, 1999, 971 ss.; ID., *Concorso alle pubbliche spese e diritti individuali*, in Riv. dir. trib., n. 1, 2002, 31 ss.

[35] Già nella sentenza n. 48/1961 la Corte Costituzionale aveva affermato che "l'art. 23 non esige che la istituzione del tributo avvenga "per legge", cioè che tutti i presupposti e gli elementi della prestazione ricavino dalla legge la loro determinazione". Successivamente, nella sent. n. 159/1985, la Suprema Corte faceva derivare la relatività della riserva, di cui all'art. 23, dall'interpretazione letterale della norma costituzionale, segnatamente dalla locuzione "in base alla legge" in essa utilizzata.

[36] La giurisprudenza costituzionale ha, fin dall'inizio, incluso nella nozione di "legge" prevista all'art. 23 Cost. anche gli atti normativi aventi forza di legge, quali i decreti legislativi (art. 76 cost.) ed i decreti legge (art. 77 cost.). Cfr. Corte cost., sentenza 11 febbraio 1969, n. 126, punto 2 del considerato in diritto, in Giur. cost., 1969, 1736: "la garanzia stabilita nell'art. 23 della Costituzione non vieta che, con l'osservanza dei limiti stabiliti dall'art. 76 della stessa Carta costituzionale, possa essere demandata al Governo l'emanazione di atti normativi in materia di imposte aventi lo stesso valore della legge ordinaria, purché la volontà del Parlamento a delegare l'esercizio della funzione legislativa, trovi essa stessa espressione nella legge formale, a conclusione della "normale procedura" di esame ed approvazione della legge, come nella specie è appunto avvenuto, in conformità dell'art. 72, ultimo comma, della Costituzione".

stesso piano della legge formale nella gerarchia delle fonti) e di fonti secondarie (regolamenti ministeriali)[37] rappresenta una soluzione volta, da un lato, a realizzare la "cooperazione" tra potere legislativo e potere esecutivo nell'ottica di realizzare un bilanciamento dei poteri dello Stato volto a garantire il migliore perseguimento dell'interesse pubblico della comunità nazionale;[38] dall'altro, a rispondere allo spiccato tecnicismo delle norme tributarie che spesso mal si prestano ad essere elaborate e discusse in sede parlamentare. Se si considera che lo stesso legislatore tributario, dettando le disposizioni dello Statuto dei diritti del contribuente (L. 27 luglio 2000, n. 212) "in attuazione degli articoli 3, 23, 53 e 97 della Costituzione", prevede che "non si può disporre con decreto-legge l'istituzione di nuovi tributi né prevedere l'applicazione di tributi esistenti ad altre categorie di soggetti" (art. 4), sembra potersi escludere che il termine "legge", contenuto nell'art. 23 Cost., realizzi "una funzione esclusivamente politico-costituzionale volta a riservare all'organo rappresentativo, ovvero ad un particolare procedimento strumentale al carattere rappresentativo dell'organo, l'intervento in materia di diritti e libertà patrimoniali e personali".[39] Tuttavia, nella materia tributaria, è oggi a rischio la funzione che il Parlamento è chiamato a svolgere e ciò a scapito di quel pluralismo politico indispensabile ad adottare regole destinate ad imporsi alla generalità dei consociati.[40] L'Esecutivo – il cui ruolo *di fabbrica delle leggi* è significativamente cresciuto anche nella funzione di indirizzo, considerato il progressivo svuotamento delle forme rappresentative della democrazia costituzionale – sembra, perciò, essere diventato il "promotore" esclusivo

---

[37] Parte della dottrina ritiene che nei settori riservati alla legge i regolamenti in materia di prestazioni patrimoniali imposte debbano essere autorizzati o delegati. Altra parte della dottrina ricostruisce invece la relazione tra regolamento e legge come un rapporto non di autorizzazione, ma di subordinazione, sul presupposto che i poteri di integrazione debbano essere attribuiti dalla legge stessa. Nella prassi si ricorre sia a regolamenti autorizzati o delegati, che si limitano a dare attuazione alla legge, sia a regolamenti subordinati: i decreti ministeriali che approvano i modelli di dichiarazione fiscale o individuano gli Stati e i territori a fiscalità privilegiata (le cd. black list), i decreti sui coefficienti di ammortamento, e così via. È, peraltro, molto complesso, in concreto, distinguere gli uni dagli altri.

[38] In questi termini, v. P. Boria, *Diritto tributario*, Giappichelli, 2016, 75.

[39] In questi termini, G. Bizioli, *Il processo di integrazione dei principi tributari nel rapporto tra ordinamento costituzionale, comunitario e diritto internazionale*, cit., 207.

[40] In materia tributaria, l'attività legislativa è stata ed è tuttora spesso delegata dal Parlamento al Governo il quale – come è noto – può intervenire tramite il decreto legge, nei casi straordinari di necessità ed urgenza (art. 77 Cost.) o tramite i decreti legislativi su emanazione, da parte del Parlamento, della c.d. legge delega che è volta ad individuare la materia oggetto di disciplina, i criteri direttivi e il tempo entro il quale il Governo deve legiferare.

della produzione legislativa in materia tributaria.[41] Questa particolare modalità di legiferazione ha condotto ad abusi e deviazioni rispetto al modello designato dalla Costituzione;[42] abusi e deviazioni che hanno fortemente indebolito e marginalizzato il ruolo del Parlamento nella sua funzione legislativa in materia tributaria facendo emergere ed affermare il fenomeno della c.d. *"deparlamentarizzazione"* a vantaggio del progressivo rafforzamento dei Governi, in concomitanza al processo di integrazione europea.[43] La riserva di legge, come forma di

---

[41] In questi termini, L. Carpentieri, *La sovranità tributaria alla prova dell'Unione europea e delle spinte federaliste interne*, in A. Papa (a cura di), *Le Regioni nella* multilevel governance *europea*. *Sussidiarietà, partecipazione, prossimità*, Giappichelli, 2016, 206.

[42] Sul punto, cfr. A. FEDELE, *Appunti dalle lezioni*, cit., 89. Si pensi, per quanto riguarda il decreto legge, al suo "anomalo" ricorso anche in assenza dei presupposti di necessità ed urgenza previsti dal citato art. 77 Cost. (una prassi avallata, per lungo tempo, dalla Corte costituzionale che nelle sentenze n. 173/1987 e n. 1033/1988 ha sostenuto apertamente che "le censure di legittimità costituzionale concernenti l'asserita mancanza dei presupposti della decretazione d'urgenza sono da ritenersi superate per effetto dell'avvenuta conversione in legge") oppure ai c.d. "decreti catenaccio" utilizzati per cogliere i contribuenti di sorpresa all'atto di introdurre nuove imposte o elevare il livello di aliquote dei tributi già esistenti, evitando le contrazioni di prelievo che si sarebbero verificate se gli inasprimenti fiscali fossero stati introdotti con legge ordinaria o con decreto legislativo e fossero, dunque, stati prevedibili con largo anticipo. Tutto ciò ha prodotto una "mutazione genetica" del decreto legge rispetto all'impianto costituzionale che ha portato alla creazione di una nuova fonte di produzione del diritto "non solo concorrente ma addirittura quantitativamente prevalente rispetto alla stessa legge parlamentare (V. Celotto, *E' ormai crollato anche il requisito costituzionale della "immediata presentazione" del decreto legge alle camere per la conversione (prendendo spunto dal D.L. n. 98 del 2011)* in Rivista Associazione italiana dei Costituzionalisti, n. 3, 2011). Per quanto riguarda, invece, il decreto legislativo, si pensi alle c.d. "deleghe in bianco" perché prive dei criteri direttivi e dei principi attraverso i quali il Governo avrebbe dovuto disciplinare la materia, alla fissazione di termini troppo ampi per l'esercizio del potere legislativo delegato; o al c.d. fenomeno della delegazione permanente che ricorre in caso di esercizio reiterato del potere legislativo delegato, attraverso l'emanazione di decreti integrativi e correttivi o, ancora, al caso di " deleghe ampie" al punto di doverne desumere criteri e principi direttivi dalle legislazione precedente o addirittura dal sistema nel suo complesso (in questo senso, v. E. De Mita, *La riserva di legge tributaria nell'ordinamento italiano*, in *Dalle costituzioni nazionali alla costituzione europea. Potestà, diritti, doveri e giurisprudenza costituzionale in materia tributaria*, Atti del Convegno di Bergamo del 29-30 ottobre 1999, a cura di B. Pezzini e C. Sacchetto, Milano, 2001, 159-160. 3). Su tutti questi aspetti si è soffermata L. Carpentieri, *Prelievo eccessivo vs equità: il difficile punto di equilibrio verso sistemi fiscali moderni*, in Riv. trim. dir. trib., n. 1, 2015, 41 ss., secondo la quale il principio di legalità, pur formalmente affermato a livello costituzionale, è svuotato e svilito nella realtà da una prassi in cui le leggi tributarie sono normalmente appannaggio del Governo, il quale opera frequentemente con provvedimenti d'urgenza, spesso al di fuori di ogni prospettiva sistematica, se non sulla base di deleghe normative "in bianco" concesse dal Parlamento.

[43] In questo senso L. Carpentieri, *La sovranità tributaria alla prova dell'Unione europea e delle spinte federaliste interne*, cit., 208 afferma: "..lo stesso frammentato potere esecutivo dell'Unione europea (distribuito tra istituzioni sovranazionali, come la Commissione e le Agenzie, e istituzioni composte dai governi degli Stati membri, come il Consiglio europeo) sfugge infatti alle tradizionali forme di controllo parlamentare e di responsabilità politica, acquisendo così molta più forza".

bilanciamento dei poteri dello Stato, è perciò entrata in crisi e ciò rischia di produrre effetti negativi sulla necessaria correlazione che, nell'ottica del consenso all'imposizione, dovrebbe esistere tra il dovere contributivo solidaristico sancito dall'art. 2 Cost. e il finanziamento delle spese pubbliche e sociali.[44] Secondo il costante orientamento della giurisprudenza costituzionale,[45] il contenuto minimo della fattispecie impositiva disciplinata dalla legge (o dagli atti avente forza di legge) va individuato nei seguenti elementi fondamentali: il presupposto, inteso come atto o fatto, espressivo di forza economica, al verificarsi del quale la prestazione è dovuta; i soggetti passivi, cioè i soggetti cui quel presupposto è riconducibile; i criteri per la individuazione della base imponibile; l'aliquota[46] e i criteri di determinazione del *quantum* della prestazione. Tutti questi elementi rappresentano il nucleo comunemente condiviso ed irrinunciabile dell'imposta in quanto realizzano quel criterio di riparto delle pubbliche spese quale "valore" costituzionale tutelato ed affidato alla stessa riserva di legge. La disciplina dell'attuazione dell'imposta (accertamento e riscossione) può essere, invece, rimessa dal legislatore tributario a fonti subordinate, purché siano indicati i principi e i criteri volti a evitare l'arbitrio dell'Amministrazione e ad assicurare la congruità e la corrispondenza della capacità contributiva astrattamente colpita dalla legge con quella concretamente assoggettata al tributo. Ma vi è di più. Il vincolo della riserva di legge è stato progressivamente attenuato dalla giurisprudenza della Corte costituzionale,[47] la quale ha sostenuto che non contrasta con essa "*l'assegnazione ad organi amministrativi di compiti non solo meramente esecutivi, ma anche volti alla determinazione di elementi, presupposti o limiti, variamente individuabili, di una prestazione imponibile, in base a dati ed apprezzamenti tecnici, a condizione che siano preventivamente indicati, ed in modo sufficiente, i criteri direttivi di base, o le linee generali da seguire per delimitare la discrezionalità nella produzione di fonti secondarie della disciplina*". La Suprema Corte, in numerose sentenze, nel corso di più di un ventennio,[48] ha ritenuto

---

[44] S. Holmes, C. R. Sunstein, *Il costo dei diritti: perché la libertà dipende dalle tasse*, Il Mulino, Bologna, 2000 affermano che i diritti non solo esistono nella misura in cui l'ordinamento li riconosce, ma dipendono anche dalle risorse che l'ordinamento è disposto a devolvere al loro soddisfacimento.

[45] Corte costituzionale: sent. n. 93/1963, sentt. nn. 51 e 70/1960, 48/1961, 16/1965.

[46] In alternativa, l'indicazione del limite massimo dell'aliquota o un richiamo al fabbisogno finanziario dell'ente per gestire un determinato servizio pubblico.

[47] V sent. n. 29/1969 e, in senso conforme, sent. n. 67/1973.

[48] V sentt. nn: 26.1.1957, n. 4; 13.7.1963, n. 127; 29.3.1972, n. 56; n. 10.7.1981, n.127. Ha chiuso idealmente l'altalenante percorso giurisprudenziale sin qui ricostruito la sentenza n. 236/1994 (confermata dalla sent. 180/1996), nella quale la Corte ritiene rispettato il principio espresso

legittima la possibilità di rimettere ad atti diversi dalla legge anche l'individuazione del presupposto o dei soggetti e la quantificazione della prestazione, finendo così per svalutare il criterio dei limiti in senso stretto in ragione del suo bilanciamento col criterio del fabbisogno finanziario. Secondo la Corte Costituzionale, la garanzia del rispetto della riserva risiede, evidentemente, nella predeterminazione legislativa dei criteri direttivi di base atti a delimitare la discrezionalità dell'Amministrazione finanziaria impedendo che essa trasmodi in arbitrio. Ma, se così è, il *principio della autoimposizione* sembra destinato a perdere di significato rispetto alla riserva di legge che lo enuncia. La giurisprudenza successiva a quella passata in rassegna, pur non discostandosi dai suoi precedenti, presenta alcune sentenze che meritano di essere segnalate perché difformi rispetto quelle citate[49] in quanto affermano espressamente che la riserva relativa di legge, contenuta nell'art. 23 Cost., impone necessariamente la preventiva determinazione di *"sufficienti criteri direttivi di base e linee generali di disciplina della discrezionalità amministrativa"*. In particolare nella sentenza n. 83/2015, la Corte costituzionale ha chiarito che "se è indubbio che la riserva di legge di cui all'art. 23 della Costituzione, abbia carattere relativo, nel senso che lascia all'autorità amministrativa consistenti margini di regolazione delle fattispecie, va rilevato [...] che ciò *"non relega tuttavia la legge sullo sfondo, né può costituire giustificazione sufficiente per un rapporto con gli atti amministrativi concreti ridotto al mero richiamo formale ad un prescrizione normativa "in bianco", genericamente orientata ad un principio-valore, senza una precisazione, anche non dettagliata, dei contenuti e modi dell'azione amministrativa limitativa della sfera generale di libertà dei cittadini""*.[50] Resta il dubbio, tuttavia, che la riserva di legge, racchiusa nell'art. 23 Cost., possa considerarsi ancora idonea ad esprimere il "valore" costituzionale del consenso all'imposizione considerato soprattutto l'andamento oscillante della giurisprudenza costituzionale sulla tradizionale funzione di garanzia

---

nell'art. 23 Cost. anche "in assenza di una espressa indicazione legislativa dei criteri, limiti e controlli sufficienti a delimitare l'ambito di discrezionalità dell'amministrazione, purché gli stessi siano in qualche modo desumibili (dalla composizione o funzionamento dell'autorità competente, dalla destinazione della prestazione, dal sistema procedimentale che prevede la collaborazione di più organi) al fine di evitare arbitrii dell'amministrazione".

[49] Corte costituzionale sentt. nn.: 105/2003, 350/2007, 83/2015.

[50] Ciò ha portato alla declaratoria d'incostituzionalità di una base imponibile determinata solo tramite l'idoneità dei beni tassati a sostituire il consumo dei tabacchi lavorati (sent. n. 83/2015); come pure di una legge regionale che demandava a un provvedimento della Giunta le prestazioni dovute a fronte del rilascio dell'autorizzazione unica, senza l'indicazione, a livello primario, di alcun criterio di determinazione degli oneri (sent. n. 307/2013; casi analoghi anche in sentt. nn. 32/2012 e 22/2012).

ad essa attribuita in un sistema democratico e pluralista, come il nostro, partecipe del processo di integrazione europea.

2.2 La riserva di legge e il nuovo riparto della potestà normativa dopo la riforma del Titolo V della Costituzione: il federalismo fiscale alla prova della nuova *governance* europea

La riforma del Titolo V della Costituzione, operata con la legge costituzionale n. 3 del 2001, intendeva realizzare un deciso ampliamento dell'autonomia delle Regioni e degli enti territoriali locali. L'evoluzione verso un modello federalista rispondeva, in particolare, all'esigenza di garantire la migliore funzionalità dei pubblici poteri in relazione al crescere dei fabbisogni e delle domande dei cittadini. Il decentramento agli enti territoriali di quelle funzioni e di quei servizi che, in base al principio di sussidiarietà, potevano essere efficacemente gestiti al loro livello, rappresentava, da un lato, uno sgravio al sovraccarico per lo Stato in termini di richieste di servizi e di prestazioni da erogare e, dall'altro, l'occasione per soddisfare le diffuse istanze degli enti locali di acquisizione autonoma delle risorse necessarie a finanziare i nuovi compiti. A seguito di tale riforma, Stato, Regioni ed enti locali hanno visto riconosciuta, nell'art. 114 Cost., la loro autonomia e la loro equiordinazione (che non è, tuttavia, equiparazione)[51] secondo un nuovo modello, più spiccatamente autonomista e pluralista basato sulla concertazione e collaborazione normativa a più livelli infra-nazionali e non solo Stato unione europea (livello comunitario). Un modello che avrebbe dovuto costituire uno strumento di garanzia delle libertà civili e politiche nonché di responsabilizzazione delle istituzioni territoriali nel reperimento delle entrate e così disporre di risorse finanziarie da

---

[51] Lo precisa la Corte costituzionale nella sent. n. 274/2003 affermando che "basti considerare che solo allo Stato spetta il potere di revisione costituzionale e che i Comuni, le Città metropolitane e le Province (diverse da quelle autonome) non hanno potestà legislativa". Dunque, anche nel nuovo assetto costituzionale scaturito dalla riforma, *allo Stato* è pur sempre riservata, nell'ordinamento generale della Repubblica, una *posizione peculiare*, desumibile non solo dalla proclamazione di principio di cui all'art. 5 della Costituzione, ma anche dalla ripetuta evocazione di un'istanza unitaria, manifestata dal richiamo al rispetto della Costituzione, nonché dei vincoli derivanti dall'ordinamento comunitario e dagli obblighi internazionali, come limiti di tutte le potestà legislative (art. 117, comma 1), e dal riconoscimento, infine, dell'esigenza di tutelare l'unità giuridica ed economica" dell'ordinamento stesso (art. 120, comma 2): una istanza, quest'ultima, che "postula, necessariamente, che nel sistema esista un soggetto – lo Stato, appunto – avente il compito di assicurarne il pieno soddisfacimento".

impiegare per soddisfare, in applicazione del principio di sussidiarietà, le esigenza della collettività.[52] A tal fine, il nuovo art. 117 della Costituzione ha messo sullo stesso piano Stato e Regioni quanto a titolarità della funzione legislativa: legge statale e legge regionale sono, dunque, oggi in termine di legge, in una posizione di piena parità giuridica o equiordinazione e costituiscono entrambi modalità di pieno esercizio della potestà legislativa, con i soli limiti del rispetto della Costituzione e dei vincoli derivanti dall'ordinamento comunitario e dagli obblighi internazionali (art. 117 Cost., comma 1). Sotto il profilo del riparto delle competenze si è, in particolare, assistito ad un simbolico rovesciamento dei criteri di riparto con slittamento di alcune materie già dello Stato verso le Regioni. Il citato art. 117 Cost. ha previsto, in particolare, che la competenza esclusiva dello Stato è circoscritta alle materie indicate dal secondo comma (tra le quali spicca "il sistema tributario e contabile dello Stato") e alla determinazione dei "principi fondamentali" (cioè di principi, stabili ed univoci, in qualche modo legati alla tutela dell'unità dell'ordinamento e ricavabili da parametri costituzionali) nelle materie di cui al successivo terzo comma, compresa la materia del "coordinamento della finanza pubblica e del sistema tributario". Nel quarto comma, lo stesso art. 117 ha conferito alla Regioni sia una potestà legislativa "primaria", di carattere residuale, non condizionata dai "principi fondamentali", per tutte le materie non espressamente imputate alla legislazione dello Stato, sia una potestà legislativa "concorrente" o "ripartita", in tutte le materie del terzo comma, che trova il suo unico limite nei "principi fondamentali" fissati dalle leggi dello Stato. Di qui la constatazione di parte della dottrina[53] che dalla riforma del Titolo V emergerebbe un ordinamento fondato su due sistemi tributari "primari"

---

[52] In particolare, l'intento era quello di passare da un sistema accentrato di finanza derivata in cui è lo Stato a decidere quali e quanti tributi riscuotere e quante risorse attribuire alle Regioni e agli enti locali territoriali, i quali potevano liberamente decidere il livello di spesa da sostenere in funzione dei servizi pubblici da erogare. Al contrario, nel nuovo modello organizzativo, il federalismo – coniugato con le politiche di perequazione volte a garantire livelli minimi di uguaglianza ai cittadini ovunque risiedano nonché di impostare le relazioni tra centro e periferia sul modello di tipo triangolare (Stato-Regioni; Stato-enti locali) – doveva consentire la realizzazione del principio di autonomia finanziaria delle Regioni e degli enti locali (basato sulla coincidenza della titolarità del potere di spesa e del potere impositivo così da realizzare un circolo virtuoso di autonomia e responsabilità del prelievo come della spesa) e il principio di solidarietà volto a garantire l'uguaglianza sostanziale dei residenti nei diversi territori.

[53] F. Gallo, *Prime osservazioni sul nuovo art. 119 Cost*, in Rass. trib., n., 2, 2002, 585 ss.; Id., *Federalismo fiscale e ripartizione delle basi imponibili tra Stato, Regioni e enti locali*, in Rass. trib. n. 6, 2002, 2007 ss; Id., *Ancora in tema di autonomia delle Regioni e degli altri enti locali nel nuovo Titolo V*, in Rass trib., n. 4, 2005, 1033; L. Perrone, *La sovranità impositiva tra autonomia e federalismo*, in Riv. dir. trib., I, 2004, 1173 ss.

(quello statale e quello regionale) e da un sistema tributario "secondario" quello locale da inscrivere nel sistema regionale. In questo nuovo contesto costituzionale sono, quindi, da superare quelle interpretazioni dell'art. 23 che hanno inteso la riserva di legge in materia di prestazioni imposte esclusivamente come riserva di legge statale. Tale riserva, infatti, è ora da ritenersi estesa anche alla legge della Regione, in considerazione della attribuzione ad essa della legislazione esclusiva in tema di tributi regionali e locali e della sua formale equiordinazione con la legge statale: come sussiste, ai sensi dell'art. 23, una riserva di legge statale per i tributi statali, sussiste, ai sensi dello stesso articolo e dell'art. 117, quarto comma, una riserva di legge regionale per i tributi regionali e per quelli degli altri enti locali. Questi ultimi avrebbero un'autonomia normativa tributaria garantita dall' art. 119 Cost. il quale, nel riconoscere espressamente alle Regioni e agli enti locali "autonomia finanziaria di entrata e di spesa", riconosce altresì anche autonomia tributaria e impositiva e cioè il potere di "stabilire e applicare tributi e entrate propri" ma sulla base di "principi di coordinamento della finanza pubblica e del sistema tributario" (richiamati anche dall'art. 117, comma 3, Cost. e successivamente fissati dalla L. n. 42/2009).[54] Dall'applicazione coordinata degli artt. 117, 119 e 23 della Costituzione dovrebbe, dunque, conseguire che il tributo locale è il risultato dell'esercizio di una potestà legislativa "esclusiva", ma non "assoluta", della Regione. Questa infatti, da un lato, fissa l'ambito di autonomia entro cui l'ente locale può esercitare liberamente il suo potere normativo di autodeterminazione del tributo e, dall'altro, nel determinare tale limite recepisce i principi fondamentali fissati dalla legge statale in materia di coordinamento del sistema tributario (art. 117, terzo comma). L'esclusività della potestà legislativa regionale vale solo nei confronti dello Stato, nel senso che non è ammessa l'intrusione della legge statale nella disciplina del tributo locale se non ai fini del coordinamento secondo i "principi fondamentali". Rispetto all'ente locale l'esclusività è invece "corretta", in primo luogo,

---

[54] L. Carpentieri, *La sovranità tributaria alla prova dell'Unione europea e delle spinte federaliste interne*, cit., 206 afferma: "Questi principi di coordinamento (richiamati anche dall'art. 117, 3º comma, Cost.), pur non rappresentando dei veri e propri *controlimiti*, termine che identifica principi insuperabili, avrebbero dovuto consentire allo Stato, quale garante della libertà repubblicana e dell'unità giuridica ed economica dell'ordinamento, di intervenire nella materia tributaria attribuita alla competenza esclusiva delle Regioni, evitando l'indebita espansione della potestà legislativa tributaria delle stesse, forse anche nella consapevolezza della struttura personale e nazionale del sistema tributario derivante dall'articolo 53, Cost.; tuttavia, il vuoto normativo seguito alla riforma del Titolo V e la rigida posizione assunta dalla Corte costituzionale nella gestione di questo vuoto hanno di fatto contribuito, unitamente ai fattori esogeni ed endogeni che vedremo, all'"implosione" del nostro federalismo fiscale.

dalla "relatività" della riserva di legge impressa alla legge regionale dall'art. 23 Cost. (relatività che consente alla Regione di fissare la base legislativa del tributo locale, ma non necessariamente di dettarne la disciplina integrale) e, in secondo luogo, dalla autonomia tributaria espressamente accordata all'ente locale dall'art. 119, comma 1 e 2, la quale, a conferma del carattere relativo della legge regionale, dovrebbe vietare alla Regione di sottrarre del tutto la fissazione degli elementi essenziali del tributo al potere normativo dell'ente locale (e, a maggior ragione, dovrebbe vietarle di imporre l'istituzione del tributo stesso). Tuttavia, a questa tesi[55] che rischia di ridurre la riserva di legge a una sorta di autorizzazione legislativa, si contrappone chi[56] ritiene che alla citata equiordinazione tra Stato, Regioni ed enti locali disposta dal citato art. 119 Cost., non abbia fatto seguito l'effettivo riconoscimento alle Regioni e agli enti locali di un autonomo potere impositivo tenuto conto, da un lato, che la potestà normativa delle Regioni ha come *controlimite* i principi fondamentali dello Stato in materia di coordinamento della finanza pubblica e del sistema tributario e, dall'altro, che gli altri enti locali possono solo emanare atti normativi di natura regolamentare volti a completare la disciplina del tributo locale dettata, nei suoi elementi essenziali (soggetti passivi, presupposto, criteri di determinazione della base imponibile), con legge regionale.[57] In questa prospettiva, il riparto delle competenze normative in materia tributaria delineato dal nuovo Titolo V della Costituzione finisce, dunque, per avere un andamento "circolare": la potestà normativa tributaria, dapprima decentrata per effetto degli artt. 117 e 119 Cost., tornerebbe ad accentrarsi per effetto del coordinamento statale, ritenuto indispensabile per la realizzazione di un sistema tributario conforme alle esigenze

---

[55] F. Gallo, *Prime osservazioni sul nuovo art. 119 Cost*, cit., 590.

[56] A. Amatucci, *L'ordinamento giuridico della finanza pubblica*, Jovene, 2004, 77 ss.

[57] V. Ceriani *Federalismo, Perequazione e tributi: dalle riforme degli anni Novanta al nuovo Titolo V*, in F. Bassanini – G. Maciotta (a cura di) *L'attuazione del federalismo fiscale. Una proposta*, Quaderni di Astrid, il Mulino, Bologna, 2003, 139 afferma: "In sostanza, il nuovo dettato costituzionale prevede un assetto, in verità un po' complesso e macchinoso, in cui la legge di coordinamento fissa i principi fondamentali per i tributi locali, le Regioni legiferano in materia e predispongono la cornice entro la quale gli Enti locali effettuano in concreto le loro scelte. L'esigenza del coordinamento in materia tributaria è evidente. L'autonomia dei diversi livelli di governo va contemperata con i cosiddetti "diritti dei contribuenti", cioè con la necessità di costruire un sistema impositivo che sia improntato alla chiarezza, alla semplicità e alla gestibilità, che non imponga oneri di adempimento eccessivi. Lo testimonia il diffuso apprezzamento per le iniziative attuate negli ultimi anni in questa direzione (semplificazione del sistema e della legislazione, istituzione dello "statuto del contribuente", dichiarazioni e versamenti unificati, compensazioni tra imposte diverse, regionali e erariali, ecc.).

redistributive postulate dall'art. 53 Cost.; dunque, le nuove autonomie normative degli enti locali tornerebbero ad essere delimitate ed arginate dalla necessità che il sistema tributario sia unico ed unitario. Tanto è vero che, per alcuni, il sistema tributario statale si è *"astutamente"* autoconservato (impedendo esso stesso il federalismo) in attesa di essere modificato da altre norme statali che delimitassero l'ambito della competenza legislativa regionale.[58]

Ma vi è di più. Di fronte all'inerzia del legislatore nella individuazione dei principi di coordinamento della finanza pubblica e del sistema tributario e tenuto conto del tentativo delle Regioni di rivendicare l'immediata applicazione della riforma degli artt. 117 e 119 Cost., la Corte costituzionale, nelle pronunce destinate a dare attuazione al Titolo V della Costituzione, ha finito per confermare l'immutata persistenza e valenza dell'art. 23 della Cost. affermando che è precluso, al legislatore regionale, ogni intervento sulla disciplina dei tributi già previsti da legge statale anche se riferiti a materie affidate alla loro competenza legislativa residuale.[59] L'unico spazio riconosciuto alla Regioni diventerebbe, dunque, quello dell'istituzione di tributi "propri" purché su presupposti diversi da quelli già assoggettati ad imposizione erariale e limitatamente alle materie affidate alla loro competenza legislativa esclusiva, pena la realizzazione di un federalismo competitivo e poco perequativo.[60] La situazione non è cambiata con l'emanazione della legge delega n. 42 del 2009 in attuazione del Titolo V Cost. : lo Stato è rimasto *dominus* dell'istituzione dei tributi degli enti locali e delle Regioni (private, così, di fatto, di una effettiva autonomia tributaria): la legge n. 42 ha sì attribuito alle Regioni il potere di stabilire tributi propri, ma ha

---

[58] Così, L. Carpentieri, *Le fonti del diritto tributario*, in A. Fantozzi (a cura di), *Diritto tributario*, cit, 155.

[59] Cfr. Corte costituzionale sent. n. 37 del 2004, la cui impostazione è stata confermata anche dalle successive sentenze. In questa sentenza, la Consulta aveva chiaramente affermato che nella fase transitoria e in assenza della emanazione della legge statale di coordinamento della finanza pubblica, non vi sarebbe stata alcuna possibilità, per le Regioni, di intervenire istituendo nuovi tributi e che anche a regime avrebbe dovuto essere pur sempre lo Stato ad individuare limiti e spazi entro i quali avrebbe dovuto esplicarsi l'autonomia tributaria regionale: sia fissando "i principi cui i legislatori regionali dovranno attenersi" sia determinando "le grandi linee dell'intero sistema tributario" e "gli spazi e i miti entro i quali potrà esplicarsi la potestà impositiva, rispettivamente, di Stato, regioni ed enti locali".

[60] Cfr. Corte costituzionale sentenza n. 102/2008. Alle Regioni a statuto speciale (e, in particolare alla Regione Sardegna) la Corte Costituzionale ha invece riconosciuto maggiore autonomia escludendo che ai tributi propri si applichino i limiti di cui agli artt. 117 e 119 Cost se e in quanto maggiormente penalizzanti rispetto alle norme statutarie e, in particolare, che a tali Regioni sia precluso istituire e disciplinare tributi aventi lo stesso presupposto dei tributi statali.

lasciato loro, in concreto, spazi di intervento limitati, ove si consideri che ha esplicitamente escluso "ogni doppia imposizione sul medesimo presupposto, salvo le addizionali previste dalla legge statale o regionale" (art. 2. 2º co., lett. o) e ha vietato interventi sulle basi imponibili e sulle aliquote dei tributi che non siano del proprio livello di governo. Dunque, oltre al potere di istituire tributi propri sugli improbabili presupposti che non costituiscano già oggetto dell'imposizione statale, le Regioni possono solo intervenire sui tributi propri derivati (istituiti con legge dello Stato), fissandone le aliquote, tra il minimo e il massimo previsti dalla legge statale, e prevedendo esenzioni, detrazioni e deduzioni nei medesimi limiti fissati dalla legislazione statale. In questo scenario, l'autonomia tributaria delle Regioni a statuto ordinario sconta, dunque, limiti importanti: lo Stato mantiene il potere di decidere l'istituzione dei principali tributi, come il livello di tassazione; la pressione fiscale degli enti substatali resta eterodeterminata e non si crea un effettivo collegamento tra responsabilità di tassazione e responsabilità di spesa.[61] Per la scelta dei presupposti dei tributi regionali e locali è prevista una "tendenziale correlazione tra prelievo fiscale e beneficio connesso alle funzioni esercitate sul territorio in modo da favorire la corrispondenza tra responsabilità finanziaria e amministrativa; continenza e responsabilità nell'imposizione di tributi propri".[62] Ad erodere ulteriormente l'autonomia tributaria degli enti territoriali ha contribuito, da un lato, la pesante recessione economico-finanziaria che ha determinato un cambio di rotta nel percorso dell'attuazione del federalismo, posto che il governo centrale, soprattutto in una fase di crisi, non ha inteso cedere poteri e risorse, nonostante le indicazioni della Costituzione, ma ha, al contrario imposto politiche di natura centralista[63] e, dall'altro, i condizionamenti provenienti dal processo di integrazione europea e riguardanti, in particolare, l'introduzione per ogni Stato membro

---

[61] Così, L. Carpentieri, *La sovranità tributaria alla prova dell'Unione europea e delle spinte federaliste interne*, cit., 222. Si veda pure A. Di Pietro, *Federalismo fiscale e nuova governance europea*, in AA.VV., *Governo della finanza pubblica e federalismo fiscale*, Cacucci, Bari, 2012, 119 ss.

[62] Art. 2, comma 2, lett. p) della legge n. 42 del 2009.

[63] In dottrina, v. F. Bassanini, *Una riforma difficile (ma necessaria): il federalismo fiscale alla prova della sua attuazione*, in www.astrid.it, secondo cui la congiuntura della crisi economica dovrebbe esaltare, anziché indebolire, le ragioni del federalismo fiscale, posto che quest'ultimo mira a rafforzare la responsabilità delle autonomie territoriali nella gestione dei propri bilanci, sullo sfondo di una ripartizione delle risorse pubbliche tra diversi livelli di governo ispirata a principi di equità.

della regola del pareggio del bilancio nei propri ordinamenti, quale espressione della nuova *governance* europea.[64]

3 Il principio di capacità contributiva: la funzione solidaristica e quella garantista dell'art. 53 Cost

Durante i lavori preparatori della Costituzione Repubblicana, in aggiunta al limite formale della riserva di legge, fu introdotto un limite sostanziale al potere impositivo dello Stato espresso dalla "capacità contributiva" del soggetto passivo: una formula nuova pensata in sede di Assemblea costituente volta ad escludere ogni relazione di corrispettività tra obbligazione tributaria e prestazione di servizi pubblici indivisibili[65] nonché ogni forma di imposizione volta superare il limite minimo al sacrificio personale del singolo (c.d. "minimo vitale"). Nel nuovo contesto ordinamentale, si afferma l'esigenza di collegare la capacità contributiva al dovere tributario, sancito dall'art. 2 Cost., cioè

---

[64] Di fronte alla crisi finanziaria dell'eurozona, tenuto conto delle incertezze sulle prospettive della moneta unica, l'Unione Europea è intervenuta, con misure di austerità fiscale, sulle politiche economiche e finanziarie degli Stati membri, introducendo nuove e più stringenti regole di bilancio allo scopo di garantire, in attuazione del principio delle finanze pubbliche sane, la stabilità e la sostenibilità dei bilanci nazionali. Tanto è vero che il Patto di stabilità e di crescita, già emendato nel 2005, è stato modificato ed integrato con le disposizioni, prima, del *Six pack* e, poi, del *Two pack* avuto riguardo soprattutto all'esigenza di rendere più incisiva la sorveglianza delle istituzioni UE sui bilanci statali, sugli squilibri macroeconomici e sui *deficit* eccessivi. In concomitanza con l'approvazione del *Six pack*, il Consiglio europeo ha stabilito l'entrata in vigore del Trattato sulla stabilità, sul coordinamento e sulla *governance* nell'Unione economica e monetaria (c.d. *Fiscal compact*) il quale disciplina, per mezzo di norme pattizie concordate a livello intergovernativo, il c.d. "patto di bilancio" concluso tra gli Stati dell'Unione Europea. Il *Fiscal compact* è un accordo di diritto internazionale che, pur collocandosi al di fuori del diritto dell'Unione, risulta, tuttavia, connesso a quest'ultimo perché riprende, sostanzialmente, le disposizioni contenute nel *Six pack*. Le poche ma rilevanti novità riguardano, in particolare, l'obbligo di introdurre negli ordinamenti statali, preferibilmente con disposizioni aventi natura costituzionale, il vincolo del pareggio di bilancio, l'irrigidimento del parametro del rapporto tra *deficit* e PIL nonché la previsione di sanzioni automatiche per lo Stato il cui *deficit* pubblico ecceda la soglia del 3% rispetto al PIL. Per un approfondimento v. D. Conte, *La nuova governance economica europea e la costituzionalizzazione del pareggio di bilancio: il Parlamento nazionale tra partecipazione al funzionamento dell'Unione Europea e spinte autonomistiche*, in A. Papa (a cura di), *Le Regioni nella multilevel governance europea. Sussidiarietà, partecipazione, prossimità*, Giappichelli, Torino, 2016, 239 ss.

[65] E' appena il caso di ricordare che, negli ordinamenti liberali ottocenteschi, si era affermata la concezione secondo la quale le prestazioni imposte dai pubblici poteri erano accettabili ed ammissibili nella misura in cui potevano essere percepite in una logica commutativa o corrispettiva. In altri termini, il tributo doveva collegarsi ad un beneficio che lo Stato offriva ai privati a tutela della loro sfera giuridica che era rappresentata prevalentemente da diritti proprietari e da un patrimonio. Per un approfondimento, v. P. Boria, *L'interesse fiscale*, cit., 59.

al dovere inderogabile dei singoli consociati di contribuire ai carichi pubblici solo perché appartenenti ad una comunità organizzata.[66] Si rafforza, altresì, la convinzione, nella giurisprudenza costituzionale,[67] che l'imposizione tributaria non possa prescindere da un indice certo ed effettivo di ricchezza, espressione di capacità contributiva.[68] La capacità contributiva, intesa come fondamento e limite della contribuzione, trova la sua codificazione nell'art. 53 Cost,, norma "cardine" del sistema tributario, che, al primo comma, recita: *"Tutti devono concorrere alle spese dello Stato in ragione della propria capacità contributiva"*; e al secondo: *"Il sistema è improntato a criteri di progressività"*. L'art. 53 è inserito nel titolo IV dedicato ai "rapporti politici" in quanto la capacità contributiva rappresenta, anzitutto, un criterio ordinatorio dei rapporti tra consociati e tra consociati e Stato. Come è noto, l'antecedente storico dell'art. 53 Cost. va individuato nell'art. 25 dello Statuto Albertino che stabiliva: *"Essi contribuiscono indistintamente, nella proporzione dei loro averi, ai carichi pubblici"*, dove "essi" si riferiva ai regnicoli (oggi si direbbe ai cittadini). Questa formula evidenziava chiaramente una matrice illuministica caratterizzata da una soggezione dell'individuo nei confronti dello Stato; sicché il "dovere" tributario non poteva declinarsi ed intendersi che come dovere di soggezione, seppure corretto dall'elemento del consenso all'imposizione.[69] Tale impostazione esce radicalmente trasformata dai lavori dell'Assemblea costituente durante i quali, come già precisato, il "dovere" tributario finisce per comportare,

---

[66] Il dovere tributario si qualifica così come dovere etico strettamente connesso ad una visione della cosa pubblica come cosa di tutti. In questa prospettiva, N. Irti, *Concetto giuridico di mercato e dovere di solidarietà*, in Riv. dir. civ., n. 2, 1997, 189 afferma: "Lo Stato si fa solidale nelle forme e nei modi dello Stato fiscale", ma proprio da tale circostanza si deduce che "il dovere di solidarietà economica e sociale non riguarda il singolo nella sua particolarità ma il singolo come cittadino tenuto ad eseguire le prestazioni tributarie, stabilite dalla legge". Sulla dialettica tra etica e fisco, v. C.SACCHETTO- A.DAGNINO C.: *Analisi etica delle norme tributarie – Ethical Analysis of Tax Law* in Rivista trimestrale di diritto tributario. 2013. p.618: C. SACCHETTO, *Riflessioni su etica e fisco rileggendo alcune pagine di Klaus Tipke*, in Sudi in onore di E. De Mita, Napoli, 2012, 831. G. Marongiu, *La concezione etica del tributo*; F. Moschetti, *Etica del tributo ed etica del potere fiscale nell'art. 53 Cost,*; G. Muraro, *L'etica della spesa pubblica*, tutti in Etica fiscale e Fisco etico, in Neotera, ANTI, n. 2, 2015, pp. 8 ss., pp. 20 ss. e pp. 55 ss. V. pure F. Moschetti, *"Interesse fiscale" e "Ragioni del Fisco" nel prisma della capacità contributiva, in:* Beghin, F. Moschetti, R. Schiavolin, L. Tosi, G. Zizzo (a cura di), Studi in onore di G. Falsitta, Cedam, padova, 158.

[67] Corte cost. sent. n. 109/1967.

[68] Per approfondimenti v. Moschetti, F., *Capacità contributiva*, in Enc. giur. Treccani, Roma, 1988, 2; Falsitta, G., *Storia veridica, in base ai "lavori preparatori", della inclusione del principio di capacità contributiva nella Costituzione*, in Riv. dir. trib., 2009, I, 97 ss.

[69] L. Antonini, *Dovere, tributario, interesse fiscale e diritti costituzionali*, Milano, Giuffrè, 1996, 149.

in maniera assolutamente neutrale, il concorso alle spese pubbliche di tutti coloro che appartengono alla comunità mentre la specifica indicazione della regola della progressività del sistema tributario, sostitutiva della proporzionalità a cui faceva riferimento il citato art. 25, fa si che il dovere solidaristico finisca per garantire la redistribuzione delle risorse rendendo, in tal modo, il sistema tributario equo.[70] In altri termini, il carattere distintivo della doverosità fiscale non è più nell'autorità dello Stato impositore ma nell'esigenza di una distribuzione tra tutti i consociati degli oneri che discendono dall'interesse comune a partecipare alla collettività. Il dovere di contribuire rappresenta, dunque, un dovere inderogabile di natura politica, economica e sociale *ex* art. 2 Cost. da parte dei soggetti individuati dalle singole leggi di imposta, senza alcuna relazione con i vantaggi del singolo come si evidenzia anche dall'uso del termine "*concorso*" che serve a scartare le tesi più risalenti volte a conferire una funzione corrispettiva ai tributi.[71] Due, quindi, sono i valori sottesi all'art. 53 Cost: la capacità contributiva come metro di giustizia in base al quale dare attuazione al criterio di riparto dei carichi fiscali tra gli appartenenti alla stessa comunità; e l'interesse fiscale, qualificabile come l'interesse della comunità generale di reperire le risorse necessarie per le finalità pubbliche. In questa prospettiva, il principio della capacità contributiva rappresenta il punto di equilibrio tra il principio di tutela della persona e quello di tutela dell'interesse collettivo: se, da un lato, tale principio è presupposto del dovere di solidarietà, dall'altro, lo stesso principio garantisce l'individuo evitando che le esigenze tributarie prevalgano a prescindere dall'effettiva idoneità del soggetto all'obbligazione d'imposta. Sotto il profilo lessicale, nel primo comma dell'art. 53 oltre all'espressione "Tutti" assumono particolare rilievo le locuzioni "devono" e "capacità contributiva" sui quali è necessario soffermarsi nella prospettiva di attribuire rilevo alla c.d. "giustizia" dell'imposizione. Preso atto della correlazione fra pagamento dei tributi, quale mezzo, e il soddisfacimento delle spese pubbliche, quale fine, da una lettura sistematica dell'art. 53 Cost, emerge chiaramente che è la "persona" il perno attorno al quale ruota il nostro ordinamento democratico. In questa prospettiva, gli artt. 2 e 53 "fanno

---

[70] Parla di giustificazione "comunitaria" del dovere tributario che si fonda sul legame che la Costituzione italiana presuppone esistere tra persona e comunità, C. Buzzacchi, *La solidarietà tributaria*, Giuffrè, Milano, 2011, 9.

[71] Mi sia consentito rinviare, per un'analisi sia dell'ordinamento interno che di quello internazionale, alla mia *Introduzione* al Cap II "La capacità contributiva nella dimensione internazionale" in L. Salvini e G. Melis, *L'evoluzione del sistema fiscale e il principio di capacità contributiva*", Cedam, 2014, 133 ss.

sistema" con l'art. 23 Cost in quanto il primato della persona richiede che le "prestazioni personali e patrimoniali imposte" vengano imposte dal Parlamento con legge, espressione del consenso popolare, e non già – come spesso è accaduto – con autoreferenziali decisioni dell'Esecutivo, quali manifestazioni di un consenso solo formale. Ma non basta. Il principio di capacità contributiva funziona anche da limite contro interpretazioni "libere" del Parlamento. Un misuratore indicativo di quanto qui si afferma ci sembra rappresentato dal numero di violazioni, da parte del Parlamento, dello Statuto del contribuente di cui pochi hanno compreso realmente la portata innovativa e garantista. Il collegamento tra il principio della riserva di legge, il principio di capacità contributiva, e quello di solidarietà fiscale, da un lato, ed il principio di uguaglianza, disciplinato dall'art. 3 Cost., dall'altro, è, come noto, imposto dall'esigenza di garantire la c.d. "giustizia" nell'imposizione: se sono le "capacità" di ciascuno la fonte dei doveri, questi ultimi devono essere distribuiti non secondo una "riaggiornata, astratta e autoreferenziale scelta dello Stato, *sub specie* ora di "spese pubbliche" redistributive, ma secondo le specifiche ed effettive capacità di ciascuno".[72] Da un lato, infatti, la capacità contributiva esprime una naturale funzione di garanzia per i contribuenti e di limite all'esercizio della discrezionalità legislativa; dall'altro la stessa capacità contributiva ha il compito, attraverso la individuazione da parte del legislatore dei criteri di riparto in base ai quali determinare il concorso di ciascuno alla spesa pubblica, di dare vita ad un ordinamento tributario in cui le diverse imposte siano tra loro coordinate in una logica di sistema che finisce per garantire effettività allo stesso principio. Il cittadino/contribuente diventa, dunque, protagonista solo se non è considerato "mezzo" rispetto al fine pubblico di reperire risorse per lo Stato; diversamente, ri-emergerebbe una visione del rapporto tra Fisco e contribuente che sarebbe anacronistica perché ispirata dal primato dell'interesse fiscale, quale premessa del c.d. "fisco confiscatorio". In definitiva, l'art. 53 fonda un criterio di riparto delle spese pubbliche secondo un criterio di uguaglianza e costituendo il dovere di tutti, costituisce anche il limite del concorso in senso garantista.[73] Ma vi è di più. La capacità contributiva,

---

[72] Così, F. Moschetti, *"Interesse fiscale" e "Ragioni del Fisco" nel prisma della capacità contributiva,* cit., 163.

[73] Mi persuade molto in questa prospettiva, la tesi della Corte Costituzionale tedesca che, nell'affrontare, il limite quantitativo della tassazione lo fissa orientativamente fino al 50%. M più che il parametro quantitativo, che resta sempre relativo, suggestivo è l'argomento sottostante e cioè che la proprietà provata "concorre" insieme alle risorse pubbliche tra cui i tributi, al raggiungimento dei fini pubblici e del bene comune ed io aggiungo che il limite

nel tempo, si è diversamente atteggiata verso il basso e verso l'alto alimentando un acceso dibattito sui limiti all'imposizione e sulla crisi della progressività che, con riguardo all'imposta sul reddito delle persone fisiche, ha portato ad ipotizzare l'introduzione della c.d. *flat tax o imposta piatta v*ale a dire una imposta di tipo proporzionale . Ma non basta. Se si considera che il livello della pressione tributaria italiana sui tradizionali beni di natura reddituale e patrimoniale sta raggiungendo livelli insostenibili che, quindi, sul piano delle politiche fiscali, devono giocoforza ricercarsi nuovi tipi di presupposti impositivi e nuovi tipi di ricchezza meno percepibili dai singoli contribuenti "con il fine politico non solo di finanziare la crescita e lo sviluppo ma anche di tenere in piedi il già traballante Stato sociale".[74] In questa prospettiva, assume rilevanza stabilire se la capacità contributiva, richiesta dall'art. 53, primo comma, Cost. debba essere intesa come una capacità economica qualificata espressa da presupposti che non sono solo economicamente valutabili ma richiedono anche specifici elementi di patrimonialità (in tal caso la capacità contributiva è meglio definita come *ability to pay*) o se, invece, nell'interpretazione dell'art. 53 Cost ci sia spazio per definire la capacità contributiva in un'ottica meramente distributiva in cui il soggetto passivo d'imposta è scelto in relazione a fatti ed atti che non dimostrano necessariamente una forza economica a contenuto patrimoniale e in cui il raggiungimento dell'obiettivo della "giusta imposta" è affidato al solo rispetto del principio di ragionevolezza previsto dall'art. 3 Cost. e, dunque, ad una nozione di capacità contributiva "*aggiornata e al passo coi tempi*" intesa come mero criterio di riparto dei carichi pubblici a titolo di concorso alle pubbliche spese.[75]

---

quantitativo vale più in generale anche come garanzia del sistema di economia mista tipica dei paesi occidentali moderni per l'ovvia considerazione che se non c'è l'economia privata non ha senso neppure pretendere un dovere di tassazione olil "concorso", come avviene, o è avvenuto, nei paesi di dittatura socialista ad economia pianificata. Per un approfondimento, sia consentito rinviare al mio *Introduzione*, cit., 138 s.

[74] In questi termini, F. Gallo, *L'evoluzione del sistema tributario ed il principio di capacità contributiva* in L. Salvini e G. Melis, *L'evoluzione del sistema fiscale e il principio di capacità contributiva"*, Cedam, 2014, 5.

[75] Sul punto v. F. Gallo, *L'evoluzione del sistema fiscale e il principio di capacità contributiva*, in L. Salvini – G. Melis, *L'evoluzione del sistema fiscale ed il principio di capacità contributiva*, Cedam, 2014, 4 s. il quale ha messo in evidenza che la scelta di nuovi presupposti impositivi e nuovi tipi di ricchezza meno percepibili dai singoli contribuenti è imposta dall'elevato livello di pressione fiscale sui tradizionali beni di natura reddituale e patrimoniale al fine di finanziare la crescita e lo sviluppo ma soprattutto di sostenere i costi dello Stato sociale.

4 Il diritto alla "giusta" imposta: considerazioni conclusive

Rispetto alla tradizionale nozione di capacità contributiva, intesa quale espressione di un prelievo tributario che ha la propria causa giustificatrice in indici concretamente rivelatori di ricchezza,[76] sorge il dubbio che qualcosa stia cambiando in quanto, nel contesto attuale, si assiste ad un crescente indebolimento del principio di capacità contributiva che da valore assoluto e invalicabile dell'ordinamento tributario sembra degradare a mero criterio di razionalità del sistema, suscettibile di essere sacrificato rispetto ad altri valori costituzionalmente protetti.[77] Nell'attuale tendenza alla moltiplicazione di schemi di prelievo agganciati a ricchezze oggettivamente considerate, gli indici di riparto, individuati dal legislatore tributario con l'obiettivo di realizzare il giusto bilanciamento tra diritti sociali e diritti proprietari in vista del finanziamento dei primi, rischiano di essere penalizzati da un'idea di capacità contributiva che privilegia, nella tassazione, i caratteri della realtà a scapito di quelli della personalità con evidenti effetti in termini di coerenza del sistema attuale rispetto al tradizionale modello costituzionale volto a garantire un'equa distribuzione della ricchezza. E' chiaro che in questa impostazione, è assente la dimensione tributaria del concetto costituzionale di persona che si fonda sulla correlazione tra il dovere tributario e l'effettiva capacità economica per il singolo di adempire[78] e, di conseguenza, sfuma la tutela della persona assunta come entità soggettiva connessa con i suoi diritti proprietari. La nuova configurazione della capacità contributiva di cui all'art. 53, comma 1, Cost. non presuppone più l'identità strutturale tra persona e proprietà

---

[76] Cfr. F. Moschetti, "*Interesse fiscale* " e "*Ragioni del Fisco*" *nel prisma della capacità contributiva*, in Beghin, F. Moschetti, R. Schiavolin, L. Tosi, G. Zizzo (a cura di), *Studi in onore di G. Falsitta*, Cedam, Padova, 163 s.

[77] Cfr. F. Gallo, *Disuguaglianze, giustizia distributiva e funzione del tributo*, in AA. VV., *Scritti in onore di Gaetano Silvestri*, Giappichelli, 2016, 1039 ss.; Id., *L'evoluzione del sistema tributario e il principio di capacità contributiva*, in L. Salvini – G. Melis, *L'evoluzione del sistema fiscale ed il principio di capacità contributiva*, cit., 3 ss.; Id., *Ripensare il sistema fiscale in termini di maggiore equità distributiva*, in Politiche sociali, n. 2, 2014,, 221 ss.; Id., *L'Enciclopedia del diritto e l'evoluzione del diritto tributario*, in Giur. Comm., n. 3, 2009, 553 ss.; Id., *La funzione del tributo ovvero l'etica delle tasse*, in Riv. trim. dir. pubbl. n. 2, 2009, 399; Id., *I principi di diritto tributario: problemi attuali*, in Rass. trib., n. 4, 2008, 919; Id., *Le ragioni del fisco. Etica e giustizia della tassazione*, Bologna, 2011.

[78] Per una puntuale analisi della genesi dell'art. 53 Cost. in Assemblea Costituente, v. G. Falsitta, *Giustizia tributaria e tirannia fiscale*, Giuffrè, 2008, 217 ss.; Id., *Storia veridica, in base ai lavori "preparatori" della inclusione del principio di capacità contributiva nella Costituzione*, in Riv. dir. trib., 2009, I, 97 ss.

e, quindi, il contribuente può essere tassato con riferimento a fatti privi di patrimonialità in quanto, nelle società liberal-democratiche, la persona non si identifica più con l' *homo oeconomicus* (cioè con i suoi diritti proprietari) ma va, invece, considerata nella sua complessità di essere politico, sociale e morale inserito in una comunità come individuo separato dai suoi diritti proprietari e perciò idoneo a concorrere alle spese pubbliche in quanto "persona sociale" della comunità (anche) solo per le sue "capacitazioni" e "possibilità".[79] In altri termini, la capacità contributiva degrada a mera possibilità per lo Stato di soddisfare i propri bisogni anche a discapito di quelli essenziali della collettività e si corre, quindi, il rischio che il primato dell'interesse fiscale[80] finisca per sacrificare la "giustizia individuale" a favore della "giustizia collettiva" tenuto conto soprattutto dell'ampia discrezionalità del legislatore, salvo il principio di ragionevolezza, nell'individuazione degli indici di capacità contributiva.

Negli ultimi anni, gli studiosi si sono divisi tra coloro, la maggioranza, che, accogliendo la tradizionale nozione di capacità contributiva come capacità economica qualificata, la "misurano" in termini di incidenza della tassazione sulla proprietà e sono, perciò, favorevoli ad una forte limitazione della discrezionalità del legislatore tributario a garanzia della "persona" del contribuente, intesa come entità soggettiva inscindibilmente connessa con i suoi diritti proprietari;[81] e coloro che, invece, nel valorizzare la nozione di tributo in senso meramente distributivo, individuano i limiti alle scelte di riparto del legislatore nei principi di ragionevolezza, coerenza e proporzionalità (corollari del principio di uguaglianza espresso dall'art. 3, comma 1, Cost.) e nella misurabilità economica dei presupposti d'imposta. Per i sostenitori

---

[79] F. Gallo, *Ripensare il sistema fiscale in termini di maggiore equità distributiva*, cit. 11.
[80] V. P. Boria, *L'interesse fiscale*, Giappichelli, 2002, 130. Per un esame completo del pensiero di P. Boria, cfr. voce *Sistema tributario*, in Digesto disc. priv., Sez. comm, vol. XIV, Torino, 1997, 29 ss.; Id., *Commento all'art. 53 Cost.*, in R. Bifulco – A. Celotto – M. Olivetti, *Commentario alla Costituzione*, vol. I, Torino, 2006, 1055 ss.; Id., *Il bilanciamento di interesse fiscale e capacità contributiva nell'apprezzamento della Corte Costituzionle*, in L. Perrone, C. Berliri, *Diritto tributario e Corte Costituzionale*, Napoli, 2006, 57 ss. Sull'interesse fiscale, v. E. De Mita, *Interesse fiscale e tutela del contribuente: le garanzie costituzionali*, Giuffrè, 2006; L. Antonini, *Dovere tributario, interesse fiscale e diritti costituzionali*, Giuffrè, 1996.
[81] Per una critica a questa interpretazione v. F. Gallo, *L'evoluzione del sistema fiscale e il principio di capacità contributiva*, cit., 9 il quale ritiene "non del tutto soddisfacente e per certi versi contraddittorio, da una parte, accettare senza riserve la giustificazione del prelievo tributario in un'ottica distributiva e in termini di dovere sociale e di solidarietà; dall'altra, attribuire nel contempo alla capacità contributiva la funzione di limite oggettivo e indeclinabile al riparto medesimo, individuando tale limite assoluto nel solo fatto che manchi nel presupposto d'imposta la disponibilità patrimoniale sufficiente a pagare il tributo".

della tesi maggioritaria – che attribuiscono alla capacità contributiva il significato di 'capacità economica qualificata' espressa da presupposti non solo economicamente valutabili ma che richiedono anche specifici elementi di patrimonialità nel senso della necessaria identificazione del c.d. indice di potenzialità economica con una ricchezza liberamente disponibile ed appartenente al contribuente – l'obiettivo della "giusta imposta" è affidato ad una nozione di capacità contributiva intesa, in termini soggettivi, quale garanzia della persona ed, in termini oggettivi, come limite assoluto di natura patrimoniale che, quindi, vieterebbe al legislatore tributario di far concorrere alle spese pubbliche quei soggetti che, pure essendo titolari di posizioni di vantaggio economicamente valutabili, non hanno, tuttavia, la suddetta disponibilità patrimoniale perché non hanno posto in essere un presupposto che contiene in sé entità patrimoniali. Viceversa, per i sostenitori della tesi minoritaria che individuano nel primo comma dell'art. 53 un limite relativo all'imposizione e affermano che il soggetto passivo d'imposta potrebbe essere scelto in relazione a fatti ed atti che non dimostrano necessariamente una forza economica a contenuto patrimoniale, l'obiettivo della "giusta imposta" è affidato al solo rispetto del principio di ragionevolezza previsto dall'art. 3 Cost. e presupposto dall'art. 53, primo comma, Cost.[82] Secondo questa interpretazione, tra diritto inviolabile alla giusta ripartizione dei carichi pubblici e diritto alle prestazioni dello Stato sociale non v'è antinomia né gerarchia. La gerarchia del secondo con la lesione del primo è, per parte della dottrina,[83] un espediente per cancellare il diritto alla giustizia tributaria dando così ingresso al fenomeno definito "tirannia fiscale" o "imposizione espropriatrice".

La crisi finanziaria dello Stato, aggravata dai nuovi e più stringenti vincoli di bilancio imposti dalle politiche europee di contenimento del *deficit* e della spesa pubblica, ha reso fragile l'intero disegno costituzionale sul quale poggiano il dovere tributario e la capacità contributiva e, dunque, ha indebolito il tratto identitario della funzione fiscale che va individuato, come precisato, nella doverosità del concorso di ciascuno alle pubbliche spese al fine di garantire quella 'imprescindibilità del riparto' che deriva dall'inserimento dell'individuo nella comunità

---

[82] Per una puntuale sintesi del dibattito più recente su questi aspetti si rimanda a L. Salvini – G. Melis, *L'evoluzione del sistema fiscale ed il principio di capacità contributiva*, Cedam, 2014.

[83] G. Falsitta, *Giustizia tributaria e tirannia fiscale*, cit. 217 ss.; Id, *I divergenti orientamenti giurisprudenziali in Italia e in Germania sulla incostituzionalità delle imposte dirette che espropriano l'intero reddito del contribuente*, in Riv. dir. trib., 2010, I, 139 ss. Si veda pure, P. Salin, *La tirannia fiscale*, Macerata, 1996.

organizzata.[84] Tutto ciò ha messo in discussione l'impostazione funzionalista del potere tributario (che vorrebbe spese le risorse, raccolte con i tributi, esclusivamente per l'erogazione di servizi e beni pubblici ai cittadini): nel contesto attuale, le risorse finanziarie, raccolte attraverso l'imposizione e le misure contenitive della spesa pubblica, vengono impiegate per consentire allo Stato-apparato di coprire il fabbisogno di bilancio necessario a garantire l'adempimento dei propri compiti istituzionali. Il fabbisogno tributario è, dunque, utilizzato principalmente per la conservazione dello Stato come semplice macchina per l'esercizio del potere di comando;[85] sicché, "cercare in questo contesto, dove si pone quotidianamente il problema dell'equilibrio di bilancio e della

---

[84] Si intende fare riferimento alla c.d. giustificazione "comunitaria" del dovere tributario e, dunque, al legame che la Costituzione italiana presuppone esistere tra persona e comunità. Il tratto rilevante di tale dovere è da rintracciare nel concetto del 'giusto' riparto, a presidio del quale è posto il principio di capacità contributiva e il suo corollario della indisponibilità dell'obbligazione tributaria. Nella ricerca e individuazione degli indici di riparto, il legislatore è, dunque, obbligato ad assumere a presupposto soltanto fatti espressivi di capacità economica e, dunque, fatti consistenti o in denaro o in ricchezze non monetarie (beni) ma agevolmente trasformabili in denaro attraverso appropriati atti di scambio sul mercato; il legislatore è, inoltre, delegato ad "imputare" l'indice di forza economica al soggetto che ne è il "possessore". Cfr. L. Antonini, *Dovere tributario, interesse fiscale e diritti costituzionali,*, Giuffrè, 1996, 158 ss.; A. Fedele, *Dovere tributario e garanzie dell'iniziativa economica e della proprietà nella Costituzione italiana,* in B. Pezzini, C. Sacchetto (a cura di), *Il dovere di solidarietà*, Milano, 2005, 20 ss. G. Falsitta, *Natura e funzione dell'imposta con riguardo al fondamento della sua indisponibilità*, in S. La Rosa, *Autorità e consenso nel diritto tributario*, Milano, 2007 il quale ha affermato: "È solo la presenza di questo elemento (il "possesso" in senso tributario e non meramente civilistico) a tramutare l'indice di ricchezza colpito, su cui si modella il riparto, e che nella sua nuda e cruda oggettività è fatto neutrale, in indice di idoneità soggettiva alla contribuzione del singolo soggetto elevato dalla legge al rango di contribuente e incluso nella platea dei contribuenti di una stessa imposta. È una aberrazione il credere che si possa chiamare alla contribuzione un qualsiasi soggetto in forza di un indice di forza economica reale, oggettivo ma che è scompagnato dal legame "soggettivo" del "possesso" di cui si è detto con il chiamato a pagare".

[85] Osserva criticamente S. Mangiameli, *Il diritto alla giusta imposizione. La prospettiva del "costituzionalista",* in Dir. prat. trib., n. 4, 2016, 1388: "Se il fabbisogno tributario è rivolto al mantenimento dello Stato, attraverso la ricollocazione del debito pubblico e la copertura degli interessi del debito, appare evidente che non è più possibile avere risorse per i servizi pubblici e per gli investimenti e, in generale, per politiche redistributive". Come è noto, nella situazione attuale, gli Stati membri non possono agire liberamente con politiche anticicliche, per via del patto di stabilità e crescita; e, al contempo, neppure l'Unione europea ha sviluppato una politica anticiclica, per via di un quadro istituzionale che, pure in presenza della moneta unica, non ha dotato le Istituzioni dei poteri necessari per intervenire sui debiti sovrani e per dirigere la politica economica europea. V. pure C. Buzzacchi, *"Capacità contributiva" e "progressività" alla prova dell'equili-brio di bilancio,* in Osservatorio costituzionale AIC, n. 3, 2017, 3 la quale afferma: "La recente tendenza ad individuare nel ricorso ai mercati finanziari una fonte di finanziamento di carattere eccezionale e straordinario può far immaginare che si prospetti, per il futuro, un crescente affidamento sulle risorse fiscali: e ciò potrebbe costituire un fenomeno di erronea applicazione dell'art. 53 Cost., che chiede sì un concorso dei consociati alle spese pubbliche, ma all'interno di un sistema di garanzie che non deve essere forzato".

riduzione del debito pubblico, il diritto alla giusta imposta significa cercare l'ago nel pagliaio senza trovarlo, forse perché l'ago non c'è più".[86] Tuttavia, ricondurre la dimensione della capacità contributiva nel principio costituzionale di uguaglianza, inteso sotto il profilo della ragionevolezza, comporta il rischio di svincolare l'imposizione da finalità strettamente redistributive e di prevedere un prelievo a carico di ciascuno che non è più ragguagliato alla sua attitudine economica a sopportarlo ma alle spese pubbliche deliberate da coprire; in tal caso la spesa da *posterius* diventa *prius* rispetto al prelievo,[87] con evidenti effetti sulla dialettica tra giustizia nell'imposizione e tutela dell'interesse fiscale alla rapidità e certezza del prelievo.

Informação bibliográfica deste texto, conforme a NBR 6023:2018 da Associação Brasileira de Normas Técnicas (ABNT):

SACCHETTO, Claudio; CONTE, Daniela. I principi costituzionali in materia tributaria nell'ordinamento italiano: latitudine e longitudine di un modello in fieri. *In*: SARAIVA FILHO, Oswaldo Othon de Pontes; SIQUEIRA, Julio Homem de; BEDÊ JÚNIOR, Américo; FABRIZ, Daury César; SIQUEIRA, Junio Graciano Homem de; CUNHA, Ricarlos Almagro Vitoriano (Coord.). *Noções gerais e limitações formais ao poder de tributar*. Belo Horizonte: Fórum, 2021. p. 149-180. (Coleção Fórum Princípios Constitucionais Tributários – Tomo I). ISBN 978-65-5518-057-2.

---

[86] Così S. Mangiameli, *Il diritto alla giusta imposizione. La prospettiva del "costituzionalista"*, cit., 1373 ss. il quale ha affermato che la nostra politica di bilancio ha perso "più di una connessione con gli adempimenti costituzionali e sia servita soprattutto a mantenere l'apparato dello Stato centrale in modo autoreferenziale, con un deterioramento della qualità di i tutti i servizi pubblici, divisibili e indivisibili, dalla sicurezza, all'assistenza, dalla giustizia alla sanità, dalla ricerca alle tutele del lavoro". La soluzione, secondo questo Studioso, va individuata, dunque, nel contenimento della spesa pubblica in quanto, dal punto di vista costituzionale, la ricerca della 'giusta' imposta non "si situa solo nella salvaguardia delle regole di imposizione nel suo complesso ma anche in quella che soddisfa l'assolvimento dei compiti pubblici". Pertanto, se "l'efficacia e l'economicità della spesa pubblica incidono sulla determinazione di quella che si definisce la "giusta imposta", dal momento che il prelievo fiscale non rappresenta più per la pubblica amministrazione, una parte gratuita della ricchezza prodotta, messa a sua disposizione, bensì una risorsa da investire per la costruzione del reddito nazionale e l'allargamento della base imponibile, perseguendo così concretamente una politica fiscale rivolta a rendere più equo il peso delle imposte", l'unica forma di Stato sociale ormai possibile è lo Stato sociale sussidiario nel quale gli interventi pubblici non possono prescindere dalla capacità di generare sia la promozione economica e sociale, sia il ritorno della ricchezza pubblica investita.

[87] Così, G. Falsitta, *Le origini storiche dei principi di giustizia tributaria (uguaglianza e capacità contributiva) codificati negli artt. 24 e 25 dello Statuto Albertino*, in Neotera, n. 1, 2012, 26. In argomento v. pure A. Fantozzi, *Riserva di legge e nuovo riparto legge e nuovo riparto della potestà normativa in materia tributaria*, in Riv. dir. trib., 2005, 1, 3 ss., il quale afferma con forza l'essenziale funzione solidaristica e redistributiva del tributo e del sistema tributario nel suo complesso.

A PRATICABILIDADE NO DIREITO TRIBUTÁRIO MODERNO: FUNDAMENTO, CONCEITO CONSTITUCIONALMENTE ADEQUADO E FINALIDADE REDUTORA DA COMPLEXIDADE

DANIEL GIOTTI DE PAULA

1 Introdução do tema em debate: a praticabilidade

Há temas no Direito que vão se incorporando à dogmática e à prática jurídicas sem sistematização e se transformam em supertrunfos ou cláusulas de suspensão de argumentação nos debates.

Foi assim que ocorreu com a supremacia do interesse público sobre o privado, que, sem ter uma fonte constitucional clara, serviu para fundamentar uma série de atos administrativos ao alvedrio dos direitos e das garantias fundamentais, até ser mitigada ou superada por parcela da doutrina publicista.[88]

Tem sido assim, também, com a dignidade da pessoa humana, a qual, servindo para todas as situações possíveis segundo parcela da doutrina e de práticos do Direito, perde força normativa e esvanece seu valor como fonte de sistemas jurídicos de matrizes republicana, democrática e liberal-igualitária.

---

[88] BINENBOJM, Gustavo. A Constitucionalização do Direito Administrativo no Brasil: um inventário de avanços e retrocessos. In: RERE – Revista Eletrônica sobre a Reforma do Estado, Salvador, n. 13, mar./abril/maio 2008, disponível em http://www.direitodoestado.com.br/codrevista.asp?cod=262, acesso em: 30 out. 2009.

O Direito Tributário também tem seu instituto alçado à solução para todos os conflitos tributários e com estudo analítico relegado a segundo plano: a praticabilidade tributária. Alguns exemplos demonstram isso.

Como é difícil para a Administração tributar um sem-número de relações de circulação de mercadorias, como as que envolvem compras e vendas de automóveis em concessionárias, criou-se uma técnica especial de cobrança, a substituição tributária progressiva, vedando-se, inclusive, a repetição do indébito da diferença entre o fato gerador real e o fato gerador presumido, conforme era a orientação do STF, em decisão proferida na ADI nº 1.851.

Se pequenas e médias empresas não podem arcar com a tributação normal, balizada pela capacidade contributiva, invoca-se a praticabilidade tributária para se criar um regime especial e unificado de cobrança de tributos dos vários entes, a partir de competência estabelecida no art. 146, III, "d", da CR/88.

Recentemente, no bojo das discussões da ADI nº 4.697-DF, relatada pelo Ministro Edson Fachin, que considerou constitucional a delegação legislativa que autoriza a autarquias corporativas estabelecer o valor exato da anuidade, critérios de isenção profissional, regras de recuperação de créditos, parcelamento e concessão de descontos, conforme os §§1º e 2º do art. 6º da Lei nº 12.514/11, também foi invocada a praticabilidade tributária.

Afirmou-se que o mandamento tributário estaria suficiente determinado, tendo em conta as categorias da praticabilidade e da parafiscalidade, próprias das contribuições corporativas. A partir deste quadro, pergunta-se, afinal, o que é praticabilidade, qual seu fundamento e qual seu objetivo?

2 Os fundamentos tradicionais da praticabilidade tributária

Tomando como base o último julgado, recorre-se, costumeiramente, ao magistério de Misabel Derzi, para considerar praticabilidade como o "nome que se dá a todos os meios e técnicas utilizáveis com o objetivo de tornar simples e viável a execução das leis".[89]

---

[89] DERZI, Misabel de Abreu Machado. Tipo ou conceito no Direito Tributário? *In: Revista da Faculdade de Direito da UFMG*, Belo Horizonte, n. 30/31, p. 213-260, 1987/1988, p. 251.

Pode-se recorrer à doutrina de outra estudiosa do tema, professora Regina Helena Costa, para quem a praticabilidade é um princípio implícito no ordenamento jurídico brasileiro, decorrente, inclusive, da supremacia do interesse público sobre o privado, mas que antes de tudo consubstancia uma categoria lógico-jurídica, sendo uma exigência do senso comum que haja expedientes para adequar a execução das leis.[90]

As duas autoras, em suas obras, também procuram enunciar quais seriam os expedientes de praticabilidade, que abrangeriam institutos e categorias jurídicas criados a partir de presunções, ficções legais e quantificações estabelecidas em lei, tais como as pautas fiscais, o lucro presumido, o fato gerador pressuposto ou presumido na substituição tributária progressiva, a lista de serviços da LC nº 116/03, os preços de transferência etc.

Ademais, mencionam-se como decorrências da praticabilidade institutos consolidados no Brasil, tal qual o lançamento por homologação, ou institutos em via de serem implementados, tais quais meios alternativos ou adequados de solução de conflitos tributários.

Esses conceitos de praticabilidade podem ser aprimorados caso se tente estabelecer quais as finalidades do instituto, além de se procurar um objeto comum que permita ser seu traço distintivo na realidade jurídico-tributária. De certa forma, os planos semântico, sintático e pragmático precisam ser aproximados para se chegar a esse novo conceito.

Em minha tese de doutorado,[91] empreendi esse esforço e considerei que a praticabilidade, que já pode ser considerada presente no esforço de racionalização de sistemas tributários enunciados nas quatro máximas da tributação de Adam Smith e de alguns outros estudiosos de finanças públicas e juristas, envolve uma dimensão coletiva de se buscar uma tributação que, de fato, abranja o maior número possível de contribuintes e relações jurídicas.

Sendo certo que Adam Smith empreenda esforços que podem ser considerados como uma tentativa de conjugar as dimensões individual e coletiva em busca da legitimação da tributação, Ricardo Lobo Torres, um de nossos homenageados, embora se reconheça com uma preocupação mais focada em como chegar a um modelo em que o ônus tributário seja aceito pelo contribuinte, enuncia também suas máximas, que considera,

---

[90] COSTA, Regina Helena. *Praticabilidade e Justiça Tributária*: Exequibilidade de Lei Tributária e Direitos do Contribuinte. São Paulo: Malheiros, 2007, p. 53-54.
[91] Ver PAULA, Daniel Giotti de. *A Praticabilidade no Direito Tributário*: controle jurídico da complexidade. Rio de Janeiro: Ed. Multifoco, 2018a.

porém, como princípio de legitimação, a saber: a tributação deve ser legítima, calcada em uma legislação clara, transparente e cobrada em relações fundadas na lealdade, boa-fé e na transparência.[92]

De qualquer forma, para que a eficiência na fiscalização e na arrecadação tributárias seja alcançada, o Direito Tributário deve criar ferramentas para facilitar o trabalho do fisco, por um lado, mas também deve estabelecer mecanismos de comodidade para o contribuinte.

Em sentido semelhante, Eduardo Morais da Rocha afirma que os mecanismos de praticabilidade ora absorvem a confiança no contribuinte, como no caso do uso do lançamento por homologação, ora a desconfiança, como no caso da limitação da dedução dos gastos com educação para fins de IRPF.[93]

Caso se pense na praticabilidade como uma preocupação de legitimidade da tributação, pode-se pensar que ela teria pouca utilidade, já que não estaria atrelada a uma fonte de Direito, nem poderia servir para controlar juridicamente as condutas de contribuintes e dos fiscos.

Entretanto, existe uma tradição, iniciada no Direito Tributário alemão, em prol de sua caracterização jurídica.

Os estudos mais relevantes são de Josef Isensee[94] e Hans-Wolfgang Arndt,[95] para os quais a administração de massas que envolve o Direito Tributário impossibilitaria que todos fossem fiscalizados, demandando-se uma certa ilegalidade que afastasse a busca da capacidade contributiva subjetiva em certas situações.

Como premissa de sua análise, Josef Isensse postula que existe uma desproporção entre os deveres que a lei impõe aos administradores e a capacidade da Administração Tributária para exercer suas funções. Tal desproporção vem dada por cinco pressupostos: a complexidade do Direito Tributário, a falta de "praticabilidade" das leis fiscais, a inadequação das leis tributárias a mutações sociais e econômicas, a inadequação da concepção jurídica de processo e do procedimento e, finalmente, a escassez de pessoal.[96]

---

[92] TORRES, Ricardo Lobo. Liberdade, consentimento e princípios de legitimação do Direito Tributário. In: *Revista Internacional de Direito Tributário*, Belo Horizonte, vol. 5, p. 223-244, jan./jun. 2006; TORRES, Ricardo Lobo. *Tratado de Direito Constitucional Financeiro e Tributário*. Vol. II: Valores e Princípios Constitucionais Tributários. Rio de Janeiro: Renovar, 2005.
[93] ROCHA, Eduardo Morais da. *Teoria Institucional da Praticabilidade Tributária*. São Paulo: Noeses, 2016.
[94] ISENSEE, Josef. *Die typisierende Verwaltung*, Berlin: Duncker & Humboldt, 1976.
[95] ARNDT, Hans Wolfang. *Praktikabilit6at und Effozoemz*. Koln: Otto Schmidt, 1983.
[96] ISENSEE, Josef. Obra citada, 1976, p. 61-67.

Esse pensamento permite que se chancele o uso de pautas fiscais, presunções, classificações, conceitos jurídicos indeterminados, normais em branco, entre outras medidas simplificadoras e padronizantes da tributação.

Para o autor, assim, no conflito entre legalidade e efetividade da execução administrativa, assume-se que prevalece a última, mas na forma de uma ilegalidade necessária, o que levou a doutrina alemã a não aderir a sua tese, pela contraditória consequência de o "não direito" imperar sobre o direito, segundo aponta Ana Paula Dourado.[97]

Para ele, existiria uma "zona cinzenta de ilegalidade necessária", que deve ser reconhecida constitucionalmente, expressão que Ana Paula Dourado colhe em outra obra do autor.[98]

A tipificação, porém, só é admitida para a Administração Tributária, sendo vedada ao Judiciário. Surge o questionamento: como conciliar o fato de a tipificação ser legítima, apesar de contrária à legalidade estrita, mas impedir a ação do Judiciário, que deve controlar a legalidade dos atos administrativos, inclusive os de natureza tributária?[99]

É da configuração de um "estado de necessidade" da Administração que ele retira, diretamente, a margem de livre apreciação administrativa, o que, conforme importantes vozes da doutrina alemã, faria com que a lei perdesse seu significado constitucional de instrumento democrático e do Estado de Direito.

Em verdade, seria o desprestígio dos ganhos civilizatório e institucional que a tese de que o Direito provém de fontes sociais, núcleo do positivismo jurídico, trouxe para a sociedade

Não se pode concordar com a construção teórica de Josef Isensse, no sentido de que a "ilegalidade necessária" deve ser tolerada pelo Tribunal Constitucional Federal alemão, pois só se exigiria "a maior proximidade possível com a constituição" e não "uma total concordância com ela".[100]

Recorde-se que o autor invoca o pensamento de Adam Smith e de Adolph Wagner para demonstrar que a praticabilidade irradia efeitos na formação do sistema normativo e na aplicação das leis tributárias.[101]

---

[97] DOURADO, Ana Paula. *O Princípio da Legalidade Fiscal*: Tipicidade, conceitos jurídicos indeterminados e margem de livre apreciação. Coimbra: Almedina, 2014, p. 675.
[98] A obra é a seguinte: ISENSEE, J. Verwaltungsraison gegen Verwaltungsrecht. Antinomien der Massenverwaltung in der typisierenden Betrachtungsweise des Steuerrechts. *In: StuW*, n. 3, 1973, p. 199; DOURADO, Ana Paula. Obra citada, 2014, p. 676.
[99] DOURADO, Ana Paula. Obra citada, 2014, p. 676.
[100] ISENSEE, Josef. Obra citada, 1973, p. 173.
[101] ISENSEE, Josef. Obra citada, 1973, p. 160.

Ana Paula Dourado critica o uso inconsistente do argumento de praticabilidade feito pelo autor, pois dele se vale com múltiplas denominações, apenas se mantendo fiel a uma linha de contrapô-lo à legalidade, "como quando, por exemplo, se refere ao confronto entre 'razão administrativa' e 'Direito Administrativo'".[102]

De qualquer sorte, coloca-se como aspecto principal da obra principal do autor o fato de ter ele exposto magistralmente as causas para tipificação administrativa, ligando-a ao estado de necessidade, como criador de uma zona cinzenta de ilegalidade necessária, explicação que pode abarcar a praticabilidade como um todo.[103]

Em contraposição a essa perspectiva, sobretudo apontando sua discordância na admissão de uma tipificação contrária à lei e a restrição das ponderações da praticabilidade ao domínio da competência técnico-administrativa, surge a doutrina de Hans-Wolfang Arndt, em 1983.[104]

Esse autor procura dar conta da questão de "se as ponderações sobre a praticabilidade podem legitimar, de forma autônoma, as tipificações que simplificam os pressupostos da lei",[105] o que o conduz a procurar "saber se a praticabilidade é um tópico com força jurídica intrínseca, e não um mero elemento de interpretação teleológica, quando justifique as tipificações de simplificação, isto é, as que vão além dos parâmetros admitidos de interpretação", conforme aponta Ana Paula Dourado.[106]

Dessume-se dessa ideia que a praticabilidade envolve interpretações fora do padrão tradicionalmente aceito no Direito Tributário, o que poderia coincidir com a interpretação restritiva e presa a conceitos abstratos, universais e imutáveis, na linha dos adeptos da *tipicidade cerrada* e da reserva absoluta de lei, que então representavam a corrente dominante.

Para o jurista alemão, metodologicamente, a aplicação tipificante seria sempre uma aplicação simplificadora da lei,[107] o que, na linha de Josef Isensse, conduz a assumir que a praticabilidade justifica a limitação da legalidade pelo administrador, mas que tornaria irrelevante o caso

---

[102] A utilização de praticabilidade como razão administrativa está em ISENSEE, Josef. Obra citada, 1973, p. 199.
[103] DOURADO, Ana Paula. Obra citada, 2014, p. 675.
[104] ARNDT, Hans Wolfang. Obra citada, 1983, p. 26-27.
[105] ARNDT, Hans Wolfang. Obra citada, 1983, p. 8, 44-52.
[106] DOURADO, Ana Paula. Obra citada, 2014, p. 678.
[107] ARNDT, Hans Wolfang. Obra citada, 1983, p. 52.

da limitação criada pelo próprio legislador, conformando pressupostos e consequências de forma mais ou menos aberta, como adverte Ana Paula Dourado.[108]

Arndt está de acordo com Isensse em três pontos: 1. a 'tipificação simplificadora' resulta de uma situação de emergência da administração de massas; 2. seu exercício restringe-se ao contexto de emergência; e 3. a tipificação parte de um *Tatbestand* de abstração e não da situação da vida real.[109]

Assim, "a tipificação não conduz a uma delimitação do *Tatbestand* fiel à lei, mas a uma adequação aos custos de uma parte do programa normativo",[110] pois a tipificação empreendida, em contradição ao sentido próprio do termo, opta por esquematizações e generalizações que, longe de moldarem tipos para um pressuposto de fato, fato gerador abstrato ou hipótese de incidência, maleável e adaptável às nuances das relações sociais, fecham a interpretação com o uso de ficções e presunções.

É possível concluir que a posição de Arndt é oposta à de Isensse, pois esta contrariava a lógica jurídica e o Direito, ao admitir um espaço de não direito.

Arndt, então, chama o fenômeno a 'tipificação administrativa de relativização' da legalidade, não admitindo, contudo, uma tipificação judicial,[111] de modo que não poderia a praticabilidade ser um instrumento para criação judicial de normas tributárias de exceção.

Para ele, resta aos tribunais, como órgãos de controle, a ponderação, se as vantagens da 'tipificação administrativa' não são ultrapassadas pelas desvantagens,[112] atraindo-se o controle segundo a proporcionalidade, além de o reconhecimento de uma ampla margem de livre apreciação administrativa[113] – algo que já se refuta, pois existe, sim, e a indeterminação não deve levar à discricionariedade.

Fica por ser respondida a questão do que legitimaria juridicamente a 'tipificação' e, em consequência, a praticabilidade. Não seria, apenas, o estado de necessidade, que seria um ponto de partida na análise,[114] uma causa fática justificadora para a adoção do mecanismo de praticabilidade.

---

[108] DOURADO, Ana Paula. Obra citada, 2014, p. 678.
[109] DOURADO, Ana Paula. Obra citada, 2014, p. 679.
[110] ARNDT, Hans Wolfang. Obra citada, 1983, p. 51-52.
[111] DOURADO, Ana Paula. Obra citada, 2014, p. 679.
[112] ARNDT, Hans Wolfgang. Obra citada, 1983, p. 98-99. Trata-se de referência que está em DOURADO, Ana Paula. Obra citada, 2014, p. 679.
[113] DOURADO, Ana Paula. Obra citada, 2014, p. 679.
[114] DOURADO, Ana Paula. Obra citada, 2014, p. 860.

Em uma leitura mais complexa do fenômeno, Arndt verifica que o fim de todas as leis é o de serem aplicadas e executadas, devendo o legislador conformar as normas de modo praticável, o que levaria a legitimar a 'tipificação' no princípio da adequação ou conformação à lei, expressão alemã para o que se chama corriqueiramente no Brasil de princípio da legalidade, sem se afastar, aprioristicamente, a aplicação administrativa da praticabilidade.

A análise desses autores permite a análise dos fundamentos modernos da praticabilidade, afastando-se uma visão de que a praticabilidade chancela ilegalidades tributárias e se aproximando de uma categorização jurídica conforme os ditames de um Estado Democrático de Direito.

3 Os fundamentos modernos da praticabilidade tributária

Embora a concepção de Josef Isensse da tipificação administrativa como uma ilegalidade admitida não tenha prosperado, sua explicação como a principal causa da praticabilidade sendo o estado de necessidade administrativo, mecanismo autorizador de distanciamento da legalidade tributária "padrão", ainda influencia a doutrina tributária brasileira e possui o potencial perigoso de se transformar em fundamento apriorístico de legitimação de qualquer mecanismo de praticabilidade.

Além disso, existe a propensão a ver a praticabilidade como uma espécie de interpretação teleológica da norma fiscal, como se pudesse funcionar como um postulado a favor de interesses fazendários.

Assim, a categoria merece nova roupagem à luz dos paradigmas do Estado Democrático de Direito e dos avanços tecnológicos atuais, que mitigam a adoção do estado de necessidade administrativo como fundamento apriorístico de legitimação dos mecanismos de praticabilidade.

Não existiria, assim, um estado de necessidade administrativo apriorístico que fundamente a praticabilidade, mas se toma como existente a chamada categoria da hipercomplexidade do Direito Tributário brasileiro.[115]

---

[115] Sobre isso, ver: PAULA, Daniel Giotti de. A crescente hipercomplexidade tributária brasileira: uma categoria necessária. In: *Justiça Fiscal*, ano 9, n. 32, p. 37-40, jan./abr. 2018b.

Para tanto, estabeleci, a partir dos estudos de Christopher Evans e Bihn Tran-Nam,[116] que formularam estudos matemáticos para chegar a uma fórmula de calcular o índice de complexidade da legislação tributária de cada país, que existem seis dimensões da complexidade no Direito Tributário brasileiro: 1. o total de tributos nos vários níveis de governo em um país (complexidade política); 2. o cumprimento do código tributário em termos de páginas (complexidade jurídico-positiva ou jurídica em sentido estrito); 3. a compreensibilidade da legislação tributária (complexidade jurídico-positiva ou jurídica em sentido estrito); 4. a extensão do uso de consultores tributários profissionais pelos contribuintes (complexidade de *compliance* ou de conformidade); 5. custos tributários operacionais, ou seja, o total dos custos administrativos e de conformidade (complexidade gerencial e de conformidade); 6. o tamanho do contencioso tributário (complexidade jurídica em sentido amplo ou efetiva complexidade).

Não há espaço para tratar de cada uma delas aqui, mas a existência de quatro entes tributando por mais de uma centena de subespécies tributárias, o trato minucioso pela Constituição de 1988 do Sistema Tributário Nacional, a hiperinflação da legislação tributária, a demora das decisões administrativas e judiciais tributárias, a litigiosidade aguerrida entre contribuintes e fiscos e o excesso de obrigações tributárias acessórias, de que o Brasil é o campeão mundial, entre outros tantos exemplos, permite falar-se em hipercomplexidade tributária.

Nesse sentido, a praticabilidade, mais do que se fundamentar em supremacia do interesse público sobre o privado,[117] o que traria a ela uma conotação de aprimoramento de mecanismos de tributação à disposição do fisco, visa a reduzir a complexidade ou hipercomplexidade tributária, que afetam direitos e interesses também dos contribuintes.

E o fundamento jurídico para tanto está em uma leitura que dá um sentido mais fraco para a capacidade contributiva no artigo 145, parágrafo primeiro, da CR/88, pois o "sempre que possível" com que se abre o texto do dispositivo apontaria a juridicidade de se afastá-la em determinadas situações.

Com base no pensamento de Paulo Victor Vieira da Rocha,[118] tem-se que o princípio da capacidade contributiva é prescrito como

---

[116] EVANS, Christopher; TRAN-NAM, Bihn. Towards the development of a tax system complexity index. In: *Fiscal Studies*, vol. 35, n. 3, p. 341-370, 2014.
[117] COSTA, Regina Helena. Obra citada, 2007, p. 390.
[118] ROCHA, Paulo Victor Vieira da. *Teoria dos Direitos Fundamentais*: Restrições a Direitos do Contribuinte e Proporcionalidade. São Paulo: Quartier Latin, São Paulo, 2017, p. 246.

um critério de graduação de impostos a cuja observância todo cidadão tem direito (em relação a si), configurando um direito fundamental; ao mesmo tempo em que estabelece um estado ideal de coisas para que todos os contribuintes tenham seus impostos graduados segundo esses critérios, não só abstratamente nos textos jurídicos, mas também quando, significados, eles são aplicados e executadas as leis.

Em verdade, o que esse autor faz é conceber que, além da leitura tradicional que se faz acerca da capacidade contributiva subjetiva, sobretudo, enunciando-a como um direito fundamental do contribuinte, existiria o princípio da tributação conforme a capacidade contributiva, norma que prescreve um dever de otimização, para que seja repartido o ônus fiscal com base (no máximo possível) em tal critério, que pode ser mitigado frente a outros critérios.[119]

O pensamento desse autor permite considerar a praticabilidade como uma espécie de bem coletivo, pois não se pode falar apenas no direito do contribuinte a ter uma tributação limitada por parâmetros constitucionais de forma abstrata, mas também seu direito a que, no universo de contribuintes que integra, não haja um tratamento diferenciado na prática.

O que se quer dizer, com isso, é que se a fiscalização não consegue apurar todos os fatos geradores praticados pelas classes de contribuintes previstas legalmente, não descobrindo sonegações, evasões e elisões ilícitas, o contribuinte que arcou com seu dever de pagamento do tributo e a sociedade como um todo são prejudicados.

A praticabilidade surge, assim, como uma forma de dimensionar a capacidade contributiva como direito fundamental dos contribuintes (dimensão individual) e como dever de otimização de uma tributação conforme a capacidade contributiva de todos (dimensão coletiva).

De certa forma, isso atenderia a uma busca de equilíbrio entre valores constitucionalmente consagrados atrelados à tributação, a ideologia político-jurídica que a Constituição da República de 1988 teria instaurado, conjugada à liberdade individual e à solidariedade social.[120]

---

[119] ROCHA, Paulo Victor Vieira da. *Proporcionalidade na tributação por fato gerador presumido* (artigo 150, §7º, da Constituição Federal). Dissertação de Mestrado apresentada ao Departamento de Direito Econômico, Financeiro e Tributário da USP, sob orientação do Prof. Titular Luís Eduardo Schoueri, 2010, p. 52.

[120] Tratando do tema de forma genérica, ver GRECO, Marco Aurélio. *Planejamento Tributário*. São Paulo: Dialética, 2011: 70-71.

Como se pode perceber na obra de Marco Aurélio Greco, conforme arguta observação de Sérgio André Rocha,[121] os valores protetivos da liberdade e da proteção social devem possuir o mesmo *status*, busca de um equilíbrio que se vê no Texto Constitucional e que não é uma ideologia própria do intérprete e aplicador do Direito.

Essas concepções, que se podem dizer modernas, consentâneas com o Estado Democrático de Direito, permitem que se supere a supremacia do interesse público sobre o privado como a raiz da doutrina em favor da praticabilidade tributária.

Lembre-se de que, conforme Gustavo Binenbojm,[122] tal 'princípio' administrativo é tributário de concepções organicistas antigas e modernas, como se fosse possível conceber "um interesse público inconfundível com os interesses pessoais dos integrantes de uma sociedade política e superior a eles".

Além dessa fundamentação filosófica para superar a tradição da supremacia do interesse público sobre o privado como princípio, o autor demonstra que é "incompatível com a Constituição, que traz um sistema aberto de princípios, articulados não por uma lógica hierárquica estática, mas sim por uma lógica de ponderação proporcional, necessariamente contextualizada",[123] preconizar-se a prevalência *a priori* de interesses da coletividade sobre os interesses individuais.

Assim, a supremacia do interesse público sobre o privado, que sequer possui assento em fonte positiva do Direito, motivo pelo qual tem sido criticada doutrinariamente, não é apta a servir de base para fundamentar a praticabilidade, o que lhe retira uma pré-compreensão como instrumento a favor da fiscalização, pois os valores protetivos da liberdade individual e da busca da solidariedade social devem ser equilibrados, quando se trata da tributação.

Por outro lado, a inserção da hipercomplexidade do sistema tributário, embora possa parecer, à primeira vista, chancelar ainda mais os instrumentos de fiscalização, cobrança e arrecadação (*tax enforcment*), supera outra categoria do Direito Administrativo, que seria a do estado de necessidade, para pontuar que deva haver equilíbrio entre interesses privados do contribuinte e interesses públicos buscado pela Administração Tributária.

---

[121] ROCHA, Sérgio André. *Planejamento Tributário na Obra de Marco Aurélio Greco*. Rio de Janeiro: Lumen Juris, 2019, p. 22.
[122] BINENBOJM, Gustavo. Obra citada, 2008, p. 9.
[123] BINENBOJM, Gustavo. Obra citada, 2008, p. 9.

A praticabilidade surge, portanto, como norma implícita no ordenamento jurídico, que busca reduzir a complexidade da tributação, assumindo o fato de que os sistemas tributários tendem a ficar complexos, o que pode gerar desníveis na carga tributária efetivamente cobrada dos contribuintes.

4 O conceito constitucionalmente adequado de praticabilidade tributária e sua finalidade redutora de complexidade

Fixadas essas premissas, conceituo praticabilidade como

a prescrição jurídica implícita no ordenamento jurídico brasileiro, de natureza principiológica, indicativa da busca de um estado de redução de complexidade do sistema tributário, especialmente induzindo e facilitando o cumprimento das normas relativas ao fenômeno tributário por parte dos contribuintes, bem como contribuindo para uma atuação mais eficiente e equitativa da Administração Tributária.[124]

Analiticamente, esse conceito parece ter a vantagem de demonstrar o caráter ambivalente ou dúplice da praticabilidade – tanto induzindo e facilitando o cumprimento de normas jurídico-tributárias pelo contribuinte, quanto contribuindo para uma atuação mais eficiente e equitativa dos contribuintes –, além de graduar sua concretização como redutora de complexidade conforme a capacidade institucional dos Executivos e suas Administrações Tributárias, das Casas Legislativas e dos órgãos do Poder Judiciário.

Rotula-se o conceito como constitucionalmente adequado, pois ele atende ao desiderato constitucional de equilíbrio entre os valores protetivos da liberdade individual, consubstanciado nas limitações constitucionais ao poder de tributar, mormente na capacidade contributiva como direito fundamental, e da solidariedade social, enunciando, principalmente, pela perspectiva de um princípio da tributação conforme à capacidade contributiva, titularizado pela sociedade e por todos os contribuintes de certa classe como bens coletivos.

O conceito ainda estabelece que a redução da complexidade tributária é uma meta juridicizada a cargo de variados órgãos, obviamente

---

[124] PAULA, Daniel Giotti de. *A Praticabilidade no Direito Tributário*: controle jurídico da complexidade. Rio de Janeiro: Ed. Multifoco, 2018a, p. 343.

com funções diversas, que pode ser concretizada pela aplicação da praticabilidade tributária.

Não basta conceituar e fundamentar a praticabilidade. Considerando-se o Direito uma prática argumentativa e se valendo da jurisprudência existente, podem-se estabelecer ainda os seguintes critérios de controle:

a. a adoção do mecanismo de praticabilidade como uma opção do contribuinte;
b. a específica e qualificada necessidade administrativa como causa da adoção do mecanismo de praticabilidade;
c. a concretização dos conceitos constitucionais atrelados afetados a fatos geradores e bases de cálculos de tributos se dar à luz da transparência e da segurança jurídica;
d. o controle do mecanismo de praticabilidade pela proporcionalidade;.

Embora não haja espaço para descer a minúcias sobre cada um deles, tem-se que cada um desses critérios, que elaborei em minha tese de doutoramento,[125] se observado, aumenta o grau de legitimação do mecanismo de praticabilidade, sem prejuízo que outros critérios possam ser estabelecidos como a existência de fonte constitucional ou legal direta para a praticabilidade e não constituir o mecanismo na impropriamente chamada sanção política disfarçada.

Pelo primeiro critério, tem-se que a possibilidade de adoção do mecanismo de praticabilidade, e não sua imposição como norma cogente, torna-o potencialmente mais legítimo.

Os regimes jurídicos do Simples Nacional e do lucro presumido, como opções legítimas ofertadas ao contribuinte e a depender de sua adesão, demonstram-se como a praticabilidade afasta, em algum grau, a capacidade contributiva, havida, por muitos, como o valor-fonte do Sistema Constitucional Tributário.

O segundo critério indica que, apesar de a antiga lógica da capacidade contributiva como o vetor axiológico da tributação, traz segurança para os contribuintes, pois a inexistência de uma específica e qualificada necessidade administrativa para a adoção do mecanismo de praticabilidade impede seu estabelecimento.

Em verdade, tem-se esse *standard* como a exigência de um especial ônus argumentativo para se estabelecer um mecanismo de

---

[125] PAULA, Daniel Giotti de. Obra citada, 2018a, p. 413-478.

praticabilidade, algo que dê densidade ao que já se compreende, genericamente, como uma tendência de complexidade que os sistemas tributários carregam consigo.

O terceiro critério talvez seja o que mais gera críticas pela doutrina tradicional à praticabilidade. Tem-se como um entendimento majoritário que os conceitos constitucionais são verdadeiras cláusulas pétreas, que se constituíram, no caso brasileiro, em núcleos de proteção aos contribuintes.

Humberto Ávila,[126] em seus dois últimos ensaios, deixa clara essa posição e critica, veementemente, por exemplo, o alargamento do conceito de serviços e de faturamento e receita, feito seja por emendas constitucionais, seja por interpretações constitucionais.

Tenho, porém, que, apesar de ter ocorrido uma posição clara na Constituição pelo estabelecimento de conceitos que trazem os fatos geradores e bases de cálculo nas competências tributárias de impostos e as razões de instituição de outros tributos, a exigir um controle finalístico, isso não implica a petrificação de conceitos, pois conceituar é demarcar a realidade, e a realidade, obviamente, é cambiável.

Sempre se exigirá ônus argumentativo de quem indica novos sentidos para os conceitos constitucionais, comprovando que eles são compartilhados socialmente e não atingem o seu núcleo.

A partir dessa premissa que adoto, tenho também que o mecanismo de praticabilidade pode servir para concretizar conceitos constitucionais atrelados a fatos geradores e a base de cálculos de tributos, como a prognose que pode ser feita, pela própria Administração Tributária, sobre o que sejam insumos para delimitar a base de cálculo de contribuições sociais.

Além dos limites que a própria concretização de conceitos constitucionais exige, a transparência e a segurança jurídica surgem como meios de proteger os contribuintes.

Por último, os mecanismos de praticabilidade devem ser analisados à luz da proporcionalidade, de modo que sejam adequados, necessários e não sejam desproporcionais em sentido estrito.

A análise da tributação especial da renda criada para controladas e coligadas, quando feita pelo Supremo Tribunal Federal, implicitamente adotou essa ideia.

---

[126] ÁVILA, Humberto. *Competências Tributárias*: um ensaio sobre a compatibilidade com as noções de tipo e conceito. São Paulo: Malheiros, 2018; ÁVILA, Humberto. *Constituição, Liberdade e Interpretação*. São Paulo: Malheiros, 2019.

Como se disse, outros critérios podem ser estabelecidos dogmática e jurisprudencialmente. Entretanto, os quatro já estabelecidos permitem que a praticabilidade seja controlada e não encubra um discurso de apenas facilitar a fiscalização e arrecadação tributárias.

5 Conclusões finais

O tema da praticabilidade ainda carece de melhor sistematização doutrinária e jurisprudencial. Tentar defender que ele é um sem sentido constitucional, uma subversão do Sistema Constitucional Tributário, impede seu devido controle e a possibilidade que ele oferece como princípio jurídico redutor da complexidade tributária.

Assim, ao buscar seus fundamentos fáticos e normativos modernamente, com o estabelecimento de um conceito constitucionalmente adequado e a enunciação de possíveis mecanismos de seu controle, oferece-se uma perspectiva inovadora para tratar de temas que aproximem tanto preocupações formais e substanciais do Direito Tributário, o que transpõe para esse campo jurídico específico a velha questão geral de o Direito lidar com a justiça e a segurança.

Informação bibliográfica deste texto, conforme a NBR 6023:2018 da Associação Brasileira de Normas Técnicas (ABNT):

PAULA, Daniel Giotti de. A praticabilidade no Direito Tributário moderno: fundamento, conceito constitucionalmente adequado e finalidade redutora da complexidade. *In*: SARAIVA FILHO, Oswaldo Othon de Pontes; SIQUEIRA, Julio Homem de; BEDÊ JÚNIOR, Américo; FABRIZ, Daury César; SIQUEIRA, Junio Graciano Homem de; CUNHA, Ricarlos Almagro Vitoriano (Coord.). *Noções gerais e limitações formais ao poder de tributar*. Belo Horizonte: Fórum, 2021. p. 181-195. (Coleção Fórum Princípios Constitucionais Tributários – Tomo I). ISBN 978-65-5518-057-2.

SEGUNDA PARTE

PRINCÍPIOS CONSTITUCIONAIS TRIBUTÁRIOS DE CARIZ FORMAL

PRINCÍPIOS DA ANTERIORIDADE E DA NOVENTENA

HUGO DE BRITO MACHADO

1 Introdução

Temos todos o direito de ter opinião, mas esse direito pressupõe o respeito que devemos ter pelas opiniões dos outros. Assim, sempre que escrevemos, nos sentimos à vontade para expressar nossas opiniões e encarar com naturalidade as manifestações dos que as contestem.

É muito importante o respeito que devemos ter pelas opiniões contrárias às nossas, porque elas são inevitáveis, como escreveu David Hume, no início dos anos mil e setecentos.[1] E o nosso direito de ter opinião, repita-se, implica o nosso dever de respeitar as opiniões dos outros.

Aliás, merece maior atenção a advertência de Souto Borges, segundo a qual:

> Quem é propenso a defender intolerantemente suas próprias teorias ou, num giro subjetivista, as suas convicções pessoais, as suas opiniões, já se demitiu, sem o saber, da comunidade científica. Porque se opõe, essa tendência conservadora, ao espírito aberto que ousadamente prefere o

---

[1] HUME, David. *Tratado da Natureza Humana*, tradução de Débora Donowski. 2. ed. rev. e ampl. São Paulo: Editora UNESP, 2009, p. 19 e 20.

método de "tentativas e erros", pela formulação de hipóteses testáveis independentemente.[2]

Realmente deve ser assim porque tudo é absolutamente relativo no mundo. Sobre esse relativismo, Radbruch invoca lição de Goethe, ao dizer que:

> as diversas maneiras de pensar acham afinal o seu fundamento na diversidade dos homens e por isso será sempre impossível criar neles convicções uniformes.[3]

Quanto ao relativismo da própria coerência, Radbruch, no pórtico do capítulo sobre as antinomias da ideia de direito, transcreve a seguinte afirmação de Ibsen:

> Já alguma vez conduziste até ao fim um pensamento, sem teres tropeçado numa contradição?[4]

Assim, sem pretendermos ser donos da verdade, neste estudo vamos examinar os princípios constitucionais da anterioridade anual e da anterioridade nonagesimal ou princípio da noventena. Começaremos estudando a distinção entre normas, regras e princípios, palavras de enorme importância na linguagem jurídica. Em seguida estudaremos os princípios constitucionais tributários e depois, então, vamos estudar os princípios da anterioridade anual e anterioridade nonagesimal.

2   Normas, regras e princípios

O Direito é geralmente entendido como um conjunto de normas, e estas podem ser de duas espécies, a saber, as regras e os princípios.

Os princípios, diz Ortega Y Gasset, derrubaram os príncipes e serviram de norte na elaboração das Constituições europeias escritas, estabelecendo proteções em favor dos cidadãos contra as investidas

---

[2] BORGES, José Souto Maior. *Obrigação Tributária* – uma introdução metodológica. São Paulo: Saraiva, 1984, p. 86.
[3] RADBRUCH, Gustav. *Filosofia do Direito*, tradução de L. Cabral de Moncada, 5. ed. Coimbra: Arménio Amado, 1974, p. 59.
[4] RADBRUCH, Gustav. *Filosofia do Direito*, tradução de L. Cabral de Moncada, 5. ed. Coimbra: Arménio Amado, 1974, p. 159.

descontroladas do monarca, subtraindo-lhes parcelas do patrimônio material.[5]

E sendo assim o Direito tende a cumprir sua finalidade, pois ele é um conjunto de regras e princípios cuja finalidade essencial consiste em limitar o poder. É um sistema de limites, já o dissemos,[6] porque sua finalidade essencial é limitar a liberdade de cada um, como forma de garantir a liberdade de todos. E evidentemente ao limitar a liberdade dos governantes está limitando o poder destes, para garantir a liberdade dos governados.

Antes do surgimento do Direito o poder dos governantes era absoluto. Eles faziam tudo o que tinham vontade, pois a relação entre eles e os governados era uma relação simplesmente de poder, e não uma relação jurídica ou de Direito.

A diferença entre uma relação de poder e uma relação jurídica, ou relação de Direito, consiste em que a relação de poder nasce, se desenvolve e se extingue de acordo com a vontade do poderoso, enquanto a relação jurídica, ou relação de Direito nasce, desenvolve-se e se extingue de acordo com normas preestabelecidas.

Aspecto de grande relevância no estudo dos princípios da anterioridade e da noventena diz respeito à distinção que existe entre regras e princípios. Distinção a respeito da qual já escrevemos:

> As normas jurídicas podem ser divididas em duas espécies, a saber: os *princípios* e as *regras*. Embora tenhamos uma idéia bem clara a respeito da distinção entre uns e as outras, devemos reconhecer que as questões terminológicas em torno do assunto ainda estão longe de ser superadas, e não há um consenso doutrinário em torno da questão de saber o que é um princípio jurídico. Nem sobre a questão de saber se tem o *princípio* a mesma natureza da *norma*.
>
> As opiniões variam de acordo com a postura jusfilosófica de cada um. Para os jusnaturalistas, não obstante divididos estes em várias correntes, é possível afirmar que os *princípios* jurídicos constituem o fundamento do direito positivo. Nesse sentido, portanto, o princípio é algo que integra o chamado Direito Natural. Para os positivistas o princípio jurídico nada mais é que uma norma jurídica. Não uma norma jurídica qualquer, mas uma norma que se distingue das demais pela importância que tem

---

[5] MAIA FILHO, Napoleão Nunes. *Temas de Direito Administrativo e Tributário*. Fortaleza: UFC, 1998, p. 151.
[6] MACHADO, Hugo de Brito. *Introdução ao Estudo do Direito*. 3. ed. São Paulo: Atlas, 2012, p. 6.

no sistema jurídico. Importância que decorre de ser o princípio uma norma dotada de grande abrangência, vale dizer, de universalidade e de perenidade. Os princípios jurídicos constituem, por isto mesmo, a estrutura do sistema jurídico. São os vetores do sistema. Daí por que, no dizer de Celso Antônio Bandeira de Mello, desobedecer a um princípio é muito mais grave do que desobedecer a uma simples norma.[7]

Por tais razões não devemos falar em regra, mas em princípio da legalidade. Na valoração e na aplicação deste é que podemos identificar o verdadeiro jurista, o verdadeiro conhecedor do Direito Tributário.

Em suas origens remotas, surgiu o princípio da legalidade com o primeiro dos referidos significados, vale dizer, o princípio da legalidade no sentido de princípio da tributação fundada no consentimento. Nesse sentido, o princípio é bastante antigo. Como demonstra Uckmar, manifestou-se inicialmente sob a forma de consentimento individual, na Inglaterra, em 1096, para transformar-se pouco a pouco em consentimento coletivo.[8] Sua origem, todavia, tem sido geralmente situada na *Magna Carta*, de 1215, outorgada por João Sem Terra, por imposição dos barões.[9]

Seja como for, certo é que o princípio da legalidade é uma das mais importantes limitações ao poder de tributar e coloca-se em destaque no estudo dos princípios constitucionais tributários, como instrumentos de limitação ao poder estatal de criar e cobrar tributos.

3 Os princípios constitucionais tributários

No capítulo do Sistema Tributário Brasileiro, a Constituição Federal, depois de dispor a respeito de normas gerais, cuidou de estabelecer limitações ao poder de tributar. Limitações que são da maior importância especialmente porque, tendo uma posição hierárquica superior, a Constituição há de ser obedecida pelo legislador, que não pode elaborar nenhuma lei em desobediência a ela, pois se o fizer essa lei não terá validade jurídica.

---

[7] BANDEIRA DE MELLO, Celso Antônio. *Curso de Direito Administrativo*. 33. ed. São Paulo: Malheiros Editores, 2017, p. 991.

[8] Cf. UCKMAR, Victor. *Os Princípios Comuns de Direito Constitucional Tributário*. São Paulo: Revista dos Tribunais, 1986, p. 9-20.

[9] Cf. FANUCCHI, Fábio. *Curso de Direito Tributário Brasileiro*. São Paulo: IBET-Resenha Tributária, 1986, vol. 1, p. 54.

Assim, ao tratar *Das Limitações do Poder de Tributar*, a Constituição estabelece:

> Art. 150. Sem prejuízo de outras garantias asseguradas ao contribuinte, é vedado à União, aos Estados, ao Distrito Federal e aos Municípios:
> I – exigir ou aumentar tributo sem lei que o estabeleça;
> II – instituir tratamento desigual entre contribuintes que se encontrem em situação equivalente, proibida qualquer distinção em razão de ocupação profissional ou função por eles exercida, independentemente da denominação jurídica dos rendimentos, títulos ou direitos;
> III – cobrar tributos:
> a) em relação a fatos geradores ocorridos antes do início da vigência da lei que os houver instituído ou aumentado;
> b) no mesmo exercício financeiro em que haja sido publicada lei que os instituiu ou aumentou;
> c) antes de decorridos noventa dias da data em que haja sido publicada a lei que
> IV – utilizar tributo com efeito de confisco;
> V – estabelecer limitações ao tráfego de pessoas ou bens, por meio de tributos interestaduais ou intermunicipais, ressalvada a cobrança de pedágio pela utilização de vias conservadas pelo Poder Público;
> VI – instituir impostos sobre:
> a) patrimônio, renda ou serviços uns dos outros;
> b) templos de qualquer culto;
> c) patrimônio, renda ou serviços dos partidos políticos, inclusive suas fundações, das entidades sindicais dos trabalhadores, das instituições de educação e de assistência social, sem fins lucrativos, atendidos os requisitos da lei;
> d) livros, jornais, periódicos e o papel destinado a sua impressão;
> e) fonogramas e videofonogramas musicais produzidos no Brasil contendo obras musicais ou literomusicais de autores brasileiros e/ou obras em geral interpretadas por artistas brasileiros bem como os suportes materiais ou arquivos digitais que os contenham, salvo na etapa de replicação industrial de mídias ópticas de leitura a *laser*.

Registramos que a proibição de tributar, feita pela Constituição, denomina-se *imunidade tributária*, que não se confunde com a *isenção*, pois a isenção decorre de lei, enquanto a imunidade decorre da Constituição e se impõe ao próprio legislador.

Entre as limitações ao poder de tributar, que constam dos dispositivos constitucionais transcritos, estão os princípios da anterioridade anual e da noventena, que vamos a seguir examinar.

4 Os princípios da anterioridade anual e nonagesimal

O inciso III do art. 150 tinha apenas duas alíneas. A Emenda Constitucional nº 42, de 18 de dezembro de 2003, introduziu no inciso III do art. 150 a alínea "c" e assim passou a ser também vedado à União, aos Estados, ao Distrito Federal e aos Municípios cobrar tributo:

> c) antes de transcorridos noventa dias da data em que haja sido publicada a lei que os instituiu ou aumentou, observado o disposto na alínea b.

Ficou, assim, mantida a limitação constante da alínea "b", que veda a cobrança de tributos "no mesmo exercício financeiro em que haja sido publicada a lei que os instituiu ou aumentou", vale dizer, os dois princípios se somam. Em outras palavras, o princípio da anterioridade nonagesimal não substituiu o da anterioridade anual, mas a este se somou.

Neste contexto é importante apontarmos a razão pela qual se deu o acréscimo da alínea "c", ao inciso III, do art. 150, da Constituição Federal. Em outras palavras, é importante apontarmos a razão pela qual se fez necessária a limitação constante do princípio da noventena, sem prejuízo do princípio da anterioridade anual.

O princípio da anterioridade nonagesimal, ou noventena, surgiu para evitar a surpresa aos contribuintes. É o que afirma Ricardo Lobo Torres, que, se reportando à Emenda Constitucional nº 42, de 2003, escreve:

> b) protegem-se os *direitos fundamentais* pela noventena, isto é, pela necessidade de que os tributos sejam criados até o dia 30 de setembro, o que torna mais rigoroso o princípio da anterioridade, que muitas vezes, quando o aumento ou a criação dos tributos vinham nos pacotes de Natal, publicados nos últimos dias do ano, não evitava a surpresa contra o contribuinte.[10]

Realmente, a prática de aumentar tributo nos últimos dias do ano tornou-se comum, tanto que chegou a ser levada ao Supremo Tribunal Federal a questão de saber se seria válida a cobrança de tributo não previsto na lei orçamentária, e a Corte Maior firmou sua jurisprudência afirmando que "é legítima a cobrança do tributo que

---

[10] TORRES, Ricardo Lobo. As Emendas Constitucionais nº 41 e 42, em MARTINS, Ives Gandra da Silva. *Curso de Direito Tributário*. São Paulo: Saraiva, 2011, p. 1176.

houver sido aumentado após o orçamento, mas antes do início do respectivo exercício financeiro".[11]

Na verdade, antes da atual Constituição Federal, o princípio da anterioridade foi objeto de divergências, tanto na doutrina como na jurisprudência, como registra Aliomar Baleeiro, que a esse respeito escreveu:

> Entenderam alguns, dentre os quais G. ULHOA CANTO (R.D.A., 14/135 ou em *Temas de Direito Tributário*, 1955, p. 309 e seg., e 17 e seg.), não era indispensável a precedência da lei tributária em relação à autorização orçamentária. Bastaria que fosse anterior ao início do exercício financeiro, podendo ser posterior à lei de aprovação do orçamento. Essa interpretação que nos parece frontalmente contrária à letra e ao espírito do art. 150, §29 da CF, na redação de 1967, logrou consagração do STF na Súmula nº 66 "é legítima a cobrança do tributo que houver sido autorizado após o orçamento, mas antes do início do respectivo exercício financeiro". Em consequência, a aplicação do art. 150, §29, ficou restrita ao que se lê na mesma Súmula nº 67: "é inconstitucional a cobrança de tributo que houver sido criado ou aumentado no mesmo exercício financeiro". Isto é, depois de 31 de dezembro.
>
> Em verdade, a jurisprudência do STF vacilou muito e, em certo tempo, oferece um grupo de acórdãos do Plenário no sentido que nos parece ser o da correta interpretação daquele dispositivo, que reproduz o art. 141, §34, da Constituição de 1946 (Ac. R.E. do RGS, nº 17.184, de 3-7-62, rel. RIBEIRO DA COSTA, na RDA, 38/396; Ac. 23-4-51, rel. OROSIMBO, RDA, 31/69; Ac. RMS 8.881, de 22-11-61, rel. GALLOTTI; Ac. RMS 4.759, de 23-11-57, no D.J. de 23-5-58, p. 1.720; Ac. 29-9-61, rel. R. COSTA; Ac. R.M.S. 8.861, de 13-12-61, rel. GONÇALVES OLIVEIRA, no D.J. de 17-4-62 p. 717; Ac. no R.M.S. 8.024, Paraná, de 27-9-61, no D.J. de 20-8-62, p. 2.254. Ver BALEEIRO, parecer na R.F., 211/42).
>
> Pouco importa que a lei, ao criar ou majorar tributo, determine a sua vigência a começar da data de sua publicação: é dispositivo cuja execução ficará diferida até o começo do exercício financeiro seguinte à data de sua publicação. Alcança apenas o fato gerador ocorrido depois do início do ano financeiro imediato à publicação da lei.
>
> A Constituição não estabeleceria uma formalidade vazia, mas a pôs ao serviço de objetivo conhecido e definido. Quis que o orçamento condicionasse os tributos a certo volume de despesas, ficando, portanto, evidente que o Executivo deve propor as despesas conjuntamente com as receitas destinadas a suportá-las, e que nelas buscam a justificativa política. É o que se infere dos parágrafos do art. 62 da Constituição

---

[11] Supremo Tribunal Federal, Súmula nº 66.

de 1967. Certo é que o tributo decretado em lei posterior à aprovação do orçamento racionalmente não estava por este autorizado. Era desconhecido e inexistente à época daquela aprovação. Não se presume aprovado o que não existia ao tempo da redação final do orçamento. O argumento histórico apoiava essa inteligência. A regra da *anualidade*, pôsto que não expressa antes do Cód. De Contabilidade (art. 27), era costumeira no Brasil e reconhecida pelos financistas e juristas, como CASTRO CARREIRA (Hist. Financ., 1889, p. 71), AMARO CAVALCANTI (*Elem. Finanças*, 1896, p. 222/3), RUI BARBOSA (Comentários, cit. II, p. 180), C. MAXIMILIANO, (Comentários, 1929, nº 167-G, p. 216 a 222, ou na ed. ao texto de 1946, 2º v., p. 128-9), AURELINO LEAL (*Teo. da Constit.*), A. ROURE (*Orçam.*, 1926, p. 17 e 22), e outros. ULHOA CANTO lembra que já a esposava o anteprojeto de Constituição de ANTÔNIO CARLOS no art. 315: "tôdas as contribuições devem ser cada ano estabelecidas ou confirmadas, sem o que cessa a obrigação da pagá-las", mesmo dizendo por outras palavras, uma lei de 1862.

Na Constituinte de 1946, o presidente da Comissão da Constituinte, NEREU RAMOS, foi explícito a esse respeito (J. DUARTE, Constituição de 1046, 1947, v. 3º, p. 82. Ver p. 78/82).

A Emenda Constitucional nº 18 era hostil à regra da anualidade, como se vê da franca Exposição de Motivos que o ilustre Prof. OTÁVIO G. BULHÕES, Ministro da Fazenda submeteu ao Presidente CASTELO BRANCO. Mas a Constituição de 1967 não só repeliu o inciso II do art. 2º da Emenda 18 (igual ao inciso II do art. 9º do C.N.T. onde se lê a cláusula assim revogada: "... com base em lei posterior à data inicial do exercício financeiro"), mas restaurou todo o §34 do art. 141 da Constituição de 1946. Não nos parecia possível, depois disso, a interpretação que insiste naquela cláusula repudiada e que expressamente se referia "à data inicial do exercício", como limite para a publicação da lei criadora do imposto. Ela teria de ser anterior ao orçamento que a autorizou.

Na Constituinte de 1946, quando se discutiu o §34 do artigo 141, foi lembrado que se iria adotar o conceito jurídico de orçamento como ato-condição, segundo DUGUIT, JÈZE e outros, que já eram citados por AGENOR DE ROURE.

Dada a identidade do texto do art. 150, §29 da Constituição de 1967 com o art. 141, §34, da Constituição de 1946, reiteramos o que já escrevemos com mais minúcia sobre este assunto (*Limitações Constitucionais ao Poder de Tributar*, 1960, p. 19 a 94). Referimo-nos, é certo, às situações jurídicas anteriores à Emenda nº 1, de 17.10.69.

O debate perdeu a utilidade com a vigência do §29 do artigo 153 da Constituição, na redação da Emenda nº 1/1969. O princípio da anualidade não está mais condicionado à exigência de prévia autorização orçamentária. Basta que a lei do tributo seja anterior ao exercício, – vale dizer anterior a 1º de janeiro. O §29 citado, consagrou a doutrina da Súmula nº 67, do STF, talvez não a melhor interpretação do Direito anterior.[12]

Seja como for, não se pode negar que realmente é fundamental para o empresário saber o ônus tributário que há de suportar, até para que possa estabelecer os preços de seus produtos e serviços, adaptando-se às leis naturais do mercado.

Sobre o princípio da anterioridade nonagesimal, ou noventena, já escrevemos:

> O princípio da anterioridade da lei tributária está hoje dividido em dois, a saber, o da anterioridade ao exercício financeiro – segundo o qual a cobrança do tributo depende de haver a lei que o instituiu ou aumentou sido publicada antes do início do exercício financeiro – e o princípio da anterioridade nonagesimal – segundo o qual a cobrança do tributo depende de haver a lei que o instituiu ou aumentou sido publicada pelo menos 90 dias antes da cobrança.
> Talvez as dificuldades geradas pela existência simultânea da anterioridade anual e da anterioridade nonagesimal, com exceções diversas, tenham levado o Governo Federal a elevar alíquotas do imposto sobre produtos industrializados incidente sobre veículos importados e determinar a imediata em vigor do aumento. O STF,[13] todavia, corrigiu o equívoco: Por votação unânime, o Plenário do STF suspendeu a vigência do Decreto nº 7.567/2011, que aumenta a alíquota do imposto sobre produtos industrializados (IPI) para automóveis e reduz a alíquota desse imposto para os fabricados no País. O decreto fica suspenso até que tenha transcorrido o prazo de 90 dias da publicação da norma. A decisão foi tomada em medida concedida em uma ação direta de inconstitucionalidade ajuizada pelo Partido Democratas e relatada pelo Min. Marco Aurélio. O Plenário, em apreciação da medida cautelar, suspendeu a eficácia do art. 16 do referido decreto, que previa sua vigência imediata, a partir da publicação (ocorrida em 16 de setembro deste ano). Isso porque não foi obedecido o princípio constitucional de 90 dias para entrar em vigor, previsto no art. 150, III, "c", da CF (ADI nº 4.661).
> O princípio da anterioridade anual não se aplica aos impostos sobre: (a) importação de produtos estrangeiros (art. 153, I); (b) exportação, para o exterior, de produtos nacionais ou nacionalizados (art. 153, II); produtos industrializados (art. 153, IV); operações de câmbio, crédito e seguros ou relativas a títulos ou valores mobiliários; e não

---

[12] BALEEIRO, Aliomar. *Direito Tributário Brasileiro*. 2. ed. Rio de Janeiro: Forense, 1970, p. 81-83.
[13] *BIJ/Boletim Informativo*, Juruá 538/1, 16-31.10.2011.

se aplica, ainda, ao imposto extraordinário de guerra. Também não se aplica ao empréstimo compulsório instituído para atender a despesas extraordinárias, decorrentes de calamidade pública, guerra externa ou sua iminência (art. 148, I). Nem às contribuições de intervenção no domínio econômico relativas às atividades de importação ou comercialização de petróleo e seus derivados, gás natural e seus derivados e álcool combustível (art. 177, §4º).

O princípio da anterioridade nonagesimal, por sua vez, não se aplica aos impostos sobre: (a) a importação de produtos estrangeiros (art. 153, I); (b) exportação, para o exterior, de produtos nacionais ou nacionalizados (art. 153, II). Também não se aplica ao empréstimo compulsório instituído para atender a despesas extraordinárias, decorrentes de calamidade pública, guerra externa ou sua iminência (art. 148, I). Nem à fixação de base de cálculo do imposto sobre a propriedade de veículos automotores (art. 155, III) e do imposto sobre a propriedade predial e territorial urbana (art. 156, I).

Parece que a não aplicação do princípio da anterioridade nonagesimal ao imposto sobre produtos industrializados decorreu simplesmente de equívoco na referência ao inciso III, que diz respeito ao imposto de renda, quando o certo seria fazer ao inciso IV do art. 153, que diz respeito ao imposto sobre produtos industrializados. Entretanto, a referência ao inciso III para deixar o imposto de renda fora do alcance do princípio da anterioridade nonagesimal explica-se como forma de evitar o questionamento de dispositivos legais freqüentemente presentes em leis publicadas durante o ano vedando a dedução de certas despesas na determinação da base de cálculo do imposto de renda.

A extensão da ressalva à fixação da base de cálculo do imposto sobre a propriedade de veículos automotores tem o propósito de facilitar a utilização do mesmo com finalidade extrafiscal. Já a extensão da ressalva à fixação da base de cálculo do imposto territorial urbana é resultante da confusão que se tem feito entre o que seja a base de cálculo do IPTU, que é o valor venal do imóvel, e os critérios para a definição desse valor. Como muitos Municípios costumam alterar suas plantas de valores durante o ano e tais alterações têm sido questionadas judicialmente, os prefeitos municipais utilizaram o poder político que têm sobre deputados e senadores para introduzir tal ressalva no texto constitucional. É um equívoco para afastar outro equívoco.[14]

Registramos, finalmente, que o princípio da anterioridade nonagesimal, ou noventena, diz respeito a todas as espécies de tributo. E a propósito de contribuições, registramos que essa espécie de tributo tem

---

[14] MACHADO, Hugo de Brito. *Curso de Direito Constitucional Tributário*. São Paulo: Malheiros, 2012, p. 235 a 237

características próprias e caiu em desuso em nosso país, por uma razão que está diretamente ligada ao procedimento indevido do governante.

É que a contribuição de melhoria tem como limite máximo o custo da obra pública que motiva sua instituição, e os contribuintes têm interesse, portanto, em fiscalizar o gasto com obras públicas, para evitar obras com custos exageradamente elevados a ensejar contribuição de melhoria com valor acima do razoável. Assim, o desuso dessa espécie de tributo, vale dizer, o desuso da contribuição de melhoria, parece ser uma decorrência da falta de interesse dos governantes em estimular os proprietários de imóveis valorizados com obras públicas a fiscalizar os gastos com obras públicas.

Outra questão que merece estudo reside em saber se o princípio da anterioridade nonagesimal é, ou não, aplicável à lei que revoga regra de isenção tributária.

Vejamos.

5 O princípio da anterioridade e a revogação de isenção

A questão de saber se o princípio da anterioridade nonagesimal é aplicável, ou não, relativamente à lei que revoga ou reduz isenção de tributo, tem sido objeto de diferentes opiniões.

O Supremo Tribunal Federal já disse que não, no RE 204;062, do qual foi relator o Ministro Carlos Velloso:

> Revogada a isenção, o tributo torna-se imediatamente exigível. Em casos assim, não há que se observar o princípio da anterioridade, dado que o tributo já é existente.

Em assim decidindo, a Corte Maior parece ter acolhido a tese segundo a qual a isenção é dispensa de tributo devido, pois em doutrina tem sido discutida a natureza jurídica da isenção.

Sobre o que seja isenção, eu e Schubert de Farias Machado escrevemos:

> Isenção – É a exclusão, pela lei, de parte da hipótese de incidência do tributo, ou suporte fático da regra de tributação. Em outras palavras, é uma exceção à regra que descreve a hipótese de incidência tributária. Há quem diga que a isenção é a *dispensa* do tributo devido. Preferimos dizer que a isenção é uma exceção à regra de tributação. O tributo somente se torna devido quando ocorre o fato gerador da obrigação

respectiva, e em face da isenção este não chega a ocorrer. Assim, se por tributo devido entendemos a obrigação a obrigação tributária que nasce com a ocorrência do denominado fato gerador, com certeza a isenção não constitui dispensa desse tributo. A isenção distingue-se da não incidência e da imunidade tributária. Distingue-se da não incidência porque esta corresponde a todo o universo de fatos não compreendidos pela descrição da hipótese de incidência tributária. E da imunidade porque esta decorre, sempre, de norma de hierarquia superior, vale dizer, de norma da Constituição.[15]

Realmente, destacados tributaristas definem isenção como dispensa de tributo, mas a nosso ver não se trata de dispensa porque só é possível dispensar o que é devido, e nos casos de isenção o tributo não chega a ser devido porque a isenção é uma exceção à hipótese de incidência e, assim, não havendo a incidência da norma tributária, não é razoável falar-se de dispensa do tributo.

Por isso é que sustentamos que revogar a regra de isenção equivale à criação do tributo, porque ao revogar a regra de isenção o legislador está colocando os fatos na mesma descritos dentro da hipótese de incidência tributária. É evidente, pois, que a revogação da isenção equivale à definição de uma hipótese de incidência tributária. Assim é que, mesmo diante do entendimento adotado pelo Supremo Tribunal Federal no RE 99.908-RS,[16] que citamos em nosso livro, já escrevemos:

> A revogação de uma lei que concede isenção equivale à criação de tributo. Por isto deve ser observado o princípio da anterioridade da lei, assegurado pelo art. 150, III, "b", da CF, e já por nós estudado. O STF, todavia, tem entendido de modo diverso, decidindo que a revogação da isenção tem eficácia imediata, vale dizer, ocorrendo a revogação da isenção, o tributo pode ser cobrado no curso do mesmo exercício, sem ofensa ao referido princípio constitucional (RE 99.908-RS, rel. Min. Rafael Mayer, RTJ 107/430).[17]

A nosso ver, as divergências de opiniões a respeito da questão de saber se a revogação de isenção submete-se, ou não, aos princípios da anterioridade e da noventena decorrem das diversas concepções do que seja isenção do tributo.

---

[15] MACHADO, Hugo de Brito; MACHADO, Schubert de Farias. *Dicionário de Direito Tributário*. São Paulo: Atlas, 2011, p. 122.

[16] RE 99.908-RS, rel. Ministro Rafael Mayer, em *Revista Trimestral de Jurisprudência*, n. 107, p. 430-432.

[17] MACHADO, Hugo de Brito. *Curso de Direito Tributário*. 39. ed. São Paulo: Malheiros, p. 235.

Veja-se, a propósito de tais divergências, o que escreveu Souto Maior Borges em seu livro *Teoria Geral da Isenção Tributária*.[18] Não podemos, porém, deixar de considerar a doutrina de Pontes de Miranda, que ensina:

> A regra jurídica de isenção é de direito excepcional, que põe fora do alcance da lei a pessoa (isenção subjetiva) ou o bem (isenção objetiva) que – sem essa regra jurídica – estaria atingido.[19]

Realmente, não pode haver dúvida de que a isenção é uma exceção. A regra jurídica que estabelece uma isenção está dando um tratamento excepcional a uma pessoa, ou a um fato, que sem essa regra estariam sujeitos ao tributo. E por isto mesmo a revogação dessa regra equivale em tudo à criação do tributo que vai incidir precisamente sobre aquela hipótese na qual incidia a regra revogada. E assim, não temos dúvida de que a revogação da isenção submete-se, sim, aos princípios da anterioridade anual e nonagesimal.

Aliás, em livro publicado nos anos setenta, e em cuja leitura e interpretação essa data deve ser considerada, Aliomar Baleeiro, um dos maiores tributaristas brasileiros de todos os tempos, escreveu:

> III. RESSALVA DA ANUALIDADE. – Em obséquio ao princípio da anualidade dos tributos, a revogação total ou parcial da isenção não tem eficácia imediata. A lei revogatória só será executada no primeiro dia do exercício seguinte àquele em que ocorra a sua publicação, por fôrça do art. 104, nº III, do CTN, salvo se a lei dispuser de maneira mais favorável ao contribuinte.
> Publicada a lei em qualquer dia do ano, a revogação da isenção, ou redução dela, só vigorará a 1º de janeiro do ano imediato, porque, no Brasil, o exercício financeiro coincide com o ano civil.[20]

Observe-se, finalmente, que, não obstante as mudanças ocorridas em nosso sistema jurídico, subsiste o princípio da anterioridade nonagesimal e a ele está subjetiva a regra jurídica que revoga ou reduz a isenção de tributos, salvo, evidentemente, as exceções que a seguir serão examinadas.

---

[18] BORGES, José Souto. Maior *Teoria Geral da Isenção Tributária*. 3. ed. São Paulo: Malheiros, 2001.

[19] Pontes de Miranda, *Comentários à Constituição de 1946*, tomo II, p. 156, citado por CARRAZZA, Roque Antonio. *Curso de Direito Constitucional Tributário*, 27. ed. São Paulo: Malheiros, 2011, p. 944, nota de rodapé nº 14.

[20] BALEEIRO, Aliomar. *Direito Tributário Brasileiro*. Rio de Janeiro: Forense, 1970, p. 528 e 529.

6   Exceções ao princípio da noventena

Infelizmente o princípio da noventena não tem o efeito desejável, para evitar as surpresas ao contribuinte, por causa do grande número de exceções a esse princípio.

Ressalte-se que as exceções ao princípio da legalidade são somente aquelas previstas na própria Constituição Federal.[21] O legislador ordinário não pode estabelecer exceções a um princípio jurídico com sede constitucional, pela razão óbvia de que permitir que o fizesse seria permitir que alterasse a Constituição.

Pela mesma razão o legislador não pode estabelecer exceções ao princípio da anterioridade nonagesimal. E os casos que configuram exceção a esse princípio não podem ser ampliados, ou ficarem a critério da autoridade administrativa, pois em matéria tributária a lei não pode atribuir à autoridade administrativa essa liberdade, posto que sua ausência é elementar no conceito de tributo. Não se admite qualquer discricionarismo, especialmente no que diz respeito à determinação do valor a ser cobrado. O valor do tributo há de ser determinado, em regra, com os elementos definidos em lei. A faculdade conferida ao Executivo para a alteração de alíquotas é excepcional. Cuida-se, como observa Hamilton Dias de Sousa, de exceção aberta pela Constituição, posto que a fixação de alíquotas "é matéria sob reserva de lei".[22]

No exercício dessa faculdade excepcional, o Poder Executivo não pode agir discricionariamente. A lei que atribua à autoridade administrativa poder discricionário será inconstitucional.

A vigente Constituição Federal, ao tratar do sistema tributário nacional, no capítulo I, disciplinando o Sistema Tributário Nacional, estabelece diversas limitações ao poder de tributar. E especifica as exceções às regras limitadoras.

Assim é que, no art. 150, inciso III, alínea "b", veda a cobrança de tributos no mesmo exercício financeiro em que haja sido publicada a lei que os instituiu ou aumentou. E na alínea "c", veda a cobrança de tributos antes de decorridos noventa dias da data em que haja sido publicada a lei que os instituiu ou aumentou, observado o disposto na alínea "b". E assim dispondo, a vigente Constituição Federal adotou o princípio da anterioridade anual (art. 150, inciso III, alínea "b") e da

---

[21] MORAES, Bernardo Ribeiro de. *Compêndio de Direito Tributário*. Rio de Janeiro: Forense, 1984, p. 399.
[22] SOUSA, Hamilton Dias de. *Estrutura do Imposto de Importação no Código Tributário Nacional*. São Paulo: Resenha, 1980, p. 89.

anterioridade nonagesimal (art. 150, inciso III, alínea "c"), mas indicou expressamente as exceções a esses dois princípios (art. 150, §1º).

Nos termos da vigente Constituição Federal, portanto, não se submetem aos princípios da anterioridade anual e da anterioridade nonagesimal os seguintes impostos:

a) os empréstimos compulsórios (CF, art. 148, inciso I);
b) imposto sobre importação de produtos estrangeiros (art. 153, inciso I);
c) imposto sobre exportação para o exterior de produtos nacionais ou nacionalizados (art. 153, inciso II);
d) imposto sobre produtos industrializados (art. 153, inciso IV);
e) imposto sobre operações de crédito, câmbio e seguro, ou relativas a títulos ou valores mobiliários (art. 153, inciso V);
f) impostos extraordinários de guerra (art. 154, inciso II).

Como se vê, em nosso sistema tributário seis tributos não se submetem aos princípios da anterioridade anual e nonagesimal. Constituem exceções a esse princípio, que é da maior importância para dar segurança jurídica aos contribuintes.

A maioria dessas exceções justifica-se plenamente. Algumas, porém, a nosso ver não se justificam de nenhum modo, porque dizem respeito a tributos em relação aos quais o contribuinte precisa, e muito, da segurança jurídica propiciada pelos princípios constitucionais da anterioridade anual e nonagesimal.

Justifica-se estejam colocados como exceção ao princípio da anterioridade anual e nonagesimal os seguintes tributos:

a) os empréstimos compulsórios de que trata o art. 148, inciso I;
b) o imposto sobre importação;
c) o imposto sobre operações de crédito, câmbio e seguros;
d) os impostos extraordinários de guerra.

Quanto aos empréstimos compulsórios de que trata o art. 148, inciso I, justifica-se estejam colocados como exceção aos princípios da anterioridade anual e nonagesimal por uma razão óbvia, eis que os recursos com eles arrecadados destinam-se a atender a despesas extraordinárias, decorrentes de calamidade pública ou guerra externa ou sua iminência.

No que se refere ao imposto sobre importação explica-se também tenha sido este colocado como exceção ao princípio da anterioridade anual e nonagesimal, porque a conveniência de reduzir as importações de determinado produto pode ser urgente, para a proteção de indústrias instaladas em nosso país.

No que diz respeito ao imposto sobre operações de crédito, câmbio e seguros, é possível questionar sua colocação como exceção ao princípio da anterioridade nonagesimal, entretanto, é razoável admitir que sim, porque esse imposto, na generalidade dos casos, não onera operações ordinariamente praticadas pelo contribuinte que o suporta.

Em relação aos impostos extraordinários de guerra, finalmente, não há dúvida de que a não submissão ao princípio da anterioridade nonagesimal é admissível, por se tratar de impostos que são por natureza excepcionais.

Não se justifica estejam colocados como exceção à anterioridade nonagesimal:

a) o imposto sobre produtos industrializados;
b) o imposto sobre exportação para o exterior, de produtos nacionais ou nacionalizados.

É que em relação a esses dois impostos o contribuinte precisa saber com antecedência o ônus tributário que vai suportar, para ter condição de estabelecer com segurança o preço dos produtos que industrializa e vende e dos produtos que exporta para o exterior.

O industrial que faz um contrato para fornecer seus produtos durante algum tempo a comerciantes atacadistas, sendo surpreendido com o aumento do Imposto sobre Produtos Industrializados, fica sem condições de cumprir esse contrato, pois embora teoricamente o imposto sobre produtos industrializados seja pago pelo comprador dos produtos, na realidade ele integra o preço pelo qual o produto é vendido, de sorte que o comprador não concorda em pagar preço maior pelo fato de ter havido aumento do imposto.

Explica-se, portanto, o entendimento adotado pelo Supremo Tribunal Federal no julgamento, em 20 de outubro de 2011, da ADI-MC 4.661, relator o Ministro Marco Aurélio, afirmando que "se houver majoração do IPI, sua exigência deverá ocorrer após 90 dias, a contar da lei majoradora do gravame, não mais prevalecendo a exigência imediata do gravame, como ocorria até 2003, antes do advento da Emenda Constitucional nº 41/2003.[23]

---

[23] Veja-se SABBAG, Eduardo. *Manual de Direito Tributário*. São Paulo: Saraiva, 2015, p. 109.

No que diz respeito ao imposto sobre exportação para o exterior, de produtos nacionais ou nacionalizados, a situação é ainda mais grave, pois o comprador, situado no exterior, jamais vai admitir pagar um preço maior do que o contratado com o exportador, nos casos em que ocorra aumento do imposto de exportação.

Conhecemos doutrina em sentido oposto, mas com ela não concordamos, pois é evidente que o aumento do imposto de exportação, sem observância da anterioridade nonagesimal, dificulta seriamente a atividade das empresas exportadoras, o que contraria a prática de estimular as exportações, que o próprio governo federal tem adotado, com o objetivo de incentivar a produção em nosso país.

7 Conclusões

Em face do que foi exposto, podemos firmar as seguintes conclusões:

a) É de grande importância na doutrina jurídica a distinção entre regras e princípios, assim como é de grande importância o respeito que devemos ter pelos princípios, que a rigor são mais importantes do que as regras.

b) O princípio da anterioridade nonagesimal fez-se necessário em nosso Direito por causa da prática de aumentar tributo nos últimos dias do ano, com indesejável surpresa para os contribuintes.

c) A lei que revoga isenção tributária deve, sim, submeter-se ao princípio da anterioridade nonagesimal, porque equivale à criação ou aumento de tributo.

Referências

BALEEIRO, Aliomar. *Direito Tributário Brasileiro*. Rio de Janeiro: Forense, 1970.

MORAES, Bernardo Ribeiro de. *Compêndio de Direito Tributário*. Rio de Janeiro: Forense, 1984.

FANUCCHI, Fábio. *Curso de Direito Tributário Brasileiro*. São Paulo: IBET/Resenha Tributária, 1986.

SOUSA, Hamilton Dias de. *Estrutura do Imposto de Importação no Código Tributário Nacional*. São Paulo: Resenha Tributária, 1980.

BORGES, José Souto Maior. *Teoria Geral da Isenção Tributária*. 3. ed. São Paulo: Malheiros, 2001.

TORRES, Ricardo Lobo. As Emendas Constitucionais 41 e 42. *In*: MARTINS, Ives Gandra da Silva. *Curso de Direito Tributário*. São Paulo: Saraiva, 2011.

CARRAZZA, Roque Antônio. *Curso de Direito Constitucional Tributário*. 27. ed. São Paulo: Malheiros, 2011.

UCKMAR, Victor. *Os Princípios Comuns de Direito Constitucional Tributário*. São Paulo: Revista dos Tribunais, 1986.

Informação bibliográfica deste texto, conforme a NBR 6023:2018 da Associação Brasileira de Normas Técnicas (ABNT):

MACHADO, Hugo de Brito. Princípios da anterioridade e da noventena. *In*: SARAIVA FILHO, Oswaldo Othon de Pontes; SIQUEIRA, Julio Homem de; BEDÊ JÚNIOR, Américo; FABRIZ, Daury César; SIQUEIRA, Junio Graciano Homem de; CUNHA, Ricarlos Almagro Vitoriano (Coord.). *Noções gerais e limitações formais ao poder de tributar*. Belo Horizonte: Fórum, 2021. p. 199-216. (Coleção Fórum Princípios Constitucionais Tributários – Tomo I). ISBN 978-65-5518-057-2.

PRINCÍPIO DA ANTERIORIDADE E DA NOVENTENA

RICARDO LODI RIBEIRO

1 Introdução

O artigo 150, III, "b", da Constituição Federal veda que a lei tributária que aumente ou majore o tributo seja aplicada no mesmo exercício financeiro da sua publicação. É a anterioridade tributária. Com a EC nº 42/03, foi introduzida a alínea "c" ao mesmo dispositivo constitucional estabelecendo que essa lei só será aplicada noventa dias após a sua publicação. É a noventena constitucional. Em relação às contribuições sociais da seguridade social, o art. 195, §6º, da CF estabelece regra semelhante. É a anterioridade nonagesimal ou mitigada.

As três regras vão buscar fundamento no princípio da não surpresa do contribuinte como decorrência da segurança jurídica do contribuinte em seu aspecto temporal, revelado pela previsibilidade quanto à alteração da lei tributária. Ao longo do tempo, a previsibilidade não encontrou nos textos constitucionais abrigo apenas na proteção quanto à retroatividade da norma, mas também na limitação temporal da autorização legislativa para a cobrança do tributo, dado o caráter temporário que estes possuíam em sua origem. Modernamente, o princípio da não surpresa, libertando-se de sua origem vinculada à temporariedade, evolui para a proteção da previsibilidade com o dever do legislador conceder aos contribuintes as condições necessárias para que possam dispor e planificar seus comportamentos durante longo tempo.

2 Temporariedade, anualidade e anterioridade

A preocupação com a limitação do poder do rei de impor tributos surge no final da Idade Média, na Europa, diante do crescimento do poder do monarca e da exigência, cada vez mais rotineira, de tributos para a manutenção das despesas permanentes do Estado Nacional que dava então seus primeiros passos. Diante desse quadro, os senhores feudais se insurgiram contra a imposição de tributos mais pesados, exigindo a prévia autorização da cobrança pelos seus representantes.

Data dessa época o surgimento dos princípios do consentimento e da temporariedade,[1] germens dos princípios da legalidade e da anualidade, respectivamente. A necessidade de consentimento na tributação, consequência direta da perda do caráter excepcional dos tributos e do crescimento das despesas estatais, necessário à consolidação do Estado Nacional, repousava na autotributação, a partir da ideia de autoconsentimento estamental. Se no auge do período feudal a tributação era baseada na voluntariedade do pacto feudal, com a centralização do Estado o autoconsentimento surge como contraponto ao caráter impositivo dos tributos, a partir da prévia aprovação pelos representantes da aristocracia feudal.

A temporariedade se notabilizava pela limitação temporal dessa autorização, que precisava renovar-se regularmente e que se coadunava perfeitamente com o caráter provisório dos tributos, pois, até o fim do Estado Patrimonial, estes não eram responsáveis pelo custeio das despesas ordinárias do Governo. Daí ser necessária a autorização para a sua cobrança por período certo de tempo. Sendo os tributos temporários, a ideia de autorização pelo Parlamento (consentimento) se confundia com a aprovação temporária (temporariedade), pois à época não havia a dicotomia posteriormente verificada entre a lei instituidora do tributo e a lei de orçamento, que inexistia, como hoje conhecemos, até o triunfo das revoluções liberais dos séculos XVII e XVIII.[2] Somente na Era Moderna, quando os tributos deixam de ser responsáveis apenas por despesas extraordinárias, passando a ser a principal fonte de receita do Estado, é que podemos conceber a tributação destinada a custear genericamente as despesas públicas.[3] Com o advento do Estado Fiscal, expressão financeira do *Estado Democrático de Direito* a

---

[1] NOVELLI, Flávio Bauer. O princípio da anualidade tributária, p. 77.
[2] TORRES, Ricardo Lobo. *Tratado de Direito Constitucional Financeiro e Tributário*. Vol. V – O Orçamento na Constituição, p. 3.
[3] TORRES, Ricardo Lobo. *A Ideia de Liberdade no Estado Patrimonial e no Estado Fiscal*, p. 2.

partir do desenvolvimento do capitalismo, as despesas públicas passam a ser financiadas por tributos (ingressos derivados), especialmente impostos, além de empréstimos públicos, em substituição à exploração do patrimônio do príncipe (ingressos originários).[4]

Com a consolidação do Estado Fiscal, os tributos passam a ser cobrados de forma permanente, acarretando a separação dos princípios do consentimento e da temporariedade e o crescimento de importância do primeiro, revelado pela legalidade, em detrimento do segundo. Assim sendo, em longa trajetória histórica marcada por avanços e retrocessos, os sistemas jurídicos dos países desenvolvidos passaram a consagrar a necessidade de prévia autorização legislativa para a cobrança de tributos. No entanto, na maior parte dos regimes legais, tal autorização, sendo permanente, dispensava a sua previsão orçamentária.

Portanto, se no período em que os tributos eram temporários a lei que dava o consentimento era a mesma que autorizava a cobrança por determinado tempo, na fase dos tributos permanentes passa a existir uma divisão entre a lei tributária material e a lei de orçamento.[5]

Por outro lado, contribuindo para o declínio do princípio da temporariedade na Idade Moderna, a tributação deixa de ser dividida pelo método da repartição, onde a despesa pública era repartida pelo número de contribuintes. É que no regime de repartição a única garantia do contribuinte era a prévia autorização anual. Com a adoção do regime da quotidade, no qual a autorização legislativa definia o *quantum* que cada contribuinte pagava, a garantia da legalidade se fortalece em detrimento da anualidade. Embora perdendo importância, o princípio da anualidade não deixou de existir, pois constituía em alguns regimes constitucionais uma decorrência do próprio princípio da legalidade, considerado em seu aspecto temporal.[6]

Com o advento do *Estado de Democrático de Direito*, o princípio da temporariedade ganha uma nova importância com a necessidade não só da prévia autorização contida na lei instituidora, mas da inclusão das receitas tributárias no orçamento como requisito para a sua cobrança. Assim, a necessidade de autorização da cobrança por determinado tempo se converte na obrigação de previsão no orçamento anual, dando nascimento ao *princípio da anualidade tributária*. A certidão de nascimento do novo princípio é a Constituição Revolucionária Francesa de 1791 (Título V, art. 1º), que exigia prévia autorização orçamentária

---

[4] TORRES, Ricardo Lobo. *A Ideia de Liberdade no Estado Patrimonial e no Estado Fiscal*, p. 97.
[5] NOVELLI, Flávio Bauer. O princípio da anualidade tributária, p. 78:
[6] SAINZ DE BUJANDA, Fernando. *Hacienda y Derecho*. Tomo I, p. 325.

para a cobrança dos tributos. No regime francês, mantido até hoje a despeito das alterações constitucionais, a lei instituidora do tributo só tem validade de um ano, salvo se for renovada pelo Parlamento, assim como ocorre na Bélgica e em Luxemburgo. No entanto, a menção expressa à anualidade foi suprimida da Carta Francesa de 1875, sem que, contudo, o princípio perdesse sua efetividade, passando a ser um costume constitucional a ensejar a garantia no artigo final de cada lei orçamentária.[7]

O princípio da anualidade é previsto expressamente na Constituição da Bélgica, no art. 171 (com a redação dada pela Reforma de 1994) da Constituição de 1831, em texto inspirado na Constituição francesa de 1791; no art. 100 da Carta de 1868 de Luxemburgo, que é uma reprodução do dispositivo do texto belga; e na Carta de 1814, da Noruega (art. 75).[8]

Também sobrevive de forma consuetudinária, além da França, no México, na Dinamarca, em Liechtenstein e na Suécia.[9]

Embora tendo origem no princípio da temporariedade na Inglaterra, o princípio da anualidade não foi regra no Direito britânico. Ao contrário, os impostos ingleses há muito têm sua cobrança autorizada permanentemente pela lei instituidora, exceção feita ao *income tax*.

No entanto, em vários países com alto grau de desenvolvimento de suas instituições jurídico-tributárias, o princípio da anualidade não se apresenta, como ocorre nos Estados Unidos,[10] na Alemanha, na Argentina, na Itália, no Japão, na Holanda e na Suíça.[11]

Na Espanha, o princípio da anualidade esteve presente nas Constituições do século XIX, seja na de 1812, como na de 1837 e na de 1845.[12] No entanto, o princípio não foi mantido nas Cartas posteriores, estando ausente na Constituição atual de 1978. Em Portugal, o princípio que era previsto no artigo 70, §2º, da Carta de 1933 foi suprimido

---

[7] UCKMAR, Victor. *Princípios Comuns de Direito Constitucional Tributário*, p. 53; NOVELLI, Flávio Bauer. O princípio da anualidade tributária, p. 80.
[8] UCKMAR, Victor. *Princípios Comuns de Direito Constitucional Tributário*, p. 42.
[9] NOVELLI, Flávio Bauer. O princípio da anualidade tributária, p. 81.
[10] BALEEIRO, Aliomar. *Limitações Constitucionais ao Poder de Tributar*, p. 185, onde o autor noticia que alguns estados norte-americanos adotam o princípio da anualidade, como Califórnia, Indiana, Kansas, Mississipi, Nebraska e Tennessee.
[11] NOVELLI, Flávio Bauer. O princípio da anualidade tributária, p. 81.
[12] SAINZ DE BUJANDA, Fernando. *Hacienda y Derecho*. Tomo I, p. 325.

pela Constituição de 1976, embora haja doutrina defendendo sua sobrevivência.[13]

Como se vê, o princípio da anualidade encontrou o seu apogeu no século XIX, com a proliferação de constituições liberais, na esteira da Revolução Francesa. Contudo, no século XX conheceu significativo refluxo a partir da necessidade de o *Estado Social* atender às demandas, muitas vezes urgentes, da população. No *Estado Social e Democrático de Direito*, desafiado a enfrentar os riscos sociais imprevisíveis, o princípio da anualidade passa a ser resquício histórico previsto em poucas constituições, notadamente as mais antigas, ou naqueles ordenamentos onde o princípio lançou raízes mais profundas, como é o caso da França.

3 A trajetória da temporariedade no Brasil: da anualidade à anterioridade

Embora alguns autores[14] entendam que o princípio da anualidade era expresso no artigo 171 da Constituição de 1824, o referido dispositivo se limitava a consagrar a previsão de que os tributos seriam aprovados anualmente pelo Parlamento. No entanto, a Carta Imperial não condicionava a cobrança do tributo à prévia autorização orçamentária. Na verdade, a anualidade tributária era aplicável durante o Império com base na doutrina, muito embora a lei orçamentária não discriminasse os impostos e suas receitas, limitando-se a renovar a autorização para a cobrança dos impostos exigidos no ano anterior.[15]

Ausente da nossa primeira Constituição republicana, de 1891, o princípio foi aplicado por costume constitucional, aproveitando a tradição doutrinária e jurisprudencial do período imperial, tendo sido sustentado por autores como Ruy Barbosa e Carlos Maximiliano, por influência da doutrina francesa de Duguit e Jèze, e exigido pelo STF.[16] Sob a égide dessa Constituição, o princípio da anualidade surgiu expressamente no nosso Direito positivo por obra do legislador ordinário,

---

[13] SANCHES, J. L. Saldanha. *Manual de Direito Fiscal*, p. 49, onde o autor sustenta que a não previsão do tributo no orçamento impede a sua cobrança por se traduzir na cessação da autorização contida na lei instituidora.

[14] Por todos: BALEEIRO, Aliomar. *Limitações Constitucionais ao Poder de Tributar*, p. 52, onde o autor também sustenta que o princípio da anualidade estava previsto, conforme concebido pela Constituição Francesa de 1791, no projeto de Antônio Carlos discutido pela Constituinte de 1823, dissolvida por D. Pedro I.

[15] BALEEIRO, Aliomar. *Limitações Constitucionais ao Poder de Tributar*, p. 52.

[16] NOVELLI, Flávio Bauer. "O princípio da anualidade tributária", p. 82.

por meio do artigo 27 do Código de Contabilidade da União de 1922. No entanto, tal dispositivo não era aplicável aos Estados e Municípios. O quadro não se altera substancialmente no regime da Constituição de 1934, cujo art. 50 previa apenas a necessidade de os tributos serem previstos na lei orçamentária. Contudo, a previsão da anualidade nesses termos não conferia ao contribuinte qualquer garantia contra a cobrança da exação sem previsão orçamentária, o que não impediu que se mantivesse intacta prática constitucional da anualidade.

A Constituição de 1937 dispunha, no seu art. 68, sobre o princípio da anualidade nos mesmos termos da Carta anterior.

No entanto, a despeito da ausência de previsão expressa da anualidade tributária como garantia do contribuinte até a Constituição de 1946, o princípio foi respeitado na nossa prática orçamentária e, como vimos, consagrado na doutrina e na jurisprudência do STF.

Ironicamente, justamente sob a égide da Constituição que o previu expressamente, o princípio, que sempre fora respeitado no Brasil apesar de não agasalhado expressamente no Texto Maior, começou a sofrer conspurcações que acabaram levando ao seu desaparecimento.

De fato, o artigo 141, §34, da Constituição de 1946[17] consagrava, de uma forma sem precedentes no Direito comparado, a garantia do contribuinte de que o tributo não seria cobrado sem sua previsão no orçamento.

No entanto, a amplitude do princípio da anualidade sofreu uma amputação pela "interpretação patriótica"[18] do STF, que, por meio das Súmulas 66 e 67, passou a entender que o disposto no art. 141, §34, da CF/46 não impedia a cobrança do tributo instituído após a aprovação do orçamento, mas antes do início do exercício financeiro seguinte. Deste modo, embora não tenha o Pretório Excelso utilizado se da expressão anterioridade sob a égide daquela Carta, o princípio da anualidade passou a ser aplicado como se anterioridade fosse.

É que a Constituição de 1946 determinava, em seu artigo 74, que o orçamento fosse aprovado até o dia 30 de novembro de cada ano. Ocorre que uma lei do Estado de São Paulo, promulgada em dezembro de 1949, majorou o imposto sobre vendas e consignações após a aprovação do orçamento, mas antes do início do exercício financeiro. Portanto,

---

[17] "§34. Nenhum tributo será exigido ou aumentado sem que a lei o estabeleça; nenhum será cobrado em cada exercício sem a prévia autorização orçamentária, ressalvada, porém, a tarifa aduaneira e o imposto lançado por motivo de guerra".

[18] A expressão irônica é de Aliomar Baleeiro (BALEEIRO, Aliomar. *Limitações Constitucionais ao Poder de Tributar*, p. 148).

entre 30 de novembro e 31 de dezembro. Ou seja, cumpria-se a ideia de anterioridade, mas não a regra da anualidade, em posição acolhida pelo Tribunal Federal de Recursos e confirmada pelo STF.[19] Depois de reiteradas decisões no sentido de admitir a cobrança do tributo criado ou majorado após a aprovação da lei de orçamento, a nossa Corte Maior sumulou o entendimento,[20] por meio dos verbetes nº 66 e 67, esvaziando o princípio da anualidade, a partir de sua transformação em mera anterioridade.

Nasce assim, pelas mãos do STF, por meio das Súmulas 66 e 67, o princípio da anterioridade tributária.

Com a promulgação da EC nº 18/65, o constituinte derivado faz duas restrições ao princípio da anualidade. A primeira, de ordem material, restringindo a sua aplicação do princípio aos impostos sobre patrimônio e renda. A outra, na esteira da jurisprudência do STF consagrada nas Súmulas 66 e 67, ao considerar legítima a cobrança do imposto instituído ou majorado após a aprovação da lei orçamentária, desde que a lei fosse vigente antes do início do exercício financeiro. Sob a égide da EC nº 18/65, foi promulgado o CTN (Lei nº 5.172/66), que, no seu art. 104, previu dispositivo reflexo ao do art. 2º, II, da referida emenda que substituiu o art. 141, §34, da CF/46.

A Constituição de 1967 restabeleceu, em seu artigo 150, §29, o princípio da anualidade, conforme fora previsto originalmente na Carta de 1946. Na feição em que foi consagrada pelos artigos 141, §34, da CF/46 e pelo art. 150, §29, da CF/67, ou seja, sem as restrições impostas pelos textos constitucionais posteriores e pela jurisprudência do STF, a anualidade se traduzia na necessidade de o orçamento prever o tributo para que ele pudesse ser lançado, não bastando ser instituído por lei em sentido formal publicada em ano anterior.

No entanto, no curto período de vigência dessa Constituição, o STF, dando continuidade à aplicação das Súmulas 66 e 67, permaneceu interpretando a anualidade como se anterioridade fosse.

Consolidando o entendimento jurisprudencial do STF, a Emenda Constitucional nº 1/69, retomando a tendência iniciada pela EC nº 18/65, no que tange à limitação temporal da anualidade, sem, contudo, repetir a restrição material relativa aos impostos sobre patrimônio e renda, estatui, no art. 153, §29, a regra da anterioridade e abandona o princípio

---

[19] BALEEIRO, Aliomar. *Limitações Constitucionais ao Poder de Tributar*, p. 143 e segs.
[20] Súmula nº 66. "É legítima a cobrança do tributo que houver sido aumentado após o orçamento, mas antes do início do respectivo exercício". Súmula nº 67. "É inconstitucional a cobrança do tributo que houver sido criado ou aumentado no mesmo exercício financeiro".

da anualidade tributária. Com a promulgação da Constituição de 1988, a despeito da previsão do princípio da anualidade orçamentária, não se consagrou a anualidade tributária, uma vez que o art. 165 da CF/88 que preconiza o primeiro é norma referente à gestão de recursos pelo Estado e à despesa pública, mantendo-se distante da relação jurídica fisco-contribuinte.

4 A anterioridade na Constituição de 1988

A regra da anterioridade na Constituição de 1988 não sofreu grandes alterações em relação à disciplina que lhe foi dada pela EC nº 1/69, senão na referência à expressão *publicação* da lei, ao invés de *vigência* da lei, no exercício anterior ao da cobrança do tributo. Essa fórmula adotada pelo constituinte de 1988 consagrou a orientação do STF que, ao tempo da EC nº 1/69, já entendia que a lei publicada em determinado ano, embora vigente no primeiro dia do exercício seguinte, poderia ser aplicada neste.[21]

Deste modo, o art. 150, III, "b" da Constituição de 1988[22] estabeleceu a proibição quanto à aplicação da lei tributária que institua ou majore tributo em relação a fatos geradores ocorridos no mesmo exercício financeiro em que tenha ela sido publicada. Assim, não basta que o pagamento do tributo seja previsto para o ano seguinte, mas se exige que o fato gerador ocorra no ano seguinte ao da alteração legislativa. Aliás, a lei que fixa a data do pagamento do tributo não se subordina à anterioridade, uma vez que não institui nem majora tributo, como já decidiu o STF.[23]

No entanto, em relação a fatos geradores complexos ocorre um esvaziamento do seu conteúdo, também no que concerne ao princípio da anterioridade, em razão da aplicação da Súmula nº 584 do STF, que admite a aplicação da lei tributária no mesmo ano em que ocorreu o fato gerador do imposto de renda, conforme já vimos nos comentários a respeito do princípio da irretroatividade.

---

[21] STF, Pleno, RE nº 85.373-SP, Rel. Min. Cordeiro Guerra, RTJ 83/501.

[22] "Art. 150. Sem prejuízo de outras garantias asseguradas ao contribuinte, é vedado à União, aos Estados, ao Distrito Federal e aos Municípios: III - cobrar tributos: b) no mesmo exercício financeiro em que haja sido publicada a lei que os instituiu ou aumentou;"

[23] STF, Súmula nº 669: Norma legal que altera o prazo de recolhimento da obrigação tributária não se sujeita ao princípio da anterioridade.

Embora exista abalizada doutrina[24] que lhe atribua eficácia também de *princípio*,[25] com fundamento na previsibilidade a ser buscada pelo legislador, a anterioridade é eminentemente uma *regra*,[26] uma vez que a tutela das situações que não estão por ela protegidas, quando baseadas na proteção à confiança legítima em relação às alterações do ordenamento jurídico-tributário, fundamenta-se no princípio da não surpresa, faceta axiológica da irretroatividade. Deste modo, a previsibilidade e a proteção à confiança do contribuinte não derivam de um suposto *princípio* da anterioridade, mas do princípio da irretroatividade. Se assim não fosse, os demais países que não consagram constitucionalmente o "princípio" da anterioridade[27] não ofereceriam tais garantias ao contribuinte, o que não corresponde à realidade, como vimos, uma vez que essa proteção pode ser extraída do princípio da irretroatividade, quando expresso, ou do princípio do *Estado de Direito*, quando implícito.

A anterioridade é aplicável a todas as espécies tributárias (impostos, taxas, contribuições de melhoria, contribuições parafiscais e empréstimos compulsórios), exceto aos impostos previstos no art. 150, §1º, ou seja, II, IE, IPI e IOF, bem como aos empréstimos compulsórios previstos no art. 148, I (guerra externa ou sua iminência e calamidade pública) e ao imposto extraordinário de guerra (art. 154, II), que podem ser cobrados no mesmo exercício de sua instituição ou majoração. Com a EC nº 33/01, o princípio deixa de ser aplicado em relação às majorações de alíquota, por ato do Poder Executivo, da CIDE-Combustíveis (art. 177, §4º, I, "b") e ao ICMS monofásico a ser instituído por lei complementar sobre combustíveis e lubrificantes (art. 155, §4º, IV, "c").

Tais exceções se justificam:

a) no caso do II, IE, IPI, IOF, ICMS-Combustíveis e CIDE-Combustíveis, pelo caráter extrafiscal de tributos que funcionam como verdadeiros instrumentos de política econômica do Governo, necessariamente dotada de agilidade, a fim de viabilizar a eficácia dessa atuação;

---

[24] ÁVILA, Humberto. *Teoria dos Princípios*, p. 34.
[25] No texto é adotada a concepção de Alexy e Dworkin para a distinção entre princípios e regras: ALEXY, Robert. *Teoría de los Derechos Fundamentales*, p. 86.
[26] SARMENTO, Daniel. *A Ponderação de Interesses na Constituição Federal*, p. 22.
[27] Embora tendo sido uma criação da jurisprudência do nosso STF e, por conta disso, uma exclusividade nacional por muito tempo, o princípio da anterioridade é hoje também previsto na Constituição da Colômbia (1991), art. 338, §3º, com redação dada pela reforma constitucional de 2004.

b) no caso do empréstimo compulsório de guerra e calamidade pública e do imposto extraordinário de guerra, pelo estado de urgência constitucional tributária exigida pela destinação desses tributos, o que os torna incompatíveis com a ideia de anterioridade.

Em relação às contribuições da seguridade social, não se aplica o princípio da anterioridade do art. 150, III, "b", mas a *anterioridade nonagesimal* (art. 195, §6º).

Muito se discute na doutrina sobre se os efeitos das regras constitucionais da anterioridade sobre a validade da lei instituidora do tributo operam no plano da vigência ou da eficácia desta. Embora haja ilustres autores[28] que defendam o fenômeno da anterioridade como uma postergação da vigência da lei instituidora até o exercício seguinte (o que significaria a confusão desse princípio com uma *vacacio legis* peculiar a esse tipo de norma), na verdade, a lei tributária, antes do exercício seguinte ao da sua publicação, não apresenta qualquer singularidade no plano da vigência. O que ocorre nesses casos é o adiamento da aplicação da lei, em fenômeno que se manifesta no plano da eficácia. A lei nessa situação não se aplica aos fatos geradores ocorridos até o primeiro dia do exercício seguinte.[29]

Com a edição da EC nº 32/01, que introduziu o §2º ao art. 62 do Texto Maior, a instituição ou majoração de impostos, exceto os que não se submetem ao princípio da anterioridade, se efetivada por medida provisória, não pode ser aplicada de imediato. Só produzirá efeitos em relação ao exercício seguinte se for convertida em lei até o último dia daquele em que for editada.[30] Caso não ocorra a conversão em lei até o último dia do ano de sua edição, o tributo novo só poderá ser cobrado no ano seguinte ao da conversão. Isso vale dizer que não será mais possível que impostos sejam exigidos com base em medidas provisórias, senão em relação a fatos geradores ocorridos no exercício seguinte ao da sua conversão em lei.

A introdução do dispositivo constitucional é muito louvável por reforçar o princípio da não surpresa do contribuinte e combater

---

[28] Por todos: FANUCCHI, Fabio. *Direito Tributário* – Comentários ao CTN. Vol. 3, p. 15.
[29] NOVELLI, Flávio Bauer. O princípio da anualidade tributária, p. 90. No mesmo sentido: FERRAZ JR., Tércio Sampaio. Anterioridade e irretroatividade no Campo Tributário, p. 237.
[30] "Art. 62, §2º Medida provisória que implique instituição ou majoração de impostos, exceto os previstos nos arts. 153, I, II, IV, V, e 154, II, só produzirá efeitos no exercício financeiro seguinte se houver sido convertida em lei até o último dia daquele em que foi editada (Redação dada pela Emenda Constitucional nº 32, de 2001)".

o uso abusivo de medidas provisórias no fim do ano para a cobrança após poucos dias (ou até horas), embora exercício seguinte. A sua injustificável restrição aos impostos faz com que os demais tributos continuem podendo ser cobrados com base em medidas provisórias ainda não convertidas em lei.[31]

5 A anterioridade nonagesimal

A Constituição de 1988 criou uma original anterioridade mitigada ou anterioridade nonagesimal (art. 195, §6º) a ser aplicada às contribuições destinadas à seguridade social. De acordo com a regra constitucional só pode haver a aplicação da norma em relação a fatos geradores ocorridos noventa dias após a publicação da lei que instituiu ou majorou essas contribuições, sendo irrelevante que isso ocorra no mesmo exercício ou não.

Em relação aos fatos geradores complexivos, embora o STF tenha entendido que a lei não poderá atingir aqueles encerrados durante o curso do prazo de noventa dias,[32] acabou por admitir a retroatividade imprópria[33] com a aplicação de uma norma em relação a fatos geradores que seriam encerrados após a conclusão da noventena, mas que englobava situações fáticas iniciadas antes do referido prazo, com o que resta esvaziada a regra.[34]

Conforme também já decidido pelo STF, nas contribuições instituídas por medida provisória que foi reeditada (o mesmo vale para a que teve o seu prazo prorrogado com base na EC nº 32/01), o prazo de noventa dias começa a fluir da primeira edição da norma, e não da publicação da lei de conversão, desde que não haja alterações significativas nem solução de continuidade entre as edições.[35]

Entendeu também o STF que a anterioridade nonagesimal só se aplica em relação aos tributos instituídos ou majorados pela lei nova e não aos que tiveram sua vigência prorrogada, como a CPMF.[36]

---

[31] Contra: LOPES, Mauro Luís Rocha. *O Princípio da Anterioridade e a Reforma Tributária* – EC 42/2003, p. 153, que sustenta a aplicação do dispositivo a todos os tributos.
[32] STF, Pleno, RE nº 138.284/CE, Rel. Min. Carlos Velloso, DJU 28.08.92, p. 13.456.
[33] Vide item 3.3.2.
[34] STF, Pleno, RE nº 197.790/MG, Rel. Min. Ilmar Galvão, DJU 21.01.97, p. 60.600.
[35] STF, Pleno, RE nº 169.740/PR, Rel. Min. Moreira Alves, DJU 17.11.95, p. 39.217.
[36] STF, Pleno, ADI nº 2.666/DF, Rel. Min. Ellen Gracie, DJU 06.12.02, p. 51: "Ocorrência de mera prorrogação da Lei nº 9.311/96, modificada pela Lei nº 9.539/97, não tendo aplicação ao caso o disposto no §6º do art. 195 da Constituição Federal. O princípio da Anterioridade

Ressalte-se que o entendimento esposado na decisão – embora nos pareça equivocado, uma vez que a prorrogação da vigência da lei tributária temporária equivale à criação de tributo em relação ao tempo posterior a previsão original – também se aplica às limitações constitucionais do art. 150, III, "b" e "c".

6 A noventena constitucional

Com a promulgação da EC nº 42/03, foi introduzida a alínea "c" ao art. 150, III, que estabeleceu regra similar à da anterioridade nonagesimal do art. 195, §6º, da Constituição para os demais tributos. No entanto, ao contrário do dispositivo aplicável às contribuições da seguridade social que é alternativo à anterioridade anual, o preceito em comento é conjugado à anterioridade do art. 150, III, "b".[37]

O resultado da conjugação das regras das alíneas "b" e "c" do art. 150, III, da CF é uma sistemática que privilegia a proteção mais eficaz para o contribuinte. Assim, se o tributo for instituído ou majorado nos últimos noventa dias do ano (ou seja, entre o dia 03 de outubro e o dia 31 de dezembro), aplica-se a noventena, só podendo ser exigido o tributo, com base na nova lei, a partir do 91º dia da publicação da norma que efetivou ou majorou a tributação. Porém, se a lei foi publicada entre os dias 1º de janeiro e 02 de outubro, só poderá se aplicar em relação a fatos geradores ocorridos a partir de 1º de janeiro do ano seguinte.

A regra da noventena, assim como a da anterioridade anual ou clássica, também tem suas exceções constitucionais, estabelecidas na nova redação dada pela EC nº 42/03 ao §1º do art. 150. Assim, não são submetidos a sua disciplina: o II, o IE, o IR, o IOF, o IEG, o Empréstimo Compulsório previsto no inciso I do art. 148 (guerra externa e calamidade pública), nem a fixação da base de cálculo do IPVA e do IPTU. É de se estranhar que nessa regra tenha sido excepcionado o IR, e não o IPI, uma vez que as razões vinculadas à extrafiscalidade deste último, que levaram o legislador constituinte originário a excepcioná-lo em relação à anterioridade clássica, e que também fundamentam a exceção ao novo dispositivo constitucional em relação ao II, IE e IOF, também se fazem aqui presentes. Por ocasião da aprovação da emenda constitucional houve uma manobra astuta das bases governistas para trocar na

---

nonagesimal aplica-se somente aos casos de instituição ou modificação da contribuição social, e não ao caso de simples prorrogação da lei que a houver instituído ou modificado".

[37] GRECO, Marco Aurélio. Anterioridade Nonagesimal na EC nº 42/2003, p. 216.

redação da emenda a ressalva ao inciso IV do art. 153 pelo inciso III do mesmo artigo.[38] Assim, retirou-se a proteção no IR, onde esta se fazia mais importante à tutela da não surpresa do contribuinte em face das constantes alterações da legislação deste imposto nos últimos dias do ano. Em troca, quase que para fazer a alteração passar despercebida, excepcionou-se a noventena em relação ao IPI, onde a garantia não faz muito sentido. Porém, tal manobra foi chancelada pelo legislador constituinte derivado, vinculando o legislador.[39] Note-se também que não foram excepcionados da regra da noventena das alterações de alíquota do ICMS monofásico a ser instituído sobre combustíveis e lubrificantes e da CIDE-Combustíveis, que, segundo o art. 155, §4º, IV, "c", e o art. 177, §4º, I, "b" (ambos com redação dada pela EC nº 33/01), respectivamente, não obedecem ao princípio da anterioridade clássica. A exceção em relação às alterações das bases de cálculo do IPVA e do IPTU se destina a mitigar o rigor estabelecido pelos Tribunais Superiores[40] em relação à aplicação dos princípios da legalidade e anterioridade às alterações das plantas de valores dos dois impostos em percentual acima da correção monetária oficial. Com a exceção da EC nº 42/03, porém, não respeitarão a noventena. A despeito dessa motivação, com a redação dada pela emenda constitucional, qualquer alteração na base de cálculo dos referidos impostos só obedecerá à regra da alínea "b", mas não a da alínea "c" do art. 150, III.

Com a conjugação das exceções das alíneas "b" e "c" do art. 150, III, passamos a ter quatro regimes de tributos em relação ao cumprimento da anterioridade:

a) Regra geral: aplicam-se as duas proteções, com a anterioridade clássica prevalecendo em relação às leis publicadas até dia 02 de outubro de cada ano, e a noventena em relação às publicadas a partir de 03 de outubro. Essa sistemática é

---

[38] Como noticia Ricardo Mariz de Oliveira, o texto original da PEC nº 41/03, que deu origem à EC nº 42/03, não previa a regra da noventena que foi inserida nas emendas substitutivas aprovadas na Câmara dos Deputados. Porém, tais emendas não previam a exclusão do IR, o que só veio a se dar com a Emenda Aglutinativa nº 27, de 03.09.2003 (OLIVEIRA, Ricardo Mariz. Ampliação do Âmbito do Princípio da Anterioridade das Leis Tributárias, p. 267).

[39] Registre-se a posição de Ricardo Lobo Torres, que defende que, mesmo em face da redação dada à EC nº 42/03, a noventena não se aplica ao IPI (TORRES, Ricardo Lobo. *Tratado de Direito Constitucional Financeiro e Tributário*, Vol. II, p. 563). Apesar da coerência do argumento, somos de opinião de que a redação dada ao 1º do art. 150 pela EC nº 42/03 não permite tal conclusão.

[40] STJ, Súmula nº 160: É defeso, ao Município, atualizar o IPTU, mediante decreto, em percentual superior ao índice oficial de correção monetária.

aplicada em relação ao ITR, ao IGF, ao ITD, ao ICMS (exceto na modificação de alíquotas em relação à incidência monofásica sobre combustíveis e lubrificantes), ao ITBI, ao ISS, ao IPVA e ao IPTU (exceto nos dois últimos a base de cálculo), às taxas, às contribuições de melhoria, às contribuições parafiscais (exceto as contribuições da seguridade social e as alterações de alíquota da CIDE-Combustíveis) e empréstimos compulsórios do art. 148, II (investimento público de caráter urgente e de relevante interesse nacional).
b) Regra da anterioridade exclusiva: aplica-se só o dispositivo do art. 150, III, "b": IR e as alterações na base de cálculo do IPVA e do IPTU.
c) Regra da noventena exclusiva: Aplica-se só a norma do art. 150, III, "c": contribuições da seguridade social,[41] IPI,[42] alterações de alíquota da CIDE-Combustíveis e do ICMS monofásico sobre combustíveis e lubrificantes.
d) Regra da alteração imediata: II, IE, IOF, imposto extraordinário de guerra e empréstimos compulsórios do art. 148, I (guerra externa e calamidade pública).[43]

Porém, não há conjugação da regra do art. 150, III, "c", com a do §2º do art. 62, que dispõe que as medidas provisórias que instituírem ou majorarem impostos só poderão ser aplicadas no exercício seguinte ao da conversão em lei. Assim, a aplicação da norma editada pelo Presidente da República está condicionada à sua conversão em lei no exercício anterior ao da incidência, mas não à cobrança no prazo de noventa dias anteriores da aprovação legislativa. Aplicar a regra da noventena a partir da conversão em lei, e não da edição da medida provisória, parece-nos construção que, embora desejável, e até já defendida em doutrina,[44] não se possa extrair do atual Texto Constitucional.

---

[41] Inclusive a extinta CPMF (art. 75, §1º, do ADCT).
[42] STF, ADI nº 4.661 MC / DF, Rel. Min. Marco Aurélio, DJe 23.03.2012.
[43] No mesmo sentido: LOPES, Mauro Luís Rocha. O Princípio da Anterioridade e a Reforma Tributária – EC 42/2003, p. 147-149, onde o autor chama de anterioridade máxima, média e mínima, respectivamente, as regras contidas nas letras a, b e c do texto.
[44] LOPES, Mauro Luís Rocha. O Princípio da Anterioridade e a Reforma Tributária. EC 42/2003, p. 153.

Informação bibliográfica deste texto, conforme a NBR 6023:2018 da Associação Brasileira de Normas Técnicas (ABNT):

RIBEIRO, Ricardo Lodi. Princípio da anterioridade e da noventena. *In*: SARAIVA FILHO, Oswaldo Othon de Pontes; SIQUEIRA, Julio Homem de; BEDÊ JÚNIOR, Américo; FABRIZ, Daury César; SIQUEIRA, Junio Graciano Homem de; CUNHA, Ricarlos Almagro Vitoriano (Coord.). *Noções gerais e limitações formais ao poder de tributar*. Belo Horizonte: Fórum, 2021. p. 217-231. (Coleção Fórum Princípios Constitucionais Tributários – Tomo I). ISBN 978-65-5518-057-2.

PRINCÍPIO DA ANTERIORIDADE E DA NOVENTENA

TERCIO SAMPAIO FERRAZ JÚNIOR

O objeto destas reflexões é, de início, o princípio da anterioridade. Em termos da Constituição o tema pode ser formulado com singeleza: pode a lei impor obrigações tributárias a fatos ocorridos no exercício em que é editada (art. 150, III, "b")?

A anterioridade, como a irretroatividade, é expressão do direito à segurança. Esta, além de direito fundamental, é um dos valores básicos do Estado Democrático de Direito, como se vê na CF, em seu Preâmbulo. Contra o espírito intervencionista da Constituição anterior, que via no Estado um guardião da racionalidade econômica e sobrepunha sua força ao exercício da cidadania, a vigente CF põe em relevo a segurança enquanto submissão do Estado à lei e delimitação clara e eficaz de sua atuação, freio importante da arbitrariedade. A legalidade (*lata* e *stricta*) é uma de suas manifestações. Mas não só; a ela se acrescem a irretroatividade, em geral, a irretroatividade específica e a anterioridade, no plano tributário.

Ambos os princípios têm a ver com o fator tempo na configuração dos eventos vitais. Trata-se do tempo cronológico, caracterizado pela irreversibilidade de um momento indefinido no passado que se projeta para um momento indefinido no futuro, e que tem uma qualidade entrópica (tudo morre), como se vê pela segunda lei da termodinâmica (Cf. OST, François. Le temps, quatrième dimension des droits de l'homme, *In: Journal des Tribunaux*, 99 – 2). Neste inelutável do tempo físico introduz-se a cultura (ética, direito) como a capacidade de retomada reflexiva do passado e antecipação reflexiva do futuro. É a capacidade de reinterpretar o passado (sem anulá-lo ou apagá-lo) – por exemplo, pela responsabilização por aquilo que aconteceu – e de orientar o futuro (sem impedir que ele ocorra) – por exemplo, usando-o como finalidade reguladora da ação. Entre o passado e o futuro, o tempo cultural aparece, assim, como duração, cuja experiência se dá no presente, vivido como um contínuo. A duração, deste modo, liga o passado e o futuro: torna o passado (que não é mais) algo ainda interessante e faz do futuro (que ainda não ocorreu) um crédito, base da promessa.

A questão está em como estabelecer este liame e dar consistência à duração, isto é, *evitar que um passado, de repente, se torne estranho, um futuro, algo opaco e incerto, e a duração, uma coleção de surpresas desestabilizadoras da vida*. Afinal, se o *sentido* de um evento passado pudesse ser alterado ou o *sentido* de um evento planejado pudesse ser modificado ao *arbítrio* de um ato presente, a validade dos atos humanos estaria sujeita a uma insegurança e uma incerteza insuportáveis.

Trata-se de respeitar o passado em face das alterações legais, precavendo-se de tornar ilusórias, retrospectivamente, as expectativas legítimas (boa-fé, promessas, acordos) contidas no evento acontecido, por força da revogação.

O princípio da irretroatividade resgata e sustém um passado em face do futuro, garantindo essas expectativas legítimas em face da lei nova. O *sentido* de um evento passado adquire, assim, um contorno próprio, conforme a legislação então vigente, tornando-se imune ao sentido que lhe atribua a lei posterior, ressalvadas as alterações *in bonam partem*.

Já a anterioridade diz respeito à duração. A salvaguarda contra a surpresa exige a periodicidade, que confere aos eventos um mínimo de durabilidade. Por isso, em todas as culturas, o tempo é dividido e contado. Trata-se de dar ao tempo presente uma consistência, fazendo dele um todo extenso e compacto, entre um começo e um fim, dentro do qual os eventos são solidários. Sem essa divisão e essa contagem, o homem não conseguiria planejar a sua ação. O princípio da anterioridade periodiza o tempo e lhe dá um sentido de unidade, protegendo os eventos que dentro dela acontecem contra alterações legais que ocorram no período. Não se trata de impedir as revisões legais, mas de garantir as mudanças contra o sobressalto e a surpresa. Sem esta garantia, os eventos não duram (perdem o sentido da duração) e se tornam insignificantes (perdem legitimidade). O estabelecimento de períodos (um dia, um mês, um ano), dentro dos quais a lei nova não produz efeitos, é, assim, vital para o implemento da segurança jurídica.

O entendimento do tema à luz da CF de 1988 deve começar por um esclarecimento da *vigência e eficácia* normativas, envolvidas nos referidos princípios.

O art. 150, III, alíneas "a" e "b", da CF utiliza-se das expressões "início da vigência" e "haja sido publicada a lei". O termo *vigência* conhece explicações diferentes na doutrina, ora aproximando-se ora afastando-se de *eficácia*. Pode-se entender que ambas as noções devam ser compreendidas a partir do fenômeno da *validade* (FERRAZ JR., *Introdução ao Estudo do Direito*, São Paulo, 2018, 4.3.2).

Que uma norma *vale* significa, no senso comum jurídico, uma adequação formal ao sistema normativo (norma produzida conforme as regras de competência nele estabelecidas) e uma adequação material (norma produzida conforme princípios, conteúdos, *mens legis,* fins do sistema), presumindo-se o sistema conforme uma estrutura hierárquica.

A norma válida, via de regra, é também a norma dotada de império ou força, isto é, impõe-se antes de tudo e a despeito de qualquer controvérsia (*lex prima facie valet*). Mas o império ou força não se confunde com a validade. Mesmo a norma inválida pode, em determinadas circunstâncias, estar e até ser dotada de império (por exemplo, a norma inconstitucional assim declarada *incidenter tantum,* enquanto não revogada ou enquanto não tiver sua eficácia suspensa). É a sua imperatividade que levanta a questão da vigência e da eficácia.

Vigência significa que a norma vale (exigibilidade da conduta) a partir de um certo momento (início de vigência). A vigência tem, pois, a ver com o tempo de validade. O tempo de validade é sempre prospectivo. Uma norma não vale para trás. Vale sempre de um ponto, no tempo, para frente. O tempo é o tempo cronológico, que corre de um momento para o futuro. Uma norma, assim, não pode valer para trás. Promulgada, a norma vale e, publicada, conta-se daí a sua vigência. A vigência pode ser posposta (o prazo pode contar a tantos dias da sua publicação, mas sempre para frente, não para trás). Não há, pois, como contar este tempo antes de sua publicação: isto decorre de uma impossibilidade lógica, pois mesmo que se quisesse "retroagir" a vigência, a cronologia o impediria – o tempo é irreversível.

Nada impede, porém, que, a despeito da cronologia (vigente a partir de um momento em direção ao futuro), a norma possa, a partir de quando ela vale, vir a produzir efeitos sobre fatos e atos já sucedidos. Neste sentido, a sua força ou império *pode* atingir o passado.

Para entender essa possibilidade, é preciso distinguir entre eficácia e incidência. Eficácia não é incidência (configuração *in concreto* de um direito ou de um fato), mas *possibilidade* de incidência. Eficácia não é obediência e aplicação concretas, mas possibilidade (fática – efetividade – ou jurídica – eficácia técnica) de obediência e aplicação. A norma não é eficaz porque é obedecida e aplicada, mas porque preenche os *requisitos* (sociais e normativos) para ser aplicada e obedecida (donde, por exemplo, a distinção entre eficácia plena, limitada e contida e a distinção entre eficácia social e técnica). Neste sentido, a eficácia é *condição* de incidência. Sem eficácia (possibilidade de incidir) não há incidência. *Incidência*, por sua vez, significa que a um fato acontecido, posterior ou anterior à vigência, deu-se a configuração normativa.

O *princípio da anterioridade* tem a ver com vigência e eficácia *num determinado período*. Vale mencionar, aqui, na antiga jurisprudência do STF, duas posições antagônicas (v. RTJ – 143/680 e seguinte). Uma (Min. Pertence) diz: "O 'cobrar', a que se refere o art. 150, e o 'exigir', a que alude a norma específica do art. 195, §6º, a meu ver, não podem ser reduzidos a uma mera regra de retardamento da exigibilidade ou mesmo do lançamento da exação tributária", pois isto anularia o princípio da não surpresa. Isto é, antes do prazo de 90 dias ou no prazo do exercício, não surgem deveres, direitos, obrigações. Outra (Min. Ilmar Galvão) não confere ao princípio esta extensão. A CF, ao distinguir, em sede tributária, entre irretroatividade (letra a) e anterioridade (letra b), deixaria insuscetível de dúvida "que a nova lei pode viger no mesmo exercício em que foi editada, incidindo sobre os fatos jurídicos posteriores à sua vigência, vedando-se, tão somente, a cobrança (ou a exigência) do tributo no mesmo exercício".

A divergência teve origem na antiga Súmula 584, que, embora divulgada oficialmente bem depois da reforma tributária de 1965/66, fundou-se na interpretação de que o tributo é calculado sobre a renda ou lucro auferido no ano-base, mas que, por ficção interpretativa, era considerado auferido no exercício financeiro subsequente. A ficção estava em considerar a renda obtida no ano-base mera estimativa da renda, conforme já percebia a doutrina (*Cadernos de Pesquisas Tributárias*, v. 11/21).

O tema pode esclarecer o entendimento da anterioridade.

Importante notar, inicialmente, que a tese adotada pela Comissão de Estudos Constitucionais, em seu anteprojeto de constituição (art. 72 – IV), propunha: "Compete à União instituir impostos sobre: IV – renda e proventos de qualquer natureza, cujo fato gerador coincidirá com o término do exercício financeiro da União". O posicionamento histórico era bastante claro. Mas o texto aprovado na Constituinte foi menos explícito: veda-se cobrar tributos "b) no mesmo exercício financeiro em que haja sido publicada a lei que os instituiu ou aumentou;". É verdade que, conjugando-se o dispositivo citado com a interpretação histórica, não seria difícil descobrir o seu sentido. Mas o problema persistiu, mormente em face do art. 105 do CTN.

Discuta-se a questão. Inicialmente, tenha-se que a incidência é aí secundária. Isto é, não importa se ocorreu ou não a incidência ou se essa pode ainda vir a ocorrer. A anterioridade proíbe que a norma vigente (publicada num exercício financeiro) *possa* produzir efeitos (eficácia como condição de incidência) no mesmo exercício financeiro, seja sobre fatos/atos ocorridos, no período, antes de sua vigência, seja sobre aqueles que, ainda no período, venham a ocorrer após a vigência. A partir da vigência, os fatos ocorridos no período são considerados geradores, mas o efeito previsto (possibilidade de "cobrar" o tributo) não os alcança se ocorridos no período. A norma válida, a partir de um certo momento (vigência), configura (tipologicamente) certos fatos como geradores, mas sobre nenhum deles (se ocorridos no mesmo exercício financeiro em que a norma se tornou vigente) há possibilidade de produção de efeitos (eficácia). Se, para eles, não há eficácia, não se preenche a condição de incidência.

Tome-se, ademais, o disposto no art. 104 do CTN ("Entram em vigor no primeiro dia do exercício seguinte àquele em que ocorre a sua publicação os dispositivos de lei, referentes a impostos sobre o patrimônio e a renda..."). Se entendemos "entrar em vigor" como "passar a ter vigência" (a lei teria sido publicada, mas, por força do CTN, a data de início estaria posposta), fica claro que ela só *vale* para o que vier a acontecer no período seguinte. Se entendemos que "vigor" significa "eficácia", do mesmo modo a possibilidade de produzir efeitos só se dá para eventos a partir do exercício seguinte.

Aqui, no entanto, aparece uma discussão sobre fatos pendentes.

Reza o art. 105 do CTN: "A legislação tributária aplica-se imediatamente aos fatos geradores futuros e aos pendentes, assim entendidos aqueles cuja ocorrência tenha tido início mas não esteja completa nos termos do art. 116".

Ora, este artigo trata da aplicação da *legislação tributária*, em seu conjunto, não de cada lei. Em seu conjunto, seria preciso levar em conta também os princípios (da anterioridade e da irretroatividade) e o fenômeno da ultratividade. Ademais, distinguir eficácia, como condição da incidência, da própria incidência. Ainda que se tomasse a incidência como aplicação efetiva da lei por via de lançamento, há de se entender que o lançamento não pode ocorrer se a lei não for eficaz. Lei ineficaz não pode produzir efeitos, portanto veda o lançamento. Se a lei é ineficaz para os fatos geradores ocorridos no exercício, sobre eles não pode haver lançamento (v. CTN art. 144).

O art. 105 do CTN tem sido invocado para justificar a possibilidade de aceitar a lei tributária que institua ou aumente tributo e que tenha sido publicada no curso do exercício, como capaz de produzir efeitos sobre fatos geradores pendentes de consumação, sem que os princípios da anterioridade e da irretroatividade estivessem sendo feridos.

Para discutir essa tese, vale a pena uma consideração sobre o *fator tempo* na constituição do fato gerador. A doutrina (Becker) costuma dizer que as *coordenadas do tempo* podem condicionar a realização de uma hipótese de incidência à *contemporaneidade* ou à *sucessividade num prazo*. Quando a hipótese consiste num estado de fato, por exemplo, na medida igual ao ano civil, a hipótese realiza-se no último momento do dia 31 de dezembro e sobre ela incide a norma vigente no primeiro momento do dia 1º de janeiro do novo ano (*Teoria Geral do Direito Tributário*, São Paulo, 1972, p. 302). O legislador pode definir este prazo em um ano, um semestre, um dia, não importa. A hipótese só se integraliza no último momento, posto que coordenada por um tempo sucessivo, em que a realização é gradativa: cada evento deve ter ocorrido no período e o fato só se completa com o último deles.

Aqui toma sentido a noção de fatos geradores pendentes. Pendentes no tempo cronológico com sentido cultural, humano, os eventos só se completam quando termina o prazo, mas o término do prazo apenas lhes dá um sentido solidário, não os altera como fatos nem os anula. O princípio da anterioridade, assim, impede que os eventos componentes de um fato gerador, mesmo pendente de um momento final, sejam atingidos por uma lei publicada durante o período formador. Do contrário, romper-se-ia a solidariedade entre os eventos como um contínuo segmentado num tempo determinado. Destarte, a aplicação da lei nova a fatos geradores pendentes é possível como regra, mas desde que não fira a anterioridade, que se lhe sobrepõe como princípio constitucional. Portanto, se o prazo for anual, se a lei estiver vigente antes do momento final, ela só atingirá fatos pendentes a iniciarem-se no período seguinte. A anterioridade é uma proteção contra a regra geral da pendência. Sem ela, os eventos, na sucessividade, ficariam à mercê do arbítrio e da surpresa, permitindo-se que o poder dele dispusesse à sua comodidade ("*quomodo*" da imposição: SOUZA, Hamilton Dias de. *In*: *Estudos sobre o Imposto de Renda*, São Paulo, 1994, p. 264).

Ora, no caso do imposto de renda, se a doutrina e a jurisprudência têm por certo que o fato gerador se completa ao final do exercício, há de se ter por certo também que, embora pendente no momento em que é publicada a lei, esta não se aplica aos seus eventos formadores (*porque ocorridos no período*), por força da anterioridade. Assim, se um contribuinte vem praticando atos (eventos) conforme a legislação vigente no período e sobrevém, antes de seu término, lei nova, aqueles eventos e os que se sucedem até o último momento do exercício formam um todo solidário (dentro de um segmento temporal) que não pode ser rompido sob pena de ferir o princípio da não surpresa, o qual atribui *sentido vinculante às promessas* num sentido amplo: o que ocorreu *compromete*. A não surpresa confere aos eventos um mínimo de durabilidade.

Faz pleno sentido, destarte, a observação de Luciano Amaro: "Se, em razão da *irretroatividade*, lei de setembro não pode atingir atos ou fatos de agosto, seria absurdo sustentar que, 'por força' da anterioridade, a mesma lei de setembro onerasse *os mesmos acontecimentos de agosto*, como se, num passe de mágica, a proteção do indivíduo (anterioridade) pudesse transformar-se em arma letal contra o seu direito de não submeter-se a leis retroativas" (*Cadernos de Pesquisas Tributárias*, n. 11, São Paulo, 1986, p. 373). Ou, como definiu o Min. Célio Borja, relator da ADIN nº 513 – DF (RTJ 144/746, decisão unânime), "o artigo 150 da Constituição tornou explícito que a lei não pode impor obrigações tributárias a fatos ocorridos antes de sua vigência (inc. III, alínea "a") nem, tampouco, a fatos ocorridos no exercício em que editada (inc. III, "b")".

A menção, nesse voto, a *fatos ocorridos no exercício em que editada*, aos quais não pode haver imposição de *obrigações* alcança, certamente, os fatos pendentes, sujeitos à ocorrência do prazo final, mas compondo, em termos de duração, uma conjunção solidária. Por força da proteção da anterioridade, a incidência sobre eles (aplicação imediata da lei a fatos pendentes) está excluída. Destarte, cobrar, conforme a lei vigente no exercício em que se dá a declaração, tributo referente a fatos ocorridos no ano base, fere a anterioridade. Isto tem consequências para a irretroatividade. Como observa Luciano Amaro, a anterioridade, daquela forma entendida, qualifica o princípio: "se a lei tributária cria ou majora tributo não sujeito àquele princípio [anterioridade], a irretroatividade é *simples*; se cria ou majora tributo por ele acobertado, a irretroatividade é *qualificada*, pois não basta a antecedência da lei em relação ao *fato jurígeno*, exigindo-se essa antecedência em relação *ao ano (ou exercício) da realização do fato*" (*op. cit.* p. 371 s.).

Em síntese, se, pela irretroatividade, até a publicação da lei nova, cada evento está protegido, não podendo, como na lei penal, vir a submeter-se ao novo fato-tipo instituído, pela anterioridade estão protegidos todos os eventos ocorridos durante o exercício enquanto compondo um segmento temporal.

Anterioridade nonagesimal

O tema da anterioridade, contudo, merece uma reflexão especial quando se leva em consideração a anterioridade prevista no art. 195, §6º, da CF.

Nos termos do art. 150, III, "b", e do art. 195, §6º (competência negativa), nos dois casos exige-se do legislador uma *omissão* de criar tributo que pretenda *tornar eficaz* (*cobrar tributo*) sob determinadas condições referentes ao fator temporal (ou *no mesmo exercício financeiro* – 150, III, "b" – ou *antes de 90 dias* – 195, §6º).

À luz dessas primeiras observações, vale um exame mais detalhado das mencionadas normas constitucionais. Afinal, como observa Canotilho (*Direito Constitucional*. Coimbra, 1995, p. 189), admitindo-se que o objeto sob discussão tem a ver, de algum modo, com a exequibilidade de normas constitucionais, o modelo *condição/efeito condicionado* traz certas peculiaridades significativas.

A exigência de omissão, na norma constitucional, ocorre mediante uma norma de permissão *negativa*, isto é, norma que prescreve o que *não* está permitido fazer ou que prescreve o que se tem a obrigação de *não* fazer. No caso, produzir leis tributárias que tenham eficácia no mesmo exercício financeiro ou no período nonagesimal.

Como a norma de permissão negativa do art. 195, §6º, é uma exceção à norma de permissão negativa do art. 150, III, "b", ambas têm de ser lidas em conjunto.

A primeira *veda* a cobrança de tributos no *mesmo exercício financeiro* em que tenha sido publicada a respectiva lei. A segunda *permite positivamente* que as contribuições sociais *possam* ser cobradas no mesmo exercício financeiro, mas contém uma permissão negativa de que sejam cobradas antes de 90 dias da data da publicação da lei. Essa proibição negativa vem expressa, no art. 195, nos seguintes termos:

§6º – As contribuições sociais de que trata este artigo *só poderão* ser exigidas após decorridos noventa dias da data de publicação da lei ... (grifei).

O operador normativo (*functor deôntico*) "*só poderão*" (ser exigidas no sentido de ser cobradas) institui uma competência negativa para o legislador ordinário. *Só poderão* equivale *não poderão salvo se*. A questão que se coloca é saber se essa *ressalva* (*salvo se*) implica uma norma de permissão positiva (pode, *desde que*). Ou seja, se a Constituição, ao delimitar a competência proibindo que a norma legal disponha sobre uma eficácia anterior a 90 dias, "autoriza" (e em que termos), *a contrario sensu*, a exigência (eficácia) após 90 dias.

Ora, conforme assinala Canotilho (*cit.*, p. 189), há de se distinguir entre a *abertura* e a *densidade* de uma norma constitucional. *Abertura* significa certa indeterminação, que pode ser *horizontal* (incompletude e caráter "fragmentário" e "não codificado" de uma norma constitucional) e *vertical* (caráter geral indeterminado da norma). *Densidade* tem a ver com a concretização da norma constitucional. "Existem certas normas cuja densidade pressupõe um menor espaço de 'discricionariedade' ou de 'liberdade de conformação' que outras. Assim, por ex., a norma constitucional que regula a liberdade de imprensa é uma norma mais 'densa'(cfr. art. 38.º) do que a que estabelece como tarefa do Estado 'Promover o aumento do bem estar social e econômico e da qualidade de vida do povo, em especial das classes mais desfavorecidas' (cfr. art. 81.º/a). A primeira possui uma 'determinabilidade', 'densidade' ou 'exequibilidade' muito maior que a segunda. Mesmo que seja necessária, em ambos os casos, a *interpositio legislatoris*, não oferece dúvidas ser a liberdade de legislar muito maior no tipo de norma do art. 81.º/a do que a do art. 38". De outro lado, "há tipos de normas que praticamente constituem um *limite* ao legislador (ex. normas organizatórias), enquanto noutras avulta o caráter dirigente material (ex. normas impositivas). As primeiras actuam, fundamentalmente, como *determinantes negativas* dos poderes públicos; as segundas surgem como *determinantes positivas*" (grifei).

Assim, aquela autorização *e contrario* contida no art. 195, §6º, implica um *poder* conferido ao legislador (de um lado *positivo*: *pode* cobrar no mesmo exercício financeiro, de outro, *negativo*: *não* pode no período nonagesimal), cujas densidades são diferentes: a densidade da exceção (*pode no mesmo exercício financeiro*) é maior que a da norma que estabelece uma determinante negativa (*mas não antes de 90 dias*). No primeiro caso temos uma *potestade*. No segundo, mera *faculdade*, pois o prefixo *não*, "afetando a proposição normativa em seu todo, é ambíguo: ora exprime *proposição normativa negativa*, ora exprime *negação da proposição normativa*" (cf. VILANOVA, Lourival. *Estruturas lógicas e o sistema do direito positivo*. São Paulo, 2005, p. 251). Como, no caso de atribuição constitucional de competência legislativa, a lei é uma forma e um procedimento do sujeito competente (autoridade legislativa) para estabelecer uma regulamentação intrinsecamente aberta (CANOTILHO, p. 684), o problema está, portanto, em saber se essa *faculdade* (*não pode no período nonagesimal*) tem o caráter de uma *competência* e, se afirmativo, em que densidade.

Normas de competência estabelecem relações de subordinação. Podemos falar de quatro relações de subordinação: *potestade, imunidade, sujeição, impotência.* Para que tenhamos uma relação de potestade, é preciso uma norma de permissão forte, isto é, que A autorize a B, expressamente, editar normas para C, *podendo*, pois, *impor* condutas a terceiros (competência como potestade). Correspondentemente, para que haja uma relação de sujeição de B em face de A, precisamos de uma norma de obrigação que, impositivamente, limite a possibilidade de agir de B. Nesses termos, a potestade de A é correlata à sujeição de B e vice-versa. Já imunidade e impotência são termos negativos. E também correlatos, embora nem sempre. Distinguem-se dois casos de imunidade. A relação de imunidade de B em face de A pode ser genérica, ocorrendo sempre que haja não potestade de A em face de B. Nesse caso, a autoridade terá uma "competência" por ausência de norma permissiva forte, havendo mera permissão fraca: A goza de uma "não potestade" em face de B. Pode, porém, haver imunidades específicas. Se A está expressamente proibido de editar normas sobre temas específicos para B, B goza de imunidade específica perante A. Por exemplo, a imunidade de um Estado da Federação perante imposições tributárias de outro Estado ou de certas atividades, como a edição de livros e jornais, perante as imposições tributárias em geral ou a imunidade de embaixadores perante a jurisdição do Estado em que exercem suas funções etc. Nesse caso, a impotência de A perante B, por exemplo, a incompetência de um órgão público para editar certas normas, rege-se pelo princípio da estrita legalidade: só se pode fazer o que está expressamente permitido (permissão forte) por lei.

Discute-se aqui o caso de "competência negativa".

Tratando-se de norma de competência deve-se cuidar para que não se caia na armadilha de um argumento *e contrario* falacioso.

Não seria surpresa a seguinte proposta de interpretação: "a Constituição proíbe a cobrança da contribuição antes dos noventa dias, logo, após os noventa dias, a cobrança está permitida". Trata-se de uma instância do argumento *e contrario* (se A então *proibido B*, logo, se *não-A*, então *permitido B*), na qual se infere a consequência normativa oposta para a condição oposta.

Como se sabe, o argumento *e contrario* não tem um estatuto logicamente válido, pois pretende transformar uma condição meramente suficiente, em condição necessária para a conclusão. Isso porque não apenas a condição leva à consequência normativa, como também, sem a condição, não teríamos a consequência normativa (necessidade). A imprecisão, do ponto de vista lógico, exige cuidado na aplicação do argumento. Assim, a dogmática jurídica admite força cogente ao argumento quando a condição prevista na norma pode ser interpretada como uma exceção. Nesse caso, a condição não é "se", mas "se e somente se".

A situação de excepcionalidade até parece estar presente no caso em questão. Mas aqui cabe uma importante observação. Ocorre, no caso sob exame, que o equívoco no seu emprego não está na situação de excepcionalidade exigida, mas no fato de que o argumento se aplica para *normas de conduta*, não propriamente para as *de competência*.

Note-se que o argumento *e contrario* leva à permissão de omitir uma *conduta* exigida pela norma cuja condição não foi satisfeita. Porém, quando tratamos de normas de competência material, estamos diante de uma autorização ou proibição de *criar regra*, com determinado conteúdo. A aplicação do *e contrário* aqui seria paradoxal se voltada para o *conteúdo* em questão. Se a autoridade está proibida *de criar* norma com um conteúdo A, isso não pode implicar que ela estaria autorizada *a criar* norma com qualquer outro conteúdo que *não* seja A.

Portanto, quando a Constituição Federal estabelece que o legislador não pode criar tributo permitindo sua cobrança antes dos noventa dias, a novena (o decurso de 90 dias) *não é uma condição suficiente para permitir a cobrança*, mas apenas uma limitação de conteúdo ao poder do legislador (nunca antes de 90 dias). Daí a falácia em que se pode incorrer com a aplicação do argumento *e contrario*.

Afinal, se o legislador está proibido de instituir tributo *permitindo* a sua cobrança antes dos noventa dias, então somente tem poder para instituir tributos *permitindo* sua cobrança após os noventa dias. É essa duplicidade de uso do operador *permitir* que exige e esclarecimento. Veja-se que há aqui uma reiteração de operadores deônticos. O legislador está *proibido* de criar norma *permitindo* algo. E a consequência da violação é a inconstitucionalidade. Portanto, *está permitido*, em sentido fraco, criar tributos que *não permitam* a cobrança antes da novena.

Quando, pois, mediante mera negação (não pode), se estabelece uma competência negativa, ou se nega a potestade (não é permitido *editar* norma) ou se nega o tema da potestade (é permitido editar norma, porém não quanto ao tema X: *pode Não-X*). Nesse último caso, a inferência *a contrario sensu* aponta apenas para uma *abertura vertical*, de *fraca densidade*: *liberdade de conformação legislativa* (Canotilho), isto é, pode *conformar* desde que não se trate de X ou pode *deixar de conformar*.

Em suma, quando a Constituição, mediante norma de competência negativa, impõe uma omissão, estabelece uma *permissão forte negativa* (potestade negativa), cuja densidade é alta. Mas quando apenas estabelece uma competência mediante uma norma negativa (não pode *editar* ou pode editar *não-X*), daí resulta, *e contrario*, apenas uma competência mediante norma de *permissão fraca*: mera faculdade ou norma de competência de baixa densidade. A autoridade não está obrigada, apenas pode disciplinar, *a contrario sensu*, o tema oposto, implícito em sua competência. Ou seja, a vinculação, na qualidade de limites materiais negativos, não implica uma vinculação na qualidade de imposição de disciplinar o que está não proibido. Por exemplo, se a norma constitucional limita (norma de permissão negativa expressa) a competência tributária dos Estados, do Distrito Federal e dos Municípios para estabelecer diferença entre bens e serviços de qualquer natureza, *em razão de sua procedência ou destino* (CF, art. 152), não segue que o legislador *esteja obrigado* a dispor em caso de outras razões.

Ora, quando a Constituição, no art. 195, §6º, determina uma exceção ao disposto no art. 150, III, "b", e usa o operador normativo: *só poderão*, está a estabelecer, por força da correlação entre regra e exceção existente entre os dois preceitos, que o legislador ordinário *não* tem competência para impor eficácia à contribuição *antes* de 90 dias (permissão negativa forte). Mas, como se trata de norma de competência negativa, daí segue a *mera faculdade* de dispor para *após* 90 dias (permissão negativa fraca). Verifica-se aí a presença de duas permissões: uma permissão forte negativa (não eficácia antes de 90 dias) e uma permissão fraca negativa (pode estabelecer norma sobre eficácia após 90 dias ou pode omitir norma sobre eficácia).

Em outras palavras, como se trata de uma exceção à proibição de eficácia no mesmo exercício financeiro (art. 195, §6º: "... não se lhes aplicando o disposto no art. 150, III, b", mas desde que seja (*somente se*) *após 90 dias*), a permissão *a contrario* admite duas hipóteses: não permite, no mesmo exercício, *antes de 90 dias* e permite, no mesmo exercício, *somente após 90 dias*. A diferença entre a primeira permissão (*não* permite *antes 90 dias*) e a segunda (permite *após 90 dias*) está em que a primeira é norma constitucional que estabelece uma competência condicionada expressamente: *só poderão* expressa uma condição negativa *necessária e suficiente* (não antes de 90 dias), enquanto a segunda estabelece uma condição necessária, *mas não suficiente* (mera faculdade ou norma de competência de baixa densidade). Ou seja, a condição *após 90 dias* não exprime *suficientemente quando* a cobrança (exigência) será eficaz, o que faculta ao legislador estabelecer: (i) se ocorrerá eficácia imediata (exigível 90 dias após a publicação da lei), ou (ii) eficácia postergada (exigível 100, 150 etc. dias após a publicação da lei) ou (iii) simplesmente nada prescrever (dispensar a fixação do prazo). É, como assinalado, o que se denomina, conforme Canotilho (p. 238), *liberdade de conformação do legislador*.

Ou seja, o dispositivo constitucional sobre a competência legislativa referente à ineficácia das normas legais dentro do período nonagesimal estabelece uma delimitação em termos de uma condição necessária e suficiente: se o legislador criar uma disciplina temporal *ultra vires*, vale o limite da norma constitucional: é proibida a fixação antes de 90 dias. Porém, a disposição obtida *a contrario sensu* sobre a eficácia para após o período nonagesimal, sendo uma permissão fraca, estabelece apenas uma condição necessária, mas não suficiente, dela decorrendo uma liberdade de conformação: pode fixar a eficácia em após 90 dias, pode fixar em outro prazo após 90 dias, pode dispensar a fixação. Nesse último caso, ocorre um silêncio do legislador: como interpretá-lo? A resposta tem consequências para uma declaração de inconstitucionalidade.

Veja-se que, na prática, essa última hipótese significa, *a contrario*, que o legislador *não está obrigado* a determinar *quando* a norma legal será eficaz (se está *facultado*, ele pode ou não determinar o prazo da eficácia).

Mas isso tem uma consequência: *se vier a determinar esse prazo obriga-se ao que estabeleceu*. O exercício da *faculdade* produz norma expressa que vincula o legislador, posto que terá sido criada uma relação *potestade/sujeição*. Ou seja, se o fez, ainda que de forma inconstitucional (antes de 90 dias), o exercício efetivo da competência/faculdade o vincula: ele não pode deixar de determinar, então, *quando* será eficaz. Ou seja, o que a Constituição veda não é o exercício da faculdade (fixar o prazo de eficácia), mas a fixação fora do período nonagesimal (tema da competência). Porém, uma faculdade exercida deixa claro que o legislador fez uma opção: ele *não julgou dispensável* fixar um prazo. A inconstitucionalidade da norma por força do prazo fixado (tema da competência) não implica, tendo havido exercício da faculdade, que o legislador tenha julgado *dispensável* a fixação do prazo. Apenas que editou norma inconstitucional quanto ao prazo: o prazo é inconstitucional, mas não a *opção de julgar indispensável*. A inconstitucionalidade do tema não implica a inconstitucionalidade da faculdade. Assim, o exercício da faculdade tem uma consequência importante: o legislador *não deixou em aberto* o preenchimento da condição antes já preenchida a seu critério. Como a Constituição determina a condição temporal em que a norma *não* pode exigir o tributo, deixando ao legislador a faculdade de determinar ou não o prazo de eficácia, se o legislador fez uma escolha (que poderia ter deixado de fazer), não se pode inferir, *a contrario sensu*, qual o prazo que teria determinado em seu lugar, já que não julgou dispensável a sua fixação.

Esse é o sentido do voto do Ministro Octávio Galotti (STF pleno, ADIN nº 1.441-2/DF, Diário de Justiça, seção I, 18 de out. 1996, p. 14), ao ressaltar: "Se efetuada antes do prazo, será de arguir-se a inconstitucionalidade da execução da cobrança precoce, jamais a do diploma que haja julgado dispensável tornar expressa a recomendação de dar-se cumprimento à Constituição, em seu art. 195, §6º". Ou seja, a mera omissão em estabelecer que a cobrança ocorrerá após 90 dias não gera inconstitucionalidade, pois estamos diante da *liberdade de conformação* do legislador. Mas, se o legislador estabelece um prazo, fazendo uso de sua *faculdade*, não terá julgado dispensável tornar expressa a recomendação. O prazo vincula a autoridade administrativa e o próprio legislador. Mas, se esse prazo é julgado inconstitucional (*ultra vires*), o legislador terá assumido a obrigação de determinar qual é, então, o prazo, não podendo a Administração fazê-lo em lugar daquele. Pois não teria havido lacuna quanto à *dispensabilidade*, apenas quanto ao prazo que fixou. Isto é, no caso, a declaração de inconstitucionalidade liga-se não aos requisitos de validade (formal) da norma (faculdade para julgar dispensável ou indispensável a fixação do prazo), mas à idoneidade do conteúdo da norma (o prazo fixado) para produzir efeitos jurídicos (validade material: inconstitucionalidade daquele prazo fixado), *donde a exigência de ser fixado outro prazo pelo próprio legislador que não julgou dispensável a fixação*.

Ou seja, a não determinação do prazo da eficácia no lugar do prazo inconstitucional implica a ineficácia da própria norma, que só pode ser sanada mediante lei.[1]

Cumpre registrar que a hipótese de incidência de uma lei tributária, "que não é aplicável sem complementação", não pode ocorrer em sede de Direito Tributário, para o que se exige lei (cf. ÁVILA, Humberto. *Sistema constitucional tributário*. São Paulo, 2006, p. 443; o texto entre

---

[1] Trata-se de um tipo particular de lacuna, a lacuna técnica, também chamada *intra legem*, que ocorre quando o legislador estabelece uma norma (no caso, julga indispensável a fixação de um prazo), mas (no caso, por inconstitucionalidade do prazo fixado) acaba por deixar de fornecer as condições de sua aplicabilidade (o prazo).

aspas é de Klaus Tipke: *Die Steuerrechtsordnung*, Köln, 1993, p. 213). É o caso da lacuna técnica, cujo preenchimento está interditado com fundamento em princípios gerais, em especial, o da segurança jurídica e/ou com fundamento em inferências de ordem quase lógica, como o argumento *a contrario*.

Veja-se, a propósito, a decisão do STF que entendeu que a regra (da anterioridade mitigada do art. 195, §6º), ao contrário do sustentado pela União (o prazo de recolhimento seria "matéria que pode ser veiculada até por regulamento e não está sujeita ao princípio da estrita legalidade"), deva alcançar não só a instituição do tributo como também qualquer alteração que se lhe introduza, donde a obrigatoriedade constitucional de observação do preceito quanto à *fixação de nova data para recolhimento do tributo* (RE nº 195.333-CE, 2ª Turma, relator: Ministro Marco Aurélio, julgado em 22.04.97, DJ 27.06.97, p. 30247).

No caso então sob exame (ADI nº 1.417/DF), é importante, por fim, sublinhar que a lacuna técnica surge não por omissão do legislador em julgar dispensável a determinação do prazo, mas por *ter estabelecido* o prazo e esse prazo, por ferir a limitação nonagesimal, ter sido declarado inconstitucional. Como essa regra limitadora, em termos de segurança, exige a conexão substancial entre o comportamento do poder competente (não antes de 90 dias) e a finalidade de previsibilidade independentemente do conteúdo (aspecto formal-temporal da segurança jurídica), a inconstitucionalidade do prazo (antes de 90 dias) produziu uma lacuna técnica que exige a fixação de nova data para o recolhimento do tributo, data essa que não pode ser fixada senão pelo próprio legislador. Vale dizer, a lacuna técnica não pode ser colmatada por ato administrativo que, em o fazendo, é ato nulo.

Informação bibliográfica deste texto, conforme a NBR 6023:2018 da Associação Brasileira de Normas Técnicas (ABNT):

FERRAZ JÚNIOR, Tercio Sampaio. Princípio da anterioridade e da noventena. *In*: SARAIVA FILHO, Oswaldo Othon de Pontes; SIQUEIRA, Julio Homem de; BEDÊ JÚNIOR, Américo; FABRIZ, Daury César; SIQUEIRA, Junio Graciano Homem de; CUNHA, Ricarlos Almagro Vitoriano (Coord.). *Noções gerais e limitações formais ao poder de tributar*. Belo Horizonte: Fórum, 2021. p. 233-247. (Coleção Fórum Princípios Constitucionais Tributários – Tomo I). ISBN 978-65-5518-057-2.

PRINCÍPIOS DA ANTERIORIDADE E DA NOVENTENA

FÁBIO MARTINS DE ANDRADE

1   Introdução

O princípio da anterioridade é um dos pilares das limitações constitucionais ao poder de tributar (e destruir, nas palavras de um conhecido jurista). Na sua origem da Magna Charta Libertatum de 1215 previu, na realidade, a quarentena para cobrar os impostos que fossem criados pelo Rei. Depois de transcorridos mais de trinta anos desde o advento de nossa festejada Constituição da República, em 2019, verifica-se o quão rico foi o percurso de tal princípio no nosso ordenamento jurídico nos últimos anos, cada vez mais imbricado com o princípio da noventena.

No passado, falava-se no princípio da anualidade. Em seguida, o foco deslocou-se para o princípio da anterioridade, através de distorções legislativas hoje consideradas abusivas e arbitrárias, como a publicação de lei que instituía tributo ou majorava a sua alíquota nos últimos dias de cada ano, para passar a valer já a partir de 1º de janeiro do ano seguinte (quando nos referimos aos últimos dias do ano, estamos sendo literais, com publicações de leis frequentemente ocorridas em edições extras dos diários oficiais de 26, 28 ou até mesmo 31 de dezembro).

Essa situação de abuso e arbitrariedade foi percebida pelo Poder Constituinte Derivado, que, mediante a Emenda Constitucional nº 42/03, trouxe a regra da necessária noventena, independente de quando seja publicada a lei que institui o tributo ou majora a sua alíquota.

Inicialmente, a anterioridade funcionava apenas e tão somente para os impostos, sendo às contribuições sociais aplicáveis o princípio da noventena. Diante dos abusos mencionados, a noventena passou a ser aplicada também aos impostos. Desse modo, hoje, o princípio da anterioridade se refere aos tributos de modo geral, à exceção das contribuições sociais, que se submetem à noventena, a qual também se aplica aos tributos, à exceção também daqueles tributos incidentes sobre o domínio econômico de caráter extrafiscal. Essa é uma garantia para que não seja publicada lei instituindo tributo ou aumentando a sua alíquota nos últimos três meses do ano para passar a valer a partir de 1º de janeiro.

Nesse ponto é possível até intuir que os princípios aqui em questão (anterioridade e noventena) são verdadeiros pilares das limitações constitucionais ao poder de tributar. E mais, adquiriram o *status* de cláusula pétrea, como direito e garantia individual dos contribuintes (como cidadãos). E mais do que isso, relacionam-se com importantes normas de diferentes matizes dentro da própria Constituição da República. Com efeito, estas normas vão desde aquelas regras claras como a legalidade e a tipicidade cerrada, em alguns casos, até aqueles princípios e postulados mais abrangentes, como é o caso da segurança jurídica, da proteção da confiança legítima e da não surpresa.

Nesse sentido, os princípios da anterioridade e da noventena assumem relevante papel de fios condutores que perpassam todo o chamado "Estatuto Constitucional dos Contribuintes", com evidente irradiação aos mais variados pontos relacionados ao Direito Tributário. Aqui, excepcionam-se alguns poucos tributos explicitados no Texto Constitucional.

Tal protagonismo, atribuído aos princípios da anterioridade e da noventena, foi paulatinamente construído pela jurisprudência do Supremo Tribunal Federal, que, durante os últimos trinta anos, se dedicou bastante a pôr cobro às arbitrariedades e aos abusos perpetrados tanto pelo Poder Executivo como pelo Poder Legislativo, especialmente cuidando-se de matéria tributária, a despeito de ter tolerado algumas brechas em situações limítrofes e específicas, como veremos.

2 Arcabouço constitucional

Hoje o arcabouço normativo contido na Constituição da República, com a redação dada pela Emenda Constitucional nº 42/03, contempla os seguintes dispositivos principais:

a) a alínea "b" do inciso III do artigo 150, que traz a regra geral de incidência do princípio da anterioridade aos tributos, no sentido de que é vedado ao ente público cobrar tributos no mesmo exercício financeiro em que haja sido publicada a lei que os instituiu ou aumentou;
b) a alínea "c" do inciso III do artigo 150, que estabelece a regra geral de incidência do princípio da noventena aos tributos, no sentido de que os entes federativos não poderão cobrá-los antes de decorridos noventa dias da data em que haja sido publicada a lei que os instituiu ou aumentou, observado o dispositivo anterior;
c) o §6º do art. 195, que disciplina a regra geral de incidência do princípio da noventena às contribuições sociais destinadas ao financiamento da Seguridade Social;
d) a exceção constante no §1º do art. 150, que enumera os dispositivos que disciplinam diferentes tributos que não estão submetidos aos princípios da anterioridade, da noventena ou a ambos; e
e) a exceção constante na alínea "b" do inciso I do §4º do art. 177, que excetua do princípio da anterioridade a CIDE – Combustíveis.

Verifica-se, por conseguinte, que há tributos que se submetem tanto ao princípio da anterioridade como também ao princípio da noventena. Há outros que só se submetem a um dos princípios em foco (e não ao outro). Por fim, há aqueles que não se submetem a qualquer um deles.

Para melhor visualização didática sobre as possíveis incidências de tais princípios nos tributos previstos no Sistema Tributário Nacional,[1] temos o seguinte:

	Princípio da anterioridade	Princípio da noventena
Tributos	Não incide	Não incide
	Incide	Não incide
	Não incide	Incide
	Incide	Incide

---

[1] A título ilustrativo, o Professor Ricardo Lodi Ribeiro qualifica as quatro incidências e exceções, que veremos, nas seguintes categorias: a regra geral, que se compõe das duas proteções; a regra da anterioridade exclusiva; a regra da noventena exclusiva; e a regra da alteração imediata (RIBEIRO, Ricardo Lodi. *Limitações Constitucionais ao Poder de Tributar*. Rio de Janeiro: Lumen Juris, 2010, p. 127-128).

O Professor Luís Eduardo Schoueri, em obra bastante didática e abrangente sobre o Direito Tributário, explica que o princípio da anterioridade "impõe a existência de um prazo entre a lei que institui ou aumenta um tributo e o início de sua vigência", podendo ser de noventa dias (princípio da noventena) ou de até um ano, a depender do tributo em questão. Depois de percorrer a prática pretérita referida, de publicar as medidas provisórias e leis nos últimos dias do ano para passar a valer dias depois (já no ano seguinte), com ricos e concretos exemplos nesse sentido, e as principais mudanças na Lei Maior, brinda-nos com o seguinte quadro, o qual merece reprodução abreviada pelo notável alcance didático:[2]

Tributo	Anterioridade ao Exercício Social	Anterioridade de 90 dias
II e IE	Não se aplica	Não se aplica
IOF	Não se aplica	Não se aplica
Imposto Extraordinário	Não se aplica	Não se aplica
Empréstimo Compulsório	Não se aplica	Não se aplica
Imposto de Renda	Aplica-se	Não se aplica
IPVA	Aplica-se	Não se aplica em relação à fixação de sua base de cálculo
IPTU	Aplica-se	Não se aplica em relação à fixação de sua base de cálculo
ICMS – Combustíveis	Não se aplica	Aplica-se
IPI	Não se aplica	Aplica-se
Contribuições sociais destinadas à Seguridade Social	Não se aplica	Aplica-se
CIDE – Combustíveis	Não se aplica	Aplica-se
Todos os demais tributos existentes no ordenamento brasileiro	Aplica-se	Aplica-se

Para aqueles tributos que não se submetem ao princípio da anterioridade e tampouco ao da noventena, não há qualquer limitação quanto ao poder de tributar nesse particular aspecto. A justificativa ocorre em razão da natureza própria deles, que devem ser usados em

---

[2] SCHOUERI, Luís Eduardo. *Direito Tributário*. 7. ed. São Paulo: Saraiva, 2017, p. 332 e 336-337.

caráter excepcional, como a situação de calamidade pública ou iminência de guerra, por exemplo, ou mesmo de maneira mais rotineira, mas limitada a certas intervenções no domínio econômico, que dependem de extrema agilidade e não poderiam aguardar o trâmite legislativo, bastando o manuseio de decreto para o aumento ou a redução de suas alíquotas, como ocorre nos impostos de importação e exportação (com finalidade extrafiscal).

Para aqueles que se submetem ao princípio da noventena, mas não ao da anterioridade, o decurso de noventa dias atende plenamente ao mandamento constitucional. Na situação contrária, para aqueles que se subsumem apenas ao princípio da anterioridade, e não ao da noventena, em regra permaneceria válida aquela hipótese esdrúxula já tão vivenciada no passado, de publicação da lei nos últimos dias do ano para passar a valer já no dia 1º de janeiro.

A corroborar tal entendimento, verifica-se que a medida provisória que implique instituição ou aumento de impostos só produzirá efeitos no exercício financeiro seguinte se houver sido convertida em lei até o último dia daquele em que foi editada, consoante dispõe o §2º do artigo 62 da Constituição da República, com a redação dada pela Emenda Constitucional nº 32/01. Se o tempo decorrido entre o prazo de publicação da medida provisória e a publicação da lei a qual se converteu for menor do que 90 dias, é de se verificar a situação de qual imposto (e é esse o termo empregado no dispositivo em referência) se cuida, conforme o quadro do Professor Schoueri. De outro lado, cabe registrar que, se a medida provisória editada converte-se em lei até o último dia do ano, isso implica dizer que, possivelmente, foi originariamente editada em período maior do que 90 dias, podendo chegar até a 120 dias (prazo máximo de sua vigência), ocasião em que tanto a noventena como a anterioridade seriam (ambas) respeitadas.

Por fim, para aqueles que se submetem aos dois princípios em foco, 3 de outubro seria a data limite para a publicação de lei que pretender ser aplicada a partir de 1º de janeiro do ano subsequente, na medida em que deve observar tanto a anterioridade do exercício financeiro como também a noventena.[3]

---

[3] No mesmo sentido, explicitando a maior garantia ao contribuinte na situação de conjugação dos dois dispositivos: "O resultado da conjugação das regras das alíneas *b* e *c* do art. 150, III, CF é uma sistemática que privilegia a proteção mais eficaz para o contribuinte. Assim, se o tributo for instituído ou majorado nos últimos noventa dias do ano (ou seja, entre o dia 03 de outubro e o dia 31 de dezembro), aplica-se a noventena, só podendo ser exigido o tributo, com base na nova lei, a partir do 91º dia da publicação da norma que efetivou ou majorou a tributação. Porém, se a lei foi publicada entre os dias 1º de janeiro e 02 de

Obviamente, outras situações que não estão dentro de tais prazos limítrofes não seriam problemáticas ou polêmicas, como, por exemplo, lei publicada desde janeiro até setembro para instituir ou aumentar tributo no próximo ano ou mesmo em ano subsequente, razão pela qual não merecem qualquer digressão.

A respeito da regra da anterioridade, o Professor Ricardo Lodi Ribeiro explica que "não basta que o pagamento do tributo seja previsto para o ano seguinte, mas se exige que o fato gerador ocorra no ano seguinte ao da alteração legislativa" (ou depois de transcorridos noventa dias, cuidando-se da regra da noventena). Cuidando-se de fatos geradores complexos, o Professor adverte que existe "um esvaziamento do seu conteúdo, (...), em razão da aplicação da Súmula nº 584 do STF, que admite a aplicação da lei tributária no mesmo ano em que ocorreu o fato gerador do imposto de renda".[4]

Sobre o tema, cabe lembrar também do teor da Súmula nº 669 do STF, a qual foi posteriormente erigida à Súmula Vinculante nº 50, cuja redação preceitua que: "Norma legal que altera o prazo de recolhimento de obrigação tributária não se sujeita ao princípio da anterioridade".

3 Evolução jurisprudencial no âmbito do STF

Daqui em diante, procederemos a uma ampla compilação dos principais precedentes e julgados decididos pelo Supremo Tribunal Federal sobre os temas principais da anterioridade e noventena, bem como algumas questões específicas que permitiram certa flexibilização nos últimos trinta anos, como a prorrogação da noventena, a medida provisória e a revogação de benefício fiscal, como veremos.

3.1 Aplicação da anterioridade

Em alguns casos antigos, relacionados à correção monetária das demonstrações financeiras de certos anos específicos, restou decidido pelo STF que a anterioridade não seria aplicável.[5]

---

outubro, só poderá se aplicar em relação a fatos geradores ocorridos a partir de 1º de janeiro do ano seguinte" (RIBEIRO, Ricardo Lodi. *Limitações Constitucionais ao Poder de Tributar*. Rio de Janeiro: Lumen Juris, 2010, p. 126).

[4] RIBEIRO, Ricardo Lodi. *Limitações Constitucionais ao Poder de Tributar*. Rio de Janeiro: Lumen Juris, 2010, p. 122. Eis o teor da Súmula nº 584: "Ao imposto de renda calculado sobre os rendimentos do ano-base, aplica-se a lei vigente no exercício financeiro em que deve ser apresentada a declaração".

[5] Quanto à atualização monetária das demonstrações financeiras relativas ao ano-base de 1990 pelo BTN-Fiscal, o acórdão recorrido que concluiu pela configuração de ofensa ao princípio da anterioridade restou superado pelo acórdão do STF, na medida em que

Em importante processo objetivo ajuizado em face do IPMF, sob alegação de flagrante violação da EC nº 03/93 a diversos dispositivos constitucionais originários (e imutáveis), restou decidido que: 1º) uma emenda emanada pelo Poder Constituinte Derivado pode sim ser declarada inconstitucional pelo STF por violação ao texto originário da Lei Maior; e 2º) naquele caso específico, o art. 2º da EC que autorizou a União a instituir o IPMF previu no §2º que não se aplicaria a anterioridade, em evidente violação ao art. 150, III, "b", além dos artigos 5º, §2º, e 60, §4º, inciso IV, todos da Constituição.[6]

Aqui, é relevante assinalar que de modo geral as limitações constitucionais ao poder de tributar (Estatuto Constitucional do Contribuinte) foram integradas aos direitos e garantias individuais e fundamentais, merecendo, por conseguinte, proteção como cláusula pétrea.

Em processo objetivo no qual foi reconhecido o risco de se manter com plena eficiência o preceito atacado, restou deferida a medida acauteladora para, mediante interpretação conforme à Constituição e sem redução de texto, afastar a eficácia do art. 7º da LC nº 102, de 11.07.2000, no tocante à inserção do §5º ao art. 20 da LC nº 87/96 e às inovações introduzidas no art. 33 da referida lei. Com efeito, em relação a tais dispositivos, observar-se-á "a vigência consentânea com o preceito constitucional da anterioridade, vale dizer, terão eficácia a partir de 1º de janeiro de 2001".[7]

Cuidando-se das contribuições destinadas a custear dispêndios da União acarretados por decisão judicial e correção monetária e atualização dos depósitos do FGTS, decidiu o STF que tal contribuição prevista no art. 1º da LC nº 110/2001 seria constitucional, "desde que respeitado o

---

o princípio foi tido por aplicado de forma equivocada: "Primeiro, porque, ao mandar corrigir as demonstrações financeiras pelo BTN fiscal desatrelado do IPI, a Lei nº 8.088/90, necessariamente, não determinou a majoração da base de cálculo do IR, efeito que somente se verificou relativamente às empresas com patrimônio líquido superior ao ativo permanente, não se tendo dado o mesmo com as que possuem ativo permanente superior ao capital próprio. Em segundo lugar, porque, ainda que assim não fosse, a eficácia da mencionada lei, para o fim de que se cogita, terá sido adiada para janeiro/91, ou seja, para exercício financeiro posterior ao em que foi ela aplicada, quando já nada impedia a exigência do IR incidente sobre o lucro apurado no balanço de 1990" (STF – 1ª Turma, RE 284.619, Rel. Min. Ilmar Galvão, j. 17.12.2002, DJU 07.03.2002). Nesse sentido, concluindo que a correção monetária prevista no art. 15, parágrafo único, da Lei nº 7.738/89 não violaria o princípio constitucional da anterioridade: STF – 1ª Turma, RE 268.003, Rel. Min. Moreira Alves, j. 23.05.2000, DJU 10.08.2000.

[6] STF – Pleno, ADI 939, Rel. Min. Sydney Sanches, j. 15.12.1993, DJU 18.03.1994.
[7] STF – Pleno, ADI 2.325-MC, Rel. Min. Marco Aurélio, j. 23.09.2004, DJe 06.10.2006.

prazo de anterioridade para início das respectivas exigibilidades (art. 150, III, "b", da Constituição)".[8]

Em importante (e tardio) paradigma relacionado ao expurgo da correção monetária das demonstrações financeiras referentes ao exercício de 1989, restou decidido que a lei regedora de tributo há de ser editada em certo exercício, para observância no subsequente.[9]

3.2 Aplicação da noventena

Em insurgência à instituição da COFINS, que resultou em um agravo regimental improvido por deficiência no traslado, em razão da ausência da certidão de publicação do aresto recorrido (que seria essencial à aferição da tempestividade), restou aplicada a Súmula nº 288 do STF, constando na própria ementa que: "1. As contribuições sociais da seguridade social previstas no art. 195 da Constituição Federal que foram incluídas no capítulo do Sistema Tributário Nacional poderão ser exigidas após decorridos noventa dias da data da publicação da lei que as houver instituído ou modificado, não se lhes aplicando o disposto no art. 150, III, "b", do Sistema Tributário, posto que excluídas do regime dos tributos".[10]

Em processo objetivo ajuizado pelo CFOAB em face de lei estadual publicada em 30.12.2006, que dispôs sobre custas judiciais e emolumentos de serviços notariais e de registros públicos, cujo dispositivo de vigência estabeleceu que ela entraria em vigor no dia 01.01.2006, o resultado alcançado perante o STF foi para dar interpretação conforme à Constituição "e declarar que, apesar de estar em vigor a partir de 1º de janeiro de 2006, a eficácia dessa norma, em relação aos dispositivos que aumentam ou instituem novas custas e emolumentos, se iniciará somente após 90 dias da sua publicação".[11]

Em outro caso, também de processo objetivo ajuizado por partido político para questionar o aumento de alíquota de IPI incidente na indústria automotiva através de decreto e com aplicação imediata, o STF decidiu, por unanimidade, que tal manejo (inerente ao Poder Executivo mediante decreto) submete-se ao princípio da anterioridade nonagesimal previsto no artigo 150, inciso III, alínea 'c', da Constituição

---

[8] STF – Pleno, ADI 2.556, Rel. Min. Joaquim Barbosa, j. 13.06.2012, DJe 20.09.2012. No mesmo sentido: STF – Pleno, ADI 2.568, Rel. Min. Joaquim Barbosa, j. 13.06.2012, DJe 20.09.2012.
[9] STF – Pleno, RE 188.083, Rel. Min. Marco Aurélio, j. 05.08.2015, DJe 20.10.2015.
[10] STF – 2ª Turma, AI 174.540-AgR, Rel. Min. Maurício Corrêa, j. 13.02.1996, DJU 26.04.1996.
[11] STF – Pleno, ADI 3.694, Rel. Min. Sepúlveda Pertence, j. 20.09.2006, DJU 06.11.2006.

Federal, ocasião em que foi concedida a medida liminar, com efeito *ex nunc* (dali para a frente).[12]

A contribuição previdenciária do empregador inicialmente prevista em decreto era incidente à alíquota de 10%. Posteriormente, a lei aumentou-lhe a alíquota ao percentual de 20%. A própria lei, no seu art. 21, estabeleceu que ela entraria em vigor na data de sua publicação, produzindo efeitos, quanto à majoração de alíquota, a partir de 01.09.1989, razão pela qual entre os meses de sua publicação e tal data permaneceu vigente aquela regra anterior do decreto. Assim decidiu o STF no caso: "Enquanto as disposições tributárias da Lei nº 7.787/89 vigeram sem eficácia, em razão do disposto no artigo 195, §6º, da Constituição Federal, não houve revogação da norma inscrita no artigo 33, inciso II, alínea "a", do Decreto nº 90.817/85".[13]

Em razão do advento de decreto estadual que implementou o sistema de recolhimento do ICMS por substituição tributária ter previsto poucas semanas para iniciar a sua produção de efeitos, o STF decidiu pela aplicação analógica do art. 150, III, "c", da Constituição Federal, para assegurar ao contribuinte do ICMS o direito à observância do princípio da noventena, vez que o decreto não previu prazo razoável de adaptação em favor das substituídas.[14]

A contribuição ao PIS, tal como exigido pelo art. 2º da EC nº 17/97, restou limitada à observância da noventena, a contar da data da publicação da referida emenda constitucional, quando foi reconhecida a repercussão geral do tema e a reafirmação da jurisprudência sobre a matéria.[15]

A majoração de alíquota da contribuição social patronal prevista na lei do Estado de Santa Catarina incide apenas após o decurso do prazo relativo à anterioridade nonagesimal (noventena) previsto no art. 195, §6º, da Constituição da República.[16]

3.3 Noventena e prorrogação

Como situação característica a não ensejar o respeito à noventena, decidiu a Suprema Corte quando da prorrogação de alíquota majorada,

---

[12] STF – Pleno, ADI 4.661-MC, Rel. Min. Marco Aurélio, j. 20.10.2011, DJe 23.03.2012.
[13] STF – 2ª Turma, RE 509.832-AgR, Rel. Min. Cezar Peluso, j. 14.08.2012, DJe 29.08.2012.
[14] STF – 2ª Turma, ARE 713.196-AgR, Rel. Min. Ricardo Lewandowski, j. 10.06.2014, DJe 01.08.2014.
[15] STF – Pleno, RE 848.353-RG, Rel. Min. Teori Zavascki, j. 12.05.2016, DJe 23.05.2016.
[16] STF – Pleno, ACO 1.196-AgR, Rel. Min. Ricardo Lewandowski, j. 30.06.2017, DJe 04.08.2017.

vez que tal prorrogação não se caracterizaria como instituição e tampouco majoração de sua alíquota, mas apenas e tão somente como manutenção (no sentido de permanência).

A respeito, paradigmático foi o caso da prorrogação da CPMF, ocasião em que partido político ajuizou ação direta com o objetivo de questionar a Emenda Constitucional nº 37/02, no que durante o trâmite do seu processo legislativo restou com a supressão do trecho "observado o disposto no §6º do art. 195 da Constituição Federal". O STF decidiu, na ocasião, que não houve qualquer inconstitucionalidade material, vez que o dispositivo constitucional relacionado à noventena não foi violado, apenas restando inaplicável à hipótese, vez que se tratava de simples prorrogação da lei que havia instituído ou modificado a CPMF.[17]

Posteriormente, houve novo questionamento, quando do advento da Emenda Constitucional nº 42/03, que prorrogou a CPMF e manteve a alíquota ao patamar de 0,38% para o exercício de 2004, com a revogação de dispositivo que estipulava diminuição de sua alíquota, mantendo-se o mesmo nível que então vinha sendo pago. Em suma, a manutenção do mesmo índice que vinha sendo recolhido pelo contribuinte, com a revogação do artigo que estipulava diminuição antes dele entrar em vigor, não pode ser equiparada ao aumento de alíquota, razão pela qual não incide o princípio da anterioridade nonagesimal.[18]

No mesmo sentido, mas versando sobre o ICMS, cabe registrar que permanece válida a prorrogação de aumento de alíquota, desde que antes do fim de sua vigência:

> Tributário. ICMS. Majoração de alíquota. Prorrogação. Inaplicabilidade do prazo nonagesimal (artigo 150, III, *c*, da Constituição Federal). Recurso extraordinário conhecido e provido.
> 1. A Lei paulista 11.813/04 apenas prorrogou a cobrança do ICMS com a alíquota majorada de 17 para 18%, criada pela Lei paulista 11.601/2003.
> 2. O prazo nonagesimal previsto no art. 150, III, *c*, da Constituição Federal somente deve ser utilizado nos casos de criação ou majoração

---

[17] Releva assinalar que constou na ementa o seguinte trecho: "O §4º, inciso IV do art. 60 da Constituição veda a deliberação quanto a proposta de emenda tendente a abolir os direitos e garantias individuais. Proibida, assim, estaria a deliberação de emenda que se destinasse a suprimir do texto constitucional o §6º do art. 195, (...). A presente hipótese, no entanto, versa sobre a incidência ou não desse dispositivo, que se mantém incólume no corpo da Carta, a um caso concreto" (STF – Pleno, ADI 2.666, Rel. Min. Ellen Gracie, j. 03.10.2002, DJU 06.12.2002).

[18] Na ocasião, restou vencida a tese de que a revogação do inciso II do §3º do art. 84 do ADCT implicou aumento do tributo para fins do que dispõe o art. 195, §6º, da CF (STF – Pleno, RE 566.032, Rel. Min. Gilmar Mendes, j. 25.06.2009, DJe 23.10.2009).

de tributos, não há hipótese de simples prorrogação de alíquota já aplicada anteriormente.
3. Recurso extraordinário conhecido e provido para possibilitar a prorrogação da cobrança do ICMS com a alíquota majorada.[19]

Relacionando-se ao aumento de alíquota, e não mera prorrogação, restou decidido pelo STF, consoante a seguinte ementa:

> Recurso extraordinário – Emenda Constitucional nº 10/96 – Art. 72, inciso III, do Ato das Disposições Constitucionais Transitórias (ADCT) – Contribuição Social sobre o Lucro (CSLL) – Alíquota de 30% (trinta por cento) – Pessoas jurídicas referidas no §1º do art. 22 da Lei nº 8.212/91 – Alegada violação ao art. 195, §6º, da Constituição Federal.
> 1. O poder constituinte derivado não é ilimitado, visto que se submete ao processo consignado no art. 60, §§2º e 3º, da Constituição Federal, bem assim aos limites materiais, circunstanciais e temporais dos §§1º, 4º e 5º do aludido artigo.
> 2. A anterioridade da norma tributária, quando essa é gravosa, representa uma das garantias fundamentais do contribuinte, traduzindo uma limitação ao poder impositivo do Estado.
> 3. A Emenda Constitucional nº 10/96, especialmente quanto ao inciso III do art. 72 do Ato das Disposições Constitucionais Transitórias – objeto de questionamento – é um novo texto que veicula nova norma, e não mera prorrogação da norma anterior.
> 4. Hipótese de majoração da alíquota da CSSL para as pessoas jurídicas referidas no §1º do art. 22 da Lei nº 8.212/91.
> 5. Necessidade de observância do princípio da anterioridade nonagesimal contido no art. 195, §6º, da Constituição Federal.
> 6. Recurso Extraordinário [da União] a que se nega provimento.[20]

Ora, a hipótese de aumento de alíquota é frontalmente agressiva ao dispositivo constitucional, como consta na ementa citada. Contudo, a hipótese de mera prorrogação de alíquota já anteriormente majorada entendemos que também é violadora de tal dispositivo, desde que a publicação da lei tenha ocorrido em período inferior a noventa dias. E por quê? A razão é simples. Se o Governo Federal não se planeja minimamente (ao menos como deveria), o contribuinte (cidadão comum ou pessoa jurídica) tem suas contas na ponta do lápis durante (quase) o ano todo. Se há previsão de que certo tributo cessará ou diminuirá de

---
[19] STF – Pleno, RE 584.100, Rel. Min. Ellen Gracie, j. 25.11.2009, DJe 05.02.2010.
[20] STF – Pleno, RE 587.008, Rel. Min. Dias Toffoli, j. 02.02.2011, DJe 06.05.2011. No mesmo sentido: STF – 1ª Turma, AI 714.420-AgR, Rel. Min. Dias Toffoli, j. 05.02.2013, DJe 21.03.2013.

alíquota no dia X, assim ele passa a se planejar. Aqui estamos falando de impacto direto em gastos (para pessoas físicas) e preço (para pessoas jurídicas). No entanto, depois advém uma lei mantendo o *status quo ante* mediante a sua prorrogação. Se ela ocorrer dentro do período de noventa dias, certamente pegará o contribuinte de surpresa, como vimos. Se ocorrer além de tal período, parece que seria suficiente para que o contribuinte se reorganizasse minimamente em relação à mudança efetivamente perpetrada (com a manutenção do que antes seria extinto ou reduzido).

3.4 Medida provisória

A questão relacionada à medida provisória já teve uma importância maior no passado, tendo limitado seu alcance em razão da Emenda Constitucional nº 32, quando a matéria tributária foi explicitamente retirada de tal âmbito. De igual modo, com tal emenda, o problema das reedições mensais se resolveu. Contudo, tais questões geraram um estoque de contencioso que merece destaque. Vejamos:

> Contribuição social prevista na Medida Provisória 63/89, convertida na Lei 7.787/89. Vigência do artigo 3º, I. Interpretação conforme à Constituição do artigo 21.
> - O inciso I do artigo 3º da Lei 7.787/89 não é fruto da conversão do disposto no artigo 5º, I, da Medida Provisória 63/89. E, assim sendo, o período de noventa dias a que se refere o disposto no §6º do artigo 195 da Constituição Federal se conta, quanto a ele, a partir da data da publicação da Lei 7.787/89, e não de 1º de setembro de 1989.
> - Isso implica dizer que o artigo 21 dessa Lei 7.787/89 ('Art. 21. Esta lei entra em vigor na data da sua publicação, produzindo efeitos, quanto à majoração de alíquota, a partir de 1º de setembro de 1989') só é constitucional se entendido – interpretação conforme à Constituição – como aplicável apenas àquelas majorações de alíquota fruto de conversão das contidas na Medida Provisória 63/89.
> - Recurso extraordinário conhecido e provido.[21]

---

[21] STF – Pleno, RE 169.740, Rel. Min. Moreira Alves, j. 27.09.1995, DJU 17.11.1995. Em outro caso envolvendo essa mesma conversão de medida provisória em lei: "O disposto no art. 8º da lei em comento, embora não estando previsto na redação original da MP 63/89, não majorou o tributo, tampouco modificou base de cálculo ou fato gerador. Por esta razão, não se lhe aplica o princípio da anterioridade mitigada" (STF – 1ª Turma, RE 199.198, Rel. Min. Ellen Gracie, j. 28.05.2002, DJU 28.06.2002). No sentido contrário, aplicando a anterioridade em razão da diferença entre os dispositivos da MP e da lei: "O Supremo Tribunal Federal fixou jurisprudência no sentido de que o inciso I do artigo 3º da Lei 7.787/89 não é fruto

Verifica-se, portanto, que se conta o prazo de noventa dias a partir da veiculação da primeira medida provisória sempre que o dispositivo em questão constar nas reedições subsequentes e até na lei posteriormente convertida.[22]

> Previdência Social: contribuição social do servidor público: restabelecimento do sistema de alíquotas progressivas pela MProv. 560, de 26.7.94, e suas sucessivas reedições, com vigência retroativa a 1.7.94, quando cessaria à da L. 8.688/93, que inicialmente havia instituído: violação, no ponto, pela MProv. 560/94 e suas reedições, da regra de anterioridade mitigada do art. 195, §6º, da Constituição; consequente inconstitucionalidade da mencionada regra de vigência que, dada a solução de continuidade ocorrida, independe da existência ou não de majoração de alíquotas em relação àquelas fixadas em lei cuja vigência já se exaurira.[23]

Cuidando-se da impetração de mandado de segurança depois de esgotado o prazo da anterioridade mitigada prevista no §6º do art. 195 da Lei Maior, deixa de ser passível invocá-lo, sendo destituída de utilidade, na medida em que se referia a dispositivo contido em medida provisória repetidas vezes reeditada e que posteriormente se converteu em lei (Medida Provisória nº 1.212/95 e Lei nº 9.715/98).[24]

Cuidando-se da limitação de 30% para a compensação dos prejuízos apurados nos exercícios anteriores, relacionados ao IRPJ e à

---

da conversão do disposto no artigo 5º, I, da Medida Provisória 63/89. E, assim, o período de noventa dias a que se refere o disposto no §6º do artigo 195 da Constituição do Brasil se conta, quanto a ele, a partir da data da publicação da Lei 7.787/89, e não de 1º de setembro de 1989" (STF – 2ª Turma, RE 551.696-AgR, Rel. Min. Eros Grau, j. 11.11.2008, DJe 28.11.2008).

[22] STF – Pleno, RE 232.896, Rel. Min. Carlos Velloso, J. 02.08.1999, DJU 01.10.1999. No mesmo sentido: STF – 2ª Turma, AI 533.060-AgR, Rel. Min. Ellen Gracie, j. 15.12.2009, DJe 19.02.2010.

[23] Eis o acórdão referente ao caso: "(...) por maioria de votos, em julgar parcialmente procedente a ação direta, para declarar a inconstitucionalidade no art. 1º da Medida Provisória nº 628, de 23/09/94, e suas sucessivas reedições até a Medida Provisória nº 1.482-34, de 14/3/97, a frase 'com vigência a partir de 1º de julho de 1994 e', e, nas Medidas Provisórias nº 1.482-35, 1.482-36 e 1.482-37, todas de 1997, sem redução de texto, a implícita absorção da mesma regra de vigência declarada inconstitucional nas anteriores (com vigência a partir de 1º de julho de 1994)" (STF – Pleno, ADI 1.135, Rel. Min. Sepúlveda Pertence, j. 13.08.1997, DJU 05.12.1997).

[24] Nesse sentido: "Se, quando da impetração do mandado de segurança pela empresa contribuinte, já se achava esgotado o prazo constitucional a que se refere o art. 195, §6º, da Carta Política, apresenta-se destituída de utilidade e de significação jurídica a invocação do princípio da anterioridade mitigada, por não mais se revelar acolhível, em tal específica hipótese, a pretensão mandamental que objetivava afastar a alteração introduzida na base de cálculo relativa à contribuição pertinente ao PIS" (STF – 2ª Turma, RE 466.106-AgR, Rel. Min. Celso de Mello, j. 06.12.2005, DJU 20.04.2005).

CSLL, a publicação da MP nº 812 em 31.12.1994 não violou o princípio da anterioridade, desde que observado o princípio da noventena, *verbis*: "Não viola os princípios da anterioridade e irretroatividade tributárias o fato de a Medida Provisória nº 812 ter sido publicada no sábado, 31.12.94, desde que observado o princípio da anterioridade nonagesimal.[25]

Se na lei de conversão de medida provisória verifica-se que o dispositivo suscitado não constou da edição do texto originário da medida provisória, então a contagem da anterioridade nonagesimal deve-se contar a partir da publicação da lei. Com efeito, considerando que a contribuição ao PIS deve respeitar a regra do art. 195, §6º, da Constituição, a aplicação da anterioridade nonagesimal ao aumento de alíquota deve levar em conta a conversão em lei da medida provisória.[26]

3.5 Revogação de benefício fiscal

Em ação direta ajuizada por partido político em face de modificações perpetradas na legislação relacionada ao IPVA no Estado do Paraná, que redundou na redução ou na extinção de desconto para o pagamento sob determinadas condições, como o pagamento antecipado em parcela única, com alegada violação ao art. 150, III, "c", da Lei Maior, a medida cautelar foi indeferida, com o argumento de que tal situação não pode ser equiparada à majoração do tributo.[27]

A eventual promoção de aumento indireto do ICMS através da revogação de benefício fiscal impõe o dever de observância ao princípio da anterioridade, geral e nonagesimal, respectivamente, consoante nas alíneas "b" e "c" do inciso III do art. 150 da Lei Maior.[28]

No mesmo sentido, recentemente houve a reafirmação de tal entendimento, "no sentido de que não só a majoração direta de tributos atrai a aplicação da *anterioridade nonagesimal*, mas também a majoração indireta decorrente de revogação de benefícios fiscais".[29]

Por outro lado, considerando que o STF decidiu que o direito ao abatimento dos prejuízos fiscais acumulados em exercícios anteriores é expressivo de benefício fiscal em favor do contribuinte, que se erige em instrumento de política tributária que pode ser revista pelo Estado,

---

[25] STF – 2ª Turma, R 229.412-AgR, Rel. Min. Cezar Peluso, j. 09.06.2009, DJe 01.07.2009.
[26] STF – Pleno, RE 568.503, Rel. Min. Cármen Lúcia, j. 12.02.2014, DJe 14.03.2014.
[27] STF – Pleno, ADI 4.016-MC, Rel. Min. Gilmar Mendes, j. 01.08.2008, DJe 24.04.2009.
[28] STF – 1ª Turma, RE 564.225-AgR, Rel. Min. Marco Aurélio, j. 02.09.2014, DJe 18.11.2014.
[29] STF – 2ª Turma, RE 1.081.041-AgR, Rel. Min. Dias Toffoli, j. 09.04.2018, DJe 27.04.2018.

não há que se falar em eventual violação à anterioridade prevista na alínea "b" do inciso III do art. 150 da Lei Maior.[30]

No mesmo sentido, a limitação à compensação de prejuízos fiscais apurados em exercícios anteriores caracteriza benefício fiscal, o qual se vincula à política econômica que pode ser revista pelo Estado a qualquer momento, razão pela qual a revogação ou revisão (de benefício fiscal) não está adstrita à observância das regras de anterioridade tributárias previstas na Constituição da República.[31]

Cuidando-se da utilização da UFIR para atualização monetária da CSSL, o Tribunal decidiu que inexistiu afronta ao princípio da anterioridade, vez que não representou aumento de tributo ou modificação na sua base de cálculo ou fato gerador.[32]

Aqui, verifica-se que a revogação efetiva de benefício fiscal atrai sim a aplicação da anterioridade e/ou noventena. Contudo, se sairmos de tal seara, para transitar pelo abatimento ou compensação de prejuízos fiscais, aí já não seria considerado "benefício fiscal", não devendo seguir a anterioridade ou noventena.

Vale lembrar robustos precedentes decididos sobre a metodologia de cálculo da correção monetária das demonstrações financeiras, quando foi reconhecido constitucional o art. 3º, inciso I, da Lei nº 8.200/91, prevendo hipótese nova de dedução na determinação do lucro real, constituindo-se como "favor fiscal ditado por opção política legislativa".[33]

Donde, quando o benefício fiscal é direto, a sua revogação deve observância à anterioridade e/ou à noventena; contudo, quando o benefício fiscal se vincula a política legislativa econômica, aí não cabe observá-lo.

4 Conclusão

Assim, a anterioridade e noventena efetivamente integram o Estatuto Constitucional do Contribuinte como limitação ao poder de tributar (e destruir), a despeito de não constar no art. 5º, como vimos,

---

[30] SRF – Pleno, RE 344.949, Rel. Min. Marco Aurélio, Red. p/ac. Min. Eros Grau, j. 25.03.2009, DJe 28.08.2009.
[31] STF – 2ª Turma, RE 617.389-AgR, Rel. Min. Ricardo Lewandowski, j. 08.05.2012, DJe 22.05.2012.
[32] STF – 1ª Turma, RE 201.618, Rel. Min. Ilmar Galvão, j. 20.05.1997, DJU 01.08.1997.
[33] STF – Pleno, RE 201.465, Rel. Min. Marco Aurélio, Red.p/ac. Min. Nelson Jobim, j. 02.05.2002, DJU 17.10.2003. No mesmo sentido: STF – Pleno, RE 201.512, Rel. Min. Marco Aurélio, Red.p/ac. Min. Cármen Lúcia, j. 05.11.2015, DJe 11.04.2016.

razão pela qual devem ser aplicadas na maior medida possível, isto é com a máxima efetividade e maior concretude.

A aplicação da anterioridade pura e simples nas situações mais claras e evidentes tem sido respeitada pelo Supremo Tribunal Federal. O mesmo ocorre em relação à noventena. Contudo, há situações limítrofes nas quais o STF tem sido permissivo ou tolerante.

Exemplo disso se verifica quando cuidamos da prorrogação de alíquota já aumentada, quando o STF entende que não há violação à noventena. Aqui, discordamos, na medida em que o contribuinte se planeja de acordo com a tributação incidente, seja pessoa física, seja jurídica, de modo que a manutenção do *status quo ante* repentino quando antes a previsão era diminuição ou extinção, isso é sim uma surpresa (desagradável) ao contribuinte de última hora, a ser coibida pelo STF com base nos princípios em foco.

Outro exemplo refere-se à medida provisória. Enquanto hoje tal tipo de ato normativo não seja capaz de trazer muita controvérsia, no passado já foi. Aqui, a pedra de toque refere-se à mudança significativa ou não em relação às versões anteriores. Como elas eram publicadas mensalmente, as suas reedições permaneciam parecidas ou mudavam substancialmente. Apenas nessas hipóteses é que deveriam atender à noventena. Contudo, há exceções admitidas, como a inadequação de impetração de mandado de segurança depois de esgotada a noventena (quando o *writ* é tido por inútil), ou mesmo quando o texto da lei convertida é substancialmente diferente daquele previsto inicialmente na medida provisória (e suas sucessivas reedições), quando a noventena deve ser considerada da publicação da lei de conversão.

Quanto à revogação de benefício fiscal, o STF entende que deve ser observada a anterioridade ou noventena. Contudo, considerando o abatimento ou a compensação de prejuízos fiscais acumulados em exercícios anteriores, decidiu o STF que não devem observar a anterioridade e a noventena.

Pelo exposto, verifica-se que, de modo geral, o STF passou por diferentes momentos no exame da anterioridade e da noventena, sem prejuízo de sua próxima relação com o princípio da irretroatividade, da segurança jurídica e da proteção da confiança legítima, por exemplo. Inicialmente, cuidou de albergá-los sob o importante guarda-chuva dos direitos e garantias fundamentais (cláusulas pétreas), ainda que situados topograficamente fora do art. 5º na Constituição da República. Depois, algumas exceções foram abertas, como na hipótese de prorrogação de aumento de alíquota já estabelecido, na reedição de medidas provisórias ou a sua conversão em lei e na revogação de benefícios fiscais, aqui entendido o abatimento ou a compensação de prejuízos fiscais acumulados em exercícios anteriores. Diante disso, a orientação inicialmente garantista do STF foi, posteriormente, flexibilizada em razão de diversas circunstâncias momentâneas que se sucederam.

O rigor técnico-jurídico parece ter cedido espaço ao "pragmatismo" político que alguns intuem como supostamente necessário no exame de questões submetidas ao STF, a quem incumbe o importante mister de guardião da Constituição e que decide sempre a partir de tal elevado parâmetro. Vale acompanhar os próximos acórdãos sobre o tema para verificarmos se o alinhamento será mais para o lado do garantismo (com a máxima proteção da anterioridade e da noventena) ou da flexibilização (com a admissão de novas exceções a partir de delicados momentos políticos transitórios).

Informação bibliográfica deste texto, conforme a NBR 6023:2018 da Associação Brasileira de Normas Técnicas (ABNT):

ANDRADE, Fábio Martins de. Princípios da anterioridade e da noventena. In: SARAIVA FILHO, Oswaldo Othon de Pontes; SIQUEIRA, Julio Homem de; BEDÊ JÚNIOR, Américo; FABRIZ, Daury César; SIQUEIRA, Junio Graciano Homem de; CUNHA, Ricarlos Almagro Vitoriano (Coord.). *Noções gerais e limitações formais ao poder de tributar*. Belo Horizonte: Fórum, 2021. p. 249-265. (Coleção Fórum Princípios Constitucionais Tributários – Tomo I). ISBN 978-65-5518-057-2.

PRINCÍPIOS DA ANTERIORIDADE E IRRETROATIVIDADE DA LEI[*]

OSWALDO OTHON DE PONTES SARAIVA FILHO

1 Introdução

Tratará esta palestra sobre um rápido apanhado de questões do Direito intertemporal, ou seja, sobre a aplicação da lei no tempo, com a amostra da legislação, da doutrina e, sobretudo, da jurisprudência acerca do princípio da irretroatividade da lei em geral e, nomeadamente, no campo do Direito Tributário brasileiro.

2 Brevíssima amostragem geral da irretroatividade da lei no Direito brasileiro

O princípio da irretroatividade da lei, que está ligado à intangibilidade dos direitos adquiridos, é tradicional no nosso Direito desde a Constituição do Império do Brasil de 1824, que, no seu art. 179, §3º, rezava que disposição legal não terá efeito retroativo.

O objetivo desse princípio sempre foi fortalecer a segurança jurídica dos indivíduos e, portanto, a certeza das relações jurídicas como condição precípua à estabilidade das relações do Estado com o cidadão ou das relações sociais.

A primeira Constituição da República brasileira, de 1891, no seu art. 11, inciso 3º, vedava aos Estados, como à União, a prescrição de leis retroativas.

---

[*] Texto básico da palestra proferida pelo Autor no dia 22.03.2019, na Faculdade Processus, em Brasília-DF, por ocasião da Jornada Jurídica.

O Estatuto Político de 1934 introduziu, no seu art. 113, inciso 3º, tal garantia com a redação hoje corrente: *A lei não prejudicará o direito adquirido, o ato jurídico perfeito e a coisa julgada.*

A garantia da irretroatividade da lei só não foi tratada, em nível constitucional, pelo Estatuto outorgado de 1937.

Contudo, a Constituição seguinte, de 1946, no seu art. 141, §3º, restabeleceu plenamente o princípio de que *a lei não prejudicará o direito adquirido, o ato jurídico perfeito e a coisa julgada*, redação repetida na Constituição de 1967 (art. 150, §3º) e pela Emenda Constitucional nº 1, de 1969 (art. 153, §3º).

A Constituição da República Federativa do Brasil, de 5 de outubro de 1988, no seu art. 5º, XXXVI, também reproduz a mesma redação: a lei não prejudicará o direito adquirido, o ato jurídico perfeito e a coisa julgada.

Tal dispositivo constitucional (art. 5º, XXXVI) não traz, a rigor, o princípio geral da irretroatividade da lei, como o faz em relação à definição de crimes e cominação de penalidades (CF, art. 5º, XXXIX) e quanto à instituição e aumento de tributo (CF, art. 150, III, "a"), de modo que, por ele, a retroatividade continua sendo possível desde que não prejudique o direito adquirido, o ato jurídico perfeito e a coisa julgada.

Assim, a retroatividade benéfica ao administrado, particular ou contribuinte sempre será possível, de modo que, nessa senda, o inciso XL do artigo 5º do Código Penal estatui que a lei penal não retroagirá salvo para beneficiar o réu.

A legislação ordinária, em consonância com o postulado constitucional expresso ou com sua ausência, cuidou também da matéria.

A antiga Lei de Introdução ao Código Civil (Lei nº 3.071, de 1º.01.16), no seu art. 3º, dispunha:

> Art. 3º. A lei não prejudicará, em caso algum, o direito adquirido, o ato jurídico perfeito ou a coisa julgada.
> §1º Consideram-se adquiridos assim os direitos que o seu titular, ou alguém por ele, possa exercer, como aqueles cujo começo de exercício tenha termo prefixo, ou condição preestabelecida, inalterável a arbítrio de outrem.
> §2º Reputa-se ato jurídico perfeito o já consumado segundo a lei vigente ao tempo em que se efetuou.
> §3º Chama-se coisa julgada, ou caso julgado, a decisão judicial, de que já não caiba recurso.

A atualmente denominada Lei de Introdução ao Código Civil, de 1942 (Decreto-Lei nº 4.657, de 04.09.42), no seu art. 6º, tendo em vista que o Estatuto Político, de 1937, não continha preceptivo da vedação de aplicação da lei nova em prejuízo dos direitos adquiridos, dispunha que a lei nova terá efeito imediato e geral, não atingindo, no entanto, *salvo disposição expressa em contrário*, as situações jurídicas definitivamente constituídas e a execução dos atos jurídicos perfeitos.

Desse modo, o preceito supracitado tolerava a retroatividade da lei nova desde que houvesse disposição expressa nesse sentido.

Com o regresso, na Carta Magna de 1946, do princípio da irretroatividade no que tange aos direitos adquiridos, o texto do art. 6º do DL nº 4.657/42, atualmente denominado Lei de Introdução às Normas do Direito Brasileiro (Lei nº 12.376/2010), tornou-se incompatível com o art. 141, §3º, da mencionada Constituição, razão pela qual a Lei nº 3.238, de 1º.08.57, o modificou para outra vez inserir, nesse art. 6º, a regra tradicional no Direito brasileiro como diretriz de Direito intertemporal:

> Art. 6º. A lei em vigor terá efeito imediato e geral, respeitados o ato jurídico perfeito, o direito adquirido e a coisa julgada.
> §1º Reputa-se ato jurídico perfeito o já consumado segundo a lei vigente ao tempo em que se efetuou.
> §2º Consideram-se adquiridos, assim, os direitos que seu titular, ou alguém por ele, possa exercer, como aqueles cujo começo do exercício tenha termo prefixo, ou condição preestabelecida inalterável, a arbítrio de outrem.
> §3º Chama-se coisa julgada ou caso julgado a decisão judicial de que já não caiba recurso.

Tal definição legal é considerada, por nossa Corte Constitucional, como harmônica com o princípio da Constituição, de 1988, da irretroatividade da lei (Cf. Acórdão do STF, Rel. Min. Moreira Alves, no RE nº 226.855-7/RS, *DJ*, 13 out. 2000).

Note-se que, a rigor, tudo se reduz ao respeito assegurado aos direitos adquiridos, vale dizer, ato jurídico perfeito e coisa julgada são, apenas, possíveis elementos criadores de direitos adquiridos.

Direito adquirido é o que já se incorporou definitivamente ao patrimônio de seu titular, em face da ocorrência de fato idôneo a produzir a consequência da norma vigente ao tempo desse fato, de modo que nem lei nova nem fato posterior possam alterar tal situação jurídica.

Ressalte-se, contudo, que o que não pode ser atingido pelo império da lei nova é o direito adquirido, jamais o direito em potencial ou a simples expectativa de direito, uma vez que não se pode admitir direito adquirido a adquirir um direito.

Deve ser enfatizado que uma das peculiaridades de nossa ordem constitucional – acompanhada, nesse aspecto, apenas pela Constituição mexicana e portuguesa, é justamente a garantia que oferece no sentido de que lei nova terá efeito imediato e geral e disciplinará, em regra, atos e fatos e os respectivos efeitos a partir de sua vigência, podendo até retroagir, desde que para beneficiar, não podendo, jamais, prejudicar o direito adquirido, o ato jurídico perfeito e a coisa julgada.

Em relação à coisa julgada, esta pode ser, ainda, modificada pela via da ação rescisória (nesse sentido: STF - MS nº 25.460, Rel. Min. Carlos Velloso, julgamento em 15.12.05, Plenário, *DJ*, 10 fev. 2006); ADI nº 3.923-MC, Rel. Min. Eros Grau, julgamento em 16.08.07, Plenário, *DJe*, 15 fev. 2008; RE nº 475.101-AgR, Rel. Min. Carlos Britto, julgamento em 17.10.06, 1ª Turma, *DJ*, 15 jun. 07).

Enfim, o limite do efeito imediato e até retroativo é o direito adquirido no sentido amplo.

Na Europa, diversamente, o princípio da irretroatividade da lei é estabelecido, em regra, em lei ordinária, vinculando o magistrado, mas não o legislador.

A Constituição americana também não garante o direito da irretroatividade da lei, nem mesmo da lei tributária, aos cidadãos dos Estados Unidos da América, resolvendo-se essa questão com supedâneo da cláusula *due process of law*.

Assim mesmo, no Brasil, Arnoldo Wald[1] e Maria Helena Diniz[2] defenderam a tese de que lei de ordem pública poderia ser retroativa e que a incidência imediata da lei permitiria a incidência da lei nova sobre os efeitos dos atos e fatos pretéritos desde que esses efeitos ocorressem a partir do início da vigência da lei nova.

Todavia, nos julgamentos da Representação nº 1.451-DF (*RTJ*, nº 127/789-809) e da ADI nº 493-0-DF (*RT*, n. 690/176-690; *DJ*, 4 set. 1992), a nossa Corte Constitucional, conduzida pelos votos do Relator de ambos os feitos, o emérito ministro José Carlos Moreira Alves, assentou a máxima da melhor doutrina pátria no sentido de que a garantia de irretroatividade da lei, associada ao princípio dos direitos adquiridos, se aplica tanto em relação à lei de Direito Público quanto à lei de Direito Privado, ou quanto à lei de ordem pública quanto à lei dispositiva.

---

[1] WALD, Arnoldo. *Curso de direito civil brasileiro*: introdução e parte geral. 6. ed. São Paulo: Revista dos Tribunais, 1989.

[2] DINIZ, Maria Helena. *Lei de introdução ao código civil brasileiro interpretada*. 2. ed. São Paulo: Saraiva, 1996.

No supracitado voto da Representação de Inconstitucionalidade, o senhor ministro Moreira Alves salientou:

> Aliás, no Brasil, sendo o princípio do respeito ao direito adquirido, ao ato jurídico perfeito e à coisa julgada de natureza constitucional, sem qualquer exceção a qualquer espécie de legislação ordinária, não tem sentido a afirmação de muitos — apegados ao direito de países em que o preceito é de origem meramente legal — de que as leis de ordem pública se aplicam de imediato, alcançando os efeitos futuros do ato jurídico perfeito ou da coisa julgada, e isso porque, *se se alteram os efeitos, é óbvio que se está introduzindo modificação na causa*, o que é vedado constitucionalmente.

No voto da Ação Direta de Inconstitucionalidade retromencionado (ADIn nº 493), o Senhor Ministro Moreira Alves ratificou esse entendimento com as seguintes palavras:

> No direito brasileiro, o princípio do respeito ao ato jurídico perfeito e ao direito adquirido é de natureza constitucional, e não excepciona de sua observância por parte do legislador lei infraconstitucional de qualquer espécie, inclusive de ordem pública, ao contrário do que sucede em países como a França, em que esse princípio é estabelecido em lei ordinária, e, consequentemente, não obriga o legislador (que pode afastá-lo em lei ordinária posterior), mas apenas o juiz, que, no entanto, em se tratando de lei ordinária de ordem pública, pode aplicá-lo, no entender de muitos, retroativamente, ainda que ela silencie a esse respeito.

Transcreva-se a Ementa do Acórdão do Supremo Tribunal Federal, decorrente do julgamento desta ADIn nº 493, *ipsis litteris*: (TR e contratos habitacionais)

> EMENTA: Ação direta de inconstitucionalidade. – Se a lei alcançar os efeitos futuros de contratos celebrados anteriormente a ela, será essa lei retroativa (retroatividade mínima) porque vai interferir na causa, que e um ato ou fato ocorrido no passado. – O disposto no artigo 5º, XXXVI, da Constituição Federal se aplica a toda e qualquer lei infraconstitucional, sem qualquer distinção entre lei de direito público e lei de direito privado, ou entre lei de ordem pública e lei dispositiva. Precedente do S.T.F.. – Ocorrência, no caso, de violação de direito adquirido. A taxa referencial (TR) não é índice de correção monetária, pois, refletindo as variações do custo primário da captação dos depósitos a prazo fixo, não constitui índice que reflita a variação do poder aquisitivo da moeda. Por isso, não há necessidade de se examinar a questão de saber se as normas que alteram

índice de correção monetária se aplicam imediatamente, alcançando, pois, as prestações futuras de contratos celebrados no passado, sem violarem o disposto no artigo 5º, XXXVI, da Carta Magna. – Também ofendem o ato jurídico perfeito os dispositivos impugnados que alteram o critério de reajuste das prestações nos contratos já celebrados pelo sistema do Plano de Equivalência Salarial por Categoria Profissional (PES/CP). Ação direta de inconstitucionalidade julgada procedente, para declarar a inconstitucionalidade dos artigos 18, "caput" e parágrafos 1º e 4º; 20; 21 e parágrafo único; 23 e parágrafos; e 24 e parágrafos, todos da Lei n. 8.177, de 1º de maio de 1991.

Por outro lado, é notório que, tendo mudado a moeda, obviamente o pagamento de uma obrigação anterior terá de ser feito com a nova moeda criada, não havendo como invocar-se direito adquirido ao cumprimento da prestação ou ao recebimento em moeda que não mais existe.

No entanto, no que respeita à alteração de índices de correção monetária, o Supremo Tribunal Federal anui com a aplicação de novo indexador às prestações decorrentes de situações jurídicas anteriores, que vencerem a partir do início da eficácia da nova lei, desde que seja preservada, o mais possível, a realidade econômica.

No caso, por exemplo, da alteração de índices de atualização monetária em relação aos contratos da previdência privada (*RTJ*, n. 115/379), insta trazer à colação a seguinte explicação do ministro Luiz Octavio Gallotti, externada no julgamento da ADIn nº 493-0-DF:

> No caso das entidades de previdência privada, hoje várias vezes lembrado, sucedeu o contrário (da aplicação da TR aos contratos de financiamento da casa própria): o salário mínimo tornara-se um índice economicamente ativo, pelo acréscimo de uma parcela de produtividade, a par da reavaliação do custo dos bens de consumo, e foi, então, substituído por um índice absolutamente neutro, que era a correção monetária do valor das obrigações reajustáveis. Aqui, se pretende o inverso: substituir um índice neutro por um índice economicamente ativo.

Em resumo, o Supremo Tribunal Federal deixou firmado que o respeito ao direito adquirido, ao ato jurídico perfeito e à coisa julgada, erguido em garantia constitucional, abrange, indistintamente, leis de Direito Privado e de Direito Público e refere-se, com igual força, aos *facta praeterita* e aos *facta pendentia*, vale dizer, alcança os efeitos dos fatos anteriores, ocorridos na vigência da lei nova, sucedendo, nesse caso, a sobrevivência da lei já revogada ou a sua ultratividade.

Vale mencionar, também, que não há de se invocar direito adquirido contra texto constitucional decorrente dos trabalhos do poder constituinte originário, consoante mansa e pacífica jurisprudência do Supremo Tribunal Federal.

Como se pode colimar do julgamento do Agravo Regimental no Agravo de Instrumento nº 258.337, Relator, também, o Ministro Moreira Alves (*DJ*, 4 ago. 2000), as normas constitucionais federais é que, por terem aplicação imediata, alcançam os efeitos futuros de fatos passados (retroatividade mínima), e se expressamente o declararem podem alcançar até fatos consumados no passado (retroatividades média e máxima). Não é assim, porém, em relação às normas constitucionais estaduais, que estão sujeitas à vedação do artigo 5º, XXXVI, da Carta Magna Federal, inclusive a concernente à retroatividade mínima que ocorre com a aplicação imediata delas.

Aliás, como bem ressaltou o senhor ministro Celso de Mello, "a supremacia jurídica das normas inscritas na Carta Federal não permite, ressalvadas as eventuais exceções proclamadas no próprio texto constitucional, que contra elas seja invocado o direito adquirido" (STF- 1ª Turma: ADIn nº 248, *DJ*, 8 abr. 1994).

Nesse sentido, a Ementa do Acórdão da 1ª Turma do Supremo Tribunal Federal, resultante do julgamento do Recurso Extraordinário nº 140.894, Rel. Min. Ilmar Galvão, *in verbis*:

> Ementa: Estado de São Paulo. Servidores públicos. Incidência recíproca de adicionais e sexta-parte. Art. 37, XIV, da CF, c/c o art. 17 do ADCT/88. Direito judicialmente reconhecido antes do advento da nova carta. Supressão da vantagem por ato da administração. Alegada ofensa aos princípios da coisa julgada e do devido processo legal. O constituinte, ao estabelecer a inviolabilidade do direito adquirido, do ato jurídico perfeito e da coisa julgada, diante da lei (art. 5º, XXXVI), obviamente se excluiu dessa limitação, razão pela qual nada o impedia de recusar a garantia à situação jurídica em foco. Assim é que, além de vedar, no art. 37, XIV, a concessão de vantagens funcionais "em cascata", determinou a imediata supressão de excessos da espécie, sem consideração a "direito adquirido", expressão que há de ser entendida como compreendendo, não apenas o direito adquirido propriamente dito, mas também o decorrente do ato jurídico perfeito e da coisa julgada. Mandamento auto-exeqüível, para a Administração, dispensando, na hipótese de coisa julgada, o exercício de ação rescisória que, de resto, importaria esfumarem-se, *ex tunc*, os efeitos da sentença, de legitimidade inconteste até o advento da nova Carta. Inconstitucionalidade não configurada. Recurso não conhecido. (*DJ*, 9/8/1996)

Em igual sentido, a Ementa do seguinte Acórdão, também da 1ª Turma do STF:

RE 182.641/SP
RELATOR: MIN. OCTÁVIO GALLOTTI
EMENTA: - Cartório de notas. Depende da realização de concurso público de provas e títulos a investidura na titularidade de Serventia, cuja vaga tenha ocorrido após a promulgação da Constituição de 1988 (art. 236, par. 3º.), não se configurando direito adquirido ao provimento, por parte de quem haja preenchido, como substituto, o tempo de serviço contemplado no art. 208, acrescentado, à Carta de 1967, pela Emenda n. 22, de 1982. (*DJ*, 15 mar. 1996)

Quanto ao poder constituinte derivado, esta questão encontra-se, no momento, sendo alvo de novas reflexões, havendo até quem defenda a tese de que, por exemplo, emenda constitucional possa extinguir ou reduzir um direito adquirido decorrente de lei infraconstitucional.

Estou que qualquer norma legal, mesmo a proveniente de emenda constitucional, que não deixa de ser norma de lei, de lei constitucional, não pode retroagir no tempo, prejudicando direitos adquiridos, atos jurídicos perfeitos e coisas julgadas.

Seria, sem dúvida alguma, inconstitucional a emenda constitucional que apresentasse tendência a extinguir o alcance da própria norma constitucional asseguradora do direito adquirido, como, por exemplo, na hipótese de emenda que, ao alterar a redação do inciso XXXVI do artigo 5º da Lei Maior, dispusesse, como exceção da garantia, que leis de ordem pública poderiam retroagir.

Haveria, no caso, óbvia lesão à chamada cláusula pétrea do artigo 60, §4º, inciso IV, da Carta Política de 1988, que determina que *não seja objeto de deliberação a proposta de emenda tendente a abolir os direitos e garantias individuais.*

Também seria inconstitucional, por indefensável ferimento à cláusula pétrea do inciso II do §4º do artigo 60 da Lei Maior, que veda a deliberação sobre emenda constitucional relativo ao voto direto, secreto, universal e periódico, proposta de emenda constitucional que alterasse o sistema político de presidencialismo para parlamentarismo fazendo incidir essa alteração antes do término do governo do atual Presidente da República, que fora eleito legítima e democraticamente pela maioria do povo brasileiro, sendo inafastável que todo poder emana do povo, que o exerce por meio de representantes eleitos diretamente nos termos desta Constituição (CF/1988, parágrafo único do art. 1º).

No que tange às leis interpretativas, elas obedecerão à Constituição desde que não vulnere a incolumidade das situações jurídicas definitivamente consolidadas (ADIn nº 605-DF, Rel. Ministro Celso de Mello, *RTJ*, n. 145/463-490; *DJ*, 5 mar. 1993).

Vale repisar que, na esfera do Direito Constitucional Penal, o artigo 5º, inciso XXXIX, da nossa Lei Suprema reza que *não há crime sem lei anterior que o defina, nem pena sem prévia cominação legal*. Permite o inciso XL do mesmo artigo 5º a retroatividade da lei tão somente para beneficiar o réu.

Insta deixar ressaltado que o princípio da irretroatividade só veda a retroatividade da lei que traga prejuízo ao particular ou a alteração contratual unilateral, sem a concordância da outra parte, sendo, obviamente, admitida a retroatividade da lei, que venha a beneficiar a pessoa.

Sobre a questão do ajuste entre as partes relativas à aplicação de atualização monetária de contas do FGTS, a Súmula Vinculante nº 1 do Supremo Tribunal Federal reza que *ofende a garantia constitucional do ato jurídico perfeito a decisão que, sem ponderar as circunstâncias do caso concreto, desconsidera a validez e a eficácia de acordo constante de termo de adesão instituído pela Lei Complementar nº 110/2001.*

Portanto a retroatividade benéfica, a favor do cidadão ou particular, é permitida.

Ainda no que tange ao direito adquirido e à retroatividade, a Suprema Corte Constitucional do Brasil, por ocasião, por exemplo, do julgamento do Recurso Extraordinário nº 184.099-DF, Rel. Min. Octávio Gallotti (*DJ*, 18 abr. 1997), assentou que, enquanto garantia do indivíduo contra o Estado, a regra que assegura a intangibilidade do direito adquirido e do ato jurídico perfeito (CF, art. 5º, XXXVI) não impede o Estado de dispor retroativamente, mediante lei ou simples decreto, em benefício do particular. Com base nesse entendimento, a Primeira Turma do STF confirmou acórdão do Tribunal de Justiça do Distrito Federal que, fundado em decreto do Executivo local (Decreto nº 10.349/87), determinara a correção monetária do valor de contrato firmado com a Administração em dezembro de 1986 a despeito da inexistência de cláusula de reajuste.

Destaque-se que o princípio da irretroatividade da lei, previsto no artigo 5º, XXXVI, da Constituição da República, não é invocável pela entidade estatal que a tenha editado (Súmula STF nº 654), já que tal garantia é dirigida a favor do particular contra o Estado, e não o contrário.

No campo do Direito Processual, vale reafirmar a prevalência do princípio da irretroatividade da lei. O princípio *tempus regit actum* faz com que os atos processuais realizados sob o império da lei anterior sejam mantidos, tendo as novas normas processuais aplicabilidade imediata no que concerne ao restante do processo. Desse modo, há, por exemplo, direito adquirido ao recurso já interposto quando da entrada em vigor da lei que o extingue (lei que determina a impenhorabilidade de bens)

Antes de encerrar este tópico, cabe dizer que o direito adquirido não é estranho ao Direito Administrativo.

No que concerne às relações da Administração Pública com o servidor, assevere-se que, como há, na espécie, uma relação estatutária ou institucional, nenhum óbice jurídico há a que se alterem as normas que disciplinam essa relação, colhendo ao servidor, de imediato, o novo regime, tendo em vista a firme jurisprudência de nossa Corte Constitucional no sentido de que não há direito adquirido a determinado regime jurídico (pra frente).

Transcreva-se a esse respeito ementa de recente Acórdão do Plenário do Supremo Tribunal Federal, *in verbis*:

> Recurso Extraordinário 575.989-2/RS
> Relator: Min. Ricardo Lewandowski
> Ementa: INSS. Aposentadoria. Contagem de tempo. Direito adquirido. Art. 3º da EC 20/98. Contagem de tempo de serviço posterior a 16.12.1998. Possibilidade. Benefício calculado em conformidade com normas vigentes antes do advento da referida emenda. Inadmissibilidade. RE improvido.
> I - Embora tenha o recorrente direito adquirido à aposentadoria, nos termos do art. 3º da EC 20/98, não pode computar tempo de serviço posterior a ela, valendo-se das regras vigentes antes de sua edição. II - Inexiste direito adquirido a determinado regime jurídico, razão pela qual não é lícito ao segurado conjugar as vantagens do novo sistema com aquelas aplicáveis ao anterior. III - A superposição de vantagens caracteriza sistema híbrido, incompatível com a sistemática de cálculo dos benefícios previdenciários. IV - Recurso extraordinário improvido. (*DJ*, 24 out. 2008)

Isso, no entanto, não significa que não surjam direitos adquiridos da relação entre a Administração e o servidor, conforme, aliás, é a jurisprudência remansosa do Augusto Pretório (a título ilustrativo: RE nº 82.881-SP, Rel. Min. Eloy da Rocha, *RTJ*, n. 79/268-288).

Por ocasião do julgamento do AgReg no RE nº 394.661, Rel. Min. Carlos Velloso, a 2ª Turma do STF reconheceu o direito adquirido, antes da Emenda Constitucional nº 20/1998, à conversão de licença-prêmio não gozada em tempo de serviço, na forma da lei vigente ao tempo da reunião dos requisitos necessários para essa conversão (*DJ*, 14 out. 2005).

Recentemente, decidiu a 2ª Turma do STF que gratificação incorporada aos proventos de servidor público aposentado por força de norma vigente à época da inativação não pode ser suprimida por lei posterior (RE nº 538.569-AgR, Rel. Min. Cezar Peluso, *DJe*, 13 mar. 2009).

3 Os princípios da anterioridade e da irretroatividade da lei no Direito Tributário brasileiro

Impende explicitar que, com o escopo de oferecer a maior segurança jurídica possível ao sujeito passivo tributário, privilegiando o planejamento e o conhecimento antecipado da carga tributária, o texto original da Constituição Federal, de 5 de outubro de 1988, estabeleceu, no que tange à aplicação da lei tributária no tempo, o princípio da anterioridade da lei tributária (CF, art. 150, *caput*, inciso III, alínea "b").

Os preceptivos legais tributários, que não criem nem aumentem tributos, têm vigência e eficácia imediata (para frente) na data de sua publicação ou na data estabelecida no diploma legal ou após quarenta e cinco dias depois de oficialmente publicada (CTN, arts. 101[3] e 103;[4] e art. 1º, *caput*, do Decreto-Lei nº 4.657/1942 – Lei de Introdução às Normas do Direito Brasileiro, nome dado pela Lei nº 12.376/2010;[5] e arts. 100[6] e 146,[7] ambos do CTN).

---

[3] Eis o teor do art. 101 do CTN: "A vigência, no espaço e no tempo, da legislação tributária rege-se pelas disposições legais aplicáveis às normas jurídicas em geral, ressalvado o previsto neste Capítulo".

[4] Assim dispõe o art. 103 do CTN: Salvo disposição em contrário, entram em vigor: I - os atos administrativos normativos, na data da sua publicação; II - as decisões dos órgãos singulares ou coletivos de jurisdição administrativa, a que a lei atribua eficácia normativa, 30 (trinta) dias após a data de sua publicação; III - os convênios que entre si celebram a união, os Estados, o Distrito Federal e os Municípios, na data neles previstas.

[5] Decreto-Lei nº 4.657, de 4.9.1942: "Art. 1º Salvo disposição contrária, a lei começa a vigorar em todo o país quarenta e cinco dias depois de oficialmente publicada".

[6] O parágrafo único do art. 100 do CTN dispõe que *a observância* das normas complementares, por ele tratadas, *exclui*, por questão de respeito à confiança dada pelos contribuintes à Administração tributária, a *imposição de penalidades, a cobrança de juros de mora e a atualização do valor monetário da base de cálculo do tributo*. Assim, caso a norma complementar – p. e., solução de uma consulta pela RFB – contrarie a disposição de lei, deve prevalecer a vontade da lei, diploma hierarquicamente superior, assim reza o parágrafo único do art. 100, que, constatada a ilegalidade da norma complementar, poderá a Administração Fiscal rever o seu ato e cobrar o crédito tributário de acordo com a obrigação devida em lei, mas sem a imposição de penalidades, a cobrança de juros de mora e a atualização do valor monetário da base de cálculo do tributo.

[7] A seu turno, o art. 146 do CTN estatui: *A modificação introduzida, de ofício ou em consequência de decisão administrativa ou judicial, nos critérios jurídicos adotados pela autoridade administrativa no exercício do lançamento somente pode ser efetivada, em relação a um mesmo sujeito passivo, quanto a fato gerador ocorrido posteriormente à sua introdução.* Assim, o art. 146 não trata de

A Lei nº 5. 172, de 27 de outubro de 1966 (CTN), recebida pela Lei Maior, de 1988, naquilo que não for incompatível com o novo Sistema Tributário Nacional, como lei complementar de normas gerais em matéria de legislação tributária (CF, art. 146, *caput*, inciso III; ADCT da CF, art. 34, §5º), no que concerne aos contornos relativos aos princípios da anterioridade e da irretroatividade, tem se mostrado, em alguns aspectos, defasada.

De fato, os artigos 9º, *caput*, inciso II e 104 do CTN restringem a anterioridade aos impostos sobre o patrimônio e a renda, acompanhado o que previa à época o artigo 2º, inciso II, da Emenda Constitucional nº 18/1965, quando, salvo as exceções da Constituição de 1988, o princípio da anterioridade alcança todo e qualquer tributo.

Por sua vez, o artigo 105 do CTN dispõe que a legislação tributária aplica-se imediatamente aos fatos geradores futuros e aos pendentes, assim compreendidos aqueles cuja ocorrência tenha tido início, mas não estejam exauridos ou aperfeiçoados, dando a falsa impressão de que ainda seria possível à lei tributária atingir fatos pretéritos jungidos a tributos cujo fato gerador seja periódico, a pretexto de que seriam meros componentes de um fato em formação, ainda não completado.

Outrossim, com a inspiração auferida com a segunda parte do inciso XL do artigo 5º da Lei Maior, a norma tributária que venha a beneficiar o sujeito passivo de tributos pode retroagir desde que haja dispositivo legal expresso nesse sentido.

Pelo chamado princípio da anterioridade de exercício ou tradicional, veda o preceito constitucional do artigo 150, *caput*, inciso III, alínea "b", a cobrança, vale dizer, a exigência, ou a incidência e o respectivo lançamento de tributos no mesmo exercício financeiro em que haja sido publicada a lei que os instituiu ou aumentou, ou seja, há a necessidade de que a lei que instituiu ou majorou tributo tenha sido publicada antes do início do exercício financeiro em que se pretenda exigir o gravame criado ou acrescido, sendo que existem ressalvas constitucionais.

A Constituição Federal, no *caput* do seu artigo 149 e no §6º do artigo 195, excepciona do princípio da anterioridade de exercício as contribuições para a seguridade social, que poderão ser exigidas noventa dias após a publicação da lei que as houver instituído ou

---

ilegalidade, mas de simples alteração de critério jurídico, ou de interpretação razoável de uma norma tributária sem evidente injuridicidade ou modificação de exigência de obrigações facultativas ou alternativas. Nesses casos de mera mudança de critério jurídico, essa alteração somente poderá ser aplicada *em relação a um mesmo sujeito passivo, quanto a fato gerador ocorrido posteriormente à sua introdução.*

modificado, isto é, alteração que venha a aumentar tais exações, já que essas contribuições estão sujeitas apenas ao princípio da anterioridade chamada de mínima ou noventena.

Ademais, a norma do artigo 150, §1º, da Constituição da República estabelece outras ressalvas ao princípio da anterioridade, de modo que não estão submetidos à anterioridade de exercício da alínea "b" do inciso III do artigo 150 o empréstimo compulsório no caso de investimento público de caráter urgente e de relevante interesse nacional (CF/1988, art. 148, *caput*, inciso II); os impostos regulatórios da economia (I. I., I. E., IPI, IOF) e o imposto extraordinário por motivo de guerra externa ou de sua iminência (CF/1988, art. 154, *caput*, inciso I).

A seu turno, estão também excluídos do princípio da anterioridade tradicional o restabelecimento para o nível estipulado em lei, após anterior redução, de alíquotas do ICMS incidente sobre combustíveis e lubrificantes (CF/1988, art. 155, §4º, inciso IV, alínea "c") e, da mesma forma, o restabelecimento de alíquotas da contribuição de intervenção no domínio econômico sobre importação ou comercialização de combustíveis (CF/1988, art. 177, §4º, inciso I, alínea "b").

Com o intuito de reforçar essa segurança jurídica, a Emenda Constitucional nº 42, de 19.12.2003, criou o princípio da anterioridade nonagesimal, acrescentando a alínea "c" do preceptivo constitucional do inciso III do *caput* do artigo 150, estabelecendo a vedação de cobrança de tributos ou contribuições antes de decorridos noventa dias da data em que haja sido publicada a lei que os instituiu ou aumentou.

Estão ressalvados desse princípio da anterioridade de noventa dias da data da publicação da lei que instituiu ou aumentou tributo, de que cuida o §1º do artigo 150 da Lei Suprema, não se aplicando então o preceito constitucional da alínea "c" do inciso III do artigo 150, o empréstimo compulsório para atender a despesas extraordinárias, decorrentes de calamidade pública, de guerra externa ou sua iminência (CF/1988, art. 148, *caput*, inciso I), o imposto sobre importação, o imposto sobre exportação, o imposto sobre renda e proventos de qualquer natureza, o apelidado imposto sobre operações financeiras, o imposto extraordinário em face de guerra externa ou sua iminência, nem em relação à fixação da base de cálculo do imposto sobre propriedade de veículos automotores e do imposto de propriedade predial e territorial urbana.

Insta observar que, por não estar entre as ressalvas do §1º do art. 150 da Constituição, o imposto sobre produtos industrializados (IPI) deve obediência ao princípio da anterioridade nonagesimal.

Cabe realçar que o Pleno do STF, por unanimidade de votos, por ocasião do julgamento da ADI-MC nº 4.661/DF, reconheceu que o ato normativo administrativo (Decreto nº 7.567/2011) que aumentou a alíquota do IPI de automóveis importados, ainda que tenha observado as condições e os limites da lei – teto legal –, é um ato normativo primário e autônomo, ou seja, é capaz de gerar por ele mesmo direito ou obrigação para o contribuinte, podendo ser objeto de exame de constitucionalidade tanto em ADI quanto em RE, uma vez que tem a virulência de ferir diretamente a Constituição, tendo o aludido diploma legal, no que tange a essa majoração de alíquota, sido suspenso durante o prazo de noventa dias da data de sua publicação.[8]

No caso retromencionado, não basta que o aumento de alíquota do carro importado estivesse abaixo do valor da alíquota ou do teto da alíquota do IPI para essa hipótese, segundo disposição da lei em sentido restrito.

Como, na realidade, houve um acréscimo do IPI sobre os veículos importados e já que o IPI não é ressalvado da anterioridade nonagesimal, a Constituição Federal impõe um prazo mínimo de noventa dias, no caso de aumento do tributo, ainda que por meio de ato administrativo normativo e estando esse acréscimo dentro do teto legal, para que o contribuinte possa se organizar e se preparar economicamente para arcar com essa majoração.

Assim, nesta ADI nº 4.661, o STF concedeu a medida cautelar, suspendendo a eficácia do artigo 16 do aludido decreto, que previa sua vigência imediata, a partir da publicação (ocorrida em 16 de setembro de 2011) pelo fato da não observância do princípio constitucional de anterioridade de noventa dias, para entrar em vigor, previsto no art. 150, III, "c", da Constituição da República.

Decidiu corretamente o STF, pois a razão de ser dos princípios da anterioridade nonagesimal é dar segurança jurídica mínima aos

---

[8] STF-Pleno. ADI-MC 4.661/DF, rel. Min. Marco Aurélio, acórdão publicado na íntegra in: Revista Fórum de Direito Tributário, n. 59, p. 197-209. EMENTA: AÇÃO DIRETA DE INCONSTITUCIONALIDADE – DECRETO – ADEQUAÇÃO. Surgindo do decreto normatividade abstrata e autônoma, tem-se a adequação do controle concentrado de constitucionalidade. TRIBUTO – IPI – ALÍQUOTA – MAJORAÇÃO – EXIGIBILIDADE. A majoração da alíquota do IPI, passível de ocorrer mediante ato do Poder Executivo – artigo 153, §1º –, submete-se ao princípio da anterioridade nonagesimal previsto no artigo 150, inciso III, alínea "c", da Constituição Federal. AÇÃO DIRETA DE INCONSTITUCIONALIDADE – IPI – MAJORAÇÃO DA ALÍQUOTA – PRINCÍPIO DA ANTERIORIDADE NONAGESIMAL – LIMINAR – RELEVÂNCIA E RISCO CONFIGURADOS. Mostra-se relevante pedido de concessão de medida acautelatória objetivando afastar a exigibilidade da majoração do Imposto sobre Produtos Industrializados, promovida mediante decreto, antes de decorridos os noventa dias previstos no artigo 150, inciso III, alínea "c", da Carta da República.

sujeitos passivos dos tributos, ou seja, permitir que o contribuinte ou responsável tributário tenham tempo mínimo para se organizar adequadamente para que, depois do prazo de noventa dias, possam ter melhores condições de arcar com a criação de um novo tributo ou com o aumento do tributo já existente.

No caso de incidência do ICMS sobre combustíveis e lubrificantes (CF, art. 155, §2º, XII, "h"), a regra da Lei Maior, de duvidosa constitucionalidade – em face da cláusula pétrea do artigo 60, §4º, inciso IV, da Constituição e do artigo 155, §4º, inciso IV, alínea "c", com redação dada pela Emenda Constitucional nº 33/2001 –, dispõe que as alíquotas desse imposto poderão ser reduzidas e restabelecidas, não se lhes aplicando o princípio da anterioridade de exercício (CF, art. 150, inciso III, alínea "b"), aplicando-se à espécie, contudo, o princípio da anterioridade nonagesimal (CF, art. 150, III, "c").

Outrossim, o preceptivo constitucional do artigo 177, §4º, inciso I, alínea "b", reza que a alíquota da contribuição de intervenção no domínio econômico relativa às atividades de importação ou comercialização de petróleo e seus derivados, gás natural e seus derivados e álcool combustível – CIDE Combustíveis – poderá ser reduzida e restabelecida por ato do Poder Executivo, não se lhe aplicando o princípio da anterioridade de exercício (CF, art. 150, III, "b"), mas sim o princípio da anterioridade de noventa dias (CF, art. 150, III, "c").[9] [10]

Roque Carrazza[11] esclarece, de forma irretorquível, o verdadeiro significado da palavra "cobrar", contida no inciso III do artigo 150 da Constituição da República, *ipsis litteris*:

---

[9] PALSEN, Leandro. In: *Constituição e código tributário comentados à luz da doutrina e da jurisprudência*. 18. ed. São Paulo: Saraiva, 2017, p. 477: "A Emenda Constitucional n. 42/2003 estabeleceu, como exceções à anterioridade nonagesimal, apenas as hipóteses constantes da nova redação do §1º do art. 150, da CF/88, não fazendo qualquer referência à CIDE. Assim, embora excepcionada a observância da anterioridade do exercício, eventuais majorações de alíquota terão que se submeter à anterioridade mínima do art. 150, III, "c", da CF/88".

[10] Trechos do voto do Ministro Luiz Fux no bojo da ADI 4.661-MC, STF-Pleno, relator Ministro Marco Aurélio: "... nos casos em que a noventena constitucional não é expressamente afastada pelo constituinte, impõe-se reconhecer sua incidência como emanação do princípio da não surpresa... Assim, muito embora a Constituição Federal aluda apenas à "lei" no art. 150, III, "c", o vocábulo deve ser necessariamente interpretado como lei em sentido material, isto é, qualquer ato dotado de generalidade e abstração que seja constitucionalmente autorizado a aumentar tributos, no que se inclui, evidentemente, também o ato do Poder Executivo fundado no art. 153, § 1º, da CF". In: *Revista Fórum de Direito Tributário*, vol. 59, p. 200.

[11] CARRAZZA, Roque Antônio. *Curso de direito constitucional tributário*. 28. ed. São Paulo: Malheiros, 2012, p. 211.

[...] o princípio da anterioridade exige, evidentemente, que a lei que cria ou aumenta um tributo só venha a incidir sobre fatos ocorridos no exercício financeiro subsecutivo ao de sua entrada em vigor. Caso contrário, a Administração Fazendária, por meio do ardil de retardar a cobrança do tributo até o exercício seguinte, com facilidade tornaria letra morta o art. 150, III, "b", da CF. Assim, e.g., tributo criado em junho poderia incidir sobre fatos verificados em julho do mesmo ano, desde que o Fisco tivesse o cuidado de só realizar sua cobrança (mera providência administrativa) no exercício seguinte. Bem precário seria este direito constitucional, acaso fosse tão fácil costeá-lo. Com verdade, a palavra "cobrar", inserta no artigo, em foco, está, como tantas outras do texto constitucional, empregado em sentido laico, devendo o intérprete entendê-la sinônima de "exigir". Neste sentido, pelo menos, tem-se pronunciado a melhor doutrina.[12]

Assim, em verdade, as expressões *é vedado à União, aos Estados, ao Distrito Federal e aos Municípios cobrar tributos no mesmo exercício financeiro em que haja sido publicada a lei que os instituiu ou aumentou* (CF/1988, art. 150, caput, inciso III, alínea "b") e *antes de decorridos noventa dias da data em que haja sido publicada a lei que os instituiu ou aumentou* (CF/1988, art. 150, caput, inciso III, alínea "c") significam que, em regra, a lei publicada, que tenha instituído ou alterado, majorando os elementos materiais ou substanciais, objetivas ou subjetivas do tributo, não podem incidir sobre fatos geradores ocorridos no mesmo ano da publicação dessa lei, posto que só poderá ser aplicada, apenas poderá incidir, somente poderá dar significação jurídica aos fatos no ano seguinte após a publicação dessa lei e depois de noventa dias da data de publicação dessa mesma lei.

Então, a Constituição Federal impõe que, tendo sido publicada, em um determinado exercício, a lei que tenha criado ou majorado o tributo, a exigência ou a incidência dessa instituição ou desse aumento do tributo, por essa lei estabelecida, só poderá ocorrer, em geral, no exercício financeiro seguinte ao de sua publicação e após decorridos noventa dias da data de publicação dessa mesma lei, vale dizer, só poderá

---

[12] VELLOSO, Andrei Pitten corrobora essa compreensão, a tratar dos princípios da irretroatividade e da anterioridade tributária: *Antes de tudo, há de se ter em mente que, conforme posicionamento remansoso da doutrina e da jurisprudência, o art. 150, III, da CF empregou o verbo "cobrar" de forma imprópria, com o significado de "instituir" ou "determinar a incidência"* ("Constituição tributária interpretada", 2ª edição: Livraria do Advogado editora, 2012, p. 251).

essa lei dar significação jurídica aos fatos geradores que ocorrerão no ano seguinte e após noventa dias da publicação dessa lei.[13]

A norma geral de Direito Tributário do artigo 104 do Código Tributário Nacional (CTN), desde que se façam as devidas atualizações, tendo em vista a recepção, derrogação ou revogação de normas legais anteriores ao vigente Sistema Constitucional-Tributário Nacional CF/1988, ADCT, art. 34, *caput*, §§3º, 4º e 5º), harmoniza-se com os princípios do artigo 150, *caput*, inciso III, do Estatuto Político de 1988, ao dispor que, em regra, *entram em vigor no primeiro dia do exercício seguinte àquele em que ocorra a sua publicação* e depois de noventa dias de sua publicação os dispositivos de lei referente a todo e qualquer tributo que os instituam ou o majorem, que definam novas hipóteses de incidência e que extingam ou reduzam isenções, salvo se a lei dispuser de maneira mais favorável ao contribuinte.

A respeito da controvérsia relativa ao princípio da anterioridade entre vigência[14] e eficácia[15] [16] da lei tributária[17] relacionada com os efeitos jurídicos dos princípios da anterioridade da lei tributária, da anterioridade de noventa dias e da irretroatividade da lei fiscal,[18] traga-se à colação o magistério de Paulo de Barros Carvalho,[19] que *verbo ad verbum*:

> Em função de sua plasticidade, o princípio da anterioridade para muitos parece amoldar-se ora como recorte da eficácia ora como recorte da vigência. Nesse ponto, é preciso dizer enfaticamente que a vigência das normas tributárias no tempo carrega uma particularidade que deve ser posta em relevo. Aquelas que instituem ou majoram tributos hão de respeitar não somente o princípio da legalidade, inerente à tipicidade cerrada das figuras tributárias, como também outro limite, qual seja,

---

[13] Cf., nesse sentido, AMARO, Luciano. *Direito tributário brasileiro*. 14. ed. São Paulo: Saraiva, 2008, p. 120 a 134.
[14] Corrobora essa concepção de Paulo de Barros Carvalho: MACHADO SEGUNDO, Hugo de Brito. *Manual de direito tributário*. 10. ed. São Paulo: Atlas, 2018, p. 65, 68 e 69.
[15] Cf. CARRAZZA, Roque Antônio. Obra citada, p. 209 e 213.
[16] Cf. VELLOSO, Andrei Pitten. Obra citada, p. 267, 269 e 270.
[17] SILVA, José Afonso da (*Processo constitucional de formação das leis*. 2. ed. São Paulo: Malheiros, 2007, p. 258 e 259: "Vigência significa aptidão para produzir efeitos; lei vigente ou lei em vigor quer dizer apta a produzir os efeitos próprios do seu conteúdo. Ora, eficácia significa, também o conjunto dos efeitos produzidos; capacidade não apenas potencialmente, mas a atuação desses efeitos. Vigência, enfim, é fonte de eficácia".
[18] Cf. ATALIBA, Geraldo; GONÇALVES, J. A. Lima. Contribuição social na Constituição de 1988. In: *Revista de Direito Tributário*, n. 47, p. 41.
[19] CARVALHO, Paulo de Barros. *Direito tributário*: linguagem e método. 7. ed. São Paulo: Noeses, 2018, p. 315-316. No mesmo sentido do mesmo autor, cf. *Curso de direito tributário*. 28. ed. São Paulo: Saraiva, 2017, p. 103-113.

aquele sobranceiramente enunciado no corpo do art. 150, III, *b*, e que consiste na necessidade de terem sido publicadas antes do início do exercício financeiro em que se pretenda cobrar a exação. [...]
Não advogamos a tese de que tais normas (as que criam ou aumentam tributos) entrem, efetivamente, em vigor, nas datas que estipulem, deixando a eficácia jurídica dos fatos previstos em suas hipóteses protelada até o início do próximo exercício financeiro. Não se trata de problema de eficácia, mas única e exclusivamente de vigência. Na hipótese, o que ocorre é a convergência de dois fatores condicionantes, que interagem provocando o deslocamento do termo inicial da vigência, de modo que a regra jurídica que entraria em vigor quarenta e cinco dias depois de publicada ou na data que estabelecer continua sem força vinculante, até que advenha o primeiro dia do ano do exercício financeiro. Isso nos autoriza a falar numa vigência predicada pela norma e noutra imperiosamente estabelecida pelo sistema. São reflexos dessa natureza que nos permitem entender o conteúdo do art. 104 do CTN, exarado em consonância com o art. 150, III, *b* e *c*, da Constituição da República.

Além dos aludidos princípios em prol da segurança jurídica ou da confiança ou da não surpresa dos contribuintes e responsáveis tributários, a Carta Política de 1988 prevê o princípio da irretroatividade da lei tributária, um dos pontos centrais dessa exposição.

Este princípio é corolário, no âmbito constitucional-tributário, da garantia constitucional do art. 5º, XXXVI, da Constituição da República do Brasil, de 5 de outubro de 1988, de que *lei não prejudicará o direito adquirido, o ato jurídico perfeito e a coisa julgada.*

Estatui o artigo 150, inciso III, alínea "a", da Constituição brasileira que *é vedado à União, aos Estados, ao Distrito Federal e aos Municípios cobrar tributos em relação a fatos geradores ocorridos antes do início da vigência da lei que os houver instituído ou aumentado.*

Segue este princípio do Sistema Constitucional-Tributário Nacional o mesmo diapasão, do âmbito Constitucional-Penal, do inciso XXXIX do artigo 5º da Constituição de 1988 – *não há crime sem lei anterior que o defina, nem pena sem prévia cominação legal* –, e do inciso XL do mesmo artigo 5º da Lei Maior – *a lei penal não retroagirá, salvo para beneficiar o réu.*

Cumpre colimar que tanto o princípio da irretroatividade da lei tributária quanto os princípios da anterioridade da data da publicação da lei em relação ao exercício financeiro seguinte e da anterioridade de noventa dias fazem parte do núcleo intangível da Constituição Brasileira, *ex vi* do preceito do artigo 60, "caput", §4º, inciso IV, do Estatuto Político de 1988, que dispõe que não poderá ser objeto de deliberação proposta de emenda constitucional tendente a abolir os direitos e garantias individuais.[20]

Diferentemente dos princípios da anterioridade de exercício ou mínima, em que a Constituição estabelece algumas exceções, e da mesma forma do disposto em relação ao princípio da legalidade quanto à instituição de tributos ou contribuições, a Constituição Federal não traz qualquer exceção ao princípio da irretroatividade da lei tributária que tenha criado ou aumentado tributos ou contribuições especiais.

Normalmente, a lei, após o início de sua vigência e passando a ter eficácia, pode ser aplicada aos fatos futuros, todavia, a Constituição não proíbe que lei tributária que não crie nem agrave tributos ou contribuições possam, perfeitamente, existindo norma explícita nesse sentido, retroagir, possam passar a disciplinar fatos passados, desde que, também, não prejudique o sujeito passivo tributário, ou seja, desde que essa retroação o beneficie.

O princípio da irretroatividade da lei tributária, que veda a incidência da norma legal nova sobre fatos geradores ocorridos anteriormente ao início da vigência dessa lei, aplica-se somente em relação à criação ou aumento de tributo, alcançando todas as alterações legais que venham a tornar os tributos ou as contribuições especiais mais gravosos sob o aspecto objetivo ou subjetivo em nome dos sobreprincípios inspiradores da segurança jurídica, da não surpresa e da confiança.

Os princípios da anterioridade de exercício e da noventena, regra geral, vedam a exigência – não só a cobrança – de tributos no mesmo exercício financeiro em que haja sido publicada a lei que os houver instituído ou aumentado ou antes de decorridos noventa dias em que haja sido publicada a lei que os instituiu ou majorou.

Assim, salvo exceções específicas ditadas pela Constituição, a lei que tenha criado ou majorado um tributo ou uma contribuição não poderá incidir sobre fatos ocorridos ou a ocorrerem no próprio ano da publicação da lei e antes de noventa dias da publicação da lei que instituiu ou aumentou esses gravames.

Portanto, a regra é que a lei nova que tenha instituído ou alterado essa criação agravando ou majorando tributos ou contribuições só poderá incidir, dar significação jurídica aos fatos que ocorrerão no ano seguinte, após noventa dias da sua publicação.

---

[20] Na ADI Nº 939/DF, rel. Min. Sydney Sanches, o Pleno do STF declarou, por desrespeito à cláusula pétrea, a inconstitucionalidade de dispositivo de emenda constitucional que pretendia excluir o IPMF do princípio da anterioridade. *In: RTJ*, vol. 151-3, p. 755.

De fato, então, o princípio da anterioridade, quer de exercício, quer de noventa dias, qualifica o princípio da irretroatividade da lei tributária, pois, consoante o magistério de Luciano Amaro:[21] "se a lei tributária cria ou majora tributo por ele acobertado, a irretroatividade é qualificada, pois não basta a antecedência da lei em relação ao fato jurígeno, exigindo-se essa antecedência da lei em relação ao ano [ou exercício] da relação do fato".

Essa matéria encontra-se sumulada pelo STF (Súmula nº 66: "É legítima a cobrança do tributo que houver sido aumentado após o orçamento, mas antes do início do respectivo exercício financeiro" e Súmula nº 67: "É inconstitucional a cobrança do tributo que houver sido criado ou aumentado no mesmo exercício financeiro").

Como visto, para parte da doutrina, a lei pode ter sido publicada, pode, portanto, existir, pertencer, assim, ao ordenamento jurídico, sem que ainda tenha vigência, ou seja, sem que possa incidir sobre os fatos, dando significado jurídico a eles, sem que possa incidir sobre os fatos no período da *vacatio legis*.

Passando a ter vigência, já podendo ser aplicada, a lei pode incidir sobre os fatos, já pode dar significação jurídica aos fatos, passando a ter eficácia.

Essa concepção foi dada pelo Pleno de nossa Corte Constitucional no julgamento do Recurso Extraordinário nº 146.733/SP,[22] relator o senhor ministro José Carlos Moreira Alves, quando foi decidida a inconstitucionalidade da pretensão do artigo 8º da Lei nº 7.689, de 15 de dezembro de 1988, de fazer incidir a contribuição para a seguridade social sobre o lucro líquido – CSLL – das pessoas jurídicas, por essa lei instituída, a suceder ou a completar esse lucro líquido no dia 31 de dezembro do ano de 1988, diante do ferimento aos princípios da irretroatividade da lei tributária e da anterioridade mínima ou da noventena (CF/1988, art. 150, *caput*, inciso III, alínea "a", c/c o art. 195, §6º). Aduza-se com a transcrição dos trechos do voto condutor de sua excelência relator desse julgado:

> Resta, enfim, uma sétima questão, que resulta da determinação do sentido e do alcance da parte inicial desse par. 6º do artigo 195 ("As contribuições sociais de que trata este artigo só poderão ser exigidas

---

[21] AMARO, Luciano. Imposto de renda e os princípios da irretroatividade e da anterioridade, in: Revista de Direito Tributário, n. 25-26, p. 140, 151 e 152.
[22] BRASIL, STF-Pleno. RE 146.733/SP, rel. min. Moreira Alves, in *RTJ* vol. 143-2, p. 684. Eis o teor da Ementa desse acórdão:

após decorridos noventa dias da data da publicação da lei que as houver instituído ou modificado, ...), para verificar se o artigo 8º da Lei 7.689/88 ("A contribuição social será devida a partir do resultado apurado no período-base a ser encerrado em 31 de dezembro de 1988") fere o princípio do artigo 150, III, a, (pelo qual é vedado cobrar tributos "em relação a fatos geradores ocorridos antes do início da vigência da lei que os houver instituído ou aumentado"), que é aplicável à contribuição social em causa, dada a sua natureza tributária, como demonstrado na parte inicial deste voto.

Nesse ponto, tem razão o acórdão recorrido: a Lei 7.689/88, que, por força do disposto na primeira parte do par. 6º do art. 195 da Constituição Federal, só entrou em vigor, quanto à contribuição social por ela instituída, noventa dias após a data da sua publicação, estabeleceu, em seu art. 8º, que o fato gerador inicial dessa contribuição seria o lucro apurado no período-base a ser encerrado em 31 de dezembro de 1988, dias, portanto, após sua publicação e mais de dois meses antes de sua entrada em vigor nesse ponto. Determinou, pois, a incidência dessa contribuição social sobre fato gerador ocorrido antes da vigência dessa instituição, o que é expressamente vedado pelo artigo 150, III, a, da Constituição Federal.

A exigibilidade das contribuições sociais que o par. 6º do artigo 195 da Constituição só admite se dê após decorridos noventa dias da data da publicação da lei que as instituiu ou modificou não diz respeito à cobrança dessas contribuições, como sustenta a União, do mesmo modo que a ela não diz respeito o princípio constitucional da anterioridade, não obstante a vedação estabelecida pelo inciso III do artigo 150 da Carta Magna se refira literalmente a *cobrar tributos*.

Em se tratando do princípio da anterioridade, a doutrina nacional, as mais das vezes, se tem manifestado no sentido de que, embora os textos constitucionais a ele relativos se refiram à "cobrança", as leis tributárias que instituem ou aumentam tributos não incidem no exercício financeiro em que foram publicadas, mas apenas no início do exercício financeiro seguinte. É certo que, teoricamente, os autores variam, entendo uns (assim, entre outros, Roque Carrazza, *Curso de Direito Constitucional Tributário*, 3. ed., pág. 123, São Paulo: Revista dos Tribunais, 1991) que, nesse caso, a lei entra em vigor no exercício financeiro em que foi publicada, mas tem sua eficácia suspensa até o início do exercício financeiro seguinte, ao passo que outros (como Sampaio Dória, *Da Lei Tributária no Tempo*, pág. 29, São Paulo, 1968) sustentam que a lei, publicada num exercício financeiro, só entra em vigor no início do seguinte, ocorrendo, portanto, nesses intervalo de tempo a *vacatio legis*. De qualquer sorte – e a mim me parece correta a segunda dessas posições doutrinárias –, para ambas as correntes o resultado é o mesmo: a lei que

institui ou aumenta tributo, para observar o princípio da anterioridade, só tem incidência no exercício financeiro seguinte ao que foi publicado.
[...]
Ora, em se tratando de contribuição social em causa, é o próprio texto constitucional (par. 6º do artigo 195) que faz depender a exigência dessas contribuições do decurso de noventa dias da data da publicação da lei que as houver instituído ou modificado, a significar, sem dúvida, que, nesse caso, ao invés da *vacatio* resultante do princípio da anterioridade, que requer a entrada em vigor da lei no exercício financeiro seguinte ao que ela foi publicada, se tem uma *vacatio legis* específica e determinada, em virtude da qual a lei que institui ou modifica essas contribuições só entra em vigor noventa dias depois da data de sua publicação.

Em consequência, a Lei 7.789/88, que, com relação aos artigos concernentes à contribuição social que instituiu, só entrou em vigor noventa dias depois de sua publicação (que ocorreu nos meados de dezembro de 1988), ao determinar, em seu art. 8º, que essa contribuição já seria devida a partir do lucro apurado no período-base a ser encerrado em 31 de dezembro de 1988, violou o princípio da irretroatividade contido no artigo 150, III, a, da Constituição Federal, que proíbe que a lei que institui tributo tenha como fato gerador desse tributo fato ocorrido antes do início da vigência dela.

Em outro julgado, o Pleno do Supremo Tribunal Federal (STF), no RE 138.284/CE,[23] confirmou a inconstitucionalidade do art. 8º da Lei nº 7.689/88 por ofender o princípio da irretroatividade (CF, art. 150, III, "a"), qualificado pela inexigibilidade da contribuição dentro do prazo de noventa dias da publicação da lei (CF, art. 195, §6º).

No que tange à Contribuição para Financiamento da Seguridade Social sobre o faturamento mensal das pessoas jurídicas – COFINS –, o Pleno do STF, por ocasião do julgamento da Ação Declaratória de Constitucionalidade nº 1/DF,[24] adotou o critério que tal lei estaria logo em vigor com a sua publicação, mas ficaria com sua eficácia paralisada, já que só produziria efeitos a partir do primeiro dia do mês seguinte aos noventa dias posteriores, tendo considerou constitucional a regra neste sentido do artigo 13 da Lei Complementar instituidora de tal contribuição de nº 70, de 30 de dezembro de 1991.

O Pleno do STF considerou, também, constitucional o artigo 14 da Lei Complementar nº 110, de 29 de junho de 2001 – instituidora de contribuições sociais gerais para o custeio de débito da União para com

---

[23] BRASIL, STF-Pleno. RE 138.284/CE, rel. Min. Carlos Velloso, *RTJ* vol. 143-1, p. 313.
[24] BRASIL, STF-Pleno. ADC 1/DF, rel. min. Moreira Alves, in *DJ* 16.6.1995, p. 18.213.

o FGTS em face de decisão judicial (RE 226.855) –, que determinou que essa lei entraria em vigor na data de sua publicação, mas com os efeitos postergados para após os noventas dias, como determina o artigo 150, III, "b", da Constituição Federal.[25]

No que tange a outra espécie tributária, a taxa, o STF, em sessão plenária, examinou a constitucionalidade da Lei do Estado do Amapá nº 959, de 30 de dezembro de 2005, que trata de emolumentos e custas judiciais, em que o seu artigo 47 dispõe que "esta lei entrará em vigor na dia 1º de janeiro de 2006", declarando, numa interpretação conforme à Constituição desse artigo 47, que, apesar de estar em vigor a partir de 1º de janeiro de 2006, a eficácia dessa norma, em relação aos dispositivos que aumentam ou instituem novas custas e emolumentos, se iniciará somente após 90 dias da sua publicação, uma vez que as taxas devem observar as limitações constitucionais ao poder de tributar, dentre essas, a prevista no art. 150, III, "c", com redação dada pela Emenda Constitucional nº 42, de 2003 – prazo nonagesimal para que a lei tributária se torne eficaz.[26]

Em relação ao imposto sobre a renda e proventos de qualquer natureza (CF, art. 153, *caput*, inciso III) e os comentados princípios da anterioridade e da irretroatividade da lei tributária, em que pese sólida doutrina em sentido contrário, o STF apresenta-se, ainda, vacilante e continua, no mais das vezes, aplicando a sua Súmula nº 584, com o seguinte teor: "Ao imposto de renda calculado sobre os rendimentos do ano-base, aplica-se a lei vigente no exercício financeiro em que deve ser apresentada a declaração".[27]

Observe-se que a Súmula 584 do STF, diferentemente da concepção da doutrina, aceita que o termo "é vedado cobrar" permite que somente os atos administrativos de cobrança sucedam no exercício seguinte, admitindo que a lei que venha a criar ou aumentar tributo possa incidir ou ser aplicada em relação a fatos geradores que estariam se completando após a publicação dessa lei, ainda que no mesmo ano da publicação dessa mesma lei.[28]

---

[25] BRASIL, STF-Pleno. ADI 2.556/DF, rel. min. Joaquim Barbosa, in *DJe*-185, publicação 20.9.2012.
[26] BRASIL, STF-Pleno. ADI 3.694 AP, rel. min. Sepúlveda Pertence, *in*: *Revista Dialética de Direito Tributário*, n. 136, 2007, p. 221.
[27] Mantendo o entendimento da Súmula 584, cf.: BRASIL. STF-2ª Turma. RE 199.352/PR, rel. para o acórdão min. Nelson Jobim, *DJ* 30.6.2000, p. 89.
[28] Espelha bem essa mantença de jurisprudência *decisum* da 1ª Turma do STF decorrente do julgamento do RE nº 194.612/SC, rel. min. Sydney Sanches, in DJ 8.5.1998, p. 15.

Rogata venia, cumpre reconhecer o equívoco na aplicação, por nosso Excelso Pretório, de sua Súmula 584 em relação ao imposto sobre a renda e proventos de qualquer natureza.

Como visto, o artigo 150, *caput*, inciso III, alínea "b", veda "cobrar tributos no mesmo exercício financeiro em que haja sido publicada a lei que os instituiu ou aumentou"; já a alínea "a" do mesmo preceptivo constitucional proíbe "cobrar tributos" em relação a fatos geradores ocorridos antes do início da vigência da lei que os houver instituído ou majorado.

Vimos que a expressão "cobrar tributos" significa exigir tributos, fazer incidir a norma tributária sobre determinados fatos por ela disciplinados, e não o simples ato administrativo de promover a arrecadação dos respectivos créditos tributários.

O princípio da anterioridade de exercício estabelece uma *vacatio legis*, impedindo que a lei tributária criadora ou incrementadora de tributos possa incidir, possa dar significação jurídica aos fatos, possa ser aplicada no mesmo ano de sua publicação. Por isso ela não tem vigência, ou se desejaram, eficácia no mesmo exercício financeiro de sua publicação, mas, somente, a partir do primeiro dia do exercício financeiro seguinte. Somente a partir do exercício financeiro seguinte ao de sua publicação é que essa lei tributária poderá ser aplicada.

O princípio da irretroatividade da lei tributária é qualificado pelo princípio da anterioridade: não se pode pretender fazer incidir uma lei sobre pretenso fato gerador a se completar às 24 horas do dia 31 de dezembro do mesmo ano de publicação dessa lei, isto porque, pelo princípio da anterioridade, esta lei, no exercício de sua publicação, ainda não pode ser aplicada por estar no seu período de vacância.

Destarte, pelo princípio da irretroatividade da lei tributária, a lei que venha a instituir ou aumentar tributos só poderá incidir, ser aplicada em relação a fatos geradores que ocorrerão a partir do primeiro dia do exercício seguinte ao da publicação dessa lei.

Ademais, no exemplo dado, o fato gerador do IRPF é mensal (Lei nº 7.713/1988), portanto todo mês sucede o fato gerador desse imposto, sendo o ajuste anual considerado pela doutrina mais alinhada ao Fisco como o fato gerador complexivo,[29] em verdade, uma sistemática para melhor cumprimento dos princípios da pessoalidade do imposto

---

[29] Sobre a interpretação do art. 105 do CTN (*A legislação tributária aplica-se imediatamente aos fatos geradores futuros e aos pendentes, assim entendidos aqueles cuja ocorrência tenha tido início, mas não esteja completa...*), cf. CARVALHO, Paulo de Barros. *Curso de direito tributário*, p. 111 a 113, que defende que existe o fato gerador futuro, mas não existe o gerador pendente.

de renda, da igualdade tributária, da capacidade contributiva e da progressividade (CF/1988, art. 150, II; art. 145, §1º e art. 153, §2º).

Assim, insta colimar que os princípios da irretroatividade e da anterioridade da lei tributária são sentinelas dos sobreprincípios da segurança jurídica, da não surpresa e da confiança que protegem os contribuintes em relação ao Estado e, exatamente por representarem direitos fundamentais dos cidadãos e administrados, devem ser interpretados com observância da teleologia, cumprindo ser conferida a esses princípios e direitos a maior eficácia possível.

Não pode ser tolerado que, p. e., uma lei que venha a elevar a alíquota do imposto de renda e que tenha sido publicada no final do ano possa incidir retroativamente sobre fatos ocorridos já no mês de janeiro, no mês de fevereiro, e assim por diante, do mesmo ano de publicação dessa lei, gerando consequências retroativas para esses fatos já materializados, embora se conceba que o fato gerador do ajuste anual só se complete no final do dia 31 de dezembro.

Essa malsinada interpretação, que a nossa Corte Constitucional vem admitindo, assemelha-se ao fato de suceder, numa partida de futebol, a alteração das regras do jogo aos quarenta ou quarenta e cinco minutos do segundo tempo, impondo essa alteração para desde o primeiro minuto do mesmo jogo. Seria o caso, p. e., de o árbitro, no final do jogo, modificar as regras, estabelecendo que passaria a se considerar vencedor da partida ainda que terminada em zero a zero, ganhador, portanto, de três pontos na competição, o time que mais próximo do gol houvesse chegado, por ter proporcionado bolas na trave do adversário, defesas milagrosas do goleiro do time oponente, etc.). Ora, se soubessem com antecedência dessa nova regra, os times não ficariam na retranca e procurariam, desde o início da partida, atacar o máximo possível o time antagônico.

Impende realçar que, por ocasião do julgamento da Ação Direita de Inconstitucionalidade nº 513/DF,[30] relator o senhor ministro Célio Borja, decidiu o STF, em sessão plenária, que o artigo 11 da Lei nº 8.134, de 27 de dezembro de 1990, instituíra coeficiente de aumento do imposto de renda e não mero índice neutro de atualização da moeda. Por isso, ele não podia incidir em fatos ocorridos antes de sua vigência, nem no mesmo exercício em que editado, sob pena de afronta às cláusulas proibitórias do artigo 150, *caput*, inciso III, alíneas "a" e

---

[30] BRASIL, STF-Pleno. ADI 513/DF, rel. min. Célio Borja, in *RTJ* vol. 141-3, p. 739.

"b", da Constituição Federal. Como deixou explicitado a nossa Corte Constitucional nesse julgado:

> a obrigação tributária regula-se pela lei anterior ao fato que a gerou, mesmo no sistema de bases correntes da Lei nº 7.713/88 (imposto devido mensalmente, à medida em que percebidos rendimentos e ganhos de capital, não no último dia do ano) em vigor quando da norma impugnada. Ainda quando a execução da obrigação tributária se projeta no tempo, ela surge, também nesse sistema, contemporaneamente ao seu fato gerador.

E arremata o mesmo *decisum*: "O ulterior acerto de créditos e débitos não é um novo fato gerador da obrigação tributária, mas expediente destinado a permitir a aplicação da regra da progressividade do imposto direto", com, ainda, maior aplicação dos princípios da pessoalidade do imposto de renda, da igualdade tributária, da capacidade contributiva e da progressividade. Insta destacar que o Pleno do STF tem afastado a aplicação de sua Súmula nº 584 relacionada ao imposto sobre renda e proventos nos casos de extrafiscalidade.[31][32]

Ressalte-se que, se a lei nova não prever a criação de tributos ou contribuições nem a modificação da legislação desses gravames com a consequência de majoração deles,[33] ou se há alteração da legislação dessas exações para reduzi-las, não se aplicam nem o princípio da anterioridade nem o princípio da irretroatividade da lei tributária, de modo que essa lei benéfica incidirá imediatamente ou poderá até mesmo ser aplicada retroativamente, desde que, neste caso, haja disposição expressa da lei nesse sentido.

Impende realçar a decisão da 1ª Turma do STF acerca do princípio da irretroatividade da lei tributária, decorrente do julgamento do RE

---

[31] BRASIL, STF-Pleno. RE 183.130/PR, rel. para o acórdão o min. Teori Zavascki, in *DJe*-225, publicação 17.11.2014.

[32] BRASIL, STF-Pleno. RE 592.396/SP, rel. min. Edson Fachin, in *DJe*-54, publicação 28.3.2016.

[33] Transcreva-se a ementa do acórdão do Pleno do STF decorrente do julgamento do pedido de medida liminar na ADI nº 736/DF, rel. min. Carlos Velloso: "CONSTITUCIONAL. TRIBUTÁRIO. IMPOSTO DE RENDA. DECLARAÇÃO DE BENS: VALOR DE MERCADO NO DIA 31.12.91. Lei nº 8.383, de 30.12.91, artigo 96, parágrafos 1º a 10. Constituição Federal, artigos 5º, X, XII, XXXVI, 145, parágrafo 1º, 146, III, a, 150, II, III, *a*, *b*, 153, III. I. - Alegação no sentido de que o art. 96, parágrafos 1º a 10, da Lei 8.383, de 30.12.91, que estabelece que, no exercício financeiro de 1992, o contribuinte deverá indicar, na sua declaração de bens, o valor de mercado destes no dia 31.12.91, convertido em quantidade de UFIR pelo valor desta no mês de janeiro de 1992, seria ofensivo aos artigos 5º, X, XII e XXXVI, 145, parágrafo 1º, 146, III, a, 150, II, III, a, b, e 153, III, da Constituição Federal. II. - Medida cautelar indeferida, seja porque inocorre relevância do fundamento da inicial que pudesse autorizar o deferimento, seja porque, ocorrente o relevo da questão em debate, inocorre o *periculum in mora*" (*DJ* 14.6.2002, p. 126).

nº 184.099/DF,[34] no sentido de que *o princípio insculpido no inciso XXXVI do art. 5º da Constituição (garantia do direito adquirido) não impede a edição, pelo Estado, de norma retroativa (lei ou decreto) em benefício do particular.*

Aliás, tal *decisum* segue a senda da Súmula nº 654 do STF, que ostenta o seguinte teor: *A garantia da irretroatividade da lei, prevista no art 5º, XXXVI, da Constituição da República, não é invocável pela entidade estatal que a tenha editado.*

Merecem realce decisões de nossa Corte Constitucional sobre a constitucionalidade dos artigos 3º e 4º da Lei nº 8.200/1991, que alteraram a correção monetária das demonstrações financeiras das pessoas jurídicas, refletindo sobre a carga tributária sofrida pelas empresas em exercícios anteriores, isto porque o princípio da irretroatividade da lei tributária deve ser visto e interpretado como garantia constitucional instituída em favor dos sujeitos passivos da atividade estatal no campo da tributação, sendo que, em princípio, nada impede que o Poder Público possa reconhecer, em texto formal de lei, a ocorrência de situações lesivas à esfera jurídica dos contribuintes e adotar, no plano do direito positivo, as providências necessárias para a cessação dos efeitos onerosos que, derivados, exemplificativamente, da manipulação, da substituição ou da alteração de índices, hajam tornado mais gravosa a exação tributária imposta pelo Estado.[35] [36] [37]

Colime-se que o §1º do artigo 97 do CTN equipara à majoração do tributo a modificação de sua base de cálculo, já o §2º do mesmo artigo 97 não constitui majoração de tributo a atualização do valor monetário da respectiva base de cálculo.

Assim, já existindo lei determinando a correção monetária dos créditos tributários com a devida observância dos princípios da anterioridade e da irretroatividade, a aplicação dessa atualização não representa aumento de tributo, bem como não traz lesão alguma a esses princípios a mera substituição legal de índices, desde que equivalentes do ponto de vista econômico.[38] [39]

---

[34] BRASIL, STF-1ª Turma. RE 184.099/DF, rel. min. Octávio Gallotti, in *DJ* 18.4.1997, p. 13.788.
[35] BRASIL, STF-Pleno. ADIMC nº 712/DF, rel. min. Celso de Mello, in *RTJ* vol. 144-2, p. 435.
[36] BRASIL, STF-Pleno. RE 201.465/MG, rel. min. Nelson Jobim, *DJ* 17.10.2003, p. 15.
[37] Em relação à retroatividade de normas sobre prejuízo fiscal, cf. BRASIL, STF-RE nº 344.994-0/PR, rel. para o acórdão o min. Eros Grau, *in: Revista Dialética de Direito Tributário*, n. 170, 2009, p. 186-194.
[38] BRASIL-STF-1ª Turma AgR no AI 168.840/SP, rel. min. Ilmar Galvão, in *DJ* 13.10.1995, p. 34.274.
[39] No mesmo sentido, cf. STF-2ª Turma, no RE nº 140.671/CE, rel. min. Ellen Gracie, in *RTJ* vol. 193-2, p. 734. STF-1ª Turma. RE 268.003/PR, rel. min. Moreira Alves, in *DJ* 10.8.2000, p. 17.

Outra hipótese: o valor da base de cálculo do Imposto sobre Propriedade Predial e Territorial Urbana – IPTU – é o valor venal do imóvel (CTN, art. 33). Esses valores para os imóveis urbanos são estipulados por lei municipal e distrital, devendo observância ao princípio da legalidade e devendo obediência ao princípio da anterioridade de exercício – não ao princípio da anterioridade nonagesimal –, e o da irretroatividade da lei tributária. Caso o ente federado queira reavaliar os imóveis urbanos locais, pelo valor de mercado, acima da inflação do período, terá que ser feito por outra lei, que deverá respeitar ao disposto constitucional no art. 150, *caput*, inciso III, alíneas "a" e "b".[40]

Entretanto, caso os valores reais dos imóveis sejam mantidos, com a administração tributária municipal ou distrital estabelecendo, quando da realização dos lançamentos de um ano para outro, simplesmente, a atualização monetária dos valores fixados no exercício anterior em lei para os imóveis urbanos, havendo previsão legal, p. e., de alguns anos atrás no sentido dessa atualização, com a utilização de índice oficial de inflação, aí, nessa hipótese, basta ato administrativo normativo dispor nesse sentido, sem que sejam aplicáveis, consequentemente, os princípios da anterioridade e da irretroatividade da lei.[41] [42]

Todavia, insta ressaltar que, por ocasião do julgamento da Representação de Inconstitucionalidade nº 1.451/DF,[43] o STF, em sessão plenária, por unanimidade de votos, decidiu que a lei tributária, que transforma obrigação de dinheiro em obrigação de valor, não pode alcançar retroativamente fatos geradores ocorridos antes de sua vigência.

O princípio da irretroatividade da lei tributária deve ser examinado em cotejo com o *caput* do artigo 144 do CTN. Segundo este dispositivo legal, no momento do lançamento, no que respeita aos aspectos materiais ou substanciais – quantitativos, objetivos e subjetivos, deve se utilizar da lei vigente no momento do fato gerador, ainda que posteriormente modificada ou revogada.

Assim é que o "caput" do artigo 144 do CTN dispõe: *O lançamento reporta-se à data da ocorrência do fato gerador da obrigação e rege-se pela lei então vigente, ainda que posteriormente modificada ou revogada.*

---

[40] STF-1ª Turma. RE 234.605/RJ, rel. Min. Ilmar Galvão, *DJ* 1º.12.2000, p. 98.
[41] Cf. BRASIL, STF-Pleno. RE 648.245/MG, rel. min. Gilmar Mendes, *DJe*-38, publicação 24/2/2014; STF-1ª Turma. AI 164.730 AgR/RS, rel. min. Ilmar Galvão, *DJ* 27.10.1995, P. 36.241; STF-Pleno. RE 114.078/AL, rel. min. Moreira Alves, DJ 1.7.1988, p. 16.708.
[42] Súmula 160 do STJ: "É defeso, ao município, atualizar o IPTU, mediante decreto, em percentual superior ao índice oficial de correção monetária" (MACHADO SEGUNDO, H. de B.).
[43] BRASIL, STF-Pleno. Rp 1.451/DF, rel. min. Moreira Alves, *in*: *RTJ*, vol. 127-3, p. 789.

Já o §2º do mesmo artigo 144, em relação aos impostos lançados por períodos certos de tempo, reza que cabe à lei fixar expressamente a data em que o fato gerador se considera ocorrido.

A seu turno, o §1º do artigo 144 do mesmo Codex estatui que, quanto aos aspectos formais ou procedimentais, *aplica-se ao lançamento a legislação que, posteriormente à ocorrência do fato gerador da obrigação, tenha instituído novos critérios de apuração ou processos de fiscalização, ampliado os poderes de investigação das autoridades administrativas, ou outorgado ao crédito maiores garantias ou privilégios, exceto, neste último caso, para o efeito de atribuir responsabilidade tributária a terceiros.*

Assim, no caso do julgamento do Recurso Extraordinário com repercussão geral nº RE 601.314/SP,[44] o Pleno do STF, além de reconhecer a constitucionalidade da transferência de direito do sigilo bancário, da instituição financeira para a Administração tributária, com base no art. 145, §1º, da Constituição Federal,[45] sem prévia intermediação do Poder Judiciário, assentou: *A alteração na ordem jurídica promovida pela Lei nº 10.174/2001 não atrai a aplicação do princípio da irretroatividade das leis tributárias, uma vez que aquela se encerra na atribuição de competência administrativa à Secretaria da Receita Federal, o que evidencia o caráter instrumental da norma em questão. Aplica-se, portanto, o artigo 144, §1º, do Código Tributário Nacional,* tendo sido fixada a seguinte tese: *A Lei nº 10.174/01 não atrai a aplicação do princípio da irretroatividade das leis tributárias, tendo em vista o caráter instrumental da norma, nos termos do artigo 144, §1º, do CTN.*

No caso do imposto sobre importação de bens estrangeiros para consumo (CF/1988, art. 153, *caput*, inciso I), que não deve obediência ao princípio da anterioridade, quer de exercício, quer o de noventa dias, a nossa Corte Constitucional, sem embargos da divergência de parte da doutrina,[46] tem dado prevalência ao momento do fato gerador temporal e não do fato gerador material para efeito do cumprimento

---

[44] BRASIL, STF-Pleno. RE 601.314, rel. min. Edson Fachin, acórdão publicado na íntegra *in*: *Revista Fórum de Direito Tributário*, Belo Horizonte, n. 86, ano 15, mar./abr. 2017, p. 175-247.

[45] Esta tese vencedora nos julgamentos conjunto, pelo Plenário do STF, das ADI nºs 2.390, 2.386, 2.397 e 2.859 (acórdão da ADI 2. 859/DF, rel. min. Dias Toffoli, publicado na íntegra na *Revista Fórum de Direito Tributário*, Belo Horizonte, n. 88, ano 15, p. 175-246, jul./ago. 2017), vinha sendo defendida por SARAIVA FILHO, Oswaldo Othon de Pontes. Sigilo bancário e a administração tributária. In: *Revista dos Tribunais*: Cadernos de Direito Tributário e Finanças Públicas, São Paulo, vol. 10, p. 11 e ss., 1995; e Sigilos bancário e fiscal em face da administração tributária e do ministério público. *In*: *Sigilos bancário e fiscal*: homenagem ao jurista José Carlos Moreira Alves. 2. ed. Belo Horizonte: Fórum, 2015, p. 19-65.

[46] Cf. MACHADO, Hugo de Brito. *Curso de direito tributário*. 40. ed. São Paulo: Malheiros Editores, 2019, p. 311.

do estabelecido pelo *caput* do art. 144 do CTN, considerando ocorrido o fato gerador, com a incidência da legislação nesse momento vigente, na data do registro da declaração de importação, para fins de consumo.[47]

Assim, por esse critério, se, quando da realização do contrato entre particulares para a importação do produto, a sua alíquota era 0%; quando do registro da declaração de importação, para efeito do desembaraço aduaneiro, o decreto do Poder Executivo já havia antes majorado a alíquota para 70%, e, quando da entrada física do produto no território nacional, a alíquota era 20%, nesse caso, conforme entendimento reiterado do STF, deve ser aplicada a alíquota do momento do fato gerador temporal (Decreto-Lei nº 37, de 18.11.1996, art. 23)[48] e não do fato gerador material (CTN – Lei nº 5.172, de 25.10.1966, art. 19),[49] sem que se possa falar em retroatividade do ato normativo, pois a majoração se deu antes da ocorrência do fato gerador temporal do tributo.[50] [51]

Deve ser ressaltado que a lei de tributação não deve retroagir para alcançar fatos geradores do tributo ocorridos antes da publicação da lei, mas pode ter repercussão em relação a fatos posteriores ao aperfeiçoamento de contratos celebrados entre particulares. Ninguém tem direito adquirido à mantença das regras de tributação exatamente como elas estavam no momento da celebração de um negócio jurídico.

Os entes da Federação recebem da Constituição o poder de tributar para que assim possam cumprir suas atividades em prol da realização do bem comum. Não tem o administrado o direito de obstar que incida sobre seus bens e negócios nova regra jurídica de tributação no que concerne aos fatos geradores sucedidos após o início da vigência da nova lei tributária, mesmo que esses bens tenham sido adquiridos ou os contratos tenham sido celebrados antes da lei que instituiu ou aumentou o tributo.

Cabe realçar que, examinando a questão da incidência da contribuição previdenciária sobre os proventos das aposentadorias e pensões

---

[47] Para o STF, o art. 23 do Decreto-Lei nº 37, de 18.11.1966 foi recebido da mesma forma da Lei nº 5.172, de 25.10.1966, como hierarquia equiparável à lei complementar, sendo que, em 1966, não havia a figura de lei complementar. Como a norma do DL posterior à norma do CTN, prevalece aquela.

[48] DL nº 37, de 18.11.1996. Art. 23. *Quando se tratar de mercadoria despachada para consumo, considera-se ocorrido o fato gerador na data do registro, na repartição aduaneira, da declaração...*

[49] Lei nº 5.172, de 25.10.1966. Art. 19. *O imposto, de competência da União, sobre a importação de produtos estrangeiros tem como fato gerador a entrada destes no território nacional.*

[50] Cf. STF-Pleno. RE 225.602/CE, rel. min. Carlos Velloso, *RTJ* vol. 178-1, p. 428.

[51] Cf. STF-1ª Turma. RE 219.893/RN, rel. min. Ilmar Galvão, *DJU*, 28.5.1999, p. 25.

do setor público, autorizada pela Emenda Constitucional nº 41/2003, o STF, por ocasião do julgamento da Ação Direta de Inconstitucionalidade nº 3.128-7/DF,[52] decidiu que não ocorreu, no caso, violação ao princípio da irretroatividade da lei.

Admite-se que a chamada isenção onerosa, vale dizer, concedida por prazo certo, e em função de determinadas condições, bem como outros benefícios fiscais, autorizados por lei e contratados entre o Fisco e o contribuinte, gera o instituto de direito adquirido em favor do contribuinte.

Assim é que o artigo 178 do CTN reza que "a isenção, salvo se concedida por prazo certo e em função de determinadas condições, pode ser revogada ou modificada por lei, a qualquer tempo.

Em caso contrário, inexistindo, na isenção, onerosidade ou tempo certo de duração da concessão, não sucede a geração de direito adquirido.

Cumpre mencionar que, por ocasião do julgamento do Agravo Regimental no Recurso Extraordinário nº 269.266-2 (DJ, 13.5.2005), a 1ª Turma do STF, relator o senhor ministro Sepúlveda Pertence, decidiu não existir direito adquirido em relação a uma eventual prorrogação do prazo de isenção do IRPJ, que, afinal, não se confirmou, uma vez que a Lei nº 7.450, de 1985, revogou a possibilidade de aumento do prazo de isenção do aludido imposto de dez para quinze anos, prevista no artigo 3º do Decreto-Lei nº 1.564, de 1977, considerando o Excelso Pretório que, no momento de sua publicação, os contribuintes possuíam simples expectativa de direito à prorrogação do benefício, que restou frustrada com a mudança na sistemática da concessão do incentivo no âmbito da SUDENE, ou seja, as pessoas jurídicas possuíam mera expectativa de direito à prorrogação da isenção questionada, cuja possibilidade a lei revogou antes que fosse deferida.

Mencione-se que o STF, ao cuidar de contratos de benefícios fiscais à exportação – BEFIEX, decidiu, no que respeita às isenções de tributos estaduais e municipais concedidas pela União, sob o pálio da Constituição pretérita, que as revogações, em face da proibição de concessão, por parte da União, diante do mandamento do art. 151, III, da Constituição Federal, de 5 de outubro de 1988, devem observar a sistemática do art. 41, §§1º e 2º, do Ato das Disposições Constitucionais Transitórias. Em princípio, elas somente ocorreriam dois anos após a promulgação da atual Carta, dado que não confirmadas

---

[52] BRASIL, STF-Pleno. ADI 3.128/DF, rel. min. acórdão publicado na íntegra na *Revista Fórum de Direito Tributário*, Belo Horizonte, n. 14, ano 14, p. 105-222, mar./abr. 2005.

pelo Estado-membro. Todavia, se concedida a isenção por prazo certo e mediante condições, ocorre em favor do contribuinte o instituto do direito adquirido (CTN, art. 178; CF, art. 5º, XXXVI; ADCT, art. 41, §2º; Súmula nº 544-STF). Isto é, na espécie, a revogação sucederá após o transcurso do prazo da isenção (RE nº 169.880-2-SP, rel. min. Carlos Velloso, *DJU*, 19.12.1996).

No que tange à redução ou extinção de benefícios fiscais, o que se pode dizer é que a jurisprudência da Corte Constitucional brasileira permanece vacilante.

Inicialmente, o STF não dava eficácia ao inciso III do artigo 104 do CTN e não reconhecia a necessidade de cumprimento dos princípios da anterioridade e da irretroatividade no caso de revogação ou redução de benefícios fiscais. Para o STF as isenções seriam favores legais, a mera dispensa do pagamento do tributo devido (a norma do tributo incidia, mas a norma do benefício fiscal dispensava o pagamento).[53][54][55]

Mais recentemente, nomeadamente após a concessão do pedido de medida cautelar na Ação Direta de Inconstitucionalidade nº 2.325/DF,[56] a Corte Constitucional brasileira tem proporcionado maior aplicação dos princípios da irretroatividade e da anterioridade tributárias, em relação à redução ou extinção de benefícios fiscais, considerando que normas nesse sentido, ainda que indiretamente, acarretam o aumento da base de cálculo da exação fiscal.[57][58]

A Corte Constitucional brasileira tem concebido que a *prorrogação* de tributos não leva à exigência da observância dos princípios da anterioridade e da irretroatividade da lei, sendo esse entendimento questionável, do ponto de vista científico, diante do descuramento à

---

[53] BRASIL, STF-1ª Turma. RE 99.908/RS, rel. min. Rafael Mayer, in *DJ* 5.8.1983.
[54] BRASIL, STF-2ª Turma. RE 102.993/SP, rel. min. Aldir Passarinho, in *DJ* 31.5.1985, p. 8.511.
[55] BRASIL, STF-Pleno. ADIMC 4.016/PR, rel. min. Gilmar Mendes, *in: Revista Dialética de Direito Tributário*, n. 165, p. 187-193, 2009.
[56] BRASIL, STF-Pleno. ADIMC nº 2.325/DF, rel. min. Marco Aurélio, *in: Revista Dialética de Direito Tributário*, n. 135, p. 229, 2006.
[57] Cf., nesse diapasão, BRASIL, STF-Pleno. RE 564.225 AgR/RS, rel. min. Marco Aurélio, in *DJe*-226, publicação 18.11.2014; BRASIL, STF-2ª Turma RE 1.081.041 AgR/SC, rel. min. Dias Tóffoli, in *DJe*-82, publicação 27.4.2018; BRASIL, STF-Pleno. RE 564.225 AgR-EDv-AgR/RS, rel. min. rel. min. Alexandre de Moraes, in *DJe*-264, publicação 4.12.2019. Ficou, assim, assentada pelo STF a concepção no sentido de que a diminuição da redução da base de cálculo de um tributo representa o seu próprio aumento com relação à situação anterior, sendo, portanto, aplicáveis os princípios da anterioridade e da irretroatividade.
[58] STF-1ª Turma. RE 1.190.379-AgR, Rel. Min. Luiz Fux, *DJe*-71, public. em 8.4.2019 concernente à redução do percentual de aproveitamento de créditos pelo Programa REINTEGRA – Regime Especial de Reintegração de Valores Tributários para as Empresas Exportadoras – Decretos nº 8.415/2015 e nº 8.543/2015.

teleologia dos princípios da anterioridade e da irretroatividade e aos sobreprincípios da segurança jurídica, da não surpresa e da confiança.

Afinal, prorrogar o que iria se extinguir por previsão constitucional não deixa de ser a mesma coisa que criar de novo, acarretando aumento da carga tributária em desfavor do contribuinte, tendo em vista que, embora o §6º do artigo 195 da Constituição Federal utilize o termo "modificado", e não aumentado", só se pode entender que toda alteração legislativa que institua ou volte a criar tributos ou que os modifique majorando deve obediência ao princípio da anterioridade nonagesimal.

O fato é que Plenário do STF decidiu que não implicava afronta à anterioridade de noventa dias a *prorrogação* da hoje extinta Contribuição Provisória sobre Movimentação Financeira – CPMF – por meio da Emenda Constitucional nº 42/2003.[59] [60]

Nessa mesma senda, percorreu o Pleno do STF por ocasião do julgamento do Recurso Extraordinário nº 584.100/SP,[61] em relação à prorrogação do aumento da alíquota do ICMS.

Cumpre avivar o teor da Súmula do STF nº 239: "Decisão que declara indevida a cobrança de imposto em determinado exercício não faz coisa julgada em relação aos posteriores" (com sentido idêntico, cf. os seguintes acórdãos do STF: AgR em AI nº 189.787-2 -AgR, *DJ*, 4 abr. 1997; RE nº 99.435-1, *RTJ*, n. 106/1.189; AR nº 1.239-9, *Revista Jurídica*, Porto Alegre, n. 159, p. 39, jan. 1991; Em. de Decl. em Em. Diverg. em RE nº 109.073-1, *DJ*, 2 abr. 1993).

Cabe aduzir que tendo havido alterações das normas que disciplinam a relação tributária continuativa entre as partes, não é cabível a alegação da exceção da coisa julgada em relação a fatos geradores sucedidos após as alterações legislativas.[62]

Adapta-se como uma luva ao que acabamos de expor a segunda parte da Ementa de Acórdão do Plenário do STF, referente ao julgamento dos Embargos no Recurso Extraordinário nº 83.225-SP,[63] *ipsis litteris*: 2.

---

[59] BRASIL. STF-Pleno. ADI 2.031/DF, rela. ministra Ellen Gracie, in *DJ* 17.10.2003, p. 14.
[60] BRASIL, STF-1ª Turma. RE 629.030 AgR/PR, rel. min. Roberto Barroso, in *DJe*-116, publicação 17.6.2014.
[61] BRASIL, STF-Pleno. RE 584.100/SP, rela. ministra Ellen Gracie, in *RDTAPET*, vol. 7, n. 25, p. 167-174, 2010.
[62] Cf. SARAIVA FILHO, Oswaldo Othon de Pontes. Parecer PGFN/CRJN/1.277/94, *RDA*, Rio de Janeiro, n. 199, p. 227-230, jan./mar. 1995.
[63] BRASIL, STF-Pleno. RE 83.225 EDv/SP, rel. min. Xavier de Albuquerque, *RTJ*, vol. 92-2, p. 707.

A coisa julgada não impede que lei nova passe a reger diferentemente os fatos ocorridos a partir de sua vigência. Embargos rejeitados.

Quanto à aplicação retroativa da lei tributária, o Código Tributário Brasileiro, no seu artigo 106, dispõe que a lei aplica-se a ato ou fato pretérito, em qualquer caso, quando seja expressamente interpretativa, excluída a aplicação de penalidade à infração dos dispositivos interpretados; ou, tratando-se de ato não definitivamente julgado, quando deixe de defini-lo como infração e quando comine penalidade menos severa que a prevista na lei vigente ao tempo de sua prática.

A condição, para a lei benéfica retroagir, de o ato infrator não ter sido definitivamente julgado, não se restringe, necessariamente, ao âmbito administrativo, mas se estende, também, à esfera judicial, de modo que, se o contribuinte recorrer a via judicial, poderá se beneficiar da retroatividade da lei a ele mais favorável se a publicação da lei e seu início de vigência e eficácia ocorrerem antes da correspondente decisão judicial definitiva.[64]

Obviamente, a aplicação retroativa da lei mais benéfica restringe-se às leis verdadeiramente interpretativas, às infrações fiscais e às correspondentes penalidades cominadas e não ao tributo em si.[65] [66]

Em relação à lei interpretativa, a 2ª Turma do Superior Tribunal Justiça considerou inconstitucional, no AgReg nos Embargos de Declaração no Recurso Especial nº 855.565,[67] relator Ministro Humberto Martins, a aplicação retroativa da Lei Complementar nº 118, de 9 de fevereiro de 2005, que dispõe interpretação do inciso I, do artigo 168, do Código Tributário Nacional.

---

[64] BRASIL, STF-2ª Turma. REsp 295.762/RS.
[65] Nesse diapasão, cf. STJ-1ª Turma, REsp 464.419/SP, rel. min. Luiz Fux, DJ de 2.6.2003, p. 193.
[66] MACHADO, Hugo de Brito. Obra citada, p. 101 a 102: *"Lei interpretativa* é aquela que não inova, limitando-se a esclarecer dúvida surgida com o dispositivo anterior. [...] É importante termos em mente que a função de interpretação das leis pertence ao Poder Judiciário. Assim, se este já fixou uma das interpretações possíveis como sendo a que se deve adotar, se a jurisprudência firmou-se preferindo determinada interpretação entre as quais foram sustentadas para um dispositivo legal, já não cabe ao legislador, a pretexto de elidir lei interpretativa, adotar interpretação diversa daquela já adotada pelo Judiciário. Pode, sem dúvida, legislar adotando entendimento diverso, e mesmo oposto, ao que tenha sido adotado pela jurisprudência. Neste caso, porém, não estará produzindo lei simplesmente interpretativa, e sim lei que indiscutivelmente inova na ordem jurídica, removendo o entendimento jurisprudencial. Consequência disto é que a lei nova não poderá ser aplicada a fatos consumados antes do início de sua vigência. Não poderá retroagir".
[67] BRASIL, STJ-2ª Turma. AgR no Emb. de Decl. no Resp 855.565/SP, rel. min. Humberto Martins, *in: Revista Fórum de Direito Tributário*, Belo Horizonte, n. 34, ano 6, p. 189-194, jul./ago. 2008.

Nesse caso da hipotética lei interpretativa, ou seja, da Lei Complementar nº 118/2005, o STF, por meio do seu Tribunal Pleno, assentou por ocasião do julgamento do RE nº 566.621/RS nos termos da ementa do acórdão a seguir transcrita:

> RECURSO EXTRAORDINÁRIO 566.621/RS[68]
> EMENTA: DIREITO TRIBUTÁRIO – LEI INTERPRETATIVA – APLICAÇÃO RETROATIVA DA LEI COMPLEMENTAR Nº 118/2005 – DESCABIMENTO – VIOLAÇÃO À SEGURANÇA JURÍDICA – NECESSIDADE DE OBSERVÂNCIA DA VACACIO LEGIS – APLICAÇÃO DO PRAZO REDUZIDO PARA REPETIÇÃO OU COMPENSAÇÃO DE INDÉBITOS AOS PROCESSOS AJUIZADOS A PARTIR DE 9 DE JUNHO DE 2005.
> Quando do advento da LC 118/05, estava consolidada a orientação da Primeira Seção do STJ no sentido de que, para os tributos sujeitos a lançamento por homologação, o prazo para repetição ou compensação de indébito era de 10 anos contados do seu fato gerador, tendo em conta a aplicação combinada dos arts. 150, § 4º, 156, VII, e 168, I, do CTN. A LC 118/05, embora tenha se auto-proclamado interpretativa, implicou inovação normativa, tendo reduzido o prazo de 10 anos contados do fato gerador para 5 anos contados do pagamento indevido. Lei supostamente interpretativa que, em verdade, inova no mundo jurídico deve ser considerada como lei nova. Inocorrência de violação à autonomia e independência dos Poderes, porquanto a lei expressamente interpretativa também se submete, como qualquer outra, ao controle judicial quanto à sua natureza, validade e aplicação. A aplicação retroativa de novo e reduzido prazo para a repetição ou compensação de indébito tributário estipulado por lei nova, fulminando, de imediato, pretensões deduzidas tempestivamente à luz do prazo então aplicável, bem como a aplicação imediata às pretensões pendentes de ajuizamento quando da publicação da lei, sem resguardo de nenhuma regra de transição, implicam ofensa ao princípio da segurança jurídica em seus conteúdos de proteção da confiança e de garantia do acesso à Justiça. Afastando-se as aplicações inconstitucionais e resguardando-se, no mais, a eficácia da norma, permite-se a aplicação do prazo reduzido relativamente às ações ajuizadas após a *vacatio legis*, conforme entendimento consolidado por esta Corte no enunciado 445 da Súmula do Tribunal. O prazo de *vacatio legis* de 120 dias permitiu aos contribuintes não apenas que tomassem ciência do novo prazo, mas também que ajuizassem as ações necessárias à tutela dos seus direitos. Inaplicabilidade do art. 2.028 do Código Civil, pois, não havendo lacuna na LC 118/08, que pretendeu a aplicação do novo prazo na maior extensão possível, descabida sua aplicação por analogia. Além

---

[68] BRASIL, STF-Pleno. RE 566.621/RS, relatora ministra Ellen Gracie, in *RTJ*, vol. 223-1, p. 540.

disso, não se trata de lei geral, tampouco impede iniciativa legislativa em contrário. Reconhecida a inconstitucionalidade art. 4º, segunda parte, da LC 118/05, considerando-se válida a aplicação do novo prazo de 5 anos tão somente às ações ajuizadas após o decurso da *vacatio legis* de 120 dias, ou seja, a partir de 9 de junho de 2005. Aplicação do art. 543-*b*, § 3º, do CPC aos recursos sobrestados. Recurso extraordinário desprovido.

4 Conclusão

Diante de todo o exposto, resta concluir, principalmente, que:

I) O amparo aos direitos adquiridos na própria Constituição, como forma de assegurar a segurança jurídica, é uma opção quase que exclusivamente brasileira.

II) Estão protegidos, pelos direitos adquiridos, contra alterações prejudiciais unilaterais ou de lei nova, não só os atos e fatos pretéritos, que se incorporaram ao patrimônio dos particulares, mas também, por exemplo, os efeitos jurídicos futuros de um contrato.

III) Os direitos adquiridos são oponíveis pelos cidadãos ou contribuintes à ação do Estado, e não o contrário.

IV) Os contribuintes têm direito que se aplique a eles, quando da aplicação da legislação tributária, no que tange aos aspectos materiais ou substanciais, quantitativos, objetivos e subjetivos do tributo, a lei então vigente no momento da ocorrência do fato gerador, ou em relação aos impostos lançados por períodos certos de tempo, tributos de situação continuativa, a data considerada de ocorrência do fato gerador, expressamente fixada na respectiva lei (CTN, art. 144, *caput* e §2º).

V) Quanto aos aspectos formais ou procedimentais, aplica-se ao lançamento a legislação que, posteriormente à ocorrência do fato gerador da obrigação, tenha instituído novos critérios de apuração ou processos de fiscalização, ampliado os poderes de investigação das autoridades administrativas ou outorgado ao crédito maiores garantias ou privilégios (CTN, art. 144, §1º).

VI) Além do princípio da legalidade, os princípios da anterioridade, quer de exercício, quer mínima ou de noventa dias, e da irretroatividade da lei tributária são corolários dos sobreprincípios da segurança jurídica, da não surpresa e na confiança.

VII) Os preceptivos constitucionais do artigo 150, *caput*, inciso III, alíneas "b" e "c", ressalvadas específicas hipóteses previstas na Constituição (CF/1988, art. 150, §1º, art. 155, §4º, inciso IV, alínea "c", art. 177, §4º, inciso I, alínea "b"), vedam a exigência de tributos, ou seja, a incidência de tributos no mesmo exercício financeiro em que haja sido publicada a lei que os instituiu ou aumentou e antes de decorridos noventa dias da data em que haja sido publicada a lei que os criou ou majorou (CF/1988, art. 149, *caput*, c/c art. 195, §6º).

VIII) A Constituição da República estabelece, em regra, duas *vacatio legis*, de modo que a lei que tenha sido publicada em um ano qualquer e tenha instituído ou aumentado um tributo ficará, em geral, sem poder ser aplicada, sem poder incidir e dar significação jurídica aos fatos até o último segundo do dia 31 de dezembro desse ano e, também em regra, ficará sem vigência ou sem eficácia até antes de decorridos noventa dias da data de sua publicação.

IX) Portanto, pelo princípio da anterioridade, a lei publicada criadora ou que venha a majorar tributo só poderá incidir, dar significação financeira às situações a partir dos fatos geradores que ocorrerão no ano seguinte da data se sua publicação e, em regra, após decorridos os noventa dias da data de publicação dessa lei.

X) Em relação ao princípio da irretroatividade, que só se aplica em relação à instituição ou aumento de tributo e quanto a isso não há exceção alguma, o preceito constitucional do artigo 150, *caput*, alínea "a", qualificado pelo princípio da anterioridade, veda a exigência de tributo em relação a fatos geradores ocorridos antes do início da vigência da lei que os houver instituído ou aumentado.

XI) Assim, não se pode considerar vigente, pretender que essa lei possa incidir sobre fatos, possa ser aplicada a um suposto fato gerador ocorrido no mesmo ano de publicação ou antes de decorridos noventa dias dessa publicação pelo fato de essa lei estar nessas ocasiões ainda em período de vacância, sem, portanto, estar ainda vigente, sem poder ainda incidir sobre fatos, sem ter ainda condição para dar significação jurídica às situações, sem poder ter ainda eficácia.

XII) Não só a majoração direta de tributos atrai a aplicação dos princípios da anterioridade e da irretroatividade, mas também qualquer forma de majoração indireta, como, por exemplo, a revogação ou redução de benefícios fiscais.

XIII) Quando a Constituição Federal autoriza a alteração de alíquotas de determinados tributos por ato administrativo normativo nos limites da lei, ou a modificação e o restabelecimento dessas alíquotas, tal ato administrativo normativo é primário e autônomo, pois cria direito novo ou estatui obrigação nova, devendo, em consequência, ressalvadas as hipóteses previstas na Constituição, caso produza, de qualquer modo, aumento do tributo, mesmo que ainda dentro do teto da lei em sentido estrito, respeitar, no que lhe for aplicável, os princípios da anterioridade de exercício e da noventena e da irretroatividade da lei tributária.

Referências

AMARO, Luciano. *Direito tributário brasileiro*. 14. ed. São Paulo: Saraiva. 2008.

AMARO, Luciano. Imposto de renda e os princípios da irretroatividade e da anterioridade. *In*: *Revista de Direito Tributário*, n. 25-26.

ATALIBA, Geraldo; GONÇALVES, J. A. Lima. Contribuição social na Constituição de 1988. *In*: *Revista de Direito Tributário*, n. 47.

CARRAZZA, Roque Antônio. *Curso de direito constitucional tributário*. 28. ed. São Paulo: Malheiros, 2012.

CARVALHO, Paulo de Barros. *Direito tributário*: linguagem e método. 7. ed. São Paulo, Noeses, 2018.

CARVALHO, Paulo de Barros. *Curso de direito tributário*. 28. ed. São Paulo: Saraiva, 2017.

DERZI, Misabel Abreu Machado. Notas de atualização Notas de atualização. *In*: BALEEIRO, Aliomar. *Direito tributário brasileiro*. 11. ed. Atualização de Misabel Abreu Machado Derzi. Rio de Janeiro: Forense, 2006.

DINIZ, Maria Helena. *Lei de introdução ao código civil brasileiro interpretada*. 2. ed. São Paulo: Saraiva, 1996.

DÓRIA, Antônio Roberto Sampaio. *Da Lei Tributária no tempo*. São Paulo: Obelisco, 1968.

MACHADO, Hugo de Brito. *Curso de direito tributário*. 26. ed. São Paulo: Malheiros, 2005.

MACHADO SEGUNDO, Hugo de Brito. *Manual de direito tributário*. 10. ed. São Paulo: Atlas, 2018.

PAULSEN, Leandro. *Direito tributário*: Constituição e Código Tributário Nacional à luz da doutrina e da jurisprudência. 10. ed. Porto Alegre: Livraria do Advogado: Esmafe, 2008.

SARAIVA FILHO, Oswaldo Othon de Pontes (Org.). Contribuição previdenciária dos servidores inativos e pensionistas do setor público: outra interpretação jurídica possível. *In*: *Reforma tributária*: Emendas Constitucionais nº 41 e nº 42, de 2003, e nº 44, de 2004. Belo Horizonte: Fórum, 2004. p. 41-114.

SARAIVA FILHO, Oswaldo Othon de Pontes. A irretroatividade da lei no direito brasileiro. *Revista Jurídica*, Porto Alegre, n. 270, p. 11-17, 2000.

SARAIVA FILHO, Oswaldo Othon de Pontes. Ação rescisória em matéria constitucional tributária. Processo judicial em matéria tributária. *In*: ROCHA, Valdir de Oliveira (Coord.). São Paulo: Dialética, 1995. p. 111-122.

SARAIVA FILHO, Oswaldo Othon de Pontes. As limitações constitucionais ao poder de tributar e o alcance do núcleo intangível da Constituição. *Revista Fórum de Direito Tributário – RFDT*, Belo Horizonte, n. 16, p. 29-41, jul./ago. 2005.

SARAIVA FILHO, Oswaldo Othon de Pontes. Contribuição previdenciária de aposentados e pensionistas do setor público. *Revista Fórum de Direito Tributário – RFDT*, Belo Horizonte, n. 9, p. 23-66, maio/jun. 2004.

SARAIVA FILHO, Oswaldo Othon de Pontes. Os princípios tributários da Constituição brasileira de 1988. *Revista Ciência e Técnica Fiscal*, Lisboa, n. 418, p. 203-234, jul./dez. 2006.

SARAIVA FILHO, Oswaldo Othon de Pontes. Parecer PGFN/CRJN/1.277/94: contribuição social sobre o lucro: coisa julgada: lei nova. *Revista de Direito Administrativo*, Rio de Janeiro, n. 199, p. 227-230, jan./mar. 1995.

SARAIVA FILHO, Oswaldo Othon de Pontes. Princípios da tributação da Constituição Federal de 1988. *Revista Fórum de Direito Tributário*, Belo Horizonte, v. 4, n. 24, p. 7-30, nov./dez. 2006.

SILVA, José Afonso da. *Curso de direito constitucional positivo*. 5. ed. São Paulo: Revista dos Tribunais, 1989.

SILVA, José Afonso da. *Processo constitucional de formação das leis*. 2. ed. São Paulo: Malheiros, 2007.

VELLOSO, Andrei Pitten. *Constituição tributária interpretada*. 2. ed. Livraria do Advogado, 2012.

WALD, Arnoldo. *Curso de direito civil brasileiro*: introdução e parte geral. 6. ed. São Paulo: Revista dos Tribunais, 1989.

Informação bibliográfica deste texto, conforme a NBR 6023:2018 da Associação Brasileira de Normas Técnicas (ABNT):

SARAIVA FILHO, Oswaldo Othon de Pontes. Princípios da anterioridade e irretroatividade da lei. *In*: SARAIVA FILHO, Oswaldo Othon de Pontes; SIQUEIRA, Julio Homem de; BEDÊ JÚNIOR, Américo; FABRIZ, Daury César; SIQUEIRA, Junio Graciano Homem de; CUNHA, Ricarlos Almagro Vitoriano (Coord.). *Noções gerais e limitações formais ao poder de tributar*. Belo Horizonte: Fórum, 2021. p. 267-305. (Coleção Fórum Princípios Constitucionais Tributários – Tomo I). ISBN 978-65-5518-057-2.

O PRINCÍPIO DA IRRETROACTIVIDADE

SUZANA TAVARES DA SILVA
MARTA COSTA SANTOS

1 Enquadramento geral

O *princípio da irretroactividade fiscal* ou, na formulação europeia, da *proibição da retroactividade das normas tributárias* é, antes de mais, um subprincípio do *princípio da segurança jurídica*, que, por seu turno, se reconduz, em regra, ao princípio do Estado de Direito Democrático.[1]

A *segurança jurídica* ou *certeza do direito*[2] traduz, essencialmente – numa versão simplificada –, a ideia de "previsibilidade" das consequências jurídicas aplicáveis às condutas dos sujeitos jurídicos.[3] Assim, em matéria de aplicação da lei no tempo, vale o brocado latino *"tempus regit actum"*,[4] não sendo, em princípio, admissível ou juridicamente

---

[1] Neste sentido, por todos, Paul Kirchhof, "Die Steuern", *in* Isensee/Kirchhof (Hg.), *Handbuch des Staatsrechts*, 3. ed. Vol. V, C.F. Müller, Heidelberg, 2007, p. 1011.

[2] Para Paunio, a *certeza do direito (legal certainty)* está relacionada com a *validade habermasiana*, não só porque a validade desencadeia uma expectativa de realização do conteúdo das normas, mas também porque os procedimentos de produção e aplicação normativa são em si fonte de expectativas legítimas – Elina Paunio, *Legal Certainty in Multilingual EU Law. Language, Discourse and Reasoning ate the European Court of Justice,* Ashgate, Surrey, 2013, p. 52.

[3] Neste sentido *v.* J. Raz, *The Authority of Law*, Oxford University Press, 1979, p. 214

[4] São vários os exemplos de decisões jurisprudenciais de diferentes jurisdições que utilizam esta expressão para transmitir a regra geral de aplicação das leis no tempo, segunda a qual, salvo indicação expressa em contrário, as leis novas são de aplicação imediata e pressupõem a não retroactividade dos respectivos efeitos – *v.*, a título ilustrativo, acórdão do Supremo Tribunal Administrativo Português, de 6 de Março de 2008 (proc. 560/07), acórdão do

desejável, a retroactividade das normas, ou seja, a produção de regras que visem disciplinar factos ou actos passados.

A segurança jurídica é um (sub)princípio há muito estudado pela doutrina e pela jurisprudência a nível mundial, quer nos sistemas da *civil law*, quer nos da *common law*, onde surge maioritariamente associado às dimensões da *rule of law*[5] (não retroactividade, direitos adquiridos, expectativas legítimas e caso decidido). O seu conteúdo essencial cuida não apenas do problema da produção normativa e da aplicação das normas no tempo, mas também, como iremos ver, de problemas conexos com a interpretação jurídica e a resolução de litígios, em especial com a tensão entre soluções jurídicas impostas pela lei e soluções jurídicas razoáveis e justas.

Mais complicada ainda é a questão da denominada *retroactividade aparente*, *retrospectividade* ou mesmo *retroactividade inautêntica*, ou seja, os casos em que as normas entram em vigor e têm eficácia prospectiva, mas abrangem efeitos futuros de relações jurídicas duradouras que se iniciaram no passado.[6] Esta forma de retroactividade não põe em causa a segurança jurídica enquanto previsibilidade quanto a condutas adoptadas (não afecta, neste sentido, a segurança jurídica), mas suscita problemas em matéria de protecção da confiança e de expectativas legítimas quanto à continuidade dos efeitos de certos regimes jurídicos. Mais, na medida em que impeça os destinatários das medidas de recompor a sua vida, deve considerar-se igualmente violador da *certeza do direito*.

Para além deste enquadramento geral da *irretroactividade normativa*, importa não esquecer também as dimensões especiais que este princípio jurídico encerra em matéria tributária. Com efeito, é inegável a relação entre a certeza do direito e a proibição de exigir impostos que não tenham sido criados por lei (*nullum tributum sine lege*).[7] Trata-se não apenas de assegurar a máxima da revolução americana *"no taxation without representation"*, mas também da *certeza jurídica* de que não há lugar à liquidação e cobrança de impostos que não cumpram certos

---

Tribunal Constitucional Português nº 244/2009, acórdão do Tribunal Europeu dos Direitos do Homem, de 17 de Setembro de 2009 (proc. 10249/03), acórdão do Tribunal de Primeira Instância da União Europeia, de 27 de Novembro de 2003 (proc. T-190/00), acórdão do Tribunal Supremo de Espanha, de 21 de Janeiro de 2019 (STS 251/2019).

[5] Por todos, Paul Craig, *Administrative Law*, 7. ed. Sweet & Maxwell, Oxford, 2012, p. 678.

[6] Por todos, Gomes Canotilho, *Direito Constitucional e Teoria da Constituição*, 7. ed. Almedina, Coimbra, 2003, p. 262.

[7] Por todos, Popović and Kostić, "Legal certainty and taxation: the problem of retroactive interpretation", *Annals Fac. L. Belgrade*, 2018, p. 38 ss.

requisitos essenciais, designadamente, que "não tenham sido criados por regras gerais e abstractas, devidamente promulgadas, sem natureza retroactiva, claras, que não exigem acções contraditórias, aplicáveis ou praticáveis e que não estejam permanentemente a ser modificadas".[8]

Queremos com isto destacar ainda que a *irretroactividade da lei tributária* é uma das garantias dos sujeitos passivos dos tributos, no quadro de um Estado de Direito democrático, podendo essa exigência das leis tributárias surgir de forma expressa no Texto Constitucional, como sucede em Portugal no nº 3 do artigo 103º da Constituição, ou ser uma mera decorrência de outras regras e princípios constitucionais, como sucede, por exemplo, na Alemanha.[9]

Todavia, mais do que justificar a sua importância, é nosso objectivo no presente escrito distinguir esta regra fundamental de outras situações próximas, que nem sempre encontram uma interpretação unânime na doutrina e na jurisprudência.

2 Retroactividade e nascimento da obrigação tributária

Um primeiro caso de possível confusão prende-se com a diferença entre aplicação retroactiva das normas tributárias e determinação do momento do nascimento do facto tributário.

Importa começar por recordar que a obrigação tributária tem, em regra, como fonte a lei (obrigação *ex lege*) e que esta determina que o nascimento da obrigação de imposto tem lugar no momento da verificação do facto tributário, dependendo este do preenchimento dos diversos requisitos estipulados nas normas (legais ou regulamentares) especiais que os consagram.[10]

Para nós, os *elementos estruturantes ou determinantes do próprio conceito de facto tributário* são, fundamentalmente, quatro: *i)* em primeiro lugar, a *materialidade*, ou seja, o objecto do tributo, o facto da vida que o legislador subordina ao pagamento de imposto; *ii)* em segundo lugar, a *titularidade subjectiva*, que se identifica com o lado passivo da relação jurídica consubstanciada pela materialidade do facto; *iii)* em terceiro lugar, o *elemento espacial*, o que significa que o tributo só pode constituir-se relativamente a factos que ocorram em território sobre o

---

[8] *Idem*, p. 41.
[9] V., por todos, Maunz / Dürig, *Grundgesetz-Kommentar*, in Beck-online, Rn. 440-444.
[10] Neste sentido, por todos, Leite Campos, Silva Rodrigues e Lopes de Sousa, *Lei Geral Tributária. Anotada e Comentada*, 4. ed. encontro da escrita, 2012, p. 293.

qual a entidade que o instituiu possa exercer os seus poderes; e *iv)* por último, o *elemento temporal,* ou seja, o momento em que se considera realizado ou completado o facto tributário e que é também o momento constitutivo da *obrigação tributária.*[11]

Este momento constitutivo da obrigação tributária, que na lei e na doutrina espanhola toma a designação de *devengo*, é especialmente importante para se poder desencadear a gestão dos tributos e, a partir daí, promover os actos necessários à sua liquidação.[12] O *devengo* é "o momento em que se realiza o facto tributário porque se constitui para um sujeito concreto a obrigação de contribuir",[13] seja porque esse facto expressa uma manifestação de capacidade económica (como sucede nos impostos), seja porque esse facto consubstancia um custo para o sujeito activo ou um benefício para o sujeito passivo, que uma norma tributária (legal ou regulamentar aprovada nos termos da lei) tipifica como taxa.

Ora, a este respeito, é comum encontrarmos dois tipos de problemas: *i)* aqueles casos em que a lei expressamente diferencia o momento em que se verifica o facto tributário e aquele em que o imposto se torna exigível, ou seja, aquele em que nasce a obrigação tributária;[14] e *ii)* aqueles casos em que a lei nada diz e o intérprete é chamado a determinar se estamos perante um facto tributário duradouro ou instantâneo. É precisamente neste segundo grupo de situações que nem

---

[11] Sobre os elementos que em geral integram a estrutura do facto tributário *v.* Fernando Pérez Royo, *Derecho Financiero y Tributario. Parte General*, 18. ed. Thomson-Civitas, Madrid, 2008, p. 141-145 e, entre nós, Leite Campos, Silva Rodrigues e Lopes de Sousa, *Lei Geral Tributária... ob. cit.*, p. 293ss.

[12] A propósito das taxas, a doutrina portuguesa tem sublinhado que esta é uma figura jurídica próxima do que denominamos como "lançamento objectivo e subjectivo" (uma espécie do *acertamento* italiano), ou seja, do momento em que o facto tributário se tem por efectivo, quer quanto à materialidade, quer quanto à subjectividade, e se podem iniciar as operações tendentes à respectiva liquidação – neste sentido *v.* Nuno de Oliveira Garcia, *Contencioso de Taxas. Liquidação, audição e fundamentação*, Coimbra: Almedina, 2011, p. 54. Não acompanhamos, porém, esta posição, pois o devengo é (tem de ser) *anterior* ao lançamento. Não se trata apenas de determinar os elementos que até aqui ainda eram indeterminados (sendo esta uma tarefa administrativa já posterior ao nascimento da obrigação tributária), mas sim de identificar os elementos essenciais dos pressupostos do facto tributário para que, à luz da norma de incidência, este seja definido e sem os quais aquele não se pode ter por constituído à luz do disposto no regime geral dos tributos.

[13] Cfr. ALONSO GONZÁLEZ, Luis Manuel. *Devengo del tributo y período impositivo.* Madrid: Marcial Pons, 1997, p. 11.

[14] É o que sucede no caso dos impostos especiais sobre o consumo, em que o facto gerador é identificado com a produção ou importação dos produtos sujeitos a tributação, mas a sua exigibilidade, ou seja, a constituição da obrigação tributária, apenas tem lugar no momento da respectiva introdução no consumo (*v.*, por exemplo, artigos 7º e 8º do Código dos Impostos Especiais de Consumo).

sempre é fácil distinguir entre os casos de retroactividade e os casos de mero diferimento do momento da liquidação.

2.1 O facto tributário nos impostos periódicos

Nos impostos periódicos, em que o facto tributário é contínuo, como acontece na tributação anual de rendimentos,[15] é difícil conceber a existência de situações de *retroactividade autêntica*, estando quase sempre em causa, como sublinha o Tribunal Constitucional Português, situações de *retrospectividade* ou de *retroactividade inautêntica*,[16] que são tuteladas pelo princípio da protecção da confiança legítima.

De acordo com o acórdão do Tribunal Constitucional Português nº 128/2009, de 12 de Março, esta tutela jurídico-constitucional da "confiança" assenta em quatro requisitos ou "testes": "em primeiro lugar, que o Estado (mormente o legislador) tenha encetado comportamentos capazes de gerar nos privados "expectativas" de continuidade; depois, devem tais expectativas ser legítimas, justificadas e fundadas em boas razões; em terceiro lugar, devem os privados ter feito planos de vida tendo em conta a perspectiva de continuidade do "comportamento" estadual; por último, é ainda necessário que não ocorram razões de interesse público que justifiquem, segundo um juízo de ponderação, a não continuidade do comportamento que gerou a situação de expectativa".

Estes requisitos ou testes carecem depois de um exercício interpretativo que confere uma margem de apreciação ao respectivo aplicador do direito, margem que seria discutida entre nós no âmbito da denominada *jurisprudência da crise*,[17] ou *jurisprudência (constitucional)*

---

[15] Em Portugal, essa tributação assenta no Imposto sobre o Rendimento das Pessoas Colectivas (IRC) e no Imposto sobre o Rendimento das pessoas Singulares (IRS).

[16] Em Portugal a jurisprudência costumava distinguir os casos de retrospectividade, ou seja, aqueles que o facto tributário é de formação sucessiva e as modificações legislativas surgem durante o período da respectiva formação, dos casos de retroactividade inautêntica, em que estamos perante liquidações diferidas e agregadas de factos tributários, como sucede no IVA, e em que as modificações normativas ocorrem entre a realização do facto tributário e a liquidação do imposto, a qual, pelas suas características, é difícil dizer que tenha mera eficácia declarativa.

[17] Esta *jurisprudência* é composta por nove acórdãos: nºs 399/2010, de 27 de Outubro de 2010, processos nºs 523 e 524/10 (sobre o agravamento fiscal em sede de IRS aplicável a rendimentos auferidos antes da entrada em vigor da lei impugnada); 396/2011, de 21 de Setembro de 2011, processo nº 72/11 (sobre as reduções nas remunerações dos funcionários públicos na Lei de Orçamento de Estado para 2011); 353/2012, de 5 de Julho de 2012, processo nº 40/12 (sobre a suspensão do pagamento do subsídio de férias e de natal na Lei de Orçamento de Estado para 2012) e 187/2013, de 5 de Abril de 2013, processos nºs 2/2013, 5/2013, 8/2013 e 11/2013 (sobre a suspensão do pagamento do subsídio de férias na Lei de Orçamento

para os tempos de crise.[18] Nos arestos que integraram aquele "grupo de decisões" e que maioritariamente se reconduziam a normas de natureza orçamental e tributária, o Tribunal Constitucional acabaria por adoptar parâmetros diferentes para o controlo da constitucionalidade das medidas legislativas anticrise, baseando-se, fundamentalmente, na gravidade da situação de emergência económico-financeira atravessada por Portugal entre os anos 2010 e 2014.

Para a presente reflexão circunscrevemos a nossa análise ao acórdão nº 399/2010, de 27 de Outubro, que trata da proibição de impostos retroactivos. A decisão do Tribunal viria a ser no sentido de não declarar a inconstitucionalidade da norma do artigo 68º, nº 1, do Código do IRS, na redacção introduzida pelo artigo 1º da Lei nº 11/2010, de 15 de Junho (que introduziu um novo escalão) e, posteriormente, pelo artigo 1º da Lei nº 12-A/2010, de 30 de Junho (que procedeu ao aumento do valor das taxas de todos os escalões).

O que estava em discussão neste acórdão era o agravamento fiscal em sede de IRS decorrente das normas antes mencionadas, pelas quais se criava um novo escalão adicional de tributação, superior ao mais elevado consagrado na tabela até aí em vigor, e, posteriormente, bem como o posterior aumento da tributação em todos os escalões. Os dois diplomas legislativos que consagravam as normas em apreço estipulavam expressamente que a respectiva entrada em vigor ocorreria no dia seguinte ao da sua publicação, e que as alterações legislativas introduzidas seriam aplicadas a todos os rendimentos auferidos no ano de 2010, mesmo àqueles obtidos antes da sua entrada em vigor. Contudo, em 2010, e com o fundamento de que a lei tinha entrado em vigor apenas no meio daquele ano, a aplicação da taxa acrescida não incidiria sobre o valor total dos rendimentos, mas apenas sobre 7/12 deles.

O controlo de constitucionalidade destas normas centrou-se na admissibilidade dos efeitos retrospectivos, ou seja, de saber se era ou não admissível o agravamento das alíquotas no período de formação do facto tributário, mesmo que esse efeito fosse pretensamente atenuado com um esquema simplificado e imperfeito de limitação da aplicação

---

de Estado para 2013). A título meramente exemplificativo, *v.* José de Melo Alexandrino, "Jurisprudência da Crise. Das Questões Prévias às Perplexidades", *O Tribunal Constitucional e a Crise – Ensaios Críticos*, Gonçalo de Almeida Ribeiro e Luís Pereira Coutinho (Org.). Coimbra: Almedina, 2014, p. 50-68.

[18] Neste sentido, v. Maria Benedita Urbano, "A Jurisprudência da Crise no Divã. Diagnóstico: Bipolaridade?", *O Tribunal Constitucional e a Crise – Ensaios Críticos*, Gonçalo de Almeida Ribeiro e Luís Pereira Coutinho (Org.). Coimbra: Almedina, 2014, p. 13.

desse agravamento aos rendimentos obtidos após a entrada em vigor da norma.

O Tribunal Constitucional português começou por qualificar a situação como um caso de *retroactividade inautêntica*.[19] Seguiu-se depois a aplicação dos "testes" para controlo da conformidade das normas com o princípio da protecção da confiança, em que o Tribunal concluiu, por um lado, que não havia prejuízo para as expectativas constitucionalmente tuteladas, e, por outro, que as medidas não constituíam uma alteração da ordem jurídica com que razoavelmente os destinatários das normas não poderiam contar. Em sua opinião, as medidas não podiam considerar-se intoleráveis ao ponto de os contribuintes afectados não as poderem suportar, tendo em vista que, em respeito à lógica da progressividade do IRS, a taxa a ser aplicada ao novo escalão apenas recaía sobre os rendimentos brutos que excedessem os 150 mil euros. Acrescentou também que o acréscimo das taxas gerais não era relevante o suficiente para afectar a vida dos contribuintes. No essencial, o Tribunal escudou-se na inexistência de desproporcionalidade das medidas para afastar a respectiva inconstitucionalidade.

Mesmo concordando com a solução que em concreto se alcançou, não podemos deixar de destacar que ela contraria a orientação que a doutrina e a jurisprudência pacificamente vinham atribuindo ao princípio da protecção da confiança legítima, no sentido de "considerar inconstitucional" uma medida de agravamento da tributação adoptada durante o período de formação do facto tributário (o ano civil em que se obtêm os rendimentos), por se tratar de uma situação com a qual o contribuinte não poderia legitimamente contar.

Assim, em nosso entender, o Tribunal Constitucional deveria ter fundamentado a decisão exclusivamente na situação de "estado de emergência económico-financeira", por ser esse o elemento determinante da medida, que não se destina a acorrer a uma qualquer situação de deficit orçamental, mas sim a "neutralizar" os riscos daquela situação de emergência.

Acreditamos que com o referido acórdão nº 399/2010 o Tribunal não pretendeu, verdadeiramente, alterar a sua interpretação quanto ao conteúdo do princípio da protecção da confiança, limitando-se a esclarecer que a satisfação das necessidades financeiras do Estado se sobrepõe à calculabilidade que deve ser assegurada a todos os contribuintes quanto

---

[19] Qualificação que não subscrevemos, pois, mobilizando os conceitos antes referidos, este é um caso de mera retrospectividade.

à sua planificação pessoal do ano económico quando estejam em causa circunstâncias especialmente graves e especiais, como eram aquelas que caracterizavam o contexto de emergência económico-financeira. Nesse especial contexto, o Tribunal considerava que aquelas concretas medidas não poderiam qualificar-se como desproporcionadas.[20]

2.2 O facto tributário e as tributações autónomas das despesas

Este segundo problema surgiu em Portugal a propósito das tributações autónomas de certas despesas.[21]

No Acórdão nº 18/2011, de 12 de Janeiro,[22] o TC considerou que no caso das tributações autónomas da despesa estaria em causa uma

---

[20] Neste sentido *v.* Suzana Tavares da Silva, *Direito Fiscal: Teoria Geral*, Imprensa da Universidade de Coimbra, 2014, p. 81. Em sentido próximo, os autores referem também a tendencial especial urgência e precariedade da legislação tributária, tendo em vista a sua preponderância actual como instrumento, não só financeiro, mas também económico – *v.* Popović and Kostić, "Legal certainty and taxation..." *ob. cit.*, 2018, p. 44.

[21] Referimo-nos, nos termos dos artigos 73º do Código do Imposto sobre o Rendimento das Pessoas Singulares (IRS) e 88º do Código do Imposto sobre o Rendimento das Pessoas Colectivas (IRC), à tributação certas situações de facto especiais, com uma taxa específica, transformando gastos em factos tributários.
O regime fiscal destas despesas é difícil de caracterizar por se encontrar numa "zona de intersecção da esfera privada e da esfera empresarial" em que o legislador visa neutralizar a possibilidade de as empresas procederem à distribuição oculta de lucros ou atribuição de rendimentos – estamos, na verdade, perante um instrumento de combate à fraude e à evasão fiscais *v.* neste sentido, José Luís Saldanha Sanches, *Manual de Direito Fiscal*, 3. ed. Coimbra, p. 407.
Acresce que a tributação autónoma, embora regulada normativamente em sede de imposto sobre o rendimento, é materialmente distinta da tributação em IRC e/ou em IRS, na medida em que não incide directamente sobre o lucro tributável da empresa, mas sobre certos gastos que constituem, em si, um novo facto tributário.
Nestas situações especiais elencadas na lei, o legislador optou por sujeitar os gastos a uma tributação autónoma como forma alternativa e mais eficaz à mera não dedutibilidade da despesa para efeitos de determinação do lucro tributável. A tributação autónoma significa que mesmo que a empresa venha a sofrer um prejuízo fiscal – situação em que não haverá lugar ao pagamento de imposto – haverá sempre lugar ao pagamento do imposto correspondente à realização deste tipo de despesas.
Para mais desenvolvimentos sobre esta temática *v.* Clotilde Palma, "As tributações autónomas vistas pelo Tribunal Constitucional: comentário ao Acórdão do Tribunal Constitucional nº 310/2012, de 20 de Junho de 2012", *Revista de Finanças Públicas e Direito Fiscal*, ano 5, n. 2, 2012, p. 241-255.

[22] O TC não julgou inconstitucional a norma do artigo 5º da Lei nº 64/2008, de 5 de Dezembro, na parte em que fazia retroagir a 1 de Janeiro de 2008 a alteração do artigo 81º, nº 3, alínea a), do Código do Imposto sobre o Rendimento das Pessoas Colectivas, consagrada no artigo 1º-A do aludido diploma legal.

situação de *retroactividade inautêntica*,[23] uma vez que os factos tributários não tinham lugar totalmente no domínio da lei antiga, continuando a formar-se, ainda no decurso do mesmo ano fiscal, na vigência da nova lei. Estaríamos, nesta circunstância, perante um facto tributário duradouro, pelo que as modificações legislativas ocorridas durante o seu período de formação não poderiam qualificar-se como retroactivas (*i. e.* não estaríamos a abranger factos tributários passados).

Assim, para proteger a posição jurídica dos sujeitos passivos do imposto, o Tribunal Constitucional mobilizou o princípio da protecção da confiança, no sentido de apurar se a alteração de regime jurídico ocorrida durante o período de formação do facto tributário se deveria considerar violadora das expectativas legítimas dos sujeitos passivos. De acordo com o mencionado aresto, a inconstitucionalidade teria neste caso de resultar da verificação, em simultâneo, de dois pressupostos essenciais, que eram assim enunciados: "*i)* a afectação de expectativas, em sentido desfavorável, será inadmissível, quando constitua uma mutação da ordem jurídica com que, razoavelmente, os destinatários das normas dela constantes não possam contar; *ii)* quando não for ditada pela necessidade de salvaguardar direitos ou interesses constitucionalmente protegidos que devam considerar-se prevalecentes (deve recorrer-se, aqui, ao princípio da proporcionalidade, explicitamente consagrado, a propósito dos direitos, liberdades e garantias, no nº 2 do artigo 18º da Constituição)".

Contudo, no acórdão nº 617/2012, de 19 de Dezembro, a jurisprudência do Tribunal Constitucional alterou-se. O Tribunal passou a considerar que estas despesas deveriam caracterizar-se como factos tributários instantâneos ou de obrigação única, com diferimento temporal da liquidação e do pagamento do imposto, os quais apenas ocorriam no fim do ano, conjuntamente com a liquidação e a cobrança dos rendimentos apurados em sede de IRS ou IRC. De acordo com esta nova interpretação e qualificação do facto tributário, o Tribunal concluiu que o agravamento da alíquota durante o ano fiscal e a sua aplicação às despesas já realizadas consubstanciaria uma violação da proibição constitucional de impostos retroactivos.[24]

---

[23] Relativamente ao acórdão em apreço, *v.* Paula Rosado Pereira, "O princípio da não retroactividade da Lei Fiscal no campo da tributação autónoma de encargos: comentário ao Acórdão nº 18/2011 do Tribunal Constitucional de 12/01/2011 – Processo nº 204/2010", *Revista de Finanças Públicas e Direito Fiscal*, ano 4, n. 2, 2011, p. 217-224.

[24] Em sentido equivalente, *v.* acórdãos do TC nºs 310/2012, de 20 de Junho 2012, processo nº 150/12; 382/2012, de 12 de Julho de 2012, processo nº 121/12; 617/2012, de 19 de Dezembro de 2012, processo nº 150/12; 85/2013, de 5 de Fevereiro de 2013, processo nº 121/12; 197/2016,

Quer isto dizer que, na jurisprudência mais recente, o Tribunal Constitucional e, consequentemente, também o Supremo Tribunal Administrativo têm decidido que na tributação autónoma das despesas estamos perante factos tributários instantâneos, pelo que, mesmo que a liquidação e a cobrança apenas tenham lugar no fim do exercício fiscal (sejam diferidas), àquela tributação tem de aplicar-se a norma em vigor no momento em que se constitui (nasce) a obrigação tributária, e não aquela que esteja em vigor no momento da liquidação, uma vez que esta não tem efeito constitutivo, mas sim mero efeito declarativo.[25]

O Acórdão nº 617/2012 foi acompanhado de dois votos de vencido. No primeiro, não só se assinala a radical divergência de perspectivas, como ainda se destacam os "perigos" da nova orientação adoptada pelo Tribunal com esta jurisprudência, à luz da qual "o âmbito de aplicação do princípio da proibição da retroactividade da lei fiscal pode ficar inteiramente dependente das escolhas do legislador. Basta que este último atribua às coisas a configuração formal de "imposto autónomo", com facto tributário formalmente "único" e "com efeitos totalmente já passados", para que se esteja no campo da "retroactividade" proibida; e, inversamente, basta que o mesmo legislador configure formalmente as coisas de outro modo para que se esteja no campo da "retroactividade" tolerada".[26] No segundo voto de vencido, sufraga-se igual entendimento, sublinhando-se ainda que não colhem os argumentos da protecção da confiança, na medida em que ou as despesas seriam sempre realizadas, e nesse caso sofreriam as vicissitudes da restante matéria colectável do IRC, ou bem que eram despesas artificiosas, razão pela qual teriam sido evitadas, caso em que não mereceriam a tutela da protecção da confiança, por esta não se poder considerar legítima e fundada em "boas razões".[27] [28]

---

de 13 de Abril de 2016, processo nº 465/2015; 171/2017, de 5 de Abril de 2017, processo nº 550/2016; 267/2017, de 31 de Maio de 2017, processo nº 466/2016.

[25] Neste sentido, por todos, TEIXEIRA, António Braz. *Princípios de Direito Fiscal*. 3. ed. Coimbra: Almedina, 1985, p. 354-356.

[26] V. voto de vencido da Juíza Conselheira Maria Lúcia Amaral.

[27] V. voto de vencido do Juiz Conselheiro Carlos Alberto Fernandes Cadilha.

[28] Sobre o tema, concordando com os votos de vencido e divergindo da tese sufragada pelo Tribunal Constitucional, por considerar que a tributação autónoma das despesas não se pode reconduzir a factos tributários instantâneos, mas sim a factos tributários complexos, inscritos no âmbito da tributação dos rendimentos empresariais *v.* Suzana Tavares da Silva, *Direito Fiscal... ob. cit.*, p. 76 e 77.

3 Retroactividade e normas fiscais interpretativas

Outro grupo de situações que em regra mobiliza o problema da lei fiscal retroactiva é o caso das *normas fiscais interpretativas*. A circunstância de as normas interpretativas incorporarem as normas interpretadas e com isso imporem um sentido que tem de prevalecer desde a entrada em vigor destas últimas constitui, por vezes, uma "tentação" para que o legislador "altere" ou "imponha" um determinado significado ou âmbito de aplicação às normas impositivas, procurando por esta via "esquivar-se" às restrições impostas pela proibição de aprovar normas com eficácia retroactiva, mas alcançando soluções equivalentes àquelas que a referida proibição visa impedir.

Só assim não será se, de forma efectiva e clara, estivermos perante normas que admitam diversas interpretações e a sua aplicação concretizadora esteja a ser fonte de incerteza jurídica.

É isto que se pode ler expressamente no acórdão do Tribunal Constitucional nº 267/2017 quando aí se afirma que quando a lei interpretativa vem "consagrar e fixar uma das interpretações possíveis da lei anterior [– cujo sentido e alcance não se podiam ter como certos –] com que os interessados podiam e deviam contar, não é susceptível de violar expectativas seguras e legitimamente fundadas".

Porém, esta é uma questão que merece uma análise mais cuidada, sobretudo no domínio da lei tributária, pois em muitos casos a lei interpretativa pode ser apenas uma via para, como já dissemos, "defraudar" a proibição de efeitos retroactivos em matéria de normas fiscais e, com isso, violar expectativas legítimas dos sujeitos passivos.[29]

A questão colocou-se recentemente em Portugal a propósito de algumas disposições da Lei do Orçamento do Estado para 2017 (Lei nº 7-A/2016, de 30 de Março), que se autointitulavam como normas interpretativas. Entre elas incluía-se o artigo 154º,[30] cuja conformidade

---

[29] A este propósito veja-se o que dizem os acórdãos do Tribunal Constitucional nº 644/2017 e nº 92/2018, nos quais se reiterou o que já se havia escrito na Decisão Sumária nº 404/2017 "(...) No domínio fiscal rege, desde a revisão constitucional de 1997, a norma do artigo 103º, nº 3, da Constituição: ninguém pode ser obrigado a pagar impostos que tenham natureza retroactiva. Consequentemente, o legislador não pode criar impostos com tal natureza ou introduzir nos impostos existentes modificações que, com efeitos retroactivos, os agravem. Como a jurisprudência constitucional tem afirmado, está em causa a proibição de estatuir consequências jurídicas novas que constituam *ex novo* ou agravem situações fiscais já definidas, nomeadamente o *quantum* devido a título de certo imposto e previamente definido em razão da verificação de todos os factos relevantes à luz do direito aplicável antes da estatuição das consequências jurídicas novas".

[30] Os artigos 152º e 153º da referida Lei nº 7/2016 alteraram as redacções de alguns artigos do Código do Imposto do Selo (CIS), e o artigo 154º da mesma lei veio dispor que as redacções dadas a essas normas tinham carácter interpretativo.

constitucional foi suscitada como incidente da impugnação da legalidade de um acto de liquidação e apreciada na decisão arbitral do Centro de Arbitragem Administrativa (CAAD) nº 52/2019. No referido aresto pode ler-se que "[n]a óptica da tutela da confiança dos destinatários do direito, releva que a lei interpretativa formalmente retroactiva apenas declara o direito preexistente; ao passo que a lei interpretativa substancialmente retroactiva, ao modificar o direito preexistente, constitui direito novo. Pode suceder – e sucede com alguma frequência – que o legislador declare ou qualifique expressamente como "interpretativa" certa disposição de uma lei nova, mesmo quando essa disposição seja na realidade inovadora. Uma lei que modifique o direito preexistente – o mesmo é dizer, que constitua direito novo – sob a capa de "lei interpretativa" violará necessariamente uma eventual proibição de leis retroactivas válida para o seu âmbito de aplicação material.

> (…) É o que se verifica em relação à norma objecto do presente recurso: de acordo com a interpretação feita na decisão recorrida, a solução normativa resultante da conjugação dos nºs 1, alínea e), e 7, do artigo 7º do CIS, consagrada na sequência do aditamento do citado nº 7 pelo artigo 152º da Lei nº 7-A/2016 é inovadora e aumenta a colecta de Imposto do Selo devida, ou seja, agrava desfavoravelmente o modo de calcular o *quantum* devido a título daquele Imposto. A determinação da aplicação de tal solução a anos fiscais anteriores ao da entrada em vigor da referida Lei nº 7-A/2016 prevista no seu artigo 154º torna-a, por conseguinte, substancialmente retroactiva e, nessa mesma medida, incompatível com a proibição da imposição de impostos retroactivos do artigo 103º, nº 3, da Constituição".

4 Retroactividade, coerência e mudança de paradigma jurisprudencial

Por último, outro exemplo onde, em regra, podemos traçar uma diferença entre a proibição da retroactividade das normas fiscais e situações conexas prende-se com os limites funcionais da justiça tributária e a incerteza decorrente das mudanças de paradigma no controlo jurisprudencial.

Em outras palavras, o valor protegido pela regra da proibição de efeitos retroactivos da norma tributária impositiva – que é a certeza do direito – pode igualmente ser afectado, quer pela fiscalização jurisprudencial dos actos tributários no âmbito dos processos de impugnação das liquidações, quer pela mudança de paradigma das decisões jurisprudenciais. Ambos afectam ou podem afectar de modo significativo a segurança jurídica e pôr em causa a calculabilidade ou previsibilidade dos comportamentos económicos dos sujeitos passivos dos tributos.

Trata-se de um fenómeno que tem, igualmente, um impacto diferente nos sistemas de *civil law* e de *common law*, mas que em ambos consubstancia um problema claro para a *certeza jurídica*.

Quanto ao primeiro aspecto – limites funcionais da justiça tributária – é importante destacar que no confronto entre a justiça e o estado de direito[31] ou entre a *justice* e a *rule of law*,[32] os autores dão nota da importância de "respeitar" as decisões de autoridade, não porque estejam eivadas de uma presunção de legalidade, mas porque são fundamentais na promoção da *certeza jurídica*. Este tipo de problemas pode colocar-se, por exemplo, sempre que administração ou tribunais mobilizam como parâmetro de resolução de um litígio tributário uma "norma adormecida",[33] ou um segmento normativo que resulte da conjugação de normas pré-existentes com reformas legislativas recentes. Em qualquer destes casos não existe retroactividade (autêntica ou inautêntica), mas os efeitos são equiparáveis, quer quanto à surpresa que a medida pode encerrar, quer quanto à potencialidade de lesão, ou seja, estamos perante violações do valor da *certeza do direito*.

Assim, do mesmo modo que a segurança jurídica se apresenta como um limite ao legislador tributário, coarctando a sua liberdade de conformação quanto à aprovação de normas que, pela sua eficácia retroactiva, afectem de modo desproporcionado a confiança jurídica dos destinatários, também esta pode ser invocada como um limite à actividade interpretativa e judicativa, sempre que estes apresentem soluções de ruptura abrupta com o contexto pré-existente e, sobretudo, se essas rupturas não puderem ser sustentadas por um interesse público de especial relevo que se deva ter por prevalecente.

Em Portugal este modo de perspectivar a *irretroactividade* ganha nova relevância com o acórdão do Tribunal Constitucional nº 171/2017,

---

[31] Em Portugal este tema é estudado por Vieira de Andrade quando o autor analisa os "limites relativos ao conteúdo da fiscalização", ou seja, os espaços de autocontenção que o julgador deve respeitar no âmbito de um controlo de actos de outro poder público, onde se inscreve também – acrescentamos nós – o poder da Administração Tributária no âmbito da interpretação das normas tributárias – v. *Justiça Administrativa*. 15. ed. Coimbra: Almedina, 2016, p. 83-86.

[32] Neste sentido, por todos, ENDICOTT, Timothy. *Administrative Law*. 3. ed. Oxford University Press, 2015, p. 26 ss.

[33] Sobre este tema v. Popović and Kostić, "Legal certainty and taxation…" *ob. cit.*, 2018, p. 47.

de 5 de Abril.[34] Apesar de o Tribunal seguir, no essencial, a posição assumida em jurisprudência anterior e, em especial, no já mencionado acórdão nº 617/2012, vem agora expressar um entendimento sobre o nº 3 do artigo 103º da CRP, que se pode qualificar como "inovador" face à sua numerosa e uniforme jurisprudência. De facto, neste acórdão defende-se que a proibição da retroactividade fiscal estabelecida naquele nº 3 do artigo 103º constitui não uma *regra*, mas um *princípio*.

Com esta categorização o Tribunal pretende destacar que o *princípio de proibição da retroactividade fiscal* não representa qualquer sacrifício de legitimidade política ou de segurança jurídica, devendo as leis retroactivas que agravam os encargos dos contribuintes ser censuráveis apenas na medida em que a confiança dos cidadãos na estabilidade do regime tributário seja legítima, considerando que "nem todos os casos de retroactividade fiscal, nem mesmo os de retroactividade dita autêntica, são dessa natureza".

Em outras palavras, sufraga-se o entendimento de que podem existir casos de retroactividade fiscal autêntica que não merecem reprovação constitucional, uma vez ponderado, no caso concreto, o sacrifício da confiança legítima com eventuais razões de equidade tributária, justiça social ou interesse público subjacentes à lei, estes últimos deverem prevalecer.

Esta fundamentação do conteúdo do princípio da *irretroactividade da lei fiscal* motivou quatro declarações de voto que acompanham a decisão nas quais se expressa, mais do que uma discordância quanto ao sentido material desta nova proposta, uma preocupação genuína, sobre os efeitos da mudança de orientação do tribunal relativamente a um parâmetro de controlo estabilizado.

Em uma das mencionadas declarações de voto pode ler-se que "[a] fundamentação exposta no Acórdão, no plano do direito constitucional, reduz a irretroactividade fiscal, consagrada no artigo 103º, nº 3, da Constituição, a letra morta, sem qualquer utilidade interpretativa e aplicativa, resultado equivalente a uma revogação, por

---

[34] Julga inconstitucional a norma do artigo 5º, nº 1, da Lei nº 64/2008, de 5 de Dezembro, no segmento em que faz retroagir a 1 de Janeiro de 2008 a alteração, consagrada no artigo 1º-A desse diploma, do artigo 81º, nº 3, alínea a), do Código do Imposto sobre o Rendimento das Pessoas Colectivas, por considerar que o agravamento da taxa de tributação autónoma aplicável aos encargos dedutíveis relativos a despesas de representação e os relacionados com viaturas ligeiras de passageiros ou mistas, motos ou motociclos constitui uma violação ao princípio da não retroactividade da lei fiscal por lesão excessiva da confiança dos contribuintes que realizaram despesas desse tipo no período que decorreu entre a data de produção de efeitos do novo regime e a data da entrada em vigor da lei que o estabelece.

via jurisprudencial, de uma regra constitucional destinada a proteger a segurança jurídica dos contribuintes contra o exercício abusivo do poder do Estado lançar impostos, como demonstrado por experiências passadas".[35]

Em outra acrescenta-se que "a comparação entre as "virtudes" inerentes às categorias, para esse efeito contrapostas, de normas-regra e de normas de princípio e entre as vantagens consequentemente associáveis a uma ou outra opção. Para além de ter por certo que um tal juízo não pode deixar de ter sido formulado pelo próprio legislador constituinte – e de duvidar por isso da possibilidade de o mesmo se encontrar acessível ao intérprete-aplicador, pelo menos ao ponto a que o leva o acórdão".[36]

Para os juízes que não acompanham esta nova proposta interpretativa do nº 3 do artigo 103º da Constituição portuguesa, a conversão daquela disposição constitucional em princípio sujeita todos os graus de retroactividade da lei fiscal ao método da ponderação, o qual tem, tradicionalmente, sido reservado aos casos de retroactividade inautêntica e/ou retrospectividade apresentados, o que consubstancia um "retrocesso" do parâmetro de protecção jurídica pré-existente, sem que se identifiquem de forma clara as razões para esta alteração, bem como as consequências daí decorrentes.

Conclusão

O nosso propósito com este breve escrito é dar nota ao leitor de que o *princípio da irretroactividade da lei fiscal* não pode qualificar-se *a se* como um princípio estruturante do Direito Tributário substantivo ou como uma dimensão essencial das garantias dos contribuintes. Trata-se, como procuramos demonstrar, de uma dimensão fundamental do valor da *certeza do direito* que conhece dimensões concretizadoras relevantes no domínio tributário, seja como garantia dos sujeitos passivos dos tributos, seja como esteio da confiança dos investidores. Por essa razão, o estudo do conteúdo da proibição de retroactividade da lei tributária não deve e não pode circunscrever-se hoje às limitações impostas ao legislador fiscal – sobretudo porque elas acabam, muitas vezes, por ter de ceder perante a existência de um valor superior, como o "estado de

---

[35] V. voto de vencido da Sra. Juíza Conselheira Maria Clara Sottomayor.
[36] V. votos de vencido das Sras. Juízas Conselheiras Maria Clara Sottomayor e Joana Fernandes Costa.

emergência económico-financeiro" – devendo antes ampliar-se a outros fenómenos, designadamente, das normas interpretativas e da mudança de paradigma de controlo judicial.

Referências

ALEXANDRINO, José de Melo. Jurisprudência da Crise. Das Questões Prévias às Perplexidades. *In*: RIBEIRO Gonçalo de Almeida; COUTINHO Luís Pereira (Org.). *O Tribunal Constitucional e a Crise* – Ensaios Críticos. Coimbra: Almedina, 2014, 49-68.

ALONSO GONZÁLEZ, Luis Manuel. *Devengo del tributo y período impositivo*. Madrid: Marcial Pons, 1997.

CRAIG, Paul. *Administrative Law*. 7. ed. Oxford: Sweet & Maxwell 2012.

ENDICOTT, Timothy. *Administrative Law*. 3. ed. Oxford University Press, 2015.

GOMES CANOTILHO, J. J. *Direito Constitucional e Teoria da Constituição*. 7. ed. Coimbra: Almedina, 2003.

KIRCHHOF, Paul. Die Steuern, in: Isensee/Kirchhof (Hg.), Handbuch des Staatsrechts. 3. ed. Vol. V, C.F. Heidelberg: Müller, 2007.

LEITE CAMPOS; SILVA RODRIGUES; LOPES DE SOUSA. *Lei Geral Tributária*. Anotada e Comentada. 4. ed. Encontro da escrita, 2012.

MAUNZ / DÜRIG, *Grundgesetz-Kommentar, in Beck-online*.

OLIVEIRA GARCIA, Nuno de. *Contencioso de Taxas*. Liquidação, audição e fundamentação. Coimbra: Almedina, 2011.

PAUNIO, Elina, *Legal Certainty in Multilingual EU Law*. Language, Discourse and Reasoning ate the European Court of Justice. Surrey: Ashgate, 2013.

PÉREZ ROYO, Fernando. *Derecho Financiero y Tributario*. Parte General. 18. ed. Madrid: Thomson-Civitas, 2008.

POPOVIĆ; KOSTIĆ. Legal certainty and taxation: the problem of retroactive interpretation. *Annals Fac. L. Belgrade*, 2018, p. 38-55.

RAZ, J. *The Authority of Law*. Oxford University Press, 1979.

TAVARES DA SILVA, Suzana. *Direito Fiscal*: Teoria Geral. Imprensa da Universidade de Coimbra, 2014.

URBANO, Maria Benedita. A Jurisprudência da Crise no Divã. Diagnóstico: Bipolaridade? *In*: RIBEIRO Gonçalo de Almeida; COUTINHO Luís Pereira (Org.). *O Tribunal Constitucional e a Crise* – Ensaios Críticos. Coimbra: Almedina, 2014, p. 9-48.

VIEIRA DE ANDRADE, José Carlos. *Justiça Administrativa*. 15. ed. Coimbra: Almedina, 2016.

Informação bibliográfica deste texto, conforme a NBR 6023:2018 da Associação Brasileira de Normas Técnicas (ABNT):

SILVA, Suzana Tavares da; SANTOS, Marta Costa. O princípio da irretroactividade. *In*: SARAIVA FILHO, Oswaldo Othon de Pontes; SIQUEIRA, Julio Homem de; BEDÊ JÚNIOR, Américo; FABRIZ, Daury César; SIQUEIRA, Junio Graciano Homem de; CUNHA, Ricarlos Almagro Vitoriano (Coord.). *Noções gerais e limitações formais ao poder de tributar*. Belo Horizonte: Fórum, 2021. p. 307-323. (Coleção Fórum Princípios Constitucionais Tributários – Tomo I). ISBN 978-65-5518-057-2.

A REFORMA TRIBUTÁRIA, A NECESSIDADE DE FEDERALIZAÇÃO (EFETIVA) DO ICMS E A COMPETÊNCIA TRIBUTÁRIA: UMA PROPOSTA JURÍDICA PRAGMÁTICA

FABIO CUNHA DOWER

Introdução

Em editorial publicado na edição de 3 de fevereiro deste ano (2019), intitulado "Escolher Batalhas", o jornal Folha de São Paulo, ao discorrer sobre as reformas de estado, expressa seu entendimento de que a mudança tributária deveria atacar três vertentes: (i) eliminar a complexidade dos impostos que incidem sobre bens e serviços "em favor da sonhada cobrança sobre valor agregado", (ii) reduzir a carga tributária das empresas em troca da tributação sobre dividendos e (iii) desonerar a folha de pagamento. Ao final – que é o que nos interessa destacar –, diz, em tom de desconsolo: "Sozinha, a primeira delas – talvez a mais urgente para melhorar o ambiente de negócios – já se mostrou um desafio insuperável, por envolver uma miríade de interesses setoriais e federativos".

A desesperança revelada pela matéria jornalística se refere ao ICMS, tributo de competência estadual cuja modificação é essencial como condição para que qualquer alteração do sistema tributário nacional possa ser chamada, verdadeiramente, de "reforma". Neste aspecto, está correto o editorial. Mas ao qualificá-la como "desafio insuperável", comete-se um equívoco que precisa ser afastado. Este é o objetivo das reflexões que serão expostas neste texto, pautado na rediscussão das competências constitucionais tributárias.

1 A federalização do ICMS como motor de uma reforma tributária e a questão das competências tributárias

Passados 30 anos da Constituição Federal de 1988 (CF/88) são mais do que evidentes as doenças do sistema tributário nacional, com consequências danosas à atividade econômica, tema de amplo conhecimento e que dispensa (maiores) comentários. Não por outra razão, ainda estamos imersos em intermináveis discussões sobre uma "reforma tributária" que transforme o sistema tributário nacional em um modelo mais simples, mais eficiente e socialmente mais justo. Propostas não faltam, todas com estudos abrangentes expressando ampla modificação do sistema. Independentemente das variadas ideias e modelos de uma reforma, há um aspecto que não passa despercebido por nenhuma delas: o ICMS. Este é o tributo que representa o maior de todos os "nós" do atual sistema tributário. Desta forma, discussões sobre sua modificação devem considerar uma "fórmula" que preserve a importância da materialidade tributária que este tributo representa, mas sem os reflexos economicamente danosos de seu modelo atual. E esta reflexão passa pelo estudo do "mecanismo" constitucional das competências tributárias.

Por que o ICMS deve ser o alvo número um de qualquer reforma tributária? Para ilustrar o tamanho da perversidade e irracionalidade (ou desinteligência) a que chegou a mecânica atual deste tributo, reproduzimos trecho de nossa autoria publicado em periódico destinado ao empresariado:

> Quando uma empresa varejista vende um produto, deverá calcular o ICMS da operação. Se a venda for dentro do Estado, deverá aplicar a alíquota prevista na legislação deste Estado. Assim, se tiver filiais por todo o Brasil, terá que conhecer e acompanhar a legislação dos 27 entes federativos. Se decidir vender para fora do Estado, deverá utilizar uma das alíquotas interestaduais, identificando qual delas é a correta (4%, 7% ou 12%). Se o cliente for o consumidor final do produto também deverá se preocupar com o cálculo e recolhimento do DIFAL. E se este cliente for um "não contribuinte" do ICMS (por exemplo, venda interestadual via e-commerce para pessoa física), ainda deverá calcular a "partilha do DIFAL" entre os Estados de origem e de destino do bem

nas vendas até 31/12/2018... E se o cliente que adquirir o bem para uso próprio for "contribuinte" do ICMS? Bom, então o vendedor ainda terá que verificar quem recolhe o DIFAL: o vendedor ou comprador. E se negociar apenas para clientes que revenderão a mercadoria? Foge-se deste "carnaval tributário" (na provocante expressão do Prof. Becker)? Não, pois terá que verificar se há ICMS-ST, o que muda de acordo com o Estado de destino, calculando e recolhendo-o para um Estado que o empresário, muitas vezes, sequer conhece. Portanto, o carnaval continua. Só muda o bloco![1]

Em todo o sistema tributário nacional, não há nada comparável à complexidade do ICMS. A raiz deste barbarismo procedimental está num único e singelo fato: trata-se de tributo colocado pela CF/88 na competência dos Estados e do Distrito Federal que, juntos, somam vinte e sete entes federativos ("unidades federadas").

Salvador Cândido Brandão Junior, em excelente resumo das origens do ICMS, expõe que seu embrião nasceu na competência federal, sendo transferido aos Estados na Constituição de 1934 quando então se denominava "Imposto sobre Vendas e Consignações" (IVC). Com a Emenda Constitucional nº 18/65 (alterando a Constituição Federal de 1946), o IVC foi finalmente substituído pelo ICM, havendo todo um contexto histórico tanto para seu nascimento sob as asas da União quanto sua transferência para a competência estadual,[2] subsídio doutrinário belíssimo para afastarmos demonizações desnecessárias e interpretações superficiais sobre a natureza estadual do ICMS, como se fosse um simples erro. Entretanto, passados mais de cinquenta anos de sua instituição, o fato é que a realidade e a experiência concreta mostram que é hora de repensar a competência tributária estadual do imposto, no sentido de promover sua alocação efetiva para a competência da União Federal ("federalização"), já que, nas mãos dos Estados membros, ganhou complexidade irracional. Além disso, é importante destacar que a doutrina já discutiu que a materialidade de incidência do ICMS se adéqua muito mal à competência estadual, especialmente num "país continente" com vinte e sete entes federativos competentes à sua instituição e cobrança. Salvador Junior[3] faz um apanhado da doutrina nesse sentido, destacando a visão de Rubens Gomes de

---

[1] Como calcular o ICMS nas vendas do comércio varejista. *Revista Varejo* S.A., ano 44, n. 532, p. 37, fev. 2019.
[2] BRANDÃO JUNIOR, Salvador Cândido. *Federalismo e ICMS*: Estados-membros em "Guerra Fiscal" – Série Doutrina Tributária v. XIV. São Paulo: Quartier Latin, 2014, p. 93 a 102.
[3] BRANDÃO JUNIOR, Salvador Cândido. *Op. cit.* p. 86 a 90.

Souza, Alcides Jorge Costa, Oswaldo Aranha Bandeira de Mello, José Souto Maior Borges e Paulo de Barros Carvalho, dentre outros, além de invocar a lembrança de Aliomar Balleiro e Rubens Gomes de Souza sobre a exposição de Motivos nº 910, exposta pelo então ministro Otávio Bulhões, sobre a "necessidade de que impostos sobre o consumo sejam de competência da União".

Pois bem, entre a percepção econômica de que um tributo sobre o consumo deveria ser federal e as razões político-arrecadatórias de um dado momento histórico que exigiram sua subsunção à competência dos estados, foi esta que prevaleceu. Para conciliar os inevitáveis conflitos entre a racionalidade e a política, as Constituições da República, em especial a nossa Constituição atual, desenharam vários mecanismos para conter os efeitos típicos da competência tributária atribuída aos estados sobre um tributo que incide sobre o consumo: primeiramente disciplinando, no próprio Texto Constitucional, de forma totalmente atípica se comparado a qualquer outro tributo previsto na CF/88, diversas regras basilares do imposto, como traçar um regime jurídico básico de aplicação em âmbito nacional e dificultar modificações por normas infralegais, como se vê claramente nos diversos incisos do §2º do artigo 155 da Carta (por exemplo, a não cumulatividade, a seletividade, a imunidade na exportação e a regra do diferencial de alíquotas, dentre outras); além disso, impondo a criação de outras tantas regras nacionais por meio de legislação complementar (lei de caráter nacional), a exemplo das Leis Complementares nº 87/96 (Lei Kandir) e nº 24/75 (que regula benefícios fiscais), somadas a outras normas infralegais que dependem de consenso dos demais estados, como resoluções do Senado Federal para a fixação de alíquotas interestaduais e "acordos" firmados entre os Estados por meio de "convênios" e "protocolos" no âmbito do Conselho Nacional de Política Fazendária (CONFAZ), como autorizado pelos artigos 100, inciso IV, e 102, ambos do Código Tributário Nacional.

Pergunta-se: tamanho engessamento normativo, inclusive em nível constitucional, foi suficiente para permitir que o ICMS estadual fosse aplicado como se fosse um tributo federal? Em nossa opinião, não. Ao contrário. Não obstante as razões históricas e políticas que levaram à alocação do ICMS na competência estadual, a experiência mostra que se trata de projeto falido, com graves repercussões econômicas na atividade econômica. Para ficarmos em apenas um exemplo atualíssimo (e, para nós, o principal deles): A CF/88 determinou que benefícios fiscais de ICMS só fossem concedidos nos estritos termos de lei complementar (Lei Complementar nº 24/75), o que significa mediante autorização prévia do CONFAZ. Como sabido, esta regra foi solenemente ignorada durante décadas pelos Estados, obrigando o Plenário do Supremo Tribunal Federal a dizer (em 2011[4]) – apenas em obediência à CF – que referidos benefícios são inconstitucionais. Como se resolveu isto? Ora, costurando-se a Lei Complementar nº 160/17, regulamentada pelo Convênio ICMS nº 190/17, que, em resumo, abriu as portas para a convalidação de todos os benefícios fiscais inconstitucionais.[5] Há maior prova da falência dos diversos mecanismos criados ao longo do tempo para manter "sob controle" a aplicação nacional e harmoniosa de um imposto sobre consumo na competência estadual num país continental?

Desta forma, o lado negro do ICMS não está em seu regime jurídico de funcionamento – imposto sobre vendas com o objetivo de tributar o valor agregado a cada fase do ciclo de circulação –, cuja essência é utilizada em muitos outros países, ponto muito importante a ser observado nas reflexões sobre a reforma tributária.

O ICMS é o nosso "IVA". Muito se fala na criação de um "imposto sobre valor agregado" como solução (ou parte dela) para o ICMS atual, como menciona o próprio editorial da Folha de São Paulo que tomamos como pontapé inicial deste estudo. Mas, na essência, o ICMS já é um imposto que tributa o valor agregado em cada fase do ciclo econômico da mercadoria, ou seja, o que se denomina de "não cumulatividade" em linguagem estritamente jurídica, característica esta que detém, inclusive, *status* constitucional, tendo em vista ser norma prevista no artigo 155, §2º, inciso I, da CF/88.[6] Não cumulatividade nada mais é que tributação do valor agregado. Isto é um fato.

É claro que inúmeras jabuticabas legais foram sendo inseridas nas legislações estaduais, de forma a distorcer, em muitos casos, a tributação do valor agregado, como, por exemplo, a fúria legislativa com que se restringe o abatimento do valor devido com montante do imposto cobrado na operação anterior (o "crédito", no jargão fiscal).[7] A restrição de creditamento corresponde a um distanciamento do modelo de valor agregado, mas isto se resolve acabando, por legislação infraconstitucional,

---

[4] Na ADIN 2906/SP.

[5] Não sem severas críticas doutrinárias, a exemplo de Andrei Pitten Velloso, no artigo "Mutilação de incentivos fiscais", *Jornal Carta Forense*, de 02/03/2017, em: http://www.cartaforense.com.br/conteudo/colunas/mutilacao-de-incentivos-fiscais/17395. Acesso em: 01 mar. 2019.

[6] "Será não-cumulativo, compensando-se o que for devido em cada operação relativa à circulação de mercadorias ou prestação de serviços com o montante cobrado nas anteriores pelo mesmo ou outro Estado ou pelo Distrito Federal".

[7] Vasconcellos, Mônica Pereira Coelho de. *ICMS – Distorções e Medidas de Reforma*, Série Doutrina Tributária, v. XIII. São Paulo: Quartier Latin, 2014.

com as restrições ao crédito, sem necessidade de alteração constitucional. Mesmo o regime de apuração da substituição tributária das operações subsequentes (substituição tributária "para frente") não ofende, na sua essência, o princípio da não cumulatividade.[8] A distorção prática do regime de substituição tributária está na liberdade dos governos estaduais de definirem "margens de valor agregado" muito distantes do valor agregado real, que só se materializará quando a operação futura se concretizar: se a margem de valor agregado correspondesse ao valor agregado real (ou fosse próximo a ele), a não cumulatividade (a tributação apenas do valor agregado) seria respeitada.[9] Tampouco as alíquotas do ICMS representam o cerne de sua perversidade. Nas operações entre as unidades federadas, há somente três possibilidades de alíquotas interestaduais, cuja aplicação é bastante simples. No âmbito das alíquotas aplicáveis em operações dentro do Estado, de fato pode haver alíquotas mais variadas. Na prática, porém, todos possuem uma alíquota geral que se situa entre 17% e 19% e uma lista de exceções que não chegam a denunciar nada muito complexo. Assim, a natureza "monstruosa" do nosso ICMS não está na sua natureza, nem em suas alíquotas. Está no fato de que se trata de tributo estadual, quando deveria ser, necessariamente, federal (inserido na competência tributária da União Federal). Se assim fosse, jamais teríamos que enfrentar, por exemplo, a regra de aplicação do "diferencial de alíquotas (DIFAL) de que trata o artigo 155, §2º, incisos VII e VIII da Constituição Federal, um dos mecanismos que mais causa insegurança nas operações empresariais, embora seja crucial para a arrecadação equilibrada do imposto nas operações realizadas entre as unidades federativas.

A federalização do ICMS (a par de sua unificação com outros tributos), portanto, é o melhor caminho para o caso do país optar por manter um imposto sobre o valor agregado no sistema tributário nacional. Melhor do que insistir em mecanismos sofisticados que busquem engessar, ainda mais, a competência estadual em busca de uma regra geral de harmonização nacional, como se vem tentando há décadas. Assim, não vemos outra maneira de modificar o sistema (verdadeiramente) sem esta transformação. Entretanto, esta solução

---

[8] Pois é da natureza do regime de apuração do ICMS-ST a regra que determina o abatimento do "imposto devido pela operação ou prestação própria do substituto" do cálculo do imposto, nos termos da Lei Complementar nº 87/96, artigo 8º, §5º.

[9] Dando resposta a essa distorção, o Supremo Tribunal Federal (RE 593.849) decidiu que a diferença deve ser ressarcida ao substituído, fazendo com que alguns estados até modificassem suas leis internas para revogar a aplicação da substituição tributária sobre diversos produtos, já que, neste cenário, ela deixaria de ser "financeiramente vantajosa".

implica mexer no campo de atribuição das competências tributárias. É o que trataremos na sequência.

2 O desafio prático da modificação da competência tributária do ICMS para sua federalização

A próxima pergunta é a seguinte: por qual razão o mecanismo de competências que temos é um problema para repensarmos a tributação brasileira deslocando o ICMS para a competência da União? E em que medida a prévia federalização efetiva do ICMS seria realmente necessária para viabilizar uma rápida reforma tributária? Há alguma solução jurídica pragmática, ainda não explorada, que dê relevante contribuição à intenção de se dar um primeiro – e fundamental – passo no sentido de se reformar o sistema tributário nesses termos?

Nosso ponto de vista é o seguinte: é consenso nacional – entre especialistas ou não – que o sistema tributário brasileiro é muito ruim. Ele não é inviável (tecnicamente), pois funciona. A tão propalada reforma tributária, cujas propostas mais significativas atravessaram os governos dos presidentes Fernando Henrique, Lula e Dilma (assim como o governo tampão de Michel Temer), sem sair do papel, é a prova concreta de que o sistema nacional, que inclui o ICMS, continua em pleno funcionamento. Obviamente, à custa de enormes investimentos privados em pessoas, tecnologia e consultorias das mais variadas, bem como à custa de diversos e recorrentes equívocos de interpretação legal, que descambam em autuações fiscais e num escandaloso ambiente de contencioso fiscal (administrativo e judicial), além de vários e sucessivos programas de anistias e parcelamentos fiscais, em nível federal, estadual e municipal, todos cercados de críticas, desgaste político e perda de arrecadação. Mas o fato é que o ICMS funciona. Pode-se perguntar: e qual é a dificuldade em se mudar um determinado tributo da competência de um ente federativo (dos Estados/DF) para outro (para a União Federal)? Para respondermos à pergunta, analisemos a natureza do instituto constitucional de competências tributárias.

3 Competência tributária: conceito, características e funcionamento

Competência tributária, nas palavras de Luciano Amaro,[10] é "a *aptidão para criar tributos* – da União, dos Estados, do Distrito Federal e

---
[10] AMARO, Luciano. *Direito Tributário Brasileiro*. 18. ed. São Paulo: Saraiva, 2012, p. 121.

dos Municípios" e, por decorrência, é também o poder de legislar sobre o tributo,[11] tal como expresso pelo artigo 6º, *caput*, do CTN.

O instituto da competência tributária se encontra no contexto da federação, forma de estado adotada pelo Brasil, e foi concebido como uma maneira de garantir aos quatro entes federativos (União Federal, Estado Federados, Municípios e o Distrito Federal) a necessária autonomia financeira de que necessitam para custear suas atividades estatais. Ou seja, ele existe como uma ferramenta de viabilização da própria federação e se resume a alocar o "poder" de criar determinados tributos (e de impor prestações tributárias) no âmbito exclusivo de cada ente federativo, possibilitando, a cada um, ter fontes próprias (e expressivas) de receitas públicas, sem interferência dos demais, o que é necessário para a manutenção de um estado federado, como destaca Roque Antônio Carrazza: "Parece certo que, sendo autônomo, cada Estado deve, sem interferências federais ou estaduais, prover as necessidades de seu governo e administração. Para isso, a Lei Maior conferiu a todos o direito de regular suas despesas e, conseguintemente, de instituir e arrecadar, em caráter privativo e exclusivo, os tributos que as atenderão".[12] É o que está desenhado nos artigos 153, 155 e 156 da CF/88.

Em outras palavras, a competência constitucional tributária se expressa através do mecanismo prático em que o legislador constituinte atribui a cada um dos entes federativos – coloca na "órbita" de "poder" de cada um deles – a aptidão de criar determinados tributos, ou, como leciona Douglas Yamashita, é uma "forma descritiva" de competências. Daí Luciano Amaro dizer que "a Constituição não cria tributos; ela outorga competência tributária, ou seja, atribui aptidão para criar tributos".[13] Uma decorrência lógica desta sistemática é que o mecanismo de competências tributárias é concebido numa visão unilateral, com foco exclusivo no interesse dos entes federativos, sem qualquer preocupação em como ele se reflete no sujeito passivo. Ao se criar quatro competências tributárias (União Federal, Estados Federados, Municípios e Distrito Federal), deixando que cada um dos correspondentes entes federativos criem os tributos nela compreendidos (e toda sua operacionalização), o efeito colateral automático é que haverá diferentes critérios de

---

[11] YAMASHITA, Douglas. *Direito tributário*: uma visão sistemática. São Paulo: Atlas, 2014, p. 257.
[12] CARRAZZA, Roque Antonio. *Curso de Direito Tributário Constitucional*. 23. ed. São Paulo, Malheiros, p. 148.
[13] AMARO, Luciano. *Op. cit.* p. 121.

arrecadação para cada um deles. Não por outra razão, tributos estaduais são arrecadados por guias cujos modelos são desenhados por cada Estado, assim como, hoje, cada município institui a sua forma de apuração, cobrança e declaração dos tributos de sua competência, incluindo o modelo e requisitos de preenchimento da nota fiscal, sem nenhuma preocupação com um mínimo de uniformização. É isto que se quer dizer com "visão unilateral" do mecanismo de competências: total desconsideração da lei pelo impacto do modelo no sujeito passivo da relação jurídica tributária.

Ou seja, embora o Estado brasileiro seja um só aos olhos do cidadão (e assim deveria ser), cabe a ele – ao pagador de tributos – se adaptar para recolher cada um deles de acordo com a lógica legislativa individual de cada ente federativo, o que é um aspecto importantíssimo de cidadania fiscal que a legislação praticamente ignora, efeito colateral do aspecto unilateral do mecanismo de competências tributárias. De fato, a competência tributária desenhada pela CF/88 possui esta característica "egoística" de ter sido pensada para atender e servir aos entes federativos. A figura do sujeito passivo não participa da regra, senão apenas como fiel cumpridor da obrigação de recolher o tributo devido ao ente federativo que detém a competência. Não é, assim, uma via de mão dupla, pelo menos em alguma medida. É fruto da obrigação *ex lege*, em que o contribuinte, na faceta arrecadatória, é mero escravo da obrigação tributária, que lhe é imposta pela lei tributária. Sequer as limitações ao poder de tributar de que trata o artigo 150 da CF/88 configuram arranjos de participação ativa do contribuinte no mecanismo de nascimento da obrigação tributária (que se inicia com a definição do ente federativo competente), pois as limitações são restrições criadas pela Constituição, tendo como destinatário os próprios entes federativos: são restrições que se apresentam no mesmo plano das competências, limitando o seu campo de atuação. Separados os casos prescritos pela Constituição, estará circunscrito o campo em que a competência poderá ser exercida pelo ente federativo por ela contemplado.

Entretanto, a ideia de se utilizar uma "câmara de compensação" – ideia central deste breve ensaio e que exploraremos mais adiante – traria o benefício de permitir, pela primeira vez, que as competências tributárias dessem aos contribuintes o direito de enxergar o "Estado" como um ser único, ao permitir, por exemplo, a criação de uma única guia de arrecadação para todos os tributos brasileiros, independentemente da competência tributária a que pertencem. Um avanço significativo.

Também importante citar a lição de Luís Eduardo Schoueri, no sentido de que o mecanismo de competências tributárias "não é requisito de um sistema federal", de forma que não é necessário para viabilizar a autonomia financeira dos entes federativos, já que há outras formas.[14] Mas o fato é que o mecanismo de competências tributárias foi o esquema escolhido pela CF/88, de forma que vamos avançar em sua análise.

Pois bem. Embora simples e elegante, este mecanismo possui repercussões práticas importantes. Uma de suas características principais é que produz um "engessamento" na possibilidade de se trocar tributos entre os entes federativos, ou seja, retirar um tributo pertencente a uma competência para que seja alocado em outra. Afinal, no "DNA" do mecanismo constitucional brasileiro de competências tributárias está a sua indelegabilidade,[15] que provêm não só da própria natureza da competência – tal como idealizado pelo legislador constituinte – como da letra dos artigos 6º, parágrafo único, 7º e 8º, todos do Código Tributário Nacional (CTN). Se o ente federativo não exerce sua competência, os demais não poderão fazê-lo.

4 Competência tributária x repartição de receitas tributárias

Dito isto, não se deve confundir a competência tributária com a partilha das receitas tributárias (partilha do produto da arrecadação), que é outro mecanismo presente na CF/88, criado para direcionar receitas públicas pertencentes a determinado ente federativo para outro. É quando o ente federativo exerce sua competência, criando e cobrando os correspondentes tributos, mas entrega parte (às vezes a totalidade) da receita auferida a outro ente federativo. A partilha constitucional das receitas não afeta ou modifica a competência tributária (o poder de criar e legislar sobre o tributo inserido na competência); apenas determina que o produto da arrecadação seja entregue a outro ente federativo, total ou parcialmente. Exemplos: 25% do produto arrecadado com o ICMS – da competência dos Estados – é partilhado com os municípios; 50% da arrecadação do ITR – da competência da União Federal – é entregue aos municípios.

Este mecanismo de partilha das receitas tributárias é fundamental no presente estudo, porque representa a "válvula de escape" que permitirá contornar, no tempo, o engessamento das competências

---

[14] SCHOUERI, Luís Eduardo. *Direito Tributário*. 2. ed. São Paulo: Saraiva, 2012, p. 240.
[15] AMARO, Luciano. *Direito Tributário Brasileiro*, p. 122.

tributárias (como já adiantado, o que se quer discutir é a federalização do ICMS e como fazê-lo na prática).

Embora o tema da repartição de receitas seja bem explorado pela doutrina, é importante destacar um aspecto nem sempre bem discutido. Quando a CF/88 trata da repartição de receitas, ela está se referindo à relação jurídica que se estabelece entre os entes federativos e não entre eles e o sujeito passivo. Como já tivemos a oportunidade de escrever:

> A Constituição Federal trata das regras de 'Repartição de Receitas Tributárias' a partir de seu artigo 157 (Título VI, Capítulo I, Seção VI). É neste momento que o legislador constituinte trata da maneira como a receita auferida por uma unidade da federação, no exercício de sua competência tributária, deve ser "repartida" (dividida) com outro ente da federação ou outra entidade ou universalidade de direito prevista na lei (como os Fundos de Participação). (...) O que se quer destacar é que, embora a CF utilize o termo "repartição" para denominar o mecanismo de divisão da receita tributária entre os entes da federação (e por eles diretamente efetuado), ela também faz uso, na mesma Seção VI, do termo "partilha" (artigo 159, §2º). Isto nos leva a concluir que o termo "partilha" e seus derivados é, para o legislador constituinte, sinônimo de "repartição".[16]

Analisemos um caso concreto bastante recente em que se desvirtuou a natureza do mecanismo de repartição de receitas prevista na CF/88 apenas para atender a interesses unilaterais dos Estados. A Emenda Constitucional (EC) nº 87/2015 introduziu no ordenamento jurídico uma nova hipótese de incidência do chamado "Diferencial de Alíquota" (DIFAL) do ICMS, de forma que, desde o dia 1º de janeiro de 2016, as operações entre Estados que destinam mercadorias para consumidores finais não contribuintes do imposto (por exemplo, vendas "não presenciais", cujo exemplo mais significativo é o do comércio eletrônico) também se sujeitam ao pagamento do DIFAL para o Estado de destino da mercadoria ("novo DIFAL"), o que não existia anteriormente. Além disso, o artigo 2º da EC nº 87/15 alterou o artigo 99 do Ato das Disposições Constitucionais Transitórias (ADCT) para dispor que esse "novo DIFAL" seria "partilhado" entre os Estados de origem e destino entre os anos de 2016 e 2018, de forma escalonada, ou seja, pretendeu dar a este mecanismo a natureza de "repartição" de

---

[16] "A 'regulamentação' do 'novo' diferencial de alíquota do ICMS (EC nº 87/2015) e a inconstitucionalidade esquecida". Publicado em fiscosoft on-line em 20.12.2016, Artigo Estadual DTR/2016/25045.

receita tributária. Assim, tratando-se de regra de partilha constitucional, esta regra da EC nº 87/2015 tem por destinatário os entes federados. O sujeito passivo deveria recolher o DIFAL integralmente ao Estado de destino, a quem caberia "partilhar", "repartir", dividir o valor arrecadado com o Estado de origem do bem seguindo o escalonamento do artigo 99 do ADCT da CF/88.

Mas o que ocorreu na prática? O Convênio ICMS 93/15, cláusula décima, §1º, a pretexto de "regulamentar" a chamada "regra de transição" do recolhimento do "novo DIFAL", inovou a EC nº 87/2015 e impôs ao sujeito passivo remetente da mercadoria a obrigação de realizar a "partilha" do DIFAL entre os estados de origem e de destino da mercadoria.[17] Eis uma relevante inconstitucionalidade do convênio, pois subverteu o mecanismo constitucional da repartição de receitas, já que a partilha deveria ser, necessariamente, deixada sob a exclusiva responsabilidade dos estados envolvidos na operação, sem nenhuma participação do contribuinte, como se extrai do artigo 99 ao ADCT da CF/88, sistematizado com o artigo 157 e seguintes da Carta. Este é um bom exemplo para reforçar que a repartição de receitas deve se referir a uma relação jurídica que se estabelece entre os entes federativos e não entre eles e o sujeito passivo.

5 O desafio da federalização do ICMS é de ordem econômica e não jurídica

Compreendidos os mecanismos de competências tributárias e de repartição das receitas tributárias adotados pela CF/88, voltemos à questão: qual é a dificuldade em se mudar um determinado tributo da competência de um ente federativo (dos Estados/DF) para outro (para a União Federal), que é o que viabilizaria a federalização do ICMS? Sob o prisma estritamente jurídico, nenhum. Basta emenda constitucional alterando a competência do ICMS de uma órbita (estadual) para outra (federal).

Os dispositivos que tratam da competência tributária não configuram "cláusulas pétreas" de que trata o artigo 60, §4º, da CF/88. Portanto, a emenda constitucional – com a observância de todo o seu rito severo de aprovação – resolveria o problema. A questão prática, assim, não é jurídica. Ela é de ordem política e pragmática: a aprovação de um projeto de emenda constitucional (PEC) passa, por óbvio, pela

---

[17] DOWER, Fabio Cunha. *O Novo Convênio ICMS 52/2017* – comentado, cláusula por cláusula. São Paulo: Chiado Books, 2018, p. 27.

discussão e convencimento político de vinte e sete entes federativos. O ICMS representa, de longe, a maior fonte de receita tributária[18] dos Estados e do Distrito Federal, de modo que mexer nos "ovos de ouro" desta "galinha" (chamada ICMS) requer um projeto político-econômico que garanta, em alguma medida, que os estados troquem suas "galinhas" por outro animal – por exemplo, por uma "pata" – com a garantia indubitável de que ela também ponha "ovos de ouro". Este é o verdadeiro nó da questão. Se o "ovo é de galinha" ou de "pata", não importa desde que seja de "ouro" e mantenha o nível de confiança na arrecadação estadual. Portanto, essa necessária transição – entenda-se, a discussão e aprovação de uma PEC de reforma tributária capaz de federalizar o ICMS[19] – não avança porque falta um mecanismo jurídico-econômico que, com segurança, a viabilize no terreno pantanoso dos interesses políticos (legítimos) dos governadores, que não abrirão mão de uma receita expressiva e conhecida sem absoluta garantia de que terão outra fonte de financiamento cuja capacidade arrecadatória esteja em patamar equivalente.

6 A "Câmara de Compensação" da PEC nº 293-A/2004

O instrumento jurídico-administrativo capaz de viabilizar esta transição já existe e consta na proposta de reforma tributária, a PEC nº 293-A, de 2004 (que tem como relator o ex-deputado federal Luiz Carlos Hauly); se encontra em seu artigo 155, §7º, inciso VII, alínea "c": a chamada "câmara de compensação".[20] Primeiramente, de se destacar que a PEC em questão adota outra solução para o ICMS, que seria

---

[18] Segundo o Boletim de Arrecadação de Tributos Estaduais do CONFAZ, os vinte e seis estados e o Distrito Federal arrecadaram, juntos, cerca de 445 bilhões em 2017 e 479 bilhões em 2018. Disponível em: https://app.powerbi.com/view?r=eyJrIjoiYTEzN2VhYmQtNj EwMS00YmMxLThjZjUtYzg4MzRlZTJjOGY3IiwidCI6IjQ3ZDliOTMxLTdiZGQtNGM4Ny 1iZDA3LTM3Y2MzNGU2MDU1ZiIsImMiOjF9. Acesso em: 14 fev. 2018.

[19] Sem prejuízo, por óbvio, de implementação de outras – e bem-vindas – propostas de unificação de tributos com materialidades e base de incidências semelhantes, como a que consta na Proposta de Emenda Constitucional (PEC) nº 293/04. Não é esse, entretanto, o foco do presente artigo.

[20] Consta no documento intitulado "Detalhamento da Simplificação Tributária no Brasil – Plano Real dos Impostos", que se encontra no endereço eletrônico http://www.atlantico.org.br/wp-content/uploads/2017/11/MBE-Passo-a-Passo-V8.pdf. (acessado em: 15 dez. 2019), que este instrumento foi proposto pelo Instituto Atlântico e batizado de ONDA (Operador Nacional da Distribuição da Arrecadação), cuja compreensão nos foi possibilitada pelas análises e estudos à PEC 293-A/2004 feitas por J. Miguel Silva, conselheiro jurídico do Instituto. Segundo seus idealizadores, o ONDA foi proposto para viabilizar a "partilha do Valor Global da Arrecadação dos tributos então aglutinados, considerando uma parte neutra e uma parte incremental. Assim, as atividades de calcular as partes e distribuir o

extinto e substituído por um "Imposto sobre Bens e Serviços – IBS", com a mesma natureza de incidência sobre o "valor agregado" e juntando diversos tributos hoje pertencentes a competências tributárias diferentes (cuja análise não é foco do presente trabalho). A questão é que, pela proposta, este novo tributo continuaria na competência tributária dos Estados e do Distrito Federal, de forma que não culminaria com uma verdadeira federalização do tributo, no sentido de deslocamento da competência tributária, algo que, como já demonstrado, é essencial. Nesse sentido, a câmara de compensação, no modelo atual da PEC, serviria para arrecadar de forma centralizada o novo IBS e distribuir o quinhão que cabe a cada um dos vinte e sete entes federativos. Nesta concepção, a câmara de compensação ainda teria o mérito de repartir o valor arrecadado entre outros entes federativos, possibilitando, inclusive, pela primeira vez, a instituição de uma guia de recolhimento de caráter nacional, para um tributo estadual, agregando ao mecanismo de competência tributária a bilateralidade, a via de mão dupla de que se tratou antes. Sem dúvida, já é um avanço muito importante e que tem que ser reconhecido. Mas não é somente esse o papel que vislumbramos para a câmara de compensação, pois, diferentemente da PEC, nossa visão de reforma tributária deve ir além: a federalização efetiva (e não indireta) do ICMS (ou de tributo sobre valor agregado equivalente).

A ideia central ora discutida parte deste esforço intelectual já desenhado pela PEC de propor, inteligentemente, a utilização da câmara de compensação, mas como um mecanismo prático apto a viabilizar a transição do modelo estadual do ICMS para a competência da União Federal, liquidando, em definitivo, todas as regras necessárias para fazer com que um tributo que incide sobre operações de circulação de mercadorias (que circulam fisicamente entre os territórios estaduais) funcione. Com isso, seria possível a unificação de diversos aspectos das obrigações acessórias num único modelo, a eliminação do diferencial de alíquotas – DIFAL (que o modelo adotado pela PEC não elimina) e, assim, a unificação das diferentes regras de creditamento do imposto e alíquotas interestaduais. Principalmente, se sepultaria a interminável discussão sobre o estado competente para a cobrança (origem-destino), de onde provém a guerra fiscal estadual que já perdura há tantas décadas, com um emaranhado de leis e atos normativos (federal e estaduais) que tentam controlá-la (por exemplo, a necessidade de criação da alíquota

---

novo imposto ficarão a cargo de uma operadora pública que demandará serviços estatísticos do Instituto Brasileiro de Geografia e Estatística (IBGE) e financeiros da rede bancária".

interestadual de 4% na venda entre estados de produtos importados, instituída pela Resolução do Senado Federal nº 13/12). Portanto, se há um projeto político sério que tenha como meta alterar o sistema tributário nacional, o seu maior desafio é o ICMS, o que passa pela maestria de aprovar uma PEC que federalize o ICMS, atribuindo aos Estados outro tributo com o mesmo potencial arrecadatório.

7 A pragmática da federalização: "distraindo" a competência tributária

Se a ideia é deslocar a competência tributária do âmbito dos Estados/DF para a União Federal, é claro que, mantido o mecanismo de competências tributárias – e todas as propostas de reforma tributária recentes mantêm esta estrutura –, aos estados deveria ser reservado exercer seu poder de tributar sobre uma nova situação material que não envolvesse a circulação de mercadorias, pois este é o grande problema do ICMS na órbita estadual e que precisa ser eliminado.

A tributação das operações sobre circulação de mercadorias deve ser federal, atribuindo-se aos estados e ao DF outra materialidade que não dependa da circulação física de bens (o presente trabalho não cuidará de propor ou discutir que nova materialidade seria esta, o que requer estudo específico, não só jurídico como econômico). Imaginando-se uma materialidade mais adequada à tributação estadual (por exemplo – e apenas como exemplo, sem reflexão sobre o mérito – uma tributação sobre receita), o desafio é dar segurança aos governadores de que o potencial arrecadatório desta nova materialidade seria semelhante ao do ICMS (senão, melhor, como forma de avançarmos no desenvolvimento do federalismo brasileiro, desconcentrando a arrecadação da União Federal).

Como funcionaria a câmara de compensação ora proposta? Sua principal função seria a de "distrair o monstro" que cuida dos "ovos de ouro da galinha" e permitir ao país "trocar a galinha pela pata": ou seja, federalizar o ICMS, levar o ICMS da competência dos Estados/DF para a União Federal e deixar, em seu lugar, outro tributo, que tenha capacidade arrecadatória equivalente, mas seja muito mais compatível com a dinâmica e as especificidades de uma tributação estadual.

Tomemos como exemplo um caso exemplar da incrível inteligência humana ao aliar conhecimento e criatividade: segundo a física quântica, é impossível realizar a medição da velocidade e da posição de uma partícula atômica ao mesmo tempo, já que a mediação de uma dessas grandezas por instrumentos afeta a outra (princípio da incerteza de Heisenberg). No nosso caso tributário, podemos fazer um paralelo meramente didático semelhante: aceita-se, no plano teórico, que a alteração da competência tributária do ICMS para a União Federal seria ótima solução, desde que se garanta aos executivos estaduais que a arrecadação de um outro tributo será tão expressiva quanto à do velho ICMS. Porém, só se mexe na competência se se garantir a arrecadação. No caso da física, a solução foi "distrair" a partícula a ser medida, aproveitando-se do fenômeno quântico do "emaranhamento": gera-se uma partícula B, derivada da partícula A, ambas "emaranhadas" e faz-se a medição das características pretendidas isoladamente em cada uma delas, descobrindo-se, forma indireta, as duas características básicas da partícula, o que antes parecia impossível. É isto o que se está propondo no campo tributário: "distrair" a competência tributária pelo instrumento da câmara de compensação, até que os estados se sintam satisfeitos com a capacidade arrecadatória de um novo tributo, o que lhes permitirá autorizar politicamente a votação de uma PEC que altere a competência estadual do ICMS.

De se observar o seguinte: tanto o ICMS, de competência estadual, quanto o tributo que o substituiria, provavelmente de competência federal, continuariam mantidos em suas respectivas órbitas constitucionais originais durante a transição, com o fruto da arrecadação de ambos os tributos sendo recolhidos pelos sujeitos passivos em favor da câmara de compensação. Por meio dela, mantidas as competências "distraídas", haveria, pelo tempo necessário, a troca coordenada das receitas entre as unidades federadas e a União Federal (arrecadação do ICMS sendo financeiramente destinada à UF; arrecadação do tributo alternativo aos Estados/DF, através de um critério a ser determinado). Esta troca de receitas se daria pelo tempo suficiente para garantir aos Estados que a arrecadação do novo tributo é vantajosa e similar à do ICMS (inclusive com cláusulas de ajustes e salvaguardas financeiras por parte do governo federal para garantir aos estados o equilíbrio arrecadatório esperado durante o período de transição). Se atingido este ponto, as portas para a aprovação de uma PEC pelo Congresso Nacional estariam abertas, já que as forças políticas dos governos estaduais já teriam experimentado o potencial financeiro real de uma "nova competência tributária", sem abrir mão do ICMS como tributo de sua competência durante o período de provação.

Uma questão jurídica importante: o mecanismo de troca de receitas tributárias que se está sugerindo viola ou afeta a competência? Não, pois ele apenas "distrairia" o funcionamento da competência tributária, no sentido de não contaminá-la enquanto o mecanismo de troca financeira – via câmara de compensação – funciona. Desta forma, não se passa por qualquer crivo ou discussão sobre possível inconstitucionalidade, já que a competência dos entes federados é mantida intacta – na mesma órbita constitucional –, exercendo toda a sua eficácia jurídica, enquanto se experimenta, na prática, o comportamento dos fluxos de caixa dos tributos cujas receitas estão sendo trocadas (troca de natureza meramente financeira), sem mexer com a estrutura da obrigação tributária e dos demais aspectos da competência, como a regulamentação ou a fiscalização. As prerrogativas legislativas dos entes federativos sobre cada um deles também não se altera durante a transição. Apenas as receitas são trocadas via câmara de compensação, até que todos os envolvidos tenham confiança de que uma mudança nas competências não será financeiramente prejudicial, ou que eventuais perdas de arrecadação sejam administráveis em favor de algo maior, que é a melhora da saúde da economia brasileira e da vida dos cidadãos.

Referências

AMARO, Luciano. *Direito Tributário Brasileiro*. 18. ed. São Paulo: Saraiva, 2012.

BRANDÃO JÚNIOR, Salvador Cândido. *Federalismo e ICMS*: Estados-membros em "Guerra Fiscal" – Série Doutrina Tributária, vol. XIV. São Paulo: Quartier Latin, 2014.

CARRAZZA, Roque Antonio. *Curso de Direito Tributário Constitucional*. 23. ed. São Paulo: Malheiros.

DOWER, Fabio Cunha. *O Novo Convênio ICMS 52/2017* – comentado, cláusula por cláusula. São Paulo: Chiado Books, 2018.

SCHOUERI, Luís Eduardo. *Direito Tributário*. 2. ed. São Paulo: Saraiva, 2012.

VASCONCELLOS, Mônica Pereira Coelho de. *ICMS – Distorções e Medidas de Reforma*, Série Doutrina Tributária, vol. XIII. São Paulo: Quartier Latin, 2014.

VELLOSO, Andrei Pitten. Mutilação de incentivos fiscais. *Jornal Carta Forense*, 02 mar. 2017.

YAMASHITA, Douglas. *Direito tributário*: uma visão sistemática. São Paulo: Atlas, 2014.

Informação bibliográfica deste texto, conforme a NBR 6023:2018 da Associação Brasileira de Normas Técnicas (ABNT):

DOWER, Fabio Cunha. A reforma tributária, a necessidade de federalização (efetiva) do ICMS e a competência tributária: uma proposta jurídica pragmática. *In*: SARAIVA FILHO, Oswaldo Othon de Pontes; SIQUEIRA, Julio Homem de; BEDÊ JÚNIOR, Américo; FABRIZ, Daury César; SIQUEIRA, Junio Graciano Homem de; CUNHA, Ricarlos Almagro Vitoriano (Coord.). *Noções gerais e limitações formais ao poder de tributar*. Belo Horizonte: Fórum, 2021. p. 325-341. (Coleção Fórum Princípios Constitucionais Tributários – Tomo I). ISBN 978-65-5518-057-2.

PRINCÍPIO DA LEGALIDADE NO DIREITO CONTEMPORÂNEO

FLÁVIO QUINAUD PEDRON
RAFAEL ALVES NUNES

1 Introdução

A noção de legalidade está entre os primeiros conceitos a que um estudante de Direito se vê exposto, desde os primeiros momentos de seu curso de graduação.[1] Assim, escolas de tradição positivistas[2] afirmariam que a legalidade seria um valor em si mesmo, não cabendo ao jurista questionar *o porquê* de obedecer à lei – já que tal resposta sinalizaria para questões filosóficas e, portanto, extrajurídicas. Contudo, a doutrina contemporânea irá atrelar a noção de legalidade a um *plus*, representado pela concepção de *legitimidade* (racionalidade democrática).[3] Assim, a legalidade representaria ao mesmo tempo uma condição de possibilidade de exercício do poder institucional e sua própria limitação.

Esta norma serve como limitador da atividade estatal ao passo que é verdadeira proteção aos direitos e às liberdades fundamentais

---

[1] D'AGOSTINO, Francesco. Legalidade. *In*: BARRETTO, Vicente (Coord.). *Dicionário de Filosofia do Direito*. Rio de Janeiro: Renovar, 20009. p. 512.

[2] PEDRON, Flávio Quinaud. *Mutação Constitucional na Crise do Positivismo Jurídico*. Belo Horizonte: Arraes, 2012.

[3] HABERMAS, Jürgen. *Facticidad y Validez*: sobre el derecho y el Estado democrático de derecho en términos de teoría del discurso. Trad. Manuel Jiménez Redondo. Madrid: Trotta, 1998. Ver também: PEDRON, Flávio Quinaud; OMMATI, José Emílio Medauar. *Teoria do Direito Contemporânea*. Rio de Janeiro: Lumen Juris, 2019.

dos cidadãos. Tem-se, assim, que a lei garante as liberdades do indivíduo e limita a atuação estatal. Dessa forma, estamos no cerne do próprio conceito do Estado de Direito (seja como *Rule of Law*, seja como *Rechtsstaat*).[4] Afinal, persiste a ideia de que ao Estado moderno somente é possível agir nos limites do fixado pelo ordenamento jurídico constitucional; toda e qualquer omissão legislativo-constitucional representará clara proibição.[5] Por isso mesmo, é um princípio que não está restrito à seara do Direito Tributário, sendo aplicável ao Direito Penal,[6] Administrativo, Ambiental, Eleitoral, entre outros tantos ramos do Direito Público.[7]

Deste modo, fica o cidadão protegido contra decisões arbitrárias daqueles que detêm o poder, ou seja, a vontade do detentor do poder fica sujeita ao império da lei. E aqui se apresenta uma dupla perspectiva: (a) uma de controle dos atos estatais; e outra (b) de previsibilidade desses atos, visando o estabelecimento de uma "segurança jurídica",[8] essencial para a organização da vida civil, mais ainda de legitimação do direito moderno a partir da estabilização de expectativas de comportamentos.[9]

Quando aplicado ao Direito Tributário, tem-se que ele se revela em verdadeiro instrumento de limitação ao poder estatal de tributar, ao estabelecer a exigência de lei para que determinado tributo seja cobrado ou, ainda, que tenha suas alíquotas majoradas, asseverando a expressão latina *"nullun tributum sine lege"*.

No universo histórico do Direito Tributário não podemos deixar de lado o grito de revolta dos colonos norte-americanos contra a

---

[4] ROSENFELD, Michel. The Rule of Law and the Legitimacy of Constitutional Democracy. *Cardoso Law Review*, v. 74. No mesmo sentido, ver: SHAPIRO, Scott J. *Legality*. Harvard University, 2011.

[5] KELSEN, Hans. *Teoria Pura do Direito*. 6. ed. Tradução de João Baptista Machado. São Paulo: Martins Fontes, 1999 [Direito e Justiça].

[6] SANTIAGO NETO, J. O devido processo legal e o (in)devido processo penal brasileiro: entre a acusatoriedade constitucional e o inquisitorial modelo do Código de Processo Penal. *Revista de Direito da Faculdade Guanambi*, v. 3, n. 01, p. 164-178, 1 ago. 2017.

[7] COPETTI NETO, Alfredo; VIEIRA, Gustavo. Direito e democracia sob a ótica constitucional: o fim ou o começo da história? *Revista de Direito da Faculdade Guanambi*, v. 4, n. 01, p. 149-171, 13 out. 2017.

[8] PEDRON, Flávio Quinaud; OMMATI, José Emílio Medauar. Contribuição para uma compreensão ontológica dos Precedentes Judiciais. *Revista Jurídica da Presidência*, v. 19, p. 645-668, 2018.

[9] HABERMAS, Jürgen. *Facticidad y Validez*: sobre el derecho y el Estado democrático de derecho en términos de teoría del discurso. Trad. Manuel Jiménez Redondo. Madrid: Trotta, 1998. Ver também: PEDRON, Flávio Quinaud; OMMATI, José Emílio Medauar. *Teoria do Direito Contemporânea*. Rio de Janeiro: Lumen Juris, 2019.

metrópole inglesa[10] nas décadas de 1750-1760, que acabou sendo um dos estopins para deflagração de todo o processo de independência: "*No Taxation without Representation*".[11] Exatamente por exigirem os colonos o direito de participar, no Parlamento Britânico, das deliberações que representassem novos ônus tributários.

Em matéria tributária, o princípio da legalidade ganha um importante relevo ao exigir dos entes federados, como fora dito, lei para que tributo seja criado ou mesmo majorado.

Além desta exigência, *mister* destacar que o Código Tributário Nacional consolida, ainda, a legalidade estrita, ao exigir em seu art. 97, que somente a lei pode estabelecer a instituição ou extinção de tributo, sua majoração (*diminuição*), definição do fato gerador da obrigação tributária principal, fixação de alíquotas e penalidades em caso de ações ou omissões contrárias a seus dispositivos, bem como as hipóteses de exclusão, suspensão e extinção de créditos tributários, ou de dispensa ou redução de penalidades.

O presente artigo objetiva tratar acerca do princípio da legalidade, que possui previsão geral no art. 5º, II, da Constituição Federal de 1988 e, em matéria tributária, melhor desenvolvimento no art. 150, I, também do Texto Constitucional.

Para realizar o presente estudo, primeiro se mostra necessária a investigação das diferenças entre princípios e regras, assim como a delimitação do conceito de *lei* para fins tributários. Com isso, se torna possível propiciar uma análise desta importante ferramenta de consolidação da democracia através do obrigatório respeito do Estado ao império da lei tributária.

O estudo do princípio da legalidade em matéria tributária continua a ensejar debates doutrinários e jurisprudenciais ao longo dos anos. Assim sendo, tem-se no princípio da legalidade, sem sombra de dúvidas, um dos temas mais intrigantes neste ramo do Direito, justamente pelo seu papel de instrumento limitador do exercício do poder estatal e, com isso, garantidor da previsibilidade das normas tributárias e, por conseguinte, da segurança jurídica.

O presente estudo não possui a pretensão de esgotar todos os debates acerca do tema proposto, mas tão somente deseja contribuir para

---

[10] ARAÚJO PINTO, Cristiano Paixão; BIGLIAZZI, Renato. História Constitucional Inglesa e Norte-Americana: do surgimento à estabilização da forma constitucional. Brasília: UnB, 2008.

[11] BALEEIRO, Aliomar. *Direito Tributário Brasileiro*. Atualizações por Misabel Derzi. 11. ed. Rio de Janeiro: Forense, 2010. p. 90.

a manutenção do debate doutrinário sobre um assunto demasiadamente importante para a consolidação da democracia, respeito e preservação da segurança jurídica e dos direitos fundamentais.

2 O que a dogmática do Direito Tributário pensa sobre os princípios jurídicos e o que o resto do Direito pensa?

Preliminarmente, cabe pontuar uma divergência que se encontra na base de toda a questão entre a doutrina tradicional do Direito Tributário e o que a teoria do direito – como teoria geral de todo o estudo jurídico – compreende acerca do que sejam princípios. Meyer-Pflug, discorrendo acerca dos princípios jurídicos, bem representa essa corrente que ignora (ou talvez desconheça) a dimensão normativa que os princípios jurídicos adquirirão a partir, principalmente, do pós 2ª Guerra Mundial,[12] já que afirma que:

> [o]s princípios indicam a ideia de começo, ponto de partida, fundamento. Eles são as vigas mestras do ordenamento jurídico, são polos informadores que permeiam toda a Constituição, conferindo unidade ao sistema. Os princípios são abstratos e vagos, e em razão dessa qualidade não incidem diretamente sobre um caso concreto específico, já que encampam um sem-número de hipóteses. Portanto, eles também são objeto da interpretação na medida em que necessitam dela para determinar o seu conteúdo.[13]

E, ao proceder assim, parece que a dogmática tributária nacional ainda busca, bem a esteira do pensamento jurídico da crise do Positivista Jurídico – tal como faz Larenz,[14] entre outros –, afirmar uma leitura reducionista – e equivocada – pressupondo que seria possível estabelecer

---

[12] Para ais detalhes históricos, ver: PEDRON, Flávio Quinaud; OMMATI, José Emílio Medauar. *Teoria do Direito Contemporânea*. Rio de Janeiro: Lumen Juris, 2019.

[13] MEYER-PFLUG, Samantha. Do Princípio da Legalidade e da Tipicidade. *In*: MARTINS, Ives Gandra da Silva (Coord.). *Curso de Direito Tributário*. 14. ed. São Paulo: Saraiva, 2012. p. 146. Contudo, Ricardo Alexandre adota posição mais estranha; após *reconhecer* que a doutrina tributária se mostra *desatualiza* quanto a este debate, inclusive tecendo críticas, assume em seu livro que manterá a posição *tradicional* por ser a mais *usual* (ALEXANDRE, Ricardo. *Direito Tributário Esquematizado*. 4. ed. Rio de Janeiro: Método, 2010. p. 110).

[14] LARENZ, Karl. *Metodologia da ciência do direito*. Trad. José Lamego. Lisboa: Fundação Calouste Gulbenkian, 1997.

uma distinção entre princípios e regras a partir de um maior ou menor nível de abstração e de generalidade.[15]

O mais grave problema de tal leitura é afirma que os princípios servem puramente como *ferramentas de interpretação*, negando toda a normatividade imanente nestes, bem como seu *status* como normas de direito fundamentais.[16]

Assim, nós partiremos da concepção[17] de que princípio são normas de direito fundamentais, razão pela qual conservam sua força normativa, com aplicação imediata e cujas efetividade e validade não se condicionam à existência de norma posterior que venha à regulá-las, como é o caso do princípio objeto do presente estudo.

3 Princípio da legalidade a partir de uma perspectiva geral

Conforme leciona D'Agostino,[18] há uma dimensão ontológica na ideia de legalidade, afinal não se espera que um sistema social qualquer – seja um jogo de futebol, seja uma sociedade *hipercomplexa*, como a nossa – possa se estruturar se não houve um "respeito às regras do jogo".

Disso resultou um processo histórico, a partir do Iluminismo, que afirmará inicialmente uma supremacia do Legislativo, como função essencial do Estado, responsável por, através da edição de *diplomas legislativos*, estabelecer a transformação da vontade política em vontade jurídica do Estado.[19] Mas mais que isso, na noção de legalidade está a base fundadora do próprio código do Direito moderno – formado pela binariedade antagônica: *lícito/ilícito*, como afirma Luhmann.[20] Assim, é através da legalidade que o Direito, como sistema social autopoiético,

---

[15] Essa leitura é inclusive muito e duramente criticada por Robert Alexy (*Teoría de los Derechos Fundamentales*. Trad. Ernesto Garzón Valdés. Madrid: Centro de Estudios Constitucionales, 1997).

[16] Ver tanto o trabalho DWORKIN, Ronald. *Levando os Direitos a Sério*. Trad. Nelson Boeira. São Paulo: Martins Fontes, 2002 (Coleção Direito e Justiça); quanto LEXY, Robert. *El concepto y la validez del derecho*. 2. ed. Trad. Jorge M. Seña. Barcelona: Gedisa, 1997.

[17] Para mais detalhes históricos, ver: PEDRON, Flávio Quinaud; OMMATI, José Emílio Medauar. *Teoria do Direito Contemporânea*. Rio de Janeiro: Lumen Juris, 2019.

[18] D'AGOSTINO, Francesco. Legalidade. *In*: BARRETTO, Vicente (Coord.). *Dicionário de Filosofia do Direito*. Rio de Janeiro: Renovar, 20009. p. 513.

[19] CAMPOS, Hélio. Legalidade. *In*: TRVESSON, Alexandre (Coord.). *Dicionário de Teoria e Filosofia do Direito*. São Paulo: LTr, 2011. p. 256.

[20] LUHMANN, Niklas. *El Derecho de la Sociedad*. Trad. Javier Torres Nafarrate. México: Universidad Iberoamericana, 2002 (Colección Teoría Social).

é capaz de promover seu fechamento epistemológico, isolando e especificando suas comunicações com distanciamento e diferença dos demais sistemas (Economia, Política, Moral, Religião, Ciência, etc.).

O princípio da legalidade de modo amplo, previsto na Constituição de 1988, em seu artigo 5º, II, mas não só nesta, possui lastro desde a Constituição de 1824, sendo que, à exceção da Constituição de 1937, todas as nossas demais ordens constitucionais trouxeram em seus textos dispositivos que previam o dever de legalidade.[21] Pode-se dizer, sem sombra de dúvidas, que este é, então, um dos elementos basilares da democracia e um dos fundamentos do Estado Democrático de Direito.[22]

Tem-se, assim, a lei como instrumento limitador da atividade estatal e garantidor – e protetor – das liberdades dos cidadãos, conforme explicitado pela Constituição de 1988 em seu art. 5º, II. Com isso, este princípio possui *duas dimensões*, sendo uma negativa e outra positiva. É negativa ao passo que estabelece, para o cidadão, que ninguém é obrigado a fazer ou deixar de fazer algo senão em virtude de lei; por outro lado, possui dimensão positiva no sentido de que exige que toda a ação estatal seja realizada nos estritos limites impostos pela lei.[23]

4 Princípio da legalidade no Direito Tributário – a ideia de legalidade estrita

Previsto no art. 150, I, da Constituição de 1988, o princípio da legalidade em matéria tributária preserva tanto os ideais de justiça quanto de segurança jurídica. Além de exigir que, para a exigência de tributo ou sua majoração, haja lei neste sentido, tal princípio, ainda, exige que a lei tributária cuide de definir todos os elementos intrínsecos à exação tributária.[24] Tem-se, assim, a *legalidade estrita* no campo tributário.

Tem-se que o princípio da legalidade tributária é, em verdade, uma legalidade estrita, na medida em que se traduz em mais exigências para o legislador em matéria tributária do que o princípio geral previsto no art. 5º, II, da CR/88. Ávila assim vaticina acerca do princípio em estudo:

---

[21] BALEEIRO, Aliomar. *Limitações Constitucionais ao Poder de Tributar*. Atualizações por Misabel Derzi. 8. ed. Rio de Janeiro: Forense, 2010. p. 81.

[22] HARADA, Kiyoshi. *Direito financeiro e tributário*. 27. Rio de Janeiro: Atlas, 2018. p. 387.

[23] MEIRA, José de Castro. Administração pública na Constituição Federal. *Revista de informação legislativa*, v. 30, n. 119, p. 193-204, jul./set. 1993.

[24] AMARO, Luciano. *Direito tributário brasileiro*. 22. ed. São Paulo: Saraiva, 2017. p. 136.

Na perspectiva da sua dimensão enquanto limitação ao poder de tributar, a legalidade qualifica-se preponderante do seguinte modo: quanto ao nível em que se situa, caracteriza-se como uma limitação de primeiro grau, porquanto se encontra no âmbito das normas que serão objeto de aplicação; quanto ao objeto, qualifica-se como uma limitação positiva de ação, na medida em que exige uma atuação legislativa e procedimental do Poder Público para a instituição e aumento de qualquer tributo; quanto à forma, revela-se como uma limitação expressa e formal, na medida em que, sobre ser expressamente prevista na Constituição Federal (art. 5º, II, e art. 150, I), estabelece procedimentos a serem observados pelo Poder Público.[25]

Consiste o princípio da legalidade em verdadeira *limitação constitucional ao poder de tributar*.[26] Ávila, ao buscar estabelecer uma conceituação para tais limitações ao poder estatal, estabelece que estas criam paradoxos e que o entendimento destes se mostra necessário para a real compreensão do significado de tais limitações. Segundo o autor, em primeiro lugar, as limitações estabelecem restrições ao poder estatal por um lado, mas necessitam do seu próprio reconhecimento para que possam realizar-se. Em segundo lugar, entende que as limitações podem ser vistas como oposição ao poder estatal, mas que servem como forma de gerá-lo e de servir de instrumento para sua participação. Por fim, sustenta o autor que as próprias limitações são limitadas.[27]

Os paradoxos inerentes às limitações supracitadas conduzem ao raciocínio de que este conjunto de limites impostos ao poder estatal é extremamente complexo, haja visto que estabelecem deveres positivos (ação) e negativos (abstenção).

Aprofundando a análise do princípio da legalidade na área tributária, tem-se que, conforme fora dito anteriormente, todos os atributos de determinado tributo devem estar previstos em lei, tais como os aspectos pessoal, material, temporal, quantitativo.

A Constituição de 1988 estabelece as competências tributárias dos entes federados autônomos, lhes garantindo meio de obtenção de rendas próprias para que possam enfrentar as despesas decorrentes do exercício de suas prerrogativa e obrigações, mas não efetivamente cria tributos, apenas atribuindo a estes entes os poderes necessários para

---

[25] ÁVILA, Humberto. *Sistema constitucional tributário*. 5. ed. São Paulo: Saraiva, 2011. p. 178.
[26] BALEEIRO, Aliomar. *Limitações Constitucionais ao Poder de Tributar*. Atualizações por Misabel Derzi. 8. ed. Rio de Janeiro: Forense, 2010.
[27] ÁVILA, Humberto. *Sistema constitucional tributário*. 5. São Paulo: Saraiva, 2011. p. 125/127.

que o façam, desde que respeitados certos limites constitucionais, dentre os quais se destacam o princípio objeto do presente estudo.

Segundo tal princípio, a exigência ou aumento de tributo deve ser precedida de lei.

4.1 Princípio da tipicidade tributária

No exercício da competência tributária que a CR/88 lhes atribui, os entes federados devem, imperativamente, ao criar determinado tributo, cuidar para que a lei que o institua imperativamente fixe a sujeição passiva e ativa, base de cálculo, hipótese de incidência, definição do fato gerador da obrigação principal, alíquotas, penalidades aplicáveis, nos termos do que prescreve o art. 97 do Código Tributário Nacional – CTN. Sobre o tema, assim ensina Machado Segundo:

> Para que o tributo se considere "criado" pela lei, é preciso que, partindo apenas do texto legal, seja possível determinar em quais circunstâncias será devido (hipótese de incidência), por quem (sujeito passivo), em que montante (base de cálculo e alíquota) e a qual ente tributante (sujeito ativo). Não basta que a lei lhe anuncie o nome e transfira para o decreto, ou para outro ato normativo inferior, a definição de tais elementos essenciais. Apenas o prazo para o recolhimento do tributo, caso já não esteja fixado na lei, pode ser estabelecido e alterado por norma infralegal. É por essa razão que, do princípio da legalidade, extrai-se, como desdobramento, o princípio da tipicidade tributária, segundo o qual a lei deve descrever com clareza em quais hipóteses o tributo será devido, fazendo com que, por exclusão, o tributo não seja devido em todas as outras hipóteses nela não expressamente referidas.[28]

Nota-se que o princípio é uma garantia de proteção ao indivíduo em face do poder de tributar do Estado, uma vez que é um verdadeiro instrumento de limitação do exercício do poder estatal. Assim sendo, qualquer ação ou mesmo omissão estatal que viole o princípio da legalidade em matéria tributária – princípio da legalidade estrita – pode e deve ser declarada inconstitucional, com sua consequente retirada do ordenamento jurídico.[29] Sobre o princípio da *tipicidade tributária*, assim estabelece Coêlho:

---

[28] MACHADO SEGUNDO, Hugo de Brito. *Manual de direito tributário*. 9. Rio de Janeiro: Atlas, 2017. P. 58.

[29] MEYER-PFLUG, Samantha. Do Princípio da Legalidade e da Tipicidade. *In*: MARTINS, Ives Gandra da Silva (Coord.). *Curso de direito tributário*. 14. ed. São Paulo: Saraiva, 2012. P. 159.

A demonstrar a íntima relação entre legalidade e tipicidade, há que fazer referência ao art. 97 do CTN:
"Art. 97. Somente a lei pode estabelecer:
I – a instituição de tributos, ou a sua extinção;
II – a majoração de tributos, ou sua redução, ressalvado o disposto nos arts. 21, 26, 39, 57 e 65;
III – a definição do fato gerador da obrigação tributária principal, ressalvado o disposto no inciso I do §3º do art. 52, e do seu sujeito passivo;
IV – a fixação da alíquota do tributo e da sua base de cálculo, ressalvado o disposto nos arts. 21, 26, 39, 57 e 65;
V – a cominação de penalidades para as ações ou omissões contrárias a seus dispositivos, ou para outras infrações nela definidas;
VI – as hipóteses de exclusão, suspensão e extinção de créditos tributários, ou de dispensa ou redução de penalidades.
§1º Equipara-se à majoração do tributo a modificação de sua base de cálculo, que importe em torná-lo mais oneroso.
§2º Não constitui majoração de tributo, para os fins do disposto no inciso II deste artigo, a atualização do valor monetário da respectiva base de cálculo".
Aqui é o conteúdo que interessa. O conteúdo da lei, daquilo que está reservado à lei (legalidade material).
O Código Tributário brasileiro dispõe enfaticamente que somente a lei pode estabelecer as matérias relacionadas acima. Estas, em conjunto, formam a própria estrutura da norma tributária: definição do fato gerador, fixação das bases de cálculo e alíquotas, a majoração do tributo e mais a estatuição das infrações à lei fiscal e de suas penalidades. Por esta via consagra-se o princípio da tipicidade, que é exauriente (legalidade material).
Conceituar até a exaustão, tipificar tudo o que diz respeito às matérias acima exalta o princípio da tipicidade.[30]

Este princípio, expressado no já citado art. 97, estabelece que a lei tributária é a *única* fonte de determinação das matérias atinentes ao tributo, matérias estas dispostas em seus incisos I a VI.

Tendo em vista a necessidade de se assegurar a previsibilidade do Direito Tributário, bem como preservar a segurança jurídica, é incompatível com estes objetivos a concepção de um tipo tributário aberto, segundo o qual elementos componentes do tributo poderiam ser definidos por outro meio senão a lei. Contudo, conforme vaticina Meyer-Pflug, o tipo aberto é incompatível com o Direito Tributário,

---
[30] COÊLHO, Sacha Calmon Navarro. *Curso de direito tributário brasileiro*. 16. ed. Rio de Janeiro: Forense, 2018. p. 140.

sendo que, nesta área, necessário se faz o uso do tipo cerrado, o que exige que a lei tributária abarque todos os elementos necessários à sua aplicação, sem dar margem ao intérprete de, no caso concreto, ter que recorrer a uma interpretação extensiva para aplicá-la.[31] Sobre o tema em estudo, assim prescreve Amaro:

> Deve o legislador, ao formular a lei, definir, de modo taxativo (*numerus clausus*) e completo, as situações (tipos) tributáveis, cuja ocorrência será necessária e suficiente ao nascimento da obrigação tributária, bem como os critérios de quantificação (medida) do tributo. Por outro lado, ao aplicador da lei vedase a interpretação extensiva e a analogia, incompatíveis com a taxatividade e determinação dos tipos tributários.[32]

Por seu turno, assim ensina Gouvêa Mélo:

> Por sua vez, a perspectiva material da reserva de legalidade implica na necessidade da lei conter a disciplina tão completa quanto possível da matéria que é objeto de reserva. Neste sentido, a lei deve conter todos os elementos necessários para se saber quem deve, o que deve, a quem deve e quanto deve, o que também se chama de princípio da tipicidade, segundo o qual cabe somente à lei o estabelecimento de todos os elementos necessários para a quantificação da obrigação tributária, para que esta possa ser calculável e previsível pelos contribuintes, de modo que todos os elementos formadores do tipo (hipótese de incidência, sujeito ativo e sujeito passivo) e da consequência tributária (*quantum debeatur*) têm que, necessariamente, estar disciplinados em lei.[33]

A necessária exigência de que a lei tributária contemple todos os elementos inerentes ao tributo que ela regula acaba por limitar a atuação do seu intérprete, assegurando a previsibilidade e a segurança jurídica para o contribuinte, que fica protegido de eventuais arbítrios por parte daqueles que detêm o exercício do poder estatal de tributar.[34]

---

[31] MEYER-PFLUG, Samantha. Do Princípio da Legalidade e da Tipicidade. *In*: MARTINS, Ives Gandra da Silva (Coord.). *Curso de direito tributário*. 14. ed. São Paulo: Saraiva, 2012. p. 160.

[32] AMARO, Luciano. *Direito tributário brasileiro*. 22. ed. São Paulo: Saraiva, 2017. p. 137.

[33] GOUVÊA MÉLO, Luciana Grassano de. Princípio da Legalidade Tributária. *In*: BRANDÃO, Cláudio; CAVALCANTI, Francisco; ADEODATO, João Maurício (Coord.). *Princípio da Legalidade*: da Dogmática Jurídica à Teoria do Direito. Rio de Janeiro: Forense, 2009. p. 292.

[34] ATALIBA, Geraldo. *Hipótese de Incidência Tributária*. 6. ed. São Paulo: Malheiros, 2002.

4.2 O sentido de *lei* para o princípio da legalidade

Necessária se mostra a análise do que vem a ser a *lei* para fins de respeito ao princípio da legalidade em matéria tributária. A exigência de *lei* para criação ou majoração de tributos, fixação de alíquotas, alteração de base de cálculo, concessão de benefícios fiscais, acaba por necessariamente nos levar à indagação sobre qual seria a espécie normativa adequada. Poderia ser criado tributo por meio de medida provisória, por exemplo? A inteligência do princípio da legalidade estabelece que a criação e modificação de tributos dependem de lei em sentido formal e que esta seria, em regra, lei ordinária, o que acabaria por vedar, ato contínuo, a delegação por parte do Poder Legislativo ao Poder Executivo a competência tributária, sendo que esta prerrogativa é própria da atividade legislativa.[35]

Como dito anteriormente, a exigência de lei para a instituição ou majoração de um tributo se satisfaz plenamente através de *lei ordinária*. Contudo, em estudo ao Sistema Tributário Nacional, previsto constitucionalmente, verifica-se na Constituição atualmente vigente a previsão da faculdade de instituição, mediante lei complementar, de impostos não previstos em sua competência (art. 154, I), sendo que também lei complementar poderá instituir outras fontes destinadas a garantir a manutenção ou expansão da seguridade social, além das já previstas nos incisos I a IV do art. 195, conforme previsão expressa no §4º deste mesmo dispositivo. Também é reservada a lei complementar a instituição de empréstimos compulsórios por via da mesma espécie normativa (art. 148).

Salienta-se ainda que o Texto Constitucional atribui ao Senado Federal, por meio de resolução, faculdade de estabelecer alíquotas mínimas nas operações internas em se tratando de imposto sobre operações relativas à circulação de mercadorias e sobre prestações de serviços de transporte interestadual e intermunicipal e de comunicação – ICMS.

Necessário lembrar que é possível, também, a alteração de alíquotas do Imposto sobre Importação de Produtos Estrangeiros (II), Imposto sobre Exportação, para o exterior, de produtos nacionais ou nacionalizados (IE), Imposto sobre Produtos Industrializados (IPI) e imposto sobre operações de crédito, câmbio e seguro, ou relativas a títulos ou valores mobiliários (IOF), através de ato do Poder Executivo,

---

[35] ATALIBA, Geraldo. *Hipótese de Incidência Tributária*. 6. ed. São Paulo: Malheiros, 2002.

desde que respeitados os limites e condições estabelecidos em lei (art. 153, §1º, CF/88).

Por fim, mostra-se necessária a investigação da possibilidade de utilização de medida provisória em matéria tributária e se isso afrontaria o princípio objetivo de estudo no presente artigo, o que se passa a fazer no próximo item.

4.3 A medida provisória em matéria tributária

Nos termos do art. 62 da CR/88, as medidas provisórias são atos do Poder Executivo, que poderá adotá-las, com força de lei, devendo submetê-las de imediato ao Congresso Nacional. Possuem tais medidas como pressupostos de validade relevância e urgência, que irão deliberar sobre sua matéria, analisar tais pressupostos e convertê-la ou não em lei. O §2º do dispositivo supracitado, que fora incluído pela Emenda Constitucional nº 32, de 2001, prevê que os efeitos jurídicos de medida provisória que verse sobre instituição ou majoração de tributos somente serão produzidos no exercício financeiro seguinte se tal espécie normativa foi apreciada pelo Congresso Nacional e devidamente convertida em lei até o último dia do ano em que houver sido editada.[36]

O inciso III do §1º, também do art. 62 da Constituição de 1988, veda a adoção de medidas provisórias sobre matéria reservada a lei complementar, sob pena de desrespeito ao princípio da legalidade. Deste modo, pode a medida provisória criar ou majorar tributos cuja instituição ou majoração seja possível através de lei ordinária:

> A reserva constitucional de lei é vinculante para todos os Poderes estatais: ela deve ser observada tanto para a instituição e aumento quanto para a fiscalização e cobrança de tributos. Isso vale tanto para a instituição e aumento de tributos quanto para o estabelecimento de exonerações tributárias. Nesse sentido, é inconstitucional o imposto sobre circulação de mercadorias e prestação de serviços instituído por decreto. Benefícios fiscais somente podem ser instituídos por meio de lei.
> Como já mencionado, a lei (atualmente também a medida provisória) é o único meio para instituir tributos. Convênios interestaduais no caso

---

[36] São exceções a esta regra os seguintes impostos: Imposto sobre Importação; Imposto sobre Exportação; Imposto sobre Produtos Industrializados; imposto sobre operações de crédito, câmbio e seguro, ou relativas a títulos ou valores mobiliários; impostos extraordinários de guerra. Tais impostos podem ser criados ou terem suas alíquotas majoradas por medida provisória e terão eficácia imediata, sendo exceções ao princípio da anterioridade em razão da natureza extrafiscal que possuem.

do imposto sobre a circulação de mercadorias e prestação de serviços de comunicação e transporte são equiparados a leis complementares (§8º do art. 34 do Ato das Disposições Constitucionais Transitórias). A função constitucional da lei complementar instituidora de normas gerais não exclui a necessidade de lei ordinária em cada unidade federativa, já que somente a lei pode instituir tributos.[37]

Nos casos em que a instituição ou majoração de tributos se faz por meio de lei ordinária, é cabível o uso de medida provisória. Por óbvio, isso exclui do campo desse diploma normativo a possibilidade de instituição de tributos que dependam de lei complementar. Assim, mesmo antes da emenda referida, o STF já havia assentado o entendimento de ser legítima a disciplina de matéria de natureza tributária por meio de medida provisória (RE 234.463-7/MG).

Deste modo, verifica-se ser plenamente possível a adoção de medidas provisórias em matéria tributária, desde que atendidos seus pressupostos de validade e que estas respeitem os limites materiais impostos constitucionalmente.

5 Considerações finais

O princípio da legalidade, como fora discutido ao longo do presente estudo, é verdadeiro garantidor das liberdades dos indivíduos e limitador da atuação estatal. É através deste princípio que todos devem se sujeitar ao império da lei, sendo que somente ela pode exigir condutas positivas ou omissivas dos sujeitos e do próprio Estado.

Em matéria tributária, o princípio ganha contornos de verdadeiro instrumento garantidor da previsibilidade das normas inerentes a este importante ramo de Direito Público ao determinar que lei que institua um determinado tributo imperativamente fixe a sujeição passiva e ativa, base de cálculo, hipótese de incidência, definição do fato gerador da obrigação principal, alíquotas, penalidades aplicáveis, nos termos do que prescreve o art. 97 do Código Tributário Nacional – CTN.

Deste princípio ainda derivam a legalidade estrita (art. 150, I, CF/88) e a tipicidade tributária (art. 97, CTN), sem os quais o contribuinte ficaria sujeito ao arbítrio dos detentores do exercício do poder estatal de tributar.

---

[37] ÁVILA, Humberto. *Sistema constitucional tributário*. 5. ed. São Paulo: Saraiva, 2011. p. 177.

Este princípio é, em essência, uma limitação constitucional ao poder de tributar e, ainda, uma ferramenta de proteção ao contribuinte, para o qual restam preservadas a previsibilidade do direito e a segurança jurídica.

O tema neste trabalho abordado, como se viu ao longo do presente estudo, não se esgota com a análise ora realizada. Trata-se de tema demasiadamente relevante e cujo debate em torno dele deve e pode ser contínuo, com vistas a manter constante vigilância sobre a preservação dos direitos dos cidadãos contribuintes em face de qualquer iniciativa de adoção de ações ou omissões arbitrárias por parte do Estado.

Referências

ALEXANDRE, Ricardo. *Direito Tributário Esquematizado*. 4. ed. Rio de Janeiro: Método, 2010.

ALEXY, Robert. *Teoría de los Derechos Fundamentales*. Trad. Ernesto Garzón Valdés. Madrid: Centro de Estudios Constitucionales. 1997.

ALEXY, Robert. *El concepto y la validez del derecho*. 2. ed. Trad. Jorge M. Seña. Barcelona: Gedisa, 1997.

AMARO, Luciano. *Direito tributário brasileiro*. 22. ed. São Paulo: Saraiva, 2017.

ARAÚJO PINTO, Cristiano Paixão; BIGLIAZZI, Renato. *História Constitucional Inglesa e Norte-Americana*: do surgimento à estabilização da forma constitucional. Brasília: UnB, 2008.

ATALIBA, Geraldo. *Hipótese de Incidência Tributária*. 6. ed. São Paulo: Malheiros, 2002.

AVILA, Humberto. *Sistema constitucional tributário*. 5. ed. São Paulo: Saraiva, 2011.

BALEEIRO, Aliomar. *Limitações Constitucionais ao Poder de Tributar*. Atualizações por Misabel Derzi. 8. ed. Rio de Janeiro: Forense, 2010.

BALEEIRO, Aliomar. *Direito Tributário Brasileiro*. Atualizações por Misabel Derzi. 11. ed. Rio de Janeiro: Forense, 2010.

CAMPOS, Hélio. Legalidade. *In*.: TRVESSON, Alexandre (Coord.). *Dicionário de Teoria e Filosofia do Direito*. São Paulo: LTr, 2011.

COÊLHO, Sacha Calmon Navarro. *Curso de direito tributário brasileiro*. 16. ed. Rio de Janeiro: Forense, 2018.

COPETTI NETO, Alfredo; VIEIRA, Gustavo. Direito e democracia sob a ótica constitucional: o fim ou o começo da história? *Revista de Direito da Faculdade Guanambi*, v. 4, n. 01, p. 149-171, 13 out. 2017.

D'AGOSTINO, Francesco. Legalidade. *In*.: BARRETTO, Vicente. (Coord.). *Dicionário de Filosofia do Direito*. Rio de Janeiro: Renovar, 2009.

DWORKIN, Ronald. *Levando os Direitos a Sério*. Trad. Nelson Boeira. São Paulo: Martins Fontes, 2002 (Coleção Direito e Justiça).

GOUVÊA MÉLO, Luciana Grassano de. Princípio da Legalidade Tributária. *In*: BRANDÃO, Cláudio; CAVALCANTI, Francisco; ADEODATO, João Maurício (Coord.). *Princípio da Legalidade*: da Dogmática Jurídica à Teoria do Direito. Rio de Janeiro: Forense, 2009.

HABERMAS, Jürgen. *Facticidad y Validez*: sobre el derecho y el Estado democrático de derecho en términos de teoría del discurso. Trad. Manuel Jiménez Redondo. Madrid: Trotta, 1998.

HARADA, Kiyoshi. *Direito financeiro e tributário*. 27. ed. Rio de Janeiro: Atlas, 2018.

KELSEN, Hans. *Teoria Pura do direito*. 6. ed. Tradução de João Baptista Machado. São Paulo: Martins Fontes, 1999 [Direito e Justiça].

LARENZ, Karl. *Metodologia da ciência do direito*. Trad. José Lamego. Lisboa: Fundação Calouste Gulbenkian, 1997.

LUHMANN, Niklas. *El Derecho de la Sociedad*. Trad. Javier Torres Nafarrate. México: Universidad Iberoamericana, 2002 (Colección Teoría Social).

MACHADO SEGUNDO, Hugo de Brito. *Manual de direito tributário*. 9. ed. Rio de Janeiro: Atlas, 2017.

MEIRA, José de Castro. Administração Pública na Constituição Federal. *Revista de informação legislativa*, v. 30, n. 119, p. 193-204, jul./set. 1993.

MEYER-PFLUG, Samantha. Do Princípio da Legalidade e da Tipicidade. *In*: MARTINS, Ives Gandra da Silva (Coord.). *Curso de direito tributário*. 14. ed. São Paulo: Saraiva, 2012.

MORAES, Guilherme Peña de. *Curso de direito constitucional*. 10. ed. Rio de Janeiro: Atlas, 2018.

PEDRON, Flávio Quinaud; OMMATI, José Emílio Medauar. *Teoria do Direito Contemporâneo*. Rio de Janeiro: Lumen Juris, 2019.

PEDRON, Flávio Quinaud; OMMATI, José Emílio Medauar. Contribuição para uma compreensão ontológica dos Precedentes Judiciais. *Revista Jurídica da Presidência*, v. 19, p. 645-668, 2018.

PEDRON, Flávio Quinaud. *Mutação Constitucional na Crise do Positivismo Jurídico*. Belo Horizonte: Arraes, 2012

ROSENFELD, Michel. The Rule of Law and the Legitimacy of Constitutional Democracy. *Cardoso Law Review*, v. 74.

SANTIAGO NETO, J. O devido processo legal e o (in)devido processo penal brasileiro: entre a acusatoriedade constitucional e o inquisitorial modelo do Código de Processo Penal. *Revista de Direito da Faculdade Guanambi*, v. 3, n. 01, p. 164-178, 1 ago. 2017.

SCHOUERI, Luís Eduardo. *Direito tributário*. 7. ed. São Paulo: Saraiva, 2017.

SHAPIRO, Scott J. *Legality*. Harvard University, 2011.

Informação bibliográfica deste texto, conforme a NBR 6023:2018 da Associação Brasileira de Normas Técnicas (ABNT):

PEDRON, Flávio Quinaud; NUNES, Rafael Alves. Princípio da legalidade no Direito contemporâneo. *In*: SARAIVA FILHO, Oswaldo Othon de Pontes; SIQUEIRA, Julio Homem de; BEDÊ JÚNIOR, Américo; FABRIZ, Daury César; SIQUEIRA, Junio Graciano Homem de; CUNHA, Ricarlos Almagro Vitoriano (Coord.). *Noções gerais e limitações formais ao poder de tributar*. Belo Horizonte: Fórum, 2021. p. 343-357. (Coleção Fórum Princípios Constitucionais Tributários – Tomo I). ISBN 978-65-5518-057-2.

PRINCÍPIO DA LEGALIDADE

MARGARETH VETIS ZAGANELLI

1 Introdução

A imposição de tributos por parte do Estado exsurge da necessidade de custeio dos serviços públicos, em prol da sociedade. O ente estatal lança mão de mecanismos de arrecadação, com o objetivo precípuo de tributar a riqueza gerada com a atividade econômica, ou a propriedade, por meio do seu poder coercitivo de obrigar as pessoas a entregar-lhe uma porção de seus rendimentos ou ativos, cujo destino é cobrir as despesas envolvidas no cumprimento de seu propósito de atender às necessidades públicas,[1] originando como consequência o sujeito "contribuinte".

Como parcela da soberania estatal, a atividade tributária do Estado encontra limitações no Estado de Direito. Neste contexto, o princípio da legalidade ganha relevo e contornos específicos, no que passou a denominar-se "legalidade tributária". A seguir, no presente capítulo, examinam-se os elementos históricos, as características, os fundamentos e o âmbito material deste instituto, alicerce de toda tributação nos sistemas jurídicos contemporâneos.

---

[1] VILLEGAS, Héctor. *Curso de Finanzas, Derecho Financiero y Tributario*. 7. ed. Buenos Aires: Depalma, 2001, p. 186.

2 O poder de tributar

Com a função precípua de prover necessidades coletivas, o ente estatal há de estar munido do poder de exigir dos indivíduos um dever de prestação (SABBAG, 2012).[2] Com o advento do Liberalismo, o tributo se transforma na categoria básica para a obtenção dos recursos que permitem ao Estado assumir os gastos públicos para custear as complexas funções que lhe são peculiares, garantindo a liberdade dos cidadãos (TORRES, 1991).[3]

Elemento da "soberania fiscal" ou de autoridade financeira do Estado, o poder de tributar abrange todo o sistema financeiro – receitas e despesas públicas. Assim, o poder de tributar é um aspecto da soberania estatal, ou uma parcela dela (MACHADO, 2006).[4]

A denominada função primária fiscal consiste em suprir o ente estatal com os recursos imprescindíveis ao seu funcionamento, cumprindo a finalidade última da tributação, consubstanciada na transferência de dinheiro do contribuinte para os cofres públicos.

No moderno Estado de Direito, a imposição de tributo não pode ser realizada de modo arbitrário. Afirma Sáinz de Bujanda que o poder no moderno Estado constitucional *"ha dejado de ser una fuerza o poder de hecho para convertirse en un poder jurídico, que se ejercita dictando normas"*.[5]

De acordo com Geraldo Ataliba

> Antigamente, quando não se podia falar em Estado de Direito, o político usava do poder para obrigar arbitrariamente os súditos a concorrerem com seus recursos para o estado (por isso Albert Hensel sublinha que só se pode falar em "direito" tributário onde haja Constituição e estado de direito. Fora disso, é o arbítrio, o despotismo, v. *Diritto Tributário*, Giuffrè, 1956, Milão, p. 5). Hoje, o estado exerce esse poder segundo o direito constitucional e obedece, em todas as suas manifestações, ao estabelecido na lei.[6]

Os ordenamentos jurídicos contemporâneos impõem uma série de controles com o fim de proteger e garantir os direitos do contribuinte

---

[2] SABBAG, Eduardo. *Manual de Direito Tributário*. 4. ed. São Paulo: Saraiva, 2012.
[3] TORRES, Ricardo Lobo. *A ideia de liberdade no Estado Patrimonial e no Estado Fiscal*. Rio de Janeiro: Renovar, 1991, p. 2.
[4] MACHADO, Hugo de Brito. *Curso de Direito Tributário*. 27. ed. São Paulo: Malheiros, 2006.
[5] SAINZ DE BUJANDA, Fernando. *Hacienda y Derecho*. Tomo II. Madrid: Instituto de Estudios Políticos, 1962, p. 275.
[6] ATALIBA, Geraldo. *Hipótese de incidência tributária*. 6. ed. São Paulo: Malheiros, 2006. p. 29.

em face da atividade fiscal. Desta forma, o Estado exerce o poder tributário sobre a limitação permanente dos direitos fundamentais e de suas garantias constitucionais.[7]

3 Os princípios constitucionais como limitações ao poder de tributar

A maioria dos textos constitucionais contém os princípios fundamentais que regem o sistema jurídico de cada Estado, por meio do qual o ideal de Justiça que uma sociedade organizada admite em um determinado momento histórico é refletido de modo positivo.

Assinala Canotilho que os princípios constitucionais devem ser compreendidos na sua ligação concreta com uma determinada ordem jurídico-constitucional, historicamente situada, embora não sejam princípios transcendentes, eles podem ser sempre tomados como dimensões paradigmáticas de uma ordem constitucional justa, à luz de critérios historicamente sedimentados (CANOTILHO, 2002).[8]

A ideia de Justiça consubstanciada nos textos constitucionais encontra-se presente no âmbito tributário e deve, também, refletir- se nos princípios constitucionais pelos quais se pretende alcançar uma repartição justa da carga tributária. Estes princípios constituem os critérios básicos pelos quais os temas tributários devem ser ordenados e interpretados e constituem os pilares sobre os quais devem assentar-se as instituições jurídico-tributárias.

Os princípios constitucionais desempenham importante função no exercício do poder tributário. Como parâmetros que possuem um valor programático e prescritivo, orientam e vinculam a criação e interpretação das normas tributárias ou mesmo direcionam o Poder Judiciário na solução de conflitos que envolvam matéria tributária.

Como vetores valorativos, os princípios tributários balizam a atuação na realidade fático-jurídica, limitando o poder tributante dos órgãos legiferantes e definindo parâmetros de arrecadação tributária. Estes valores constitucionais regulam o acesso de todas as pessoas em igualdade de condições aos serviços básicos e estabelecem limites materiais assimilados na respectiva legislação do sistema tributário de um Estado, seja ele unitário ou federativo.

---

[7] TORRES, Ricardo Lobo. *Tratado de Direito Constitucional Financeiro e Tributário*. Volume III. Rio de Janeiro: Renovar, 1999, p. 3.
[8] CANOTILHO, José Joaquim Gomes. *Direito Constitucional e Teoria da Constituição*. 5. ed. Lisboa: Almedina, 2002.

4 O princípio da legalidade tributária

No âmbito tributário, o princípio da legalidade é a regra básica sobre a produção normativa, o fundamento de toda a tributação no Estado Democrático de Direito. Tem sua origem ligada à tributação tirânica, pela qual o monarca impunha o pagamento de impostos extorsivos, os quais não podiam suportar os seus súditos.

No ano 1215, a nobreza e a plebe da Inglaterra medieval impuseram ao rei João Sem Terra um estatuto, documento assinalado por muitos doutrinadores como o mais importante antecedente do princípio da legalidade. A *"Carta Magna Libertatum"* representou o anseio de liberdade dos súditos, expressão da constante luta para assegurar direitos e garantias em face do poder absolutista da monarquia inglesa, estabelecendo um sistema de contrapesos no sentido de coibir a atividade tributária extorsiva.

No aspecto tributário, a *Magna Carta* limitou o direito da coroa a exigir impostos para despesas de guerra sem o consentimento geral; regulou expressamente os impostos sobre a propriedade, sucessão e guerra, enfatizando que só seria recolhido "o que é devido segundo este conceito", assim, os tributos tornam-se conhecidos daqueles obrigados a satisfazê-lo.

Face às exações tirânicas, o precedente histórico contribuiu para que surgisse na coletividade a ideia de limitação ao poder de tributar, de modo que a tributação somente seria legítima se devidamente autorizada por aqueles que efetivamente a suportassem. Com o precedente histórico da *"Magna Carta"*, estabeleceu-se que os impostos só serão exigíveis se forem previamente determinados na lei; o que é expresso pelo aforismo *nullum tributum sine lege*.

Ao longo dos séculos, outros princípios de proteção do indivíduo em face do poder de império do Estado foram paulatinamente conquistados, o que contribuiu para o surgimento do moderno Estado de Direito. Assim, ao lado do princípio da legalidade tributária, o Estado de Direito prevê os princípios genéricos da legalidade da administração pública, da segurança jurídica, da tutela da jurisdição, dentre outros.

5 Características do princípio da legalidade tributária

Por sua transcendência histórica, a *Carta Magna* de 1215 é o documento que representa uma das características do princípio da legalidade universalmente reconhecida como fundamento de um Estado democrático: *"no taxation without representation"*, ou seja, não é possível impor um imposto se, para a sua aprovação, não tiverem concorrido os representantes do povo, por meio do seu órgão legiferante.

A segunda característica do princípio da legalidade consiste na predeterminação do tributo, segundo a qual *"Lex previa e certa"* deve indicar os elementos da obrigação fiscal: sujeito ativo, sujeito passivo, fato gerador, tarifa e base tributável. Desta forma, além da garantia da representação popular, os contribuintes têm a certeza sobre as suas obrigações de natureza tributária, o que acarreta segurança jurídica aos cidadãos.

Ainda caracteriza a legalidade tributária a necessidade do Estado de projetar e coordenar a política tributária, especialmente relacionada às competências que podem ser atribuídas às respectivas unidades territoriais, sempre de acordo com um critério de unidade econômica.

6 Funções do princípio da legalidade tributária

No âmbito tributário, o princípio da legalidade tem sido tradicionalmente identificado com a exigência de autoimposição ou consentimento do imposto através da representação dos contribuintes, ou seja, que são os próprios cidadãos por meio de suas representantes que determinam a distribuição da carga tributária e, consequentemente, os impostos que a cada um deles pode ser exigido.

Durante muito tempo, a exigência de autoimposição esteve associada à garantia individual em face das interferências arbitrárias no âmbito da liberdade e da propriedade privada do cidadão. O tributo era considerado como uma evidente intromissão estatal nas economias privadas, contra as quais era necessário opor tantas garantias quanto possível.

Na atualidade, o princípio da legalidade possui um significado plural, além do caráter garantista, estritamente individual, o aludido princípio também cumpre outras funções. Em primeiro lugar, uma função de garantia democrática no processo de tributação ou distribuição da carga tributária.

Por meio da reserva legal, as decisões sobre a distribuição dos encargos tributários são decididas pelo órgão legiferante, que, dada a sua composição e funcionamento, melhor assegura a presença dos interesses em confronto, ou seja, a pluralidade ao se estabelecer os impostos.

Em segundo lugar, possui uma função de garantir igualdade, no sentido de um tratamento uniforme aos cidadãos. A lei é um instrumento técnico idôneo para alcançar a distribuição uniforme dos encargos tributários.

Uma última função relacionada com o princípio da legalidade é a de assegurar segurança jurídica, que no seu sentido formal, exige que o contribuinte possa saber com suficiente precisão o âmbito das suas obrigações para com o fisco. Tal requisito, para ser efetivamente operacional, impõe o respeito ao princípio da legalidade.

7 Âmbito material do princípio da legalidade tributária

A legalidade tributária constitui a base para a criação de qualquer encargo de natureza econômica, independentemente de ser o modelo estatal unitário ou federal. Nos Estados contemporâneos, as constituições vigentes contêm dispositivos expressos exigindo a aprovação dos impostos pelos órgãos legislativos competentes.

Mencionamos a título exemplificativo a Constituição italiana,[9] que estabelece em seu art. 23 *"nessuna prestazione personale o patrimoniale può essere imposta in base alla legge"*. No mesmo sentido, a Constituição da Espanha[10] dispõe em seu artigo 31-3 que *"sólo podrán establecerse prestaciones personales o patrimoniales con arreglo a la ley"*, e em outro dispositivo constitucional: *"La potestad originaria para establecer tributos corresponde exclusivamente al Estado, mediante ley"* (artículo 133-1).

No Estado brasileiro, a legalidade é um dos pilares do Estado Democrático de Direito, no qual se funda a República Federativa do Brasil. A Constituição Federal de 1988 foi redigida num contexto de redemocratização, de modo que buscou ser garantista protegendo o cidadão face às arbitrariedades estatais. Nesse panorama, prescreve a legalidade genérica no seu artigo 5º, inciso II, que "ninguém será obrigado a fazer ou deixar de fazer alguma coisa senão em virtude de lei".

O princípio da legalidade tributária foi consagrado por todas as Constituições brasileiras, com exceção da Constituição de 1937. Em consonância ao princípio da legalidade em matéria tributária, a Constituição Federal de 1988 dispõe no art. 150, I, e nos mandamentos infraconstitucionais constantes dos arts. 9º, I, e 97, I e II, do Código

---

[9] ITALIA. *Costituzione della Repubblica Italiana.* Disponível em: https://www.senato.it/documenti/repository/istituzione/costituzione. Acesso em: 30 maio 2019.

[10] ESPAÑA. *Constitución Española.* Disponível em: www.congreso.es/docu/constituciones/1978/1978_cd. Acesso em: 15 maio 2019.

Tributário Nacional – CTN[11] que a instituição e majoração tributárias somente poder-se-ão realizar mediante lei, sendo necessária uma reserva absoluta de lei em matéria tributária.

O legislador constituinte compreendeu que somente a proclamação da necessidade de uma lei formal não atenderia ao fim preconizado, qual seja, a extirpação do arbítrio na aplicação da lei. Assim, somente uma reserva absoluta de lei formal, que contivesse os critérios de decisão para o caso específico, atenderia à finalidade de concretude da Justiça material, que, em última instância, é o objetivo de um Estado de Direito.

Então, no Direito Tributário, o legislador restringiu o princípio da legalidade, deixando explícito que, além de uma lei escrita, deve haver uma lei estrita, ou seja, a lei deve conter os elementos da decisão material do caso determinado.

Com o intuito de resguardar o contribuinte, o princípio da legalidade ganhou balizas ainda mais restritas, estabelecendo o legislador constituinte que os tributos só podem ser instituídos ou majorados com base em lei votada e aprovada pelos representantes eleitos pelo povo, de acordo com o disposto no inciso I do artigo 150 da Constituição de 1988.

No tocante às matérias tributárias, em muitos julgados, o Supremo Tribunal Federal tem pautado suas decisões com observância à aplicação concreta do princípio da legalidade, muito embora se observe hodiernamente tendência de mitigação da interpretação de tal princípio.

Trazendo à colação o princípio da legalidade, o STF firmou diversos precedentes recentes entendendo que a instituição e a majoração dos tributos previstos na Constituição Federal somente podem ser promovidas por meio de lei ordinária, e não por decreto ou outro ato administrativo.

Dentre os mais significativos julgados nos quais o STF assentou a inconstitucionalidade de determinadas exigências tributárias, mencionamos exemplificativamente: aumento da base de cálculo da contribuição social alusiva ao frete mediante portaria (RMS nº 25.476, STF); delegação por lei ao Poder Executivo para a fixação de alíquota de ICMS, ainda que estabelecidos os parâmetros a serem observados por lei delegada (ADI nº 3.674, STF); atualização da taxa conhecida como ART – Anotação de Responsabilidade Técnica, instituída pela Lei nº 6.496/1977, por ato próprio dos Conselhos Regionais de Engenharia,

---

[11] BRASIL. *Código Tributário Nacional*. Disponível em: www.planalto.gov.br/ccivil_03/Leis/L5172.htm. Acesso em: 30 maio 2019.

Arquitetura e Agronomia (ARE nº 748.445 RG, STF); instituição de taxa à Suframa por meio de portaria (RE nº 556.854, STF).

Por outro lado, o STF tem entendimento consolidado no sentido de que a mera atualização do valor de determinado tributo, com base nos índices oficiais, não representa majoração do tributo, o que dispensa prévia aprovação de lei. Entendeu a Corte Suprema que nesses casos não haveria ofensa ao princípio da legalidade, como no julgado em que decidiu pela constitucionalidade da recomposição do montante da cobrança tributária, desde que limitada à aplicação de índices previstos em lei (RE nº 704.292 RG).

Ao julgar a possibilidade de majoração do Imposto sobre a Propriedade Predial e Territorial Urbano – IPTU por ato do Poder Executivo, o STF decidiu que o valor que ultrapasse os índices oficiais deve ser precedido de lei em sentido formal, sob pena de inconstitucionalidade (RE nº 648.245, STF).

No Recurso Extraordinário nº 425.809 AgR, a 1ª Turma do STF decidiu que a previsão de correção monetária de uma obrigação tributária incidente entre a ocorrência do fato gerador e o termo final de seu vencimento não constitui majoração de tributo de modo indevido.

O Supremo Tribunal Federal fixou o entendimento de que cabe à lei complementar dispor sobre prescrição e decadência em matéria tributária, e que os requisitos para o gozo de imunidade hão de estar previstos em lei complementar (RE nº 566.622 RG, STF).

Importante destacar que, em determinadas hipóteses previstas na Constituição Federal, o princípio da legalidade tributária pode ser mitigado. O art. 153, §1º, estabelece que o Imposto de Importação, o Imposto de Exportação, o Imposto sobre Operações Financeiras e o Imposto sobre produtos Industrializados podem ter suas alíquotas reduzidas ou majoradas por atos do Poder Executivo Federal, considerando que tais impostos são dotados de extrafiscalidade, corrigem situações sociais ou econômicas anormais.

Ainda sobre mitigação do princípio da legalidade, o Poder Executivo Federal pode diminuir ou restabelecer as alíquotas da Contribuição de Intervenção no Domínio Econômico incidente sobre as operações realizadas com combustíveis – CIDE – e instituir tributos por meio de medida provisória, nos casos dispostos no art. 62, §2º, da Constituição Federal.

Assim, fica evidenciado que o princípio da legalidade tem importância nas decisões do STF em matéria tributária. No atual quadro de aumento da arrecadação tributária, por reiteradas vezes, tais exigências são questionadas em juízo, sobretudo devido a um certo descuido do Poder Público para com a justiça tributária no Brasil.

Conclusão

De tudo o que foi exposto, pode-se inferir que no Estado de Direito contemporâneo o princípio da legalidade tributária possui um traço claramente pluralista. Por um lado, constitui um mecanismo que permite assegurar um procedimento democrático na criação de normas que estabelecem cargas tributárias e, por outro lado, constitui uma garantia de igualdade para os cidadãos.

Conforme assinalado, em obediência à legalidade, os aspectos estruturais ou substanciais dos tributos – elementos materiais, pessoais, temporais, espaciais e quantitativos – devem ser previamente estabelecidos pelo legislador.

O princípio da legalidade deve ser visto sob o prisma da garantia de segurança jurídica, a qual permite que os contribuintes saibam antecipadamente, de modo claro e preciso, tanto os elementos essenciais das obrigações para com o fisco como a aplicação da norma tributária no tempo e no espaço. A legalidade é essencial para conter o tributo, na medida em que este pode provocar a opressão da liberdade que constitui o seu fundamento.

Referências

ATALIBA, Geraldo. *Hipótese de incidência tributária*. 6. ed. São Paulo: Malheiros, 2006.

BRASIL. *Código Tributário Nacional*. Disponível em: www.planalto.gov.br/ccivil_03/Leis/L5172.htm. Acesso em: 30 maio 2019.

BRASIL. *Constituição da República Federativa do Brasil de 1988*. Disponível em: HTTP://www.planalto.gov.br/. Acesso em: 30 maio 2019.

CANOTILHO, José Joaquim Gomes. *Direito Constitucional e Teoria da Constituição*. 5. ed. Lisboa: Almedina, 2002.

ESPAÑA. *Constitución Española*. Disponível em: www.congreso.es/docu/constituciones/1978/1978_cd. Acesso em: 15 maio 2019.

ITALIA. *Costituzione della Repubblica Italiana*. Disponível em: https://www.senato.it/documenti/repository/istituzione/costituzione. Acesso em: 30 maio 2019.

MACHADO, Hugo de Brito. *Curso de Direito Tributário*. 27. ed. São Paulo: Malheiros, 2006.

SABBAG, Eduardo. *Manual de Direito Tributário*. 4. ed. São Paulo: Saraiva, 2012.

SAINZ DE BUJANDA, Fernando. *Hacienda y Derecho*. Tomo II. Madrid: Instituto de Estudios Políticos, 1962.

Informação bibliográfica deste texto, conforme a NBR 6023:2018 da Associação Brasileira de Normas Técnicas (ABNT):

ZAGANELLI, Margareth Vetis. Princípio da legalidade. *In*: SARAIVA FILHO, Oswaldo Othon de Pontes; SIQUEIRA, Julio Homem de; BEDÊ JÚNIOR, Américo; FABRIZ, Daury César; SIQUEIRA, Junio Graciano Homem de; CUNHA, Ricarlos Almagro Vitoriano (Coord.). *Noções gerais e limitações formais ao poder de tributar*. Belo Horizonte: Fórum, 2021. p. 359-368. (Coleção Fórum Princípios Constitucionais Tributários – Tomo I). ISBN 978-65-5518-057-2.

PRINCIPIO DI LEGALITÀ E BUON ANDAMENTO DELL'AZIONE AMMINISTRATIVA: LA RESPONSABILITÀ DELL'AMMINISTRAZIONE FINANZIARIA

ADRIANA SALVATI

1 L'articolo 97 della Costituzione: endiadi di doveri e responsabilità della Pubblica amministrazione

L'art. 97, I comma, della Costituzione italiana, nel suo contenuto precettivo, individua nei principi di legalità, imparzialità e di buon andamento, i fondamentali canoni di riferimento dell'assetto organizzativo e funzionale della pubblica amministrazione.[1] Nel delineare i parametri essenziali dell'azione amministrativa, la Costituzione non si limita, tuttavia, ad indicare le linee guida dell'operato delle pubbliche amministrazioni, ma indirettamente eleva a cardine del sistema la questione centrale del rapporto dei privati con l'autorità e, in senso ancor più lato, della fiducia di questi ultimi nei confronti dell'amministrazione pubblica. In sostanza, individuando i principi regolatori dell'agire amministrativo, la norma costituzionale pone le fondamenta anche del tema della responsabilità amministrativa e del suo carattere pervasivo,

---

[1] La norma, al secondo e terzo comma, prevede anche l'organizzazione secondo criteri di competenza, attribuzione e responsabilità propria dei funzionari, oltre che il metodo di accesso all'impiego pubblico, individuato nel concorso pubblico, salvo i casi stabiliti dalla legge.

atteso che la responsabilità non investe solo gli aspetti patologici del rapporto con l'amministrazione, tradotti in violazioni di legge tramite atti o comportamenti, ma attiene al tema centrale dei doveri riconducibili all'amministrazione e della conseguenze connesse all'inadempimento di tali doveri.

L'osservanza dei principi costituzionali nell'operato degli uffici è essenziale, informa il rapporto di fiducia che deve sussistere tra privato e amministrazione e va posta sullo stesso piano della necessaria effettività di una reazione dell'ordinamento all'eventuale violazione di tali principi.

All'individuazione dei doveri deve corrispondere, infatti, la previsione di una responsabilità e, quindi, di una sanzione.

Il fenomeno della responsabilità, inteso come soggezione a sanzioni, può essere rivisitato, anche a livello culturale, con una tassonomia di significati, purché collegati a precisi doveri ed obblighi, anche di protezione, ad essa connessi. In quest'ottica, anche se il nucleo fondante dell'istituto è costituito dal *"rispondere"*, che, del resto, già nella tradizione romanistica costituiva il fondamento del concetto di responsabilità,[2] *a latere* di tale significato retrospettivo della responsabilità, è possibile valorizzare anche quello prospettivo, rivolto al futuro e alla posizione di un soggetto nei confronti di altri, verso cui ha doveri e poteri.[3]

L'elemento essenziale del senso prospettivo della responsabilità tende a coincidere con la nozione di dovere o di obbligo, e, con riguardo alla responsabilità di ruolo, di doveri specifici o particolari: questo collegamento stretto tra responsabilità e doveri consente di rispettare i parametri della certezza del diritto.

Il concetto di dovere specifico non si identifica con quello di dovere determinato, ma, come affermato da Kant nella Metafisica dei costumi, con i doveri che riconosciamo come tali (con specifiche norme), pur se non sono determinati i modi e i tempi specifici nei quali devono essere adempiuti.

Esistono obblighi di protezione dell'amministrazione nei confronti del privato in generale e del contribuente in particolare, doveri generici connessi alla specificità del ruolo e che trovano la propria cristallizzazione normativa nell'art. 97 della Costituzione, nello Statuto dei diritti del

---

[2] Il significato originale della parola "rispondere", come il latino *respondere* e il greco *apokrinesthai*, era quello di respingere le accuse o denunce che implicassero pena o biasimo. Cfr. sul tema Hurt H., *Punishment and Responsability*, Milano, 1981, 265.

[3] Per questa distinzione si rinvia a Fonnesu L., *La responsabilità tra teoria e storia*, in Aa.Vv., *Etica e responsabilità*, a cura di Francesco Miano, Napoli, 2018, 45-59.

contribuente e nelle norme specifiche che regolano le diverse forme di contraddittorio tra i due soggetti. Tali doveri costituiscono il limite all'autorità, in un delicato equilibrismo tra "azione del soggetto e esigenze di garanzia di soggetti dislocati in diversi tessuti sociali e identificati in base a ruoli, tipi e categorie".[4] Essi vanno connessi alla nozione di responsabilità e tale connessione ha chiaramente una matrice costituzionale che può essere valorizzata e adoperata come chiave di lettura di forme di tutela più efficaci.

2 La legalità dell'azione amministrativa e il buon andamento

Il primo tassello del sistema operativo e funzionale della pubblica amministrazione, delineato dall'art. 97 della Costituzione, attiene alla legalità del suo operato. La ricostruzione del significato di legalità, riferito all'amministrazione, è stato oggetto di numerosi studi che, senza pretesa di completezza, hanno indicato, ad un primo livello esegetico, un contenuto minimo della nozione, riconducendola ad un limite interno ed esterno, posto dalla legge all'azione amministrativa[5] e, ad un secondo livello, un contenuto più ampio, teso a valorizzare aspetti di tutela del privato nei confronti del pubblico potere:[6] in quest'ottica, il potere dell'amministrazione può essere esercitato non solo se ed in quanto trovi fondamento in una precisa disposizione di legge, cui si ricollega anche la tipicità degli atti dell'amministrazione, ma è vincolato anche al rispetto del perseguimento dell'interesse pubblico mediante la determinazione dei fini dell'azione amministrativa.

Una lettura più complessa del principio valorizza, poi, il collegamento con l'imparzialità dell'azione amministrativa, principio pure specificato nello stesso articolo 97 della Costituzione: da questa correlazione emergerebbe l'obbligo amministrativo di determinare previamente i criteri generali dell'azione amministrativa allo scopo di porre i destinatari su un piano di eguaglianza, stabilendo in modo generale ed astratto i criteri di esercizio dell'attività. In particolare, tale collegamento è sovente valorizzato dalla Corte costituzionale che,

---

[4] Cfr. Messinetti D., *Abuso del diritto*, in Enc. Dir., II, Milano, 1998, 12.
[5] Cfr. Zanobini G., *L'attività amministrativa e la legge*, in Scritti vari di diritto pubblico, Milano, 1955, 203 ss; Levi F., Legittimità, in Enc. dir., vol. XXIV, Milano, 1974, 124 ss; Satta F., Principio di legalità e amministrazione democratica, Padova, 1969.
[6] Per tutti, Cassese S., *Le basi del diritto amministrativo*, Milano, 2000, 41 ss; Romano A., Principio di legalità e ordinamenti giuridici, in Dir. amm., 1999, 57 ss.

in numerose pronunce, ha interpretato l'art. 97 in associazione all'art. 3, quale parametro di ragionevolezza delle leggi che disciplinano l'organizzazione e, di riflesso, l'attività.[7] In quest'ottica, il principio di legalità, in una lettura combinata al principio di eguaglianza e/o imparzialità, suggerisce il concetto di limite all'arbitrarietà dell'amministrazione, imponendo la predeterminazione dei criteri dell'azione. E, in questo senso, il principio va riferito non solo agli elementi strutturali dell'organizzazione, ma anche agli aspetti funzionali e/o operativi dell'azione amministrativa.

Ancorare il fondamento dell'azione amministrativa alle disposizioni di legge e al rispetto di regole di imparzialità costituisce la pietra angolare del rapporto d'autorità, la garanzia fondamentale per il privato che è destinatario dell'agire amministrativo.

Su tali fondamenta si erge, poi, il pilastro del principio di buon andamento dell'amministrazione: tale principio, rispetto a quelli di legalità e imparzialità, è stato considerato per lungo tempo un concetto appartenente ad un'area metagiuridica, più vicina alla scienza dell'amministrazione che al diritto costituzionale o amministrativo e, solo di recente, è stato rivalutato come cardine dell'aspetto organizzativo dei pubblici uffici.[8] Si tratta, infatti, di un principio fondamentale che valorizza la necessaria correlazione tra momento strutturale e momento

---

[7] Nella giurisprudenza costituzionale il parametro fornito dall'art. 97 Cost. è spesso associato all'art. 3 Cost., come se rappresentasse il riflesso di un criterio di giustizia procedimentale, rispetto a quello sostanziale e relazionale fissato dal principio di uguaglianza di cui all'art. 3. Tracciare un quadro della giurisprudenza costituzionale che fonda le proprie pronunce sull'art. 97 Cost. richiederebbe uno spazio troppo ampio, sicché può essere opportuno limitarsi solo ad alcune indicazioni esemplificative: ad es., Corte Cost., sentenze nn. 69/2018; 262/2017; 226/2015; 183/2008; 363/2006; 317/2001; 14/1999. Per un'analisi di tale orientamento e per riferimenti bibliografici, si segnala, *ex multis*, Mannella F., *La Corte costituzionale tra interpretazione sistematica e principio di legalità sostanziale*, in Giur.it., 2012, 1513 ss; Spuntarelli S., *Il principio di legalità e il criterio di imparzialità nell'amministrare*, Dir. Amm., fasc. 1, 2008, 223 ss.

[8] Sul tema, cfr. Giannini M.S., *Gli elementi degli ordinamenti giuridici*, in Riv. Trim. Dir. Pubbl. 1958, 236 ss., secondo cui la materia dell'organizzazione non interessa la scienza del diritto, non producendo le norme ad essa relative situazioni giuridiche soggettive o intersoggettive; De Seta C., *Principi giurisprudenziali in tema di buon andamento*, in Ammin. e Contab. 1985, 27; D'Alessio G., *Il buon andamento dei pubblici uffici*, Ancona, 1993, 268 ss; Marrama R., *I principi regolatori della funzione di organizzazione pubblica*, in AA.VV. Diritto amministrativo, Bologna 1998, I, 397 ss. Nella giurisprudenza costituzionale è più raro il riferimento al parametro del buon andamento, spesso considerato un termine che integra e completa il principio di imparzialità, quasi fossero due endiadi. Solo in alcune occasioni il principio di buon andamento è utilizzato autonomamente per dichiarare l'illegittimità di una legge e solo qualora l'irragionevolezza sia palese (ad esempio, Corte Cost. n. 40/1198; 74/1999; 258/1998).

funzionale dell'azione pubblica:[9] in questa prospettiva, la portata del buon andamento richiama i principi di logicità, non arbitrarietà, ragionevolezza e adeguatezza, quali parametri sostanziali alla stregua dei quali valutare la rispondenza effettiva dei modelli legislativamente sanciti ai canoni imposti proprio dal principio di buon andamento. Se, quindi, il principio di legalità va riferito ad un aspetto normativo-formalistico, che esprime la "regolarità" del potere esercitato, il principio di buon andamento attiene ad un aspetto contenutistico, che evidenzia l'adeguatezza della scelta operata dall'amministrazione.[10]

Il contenuto del principio di buon andamento non esaurisce la propria valenza nella presa in considerazione formale del maggior numero di interessi pubblici e privati possibili, costituendo piuttosto un "precetto funzionale a contenuto sostanziale",[11] collegato a criteri di economicità, di efficacia e efficienza, oltre che a finalità di tipo garantistico.[12]

Tale interpretazione della norma costituzionale è sostenuta anche dai principi sintetizzati nella Legge 7 agosto 1990, n. 241 che, all'art. 1, ha ribadito che: "L'attività amministrativa (...) è retta da criteri di economicità, di efficacia, di imparzialità, di pubblicità e di trasparenza, secondo le modalità previste dalla presente legge e dalle altre disposizioni che disciplinano singoli procedimenti, nonché dai princípi dell'ordinamento comunitario". La legge sul procedimento amministrativo, infatti, fa esplicito riferimento all'imparzialità, mentre cita solo in modo mediato il principio di buon andamento, attraverso la considerazione dei termini di economicità ed efficacia. Vale a dire che è proprio l'efficacia a qualificare la disponibilità dell'amministrazione a rilevare e prendere in considerazione tutti gli interessi coinvolti nella sua azione, traducendosi nell'esigenza di operare una valutazione seria e celere degli interessi rilevanti e dei soli fatti e circostanze strettamente pertinenti l'oggetto del procedimento.

---

[9] In particolare, secondo Falzone G., *Il dovere di buona amministrazione*, Milano, 1953, 122 ss., l'azione pubblica doveva essere utile alla comunità *"non per essere un atto di amministrazione, ma per essere un atto di buona amministrazione quale il diritto lo vuole"*.

[10] Cfr. Calandra P., *Il buon andamento dell'amministrazione pubblica*, in Studi in memoria di V. Bachelet, Milano, 1987, I, 158, rileva che il Consiglio di Stato tendeva sovente a definire il principio di buon andamento come "canone proprio dell'ordinamento particolare dell'amministrazione e non regola dell'ordinamento generale".

[11] Si veda Andreani A., *Il principio costituzionale di buon andamento della pubblica amministrazione*, Padova, 1979.

[12] Tale interpretazione collega l'attuazione di tale principio a quello di leale collaborazione, di origine giurisprudenziale e inserito nel testo costituzionale (art. 120 Cost.): si veda Gratteri A., *La faticosa emersione del principio costituzionale di leale collaborazione*, in "*La riforma del Titolo V della Costituzione e la giurisprudenza costituzionale. Atti del seminario di Pavia svoltosi il 6-7 giugno 2003*" (a cura di E. Bettinelli – F. Rigano), Torino, 2004, 426 ss.

Da questa prospettiva consegue che il buon andamento (come l'imparzialità) costituisce un criterio attuativo destinato a rendere riconoscibile, da parte della comunità, un potere pubblico, come tale, orientato a conseguire utilità in vista dell'interesse pubblico, sicché l'amministrazione è in grado di operare sul piano concreto e di realizzare l'interesse comune, solo astrattamente individuato o comunque delineato dalla legge, attraverso il filtro del buon andamento: questo interesse non è costituito dalla mera somma algebrica di interessi parziali, bensì da un'equa considerazione e ponderazione degli stessi. In sostanza, è il principio di buon andamento che cala nella realtà operativa l'astratto interesse legislativamente determinato, fornendogli un contenuto, conformando l'interesse pubblico alle esigenze concrete degli amministrati.[13] Ed è in tale principio che trovano soluzione preventiva i possibili conflitti tra esigenze di attuazione del potere ed esigenze di garanzia delle situazioni soggettive coinvolte nell'azione, realizzando principi di efficienza e di solidarietà, in un delicato e dinamico equilibrio di valori.

Legalità, imparzialità e buon andamento sono, dunque, aspetti complementari di una realtà unica, sintesi completa del complessivo concetto di "buona amministrazione".[14]

3   La trasposizione dei valori costituzionali in ambito tributario: lo Statuto dei diritti del contribuente

Le riforme degli ultimi vent'anni hanno recepito le istanze costituzionali, traducendole in ambito tributario e incentivando la formalizzazione in capo all'amministrazione finanziaria di precisi

---

[13] Così Spasiano M.R., *Spunti di riflessione in ordine al rapporto tra organizzazione pubblica e principio di legalità: la regola del caso*, in Dir. amm., 2000, 131 ss. Secondo Bachelet V., *L'evoluzione della pubblica amministrazione*, in "L'amministrazione in cammino – Guida agli scritti giuridici di V. Bachelet", Milano, 1984, 69 ss, "*Non possiamo dimenticare che la nostra Costituzione impone, col buon andamento (...), altresì la imparzialità dell'amministrazione: la quale ha certo molte componenti di equità, di giustizia, di esatta e umana comprensione delle situazioni; ma ha anche come necessario sostegno, l'applicazione della legge. E ciò tanto più in un'amministrazione partecipativa, ove la legge, appunto, deve tutelare la imparzialità del servizio per chi appartiene alla maggioranza come per chi appartiene alla minoranza degli utenti*".

[14] Sul tema, si rinvia a Bifulco R., *Art. 41, diritto ad una buona amministrazione*, in Bifulco R.-Cartabia M. – Celotto A. (a cura di), *L'Europa dei diritti*, Bologna, Il Mulino, 2001; Zito A., *Il "diritto ad una buona amministrazione" nella Carta dei diritti fondamentali dell'Unione europea e nell'ordinamento interno*, Riv. it. dir. pubbl. comunit., 2002, 425 ss; Perfetti L., *Diritto ad una buona amministrazione, determinazione dell'interesse pubblico ed equità*, Riv. it. dir. pubbl. comunit., 2010, 791 e ss.; Cassese S., *Il diritto alla buona amministrazione*, in Studi in onore di Alberto Romano, I, Napoli, Editoriale Scientifica, 2011; Giuffrida A., *Il diritto ad una buona amministrazione pubblica e profili sulla sua giustiziabilità*, Torino, Giappichelli, 2012.

doveri anche di protezione del contribuente. In particolare, siffatta formalizzazione generalizzata dei principi costituzionali si rinviene, in via immediata, nello Statuto dei diritti del contribuente, adottato con Legge 27 luglio 2000, n. 212, che ha delineato un nuovo assetto di rapporti tra amministrazione e contribuente, ispirato essenzialmente ai principi di collaborazione, cooperazione e buona fede. Tali norme statutarie, pur essendo state emanate in attuazione di principi costituzionali e qualificate come principi generali dell'ordinamento tributario, non hanno rango superiore alla legge ordinaria e, pertanto, non possono fungere da norme parametro di costituzionalità,[15] ma costituiscono una concretizzazione dei principi costituzionali nel settore.[16]

In via di prima approssimazione, ci si riferisce al disposto della norma contenuta nell'art. 10 dello Statuto, che impone alle parti del rapporto tributario e, quindi, anche alla Agenzia delle Entrate, di comportarsi con correttezza e buona fede. Tale principio è certamente di derivazione costituzionale e costituisce diretta applicazione dei principi di buon andamento e imparzialità dell'amministrazione, oltre che di uguaglianza, intesa sotto il profilo della ragionevolezza.[17] Si tratta, quindi, di un principio che, in sinergia con quelli costituzionali, costituisce il fondamento dell'agire amministrativo ed è espressione di una "maggiore democrazia dei rapporti fisco – contribuente".[18]

Il precetto contenuto nell'art. 10 riguarda, principalmente, la condotta dell'amministrazione finanziaria, che deve essere coerente ed espressione dei principi di buon andamento, efficienza ed imparzialità, oltre che alla condotta del contribuente. Siffatto precetto rinviene, poi, ulteriori specificazioni o corollari che si traducono nella tutela del

---

[15] Cass., 6 aprile 2009, n. 8254; similmente, 8 agosto 2012, n. 14298; 11 aprile 2011, n. 8145.

[16] Si veda sul tema Mastroiacovo V., *I principi generali*, in *Statuto dei diritti del contribuente*, a cura di A. Fantozzi-A. Fedele, Milano, 2005, 23; Della Valle E., *Affidamento e certezza del diritto tributario*, Milano, 2001, 153 ss; Marongiu G., *Lo statuto dei diritti del contribuente*, Torino, 2010, 125 ss.

[17] Marongiu G., *Statuto del contribuente, affidamento e buona fede*, in Rass. Trib., 2001, 1275; Della Valle E., *La tutela dell'affidamento del contribuente*, in Rass. Trib., 2002, 459; Mastroiacovo V., *Efficacia dei principi dello Statuto e affidamento del contribuente*, in Riv. dir. Trib., 2003, 268 ss; Colli Vignarelli, *Considerazioni sulla tutela dell'affidamento e della buona fede nello Statuto dei diritti del contribuente*, in Riv. Dir. Trib., 2001, I, 669 ss; Id, *La tutela dell'affidamento del contribuente*, in Rass. Trib., 2002, 459 ss; d'Ayala Valva, *Il principio di cooperazione tra amministrazione e contribuente. Il ruolo dello Statuto*, in Riv. Dir. Trib., 2001, I, 915 ss; Del Federico, *Le garanzie dello Statuto in tema di illecito tributario*, in "Lo Statuto dei diritti del contribuente", a cura di Marongiu G., Torino, 2004.

[18] *Ex multis*, Cass., 7 agosto 2015, n. 16602; Id., 10 dicembre 2002, n. 17576; 30 marzo 2001, n. 4760. Per una rassegna sul tema cfr. Sartori N., *Il principio di buona fede e collaborazione nello Statuto dei diritti del contribuente*, in Giur. it., 2018, 763 ss.

legittimo affidamento; nell'obbligo di correggere errori macroscopici in cui sia incorso il contribuente e nel divieto di irrogare sanzioni in caso di incertezza normativa.[19]

Negli artt. 6 ss. dello Statuto, si appronta una fitta rete di tutele per il contribuente nella fase dell'attuazione del tributo che includono anche il divieto di richiedere al contribuente documenti ed informazioni già in possesso dell'amministrazione; il dovere di previa informazione del contribuente, nelle ipotesi di mancato riconoscimento di un credito o di irrogazione di una sanzione, e di previo interpello del contribuente nelle ipotesi di iscrizione a ruolo derivante dalla liquidazione di tributi risultanti da dichiarazioni; il rispetto del termine dilatorio di sessanta giorni tra la data di rilascio del verbale di chiusura delle operazioni di controllo e l'avviso di accertamento; la necessità di garantire un'effettiva conoscenza degli atti notificati e di informare il contribuente dell'inutilizzabilità di documenti e informazioni non trasmesse in risposta ad una specifica richiesta dell'amministrazione finanziaria. Sicché, da un lato, il legislatore ha meglio definito i requisiti dell'atto impositivo, quali la chiarezza e la motivazione; dall'altro, ha introdotto istituti di garanzia per la conoscenza preventiva dell'interpretazione amministrativa, quali l'interpello, e autorità quali il Garante del contribuente, cui inoltrare segnalazioni su "disfunzioni, irregolarità, scorrettezze, prassi amministrative anomale od irragionevoli".

Si tratta di doveri posti da norme che regolano l'attività dell'amministrazione e che sono da interpretare proprio alla luce dei valori costituzionali di imparzialità e buona amministrazione, costituendo i limiti esterni all'attività discrezionale. Questi doveri trovano il loro completamento nel codice di comportamento dei dipendenti pubblici, adottato, a norma *dell'art. 54 del D.Lgs. n. 165 del 2001*, con il regolamento di cui al *D.P.R. 16 aprile 2013, n. 62 e con i codici* che ciascuna amministrazione ha provveduto ad adottare, in base alle proprie specificità, ai sensi del comma 5 del predetto art. 54. In particolare, l'Agenzia delle Entrate, con provvedimento del Direttore del 16 settembre 2015, ha adottato un proprio codice di comportamento nel quale si ribadisce ulteriormente che il dipendente deve osservare la Costituzione e conformare la propria condotta ai principi di buon andamento e imparzialità dell'azione amministrativa, oltre a svolgere i propri compiti nel rispetto della legge.[20] All'art. 2, poi, il suddetto provvedimento stabilisce che il funzionario

---

[19] Cfr. Del Federico L., *Statuto dei diritti del contribuente, illecito tributario e violazioni formali*, in Rass. Trib., 2003, 858 ss.

[20] Il Codice è rinvenibile all'indirizzo https://bit.ly/2Hd2ojD.

deve rispettare altresì i principi di integrità, correttezza, buona fede, proporzionalità, obiettività, trasparenza, equità e ragionevolezza e deve agire in posizione di indipendenza e imparzialità, astenendosi in caso di conflitto di interessi. Infine, il dipendente deve esercitare i propri compiti orientando l'azione amministrativa alla massima efficacia, efficienza, economicità e trasparenza.

Si tratta all'evidenza di doveri che concretizzano i principi costituzionali, adattandoli alle peculiarità dell'azione amministrativa nel settore, al tipo di poteri che l'amministrazione può esercitare e alla particolare soggezione del contribuente rispetto al loro esercizio.

Alla previsione dei doveri corrisponde l'indicazione di responsabilità: la violazione dei doveri precisati nel codice di comportamento, in base a quanto previsto dallo stesso codice, integrando comportamenti contrari ai doveri d'ufficio, potrà determinare, secondo quanto previsto dalle specifiche clausole contrattuali o dagli atti di conferimento dell'incarico, la risoluzione del rapporto, fatta salva l'eventuale richiesta di risarcimento qualora da dette violazioni derivino danni all'Agenzia.

4 Inadempimento dei doveri e responsabilità da contatto sociale

Alla previsione di un dovere consegue necessariamente una forma di responsabilità, essendo, doveri e responsabilità, due lati di una stessa medaglia.

Naturalmente, a fronte di un illecito commesso da un funzionario dell'Agenzia delle Entrate, riconducibile all'ente in ragione del rapporto organico che tra di essi intercorre, sarà configurabile una responsabilità aquiliana o extracontrattuale nei confronti del privato leso dal comportamento illegittimo dell'amministrazione finanziaria.[21]

---

[21] Sul tema, si vedano AA.VV, *La responsabilità civile dell'amministrazione finanziaria*, Quaderno della rivista di diritto tributario, Milano, 2009; Azzoni G., *Il risarcimento del danno patrimoniale causato dall'erario*, in Boll. Trib., 1999, 1657 ss; Batistoni Ferrara F., *Il risarcimento del danno*, in Corr. Trib., 2007, 3646; Boletto G., *Responsabilità del danni dell'A.F.*, in Riv. Dir. Trib., 2003, 81 ss; Ead, *L'azione di responsabilità aquiliana nei confronti dell'amministrazione finanziaria*, in Rass. Trib. 2008, 42 ss; Capolupo S., *Amministrazione finanziaria e risarcimento del danno*, in Il Fisco 2003, 7129 ss; Catalano I., *La responsabilità dell'Amministrazione finanziaria derivante da attività lecita dannosa*, in Rass. Trib., 2010, 138 ss; Chindemi D., *Commissioni tributarie: risarcimento del danno non responsabilità aggravata*, in Resp. civ. Prev., 2010, 2576 ss; Di Stefano, *Il mancato o ritardato rimborso delle imposte costituisce violazione dei diritti umani*, in Il Fisco 2003, 5597 ss; Fantozzi A., *Processo tributario e responsabilità della Pubblica Amministrazione*, in Batistoni Ferrara F. (a cura di), *Giurisdizione unica tributaria: nuovi profili e problematiche*, Torino, 2007, 109 ss; Id, *Nuove forme di tutela delle situazioni soggettive nelle esperienze processuali:*

Tale tipo di azione, tuttavia, è piuttosto complessa e comporta la necessità di fornire una serie di prove difficili da fornire per il contribuente: innanzitutto, oltre al danno, patrimoniale e non, occorre provare la commissione di un illecito, intendendosi con tale locuzione un *quid pluris* rispetto alla violazione di un comando o di un divieto. In quest'ottica, l'illiceità si differenzia dalla illegittimità in ragione del tipo di *vulnus* in concreto realizzato all'ordinamento, per cui è la gravità della violazione compiuta a rendere un atto o un comportamento non solo antigiuridico, ma anche illecito.[22]

L'illegittimità dell'atto, quindi, costituisce una condizione necessaria, ma non sufficiente ad integrare il presupposto normativo e la prova dell'illiceità dell'atto o del comportamento amministrativo finisce con l'identificarsi con quella dell'elemento soggettivo, atteso che il *vulnus* è grave se posto in essere con l'elemento psicologico della colpa o del dolo. Tale elemento è senz'altro complesso da provare, ma il legislatore italiano all'art 2043 c.c. è stato chiaro nell'ancorare la responsabilità extracontrattuale alla colpevolezza dell'agire, salvi i casi tassativi di c.d. responsabilità oggettiva. Fermi restando i casi eccezionali di dolo, la principale configurazione della fattispecie è riconducibile all'elemento della colpa, che presuppone un comportamento contrastante con le regole di diligenza, prudenza e perizia, secondo parametri di ragionevolezza.[23]

---

la prospettiva tributaria, in Riv. Dir. Trib., 2004, I, 3 ss; Gioè C., *Profili di responsabilità civile dell'amministrazione finanziaria*, Padova, 2007; Giovannini A., *Processo tributario e risarcimento del danno* (Sulla pienezza ed esclusività della giurisdizione tributaria,) in Riv. Dir. Fin., 1999, I, 205 ss; Manzon E. – Modolo A., *La tutela giudiziale del contribuente avverso le illegalità istruttorie ed i comportamenti illeciti dell'A.F. nell'attività impositiva. Considerazioni sulla giurisdizione in materia tributaria*, in Riv. Dir. Trib., 2001, 243 ss; Rossi, *Il risarcimento del danno provocato al contribuente da atti illegittimi dell'Amministrazione Finanziaria*, in Rass.trib. 2009, 1611 ss; Zenati S., *Sulla giurisdizione in materia di risarcimento danni per comportamenti illeciti dell'A.F.*, in GT Riv. Giur. trib., 2001, 11 ss; Zanotti N., *Buona fede e autotutela: la risarcibilità del comportamento illecito dell'Amministrazione finanziaria*, in Riv. Dir. Trib., 2012, 435 ss.

[22] Sulla distinzione tra illegittimità e illiceità è chiara la giurisprudenza di legittimità: si veda la nota Cassazione, 17 ottobre 2007, n. 21850, che ha chiarito che l'ingiustizia non può considerarsi *"in re ipsa"* nella sola illegittimità dell'esercizio della funzione amministrativa, dovendo invece il giudice procedere, in ordine successivo, anche ad accertare se: a) sussista un evento dannoso; b) l'accertato danno sia qualificabile come ingiusto, in relazione alla sua incidenza su di un interesse rilevante per l'ordinamento (a prescindere dalla qualificazione formale di esso come diritto soggettivo); c) l'evento dannoso sia riferibile, sotto il profilo causale, facendo applicazione dei criteri generali, ad una condotta della p.a.; d) l'evento dannoso sia imputabile a responsabilità della p.a., basata non soltanto sul mero dato obiettivo dell'illegittimità del provvedimento, ma su di una più penetrante indagine in ordine alla valutazione della colpa o del dolo.

[23] La giurisprudenza sul punto ha accolto la tesi per cui è necessario l'accertamento dell'elemento psicologico in capo all'amministrazione come apparato, atteso che l'attività

5 Responsabilità da contatto e presunzioni di colpevolezza

La valorizzazione dei doveri sussistenti in capo all'amministrazione si connette alla possibilità di ulteriori forme di tutela per il contribuente e tanto proprio al fine di superare gli ostacoli che si sovrappongono all'attuazione, in concreto, delle azioni di danno nei confronti della pubblica amministrazione, in generale, e di quella finanziaria, in particolare.

In quest'ottica, può essere valutata, innanzitutto, la possibilità di configurare, anche in ambito tributario, quella responsabilità da contatto che la giurisprudenza amministrativa ha elaborato per facilitare le azioni di danno nei confronti dell'amministrazione pubblica e per superare le difficoltà connesse alla prova dell'elemento soggettivo della colpa (o del dolo) indispensabile per sostenere le azioni intentate ex art. 2043 c.c.[24] Si tratta di una fattispecie al confine tra responsabilità contrattuale ed extracontrattuale, nella quale, pur in assenza dell'elemento centrale del rapporto obbligatorio – la prestazione – sono tuttavia presenti gli altri obblighi e cioè la protezione della sfera giuridica della controparte, autonomi rispetto agli altri, la cui violazione genera di per sé

---

della amministrazione non può essere ricondotta ad un semplice atteggiamento psicologico dell'agente, suscettibile di produrre un danno nei limiti in cui si traduca in una condotta riprovevole, ma è frutto di procedimenti impersonali che la rendono oggettiva, di modo che l'imputazione della colpa della condotta all'amministrazione va considerata in termini di raffronto tra il comportamento effettivamente tenuto e quello richiesto dall'ordinamento per evitare la lesione dell'interesse dei cittadini: Cfr. Cass., Ord., 07dicembre 2017, n. 29335.

[24] In sostanza, data l'insufficienza del modello di responsabilità extracontrattuale, si è sostenuto che la configurabilità della violazione delle regole di comportamento come una violazione di norme contrattuali, con le agevolazioni in tema di prova che a tale configurazione consegue. E questo perché il contato sociale impone criteri oggettivi di accertamento della colpa, ponendo l'accento sull'obiettivo affidamento del privato che deriva dal contatto con la amministrazione. L'idea di una responsabilità da affidamento connessa all'inadempimento (recte, alla violazione) di un'obbligazione senza prestazione è stata fondata, dalla nostra giurisprudenza, sulla teoria dei rapporti contrattuali di fatto nascenti da contatto sociale, così come ideata da Haupt G., *Sui rapporti contrattuali di fatto*, ed. it. Varanese, Torino 2012. Sul tema, anche per una bibliografia sull'argomento, cfr. Faillace, *La responsabilità da contatto sociale*, Padova, 2004; Gallo P., (voce) *Contatto sociale*, in Dig. disc. priv. _ sez. civ., Agg. IX, Torino, 2014, 91 ss.; Galati A., *Il contatto sociale nel contesto delle fonti di obbligazione: considerazioni su contatto qualificato e art. 1173 c.c.*, in Danno e resp., 2012, 933 ss. Di recente, per un'evoluzione dell'istituto, Varanese G., *Sonderverbinung e responsabilità precontrattuale da contatto sociale*, in Riv. Dir. Civ., 2018, 1, 116 ss; Gallo P., *Quale futuro per il contatto sociale in Italia*, in Nuova Giur. civ., 2017, 12, 1759 ss; sul tema, si veda la conosciuta Cass., sez. III, 10 gennaio 2003, n. 157, in Foro it., 2003, I, 78, con nota di Fracchia F., *Risarcimento del danno causato da attività provvedimentale dell'amministrazione: la Cassazione effettua un'ulteriore (ultima?) puntualizzazione*.

responsabilità senza necessità di provare l'elemento soggettivo.[25] Questa forma di responsabilità può essere configurata anche in ambito tributario, in ragione dell'evoluzione nel senso della partecipazione del rapporto tra amministrazione finanziaria e contribuente, anche se si tratta di ipotesi eterogenee e non uniformi quanto al grado di intervento del contribuente. In tutti questi casi, esattamente come avviene in ambito amministrativo, si viene a creare tra amministrazione e contribuente una relazione che può essere ricondotta a questa ipotesi qualificata di contatto sociale. Ed infatti dalla dialettica con l'amministrazione può derivare un oggettivo affidamento del contribuente circa la conclusione positiva del procedimento, secondo un criterio di normalità, sicché tale posizione del contribuente deve risultare giuridicamente protetta: è possibile, quindi, ipotizzare anche in capo all'Amministrazione finanziaria una forma di oggettivazione dell'elemento colposo, che tenga conto dei vizi che inficiano il provvedimento, della gravità della violazione commessa dall'amministrazione, con l'effetto di eludere la prova dell'elemento soggettivo, connessa alle azioni aquiliane.

Naturalmente l'applicazione di tale fattispecie di responsabilità in ambito amministrativo necessita l'instaurazione di una qualsiasi forma di contraddittorio[26] e, pertanto, ha un raggio di azione limitato; tuttavia, valorizzando il ruolo e la funzione dei doveri incombenti sull'amministrazione è possibile soddisfare le esigenze di semplificazione probatoria, sottese all'impostazione della responsabilità contatto, riconducendo la responsabilità amministrativa nei più sicuri confini dello schema e della disciplina della responsabilità aquiliana, utilizzando,

---

[25] La Cassazione ha contrattualizzato la responsabilità in presenza di "un obbligato "che non c'è"" e ha individuato la fonte della responsabilità contrattuale non tanto nell'inadempimento di un'obbligazione senza prestazione, o in una generale nozione di responsabilità da affidamento, quanto nella violazione di "obblighi nascenti da situazioni di semplice contatto sociale. Così il *leading case* Cass., III Sez. civ., 22 gennaio 1999, n. 589; si vedano anche Cass, Sez. Un., 26 giugno 2007, n. 14712; 10 gennaio 2003, n. 157 e Cass., 18 novembre 2005, n. 24456, secondo cui nel contatto sociale è applicabile il regime probatorio desumibile dall' art. 1218 del codice civile, in base al quale è il debitore che deve provare che l'evento dannoso è stato determinato da causa non imputabile. Cass. Sez. un., 11 gennaio 2008, n. 577, ha ribadito che il danneggiato deve limitarsi a provare il contatto sociale e il danno, e quindi l'inadempimento qualificato della P.A., sarà poi il debitore a dover dimostrare che l'inadempimento non c'è stato o che, pur esistendo, non è stato rilevante sotto il profilo eziologico. Ancora sul tema, degna di nota, Cass., 13 ottobre 2015, n. 20760.

[26] Cfr. Angelici, *Rapporti contrattuali di fatto*, in Enc. giur., XXV, Roma, 1991, 1. Si veda anche Di Majo, *Delle obbligazioni in generale*, in Commentario codice civile Scialoja-Branca, a cura di F. Galgano, Bologna-Roma, 1988, 195 ss. Cfr anche Casetta e Fracchia, *Responsabilità da contatto: profili problematici*, in Foro it., 2002, III, 18 ss; Cicero, *La presunta eclissi della responsabilità, tra contratto e torto, da contatto sociale*, in Aa.Vv., *La nuova responsabilità sanitaria dopo la riforma Gelli – Bianco (legge n. 24/2017)*, a cura di Volpe, Zanichelli, 2018, 55 ss.

per la verifica dell'elemento soggettivo, le presunzioni semplici di cui agli artt. 2727 e 2729 c.c.[27]

È proprio in questa fase che divengono centrali i doveri, delineati dalla Costituzione in capo all'amministrazione, per dimostrare che l'illegittimità dell'atto o del comportamento integra gli estremi dell'illecito. Si tratta, cioè, di dimostrare che l'atto, così come strutturato, oltre ad essere illegittimo costituisce anche cattivo esercizio della funzione amministrativa, evidenziando il contrasto tra l'atto illegittimo e i principi che governano l'azione dell'amministrazione, l'imparzialità, la correttezza, il buon andamento.[28]

La violazione dei principi costituzionali e legislativi da parte dell'amministrazione rende, quindi, l'atto non solo illegittimo, ma anche illecito. Sicché, indipendentemente dall'esistenza o meno di un contatto diretto tra privato e amministrazione, la violazione dei doveri incombenti in capo all'amministrazione integra gli estremi della responsabilità nei confronti del privato che, in ragione di tale violazione, abbia subito un danno: fermo restando l'assunto per cui la responsabilità della pubblica amministrazione per i danni causati da illegittimo esercizio dell'attività amministrativa resta di natura extracontrattuale, non è necessario un particolare sforzo probatorio al contribuente, danneggiato da un provvedimento amministrativo illegittimo, poiché, pur non essendo configurabile una generalizzata presunzione di colpa dell'amministrazione per i danni conseguenti ad un atto illegittimo, possono però operare regole di comune esperienza e, in particolare, la presunzione semplice, di cui all'art. 2727 del codice civile, desunta dalla singola fattispecie. In buona sostanza, il danneggiato, anche se nell'azione aquiliana è tenuto alla dimostrazione della colpa dell'Amministrazione, può essere agevolato dalla possibilità di offrire al giudice elementi indiziari che comportano di per sé una presunzione di colpevolezza idonea a supportare una condanna al risarcimento.

---

[27] Cfr., Cons. Stato,Sez. V, 09 aprile 2019, n. 2326; Cons. Stato, IV Sez., 6 luglio 2004 n. 5012; cfr. Cons. Stato, IV Sez., n. 5500 del 10 agosto 2004; 23 giugno 2006 n. 3981; 9 novembre 2006 n. 6607; VI Sez., 3 aprile 2007 n. 1514, 9 marzo 2007 n. 1114; in particolare, Cass., 29 dicembre 2011, n. 29736, che, ad esempio, rileva che l'omessa disapplicazione della normativa interna in contrasto con quella comunitaria evidenzia di per sé l'esistenza dell'elemento soggettivo, atteso che la condotta lesiva è stata posta in essere da un operatore qualificato tenuto a conoscere il sistema delle fonti. Ne consegue che solo la deduzione dell'inconoscibilità incolpevole della disciplina di riferimento può escludere la colpa in capo all'agente.

[28] Tra gli altri, Caranta R., *Attività amministrativa ed illecito aquiliano*, Milano, 2001; Casetta E., *Responsabilità extracontrattuale della pubblica amministrazione per lesioni di interessi legittimi e diritto comunitario*, Milano, 1991; Alessi, *La responsabilità della pubblica amministrazione*, Milano, 1955; Id, *L'illecito e la responsabilità della pubblica amministrazione*, Milano, 1964.

Si pensi, ad esempio, ad elementi quali la gravità della violazione, l'univocità della normativa di riferimento ed eventualmente degli stessi orientamenti amministrativi e, la mancata valutazione degli apporti resi nella fase partecipativa del procedimento o che avrebbe potuto rendere, se la sua partecipazione fosse stata consentita.

In tale ottica, forniti gli indici rivelatori della colpa, con un'inversione dell'onere probatorio, spetterebbe poi all'Amministrazione provare che, nel caso di specie, non vi era colpevolezza dell'agire per la scusabilità dell'errore. Naturalmente sarà poi il giudice a valutare, in relazione ad ogni singola fattispecie, la sussistenza o meno della presunzione relativa di colpa, che spetterà all'amministrazione vincere. Considerato, poi, che il procedimento tributario si caratterizza per la mancanza endemica di profili di discrezionalità, le presunzioni semplici di colpevolezza saranno più facilmente configurabili. In tali casi, il profilo probatorio resta in larga parte assorbito dalla "*quaestio iuris*", che il giudice potrà poi risolvere autonomamente con i propri strumenti di cognizione in base al principio "*iura novit curia*".

Questa chiave di lettura che connette doveri e responsabilità è coerente anche con l'impostazione della Corte di Giustizia europea che, in più occasioni, si è espressa contro le limitazioni alle azioni risarcitorie nei confronti delle pubbliche amministrazioni, affermando che non è conforme al diritto comunitario subordinare la condanna al risarcimento dei soggetti lesi alla allegazione della prova, da parte dei danneggiati, che gli atti illegittimi dello Stato o degli enti di diritto pubblico siano stati commessi colposamente o dolosamente, evidentemente riferendosi all'onere della prova in relazione all'elemento soggettivo della responsabilità.[29] E del resto, la stessa Corte di Giustizia, per parametrare il diritto al risarcimento del danno, fa uso del criterio della manifesta e grave violazione del diritto comunitario, sulla base degli stessi elementi utilizzati nel nostro ordinamento per la configurabilità dell'errore scusabile, pur tralasciando il riferimento alla nozione di colpa.[30]

---

[29] Già nella nota decisione 5 marzo 1996, cause riunite C-46/93, C-48/93, la Corte di Giustizia aveva chiaramente precisato che il giudice nazionale non può, nell'ambito della normativa nazionale che esso applica, subordinare il risarcimento del danno all'esistenza di una condotta dolosa o colposa dell'organo statale al quale è imputabile l'inadempimento, che si aggiunga alla violazione manifesta e grave del diritto comunitario. Ancora tale principio è ribadito in Corte Giust., 30 settembre 2010, causa C-314/09.

[30] Il principio è ritraibile da Corte Giust., 14 ottobre 2004, C-275/03.

6 Conclusioni

Il tema dei doveri e della responsabilità dell'amministrazione finanziaria, come analizzato nel corso del lavoro, può essere esaminato sotto diversi angoli prospettici e, quindi, non solo con riguardo alla individuazione dei presupposti e dei limiti di tale forma di responsabilità in connessione con la violazione dei principi costituzionali che ne regolano l'agire, ma correlando tale tema ad un'indagine sul rapporto di autorità e di fiducia che deve intercorrere tra amministrazione e contribuente.

Pur trattandosi di una connessione inusuale, essa consente di impostare la questione dell'inclinazione del contribuente alla correttezza nella attuazione dell'obbligazione di imposta sotto il profilo della fiducia (o della sua mancanza) nel rapporto con l'amministrazione finanziaria.

Alla radice della propensione all'evasione possono essere individuati come noto numerosi fattori, tra i quali, a mio avviso, può essere indicato quello della mancata comprensione del fondamento, anche etico, dell'obbligazione tributaria e del rapporto distorto del contribuente con l'autorità tributaria: da un lato, è la mancanza della percezione del disvalore connesso all'inadempimento dell'obbligazione tributaria che legittima, a livello sociale, l'evasione di massa, intesa come forma di protesta più o meno discutibile nei confronti dell'autorità che il contribuente percepisce come esterna e avversa;[31] dall'altro, è il rapporto con l'autorità ad essere centrale nella fisiologia dell'adempimento dell'obbligazione, connesso al grado di fiducia che il contribuente nutre nei confronti dell'amministrazione finanziaria.

Emerge, quindi, quel carattere pervasivo del tema della responsabilità dell'amministrazione finanziaria, che non investe più solo un aspetto patologico del rapporto tributario, che ha portato ad una violazione di legge ascrivibile all'amministrazione e/o al funzionario amministrativo, ma il tema centrale dei doveri riconducibili all'amministrazione e della responsabilità connessa a tali doveri.

La fiducia del contribuente è strettamente collegata al tema dei doveri dell'amministrazione e del controllo del loro regolare adempimento: nella relazione con il contribuente, l'amministrazione deve agire secondo legge, in modo imparziale, realizzando in concreto

---

[31] L'economista Milton Friedman ebbe a dire, in una intervista del 1994, riferendosi all'Italia, che, nei casi di grande inefficienza della gestione finanziaria dello Stato, l'evasore fiscale è paragonabile al patriota, poiché sottrae risorse ad un settore pubblico altamente inefficiente, mantenendole nel settore privato della produzione e dei consumi.

il buon andamento. Senza l'osservanza di tali principi e la garanzia del controllo sul corretto adempimento degli stessi, il contribuente è privo di tutele a fronte dei penetranti poteri riconosciuti all'amministrazione finanziaria.

La responsabilità per l'inadempimento di tali doveri è, quindi, centrale per la corretta attuazione dell'obbligazione d'imposta nel rapporto dinamico con il contribuente. E tanto vale non solo nei rapporti esterni con il privato, ma anche nei rapporti interni all'amministrazione finanziaria.

Lo stesso art. 18 del codice adottato dall'Agenzia delle entrate afferma, infatti, espressamente che la violazione degli obblighi previsti dal Codice stesso integra comportamenti contrari ai doveri d'ufficio.

Ferme restando le ipotesi in cui la violazione delle disposizioni contenute nel Codice dà luogo anche a responsabilità penale, civile, amministrativa o contabile del pubblico dipendente, essa è fonte di responsabilità disciplinare, accertata all'esito del procedimento disciplinare, nel rispetto dei principi di gradualità e proporzionalità delle sanzioni, nonché elemento rilevante ai fini della valutazione della performance. Ai fini della determinazione del tipo e dell'entità della sanzione disciplinare concretamente applicabile, la violazione è valutata in ogni singolo caso con riguardo alla gravità del comportamento e all'entità del pregiudizio, anche morale, derivatone al decoro o al prestigio dell'Agenzia.

È necessario, pertanto, che si attuino e semplifichino le forme di controllo sull'operato delle amministrazioni finanziarie per migliorare il rapporto di fiducia del contribuente e instaurare correttamente la dinamica dell'adempimento dell'obbligazione tributaria.

Informação bibliográfica deste texto, conforme a NBR 6023:2018 da Associação Brasileira de Normas Técnicas (ABNT):

SALVATI, Adriana. Principio di legalità e buon andamento dell'azione amministrativa: la responsabilità dell'Amministrazione finanziaria. In: SARAIVA FILHO, Oswaldo Othon de Pontes; SIQUEIRA, Julio Homem de; BEDÊ JÚNIOR, Américo; FABRIZ, Daury César; SIQUEIRA, Junio Graciano Homem de; CUNHA, Ricarlos Almagro Vitoriano (Coord.). *Noções gerais e limitações formais ao poder de tributar*. Belo Horizonte: Fórum, 2021. p. 369-384. (Coleção Fórum Princípios Constitucionais Tributários – Tomo I). ISBN 978-65-5518-057-2.

THE PRINCIPLE OF LEGALITY IN THE CONTEXT OF DANISH TAX LAW

MARK ØRBERG
PETER KOERVER SCHMIDT

1 Tax law and the principle of legality

Already by the mid nineteenth century, the basic legal framework for raising taxes had been established in many jurisdictions around the world, and still today this basic framework implicates that taxation should take place in accordance with the rule of law.[1] The rule of law sets limits on the powers of governments and bureaucracies, and in the context of taxation, the framework can be seen to require that taxes must be imposed through a proper legislative approach, that the government and administration must comply with the enacted tax laws, and that the enacted tax legislation must have the characteristics that constitute law (e.g. facilitate a sufficient degree of certainty/predictability for the taxpayers).[2]

---

[1] F. Vanistendael, Legal Framework for Taxation in V. Thuronyi (ed.) *Tax Law Design and Drafting* (IMF 1996), chapter 2.
[2] A. Hilling & D.T. Ostas, *Corporate Taxation and Social Responsibility* (Wolters Kluwer 2017), p. 38-40, with reference to G.S. Cooper, *Conflicts Challenges and Choices – The Rule of Law and Anti-avoidance Rules* in G.S. Cooper (ed.) *Tax Avoidance and the Rule of Law* (IBFD 1997), p. 13-50.

Accordingly, as it is widely accepted that taxation needs democratic legitimacy, any tax levied must have a firm basis in law.[3] Often this requirement is explicitly stated in the constitution,[4] which is also the case in a Danish context, as section 43 of the Constitutional Act of Denmark (hereinafter "the constitution") prescribes that no taxes shall be imposed, altered, or repealed except by statute.[5]

This principle of legality – enshrined in section 43 of the constitution – can be seen to reflect three basic aspects for tax regulation in Denmark: 1) administrative tax regulation, such as executive orders and regulations, cannot be in conflict with statutory law, 2) executive orders cannot constitute an independent basis for taxation, and 3) the tax authorities are only allowed to impose taxes if a legal basis for taxation can be found in statute.[6]

These aspects of the Danish principle of legality are analyzed in more detail below (section 3 and 4). However, before embarking on the analyses, a brief description of the general Danish constitutional context is provided (section 2).

2 The Danish constitutional framework

Denmark is usually characterized as a constitutional monarchy, as section 3 of the constitution stipulates that legislative authority is vested in the King and the parliament (*Folketinget*). According to section 3, the government has the executive authority while the judicial authority belongs to the courts. Importantly, the King does not personally hold the legislative powers mentioned in the constitution as the government exercises the King's constitutional authority in this regard.[7] According to scholarly literature, the Danish parliament's legislative competence is limited only by express provisions in the constitution and by customary

---

[3] H. Gribnau, Equality, Legal Certainty and Tax Legislation in the Netherlands – Fundamental Legal Principles as Checks on Legislative Power, 9 Utrecht Law Review 2, p. 52-74 (2013). See also A.P. Dourado, No Taxation without Representation in the European Union – Democracy, Patriotism and Taxes *in* C. Brokelind (ed.) *Principles of Law – Function, Status and Impact in EU Tax Law* (IBFD 2014), chapter 10, who argues that tax law receives is legitimacy from democratic procedures, public discussion and argumentation, disagreement and compromise in parliament in a context of political plurality.

[4] Vanistendael, *supra*, n. 1.

[5] Constitutional Act of Denmark (*Danmarks Riges Grundlov*), Law no. 169 of 5 June 1953.

[6] J. G. Nielsen, *Legalitetskravet ved beskatning* (Forlaget Thomson 2013), p. 355.

[7] J. A. Jensen, *Dansk Statsret* (DJØFs forlag 2016), p. 61 and 131.

constitutional law.[8] Unless the constitution provides that the parliament has the exclusive competence in a particular area, the parliament may by statute delegate specific legislative authority to the executive branch. This enables the executive branch to issue binding administrative regulation in most policy areas.

According to the principle of legality, an executive order (*bekendtgørelse*) must have sufficient legal basis in the enabling statute, and the order may not be in conflict with statutory or constitutional law.[9] In addition, executive orders must be published in the electronic promulgation media of the Danish public authorities (*Lovtidende*) along with, inter alia, statutes.[10] A significant part of binding Danish regulation is issued administratively.[11]

The Danish Supreme court has in practice assumed the right to perform a constitutional review of statutes passed by the legislator.[12] Until the *Tvind case* from 1999, the Supreme Court had not stricken down a statute as unconstitutional.[13] In cases regarding the constitution, the court will usually appoint an extended panel of seven, nine or eleven judges instead of the usual five-judge panel.[14]

3 Taxing powers and the non-delegation doctrine

As mentioned above, section 43 of the constitution prescribes that no taxes shall be imposed, altered, or repealed except by statute. The phrase "except by statute" in section 43 is understood as a prohibition on legislative delegation in the tax area.[15]

---

[8] Jensen, *Supra*, n. 7, p. 141. See also M. Sørensen, *Statsforfatningsret* (Juristforbundets forlag 1973), p. 207.
[9] Jensen, *Supra*, n. 7, p. 187.
[10] The official Danish statute regulating promulgation is consolidation act no. 1098 from August 10 2016 on *udgivelsen af en Lovtidende* (*Lovtidendeloven*). The promulgation requirement is laid down in section 2. Although section 22 of the Danish constitution only requires promulgation of statutes, executive orders must too be published pursuant to the promulgation act.
[11] Jensen, *Supra*, n. 7, p. 185.
[12] J.P. Christensen in *Grundloven med kommentarer* (DJØFs forslag 2015), p. 78-96.
[13] J. P. Christensen, *The Supreme Court in Today's Society*, in *The Supreme Court of Denmark*, ed. (DJØFs forlag 2015), p. 29, with reference to the *Tvind case* published in UfR 1999.841H.
[14] See inter alia the *Tvind case* published in UfR 1999.841H or the *Iraq case* published in UfR 2010.1547H.
[15] *Supra*, note 7, p. 149. See also M. Sørensen, *Statsforfatningsret* (Juristforbundets forlag 1973), p. 207. J. Pedersen in *Danmarks Riges Grundlov med kommentarer*, ed. H. Zahle (DJØFs forslag 2006), p. 320-321.

Neither the constitution nor tax regulation defines the concept of a *tax*. Nevertheless, it is generally agreed that a tax is characterized as a mandatory payment to the administration. However, the payment is not a tax if it is reciprocal for a specific service or object.[16] The Supreme Court dealt with the distinction between a tax and a service fee in the so-called *service fee case* from 1993.[17] An analysis of the case follows in section 3.1.

Despite the prohibition on legislative delegation in the tax area, delegation is indeed permissible in certain situations. Hence, executive orders on the administration and enforcement of tax statutes are not precluded by section 43.[18] Conversely, on the question of the substantive tax claim, the possibility of delegation is quite limited. At least as a starting point, all essential elements must be provided for in the enabling tax statute. Essential elements – that pursuant to the principle of legality enshrined in section 43 require statutory basis – are, among others, the definition of the tax object and the tax rate. In short, the tax rules defining the tax claim must be present in the statute.[19] Consequently, in terms of limits on delegation of taxing power, Denmark holds what in Vanistendael's classification system probably may be characterized as an intermediate position compared to similar democracies.[20]

However, there are two notable modifications to this starting point. One leading case is the *Scharla Nielsen case* from 2006 where the Danish Supreme Court provided guidelines for answering the question of to what extent the constitution's section 43 prohibits legislative delegation of the determination of tax rates.[21] An analysis of the *Scharla Nielsen case* follows in section 3.2. The other important modification is the assumed less strict constitutional limits on delegation of taxing powers to municipalities, see section 3.3.

3.1 The service fee case and the tax concept in section 43

In the *service fee case*, the Danish Ministry of Justice had charged a service fee for the issuance of passports, license plates and driver's

---

[16] J.P. Christensen in *Grundloven med kommentarer* (DJØFs forslag 2015), p. 295.
[17] Danish Supreme Court verdict 29 June 1993 (*Gebyr-sagen*) published in UfR 1993.757H.
[18] J. Pedersen in *Danmarks Riges Grundlov med kommentarer*, ed. H. Zahle (DJØFs forslag 2006), p. 320-321. See also J.P. Christensen in *Grundloven med kommentarer* (DJØFs forslag 2015), p. 295.
[19] J.P. Christensen in *Grundloven med kommentarer* (DJØFs forslag 2015), p. 295.
[20] *See, supra*, note 1, p. 149.
[21] Danish Supreme Court verdict 15 December 2006 (*Scharla Nielsen*) published in UfR 2007.788H.

licenses.[22] The amount of the service fee did not follow from the statute providing the legal basis for the executive order but was determined in the executive order itself. With reference to the fact that the legal basis for the fee was found in an executive order, two citizens argued that the administratively issued executive order regulating the fee did in fact regulate a tax, thus violating the constitution's section 43. While two of eleven judges on the bench found the argument convincing, the majority held that neither the *travaux préparatoires* to section 43, the historical background for the provision, nor the subsequent constitutional practice supported an interpretation of section 43, according to which statutory legal basis is required for all service fees charged by authorities. Although there must be certain limitations for the administration's executive orders in this regard, the majority at the same time acknowledged that the administration had the right to estimate a fee based on all relevant expenses with reasonable connection to the issuance of the concerned permissions. Inter alia, according to the majority's judgment, the administration may take into account more general enforcement measures related to the subject that the service fee is based on – and not only expenditures narrowly related to the service fee.

One scholar criticized the majority's reasoning in the *service fee case*. The scholar referred to the arguments formulated by the minority, amplifying that the effect of the fee was indeed similar to a tax. The argument that was put forward was that passports and license plates are practical necessities in a modern society. Accordingly, pursuant to the minority's opinion and the scholar, they are in effect not voluntary, and for this reason, the fees qualify as taxes covered by the prohibition in section 43.[23] The scholar's criticism did not introduce new arguments, and the view has not subsequently found support among other Danish scholars or the courts. The suggested strict constitutional limits on the legal basis for administrative fees would likely burden the already overburdened legislative assembly. Considering the specific historical background for the delegation limits in section 43 and the context of section 43 as well as the subsequent legislative practice applied in accordance with the *service fee case*, an overturn of the case today appears unlikely.[24]

---

[22] Danish Supreme Court verdict 29 June 1993 (*Gebyr-sagen*) published in UfR 1993.757H.
[23] Germer, *supra*, n, 23, p. 109-110.
[24] Reference is made to section 3.2 and the description of the historical background for the delegation limits in article 43 and the context of section 43.

3.2 The Scharla Nielsen case on legislative delegation in the taxing area

In the *Scharla Nielsen case* from 2006, the legislator had authorized the administration to issue an executive order regulating a rate adjustment percentage that had consequences for all individual taxpayers' tax liabilities.[25] The question before the court was whether the constitution's section 43 permitted such delegation to the administration. Interpreted strictly section 43 would indeed not allow an executive determination of a tax rate.

Apparently, the legislator did not perceive the delegation clause in the enabling statute as a matter of tax law. The high court initially assessing the case agreed with this viewpoint, but the Supreme Court viewed this differently, essentially defining the statute's effect as a matter of tax law within the meaning of section 43. As a starting point for its assessment, the Supreme Court looked into the scope and purpose of the specific statute and stated that the statute laid down the fundamental rules for the calculation of wages in the Danish labor market. At the same time, the calculation had an effect on individual taxpayers' tax liabilities. Importantly, the court emphasized that the statute itself did not specify in detail all information concerning the calculation and that the calculation inherently depended on a variety of statistical choices. However, although the statutory framework did not specify in detail all relevant prerequisites for the calculation, this fact did not raise concerns under the concrete circumstances in the view of the court. Against this background, the court found that the delegation clause of the statute was not in conflict the with non-delegability rule in section 43 of the constitution.

The *Scharla Nielsen case* shows that the legislator may delegate to the administration the power to issue executive orders of implementing nature regarding statistical and technical areas of tax law, in accordance with the general view amongst Danish scholars.[26] Although all essential elements must be provided for in the enabling tax statute, the *Scharla Nielsen case* established that – under certain circumstances concerning implementing measures – the tax rate itself does not necessarily need to be defined in the enabling statute. However, while case law permits

---

[25] The case was published in UfR 2007.788H. The consequence for all individual's taxpayers'tax liabilities followed from a reference to another statute regarding individual taxpayers' (*personskatteloven*). The case is analyzed by J. P. Christensen in *Grundloven med kommentarer* (DJØFs forslag 2015), p. 297-299.

[26] Jensen, *supra*, n. 7, p. 151, and P. Germer, *Dansk Statsforfatningsret* (DJØFs forlag 2012), p. 109.

delegation of the statistical-methodological choice, the basic calculation framework must surely follow from the statute in order to satisfy the requirement in section 43.[27]

As mentioned, a strict literal interpretation of the phrase "except by statute" in section 43 would indeed suggest that no delegation is permissible. Nonetheless, Danish scholars argue that under specific circumstances there might be a need for quite broad implementing measures. In this context, it is important to emphasize the weight in Danish constitutional law given to legislative practice and the practical needs in the tax area.[28] Former constitutional law professor and judge in the *Scharla Nielsen case*, J.P. Christensen, commented the ruling, stating that the decision is in accordance with the notion that the legislator should decide fundamental tax matters. However, as Christensen argues, the extent of the non-delegability rule in section 43 should be determined with due regard to the practical realities of lawmaking.[29]

Additionally, the development in Denmark in the middle of the nineteenth century is of importance to the understanding of the constitution's stipulations on tax.[30] Preceded by an absolute monarchy, section 43 from 1849 intended to secure the legislator the taxing power. This power was highly relevant in the Danish constitutional system in the period before 1901, at a time where the legislator in Denmark did not enjoy the control functions and insight with the administration, e.g. the possibility of a no confidence vote, which the parliament has today.[31] The placement of section 43 indicates that not individuals but the parliament itself is the object of the protection provided in section 43.[32] Thus, neither the specific historical background for the non-delegation doctrine in section 43 nor the context of section 43 support a strict literal interpretation. It is

---

[27] J. P. Christensen in *Grundloven med kommentarer* (DJØFs forslag 2015), p. 299.
[28] Germer, *supra*, n, 23, p. 109-110.
[29] J. P. Christensen, *Skatteretten, Grundloven og Højesteret* in Festskrift til Jan Pedersen, ed., (DJØFs forlag 2011), p. 72.
[30] Section 43: "No taxes shall be imposed, altered, or repealed except by statute; nor shall any man be conscripted or any public loan be raised except by statute." Section 46(1): (1) "Taxes shall not be levied before the Finance Act or a Provisional Appropriation Act has been passed by the [parliament]."
[31] Christensen, *supra*, n. 29, p. 64 and 69.
[32] Christensen, *supra*, n. 29, p. 69-70. Christensen points to, inter alia, the fact that section is placed in chapter 5 in the constitution, which contains provisions on parliament and the legislative process, and not chapter 8 on the protection of individuals. In addition, he points to restraint generally exercised by the Danish Supreme Court in cases on constitutional provisions regulating the relations between the parliament and the administration. This restraint supports the argument that legislator should enjoy a margin of appreciation when it comes to the determination of the extent of the prohibition of delegation.

true that a strict interpretation might provide a minority in parliament with the protection secured by the thorough legislative process that applies for adopting statutes.[33] Although this view is sympathetic, it seems inadequate to justify a strict reading of section 43.[34] As pointed out by the lawyer representing the government in the *Scarla Nielsen case*, the constitution should not be understood as requiring a tax statute to be a textbook in statistics.[35] In the light of the practical realities of lawmaking pointing to the same result as the background and context of section 43, it is thus difficult to see how a court could have found the statute in question incompatible with section 43.

3.3 Municipality taxes and section 43

The municipality tax area holds a special position in terms of the delegation of taxing powers. According to section 82, the right of the municipalities to manage their own affairs independently – under state supervision – shall be laid down by statute. With reference to section 82, some scholars have concluded that case law suggests that the non-delegability rule in section 43 does not apply to municipality taxes;[36] others find that there is a particularly broad access for the legislator to delegate to the municipalities certain taxing powers regarding local municipality taxes.[37]

The Supreme Court has never explicitly touched upon the relationship between the non-delegability rule in section 43 and tax rates determined by the municipalities.[38] However, due to section 82, it seems unlikely that the courts should overrule the long-standing practice of the delegation of taxing powers to the municipalities.

4 Interpretation of tax provisions

As mentioned above, it can be deduced from section 43 of the constitution that the tax authorities are only allowed to impose taxes

---

[33] Germer, *supra*, n, 23, p. 109, note 109.
[34] Christensen, *supra*, n. 29, p. 70.
[35] Christensen, *supra*, n. 29, p. 72.
[36] Jensen, *supra*, n. 7, p. 151. See also, M. Sørensen, *Statsforfatningsret* (Juristforbundets forlag 1973), p. 207. J. Pedersen in *Danmarks Riges Grundlov med kommentarer*, ed. Henrik Zahle (DJØFs forslag 2006), p. 320.
[37] Germer, *supra*, n, 23, p. 110. See also, Henrik Zahle, *Dansk forfatningsret 1, Institutioner og regulering* (Christian Ejlers forslag 2001), p. 375-376.
[38] Christensen, *supra*, n. 29, p. 67.

if a statutory basis for taxation can be found. Even though this is a common principle among most jurisdictions, it is not always clear what interpretational consequences the application of such a principle should have (if any).[39] The principle could perhaps be seen to mean that the courts should not extend the wording of a tax statute to impose a tax in circumstances where the language of the law does not clearly prescribe that taxation should take place, i.e. the principle could be perceived to dictate that a literal or strict interpretation should be made instead of a teleological or analogical interpretation. However, if courts should always restrict themselves to a literal or strict interpretation of tax statutes, it may conflict with other principles or aims such as the principle of equality or the need to mitigate tax avoidance.[40]

This aspect of the principle of legality has also caused debate in a Danish context. The debate was particularly intense in the late 1990s after the Supreme Court had decided against the Danish Ministry of Taxation in a number of prominent cases.[41] As a consequence of the lost cases, the ministry published an announcement in which it was concluded that the Supreme Court by its decisions had underlined that a clear statutory legal basis is a precondition for imposing tax. The ministry also argued that the Supreme Court's decisions apparently showed – at least with respect to situations not involving avoidance and abuse – that the interpretation of tax statutes cannot be extended beyond what is actually stated in the wording of the statute and perhaps also in the *travaux préparatoires*. In continuation of this, the ministry also deduced that uncertainty concerning the scope or reach of a provision normally should entail that the provision should be subject to an expansive interpretation, if this is in the interest of the taxpayer.[42]

That taxation presupposes a clear statutory basis has also been advocated in the Danish scholarly literature. *Jan Pedersen* has for example argued that section 43 of the constitution prescribes such a

---

[39] Vanistendael, supra n. 1.
[40] Ibid.
[41] See for example the Supreme Court's decision of 20 August 1996 (TfS 1996.642H), the Supreme Court's decision of 30 August 1996 (TfS 1996.653H) and the Supreme Court's decision of 14 August 1996 (TfS 1996.654H).
[42] For more about the case law of the Supreme Court in late 1990'ies see also I.A, Strobel, *Skattevæsenets problemer med lovhjemmel*, Skattepolitisk oversigt, p. 134 et seq. (1998), J. Pedersen, *Virksomhed i selskabsform*, Revision & Regnskabsvæsen SM, p. 307 et seq. (1998), N. Schiersing, *Om hjemmelsspørgsmålet i skattesager*, Skattepolitisk oversigt, p. 61 et seq. (1999), A. Michelsen, *Legalitetsprincippets bæredygtighed over for transaktioner foretaget udelukkende eller hovedsagelig i skattebesparelsesøjemed*, Revision & Regnskabsvæsen SM, p. 150 (1999), and Erik Werlauff, *Let us pretend*, Tidsskrift for skatter og afgifter 237 (1999).

requirement.[43] However, at the same time the author added that the requirement does not prevent interpretation based on analogy and that interpretation of tax legislation does not differ from the interpretation of other kinds of administrative law.[44] When these modifications are taken into account, it becomes quite hard to see what is actually left of the postulated requirement for a clear statutory basis.[45]

In a dissertation from 2003, *Jakob Graff Nielsen* initially classified section 43 of the constitution as belonging to a broader group of legal areas where a requirement of clear statutory basis has to be respected (e.g. criminal law and legislation interfering with citizens' private life).[46] However, after a thorough examination of court cases related to taxation, he concluded that case law concerning this matter was nuanced and that the requirement of clear statutory basis was not absolute. Moreover, he argued that analogical interpretation is possible and that there is no maxim according to which tax legislation has to be interpreted in favor of the taxpayers or in favor of the tax authorities.[47] Accordingly, with respect to Jacob Graff Nielsen's findings, it could be argued that it is difficult to see what is actually left of the postulated requirement of a clear statutory basis.[48]

Jens Peter Christensen has criticized the views originally presented by both Jan Pedersen and Jakob Graff Nielsen.[49] Thus, Jens Peter Christensen argues that it would be more appropriate to state that section 43 of the constitution does not say anything about how clear the statutory basis should be. Secondly, the courts' assessments of the requirement for a clear statutory basis varies to such a degree that abstract assertions about the existence of such requirement do not make sense.

---

[43] J. Pedersen in H. Zahle (ed.), *Grundloven – Danmarks Riges Grundlov med kommentarer* (Jurist- og Økonomforbundets forlag 2006), p. 319 and 324-326. See also J. Pedersen, *Grundlovens §43: "Ingen skat kan pålægges, forandres eller ophæves uden ved lov" – pas, kørekort og nummerpladegebyrer*, Tidsskrift for skatter og afgifter, p. 413 et seq. (1992).

[44] References were made to the Supreme Court's decision of 17 May 1940 (UfR 1940 644 H), the Supreme Court's decision of 20 December 1979 (UfR 1980 121 H) and the Supreme Court's decision of 19 March 1996 (UfR 1996 775 H).

[45] See the criticism by Jens Peter Christensen in Christensen, supra n. 29, p. 72-75.

[46] J.G. Nielsen, *Legalitetskravet ved beskatning – De forfatnings- og forvaltningsretlige rammer* (Forlaget Thomson 2003), p. 264.

[47] Ibid, p. 354.

[48] In his review of the dissertation, Henrik Dam argues that the results of Jakob Graff Nielsen's analyses should have caused the author to reach the more bold conclusion that article 43 of the constitution does not say anything about how clear the statutory basis should be. See H. Dam, *Legalitetskravet ved beskatning*, Ugeskrift for retsvæsen B, p. 290-291 (2003).

[49] Christensen, *supra*, n. 29, p. 72-75, and J. P. Christensen in Grundloven med kommentarer (DJØFs forslag 2015), p. 297.

What matters according to customary administrative law is the extent or intensity of the specific government interference and not the fact that the interference generally could be categorized as a matter of tax. Thus, tax legislation should be interpreted along the same lines as other kinds of legislation interfering with for example the citizens' private lives. Jens Peter Christensen places emphasis on the fact that the underlying aim of section 43 of the constitution historically was to regulate the power relationship between the parliament and the administration. Hence, the main idea behind article 43 was, as also mentioned in section 3.2, not to provide protection for the individual citizens but to regulate the relationship between the institutions of government.[50] In our view, the conclusions presented by Jens Peter Christensen appears convincing.[51]

4.1 Abuse and avoidance – The doctrine of reality?

Until recently, no statutory general anti-avoidance rule (GAAR) existed in Danish tax law.[52] However, this did not mean that abuse of tax law could not be mitigated by the tax authorities as Danish case law contains several examples where courts have struck down the arrangements of a taxpayer, inter alia, by taking the substance of the transaction(s) into account when interpreting and applying the law.[53] In this context, the so-called *doctrine of reality* has been formulated in the academic literature to explain the longstanding inclination of the courts to place emphasis on the substance of the transaction when interpreting and applying tax provisions.[54] Briefly described, the doctrine states that fictitious or artificial transactions may be set aside for tax purposes if the formal private law basis of an arrangement has

---

[50] In the same vein see also N. Winther-Sørensen, *Beskatning af international erhvervsindkomst* (Thomson Gad Jura 2000), p. 52 et seq. and same author in *Hjemmelsgrundlaget for Skats instruks om sagstilskæring*, SR-Skat, p. 293 et seq. (2018).

[51] In this context, it is worth noting that Jan Pedersen seems to have abandoned his previous position. Accordingly, in an article from 2014 he has stated that it is a common misconception that article 43 of the constitution prescribes a stricter requirement for statutory basis within the area of tax law. See J. Pedersen, *Domstolsprøvelse af skattesager – retssikkerhed, statistik og retsanvendelse*, Ugeskrift for retsvidenskab B, p. 251 et seq. (2014).

[52] See also P.K. Schmidt, *Abuse and Avoidance – a contemporary analysis of Danish tax law*, Revue européenne et internationale de droit fiscal 4, p. 489-499 (2018) with references.

[53] L. Madsen & A.N. Laursen, *Danish Branch Report* in 103 *Cahiers de droit fiscal international* (International Fiscal Association ed., Sdu Fiscale & Financiële Uitgevers 2018).

[54] J. Pedersen, *Skatteudnyttelse* (Gads Forlag 1989). See also J. Pedersen, *Danish Branch Report* in 87a *Cahiers de droit fiscal international* (International Fiscal Association ed., Kluwer Law International 2002).

been manipulated to such an extent that the underlying substance of the transaction significantly deviates from the outer legal shell.[55]

However, not all scholars agree that an actual coherent doctrine of reality can be considered to exist in Danish tax law. Broadly speaking, these scholars instead argue that the inclination of the courts to place emphasis on the substance of an arrangement simply follows ordinary rules for interpretation of the law, according to which the existence of abusive behavior constitutes one of several elements that may be taken into account in the interpretation process, often with significant weight attached to it.[56] Accordingly, in the eyes of these scholars, the existence of a doctrine of reality would be hard to reconcile with the requirement for a statutory basis for taxation prescribed in article 43 of the constitution.[57]

Despite these disagreements in the literature, it appears to be a commonly accepted fact that the courts are willing to take abusive behavior into consideration when interpreting tax provisions and that this practice does not violate the principle of legality. In recent years, at least two decisions from the Supreme Court appear to illustrate this willingness of the courts to place emphasis on abusive behavior. In a decision from 2014, the Supreme Court thus concluded that losses

---

[55] See also J. Pedersen, *Omgåelse og misbrug i skatteretten – før, nu og i fremtiden*, in *Den Evige udfordring – omgåelse og misbrug i skatteretten* (J. Bundgaard et al. eds., ExTuto 2015), p. 107-133.

[56] For criticism of the doctrine of reality see for example Isi Foighel, *Anmeldelse af: "Skatteudnyttelse af Jan Pedersen"*, Revision & Regnskabsvæsen 5 (1990), p. 60-62 (1990), T. Nielsen, *Den evige udfordring* in Dansk Skattevidenskabelig Forening 1965-1990 (S. Askholt ed., at p. 46-69 (1990), Aa. Michelsen, *Misbrug og omgåelse i dansk indkomstskatteret* in *Den Evige udfordring – omgåelse og misbrug i skatteretten*, (J. Bundgaard et al. eds., ExTuto 2015), at p. 135-153, Nielsen, supra n. 46, p. 347, H. Dam, *Rette Indkomstmodtager – allokering og fiksering* (Forlaget Thomson 2005), at p. 451 et seq. and S.F. Hansen, *Realitetsgrundsætningens naturgivne retsusikkerhed*, Ugeskrift for Retsvidenskab B 378 (2008). However, among others former Supreme Court Judge Jørgen Nørgaard has shown support for the doctrine of reality. See. J. Nørgaard, *Højesterets rolle i skattesager*, Juristen 2 (2001), p. 65-69. Also J. Bundgaard, *Skatteret & civilret* (Forlaget Thomson 2006), at. p. 558, has shown support for the doctrine of reality. Moreover, another Supreme Court judge, Jon Stokholm, has argued that it seems to be a matter of taste whether the doctrine of reality should be acknowledged or dismissed. See J. Stokholm, *Højesterets funktion på skatteområdet siden ca. 1960* in *Højesteret 350 år* (P. Magid et al. eds., Gyldendal 2011), at p. 391.

[57] Michelsen, supra n. 56, p. 137, and Madsen & Laursen, supra n. 53. In this regard Madsen & Laursen also highlights that the courts are careful not to exercise activities that may create law if the legislature has sought to exhaustively regulate an area, as for example seen in the Supreme Court's decision of 7 December 2006, SKM2006.749.HR. However, against the criticism Jan Pedersen has argued that the doctrine of reality only concerns the preceding determination of the facts and therefore that no statutory basis is needed in order to apply the doctrine. See J. Pedersen in J. Pedersen et al., *Skatteretten 1* (Karnov Group 2019), p. 136-138.

"manufactured" for tax reasons could not be deducted because no *real* losses had been suffered.[58] Further, in a decision from 2015 concerning the tax rules applicable in the Faeroe Islands, the Supreme Court decided to set aside an arrangement involving a merger of two holding companies.[59]

4.2 The new statutory general anti-avoidance rules

In 2015, Denmark introduced a general anti-avoidance rule (GAAR) aiming at mitigating corporate taxpayer abuse of certain EU directives as well as Danish tax treaties.[60] Additionally, in December 2018, Denmark implemented the GAAR prescribed in the EU Anti-Tax Avoidance Directive (ATAD).[61]

The scopes of the new GAARs are not particularly clear. Consequently, even though the new GAARs may assist the Danish tax authorities in their quest to mitigate abuse and avoidance, it should not be overlooked that the GAARs have brought additional complexity into Danish tax law and that the GAARs have deteriorated the possibility of taxpayers to predict the consequences of their transactions.[62] In this context, it seems appropriate to consider whether the new GAARs are in line with the principle of legality set out in section 43 of the constitution.[63]

---

[58] Danish Supreme Court [Højesteret], 11 June 2014, SKM2014.422.HR (*Topdanmark*). See also A.R. Vang & T. Booker, *Kapitalforhøjelse – realitet eller formalitet*, Tidsskrift for Skatter og Afgifter 473 (2014).
[59] Danish Supreme Court [Højesteret], 31 March 2015, SKM2016.16.HR (*Ferø-sagen*). See also J. Bolander & P.K. Schmidt, *Retssikkerhed og omgåelse i skatteretten* in *Den Evige udfordring – omgåelse og misbrug i skatteretten* (J. Bundgaard et al. eds., ExTuto 2015.), at p. 23-52. It should be noted that there are significant differences between the level of detail of the tax legislation in Denmark and the Faroe Islands. Accordingly, it is not clear to what extent the decision can be relied on as a precedent in purely with respect to purely Danish tax law. See also J. Bundgaard & P.K. Schmidt, *Danish National Report* in *Tax Avoidance Revisited in the EU BEPS Context* (A.P. Dourado ed., IBFD 2017), at. p. 261-283.
[60] Section 3 of the Tax Assessment Act. Law no. 540 of 29 April 2015. See also Bill L 167 (2014/2015).
[61] Law no. 1726 of 27 December 2018. See also Bill L 28 (2018/2019).
[62] For a comprehensive analysis of the new GAARs see Schmidt, supra n. 52.
[63] During the legislative process, however, no such discussions appear to have taken place. Generally speaking, Jan Pedersen has argued that a GAAR may be given such a broad wording that the scope of the GAAR cannot be properly deduced. In such a case the principle of legality is in his view reduced to an empty formality. See J. Pedersen, supra n. 55, p. 118. In addition, Aage Michelsen has from a constitutional perspective argued that it could be questioned whether it is appropriate to leave the job of assessing these often value-laden and politically sensitive situations to the tax authorities. See A. Michelsen, *Er der behov for en generel omgåelsesklausul i skatteretten?*, Skattepolitisk oversigt, p. 96 et seq. (1984).

However, this concern could be quickly rejected if it is correct to assume, as concluded above, that section 43 of the constitution does not say anything about how clear the statutory basis must be. Moreover, the new GAARs do in fact contain a number of conditions – objective as well as subjective – that should be fulfilled before the tax authorities can invoke the GAARs. In other words, the GAARs do not assign the tax authorities and the courts with complete discretionary power to mitigate tax avoidance. Finally, if the court-developed practice (on taking abusive behavior into account in the interpretation process) is not in conflict with the principle of legality, it strongly suggests that a statutory GAAR adopted by the parliament should neither be seen as breaching this principle.

In the literature, *Peter Rose Bjare* and *Søren Sønderholm* has recently questioned whether the GAAR from December 2018 should be considered incompatible with the non-delegation doctrine in section 43 of the constitution interpreted in connection with the clause on separation of powers in section 3. The authors essentially argue that the GAAR adopted by the Parliament in 2018 may constitute a transfer of legislative power to the administration, as the provision contains such vague language that the tax administration may in effect exercise power equivalent to legislative power.[64]

However, because the 2018 GAAR does contain a number of conditions that should be fulfilled before the GAAR can be invoked, it seems quite unlikely that the Danish Supreme Court would find that the GAAR constitutes an unconstitutional transfer of legislative power to the tax authorities. Some of the conditions are indeed vague and subjective,[65] but similar critique applies to innumerable other legal standards in Danish legislation. While it remains difficult to define the acceptable limits of vagueness in tax law, vague statutory language does not itself amount to delegation of legislative power to the administration.[66]

A general shortcoming in the argument put forward by *Bjare* and *Sønderholm* is that no support can be found for their argument in the wording and the *travaux préparatoires* to section 3 and 43 of the

---

[64] P.R. Bjare, S. Sønderholm, *Den nye generelle omgåelsesregel i ligningslovens §3*, SR-Skat 2019.110 referring to the transfer of power to The Tax Council (*Skatterådet*) with the purpose of closing 'loopholes' in Danish tax law.

[65] The most striking example of vagueness is the assessment regarding the question of to which extent the arrangement is *opposed to the purpose and aim* of statutory tax law.

[66] A.P. Dourado, *Supra* n. 3, chapter 10.4.

constitution. Indeed, neither the parliament nor the administration considered the 2018 GAAR to have constitutional implications.[67]

Nevertheless, during a debate in parliament in 1992, the then Danish Minister of Taxation argued that a proposal from a Member of Parliament on a GAAR would in effect constitute taxation without sufficient statutory legal basis. According to the minister, the proposed GAAR would thus lead to an unconstitutional transfer of legislative power to the tax authorities.[68] However, while the explanation and assessment in the *travaux préparatoires* to a relevant act are highly significant in a Danish constitutional context,[69] a minister's remarks during a debate usually hold limited legal value.[70]

5 Concluding remarks

A few Danish constitutional provisions are important with respect to Danish tax law. However, at times the significance of these provisions may have been overestimated in the Danish tax law literature. Accordingly, some tax law scholars have claimed that a particular requirement for a clear statutory basis for imposing tax follows from section 43 of the Danish constitution. Meanwhile, constitutional scholars have typically rejected the notion that a requirement for a clear statutory basis follows from the constitution. Instead, they argue that the general administrative law requirement for a clear statutory basis also applies with respect to Danish tax law. Thus, what matters according to customary administrative law is the extent or intensity of the specific government interference and not the fact that the interference generally could be categorized as a matter of tax law.

---

[67] Law no. 1726 of 27 December 2018. See also Bill L 28 (2018/2019).
[68] See *Debate in Parliament November 26 1992*, Folketingstidende, Forhandlingerne 1992/1993, columns 2638-2640. The Minister of Taxation also found that the proposed GAAR would be incompliant with fundamental principles on legal certainty.
[69] In a Danish bill, the relevant ministry typically explains and assesses the potential impact of proposed statute. As mentioned, neither the Parliament nor the administration considered the 2018 GAAR to have constitutional implications.
[70] Notable in this context is the minister's explicit assumption that the specific GAAR proposal from 1992 de facto amounted to taxation without statutory legal basis, as the minister demonstrated no support for the notion that taxation based on a GAAR equates to taxation without statutory legal basis. The assumption appears mostly political and illustrates why arguments in the political debate generally are without significance in Danish constitutional law. Moreover, neither scholars nor the Ministry of Justice responsible for Danish constitutional law matters endorsed the minister's view expressed in the debate in 1992. See J. A. Jensen, *Dansk Statsret* (DJØFs forlag 2016), chapter 1.3-1.4 on legal sources and interpretation in Danish constitutional law.

Section 43 of the Danish constitution is the most important constitutional rule on tax. The provision is understood as a prohibition on legislative delegation in the tax area. However, the courts have approached the non-delegation doctrine pragmatically, accepting important modifications regarding both the practical realities of lawmaking and the long-standing practice of delegation of certain taxing powers to the municipalities.

Finally, in view of the authors the new GAARs introduced in Denmark in 2015 and 2018 should not be considered in breach of neither the principle of legality set out in section 43 of the constitution nor the non-delegation doctrine, although the new rules rightfully have received criticism for lacking predictability.

References

J. P. Christensen, *Skatteretten, Grundloven og Højesteret* in Festskrift til Jan Pedersen, ed., (DJØFs forlag 2011).

J. P. Christensen in *Grundloven med kommentarer* (DJØFs forslag 2015).

P. Germer, *Dansk Statsforfatningsret* (DJØFs forlag 2012).

J. A. Jensen, *Dansk Statsret* (DJØFs forlag 2016).

J. G. Nielsen, *Legalitetskravet ved beskatning* (Forlaget Thomson 2013).

J. Pedersen in *Danmarks Riges Grundlov med kommentarer*, ed. H. Zahle (DJØFs forslag 2006).

J. Pedersen, *Grundlovens § 43: "Ingen skat kan pålægges, forandres eller ophæves uden ved lov" – pas, kørekort og nummerpladegebyrer*, in Tidsskrift for skatter og afgifter (1992).

M. Sørensen, *Statsforfatningsret* (Juristforbundets forlag 1973).

F. Vanistendael, *Legal Framework for Taxation* in V. Thuronyi (ed.) *Tax Law Design and Drafting* (IMF 1996).

N. Winther-Sørensen, *Beskatning af international erhvervsindkomst* (Thomson Gad Jura 2000).

H. Zahle, *Dansk forfatningsret 1, Institutioner og regulering* (Christian Ejlers forslag 2001).

Informação bibliográfica deste texto, conforme a NBR 6023:2018 da Associação Brasileira de Normas Técnicas (ABNT):

ØRBERG, Mark; KOERVER, Peter Schmidt. The principle of legality in the context of danish tax Law. *In*: SARAIVA FILHO, Oswaldo Othon de Pontes; SIQUEIRA, Julio Homem de; BEDÊ JÚNIOR, Américo; FABRIZ, Daury César; SIQUEIRA, Junio Graciano Homem de; CUNHA, Ricarlos Almagro Vitoriano (Coord.). *Noções gerais e limitações formais ao poder de tributar*. Belo Horizonte: Fórum, 2021. p. 385-400. (Coleção Fórum Princípios Constitucionais Tributários – Tomo I). ISBN 978-65-5518-057-2.

EL PRINCIPIO DE RESERVA DE LEY EN DERECHO FINANCIERO ESPAÑOL COMO MANIFESTACIÓN DEL PRINCIPIO CONSTITUCIONAL DE LEGALIDAD

LUIS MARÍA ROMERO FLOR

I Introducción

El principio jurídico-formal de legalidad está configurado constitucionalmente en España como un principio básico del ordenamiento jurídico al manifestar la Constitución Española (en lo sucesivo CE) en su Preámbulo la voluntad de la nación española de "consolidar un Estado de Derecho que asegure el imperio de la ley como expresión de la voluntad popular"; intención que no sólo se verá reflejada dentro del Título Preliminar, artículo 9.3 CE al establecer que la Constitución "garantiza el principio de legalidad", entre otros principios, sino que además gozará de múltiples referencias expresas dentro de la propia Norma Fundamental.

Como se puede observar, el principio de legalidad representa uno de los logros más significativos de ese "Estado Social y Democrático de Derecho" que proclama el artículo 1.1 CE, al exigir, por un lado, el sometimiento al control de legalidad de la actuación administrativa (principio de legalidad administrativa), y por el otro, la siguiente regla de producción normativa: que sean las normas con rango, valor y fuerza de ley formal (principio de jerarquía normativa) las que contengan la regulación de unas materias constitucionales concretas (principio de reserva de ley), particularmente aquellas que tienen que ver con la intervención del poder público en la esfera de los derechos del individuo.

En este sentido, y teniendo siempre en cuenta que la reserva de ley constituye una concreción del principio genérico de legalidad, nosotros vamos a utilizar indistintamente ambas expresiones como si fueran sinónimos, aunque en ocasiones, la denominación de principio de legalidad sea más ajustada que la indicada de reserva de ley.

Por lo que al ámbito financiero se refiere, la verificación constitucional de este principio de legalidad o reserva de ley se encuentra tanto en el ámbito de los ingresos como en el de los gastos públicos, así como en otras vertientes financieras, tales como que la ley sea la encargada de regular la administración, defensa y conservación del Patrimonio del Estado y del Patrimonio Nacional (artículo 132.3 CE), o la necesidad de autorización por ley al Gobierno para emitir Deuda Pública o contraer crédito (artículo 135.1 CE).

Empezando por la segunda de las materias indicadas, esto es, la de los gastos públicos, hay que advertir que el principio de legalidad aparece formulado de modo indirecto en los artículos 66.2 y 133.4 de la Constitución, al disponer respectivamente que "las Cortes Generales ejercen la potestad legislativa del Estado, aprueban sus Presupuestos [...]", y que "las Administraciones púbicas sólo podrán contraer obligaciones financieras y realizar gastos de acuerdo con las leyes"; sin embargo, aparece reflejado, de un modo mucho más directo y claro en el artículo 134.1 del texto constitucional al preceptuar que "corresponde al Gobierno la elaboración de los Presupuestos Generales del Estado y a las Cortes Generales, su examen, enmienda y aprobación".

En lo que se refiere al papel que ha de cumplir el principio de legalidad o de reserva de ley en materia de ingresos públicos, y más concretamente de los tributarios, éste viene establecido de manera directa en el artículo 31.3 de la Constitución al exigir que "sólo podrán establecerse prestaciones personales o patrimoniales de carácter público con arreglo a la ley", y de un modo mucho más indirecto en los apartados del 1 al 3 del artículo 133 del texto fundamental, al ordenar respectivamente que el poder tributario del Estado, de las Comunidades Autónomas y de las Corporaciones Locales se debe ejercitar mediante ley o de acuerdo con las leyes, y que los beneficios fiscales que afecten a los tributos del Estado sean establecidos en virtud de ley.

La reiterada exigencia constitucional de que sean las leyes las que contenga el régimen jurídico de los tributos ha suscitado alguna que otra cuestión polémica, que ha sido abordada tanto por el Tribunal Constitucional en sus diferentes pronunciamientos, como por la doctrina.

Por tanto, es esta dimensión la que nos lleva a su consideración en el presente estudio, en el que trataremos de determinar, a grandes rasgos, las funciones que cumple este principio en materia tributaria, su ámbito material de aplicación, y su alcance, tanto formal como territorial.

II   Las diversas funciones del principio de reserva de ley en materia tributaria

A lo largo de los años, la fundamentación del principio de legalidad ha ido variando y evolucionando respecto a esa esencia de lo que representa y de lo que se persigue a través del mismo. En la actualidad, cuatro son las funciones que cumple este principio, y que pasamos a comentar muy sucintamente.

En primer término, desde una perspectiva colectiva, o si se prefiere democrática, este principio ha respondido a la tradicional exigencia de la autoimposición o consentimiento de los impuestos (*"nullum tributum sine lege"* o *"no taxation without representation"*), conforme a la cual los poderes públicos no pueden exigir unilateralmente a los ciudadanos (ni éstos estarán obligados) el pago de cualquier prestación patrimonial y pública si, previamente, no ha sido consentida ni regulada por normas jurídicas de mayor rango jerárquico emanadas de representantes políticos legítimos. De esta manera, se garantiza que las grandes decisiones sobre ingresos y gastos públicos, dada su relevancia para el ciudadano, van a ser tomadas por el Parlamento como órgano legislativo de máxima representación, asegurando de este modo el principio democrático en el procedimiento de los tributos. Así lo ha recogido, entre otras, la Sentencia del Tribunal Constitucional (en adelante STC) núm. 185/1995 (Fundamento Jurídico 3º) al indicar que "en el Estado social y democrático de Derecho la reserva cumple sin duda otras funciones, pero la finalidad última, con todos los matices que hoy exige el origen democrático del Poder Ejecutivo, continua siendo la de asegurar que cuando un ente público impone coativamente una prestación patrimonial a los ciudadanos cuente para ello con la voluntaria aceptación de sus representantes".

Unido a esta exigencia representativa, se puede hablar también, en un segundo lugar, de un carácter garantista estrictamente individual de la libertad patrimonial y personal del ciudadano frente a las posibles pretensiones recaudatorias arbitrarias del poder público, sobre todo con respecto a los tributos, pues el sentido de la reserva de ley tributaria, conforme a la STC núm. 19/1987 (Fundamento Jurídico 4º), "no es otro que el de asegurar que la regulación de un determinado ámbito vital de las personas dependa exclusivamente de la voluntad de sus representantes".

Asimismo, dentro de esa esfera de la libertad y la propiedad, la regulación por ley de los tributos da lugar a una tercera función de este principio, consistente en preservar la unidad del ordenamiento jurídico para garantizar la igualdad básica o tratamiento uniforme para los contribuyentes; tercera finalidad que ha sido puesta de relieve por la STC núm. 19/1987 (Fundamento Jurídico 4º) en los siguientes términos: "consecuencia del artículo 31.1 y también del artículo 31.3 es la unidad del sistema tributario en todo el territorio nacional como indeclinable exigencia de la igualdad de los españoles [...] Esta garantía de la autodisposición de la comunidad sobre sí misma, que en la ley estatal se cifra (art. 133.1), es también, en nuestro Estado constitucional democrático, como hemos puesto de relieve más arriba, una consecuencia de la igualdad y por ello preservación de la paridad básica de posición de todos los ciudadanos, con relevancia no menor, de la unidad misma del ordenamiento (art. 2º de la Constitución), unidad que –en lo que se refiere a la ordenación de los tributos y, de modo muy especial, de los impuestos– entraña la común prosecución, a través de las determinaciones que la ley contenga, de objetivos de política social y económica en el marco del sistema tributario justo (art. 31.1) y de la solidaridad (art. 138.1) que la Constitución propugna".

Para finalizar, y como derivación de todas las exigencias esgrimidas con anterioridad, el principio de legalidad en materia tributaria conecta con el principio de seguridad jurídica establecido en el artículo 9.3 CE, que aun no siendo un valor que tenga una relación directa con los tributos, la certeza del Derecho posibilita que los contribuyentes puedan conocer con precisión el alcance de sus obligaciones fiscales y las consecuencias que pueden derivarse de su conducta.

III Ámbito material de aplicación

A la hora de determinar el ámbito material de aplicación del principio de legalidad o de reserva de ley tributaria, es necesario partir de la mención establecida en el artículo 31.3 CE, al señalar que "sólo podrán establecerse prestaciones personales o patrimoniales de carácter público con arreglo a la ley"; pues dada la amplitud con la que se expresa el mandato constitucional, nos obliga a desentrañar cuáles son las prestaciones y, a su vez, cuáles son los elementos de dichas prestaciones que se encuentran cubiertas por la reserva de ley.

1 Prestaciones cubiertas por la reserva de ley: prestaciones patrimoniales de carácter público

La primera de las cuestiones que es necesario abordar concierne al concepto constitucional de "prestaciones personales o patrimoniales de carácter público" que resultan cubiertas por la reserva de ley.

Dejando de lado, por escapar a nuestro ámbito de estudio, las prestaciones personales de carácter público (artículos 128 a 130 del Real Decreto Legislativo 2/2004, de 5 de marzo, por el que se aprueba el Texto Refundido de la Ley Reguladora de las Haciendas Locales), se hace preciso averiguar cuál es la nota distintiva fundamental del concepto de "prestación patrimonial de carácter público". En este sentido, la STC núm. 185/1995 (Fundamento Jurídico 3º) indicaba que "la imposición coactiva de la prestación patrimonial o, lo que es lo mismo, el establecimiento unilateral de la obligación de pago por parte del poder público sin el concurso de la voluntad del sujeto llamado a satisfacerlo es, en última instancia, el elemento determinante de la exigencia de reserva de ley; por ello, bien puede concluirse que la coactividad es la nota distintiva fundamental del concepto de prestación patrimonial de carácter público".

De la jurisprudencia constitucional mencionada se deduce que la consecuencia por la cual las prestaciones patrimoniales de carácter público sean establecidas por ley se deriva principalmente de la coactividad de este tipo de prestaciones, término que de igual manera fue precisado en esta misma STC (Fundamento Jurídico 3º) al entender que "deberán considerarse coactivamente impuestas no sólo aquellas prestaciones en las que la realización del supuesto de hecho o la constitución de la obligación es obligatoria, sino también aquellas en las que el bien, la actividad o el servicio requerido es objetivamente indispensable para poder satisfacer las necesidades básicas de la vida personal o social de los particulares, de acuerdo con las circunstancias sociales de cada momento y lugar, o dicho con otras palabras, cuando la renuncia a estos bienes, servicios o actividades priva al particular de aspectos esenciales de su vida privada o social". No obstante, como el propio Tribunal Constitucional reconoce, a la hora de determinar cuándo concurren dichas circunstancias se deberá atender a las características de cada caso concreto.

Dado que el concepto de "prestación patrimonial de carácter público" ha de interpretarse como sinónimo de "imposición coactiva de la prestación", es decir, establecida de modo unilateral por el poder público sin que concurra la voluntad de los obligados llamados a satisfacerlas;

parece ser que bajo ese techo genérico se alude *grosso modo* a la figura del tributo (es decir, a los impuestos, tasas y contribuciones especiales, tanto estatales, como autonómicos o locales) por ser la coactividad el elemento esencial de este ingreso satisfecho, directa o indirectamente, a los entes públicos. No obstante, y aunque la calificación formal que le otorga la ley al tributo represente por excelencia y antonomasia esta prestación patrimonial de carácter público, el ámbito del precepto constitucional comentado va más allá de estas prestaciones tributarias en sentido estricto o técnico, pues en él cabría englobar otras prestaciones patrimoniales para cuyo establecimiento se exige la intervención de una ley, como por ejemplo, los precios públicos, las cotizaciones a la Seguridad Social o determinadas tarifas de servicios públicos esenciales.

En el sentido anteriormente expuesto, la ya comentada STC núm. 185/1995 (Fundamento Jurídico 3º) ha precisado que "el nivel de coactividad que deriva del monopolio público sea ciertamente menor que el que resulta del carácter imprescindible de los bienes, servicios y actividades que generan la prestación, no por ello puede considerarse irrelevante, ni subsumirse en este requisito, pues, aunque los servicios o las actividades no sean obligatorias, ni imprescindibles, lo cierto es que si sólo son los entes públicos quienes los prestan, los particulares se ven obligados a optar entre no recibirlos o constituir necesariamente la obligación de pago de la prestación. La libertad de contratar o no contratar, la posibilidad de abstenerse de utilizar el bien, el servicio o la actividad no es a estos efectos una libertad real y efectiva"; precisando en otras ocasiones (entre otras, SSTC núm. 182/1997 [Fundamento Jurídico 15º]; núm. 102/2005 [Fundamento Jurídico 3º] o núm. 121/2005 [Fundamento Jurídico 5º]) que para estar ante una prestación patrimonial de carácter público se requiere, junto al requisito de la coatividad, que la prestación, "con independencia de la condición pública o privada de quien la percibe, tenga una inequívoca finalidad de interés público", por lo que puede entenderse que la intervención del legislativo sería precisa incluso en ciertos supuestos (por ejemplo, referidos a servicios públicos esenciales), aún cuando éstos se presten en régimen de Derecho privado y por entidades no públicas.

2 Elementos esenciales del tributo comprendidos en la reserva de ley

En cuanto a la segunda de las cuestiones suscitadas, relativa a si todos los aspectos o elementos del tributo han de ser necesariamente regulados por ley, el Tribunal Constitucional ha venido señalando reiteradamente (entre otras, SSTC núm. 37/1981 [Fundamento Jurídico 4º]; núm. 6/1983 [Fundamento Jurídico 4º]; núm. 179/1985 [Fundamento Jurídico 3º]; núm. 19/1987 [Fundamento Jurídico 4º]; núm. 233/1999 [Fundamento Jurídico 9º]; núm. 63/2003 [Fundamento Jurídico 4º]; núm. 150/2003 [Fundamento Jurídico 3º]; y núm. 121/2005 [Fundamento Jurídico 5º]) que "la reserva de ley hay que entenderla referida a los criterios o principios con arreglo a los cuales se ha de regir la tributación: la creación ex novo de un tributo y la determinación de los elementos esenciales o configuradores del mismo, que pertenecen siempre al plano o nivel de la ley y no pueden dejarse nunca a la legislación delegada y menos todavía a la potestad reglamentaria".

Del examen de la jurisprudencia se extrae que si la reserva de ley tributaria se concreta en el mandato de que el establecimiento (creación *ex novo*) de los tributos se lleve a cabo mediante ley y que también sea la ley la que regule sus elementos esenciales o configuradores del tributo, corresponde concretar cuáles son estos elementos del tributo que, junto al establecimiento, conforman el núcleo inalienable de la función de la ley en la esfera tributaria; determinación que no ha sido asentada por el Tribunal Constitucional, sino por la doctrina por medio de una interpretación del mandato constitucional del artículo 31.3 CE cuando somete a la legalidad el establecimiento de los tributos.

De manera sintética, debe entenderse comprendidos entre esos elementos esenciales configuradores del tributo, en todo caso, todos aquellos elementos que determinan el nacimiento de la obligación (hecho imponible o presupuesto del tributo), su cuantificación (base imponible y/o liquidable, tipo de gravamen y cuota tributaria) y el sujeto obligado al pago (contribuyente, sustituto, responsable, retenedor, etc.)

Mayor dificultad ofrece dilucidar si, junto a los elementos mencionados con anterioridad, se les puede añadir dentro del ámbito reservado a la ley, el establecimiento de exenciones y bonificaciones tributarias. El artículo 133.3 CE resuelve, en principio, la cuestión al indicar que "todo beneficio fiscal que afecte a los tributos del Estado deberá establecerse en virtud de ley"; y aunque el texto constitucional no lo diga expresamente, se entiende que dicha exigencia opera igualmente respecto a los beneficios fiscales establecidos en los tributos autonómicos y locales. Su fundamento se justifica sobre la base de impedir la concesión de beneficios arbitrarios, obligando al Parlamento (estatal, autonómico o al Pleno del consistorio local) valorar las circunstancias que puedan justificar la concesión de estas ventajas.

Sin embargo, el Tribunal Constitucional, en una jurisprudencia un tanto confusa (STC núm. 6/1983 [Fundamento Jurídico 6°]) afirma que "la reserva de ley se limita a la creación de los tributos y a su esencial configuración, dentro de la cual puede genéricamente situarse el establecimiento de exenciones y bonificaciones tributarias, pero no cualquier otra regulación de ellas, ni la supresión de las exenciones o su reducción o de las bonificaciones, porque esto último no constituye alteración de elementos esenciales del tributo". Por medio de este criterio, el máximo intérprete de la Constitución viene a romper con esa protección de la ley como fuente reguladora de los elementos esenciales, la cual no se agota en su establecimiento inicial, sino que se prolonga hasta cualquier alteración o modificación posterior de ellos; garantía que no es predicable para la supresión o reducción de las exenciones y bonificaciones, por lo que se estaría contrariando la técnica normativa, pues si el establecimiento de beneficios fiscales es tarea del legislador, al mismo correspondería también su modificación, reducción o supresión, incluso podríamos añadir que puesto que en cualquiera de estos supuestos se produciría un incremento o nacimiento de la obligación tributaria, según los casos, el respeto al principio de legalidad está más que justificado.

Por el contrario, existe unanimidad en dejar fuera del ámbito garantista de la reserva de ley a aquellas obligaciones de carácter formal o procedimental, tales como el lugar, tiempo y forma de pago (incluidos los modelos de declaración) al ser todas ellas prestaciones accidentales de hacer, y que por tanto formarían el ámbito típico de la normativa reglamentaria.

IV   El alcance de la de reserva de ley

Si, como hemos visto, la reserva de ley tributaria se concreta en el mandato constitucional de que el establecimiento de los tributos y demás prestaciones (personales y patrimoniales) de carácter público se lleven a cabo mediante ley, y que también sea la ley la que regule sus elementos esenciales, se trata ahora de concretar qué quiere decir el artículo 31.3 CE cuando ordena que los tributos se establezcan "con arreglo a la ley"; o dicho en otros términos, averiguar el alcance o profundidad, tanto formal como territorial, que se exige a la intervención legislativa en relación con los distintos elementos del tributo cubiertos por la reserva de ley.

1   Su valor como reserva relativa

Para poder abordar el alcance o grado de esa intervención legislativa en materia tributaria, debemos comenzar distinguiendo dos modalidades del instituto de la reserva de ley en la Constitución: la reserva absoluta y la reserva relativa.

Con respecto a las materias reservadas de forma absoluta a la ley, la tributaria debería regularse en su totalidad por normas legales; por tanto, a través de esta índole estricta y rigurosa, será la ley la que debe llevar a cabo la completa regulación de la materia a ella reservada, sin que quede espacio para ser disciplinada por normas de rango secundario.

Por el contrario, en el caso de la reserva de ley relativa, bastaría con que la ley regule los aspectos fundamentales y fije los criterios generales para su ulterior desarrollo reglamentario, por lo que este carácter flexible supondrá la acotación de los elementos fundamentales por ley, sin excluir la posibilidad de que normas de distinto rango a la ley o reglamentarias, puedan desarrollar los aspectos secundarios o accesorios.

En relación con esta cuestión, tanto la generalidad de la doctrina como el propio Tribunal Constitucional entienden que se trata de una reserva meramente relativa, al considerar que la reserva de ley tributaria opera de forma contundente con ocasión de la creación por primera vez del tributo y, con matices, cuando se trata de diseñar los elementos esenciales o determinantes de la obligación en que se concrete; pero que en cualquier caso, el protagonismo de la ley en materia tributaria no es exclusivo y excluyente en cuanto que se permite la colaboración del reglamento en funciones de desarrollo, complemento y subordinación de la ley tributaria. Un resumen de los aspectos más destacables de esta línea jurisprudencial, ratificada en otras muchas Sentencias, se encuentra en la STC núm. 19/1987, en la que en su Fundamento Jurídico 4º señalaba que "cuando el artículo 31.3 de la Constitución proclama que sólo se podrán establecer prestaciones patrimoniales de carácter público con arreglo a la ley, está dando entrada a la Norma Fundamental no a una legalidad tributaria de carácter absoluto (pues no se impone allí que el establecimiento haya de hacerse necesariamente por medio de ley), sino, con mayor flexibilidad, a la exigencia de que ordene la ley los criterios o principios con arreglo a los cuales se ha de regir la materia tributaria y, concretamente, la creación *ex novo* del tributo y la determinación de los elementos esenciales del mismo, que pertenecen al plano o nivel de la Ley y no pueden dejarse nunca a la legislación delegada y menos todavía a la potestad reglamentaria"; o en la STC núm. 185/1995 (Fundamento Jurídico 5º) al indicar que "se trata de una reserva relativa en la que, aunque los criterios o principios que han de regir la materia deben contenerse en una ley, resulta admisible la colaboración del reglamento, siempre que sea indispensable por motivos técnicos o para optimizar el cumplimiento de las finalidades propuestas por la Constitución o por la propia Ley, siempre que la colaboración se produzca en términos de subordinación, desarrollo y complementariedad".

Sin perjuicio de lo anteriormente señalado, el grado de flexibilidad y relatividad de la reserva de ley, que en esta materia se postula, depende del elemento del tributo que se trate y de la clase del tributo ante el que nos encontremos. Respecto al alcance de la colaboración del reglamento en función de los distintos elementos de los tributos, el Tribunal Constitucional (por ejemplo, entre otras, en las SSTC núm. 221/1992 [Fundamento Jurídico 5º]; núm. 233/1999 [Fundamento Jurídico 9º]; núm. 242/1999 [Fundamento Jurídico 9º]; núm. 63/2003, de 27 de marzo [Fundamento Jurídico 4º]; núm. 150/2003, de 15 de julio [Fundamento Jurídico 3º]; núm. 102/2005 [Fundamento Jurídico 3º] Y Auto del Tribunal Constitucional (en lo sucesivo ATC) núm. 306/2004 [Fundamento Jurídico 4º]) matiza que "la reserva de ley en materia tributaria no afecta por igual a todos los elementos integrantes del tributo sino que el grado de concreción exigible a la ley es máximo cuando regula el hecho imponible y es menor cuando se trata de regular otros elementos, como el tipo de gravamen y la base imponible", de modo que se permitirá la colaboración del reglamento en estos aspectos de mínimo rigor, siempre que ésta se realice "en términos de subordinación, desarrollo y complementariedad", debiendo ser su colaboración "indispensable por motivos técnicos o para optimizar el cumplimiento de las finalidades propuestas por la Constitución o por la propia Ley".

Pero además, como mencionábamos anteriormente, el alcance de la colaboración del reglamento estará en función de la diversa naturaleza de la figura jurídico-tributaria que se trate. Así lo ha reconocido la STC núm. 102/2005 (Fundamento Jurídico 3º) cuando señala que "interesa especialmente resaltar que el alcance de la colaboración del reglamento estará en función de la distinta naturaleza de las figuras jurídico-tributarias y de los distintos elementos de las mismas. En este sentido hemos puesto de manifiesto el diferente alcance de la reserva legal, según se esté ante la creación y ordenación de impuestos o de otras figuras tributarias; y en la misma línea hemos subrayado la especial flexibilidad de la reserva de ley tributaria cuando se trata de las tasas; también hemos insistido sobre este particular al precisar que la colaboración del reglamento con la ley puede ser especialmente intensa en el supuesto de las contraprestaciones que, como las tasas, son fruto de la prestación de un servicio o actividad administrativa; y, en fin, en nuestros últimos pronunciamiento hemos venido afirmando que resulta admisible una mayor intervención del reglamento en aquellos ingresos en los que se evidencia, de modo directo e inmediato, un carácter sinalagmático que no se aprecia en otras figuras impositivas" (en el mismo sentido, SSTC núm. 37/1981 [Fundamento Jurídico 4º]; núm. 185/1995 [Fundamento Jurídico 5º]; núm. 233/1999 [Fundamento Jurídico 9º]; núm. 106/2000 [Fundamento Jurídico 2º]; o núm. 63/2003 [Fundamento Jurídico 4º], entre otras).

Este razonamiento de especial flexibilidad respecto de unas y otras figuras tributarias (o prestaciones patrimoniales públicas) por parte del Tribunal Constitucional responde al mayor o menor grado de coactividad presente en cada una de tales figuras, operando en un grado más intenso cuando se trata de impuestos y sus elementos esenciales (por lo que la ayuda del reglamento deberá de ser mínima y siempre realizada en función de desarrollo y complemento de la ley, y no para la creación de tales elementos consustanciales a la obligación de pago), que cuando se trata de tasas o contribuciones especiales y sus elementos esenciales, en donde no existe el mismo grado de coactividad, por lo que, en consecuencia, la influencia de la reserva de ley, y por ende la colaboración del reglamento será mayor, sin perjuicio de que su establecimiento y la de los elementos más íntimamente ligados al componente coactivo, siempre tengan que venir fijados en la ley.

No podemos finalizar este apartado sin dejar sentado que, el hecho de afirmar que el principio de reserva de ley es relativo no significa que cuando una norma legal delega a un reglamento o norma secundaria el complemento de su normativa, la misma puede realizarse en blanco, pues ello provocaría una degradación de la reserva formulada por la Constitución a favor del legislador; por tanto, la ley deberá de prever, en todo caso y con suficiente determinación, un mínimo de regulación material (unos criterios, directrices y límites) dentro de la cual se moverán las normas de rango inferior o reglamentarias, de manera que al no desconocerse el contenido mínimo de la reserva de ley en materia tributaria puede decirse que el tributo queda establecido "con arreglo a la ley".

2 Alcance formal: admisibilidad del decreto ley

Afirmábamos con anterioridad que no toda formulación de una reserva de ley debe responder al fundamento de que la legalidad en la imposición vaya a alcanzar a todas las normas que pueden regular el tributo, pues la propia formulación del precepto constitucional no habla de establecimiento por ley, sino *"con arreglo a la ley"* de los tributos y demás prestaciones de carácter público.

Es por ello que llegados a este punto, procede que abordemos el alcance formal de esa intervención legislativa; uno de los aspectos más polémicos si cabe del principio que nos ocupa, debido principalmente al plurimorfismo del concepto de ley que existe en el ordenamiento jurídico español, y en donde el principio de legalidad en materia tributaria puede revestirse de distintas exteriorizaciones que poseen ese rango jerárquico de ley exigido, como son la Ley Orgánica, la Ley Ordinaria, las Leyes de Comisión, así como otras normas jurídicas con fuerza de ley, tales como el Decreto Legislativo y el Decreto-ley.

De conformidad con el artículo 86, el Decreto-ley es un acto normativo del Gobierno que goza de la misma fuerza, rango y jerarquía que las leyes, y que puede ser utilizado "en caso de extraordinaria y urgente necesidad", pero con la siguiente cláusula de exclusión: "no podrán afectar al ordenamiento de las instituciones básicas del Estado, a los derechos, deberes y libertades de los ciudadanos regulados en el Título Primero, al régimen de las Comunidades Autónomas, ni al derecho electoral general".

El problema se plantea a la vista de lo que prescribe el tenor literal del artículo 86.1 CE, en el sentido de que el Decreto-ley no puede regular los derechos y libertades del Título I de la Constitución, y teniendo en cuenta que el deber de contribuir (artículo 31.1 CE) se encuentra regulado, precisamente, en dicho Título, llevaría a la conclusión de que el Decreto-ley no podría regular la materia tributaria.

Pero el Tribunal Constitucional, en su Sentencia núm. 6/1983 [Fundamento Jurídico 6º] mantuvo que el Decreto-ley podía utilizarse para regular la materia tributaria, siempre que concurriese el presupuesto habilitante de la extraordinaria y urgente necesidad, pero con el límite de que tal regulación no alcance a los elementos esenciales del tributo cubiertos por el principio de reserva de ley tributaria.

Sin embargo, la tesis mantenida anteriormente fue modificada en la STC núm. 182/1997 [Fundamento Jurídico 7º], fijando en una nueva doctrina, que se ha mantenido desde entonces, los límites a la utilización del Decreto-ley en el sentido de que no puede alterar ni el régimen general ni los elementos esenciales del deber de contribuir, que la Constitución conecta con el criterio de capacidad económica, y lo relaciona, a su vez, claramente, no con cualquier figura tributaria en particular, sino con el conjunto del sistema tributario, de manera que "vulnerará el artículo 86 de la CE cualquier intervención o innovación normativa que por su entidad, cualitativa o cuantitativa, altere sensiblemente la posición del obligado a contribuir según su capacidad económica en el conjunto del sistema tributario". Por tanto, la posibilidad o no de utilizar el Decreto-ley en materia tributaria va a depender de la importancia cuantitativa y cualitativa que para la configuración del deber constitucional de contribuir tenga el tributo sobre el que se incida, si bien se trata de criterios en buena medida indeterminados y ambiguos que obligan a un examen de la regulación caso por caso; o dicho en palabras del Tribunal Constitucional en la Sentencia y Fundamento Jurídico mencionado, "será preciso tener en cuenta en cada caso en qué tributo concreto incide el Decreto-ley –constatando su naturaleza, estructura y la función que cumple dentro del conjunto del sistema tributario así como el grado o medida en que interviene el principio de capacidad económica–, qué elementos del mismo –esenciales o no– resultan alterados por este excepcional modo de producción normativa y, en fin, cuál es la naturaleza y alcance de la concreta regulación de que se trate".

No merece la pena a estas alturas detenerse en el examen minucioso, caso por caso, de todas las circunstancias o condiciones que legitiman el empleo a este excepcional modo de producción normativa en materia tributaria. Sólo añadir que la STC núm. 189/2005, en su Fundamento Jurídico 8º viene a dar un paso más dentro de esta tendencia, al estimar inconstitucional el Decreto-ley cuando haya *afectado* sensiblemente al deber de los ciudadanos de contribuir al sostenimiento de los gastos públicos de acuerdo con su capacidad económica, tal como éste se configura en el artículo 31.1 CE", y entender que el tributo que afecta sensiblemente al deber de contribuir es el "global sobre la renta o sobre el consumo" y no el "que se limita a gravar una manifestación concreta de capacidad económica"; de modo que en el tributo global (Impuesto sobre la Renta de las Personas Físicas o Impuesto sobre el Valor Añadido) el margen del Decreto-ley es escaso y en el que no reúne esta naturaleza es amplio.

Sentadas estas premisas, cabe concluir señalando que, en efecto, no parece que existan razones suficientes para considerar improcedentes en todo caso la regulación mediante Decreto-ley de la materia tributaria; más bien habría que aceptar esta posibilidad cuando se trata de situaciones de extraordinaria y urgente necesidad (como la concesión de exenciones en supuestos de catástrofes naturales), que son precisamente los requisitos exigidos con carácter general por el artículo 86.1 CE para que el Gobierno pueda dictar Decretos-leyes.

Conclusiones

Esta pequeña aportación no pretende aclarar, ni mucho menos, las innumerables dudas interpretativas que, aún hoy, sigue planteando el principio constitucional tributario por antonomasia. Este trabajo debe entenderse más bien como un punto de partida. Reconstruyendo el fundamento tradicional de la reserva de ley, y ubicándolo en un contexto contemporáneo, es posible superar muchas de las contradicciones que se desprenden de la jurisprudencia del Tribunal Constitucional en esta materia. De un lado permite fijar con claridad el ámbito de la reserva de ley superando las imprecisiones de la "teoría de la esencialidad". Pero, sobre todo, puede contribuir a construir un sistema coherente, sobre todo previsible, de flexibilizaciones del principio.

Informação bibliográfica deste texto, conforme a NBR 6023:2018 da Associação Brasileira de Normas Técnicas (ABNT):

ROMERO FLOR, Luis María. El principio de reserva de ley en derecho financiero español como manifestación del principio constitucional de legalidad. *In*: SARAIVA FILHO, Oswaldo Othon de Pontes; SIQUEIRA, Julio Homem de; BEDÊ JÚNIOR, Américo; FABRIZ, Daury César; SIQUEIRA, Junio Graciano Homem de; CUNHA, Ricarlos Almagro Vitoriano (Coord.). *Noções gerais e limitações formais ao poder de tributar*. Belo Horizonte: Fórum, 2021. p. 401-414. (Coleção Fórum Princípios Constitucionais Tributários – Tomo I). ISBN 978-65-5518-057-2.

PECUNIA NON OLET

RAPHAEL MALEQUE FELÍCIO
JULIO HOMEM DE SIQUEIRA
ANTÔNIO LOPO MARTINEZ

1 Introdução

O suicídio do imperador romano Nero trouxe um período conturbado à Roma Antiga e a ele sucederam Galba, Otão e Vitélio, que foram, sucessivamente, derrotados e assassinados. Com a queda de Vitélio, Tito Flávio Vespasiano foi proclamado imperador e manteve-se no poder por uma década. Embora haja poucas fontes sobre os 10 anos de governo, sabe-se que o popular Vespasiano, filho de coletor de impostos, foi responsável por revitalizar o império, o que fez mediante a realização de obras públicas (uma das mais conhecidas é o Coliseu) e de reformas financeiras, por meio das quais instituiu um imposto sobre a utilização das cloacas e dos mictórios públicos.

A Roma do primeiro século viu a introdução do *urinae vectigal* (tributo da urina), um imposto proposto pelo Imperador romano Vespasiano para a coleta e distribuição de urina. Os ricos compradores da urina pagavam o imposto por este líquido valioso na época. As classes mais baixas do Império recolhiam sua urina e lançavam em fossas, sob pena de multas. Adicionado igualmente o efluente de lavatórios públicos que eram direcionados a *Cloaca Maxima* (grande esgoto). O imposto aplicado a todos os banheiros públicos dentro de Roma ajudou em parte o desenvolvimento da cidade. A urina em si era uma cara mercadoria, utilizada na indústria de bronzeamento, onde era misturada com a pele para amolecer, afrouxar os pelos e dissolver a gordura de sua superfície. Também foi usada como lixívia onde túnicas eram imersas e branqueadas. Os romanos ricos, especialmente as mulheres, estavam dispostos a pagar grandes somas de dinheiro para pasta de dentes em que a urina era o ingrediente-chave. Acreditava-se que a própria urina ou a de outro romano não seria eficaz, mas sim a urina portuguesa proporcionava um efeito clareador ideal. Assim, foram importadas grandes quantidades da urina portuguesa "mais forte" para esse propósito.[1]

Questionado por seu filho Tito, ante a repulsa à exação,[2] Vespasiano mandou que ele cheirasse um par de moedas de ouro e questionou se elas emanavam algum odor (*olet?*) e Tito respondeu que não sentia cheiro (*non olet!*), retrucando, então, seu pai, que elas foram obtidas através da urina dos usuários dos mictórios públicos.[3] Atribui-se, assim, a expressão *pecunia non olet* ao diálogo entre Tito e Vespasiano, surgindo a ideia de que a moralidade ou a legalidade das condutas dos contribuintes é irrelevante para a obtenção de receita pública por meio da tributação.[4]

A frase *"non olet"* ainda em uso na atualidade pode representar também que "o dinheiro é igualmente imundo, independentemente da sua fonte". Ainda nos dias de hoje, o nome de Vespasiano é associado aos urinóis públicos na França (vespasiennes), na Itália (vespasiani), e na Romênia (vespasiene). Em síntese, a urina não só desempenhou um papel inestimável na antiga Roma, como também foi um marcador de riqueza e *status*, como a *urinae vectigal* (tributo da urina), que desempenhou um papel vital no desenvolvimento do sistema público de urinóis, um feito arquitetônico que mantém muitos paralelos até hoje.[5]

O conteúdo do princípio *pecunia non olet* foi, posteriormente, melhor tratado na Alemanha por Albert Hensel e Otmar Bühler, que passaram a defender a incidência da tributação em atividades ilícitas,

---

[1] NAIR, Rajesh; SRIPRASAD, Seshadri, "Pecunia non Olet!" Money that does not smell and the birth of public lavatories', *The Journal of Urology*, v. 183, n. 4, Supplement, p. 438-439, 2010.

[2] GUTIERREZ, Miguel Delgado. *O imposto de renda e os princípios da generalidade, da universalidade e da progressividade* (Tese de Doutorado). São Paulo: USP, 2014.

[3] PIKULSKA-RADOMSKA, Anna. On some fiscal decisions of Caligula and Vespasian. *Studia Ceranea*, vol. 2, 2012.

[4] GUTIERREZ, Miguel Delgado. Obra citada, 2014; SABBAG, Eduardo. *Manual de Direito Tributário*. 9. ed. São Paulo: Saraiva, 2017, p. 143-144.

[5] NAIR, Rajesh; SRIPRASAD, Seshadri, "Pecunia non Olet!" Money that does not smell and the birth of public lavatories', *The Journal of Urology*, v. 183, n. 4, Supplement, p. 438-439, 2010.

ineficazes ou imorais.[6] Com o exílio de Hensel para a comuna italiana de Pavia, a teoria da interpretação econômica do fato gerador influenciou a Escola integrada, então, por Benvenuto Griziotti e Dino Jarach, o qual, perseguido pelo governo fascista italiano, buscou abrigo na Argentina e divulgou a teoria para a América Latina.[7]

O princípio *pecunia non olet*, quer dizer, *dinheiro não cheira*, é também conhecido como princípio da intervenção objetiva do fato gerador tributário, ou, ainda, como princípio da conformidade da tributação com o fato gerador, e constitui-se como uma das manifestações do princípio da legalidade tributária.[8] Em termos gerais, ele significa

---

[6] GUTIERREZ, Miguel Delgado. Obra citada, 2014.

[7] COELHO, André Felipe Canuto; BORBA, Bruna Estima. Esperando por uma tributação ideal: o imperativo categórico da capacidade contributiva. *Revista Brasileira de Estudos Políticos*, vol. 117, 2018.

[8] O que a doutrina e a jurisprudência usualmente denominam princípios tributários são garantias constitucionais do contribuinte, apresentando-se como normas jurídicas, as quais se comportam ou como regras ou como princípios, a depender da situação concreta. O presente capítulo não discute a distinção das normas jurídicas em regras e em princípios. Todavia, registre-se que há, em termos gerais, dois grupos teóricos. O primeiro defende que as normas só podem ser regras, enquanto que o segundo argumenta que a distinção existe. Dentro de cada grupo, há divisões. Para aprofundamentos sobre a distinção, cf., entre outros: AARNIO, Aulis. Reglas y principios en el razonamiento jurídico. *Anuario da Facultade de Dereito da Universidade da Coruña*, vol. 4, 2000; ALEXY, Robert. On the structure of legal principles. *Ratio Juris*, vol. 3, n. 3, 2000; ATIENZA, Manuel; RUIZ MANERO, Juan. Sobre principios y reglas. *Doxa*, vol. 10, 1991; ÁVILA, Humberto. *Theory of legal principles*. Dordrecht: Springer, 2007; BUSTAMANTE, Thomas da Rosa de. Sobre a justificação e a aplicação de normas jurídicas. Análise das críticas de Klaus Günther e Jürgen Habermas à teoria dos princípios de Robert Alexy. *Revista de Informação Legislativa*, vol. 171, 2006; CIANCIARDO, Juan. Principios y reglas: una aproximación desde los criterios de distinción. *Boletín Mexicano de Derecho Comparado* (Nueva Serie), vol. 36, n. 108, 2003; DWORKIN, Ronald. The model of rules. *The University of Chicago Law Review*, vol. 35, n. 1, 1967; GUASTINI, Riccardo. *La sintaxis del derecho*. Trad. Álvaro Núñez Vaquero. Madrid: Marcial Pons Ed., 2016; KELSEN, Hans. *Problemas capitals de la teoría jurídica del Estado* (desarrollados con base en la doctrina de la proposición jurídica). Trad. Wenceslao Roces. México, DF: Editorial Porrúa, 1987; KELSEN, Hans. *Teoria geral das normas*. Trad. José Florentino Duarte. Porto Alegre: Safe, 1986; RAZ, Joseph. Legal principles and the limits of law. *Yale Law Journal*, vol. 81, n. 5, 1972; ROBLES, Gregorio. Considerações sobre a teoria da norma jurídica em Kelsen. *In*: FARO, Julio Pinheiro; BUSSINGUER, Elda Coelho de Azevedo (Coord.). *A diversidade do pensamento de Hans Kelsen*. Rio de Janeiro: Lumen Juris, 2013; SILVA, Virgílio Afonso da. Princípios e regras: mitos e equívocos acerca de uma distinção. *Revista Latino-Americana de Estudos Constitucionais*, vol. 1, 2003; SIQUEIRA, Julio Pinheiro Faro Homem de. Far beyond from norms, distinguishing rules and principles. *ARSP – Archiv für Rechts-und Sozialphilosophie*, vol. 97, n. 2, 2011. Bem como neste volume: CASSONE, Vittorio. Distinção entre normas, regras e princípios em face do Sistema Tributário Nacional; GRAU, Eros Roberto. Os princípios são regras!; RAMOS-FUENTES, Gloria; MASBERNAT, Patrici. Principios constitucionales. Concepto. No caso da legalidade, não se está propriamente diante de um princípio, mas de uma regra, que determina a necessidade de uma base legal que fundamente a relação jurídica tributária. Todavia, por se tratar de uma regra fundamental, convencionou-se, ainda que equivocadamente, denominá-la como princípio. Como aqui não se pretende realizar uma discussão teórica sobre a distinção entre princípios e regras, é mantida a

que uma obrigação tributária somente pode ser constituída se ocorrido o respectivo fato gerador ao qual a lei a vincula. Assim, por exemplo, se uma lei tributária estabelecer que se alguém, em um determinado lugar e tempo, auferir renda deverá pagar, a título de imposto, um percentual sobre os seus ganhos ao Estado, então não importa a origem do ganho, se de uma prática lícita ou ilícita, o fato é que a pessoa deverá pagar a exação.

O presente capítulo apresenta o princípio *pecunia non olet*, demonstrando suas bases legislativa, doutrinária e jurisprudencial, bem como sua contextualização prática.

2 O que é o princípio *pecunia non olet*

As bases do princípio *pecunia non olet* se referem, como o seu princípio-matriz, o da legalidade, ao fato gerador da obrigação tributária. O entendimento sobre o fato gerador passa, necessariamente, pela crítica que foi feita ao uso da expressão pela doutrina brasileira, a qual afirma que o fato gerador só gera confusão intelectual,[9] bem como pela inevitável conclusão de que a ausência de uma expressão melhor proposta pelos críticos revela que o fato gerador é o suporte fático, previsto abstratamente, na norma jurídica, que, verificado na prática, conduz à constituição da (ou seja, gera a) obrigação tributária.[10] Portanto,

---

nomenclatura usual. Sobre o princípio da legalidade, cf., entre outros: ROTHMANN, Gerd W. O princípio da legalidade tributária. *Revista da Faculdade de Direito da USP*, vol. 67, 1972; SIQUEIRA, Julio Pinheiro Faro Homem de. Legalidade tributária. *Revista Tributária e de Finanças Públicas*, vol. 102, 2012. Bem como, neste volume, os capítulos de: PEDRON, Flávio Quinaud; NUNES, Rafael Alves. O princípio da legalidade no direito contemporâneo; SALVATI, Adriana. Principio di legalità e buon andamento dell'azione amministrativa: la responsabilità dell'Amministrazione finanziaria; ØRBERG, Mark; SCHMIDT, Peter Koerver. The principle of legality in the context of Danish tax law; ALVES JR., Luís Carlos Martins. A legalidade e o imposto sobre grandes fortunas: uma breve análise acerca das Ações Diretas de Inconstitucionalidade por Omissão n°s 26 e 31 e do Mandado de Injunção n° 4.733.

[9] Conferir, por exemplo: BECKER, Alfredo Augusto. *Teoria geral do Direito tributário*. São Paulo: Saraiva, 1963, p. 288; FALCÃO, Amílcar de Araújo. *Fato gerador da obrigação tributária*. 2. ed. São Paulo: Revista dos Tribunais, 1973; SOUTO MAIOR BORGES, José. *Isenções tributárias*. São Paulo: Sugestões Literárias, 1969; ATALIBA, Geraldo. *Hipótese de incidência tributária*. 6. ed. São Paulo: Malheiros, 2009; CARVALHO, Paulo de Barros. *Curso de Direito Tributário*. 18. ed. São Paulo: Saraiva, 2007.

[10] Conferir, por exemplo: PONTES DE MIRANDA, Francisco Cavalcanti. *Tratado de direito privado*: parte geral. Campinas: Bookseller, 1999, p. 66; SIQUEIRA, Julio Pinheiro Faro Homem de; SIQUEIRA, Junio Graciano Homem de. Ainda o fato gerador. *Revista Tributária e de Finanças Públicas*, vol. 93, 2010; SIQUEIRA, Julio Pinheiro Faro Homem de. Reflexão sobre o fato gerador da obrigação tributária. *In*: MARTINS, Ives Gandra da Silva; BRITO, Edvaldo (Org.). *Direito tributário*: obrigação tributária. 2. ed. São Paulo: RT, 2014 – Coleção Doutrinas Essenciais, vol. 9; SIQUEIRA, Julio Pinheiro Faro Homem de. Direitos fundamentais

pode-se afirmar que há confusão entre as expressões utilizadas para se referir à previsão normativa em abstrato e a sua ocorrência prática, já que os operadores tendem a chamar ambas de *fato gerador*, embora à primeira seja mais exato nominar *hipótese de incidência ou suporte fático abstrato* e à segunda *fato gerador ou suporte fático concreto*.[11]

A expressão "suporte fático" parece mais adequada, pois o seu sentido é único e intuitivo: *fato que dá suporte a algo*. Com base nessa clareza, pode-se afirmar existir um suporte fático abstrato (a hipótese normativa de incidência) e um suporte fático concreto (o fato imponível, que determina o nascimento da obrigação tributária). A diferenciação facilita a comunicação e evita equívocos, permitindo uma melhor compreensão apesar de o suporte fático concreto ser juridicamente relevante tão somente porque existe um suporte fático abstrato.[12] Nesse passo, pode-se dizer que, a partir de uma conjugação de dispositivos constitucionais, o suporte abstrato dos fatos tributários deve estar previsto em lei (art. 150, I c/c art. 146, III, "a" e "b") que seja anterior à ocorrência concreta desses fatos (art. 150, III).

O suporte fático abstrato é, com efeito, premissa do suporte fático concreto. No entanto, o embasamento constitucional não se restringe ao sistema que o constituinte reservou ao exercício das competências tributárias. Ele vai além, porque abrange a obrigação de contribuir com a manutenção da maquinaria estatal e a realização de direitos, conforme a sua capacidade econômica (arts. 145 a 162, 194, 195 e 201 a 204, todos da CRFB/88).[13] Essa obrigação é comumente referida como

---

    e suporte fático: notas a Virgílio Afonso da Silva. *Revista de Direitos e Garantias Fundamentais*, vol. 6, 2011.

[11] Em sentido muito próximo, os seguintes autores, por exemplo, registraram as expressões *fato gerador abstrato* e *fato gerador concreto*, cf.: BALEEIRO, Aliomar. *Direito tributário brasileiro*. rev. e atual. por Misabel Abreu Machado Derzi. 12. ed. Rio de Janeiro: Forense, 2013. p. 1106-1107; BECHO, Renato Lopes. *Lições de Direito Tributário*: teoria geral e constitucional. São Paulo: Saraiva, 2011; ROSA JÚNIOR, Luiz Emygdio F. *Manual de direito tributário*. 2. ed. Rio de Janeiro: Renovar, 2012.

[12] SILVA, Virgílio Afonso da. *Direitos fundamentais*: conteúdo essencial, restrições e eficácia. São Paulo: Malheiros Ed., 2009, p. 68.

[13] Sobre capacidade contributiva, cf., entre outros: ANDRADE, Rodrigo Fonseca Alves de. O princípio base da capacidade contributiva e a sua aplicação diante de uma pluralidade de tributos. *Revista de Informação Legislativa*, n. 149, 2001; CALIENDO, Paulo. *Direito tributário e análise econômica do direito*: uma visão crítica. Rio de Janeiro: Elsevier, 2009; COSTA, Regina Helena. *Princípio da capacidade contributiva*. 2. ed. São Paulo: Malheiros Ed., 1996; KLAUS, Tipke; YAMASHITA, Douglas. *Justiça Fiscal e Princípio da Capacidade Contributiva*. São Paulo: Malheiros, 2002; MARTINS, Ives Gandra da Silva. Capacidade contributiva, igualdade e justiça. *Revista Brasileira de Direito Constitucional*, n. 2, 2003; MEIRELLES, José Ricardo. O princípio da capacidade contributiva. *Revista de Informação Legislativa*, n. 136, 1997; SIQUEIRA, Julio Pinheiro Faro Homem de. O critério da capacidade econômica na

dever fundamental de pagar tributos, e para ela não há, como se pode observar, um dispositivo constitucional específico, mas todo um sistema constitucional, o qual se liga fortemente à legislação infraconstitucional.[14]

O instituto jurídico *tributo* tem o seu conceito fortemente atrelado a esse dever (ou obrigação) constitucional. Segundo Geraldo Ataliba, "o conceito jurídico de tributo é construído à luz dos princípios e da técnica jurídica e à sua sistemática afeiçoado", ou seja, "o conceito de tributo para o direito é um conceito jurídico privativo, que não se pode confundir com o conceito financeiro, ou econômico de outro objeto, de outros setores científicos como o é o tributo ontologicamente".[15]

---

tributação. *Revista de Derecho de la Pontificia Universidad Católica de Valparaíso*, vol. 35, n. 2, 2010; SIQUEIRA, Julio Pinheiro Faro Homem de; GOMES, Marcelo Sant'Anna Vieira. Justiça fiscal: *Rawls*, capacidade contributiva e o mínimo existencial. *In*: MARTINS, Ives Gandra da Silva; BRITO, Edvaldo (Org.). *Direito tributário*: administração tributária. 2. ed. São Paulo: RT, 2014 – Coleção Doutrinas Essenciais, vol. 11. Bem como neste volume: BLAIRON, Katia. Grandeur et décadence d'un principe: l'imposition à raison des facultés contributives; MACHADO, Álvaro Augusto Lauff; FIGUEIREDO, Marcelo. Estudos sobre a eficácia do princípio da capacidade contributiva; FALCÃO, Maurin Almeida. As notas dissonantes do princípio constitucional da capacidade contributiva; BRAVO CUCCI, Jorge. Principio de capacidad contributiva. Breves reflexiones desde la perspectiva de la jurisprudencia peruana; MASBERNAT, Patrici; RAMOS-FUENTES, Gloria. Principio de capacidad contributiva. Un acercamiento desde el derecho italiano. MAURO, Michele. Il principio costituzionale italiano di capacità contributiva con particolare riferimento alla tassazione ambientale; GRUPENMACHER, Betina Treiger. Incentivos e benefícios fiscais e o princípio da capacidade contributiva.

[14] Há bastante literatura sobre esse dever, cf., por exemplo: CASALTA NABAIS, José. *O dever fundamental de pagar impostos*: contributo para a compreensão constitucional do Estado fiscal contemporâneo. Coimbra: Almedina, 2009; DANELI FILHO, Eloi Cesar; RODRIGUES, Hugo Thamir. O dever fundamental de pagar impostos, teoria da justiça e imunidades de tempos de qualquer culto. *Anais do XIX Encontro Nacional do CONPEDI*. Florianópolis: Fundação Boiteux, 2010; FELICIO, Raphael Maleque; MENDONÇA, Marcelo Otávio de Albuquerque Benevides. Contribuição Sindical: o recolhimento pode ser facultativo? *Revista de Finanças Públicas, Tributação e Desenvolvimento*, v. 7, n. 8, 2019; SIQUEIRA, Julio Pinheiro Faro Homem de. Solidariedade e justiça fiscal: uma perspectiva diferente sobre a concretização de direitos a partir do dever de pagar impostos. *Revista de Direito Constitucional e Internacional*, vol. 81, 2012; SIQUEIRA, Julio Pinheiro Faro Homem de. Mínimo existencial e o dever de pagar tributos, ou financiando os direitos fundamentais. *Revista da Academia Brasileira de Direito Constitucional*, n. 1, 2009; SIQUEIRA, Julio Pinheiro Faro Homem de. Administração pública, realização y financiación de los derechos fundamentales. *In*: DEL REAL ALCALÁ, J. Alberto (Ed.). *La maquinaria del derecho en Iberoamérica*. Ciudad de México: UNAM, 2016; SIQUEIRA, Julio Pinheiro Faro Homem de. Administração pública, financiamento e concretização dos direitos fundamentais. *Revista de Direito Brasileiro*, vol. 3, 2012; SIQUEIRA, Julio Pinheiro Faro Homem de. Elementos para uma teoria dos deveres fundamentais: uma perspectiva jurídica. *Revista de Direito Constitucional e Internacional*, vol. 95, 2016.

[15] ATALIBA, Geraldo. *Hipótese de incidência tributária*. 5. ed. São Paulo: Malheiros Ed., 1999. p. 23.

Esse conceito, presente no artigo 3º do CTN,[16] também se pode extrair do texto constitucional, pelo qual tributo é a prestação em dinheiro exigida compulsoriamente pelos entes políticos de pessoas físicas ou jurídicas, com ou sem promessa de devolução, forte na ocorrência de situação estabelecida por lei que revele sua capacidade contributiva ou sua vinculação a atividade estatal que lhe diga respeito diretamente, com vista à obtenção de recursos para o financiamento geral do Estado ou para o financiamento de atividades ou fins específicos realizados e promovidos pelo próprio Estado ou por terceiros no interesse público.[17]

O conceito constitucional é basicamente igual ao conceito legal, de acordo com o qual tributo é "toda prestação pecuniária compulsória, em moeda ou cujo valor nela se possa exprimir, que não constitua sanção de ato ilícito, instituída em lei e cobrada mediante atividade administrativa plenamente vinculada" (art. 3º do CTN). Nesse aspecto, como o constituinte delegou à lei complementar a atribuição de definir o conceito de tributo (art. 146, III, "a"),[18] a doutrina entende que o artigo 3º do CTN foi recepcionado com eficácia de lei complementar, sendo, então, o instrumento legal que regula o conceito de tributo.[19]

A partir do texto constitucional ou do texto legal, pode-se afirmar que os tributos sempre apresentarão as seguintes características: (i) são prestações compulsórias, isto é, impostas pelo Estado, devendo o sujeito passivo que manifestar, de alguma maneira, capacidade econômica de contribuir pagá-la, ainda que não tenha interesse; (ii) essas prestações necessariamente decorrem de lei que institua a exação, já que tão somente as espécies normativas primárias podem criar obrigações; (iii) não se confundem com as sanções decorrentes de comportamentos ilícitos; (iv) devem ser constituídas e cobradas por meio de atividade administrativa plenamente vinculada, hipótese em que se gerará um crédito tributário; (v) crédito que deve ser pago em direito ou algo que tenha valor econômico; (vi) e, após ser quitado, passa a se constituir como receita pública derivada, cuja finalidade é obter recursos para o Estado

---

[16] A doutrina costuma criticar a definição presente no artigo 3º do CTN, argumentando que tal definição da legislação infraconstitucional teria alterado a sua essência. Cf. MACHADO, Hugo de Brito. *Curso de direito tributário*. 27. ed. São Paulo: Malheiros, 2006, p. 76.

[17] PAULSEN, Leandro. *Curso de Direito Tributário*: completo. 4. ed. Porto Alegre: Livraria do Advogado, 2012, p. 24-25.

[18] "Art. 146. Cabe à lei complementar: (...) III – estabelecer normas gerais em matéria de legislação tributária, especialmente sobre: a) definição de tributos e de suas espécies, bem como, em relação aos impostos discriminados nesta Constituição, a dos respectivos fatos geradores, bases de cálculo e contribuintes".

[19] PAULSEN, Leandro. *Curso de direito tributário*: completo. 5. ed. Porto Alegre: Livraria do Advogado, 2013.

cumprir suas obrigações constitucionais, atendendo e concretizando o interesse público.

É de se notar, a partir disso, que, embora o tributo se constitua como um "dever social do cidadão de contribuir para o Estado com as receitas necessárias à satisfação das necessidades públicas",[20] de nenhum dos dois conceitos é possível extrair que o critério material da hipótese de incidência tributária deve ser, necessariamente, lícito. Ao contrário, ambos exigem que o sujeito passivo se comporte da maneira prevista no texto normativo, ou seja, *manifeste capacidade econômica de contribuir*, o que pode decorrer tanto de uma atividade lícita ou ilícita. É por isso que os critérios materiais dos tributos são bastante abstratos (ser proprietário de imóvel localizado na zona rural ou na zona urbana, importar produtos estrangeiros, exportar para o estrangeiro produtos nacionais ou nacionalizados, transmitir bens imóveis e/ou direitos a eles relativos, adquirir renda e/ou proventos de qualquer natureza etc.).

Note-se que em nenhum dos casos o legislador se preocupou com a natureza da atividade praticada. É que no Direito Tributário o que importa é que o fato gerador ocorra e preencha os critérios[21] que a norma tributária prevê. Ou, nos termos do artigo 118 do CTN, que é o fundamento legal do princípio *pecunia non olet*,[22] a definição

---

[20] ROSA JÚNIOR, Luiz Emygdio F. Obra citada, 2012. p. 47.

[21] A regra-matriz de incidência tributária abrange cinco critérios, três no descritor (temporal, espacial e material) e dois no prescritor (pessoal e quantitativo).

[22] O princípio *pecunia non olet* foi incluído nos artigos 84 e 85 do Projeto de Código Tributário, pela pena de Rubens Gomes de Souza. Os dispositivos tinham a seguinte redação: "Art. 84. Na conceituação de determinado ato, fato, ou situação jurídica, para efeito de verificar se configura ou não o fato gerador e de definir a alíquota aplicável, ter-se-á diretamente em vista o seu resultado efetivo, ainda quando não corresponda ao normal em razão da sua natureza jurídica, com o objetivo de que a resultados idênticos ou equivalentes corresponda tratamento tributário igual. Parágrafo único. Por exceção ao disposto neste artigo, são devidos independentemente da efetividade ou permanência dos resultados do respectivo fato gerador: I. As taxas; II. Os impostos cujo fato gerador seja a celebração de negócio, a prática de ato, ou a expedição de instrumento, formalmente caracterizados na conformidade do direito aplicável segundo a sua natureza própria. Art. 85. A circunstância dos negócios ou atos jurídicos celebrados ou praticados serem inexistentes, nulos ou anuláveis, ou terem objeto impossível, ilegal, ilícito ou imoral não exclui, modifica ou difere a tributação, desde que os seus resultados efetivos sejam idênticos aos normalmente decorrentes do estado de fato ou situação jurídica que constitua o fato gerador da obrigação tributária principal, observado, porém, o disposto na alínea IV do art. 130". Os motivos para a inclusão foram apresentados pelo relator: "O art. 84, oriundo do art. 129 do Anteprojeto, traça a regra básica da interpretação econômica dos fatos geradores em função de seus resultados, em têrmos correspondentes àqueles por que o art. 74 estabelece a mesma regra para a interpretação da lei tributária. As sugestões formuladas ao art. 129 do Anteprojeto foram analisadas a propósito do art. 74 do Projeto, que tem a mesma origem (supra: 80). O §único do art. 84 (Anteprojeto, art. 138), consagra as mesmas exceções que o §2º do artigo anterior, preservando assim a coerência do sistema. O art. 85, norma complementar do anterior,

legal do fato gerador deve ser interpretada desconsiderando-se tanto a "validade jurídica dos atos que forem praticados pelo contribuinte, responsáveis, ou terceiros, bem como da natureza do seu objeto ou dos seus efeitos", como, por exemplo, se lícitos ou ilícitos, quanto os "efeitos dos fatos efetivamente ocorridos". Isso significa que, diante da natureza fiscal (arrecadatória) dos tributos, cujo objetivo principal é arrecadar recursos para os cofres públicos, a sua utilização não pode se constituir em sanção por um ato ilícito,[23] muito embora a exação

---

consagra expressamente a não influência, para efeitos tributários, da eficácia jurídica dos atos ou negócios praticados ou celebrados pelas partes, desde que os seus resultados efetivos correspondam aos que sejam normais à situação material ou jurídica definida em lei como fato gerador. A jurisprudência tem adotado soluções diferentes, especialmente em matéria de ato ilícito (...). A doutrina estrangeira e nacional, a jurisprudência e mesmo a legislação de outros países são, entretanto, concordes no sentido do texto (...). No sistema do Projeto, a solução não poderia ser outra, face ao critério básico da aplicação da lei fiscal em função dos resultados econômicos dos atos tributados (supra: 80), que por sua vez encontra fundamento jurídico no caráter eminentemente patrimonial do direito tributário, que, ao contrário do direito privado, e mesmo de outros ramos do direito público, não visa regular os efeitos jurídicos dos atos ou negócios a que se refere. A função do direito tributário é, exclusivamente, a de atribuir fundamento jurídico ao tratamento conferido pela Fazenda Pública às atividades dos contribuintes, consideradas estas como meras situações de fato evidenciadoras de capacidade econômica. O alcance do direito tributário está, portanto, delimitado unicamente pela extensão dos efeitos econômicos das situações materiais ou jurídicas definidas na lei fiscal como fatos geradores: corolário dessa delimitação é, porém, a ressalva do desaparecimento ou redução de tais efeitos em consequência de nulidade declarada por sentença, a que o dispositivo atende por via de remissão ao art. 130 nº IV, excetuados, pelo §único desse último artigo, os tributos formais. O dispositivo em exame corresponde ao art. 135 do Anteprojeto, ao qual não foram apresentadas sugestões" (Cf. MINISTÉRIO DA FAZENDA. *Trabalhos da Comissão Especial do Código Tributário Nacional*. Disponível em: http://www2.senado.leg.br/bdsf/handle/id/511517. Acesso: 29 mar. 2019). Ver, ainda: SOUSA, Rubens Gomes de. *Compêndio de Legislação Tributária* (edição póstuma). São Paulo: Resenha Tributária, 1975, p. 79-80: "a circunstância de um ato, contrato ou negócio ser juridicamente nulo, ou mesmo ilícito, não impede que seja tributado, desde que tenha produzido efeitos econômicos (...) a lei fiscal tributa uma determinada situação econômica, e, portanto, desde que esta se verifique, é devido o imposto, pouco importando as circunstâncias jurídicas em que se tenha verificado". Apesar dos esforços de Rubens Gomes de Souza, o art. 84 foi excluído da redação final do CTN. Já o art. 85 sofreu algumas alterações, sendo removida a expressa menção à tributação de atividades ilícitas ou imorais, redundando na atual redação do art. 118 do CTN (cf. MARTINS, Natanael. *A tributação do ilícito-limites à aplicação do princípio do non olet*. Disponível em: https://www.ibet.com.br/wp-content/uploads/2017/07/Natanael-Martins.pdf. Acesso em: 29 mar. 2019.

[23] No Direito comparado é possível encontrar dispositivos legais semelhantes ao artigo 118 do CTN, como na *Ley General Tributaria* espanhola ["Artigo 13. Qualificação. As obrigações tributárias serão exigidas de acordo com a natureza jurídica do fato, o ato ou o negócio realizado, qualquer que seja a forma ou a denominação que as partes interessadas tenham dado, e independentemente dos defeitos que possam afetar sua validade" (tradução livre)], no *Abgabenordnung* alemão ["§40 – Ações contrárias à lei ou às políticas públicas serão irrelevantes para a tributação quando uma ação que é total ou parcialmente tributável viola uma regra ou proibição legal ou é contrária à ordem pública. §41 – Transações legais inválidas: (1) Quando uma transação legal é ou se torna inválida, isso deve ser irrelevante para a tributação, na medida em que e enquanto as pessoas envolvidas permitirem que o

possa ser cobrada em razão da capacidade contributiva manifestada no desempenho de uma atividade ilícita.

Portanto, o pagamento de um tributo não decorre de um ato ilícito ou lícito praticado pelo sujeito passivo. O comportamento praticado que faz surgir a obrigação tributária é aquele *descrito no texto normativo*, permitindo, então, a subsunção do fato à norma. Assim, por exemplo, no caso do imposto sobre a renda e proventos de qualquer natureza, a lei, abstrata e geral, determina que a aquisição de disponibilidade econômica ou jurídica (art. 43 do CTN) é a conduta que gerará a obrigação tributária principal, isto é, obrigará ao pagamento do tributo, e não, por exemplo, a aquisição de renda pelo comércio de entorpecentes lícitos ou ilícitos. Daí dizer, com base no princípio *pecunia non olet*, que a validade jurídica de um fato praticado, a sua natureza e os seus efeitos não têm importância na subsunção à norma.[24]

A jurisprudência, a propósito, firmou o entendimento de que o princípio do *non olet* confere possibilidade jurídica à "tributação de renda obtida em razão de atividade ilícita, visto que a definição legal do fato gerador é interpretada com abstração da validade jurídica do ato efetivamente praticado, bem como da natureza do seu objeto ou dos

---

resultado econômico dessa transação legal ocorra e permaneça. Isto não se aplicará quando a legislação tributária dispuser de outra forma; (2) As transações e ações fictícias serão irrelevantes para a tributação. Quando uma transação fictícia encobrir outra transação legal, a transação legal oculta será decisiva para a tributação" (tradução livre)], na *Lei Geral Tributaria* portuguesa ["Artigo 10º Tributação de rendimentos ou atos ilícitos. O caráter ilícito da obtenção de rendimentos ou da aquisição, titularidade ou transmissão dos bens não obsta à sua tributação quando esses atos preencham os pressupostos das normas de incidência aplicáveis"] e no *Código Orgânico Tributário* venezuelano ["Artigo 15 A responsabilidade fiscal não será afetada por circunstâncias relativas à validade dos atos ou à natureza do objetivo perseguido, nem pelos efeitos de eventos ou atos tributados possuem em outros ramos do direito, sempre que tenha produzido os resultados que constituem o pressuposto fático da obrigação. Artigo 16. Quando a regra relativa ao fato gerador se refere a situações definidas em outros ramos do direito, sem remetê-las ou afastá-las expressamente, o intérprete pode atribuir o significado que melhor se adapte à realidade considerada pela lei que cria o tributo. Ao qualificar os atos ou situações que configuram fatos geradores, a Administração Fiscal, de acordo com o procedimento de controle e determinação previsto neste Código, poderá desconsiderar a constituição de sociedades, a celebração de contratos e, em geral, a adoção de formas e procedimentos legais, quando são manifestamente inadequados à realidade econômica perseguida pelos contribuintes e se traduza numa diminuição do montante da obrigação tributária" (tradução livre)].

[24] No mesmo sentido, cf. COÊLHO, Sacha Calmon Navarro. *Curso de direito tributário brasileiro.* 14. ed. Rio de Janeiro: Forense, 2015; TORRES, Ricardo Lobo. *Tratado de direito constitucional financeiro e tributário*: valores e princípios constitucionais tributários. Rio de Janeiro: Renovar, 2005, vol. 2; TORRES, Ricardo Lobo. *Curso de direito financeiro e tributário.* 19. ed. Rio de Janeiro: Renovar, 2013; SOUSA, Rubens Gomes de. Obra citada, 1975, p. 79-80.

seus efeitos",[25] ou seja, é irrelevante a origem ilícita da renda obtida,[26] de modo que "a exoneração tributária dos resultados econômicos de fato criminoso – antes de ser corolário do princípio da moralidade – constitui violação do princípio de isonomia fiscal, de manifesta inspiração ética".[27] Logo, é ínsita ao princípio *pecunia non olet* "a ideia de igualdade de tratamento entre as pessoas que tenham capacidade contributiva semelhante, independentemente da maneira utilizada para alcançar essa disponibilidade econômica".[28]

Cabe ressaltar, todavia, que alguns estudiosos defendem que a lei "não pode definir como hipótese de incidência de tributos uma atividade ilícita, por que não é isso que o legislador quer expressar no art. 118, I. O dispositivo autoriza é que se a situação prevista abstratamente em

---

[25] STF, HC 94240, Rel. Min. Dias Toffoli, 1ª Turma, DJe 23.08.2011; STJ, HC 351413, Rel. Min. Maria Thereza de Assis Moura, 6ª Turma, DJe 29.04.2016; STJ, REsp 1493162, Rel. Min. Herman Benjamin, 2ª Turma, DJe 19.12.2014.

[26] STJ, EDcl nos EDcl na APn 300, Rel. Min. Mauro Campbell Marques, Corte Especial, DJe 23.10.2017; STJ, REsp 984607, Rel. Min. Castro Meira, 2ª Turma, DJe 05.11.2008; CARF, Recurso Voluntário 155194 no Processo 10950.003598/2005-26, Acórdão 2102-00282, Rel. Giovanni Christian Nunes Campos, 1ª Câmara, 2ª Seção de Julgamento, j. 20.08.2009. É interessante observar, todavia, que alguns especialistas entendem que a ilicitude não é mais irrelevante, ver, por exemplo: TORRES, Ricardo Lobo. *Curso de Direito Financeiro e Tributário*. 19. ed. Rio de Janeiro: Renovar, 2013. p. 252. "Descabe, por outro lado, distinguir entre atos lícitos ou ilícitos para o efeito da tributação. Se no fato gerador do tributo descrito na lei se subsumir alguma atividade ilícita ou imoral, ainda assim poderá ser cobrado o tributo".

[27] STF, HC 77530, Rel. Min. Sepúlveda Pertence, 1ª Turma, DJU 18.09.1998.

[28] STJ, REsp 1208583, Rel. Min. Laurita Vaz, 5ª Turma, DJe 11.12.2012. Nesse mesmo sentido, cf. BASTOS, Celso Ribeiro; ELALI, André; Arts. 113 a 118. *In*: MARTINS, Ives Gandra da Silva (Coord.). *Comentários ao Código Tributário Nacional*: arts. 96 a 218. 7. ed. São Paulo: Saraiva, 2013, vol. 2, p. 191: "À primeira vista, pode parecer que o teor deste artigo consagre uma tributação dos atos ilícitos. Ao nosso ver a questão se apresenta de outra forma. Note-se que o problema não está em averiguar da possibilidade ou não de tributação de ato ilícito, pois esta não ocorre sob hipótese alguma. O ato ilícito não pode ser tomado como fato gerador de tributo. Basta dizer que se 'A' subtrai um determinado bem de 'B', não se pode dizer que o produto do furto que acresceu a renda de 'A' poderia ser tributado. O crime de furto está tipificado no Código Penal, o que acarreta ao infrator as sanções próprias deste diploma legal, mas não uma imposição tributária. O problema se opera não no fato gerador da tributação de atos ilícitos, mas sim numa fase anterior à do fato gerador, qual seja, a do lançamento, em que se busca a ocorrência do fato gerador, sendo que a descrição legal desse fato não deve estar eivada por uma ilicitude. Por exemplo, um médico inabilitado para exercer a medicina, que, mesmo contrariando o disposto na lei, exige a sua habilitação, exerce essa atividade, atendendo os seus pacientes na sua clínica. Ele não poderá escusar-se de pagar o tributo que incide sobre sua renda auferida alegando que o fato gerador não se completou por força daquela irregularidade, qual seja, a de não pertencer ao Conselho Regional de Medicina. O que é importante, de fato, é que a situação material corresponda ao tipo descrito na norma de incidência. Nesse sentido, o tributo incide, da mesma forma como incidiu para o médico que não estava legalmente habilitado".

lei (...) materializar-se em decorrência de uma atividade ilícita, ou seja, na ocorrência do fato gerador, o tributo deve ser cobrado".[29]

Por conseguinte, a ilicitude não poderia ser prevista em lei como hipótese de incidência (fato gerador em abstrato) de determinado tributo. Consequentemente, a lei tributária não poderia instituir a cobrança do imposto sobre operações relativas à circulação de mercadorias e sobre prestações de serviços de transporte interestadual e intermunicipal e de comunicação (ICMS), de competência dos Estados, sobre a comercialização de entorpecentes ou de produtos contrabandeados. Da mesma forma, não poderia haver instituição, pelos Municípios, do imposto sobre serviços de qualquer natureza (ISSQN) sobre "serviços" prestados por pistoleiros, clínicas de aborto ou por profissional não habilitado para o exercício da atividade profissional.[30]

3 Princípio *pecunia non olet* decorrência do princípio da igualdade

Determinar se os benefícios derivados de atividades ilícitas devem ou não pagar tributos é hoje uma questão muito viva. É inegável que há um grande número de atividades não permitidas em alguns casos criminais e que provocam uma considerável circulação de recursos (por exemplo, tráfico de drogas, animais e armas; a exploração da prostituição, a comercialização de mercadorias ou serviços falsificados ou adulterados e atos de corrupção). Esses atos, fatos ou negócios ilegais, além de causarem prejuízos à sociedade, criam uma situação

---

[29] ROSA JÚNIOR, Luiz Emygdio F. *Manual de Direito Tributário*. 2. ed. Rio de Janeiro: Renovar, 2012. p. 298.

[30] BASTOS, Celso Ribeiro; ELALI, André. Arts. 113 a 118. In: MARTINS, Ives Gandra da Silva (Coord.). *Comentários ao Código Tributário Nacional*: arts. 96 a 218. vol. 2. 7. ed. São Paulo: Saraiva, 2013. p. 191. Para alguns estudiosos, atividades ilícitas não podem configurar fato gerador de tributo, pois a legislação já atribui sanções, como é o caso do perdimento do bem oriundo da atividade ilícita. Nesse sentido: BALEEIRO, Aliomar. *Direito tributário brasileiro*. 11. ed., rev. e atual. por Misabel Abreu Machado Derzi. Rio de Janeiro: Forense, 2010, p. 715-716. Segundo a atualizadora, "parece-nos ter havido evolução no sentido de não mais se admitir a irrelevância da ilicitude. *Non olet*! Ao contrário, deve-se sustentar a intributabilidade dos bens, valores e direitos oriundos de atividades ilícitas". E continua: "Em verdade, antes e depois da Lei n. 9.613/98, o correto é concluir que, estando comprovado o Crime do qual se originaram os recursos ou o acréscimo patrimonial, seguir-se-á a apreensão ou o sequestro dos bens, fruto da infração. E é absolutamente incabível a exigência de tributos sobre bens, valores ou direitos que se confiscarem, retornando às vítimas ou à administração pública lesada. Pois o tributo, que não é sanção de ato ilícito, repousa exatamente na presunção de riqueza, em fato signo presuntivo de renda, capital ou patrimônio". E finaliza: "Não seria ético, conhecendo o Estado, a origem Criminosa dos bens e direitos que legitimasse a ilicitude, associando-se ao delinquente e dele cobrando uma quota, a título de tributo".

de concorrência desleal e injusta com seus pares legais, uma vez que a estes caberiam pesadas cargas tributárias, às quais os comportamentos ilícitos não estariam sujeitos.[31]

Há quem entenda que tributar tais benefícios implica uma certa cumplicidade do Estado com vista à geração de receitas públicas e que vai contra o próprio ordenamento jurídico tornando tributável atividades ilegais. A alguns parece um Estado alheio à ética e à moralidade, e que ao tributar aqueles que desenvolvem atividades ilícitas esteja, em certa medida, numa posição saneadora, validando a ilegalidade, em contradição frontal à desejável repressão do comportamento ilícito.[32]

Conforme já abordado, os tributos possuem seus próprios fins – obtenção de ingressos ou, quando apropriado, realização de certos objetivos de política econômica –, que não podem ser confundidos com aqueles que constituem o objetivo básico das sanções, que não é outro senão o de reprimir um ato ilícito, restaurando a validade de uma ordem legal que tenha sido violada. Tributo e sanção respondem a princípios materiais de justiça absolutamente diferenciados: capacidade econômica (de contribuir) e restabelecimento de uma ordem violada, respectivamente. Isto não impede que a mesma situação possa, por vezes, gerar o nascimento da obrigação de pagar tributos e, concomitantemente, dar lugar à aplicação de certas sanções contra aqueles que realizaram os eventos que originaram a obrigação de contribuir.[33]

A Constituição Federal brasileira assegurou a todos os direitos sociais. Assim, a partir do momento em que há direitos sociais no bojo do Texto Constitucional, para que ocorra a sua implementação, surge implicitamente o dever fundamental de pagar tributos. Todos fiscalmente capazes possuem o dever solidário de contribuir para a realização dos deveres estatais. A tributação não constitui, em si mesma, um objetivo primário do Estado, mas sim o meio que permite cumprir os seus objetivos. Implícita no nosso sistema jurídico, o dever de pagar impostos, é uma consequência direta dos objetivos e fundamentos constitucionais.

---

[31] GALARZA, César J. Tributación y actos ilícitos: ¿existen trabas éticas o morales para la tributación de los actos ilícitos? *Dereito: Revista Xurídica da Universidade de Santiago de Compostela*, v. 15, n. 83-97, 2006.

[32] BACIGALUPO, Silvina. *Ganancias ilícitas y derecho penal*. Madrid: Editorial Centro de Estudios Ramón Areces, 2002.

[33] A posição contrária à tributação dos atos ilícitos com base na alegada moralidade do Estado se fundamenta em simples conjecturas de corte moralista impróprias de uma autêntica teoria jurídica. Cfr. MARTÍN RUIZ, Juan, La tributación de las actividades ilícitas en el ordenamiento jurídico español: Derecho positivo y jurisprudencia, *Quincena Fiscal*, n. 20, p. 9-18, 2000, p. 11.

Uma vez que todos poderão se beneficiar do Estado Social, não parece razoável que apenas cidadãos honestos tenham o dever de pagar impostos segundo sua capacidade contributiva. De fato, o princípio da igualdade perante os tributos proíbe o tratamento fiscal mais favorável para quem viola a lei em relação a quem a respeita, salvo existir preceito que exclua a tributação do rendimento efetivamente recebido pelo sujeito passivo com base na natureza legal ou ilegal da atividade econômica que o gerou.

Portanto, o princípio da *pecunia non olet* encontra seu sustento e fundamento no princípio da igualdade, tal como pontuou Alberto Faget.[34] Com base no princípio da igualdade, observa-se que a não tributação de atividades ilícitas constituiria um benefício para o criminoso ou infrator legal, que estaria em vantagem frente àquele que opera de modo lícito e paga todos os seus tributos. Se todos os administrados (ou contribuintes) devem ser tratados de modo igual, o ato ilícito não pode propiciar o que incorre no fato gerador um tratamento mais favorável. Desse modo, encontra-se apoio adicional para o princípio da *pecunia non olet*, não diferenciando quanto à natureza legal ou moral da atividade fonte. Caso o tratamento fosse no sentido contrário, teríamos a discriminação tributária do ato lícito em relação ato ilícito, oferecendo a esse último o melhor tratamento fiscal e desprestigiando aquele que executa ato dentro da licitude.

4 Considerações finais

O princípio *pecunia non olet*, também conhecido como princípio da intervenção objetiva do fato gerador tributário ou como princípio da conformidade da tributação com o fato gerador, foi inserido na legislação tributária brasileira no art. 118 do CTN, pelo qual, para fins de tributação, é irrelevante a (in)validade do ato jurídico praticado ou a (i)licitude do seu objeto. Para a cobrança de determinado tributo, basta que o sujeito passivo concretize no mundo fático determinada conduta prevista na lei tributária como fato gerador abstrato (hipótese de incidência), fazendo surgir a obrigação tributária.

---

[34] Em matéria fiscal, o princípio da igualdade é baseado em três noções: a igualdade das partes na relação jurídica tributária (impostos e contribuintes); – a igualdade dos contribuintes (deve ser dito dos administrados) perante a lei; – a igualdade por lei ou por meio da lei (a lei como instrumento para compor as desigualdades que afetam a equalização ou equiparação). Cfr. FAGET, Alberto. El principio de *non olet* en materia tributaria. *Revista de Derecho*, v. 9, n. 17, p. 25-37, 2010.

Nesse aspecto, ainda que praticando determinada atividade ilícita (comércio de entorpecentes, por exemplo), uma vez havendo a aquisição de disponibilidade econômica ou jurídica por parte do contribuinte, verifica-se a ocorrência do fato gerador do IR (art. 43 do CTN), gerando a obrigação ao pagamento do tributo.

Por outro lado, existem os que defendem que a lei tributária não poderia prever uma atividade ilícita como fato gerador em abstrato de determinado tributo. Assim, a título de exemplo, os Estados não poderiam instituir a cobrança de ICMS sobre a comercialização de entorpecentes. Para esses, a legislação já prevê sanção específica para essas situações, como é o caso do perdimento do bem oriundo da atividade ilícita.

De todo modo, como o princípio da *pecunia non olet* busca seu fundamento de validade no princípio da igualdade tributária, que se desdobra no princípio da capacidade contributiva, não parece razoável tratar de maneira diferenciada os contribuintes que praticam atividades lícitas dos que atuam ilicitamente, tendo em vista que os princípios constitucionais tributários não autorizam que o legislador dispense tratamento tributário mais brando ao infrator.

Informação bibliográfica deste texto, conforme a NBR 6023:2018 da Associação Brasileira de Normas Técnicas (ABNT):

FELÍCIO, Raphael Maleque; SIQUEIRA, Julio Homem de; MARTINEZ, Antônio Lopo. Pecunia non olet. *In*: SARAIVA FILHO, Oswaldo Othon de Pontes; SIQUEIRA, Julio Homem de; BEDÊ JÚNIOR, Américo; FABRIZ, Daury César; SIQUEIRA, Junio Graciano Homem de; CUNHA, Ricarlos Almagro Vitoriano (Coord.). *Noções gerais e limitações formais ao poder de tributar*. Belo Horizonte: Fórum, 2021. p. 415-429. (Coleção Fórum Princípios Constitucionais Tributários – Tomo I). ISBN 978-65-5518-057-2.

PRINCÍPIO DA ESPECIFICIDADE DA LEI TRIBUTÁRIA BENÉFICA

BERNARDO MOTTA MOREIRA
MAURÍCIO PEREIRA FARO

1 Considerações iniciais

Foi com imenso prazer que aceitamos o convite para participar da obra compreendendo os princípios constitucionais tributários. O resgate do tema é sempre oportuno, sobretudo se considerarmos o advento de novas compreensões sobre a força normativa da Constituição e da evolução da jurisprudência do Supremo Tribunal Federal – STF.

O objeto do presente ensaio é o "princípio da especificidade da lei tributária benéfica" – nome que não é uníssono na doutrina, conforme se verá, mas que preferimos adotá-lo –, que compreende a obrigação de que a lei que verse sobre benefícios tributários trate exclusivamente sobre eles. Cuida-se de um princípio que tem ganhado cada vez mais importância diante de um cenário de absurda inflação legislativa, de complexidade e de necessário enfrentamento da concessão irracional de benefícios tributários como tem se dado no Brasil.

2 O art. 150, §6º, da Constituição de 1988: o histórico e a abrangência dessa limitação constitucional ao poder de não tributar

A Constituição da República Federativa do Brasil – CRFB/88 – dispõe, em seu art. 150, §6º, que qualquer subsídio ou isenção, redução de base de cálculo, concessão de crédito presumido, anistia ou remissão, relativos a impostos, taxas ou contribuições, só poderão ser concedidos mediante lei específica, federal, estadual ou municipal, que regule exclusivamente as matérias enumeradas ou o correspondente tributo ou contribuição, sem prejuízo do disposto no art. 155, §2º, XII, "g".

Os institutos tributários mencionados no dispositivo devem ser interpretados de forma ampla, de modo a abarcar todo e qualquer incentivo fiscal. Com efeito, além de o constituinte ter listado sucessivas formas de exoneração fiscal, por exemplo, a "isenção", a "redução de base de cálculo", a "concessão de crédito presumido", a "anistia" ou a "remissão", ele usou o termo "subsídio",[1] que, em matéria fiscal, tem um sentido amplo e se refere a qualquer forma de uso extrafiscal do tributo para estimular economicamente alguma atividade ou induzir comportamentos do sujeito passivo tributário.

Em sua redação original, antes da Emenda Constitucional nº 3, de 1993, o dispositivo tinha a seguinte redação: "qualquer anistia ou remissão que envolva matéria tributária ou previdenciária só poderá ser concedida através de lei específica, federal, estadual ou municipal". Com a nova redação, dissiparam-se dúvidas quanto às modalidades dos benefícios fiscais abrangidos pela necessidade de previsão em lei específica – denotando a intenção do constituinte derivado de incluir todos os casos –, além de se explicitar que, mesmo os benefícios de ICMS,[2]

---

[1] A expressão "qualquer subsídio" não tem conteúdo jurídico preciso, admitindo interpretação ampla, para abarcar "financiamentos a empreendimentos, oferta de distritos industriais, políticas diversas de auxílio a instalações de indústrias novas, incentivos creditícios e às exportações, dilação do termo *ad quem* para pagamento de tributos" (COÊLHO, Sacha Calmon Navarro. *Curso de Direito Tributário Brasileiro*. 15. ed. Rio de Janeiro: Forense, 2016, p. 225). O STF já entendeu que hipóteses de extinção do crédito tributário, como a moratória e a transação, por não se tratar de favores fiscais, não se subsumem à regra do art. 150, §6º (ADI 2.405 MC, rel. p/ o ac. Min. Sepúlveda Pertence, j. 6.11.2002, Tribunal Pleno, DJ de 17.2.2006).

[2] Comunga-se da posição da Coêlho, segundo a qual o objetivo da referência ao art. 155, §2º, XII, "g" é ressalvar que permanece indispensável para a concessão de benefícios fiscais em matéria de ICMS a sua aprovação unânime (externada mediante convênio) pelos Estados e pelo Distrito Federal, reunidos no Confaz. Desse modo, justamente para evitar o fenômeno degenerativo da Federação, que é a guerra fiscal, o procedimento para se estatuírem benefícios fiscais quanto ao ICMS é complexo, custoso e envolve duas autorizações legais: é a primeira delas dada pelo Conselho dos Estados, através de convênio; a segunda, por sua vez, as respectivas Assembleias Legislativas conferem-na, por meio de lei específica. A celebração de convênio, decreto, não supre a necessidade de edição de lei pelo ente federado; é mera condição para que esta seja debatida e aprovada, conforme preconiza, aliás, o STF (COÊLHO, Sacha Calmon Navarro. *Curso de Direito Tributário Brasileiro*. 15. ed. Rio de Janeiro: Forense, 2016, p. 225).

que passam por um rito especial para possibilitar sua concessão, devem ser previstos em lei específica de cada ente tributante.[3]

A alteração constitucional se deu a partir da tramitação da Proposta de Emenda à Constituição nº 48/1991, cujo primeiro signatário foi o deputado federal Luiz Carlos Hauly, mas a nova redação do art. 150, §6º, não constava da proposta original, que previa outras alterações no Sistema Tributário Nacional. O novo dispositivo foi inserido durante a tramitação da PEC na Câmara dos Deputados, mais precisamente a partir do substitutivo apresentado pelo então líder do governo, que traduzia o pensamento do Poder Executivo. A justificação para a nova redação do art. 150, §6º, foi obrigar que os benefícios fiscais fossem concedidos, única e exclusivamente, mediante lei específica, em qualquer das esferas de governo. Segundo as razões apresentadas pelo Poder Executivo, estava sendo comum o tratamento dessas questões em leis que dispõem sobre matérias diversas, fato que vinha contribuindo para reduzir a carga tributária líquida, através de isenções, anistias, subsídios, dentre outros benefícios fiscais, nem sempre analisados de forma criteriosa do ponto de vista do interesse da sociedade.

Percebe-se, assim, que o foco das alterações constitucionais propostas era a promoção de um ajuste fiscal, em especial na União, e foi este o pano de fundo que fundamentou a nova redação do dispositivo em análise.[4] Esse contexto e as razões para a apresentação

---

[3] Aroldo Gomes de Mattos considera que a Emenda nº 3/93 foi um divisor de águas para a questão: "posteriormente, surgiu a EC 3/93 fazendo uma importante alteração nas normas básicas acima dissertadas: acrescentou o §6º ao art. 150 da CF, que, como limitação ao poder de tributar, passou a exigir para as ratificações *in casu* – no lugar de decreto – lei específica: [...] A intenção do constituinte derivado ao fazer tal acréscimo é evidente: emprestar uma dignidade maior ao processo legislativo que vise conceder benefícios ou privilégios fiscais de qualquer natureza, em homenagem ao princípio da transparência fiscal" (MATTOS, Aroldo Gomes de. A natureza e o alcance dos convênios em matéria do ICMS. *Revista dialética de direito tributário*, São Paulo, n. 79, p. 9-10, 2002).

[4] Isso foi expressamente mencionado na justificação que acompanhou o substitutivo: "o Brasil está convivendo com um profundo desajuste estrutural do orçamento público. Neste contexto, a União está em extremo desequilíbrio, dado que sua receita disponível, após transferências para Estados e Municípios, é praticamente toda absorvida para pagamento de pessoal e juros da dívida pública interna e externa, ficando a descoberto suas responsabilidades em outras áreas, como a social. O problema atual da União é de insuficiência de receitas e excesso de despesas. A carga tributária, que na década de 70 esteve no patamar de 26% do PIB, tem sofrido queda que a levou para níveis em torno de 21%, em decorrência da erosão da base do Sistema Tributário Nacional, causada por: – estagnação econômica; – evasão fiscal, explicada, em boa parte, pelo crescimento do setor informal da economia; – crescente resistência da sociedade à atividade arrecadadora do Estado, caracterizada pelo oportunismo fiscal e – desobediência civil, causada pela má distribuição da carga tributária e pelo mau gasto público. À vista do exposto, torna-se necessário uma reforma fiscal, a ser realizada em duas etapas: a primeira, um ajuste fiscal imediato para obtenção dos recursos de que

do novo dispositivo atuam como argumentos genéticos[5] e facilitam a sua interpretação atual. O substitutivo apresentado pelo governo foi a base utilizada pelo relator da Comissão Especial, deputado federal Benito Gama, que acabou acatando outras propostas e sugestões, mas manteve a nova redação do art. 150, §6º, como sugerido pela liderança de governo. Qual, então, o principal comando do art. 150, §6º, da CRFB/88?

Antes mesmo da atual Constituição, o CTN, de 1966, já previa – detalhando o princípio da reserva legal – que somente lei poderia estabelecer a majoração de tributos ou sua redução (art. 97, inciso II) ou as hipóteses de exclusão, suspensão e extinção de créditos tributários (art. 97, inciso VI). A CRFB/88 não inovou, portanto, na exigência de lei em sentido formal para disciplinar exonerações tributárias e sim ao dispor que tal lei fosse específica. Após a EC nº 3/93, o legislador constituinte foi incisivo nesse ponto: é necessária, para regular benefícios, a previsão em lei específica (o que já constava da redação original), considerando-se lei específica aquela que trate exclusivamente de tais matérias exonerativas tributárias.

A ideia da especificidade da lei concessiva de benefícios é o aspecto mais importante da norma, porque limita a apresentação de desonerações tributárias de forma obscura e velada, no interior de

---

a União necessita para fazer frente a suas obrigações em 1993, já antecipando pontos da segunda, uma reforma fiscal ampla, que será tratada na revisão constitucional de 1993".

[5] Seguindo o modelo de classificação e valoração dos argumentos jurídicos proposto por Humberto Ávila, tem-se que os argumentos institucionais transcendentes – diversamente dos imanentes – são aqueles que não têm uma relação direta com o ordenamento jurídico vigente, mas que dizem respeito à sua formação ou ao sentido dos dispositivos anteriores, dividindo-se em argumentos históricos e argumentos genéticos. Os argumentos históricos "dizem respeito à investigação do problema objeto de regulação pelas normas hoje válidas, de modo a recompor o sentido que a norma tinha ao ser editada, atualizando-a no tempo". Os argumentos genéticos, diferentemente dos argumentos históricos, não fazem menção a textos normativos, mas precisamente a "textos não-normativos (discussões parlamentares, projetos de lei, discursos legislativos, exposições de motivos)", e visa, a partir deles, indicar a "vontade do legislador", "tanto no que se refere ao significado que o legislador teria ligado a determinada expressão (argumento genético semântico-subjetivo), quanto à finalidade que ele teria pretendido atingir (argumento genético teleológico-subjetivo)" (ÁVILA, Humberto. Argumentação jurídica e a imunidade do livro eletrônico. *Revista Diálogo Jurídico*, v. 1, n. 5, p. 1-33, ago. 2001. Disponível em: http://www.direitopublico.com.br/pdf_5/DIALOGO-JURIDICO-05-AGOSTO-2001-HUMBERTO-AVILA.pdf. Acesso em: 12 jan. 2018, p. 7-17). Vide, ainda, seguindo a mesma linha teórica o seguinte artigo: ALVES, Henrique Napoleão; LOBATO, Valter de Souza. Argumentação jurídica e o art. 18 do Anexo 2 do Regulamento do ICMS do Estado de Santa Catarina. *Revista de Direito Empresarial – RDEmp*, Belo Horizonte, n. 3, p. 183-203, set./dez. 2012.

proposições legislativas que tratam de outros temas, como, verdade seja dita, ainda ocorre em nosso país.[6]

Kiyoshi Harada[7] denomina a regra como "princípio da especialidade dos incentivos fiscais", que, a exemplo do princípio da "exclusividade" ou da "pureza" orçamentária,[8] existe em função de abusos consistentes na inserção de normas outorgando incentivos fiscais, no bojo de projetos de lei estranhos à matéria tributária, o que acaba dificultando sua identificação e controle pelo chefe do Poder Executivo por ocasião de sua sanção. Tal princípio tem, pois, uma

---

[6] Recentemente, foi proposta pelo Governador do Estado de Santa Catarina a ADI nº 5.882, contra o art. 6º da Lei nº 17.302, de 30 de outubro de 2017, que dispõe sobre a instituição do Programa Catarinense de Recuperação Fiscal (Prefis-SC), que permitiu que contribuintes de ICMS, titulares de créditos decorrentes de debêntures fundadas em lei estadual, efetuassem compensação do valor representado pelo respectivo título com débitos tributários próprios de ICMS. A lei estadual decorreu da conversão da Medida Provisória 212/2017 e, durante o processo legislativo, uma emenda parlamentar inseriu no texto o dispositivo estranho à redação original, outorgando benefício de ICMS, que acabou sendo vetado, mas, posteriormente, derrubado pela Assembleia Legislativa daquele Estado. Segundo o parecer da PGR, "o art. 150 §6º da CF exige lei específica que trate exclusivamente do benefício ou do tributo. Essas garantias constitucionais existem para preservação da receita pública, ou seja, protegem, em última instância, o contribuinte. A exigência constitucional foi desconsiderada na espécie". Mencionada ADI encontra-se sob a relatoria do Ministro Gilmar Mendes.

[7] HARADA, Kiyoshi. *Direito Financeiro e Tributário*. 27. ed. São Paulo: Atlas, 2018, p. 94. O autor comenta que a MP nº 252, de 2005, conhecida como "MP do Bem", já caducada, outorgava incentivos fiscais de variadas espécies, relativamente ao PIS/Pasep, Cofins, CSLL, CIDE, CPMF, IRPJ, IRPF e IPI. Esses incentivos foram incorporados no bojo de outra MP, a de nº 255, de 2005, que cuidava apenas da prorrogação do prazo de opção pelo regime do imposto de renda na fonte de pessoa física dos participantes de planos de benefícios, fato que deixa patente a violação do princípio da especialidade. A MP nº 255/05 foi objeto do Projeto de Lei de Conversão de nº 28/05, tendo sido aprovado pelo Congresso Nacional, transformando-se na Lei nº 11.196, de 21 de novembro de 2005.

[8] "Esse princípio diz respeito ao conteúdo do orçamento e está expresso no §8º do art. 165 da CF, nos seguintes termos: 'A lei orçamentária anual não conterá dispositivo estranho à previsão da receita e à fixação da despesa, não se incluindo na proibição a autorização para abertura de créditos suplementares e contratação de operações de crédito, ainda que por antecipação de receita, nos termos da lei'. Referido princípio resultou de Emenda Constitucional de 1926, que acrescentou o §1º ao art. 34 da Constituição de 1891, a fim de evitar as chamadas caudas orçamentárias, ou orçamentos rabilongos, decorrentes de introdução de matérias estranhas ao respectivo projeto de lei, por meio de emendas de toda sorte, apresentadas por Deputados e Senadores. A partir de então, tal princípio foi mantido nas sucessivas Constituições que se seguiram, mais ou menos com a mesma redação supratranscrita" (HARADA, Kiyoshi. *Direito Financeiro e Tributário*. 27. ed. São Paulo: Atlas, 2018, p. 86). Dispositivos contendo matérias estranhas ao conteúdo da lei orçamentária ocorrem também no Direito Comparado: as "caudas orçamentárias" são os *tackings* para os ingleses, os *riders* para os norte-americanos, ou os *bepckung* para os alemães, ou ainda os *cavaliers budgetaires* dos franceses. (SANTA HELENA, Eber Zoehler. Caudas, rabilongos e o princípio da pureza ou exclusividade da lei orçamentária. *Revista de informação legislativa*, v. 40, n. 159, p. 37-45, jul./set. 2003, p. 39).

estreita vinculação com o princípio da transparência.[9] Roque Carraza prefere o uso do nome "princípio da especificidade das leis tributárias" e vislumbra – mais do que a facilitação do controle do Executivo – a importância de se evitar que "emendas capciosas induzam parlamentares menos avisados a aprovar, sem que o percebam, favores fiscais que nada têm a ver com o assunto central do ato normativo que estiver em votação".[10] Além de oportunizar um melhor controle e debate na produção da lei exoneradora, sendo específica, ela também traz transparência e segurança jurídica, porquanto livra o aplicador da lei da tarefa de manusear infindáveis normas espalhadas na legislação ordinária. É dizer, se a lei de fato for específica, a sua ementa indicará, em destaque, o incentivo fiscal ou tributário objeto de concessão, facilitando a sistematização e identificação pelo povo, destinatário das normas.

A função do art. 150, §6º, da CRFB/88, portanto, vai muito além do que a mera exigência de lei em sentido formal, prevendo isenções ou outros benefícios fiscais. Historicamente, havia um vezo do Parlamento[11] de, no bojo do processo legislativo, se introduzir, em qualquer lei, não importando seu objeto, algum dispositivo concedendo

---

[9] Ao discorrer sobre o princípio da transparência orçamentária, o autor faz uma devida correlação: "Na forma do §6º do art. 165 da CF, o projeto de lei orçamentária será acompanhado de demonstrativos regionalizados do efeito, sobre as receitas e despesas, decorrentes de isenções, anistias, remissões, subsídios e benefícios de natureza financeira, tributária e creditícia. Essa medida possibilitará, posteriormente, a fiscalização e o controle interno e externo da execução orçamentária, que abrange as subvenções e a renúncia de receitas, conforme prescreve o art. 70 da CF. Esse princípio articula-se, outrossim, com o §6º do art. 150 da CF, que subordina a concessão de qualquer anistia ou remissão em "matéria tributária ou previdenciária" à edição de lei específica, federal, estadual ou municipal. Finalmente, esse princípio orçamentário nada mais é do que o desdobramento do princípio da transparência tributária, que está inserido no §5º do art. 150 da CF, segundo o qual a lei determinará medidas para que os consumidores sejam esclarecidos acerca dos impostos que incidam sobre mercadorias e serviços. No âmbito federal, o art. 27 da Lei nº 10.182, de 6-2-2001, determina que o Executivo estabeleça o mecanismo que permita ao cidadão o acesso aos dados relativos à execução orçamentária. Gilmar Ferreira Mendes e Celso de Barros Correa Neto, após minucioso exame dos dispositivos constitucionais pertinentes, concluem que o 'princípio da transparência fiscal é norma estruturante do Estado Democrático de Direito brasileiro'. Daí a importância desse princípio como instrumento do exercício de cidadania no controle e fiscalização de gasto público" (HARADA, Kiyoshi. *Direito Financeiro e Tributário*. 27. ed. São Paulo: Atlas, 2018, p. xviii).

[10] CARRAZZA, Roque Antônio. *Curso de direito constitucional tributário*. 22. ed. São Paulo: Malheiros, 2006, p. 863.

[11] Esse hábito foi reconhecido no voto do Ministro Nelson Jobim, do STF, que havia sido deputado federal constituinte, na ADI nº 155/SC (DJ de 08.09.1998, Tribunal Pleno). Afirmou o ministro: "Esse dispositivo explicou-se no processo legislativo considerando o hábito, dentro do Parlamento, de se introduzir em qualquer tipo de lei um artigo específico concedendo anistia ou remissão, que servia inclusive no processo de negociação legislativa como instrumento de coação ou de barganha para esse efeito. A Constituição de 88 visou coibir tal mecanismo com essa redação. A experiência de 88 a 93 não foi suficiente para

benefícios, como anistias ou remissões, justamente para servir como instrumento de barganha no processo de negociação. Assim, com essa norma, nas palavras de Misabel Derzi, "evitam-se as improvisações e os oportunismos por meio dos quais, certos grupos parlamentares introduziam favores em leis estranhas ao tema tributário, aprovadas pelo silêncio ou desconhecimento da maioria".[12]

O texto constitucional é muito claro, não se admitindo que a lei trate de nenhuma outra matéria, apenas a tributária. Embora, em uma leitura literal[13] da norma possa se concluir que a proposição legislativa deva tratar exclusivamente de benefícios fiscais, a melhor interpretação[14] é a de que não há nenhuma ofensa à Constituição se o projeto versar sobre outras alterações tributárias, como aumento de tributos ou criação de sanções tributárias.[15] Se a proposição de lei tratar exclusivamente

---

reduzir essa possibilidade. Daí adveio a Emenda Constitucional nº 3, de 1993, que ampliou substancialmente o texto [...]".

[12] DERZI, Misabel Abreu Machado. Notas de atualização da obra de Aliomar Baleeiro. *Limitações Constitucionais ao Poder de Tributar*. 7. ed. Forense, 1997, p. 101.

[13] Reconhece-se, com base em Alves e Bustamante, a dificuldade de se entender o próprio sentido da noção de "significado literal", ponto em que há grandes disputas entre juristas e linguistas. Forte em Tecla Mazzarese, os autores mencionam a pluralidade de conceitos que são utilizados pelos teóricos do Direito como sinônimos ou expressões do literalismo, como "abstrato", "formal", "gramatical", "imediato", "lingüístico", "óbvio", "ordinário", "patente", "próprio", "semântico", "semiótico", "textual", etc. Os autores tecem críticas fundadas à própria noção de "interpretação literal", na medida em que ela ou se revela autocontraditória ou, quando muito, pode se referir ao início do processo de interpretação jurídica, constituindo por conseguinte uma etapa anterior à atividade interpretativa, onde cabe ao intérprete decidir, fundamentadamente, sobre o significado a ser atribuído aos enunciados normativos (ALVES, Henrique Napoleão; BUSTAMANTE, Thomas da Rosa de. A interpretação literal no direito tributário brasileiro: uma proposta de interpretação para o artigo 111 do CTN. In: ÁVILA, Humberto. *Questões fundamentais de direito tributário*. Madrid: Marcial Pons, 2012, *passim*).

[14] Hernández Marín observa que é possível distinguir dois momentos do sentido dos enunciados jurídicos: num primeiro momento, tem-se o enunciado em si mesmo, e à margem de qualquer contexto – é o chamado sentido literal; e, num segundo momento, tem-se o enunciado em si mesmo, mas também em face do conjunto de circunstâncias que o rodeiam – é o sentido total. A interpretação jurídica seria, com isso, o processo de determinação do "sentido total", reputando-se ao "sentido literal" o papel de simples "ponto de partida" da interpretação, e não como interpretação em si (HERNÁNDEZ MARÍN, Rafael. *Interpretación, subsunción y aplicación del derecho*. Madrid: Marcial Pons, 1999, p. 35 ss.).

[15] É a lição de Misabel Derzi: "Em relação a subsídios ou benefícios fiscais em geral, que sejam causas de redução ou extinção do crédito tributário – isenção, redução de base de cálculo, concessão de crédito presumido, anistia ou remissão –, [a Constituição] impõe a edição de lei própria e exclusiva, da pessoa política competente. Ou a lei concessiva do favor disciplina o correspondente tributo a ser reduzido, ou trata exclusivamente do subsídio ou da causa extintiva ou excludente. Exige-se, portanto, não apenas que a lei discipline a matéria mediante conceitos determinados e específicos, mas ainda que formalmente verse somente sobre a questão tributária diretamente envolvida. Especificidade e exclusividade da lei tributária é o que ordena o art. 150, §6º, da CF/88 [...]" (DERZI, Misabel Abreu Machado. Crédito tributário e lançamento. In: LEITE, Geilson Salomão (Coord.). *Extinção do crédito*

de matéria tributária[16] – e não apenas o tema de desonerações –, fica resguardado o princípio da transparência na concessão dos incentivos e ficará plenamente viabilizado o controle, seja do próprio Parlamento, seja do Poder Executivo, das exonerações eventualmente aprovadas. Aliás, como se sabe, para que um projeto institua benefícios fiscais ele deverá, na maioria dos casos, compensar a renúncia de receita, com a majoração de tributos sobre outra situação, de modo que um projeto que trate exclusivamente de matéria de benefícios – como consta da literalidade do artigo constitucional – carece dos pressupostos para sua própria aprovação, previstos no art. 14 da Lei de Responsabilidade Fiscal.

Marciano Seabra de Godoi também percebeu que a literalidade do dispositivo indica a necessidade de a desoneração tributária ser veiculada por lei específica, que regule, com exclusividade, o tema da desoneração ou do imposto abrangido por ela. Mas adverte que a jurisprudência do STF flexibilizou consideravelmente essa exigência, desviando da literalidade do texto constitucional e admitindo que o tema da desoneração tributária se ache inter-relacionado ao objetivo da lei para que se considere atendido o requisito da especificidade.[17]

3   A visão do STF e a flexibilização da especificidade da lei tributária benéfica

No julgamento da ADI nº 1.376/MC (Tribunal Pleno, DJ de 31.8.2001), o Ministro Relator Ilmar Galvão salientou que aquilo que o §6º do art. 150 da CRFB/88 veda é "a oportunista introdução de norma de isenção fiscal no contexto de lei que cuide de matéria de natureza diversa". Analisando o tema à luz da redação do dispositivo após a EC nº 3/93, o Ministro chegou a dar até um exemplo de seu raciocínio, aduzindo que a regra constitucional não impede, por exemplo, que

---

tributário: homenagem ao Professor José Souto Maior Borges. Belo Horizonte: Fórum, 2013, p. 99-100).

[16] É a posição de Tercio Sampaio Ferraz Júnior: "a exigência de lei específica significa, nesse sentido, que seus preceitos devem estar dirigidos a um subconjunto dentro de um conjunto de sujeitos ou que seu conteúdo deve estar singularizado na descrição de *facti species* normativa, i. é, pela delimitação de um subconjunto material dentro de um conjunto. [...] lei específica, segundo o §6º do art. 150 da Constituição, deverá regular exclusivamente as matérias ali enumeradas ou regular exclusivamente o correspondente tributo ou contribuição" (FERRAZ JÚNIOR, Tercio Sampaio. A noção de Lei Específica no art. 150 §6º, a CF e a Recepção dos Decretos-leis n. 2163/84 e 1184/71. *Revista de Direito Tributário*, São Paulo, n. 70, p. 181-188, out./dez. 1995).

[17] FERRAZ, Luciano; GODOI, Marciano Seabra de; SPAGNOL, Werther Botelho. *Curso de direito financeiro e tributário*. Belo Horizonte: Fórum, 2014, p. 240.

um programa de financiamento agropecuário ou de incremento à construção de casas populares contemple a atividade com determinado incentivo fiscal.[18]

Esse entendimento foi reproduzido pelo Ministro Relator Eros Grau, no julgamento da ADI nº 2.522 (Tribunal Pleno, DJ de 18.8.2006), ao considerar que a "isenção tributária concedida aos advogados no bojo do 'estatuto da advocacia' [art. 47] não é oportunista, desvinculada da matéria regulada pela lei". O mesmo ministro relator reiterou seu entendimento ao considerar, no julgamento da ADI nº 3.260 (Tribunal Pleno, DJ de 28.6.2007), que a previsão de isenção do pagamento de custas judiciais, modalidade de taxa, aos membros do Ministério Público, que consta da Lei Orgânica e Estatuto do Ministério Público do Estado do Rio Grande do Norte – LC nº 141/96 – não ofende o §6º do art. 150.

Na ADI nº 4.033 (Rel. Min. Joaquim Barbosa, Tribunal Pleno, DJE de 7.2.2011) ajuizada contra o art. 13, §3º, da LC nº 123/2006, que isentou as microempresas e empresas de pequeno porte optantes pelo Regime Especial Unificado de Arrecadação de Tributos e Contribuições devidos pelas Microempresas e Empresas de Pequeno Porte – Simples Nacional – do pagamento das demais contribuições federais, foi rejeitada a alegação de violação da reserva de lei específica para dispor sobre isenção, considerando a Corte que haveria pertinência temática entre o benefício fiscal e a instituição de regime diferenciado de tributação e que teria ficado comprovado que o Congresso Nacional não ignorou a existência da norma de isenção durante o processo legislativo. Segundo o Relator, o objetivo da norma seria impedir a apreciação legislativa de matéria de grande importância às finanças públicas, como a exoneração tributária, reste prejudicada ou ofuscada pelo artifício de sua inclusão em projeto de lei que verse, preponderantemente, sobre outras matérias de menor importância ou mesmo triviais. O mecanismo, nas palavras do ministro, "protege o exercício da Função Legislativa, ao evitar que a concessão do benefício fiscal ou da isenção fique camuflado e passe desapercebido durante a apreciação dos órgãos legislativos".

Constata-se, destarte, que o STF flexibilizou a necessidade de lei específica e se preocupa em analisar se há pertinência temática entre a desoneração e o tema geral da lei, fazendo um juízo se a tramitação do

---

[18] Segundo o Ministro Ilmar Galvão, "o benefício fiscal, aí, acha-se inter-relacionado ao objetivo da lei, encontrando-se, portanto, atendido o requisito da especificidade. O que, a todas as luzes, teve por escopo a emenda constitucional em tela foi coibir o velho hábito que induzia o nosso legislador a enxertar benefícios tributários casuísticos no texto de leis, notadamente as orçamentárias, no curso do respectivo processo de elaboração, fenômeno que, no presente caso, não se verifica".

assunto global da lei foi suficiente para escamotear ou ocultar a aprovação da disposição exonerativa. Esse entendimento acaba por retirar a força normativa do art. 150, §6º, da CRFB/88 e não afasta por completo a possibilidade das malfadadas caudas legislativas. Um comportamento estratégico de um parlamentar ou do próprio governo pode lograr inserir em estatutos regulando matérias diversas, exonerações tributárias de grupos de seu interesse, dificultando a deliberação e a fiscalização, e traduzindo, novamente, em incentivos arbitrários, oportunistas, enfim, que deturpam o sistema tributário, tornando-o injusto.

O simples fato de ter havido algum debate parlamentar, durante o trâmite de uma proposição legislativa versando sobre um tema global, sobre a matéria da exoneração – como parece ter convencido o Min. Relator Joaquim Barbosa, na ADI nº 4.033 –, não significa que fica salvaguardada a preocupação do constituinte, pois, como se viu, a lógica da lei específica não é de apenas garantir o debate parlamentar, mas também a transparência do benefício outorgado e o controle do próprio Poder Executivo. Ao mitigar a tal ponto a regra do art. 150, §6º, da CRFB/88, a interpretação levada a cabo pelo STF se "descola" do texto constitucional, abrindo margem à uma discricionariedade judicial.[19] Certo é que a condenável prática de inserção de normas desoneradoras continua existindo e, seguindo o racional do STF, é o Judiciário que vai ter que examinar se o conteúdo da lei e a forma que tramitou a proposta desonerativa estão inter-relacionados a ponto de admitir sua constitucionalidade, sob esse viés formal.[20]

---

[19] Essa é uma preocupação externada por Cattoni, Streck e Lima: "[...] é um problema de democracia, de estado democrático de direito e não de 'excessivo apego'. Perguntamos: por que o judiciário acha que é ruim cumprir a literalidade da Constituição Federal? Qual seria a razão disso? Por que frases como 'apesar da literalidade da Constituição apontar para...'? E, por favor, que não se acuse ou epitete de positivistas aos que defendem a legalidade. [...] Mais ainda, quando um órgão julgador decide que o Poder Constituinte quis dizer o contrário do que está escrito, daquilo que disse, não se tem somente uma operação interpretativa defeituosa, que se revolve no âmbito da normatividade constitucional. Agora, a dimensão é de um desafio à estabilidade democrática de um texto que foi produto de um processo democrático, e que não dispõe de um ator político disposto a preservar esta democracia; mas sim de dilatar a "sua democracia", ainda que seja distante daquela do Poder Constituinte. Reconhecer-se no limite deste Poder Constituinte consiste num gesto de maturidade institucional e política, o que se configura num pré-requisito elementar para a consolidação democrática. (CATTONI, Marcelo; STRECK, Lenio; LIMA, Martonio. Diz o ministro: nego, porque conceder é obedecer à literalidade da Constituição! *Revista Eletrônica Consultor Jurídico*. Disponível em: https://www.conjur.com.br/2018-mar-12/opiniao-hc-negado-nao-obedecer-literalidade-cf. Acesso em: 13 jul. 2018).

[20] É bom mencionar que existe posição isolada e mais recente de ministro da Corte que adota uma posição mais restritiva. Apesar de não chegar a tratar diretamente do art. 150, §6º, da CRFB/88, julgando monocraticamente a medida cautelar na ADI nº 5.882/SC, o Relator Ministro Gilmar Mendes considerou ter havido a inserção, na medida provisória do Estado

Ainda assim, pode ser que a posição do STF sobre o tema esteja totalmente definida, sendo fundamental que, oportunamente, se julgue com a profundidade e cuidado que a discussão merece, prestigiando a separação dos poderes e o devido processo legislativo, de modo a evitar a deletéria prática legislativa de implante de penduricalhos e caudas legislativas com vantagens fiscais em leis e medidas provisórias com os mais diversos temas, que prejudicam o sistema tributário justo, contaminando-o com privilégios deturpados por aqueles que estão mais próximos do poder.

Uma oportunidade em que a Corte Maior poderá reanalisar o pressuposto da especificidade do art. 150, §6º, dando-lhe, quem sabe, mais efetividade, será no julgamento da ADI nº 4.646,[21] ajuizada contra a Lei nº 12.431, de 2011.[22] Mencionada lei, resultado da conversão da

---

de Santa Catarina nº 212/2017, de matéria estranha, que não dizia respeito ao tema específico ali tratado, a saber: a instituição do Programa Catarinense de Recuperação Fiscal (PREFIS-SC). Houve emenda parlamentar inserindo enunciado relativo à compensação fiscal de ICMS com debêntures ("os contribuintes do ICMS, titulares, na data de publicação desta Lei, de créditos decorrentes de debêntures fundados na Lei nº 9.940, de 1995, poderão efetuar a compensação do valor representado pelo respectivo título com débitos tributários próprios de ICMS, a vencer, vencidos ou parcelados, inscritos ou não em dívida ativa, observadas"). Ou seja, visto de uma forma ampla e flexível, não haveria vício por falta de relação de pertinência temática, vez que tanto a medida provisória quanto a emenda parlamentar versam sobre matéria tributária. Todavia, considerou o relator que a emenda parlamentar teria extrapolado o tema específico da medida provisória. Mencione-se, por oportuno, que um dos fundamentos do parecer da PGR que opinou pela procedência da ADI foi que o art. 150 §6º da CRFB/88 exige lei específica que trate exclusivamente do benefício ou do tributo e que "essas garantias constitucionais existem para preservação da receita pública, ou seja, protegem, em última instância, o contribuinte. A exigência constitucional foi desconsiderada na espécie" (cf. Parecer da lavra de Raquel Dodge, de 12.3.2018).

[21] Segundo o partido autor (PSDB), "a exigência de exclusividade de que trata o §6º justifica-se como instrumento a serviço da boa técnica legislativa, da sistematicidade e da transparência da tributação. Trata-se de assegurar certa coerência interna e organização à lei que concede qualquer espécie de exoneração fiscal". Em outro trecho, manifesta seu inconformismo: "O mesmo diploma normativo que instituiu o Regime Especial de Incentivos para o Desenvolvimento de Usinas Nucleares – Renuclear trata também do FIES, do Fundo Nacional de Desenvolvimento, do Fundo da Marinha Mercante, debêntures, letras financeiras e respectiva tributação, Prouni, Agência Nacional do Petróleo, crédito rural, compensação de precatórios – todos estes assuntos que, certamente, não tem relação alguma com a temática da energia nuclear. [...] Por maior que seja o esforço hermenêutico empreendido, não há como divisar qualquer semelhança temática entre a norma citada e a concessão de incentivos fiscais para o desenvolvimento de usinas nucleares. A inconstitucionalidade é flagrante".

[22] A ementa da lei já demonstra a diversidade de matérias legisladas: "Dispõe sobre a incidência do imposto sobre a renda nas operações que especifica; altera as Leis nºs 11.478, de 29 de maio de 2007, 6.404, de 15 de dezembro de 1976, 9.430, de 27 de dezembro de 1996, 12.350, de 20 de dezembro de 2010, 11.196, de 21 de novembro de 2005, 8.248, de 23 de outubro de 1991, 9.648, de 27 de maio de 1998, 11.943, de 28 de maio de 2009, 9.808, de 20 de julho de 1999, 10.260, de 12 de julho de 2001, 11.096, de 13 de janeiro de 2005, 11.180, de 23 de setembro de 2005, 11.128, de 28 de junho de 2005, 11.909, de 4 de março de 2009, 11.371, de

MP nº 517, de 2010, tratou de diversas medidas de exoneração tributária, ao passo que estabeleceu ainda regras sobre diversos temas, muitos deles que não versam sobre a matéria tributária, como compensação de precatórios, desafetação de reserva ambiental,[23] medidas para estimular o financiamento privado de longo prazo, redução de alíquota de IPI para bens de informática e automação, alteração da legislação do FIES, etc. A lei impugnada violaria o art. 150, §6º, porque (i) não tratou exclusivamente de benefícios fiscais concedidos; (ii) não tratou exclusivamente do tributo sobre o qual incide o benefício; e (iii) nem mesmo versou, com exclusividade, sobre a matéria tributária.

Se há um mínimo de normatividade na regra da exigência da lei específica, o STF não deveria admitir a constitucionalidade dessas alterações legais. O princípio da especificidade da lei tributária é um instrumento a serviço da sistematicidade orgânica da disciplina normativa e serve para impedir um tratamento de uma matéria em um contexto no qual ela absolutamente não terá nenhum significado, como é o caso: uma lei que altera regras de fundos e compensação de precatórios e, ao mesmo tempo, contém normas de desonerações do imposto de renda ou instituindo um Regime Especial de Incentivos para o Desenvolvimento de Usinas Nucleares – Renuclear. Há um claro uso inadequado da técnica legislativa preconizada pelo constituinte, dando margem à ocultação de privilégios. Não cabe ao intérprete perquirir se, no conjunto de normas aprovadas pelo Parlamento e no bojo da tramitação das inúmeras matérias, os congressistas lograram identificar e deliberar sobre determinado benefício, de modo que estas regras deixariam de ser oportunistas e, portanto, inconstitucionais.[24] Como

---

28 de novembro de 2006, 12.249, de 11 de junho de 2010, 10.150, de 21 de dezembro de 2000, 10.312, de 27 de novembro de 2001, e 12.058, de 13 de outubro de 2009, e o Decreto-Lei nº 288, de 28 de fevereiro de 1967; institui o Regime Especial de Incentivos para o Desenvolvimento de Usinas Nucleares (Renuclear); dispõe sobre medidas tributárias relacionadas ao Plano Nacional de Banda Larga; altera a legislação relativa à isenção do Adicional ao Frete para Renovação da Marinha Mercante (AFRMM); dispõe sobre a extinção do Fundo Nacional de Desenvolvimento; e dá outras providências".

[23] "Art. 49. Fica desafetada parcialmente a Reserva Particular do Patrimônio Natural denominada Seringal Triunfo, no Estado do Amapá, criada pela Portaria nº 89-N, de 1º de julho de 1998, do Ibama. [...]".

[24] É esta a linha do parecer do Procurador-Geral da República na ADI nº 4.646: "as medidas de exoneração tributária não foram incluídas *a posteriori* no projeto de lei de conversão que deu origem à Lei 12.431/2011, mas já constituíam uma das iniciativas principais adotadas pela redação original da MP 517/2010, estando expressamente previstas na ementa da proposição, na sua exposição de motivos, e nos comandos dos arts. 1º a 5º, e 10 e 19. Assim, não houve prejuízo ao debate e à apreciação legislativa da matéria, que pudesse eventualmente caracterizar ofensa ao art. 150, §6º, da CR".

se viu, o objetivo da imposição de lei específica não é apenas garantir o debate parlamentar, mas tornar o processo legislativo transparente, controlável, mais democrático.

Cabe concluir, portanto, que com a nova redação do art. 150, §6º, da CRFB/88 ficou consagrada: (a) a exclusividade da lei tributária para conceder quaisquer exonerações, subsídios e outros benefícios, redutores, extintivos ou excludentes do crédito tributário, com o que se evitam as improvisações e os oportunismos por meio dos quais, sub-repticiamente, certos grupos parlamentares introduziam favores em leis estranhas ao tema tributário, aprovadas pelo silêncio ou desconhecimento da maioria e (b) especificidade da lei tributária, vedando-se fórmulas indeterminadas ou delegantes de favores fiscais ao Poder Executivo.[25]

Por este entendimento, fica inviável ao legislador prever leis meramente delegantes ou autorizativas para que o Executivo crie determinada redução de tributos, tema que seria dispensável de tratamento constitucional, não fosse a prática iterativa de administrações irresponsáveis fiscalmente.[26] A matéria tributária benéfica, assim como a majoração e criação de tributos, está submetida a expressa reserva legal, exigindo lei formal para a sua disciplina. Por isso o art. 150, §6º, da CRFB/88 confirma que as leis que veiculam, sob a forma de autorização ao Poder Executivo, reduções e benefícios tributários são inconstitucionais, eis que inadmissível tal delegação legislativa nesse

---

[25] DERZI, Misabel Abreu Machado. Atualização. In: BALEEIRO, Aliomar. *Limitações constitucionais ao poder de tributar*. 8. ed. Rio de Janeiro: Forense, 2010, p. 148. Pelo magistério da professora, "a lei não pode mais autorizar a autoridade administrativa a conceder remissão de forma indeterminada e discricionária, como dispõe o art. 172 do Código Tributário Nacional, sem definir com precisão a oportunidade, as condições, a extensão e os limites quantitativos do seu alcance. Sem validade, portanto, o artigo, à luz da citada Emenda Constitucional n. 03/1993", que deu a nova redação do §6º do art. 150 da Constituição, ora comentado.

[26] É o que afirma Coêlho: "A *ratio* da limitação ora sob comento é de ordem pragmática e não sistêmica. Impressionou o constituinte a quantidade enorme de 'delegações' legislativas nas três ordens de governo da Federação 'autorizando' o Poder Executivo a dar anistias e remissões, sob meras cláusulas abertas, deixando para o ato administrativo a fixação dos permissivos. Sim, porque, presentemente, pelo CTN, tanto a anistia quanto a remissão são matérias sob reserva de lei em sentido formal e material (art. 97). [...] Evidentemente, não cabe ao Executivo decidir sobre a tributação ou a sua dispensa, daí a ênfase da Constituição de 1988. O dispositivo, juridicamente dispensável, encontra justificativa política. Em fim de governo ou às vésperas de eleição, tornou-se hábito, por estes brasis afora, dar anistias e remissões fiscais sem motivos justos, a não ser o de captar a simpatia do eleitor (mancomunados, o Executivo e o Legislativo utilizavam o patrimônio fiscal realizável, dispensando-o e dissipando-o com intuitos eleitoreiros). Em detrimento, diga-se, dos bons contribuintes. [...] [A] conclusão a que chegamos é a de que o constituinte quis evitar delegações legislativas nestas matérias, daí o enfático da disposição." (COÊLHO, Sacha Calmon Navarro. *Curso de Direito Tributário Brasileiro*. 15. ed. Rio de Janeiro: Forense, 2016, p. 225).

caso.[27] Utilizando novamente as palavras de Misabel Derzi, ao menos no que toca à matéria tributária, "apenas o legislador pode avaliar os superiores interesses da coletividade que venham a legitimar a isenção ou a sua revogação".[28]

4 O princípio da especificidade da lei na legística formal

A malfadada prática de "contrabando"[29] ou "rabilongo" legislativo – que também é referida, em outro jargão, como legislação "jabuti"[30] ou leis "frankenstein" – viola o devido processo legislativo.

---

[27] "A adoção do processo legislativo decorrente do art. 150, §6º, da CF tende a coibir o uso desses institutos de desoneração tributária como moeda de barganha para a obtenção de vantagem pessoal pela autoridade pública, pois a fixação, pelo mesmo Poder instituidor do tributo, de requisitos objetivos para a concessão do benefício tende a mitigar arbítrio do chefe do Poder Executivo, garantindo que qualquer pessoa física ou jurídica enquadrada nas hipóteses legalmente previstas usufrua da benesse tributária, homenageando-se aos princípios constitucionais da impessoalidade, da legalidade e da moralidade administrativas (art. 37, *caput*, da Constituição da República). A autorização para a concessão de remissão e anistia, a ser feita "na forma prevista em regulamento" (art. 25 da Lei nº 6.489/2002), configura delegação ao chefe do Poder Executivo em tema inafastável do Poder Legislativo (ADI 3.462, Rel. Min. Cármen Lúcia, j. 15.9.2010, p. DJE de 15.2.2011).

[28] DERZI, Misabel Abreu Machado. Atualização. *In*: BALEEIRO, Aliomar. *Limitações constitucionais ao poder de tributar*. 8. ed. Rio de Janeiro: Forense, 2010, p. 147.

[29] A doutrina já apontou o caráter pernicioso da prática para a democracia e o devido processo legislativo, *in verbis*: "Ao analisar o processo legislativo em sentido sociológico, observa-se que há grande liberdade e liberalidade do Congresso Nacional em emendar o texto original de uma MP posta pelo Presidente da República e incluir a regulação de temas inexistentes no texto original da MP – o 'contrabando legislativo'. Essa ampla liberdade concede grande poder para a maioria do Congresso Nacional, que vota os 'excertos legislativos' de maneira rápida e sem discussão, criando um novo espaço de intervenção majoritária nesse processo. Com isso, vozes dissidentes são emudecidas e as regras e os princípios constitucionais são desrespeitados, vilipendiando, assim, o modelo de democracia pluralista. Outro agravante de relevo, já há muito denunciado no Senado Federal, diz respeito ao esgotamento de todo o tempo de tramitação do PLV [Projeto de Lei de Conversão de Medida Provisória] na Câmara dos Deputados. Desse modo, o PLV entra em regime de urgência e trava as discussões existentes na Casa Alta do Congresso Nacional, fazendo com que a maioria simplesmente aprove essas emendas sem pertinência temática. Sabe-se que o controle do tempo no processo legislativo é prática corriqueira. Contudo, não é admissível que temas relevantes, que deveriam ser intensamente discutidos pelos parlamentares, passem por uma tramitação ultra célere no Congresso Nacional, impossibilitando um maior debate democrático" (MARRAFON, Marco Aurélio; ROBL FILHO, Ilton Norberto. Controle de Constitucionalidade no Projeto de Lei de Conversão de Medida Provisória em face dos 'Contrabandos Legislativos': Salvaguarda o Estado Democrático de Direito. *In*: NOVELINO, Marcelo; FELLET, André (Org.). *Constitucionalismo e Democracia*. p. 235-249, Salvador: Juspodivm, 2013, p. 238-239).

[30] A referência ao jabuti advém do ditado popular de que, "se encontrar um jabuti em cima de uma árvore, desconfie. Alguém o colocou lá, já que sozinhos eles não sobem".

O devido processo legal, garantia constitucional constante do art. 5º, inciso LIV, da CRFB/88,[31] é um princípio procedimental[32] e deve ser observado também no plano da elaboração normativa.

Por isso, a introdução de dispositivos completamente alheios à proposição legislativa objeto de deliberação prejudica ou muitas vezes impede a análise dos temas, violando a paridade de armas e o direito à informação dos sujeitos processuais que militam no processo legislativo. Ou seja, além de se potencializar problemas interpretativos de leis atoladas de "impurezas" inseridas no curso do processo legislativo, a estratégia parlamentar de utilizar projetos de lei exógenos à matéria legislada para aprovar temas de seu interesse acaba por transgredir a própria ideia de processo, um *iter* procedimental em contraditório.[33] Ora, a atuação estratégica para "plantar" dispositivos em proposições alheias retira a transparência[34] e a possibilidade de se debater a real necessidade das novas regras.[35]

Apesar de historicamente o STF ter formado uma jurisprudência defensiva na análise de possíveis violações ao processo legislativo – escudando-se na cláusula *interna corporis* como limite ao seu poder de sindicar a autonomia do Parlamento –, mais recentemente o Tribunal

---

[31] Artigo 5º, LIV: "Ninguém será privado da liberdade ou de seus bens sem o devido processo legal".

[32] Segundo Humberto Ávila, o dispositivo constitucional do devido processo legal deve ser entendido no sentido de um princípio unicamente procedimental. A Constituição, para não deixar dúvidas com relação à existência de um direito à proteção de direitos, teria resolvido explicitar o direito a um processo adequado ou justo. Nesse sentido, a expressão composta de três partes fica plena de satisfação: deve haver um processo; ele deve ser justo; e deve ser compatível com o ordenamento jurídico, especialmente com os direitos fundamentais (ÁVILA, Humberto. O que é "devido processo legal"? *Revista de processo*. Instituto Brasileiro de Direito Processual – IBDP, São Paulo, v. 33, n. 163, p. 50-59, set. 2008).

[33] Ressaltando que o processo legislativo é espécie do gênero processo, André Del Negri salienta, escorado em Elpídio Donizete Nunes, que "a extrema sumariedade de seu trâmite pode ocasionar graves consequências por meio da supressão de garantias processuais, levando a um produto final desprovido de legitimidade" (*Controle de Constitucionalidade no Processo Legislativo*: teoria da legitimidade democrática. Belo Horizonte: Fórum, 2003, p. 86).

[34] José Afonso da Silva explica que os textos legais devem atender aos critérios de objetividade e clareza (SILVA, José Afonso da. *Processo constitucional de formação das leis*. 2 ed. São Paulo: Malheiros, 2006, p. 26). De fato, uma lei obscura não se coaduna com os ditames do Estado de Direito. Daí a fragilidade dos textos legais complexos e ininteligíveis que se proliferam no Direito Tributário pátrio.

[35] Note-se que o advento da possibilidade de veto parcial (e não somente veto total) é exatamente para "atender a uma necessidade universal, qual seja, fornecer ao Poder Executivo os meios necessários para expurgar dos textos legislativos as denominadas *riders* [...], que constituíam disposições que, sem conexão com a matéria principal tratada, eram enxertadas pelos parlamentares, forçando o Chefe do Executivo a aceitá-las, sancionando-as, sob pena de fulminar todo o projeto com o veto total" (MORAES, Alexandre. *Direito Constitucional*. 10. ed. São Paulo: Atlas, 2007, p. 633).

tem procurado acabar com a prática arraigada de parlamentares de se aproveitarem, por exemplo, do trâmite mais rápido da análise de uma medida provisória, além da vontade política governamental de que a proposta seja logo aprovada, para, mediante emendas, "plantar" dispositivos estranhos à matéria versada naquele instrumento legislativo.

No julgamento da ADI nº 5.127/DF (Relator para acórdão Min. Edson Fachin, Tribunal Pleno, DJ de 11.5.2016), a Corte Maior entendeu que (i) viola a Constituição da República, notadamente o princípio democrático e o devido processo legislativo (arts. 1º, *caput*, parágrafo único, 2º, *caput*, 5º, *caput*, e LIV, CRFB), a prática da inserção, mediante emenda parlamentar no processo legislativo de conversão de medida provisória em lei, de matérias de conteúdo temático estranho ao objeto originário da medida provisória; e, justamente por considerar que a prática estava cristalizada nos Parlamentos brasileiros, quase que como uma "norma consuetudinária", (ii) em atenção ao princípio da segurança jurídica, mantiveram-se hígidas todas as leis de conversão fruto dessa prática promulgadas até a data do julgamento. Em outras palavras, a partir de então, segundo o STF, as emendas parlamentares apresentadas a projetos de lei de conversão de medidas provisórias somente serão admitidas se revelarem pertinência temática com o objeto da proposição apresentada pelo Poder Executivo. O Ministro Fachin deixou claro que, quando há assunto temático não previsto inicialmente na medida provisória sob conversão legislativa, o devido papel de regulação da vida comum é enfraquecido no que diz respeito à legitimação pelo procedimento democrático.

Posteriormente, nos autos no Mandado de Segurança nº 33.889/DF, impetrado por um senador da República, o Ministro Roberto Barroso chegou a conceder liminar determinando a suspensão do Projeto de Lei de Conversão nº 17/2015, que deu origem à Lei nº 13.190 de 2015, referente à Medida Provisória nº 678/2015, em relação às matérias estranhas que lhe foram adicionadas quando da tramitação no Congresso Nacional. O *writ* acabou perdendo o objeto em razão da sanção parcial pela Presidente da República e pela manutenção dos vetos, o que retirou as emendas legislativas exorbitantes do texto final da lei.

Na verdade, o costume parlamentar de apresentar emendas na tramitação de medidas provisórias, além de violar a ideia de devido processo legislativo,[36] é um comportamento *contra legem*, porquanto vai

---

[36] Vale a transcrição do seguinte trecho do voto da Ministra Rosa Weber na ADI nº 5.127: "O que tem sido chamado de contrabando legislativo [...] não denota, a meu juízo, mera inobservância de formalidade, e sim procedimento marcadamente antidemocrático, na medida em que,

de encontro com as previsões da Lei Complementar nº 95/1998, que, em cumprimento ao parágrafo único do art. 59 da CRFB/88,[37] dispõe sobre a elaboração, a redação, a alteração e a consolidação das leis. Trata-se de um marco na tentativa de organizar o quadro caótico que reinava no processo legislativo brasileiro. Saber com clareza quais dispositivos legais efetivamente permaneciam em vigor sempre foi uma tarefa hercúlea, uma vez que as incongruências nos textos das leis, ocasionadas por falhas de técnica legislativa, especialmente quanto à revogação tácita e à alteração de dispositivos legais, eram muito comuns.

As disposições da mencionada lei complementar se aplicam às medidas provisórias – que ao longo do tempo foram veículos utilizados para enxertar benefícios fiscais na legislação federal – e estão em plena sintonia com a ideia de que a elaboração das leis deve ter um mínimo de racionalidade, não se podendo admitir a inclusão de artigos concedendo isenções, créditos presumidos ou outros benefícios fiscais, no bojo de projetos de lei que versem sobre outras matérias.[38]

---

intencionalmente ou não, subtrai do debate público e do ambiente deliberativo próprios ao rito ordinário dos trabalhos legislativos a discussão sobre as normas que irão regular a vida em sociedade. Com efeito, 'Nas democracias constitucionais contemporâneas apenas as normas postas pelos representantes do povo construídas por meio de um processo específico podem obrigar ou proibir uma ação ou omissão [...]. Isso significa que a soberania popular deve ser exercida nos limites determinados pela ordem jurídica, cujas normas apenas são válidas se criadas nos marcos constitucionais do devido processo legislativo. Nessa linha, doutrina e jurisprudência reconhecem que o devido processo legislativo é uma garantia, do parlamentar e do cidadão, inscrita na cláusula do *substantive due process of law* [...], envolvendo a correta e regular elaboração das leis. [...]' [...] 'O direito ao devido processo legislativo é um exemplo de direito fundamental de titularidade difusa, não um direito subjetivo de um ou outro parlamentar, ao menos no que se refere à regularidade do processo de produção das leis. Esse direito funciona simultaneamente como um direito de defesa e como um direito à organização e ao procedimento. Enquanto direito de defesa, o direito ao devido processo legislativo articula, em princípio, pretensões de abstenção e de anulação. As pretensões de abstenção dirigem-se aos órgãos legislativos e exigem que os mesmos se abstenham de exercer sua função em desconformidade com os parâmetros constitucionais e regimentais que a regulam. As pretensões de anulação, por sua vez, são comumente dirigidas ao Poder Judiciário, que delas conhece em sede de controle de constitucionalidade" (BARBOSA, Leonardo Augusto de Andrade. *Processo Legislativo e Democracia*. Belo Horizonte: Del Rey, 2010).

[37] "Art. 59. O processo legislativo compreende a elaboração de: I – emendas à Constituição; II – leis complementares; III – leis ordinárias; IV – leis delegadas; V – medidas provisórias; VI – decretos legislativos; VII – resoluções. Parágrafo único. Lei complementar disporá sobre a elaboração, redação, alteração e consolidação das leis".

[38] Os parlamentares podem apresentar emendas ao projeto de conversão de medida provisória em lei, na esteira do que dispõe o §12 do art. 62 da CRFB/88, cingindo-se contudo à alteração do texto original, não para incluir matérias estranhas. Há uma Proposta de Emenda à Constituição (de nº 70/2011) que altera o procedimento de apreciação das medidas provisórias pelo Congresso Nacional e que pretende deixar expresso no texto constitucional que a medida provisória e o projeto de lei de conversão não conterão matéria estranha a seu objeto ou a este não vinculada por afinidade, pertinência ou conexão.

O art. 7º,[39] inciso II, da Lei Complementar nº 95/1998 determina que "a lei não conterá matéria estranha a seu objeto ou a este não vinculada por afinidade, pertinência ou conexão". Assim, a necessidade da pureza material das normas não é privativa da lei tributária concessiva de benefícios ou da lei orçamentária – casos em que há uma restrição constitucional expressa –, mas incorpora o ideal da norma no ordenamento jurídico como um todo, de modo que cada lei deve tratar o assunto que lhe é peculiar, sob pena de se perpetuar o caos legislativo.

A importância da especificidade da lei é reconhecida na legística formal, ciência que se debruça sobre a técnica legislativa, e, se descumprida, deveria ensejar, sem pudor, a declaração de nulidade do ato legal.[40] Por outro lado, ainda há muito a evoluir. Da mesma forma que o princípio da especificidade da lei tributária benéfica, os Tribunais flexibilizaram a regra do art. 7º, II, da LC nº 98/95,[41] retirando sua

---

[39] "Art. 7º O primeiro artigo do texto indicará o objeto da lei e o respectivo âmbito de aplicação, observados os seguintes princípios: I – excetuadas as codificações, cada lei tratará de um único objeto; II – a lei não conterá matéria estranha a seu objeto ou a este não vinculada por afinidade, pertinência ou conexão; III – o âmbito de aplicação da lei será estabelecido de forma tão específica quanto o possibilite o conhecimento técnico ou científico da área respectiva; IV – o mesmo assunto não poderá ser disciplinado por mais de uma lei, exceto quando a subseqüente se destine a complementar lei considerada básica, vinculando-se a esta por remissão expressa".

[40] "A redação do *caput* do art. 7º é bastante clara ao registrar que constituem princípios (normas estruturais) na produção de textos normativos: a inclusão de apenas um único objeto a ser tratado em cada norma e; que a lei não conterá matéria estranha ao seu objeto ou não vinculada por afinidade, pertinência ou conexão. Na prática, entretanto, não são poucas as situações em que uma lei – dispondo sobre determinado tema – acaba por inserir um ou mais artigos a tratar de matéria completamente estranha ao objeto da lei. Oculta-se a alteração promovida, de forma que a ementa da norma traduz um tema, ao passo que o seu conteúdo não se limita a este. Registramos nossa crítica a essa modalidade de processo legislativo que, a depender da situação em concreto, poderá ensejar inclusive a nulidade do ato legal, na medida em que viola a forma estabelecida para sua elaboração, não atendendo aos princípios da produção do texto normativo, estabelecido na Lei Complementar n. 95/98" (KFOURI JR., Anis. *Curso de Direito Tributário*. 4. ed. São Paulo: Saraiva Educação, 2018, item 1.15.4).

[41] Ementa: "TRIBUTÁRIO. COFINS. MEDIDA PROVISÓRIA Nº 135/2003. LEI Nº 10.833/2003. LEI COMPLEMENTAR Nº 95/1998. LEGITIMIDADE DA COBRANÇA. ART. 8º DA LEI Nº 9718/98. [...] IV. Entende o Supremo Tribunal Federal que, apesar de a COFINS ser disciplinada pela LC 70/91, a Constituição Federal não determina que a alíquota das contribuições sociais seja regulada por norma de caráter complementar, de modo que a LC 70/91 é tida, em seu aspecto material, como uma lei ordinária, sendo apenas formalmente uma lei complementar, já que foi submetida a processo legislativo especial. Nestes termos, sendo possível a alteração da alíquota por meio de uma lei ordinária, é legal e constitucional o art. 8º da Lei 9.718/98. V. Não se vislumbra contrariedade ao artigo 7º da Lei Complementar 95/98. O escopo da norma citada é evitar a edição de normas legais que contenham em seu bojo previsões maliciosamente inseridas, sem serem notadas, ou seja, que não guardem relação com a matéria disciplinada. Não é o caso da Lei 10.833/2003, que tratou de matéria tributária federal. [...]". (TRF da 5ª Região; Processo nº 00075376920104058100, Desembargadora Federal

força normativa,[42] salvo algumas exceções,[43] além de a Corte Maior ter se esquivado em algumas oportunidades de analisar a violação

---

Margarida Cantarelli, Quarta Turma, publicado em 03.12.2010). Vide ainda sobre o mesmo assunto: "4. Inocorreu vício de forma apto a invalidar a citada MP, ou sua lei de conversão. É suficiente que se observe, relativamente ao 'caput' do artigo 7º, que não é razoável inferir que a não observância da aludida regra – a qual, de resto, é dirigida apenas ao legislador – acarrete invalidade de todo o diploma normativo editado. O escopo da aduzida norma, bem como dos desdobramentos encartados nos incisos do mesmo artigo 7º, é de evitar a edição de normas legais que contenham, em seu bojo, previsões maliciosamente inseridas para não serem notadas, vale dizer, previsões que em nada correspondam ao restante da matéria objeto da disciplina normativa. Tratou a MP, bem como sua lei de conversão, de matéria tributária federal. Os assuntos versados no inteiro teor do diploma, em que pese se referirem a distintos tributos, foram reunidos em um só texto porquanto concebidos em esforço conjunto para racionalizar o sistema tributário em vigor. [...]" (TRF da 5ª Região; Processo nº 2004.83.0000505-13, Desembargador Federal Geraldo Apoliano, Terceira Turma, publicada 25.10.2005).

[42] Ementa: "Seguro obrigatório de danos pessoais causados por veículos automotores em vias terrestres (DPVAT) [...] 3. Lei Complementar 95/98 – Suposta inobservância do disposto em seu art. 7º, II, na elaboração da Lei 11.482/07, por tratar ela de temas diversos – Mácula não tendo o condão de invalidar o diploma normativo – Situação expressamente prevista no art. 18 da mesma lei complementar, a estabelecer que 'eventual inexatidão formal de norma elaborada mediante processo legislativo regular não constitui escusa válida para o seu descumprimento' – Processo legislativo propriamente dito que é disciplinado no próprio corpo da Constituição Federal" (TJSP, Processo nº 0171404-04.2009.8.26.0100, Relator Ricardo Pessoa de Mello Belli, 25ª Câmara de Direito Privado, publicado 24.09.2011). No STF, a decisão monocrática do Ministro Relator Luiz Fux, proferida nos autos do MS 30495 MC, publicado em 12.05.2011, demonstra claramente o desprestígio da regra da especificidade. Veja-se o seguinte trecho: "O Impetrante sustenta, com pedido de liminar, em síntese, que o processo legislativo constitucionalmente previsto e esmiuçado pela Lei Complementar nº 95/1998, teria sido desrespeitado, porquanto a MP nº 521 teria versado temas desconexos e ofendido o disposto no art. 7º da referida norma complementar; [...] 3) Quanto à ilegalidade deflagrada pela MP nº 521, cumpre destacar que as matérias nela contidas não se apresentam como completamente desconexas, tal como proposto na peça vestibular, por isso que, de um lado, prevê a remuneração e o regime jurídico aplicável aos médicos-residentes, e de outro, a prorrogação de gratificações a agentes requisitados pela Advocacia-Geral da União. Os temas não são distantes, eis que cuidam de questões afetas à retribuição de agentes públicos, quais sejam os médicos residentes e os servidores lotados na AGU. Não se entrevê, assim, ofensa ao propósito da Lei Complementar nº 95, qual o de evitar a edição de atos legislativos com caudas introduzidas no apagar das luzes e sobre temas completamente distintos entre si. Ao revés, há, no caso dos autos, um liame entre os temas veiculados na MP nº 521, comandos que, na sua essência, buscam detalhar questões afetas a agentes públicos federais. 4) Sob outro enfoque, merece percutido que o eventual deferimento da liminar pretendida nos autos acabaria por tão-somente provocar transtornos desnecessários às atividades regulares do Poder Executivo que teria de, no dia seguinte ao da intimação acerca do provimento judicial, editar uma nova Medida Provisória com o mesmo teor".

[43] Vide as discussões nos autos do REsp nº 1.464.181/SP (Relator Ministro Luis Felipe Salomão, DJ de 19.10.2016), em que o Tribunal *a quo* entendeu que a Lei nº 10.931/04 teria afrontado a LC nº 95/98, ao dispor sobre mais de um assunto, não relacionados entre si, concluindo pela sua inaplicabilidade. O art. 1º da Lei nº 10.931/2004 dispõe ser seu objeto o regime especial de tributação aplicável às incorporações imobiliárias, sendo que, na realidade, esse é somente um dos pontos tratados na lei, cujo objeto é bem mais amplo, alterando diversas

dessas regras, ao fundamento de que a questão envolveria o exame da legislação infraconstitucional.[44]

5 Conclusões

A famosa fase de Otto Von Bismarck, segundo a qual "os cidadãos não poderiam dormir tranquilos se soubessem como são feitas as salsichas e as leis", não faz sentido em um Estado que se diz Democrático e de Direito. Há que se ter plena transparência e publicidade do processo de produção das leis, impedindo-se que comportamentos estratégicos e ardilosos de alguns parlamentares possam inserir benefícios fiscais sem o devido debate.

É fato que os Parlamentos, em toda parte, são mais sensíveis à criação de despesas do que ao controle do déficit. No mundo todo, os decisores estão permanentemente pressionados a distribuir benesses e, ao mesmo tempo, não aumentar a carga tributária, o que é um contrassenso. Impõe-se, assim, um amplo debate em matéria de tributação e de desoneração, ressaltando a importância de respeito ao princípio da especificidade da lei tributária benéfica, positivado no art. 150, §6º, da CRFB/88.

Como epígrafe conclusiva do presente ensaio, propõe-se: *A dignificação do procedimento de produção das leis e o devido processo legislativo tributário impõem a observância e a plena força normativa do princípio da*

---

leis – Lei nº 4.591/64 (Lei de Incorporações), Lei nº 4.728/65, Decreto-Lei nº 911/69, Lei nº 9.514/97, Lei nº 10.406/2002 (Código Civil), Lei nº 6.015/73 (Lei dos Registros Públicos), Lei nº 8.036/90 (Lei do FGTS) e Lei nº 8.245/91 (Lei de Locações). Todavia, no STJ, o Ministro Relator observou que "é claro esse dispositivo ao determinar que cada lei deverá tratar de um único objeto, não podendo conter matéria estranha a este objeto ou a ele não vinculada, bem como que deverá o art. 1º dispor acerca do conteúdo da própria lei. A finalidade desse art. 7º é sistematizar a legislação infraconstitucional, de modo a facilitar o acesso, o estudo e a compreensão do Direito, inclusive pelos próprios Poderes da República, de modo a reduzir o risco de tautologias ou inobservâncias legais"; "à luz dessa detalhada análise de cada parte da Lei nº 10.931/2004, verifica-se que esse diploma dispõe, em suma, sobre o mercado imobiliário, tratando da afetação da incorporação imobiliária, bem como de institutos e questões conexos, inclusive no que se refere a formas de financiamento do próprio empreendimento, tanto pelo promitente-comprador, quanto pela incorporadora, junto à instituição financeira. Verifica-se, portanto que a lei é unívoca, tendo como objeto central o mercado imobiliário, bem como trata de matérias afins, pertinentes ou conexas, em harmonia com o disposto no art. 7º, inciso II, da LC 95/98"; "diante de todo o exposto, tendo em vista a existência, nos termos do art. 18 da LC 95/98, de regular processo legislativo, conclui-se que a lei, não obstante a inexatidão formal constante em seu art. 1º, é válida e deve ser aplicada para as questões que regula".

[44] Cf. ARE nº 898.147/SP, Relator Min. Edson Fachin, Primeira Turma, p. 08.03.2016; e RE 835.518/SP, Relator Min. Gilmar Mendes, Segunda Turma, p. 13.11.2014.

especificidade da lei tributária benéfica, de modo que qualquer benefício fiscal só poderá ser concedido mediante lei específica, que regule exclusivamente a matéria tributária.

Informação bibliográfica deste texto, conforme a NBR 6023:2018 da Associação Brasileira de Normas Técnicas (ABNT):

MOREIRA, Bernardo Motta; FARO, Maurício Pereira. Princípio da especificidade da lei tributária benéfica. *In*: SARAIVA FILHO, Oswaldo Othon de Pontes; SIQUEIRA, Julio Homem de; BEDÊ JÚNIOR, Américo; FABRIZ, Daury César; SIQUEIRA, Junio Graciano Homem de; CUNHA, Ricarlos Almagro Vitoriano (Coord.). *Noções gerais e limitações formais ao poder de tributar*. Belo Horizonte: Fórum, 2021. p. 431-451. (Coleção Fórum Princípios Constitucionais Tributários – Tomo I). ISBN 978-65-5518-057-2.

ENFRENTANDO O PARADIGMA DO PRINCÍPIO DA INDISPONIBILIDADE DO CRÉDITO TRIBUTÁRIO

ANA PAULA PASINATTO
ANTÔNIO DE MOURA BORGES

1   Palavras iniciais

> *"[...] a transição sucessiva de um paradigma a outro, por meio de uma revolução, é o padrão usual de desenvolvimento da ciência amadurecida".*
> Thomas Kuhn[1]

Para Thomas Kuhn, "o padrão usual de desenvolvimento da ciência amadurecida" é "a transição sucessiva de um paradigma a outro, por meio de uma revolução".[2] Mas essa transição sucessiva não rearticula o velho paradigma.

Por meio da revolução, nasce outro paradigma com a "reconstrução do objeto de investigação, a partir de novos princípios, o que implica a exigência de novas formulações teóricas, inclusive metodológicas". Afinal, a ciência "muda paradigmaticamente".[3]

---

[1]   KUHN, Thomas. *A Estrutura das Revoluções Científicas*. Tradução: Beatriz Vianna Boeira e Nelson Boeira. 10. ed. São Paulo: Perspectiva, 2011. p. 30.
[2]   KUHN, 2011, p. 30.
[3]   LUDWIG, Celso Luiz. *Para uma Filosofia Jurídica da Libertação*: Paradigmas da Filosofia, Filosofia da Libertação e Direito Alternativo. Florianópolis: Conceito Editorial, 2006. p. 25.

O objetivo do presente trabalho é enfrentar o paradigma do princípio da indisponibilidade do crédito tributário por meio de proposições, conjecturas e especulações, considerando a distinção jusfilosófica entre interesse público primário e interesse público secundário.

Para tanto, sob a influência do método hipotético-dedutivo de Karl Popper, analisaremos a noção de paradigma de Thomas Kuhn, verificando a expressão polissêmica de interesse público e dogma do princípio da indisponibilidade do crédito tributário, que é, em realidade, o interesse público secundário.

2 Noção de paradigma

As realizações científicas são anteriores aos enunciados prescritivos, às teorias e aos conceitos. Estão relacionadas com a "ciência normal" e são denominadas por Thomas Kuhn de "paradigmas", especialmente por partilharem duas principais características. A primeira trata-se do fato de elas atraírem o "grupo duradouro de partidários". Já a segunda, por serem realizações abertas, permite que os problemas sejam "resolvidos pelo grupo redefinido de praticantes da ciência".[4]

Talvez o "paradigma" da ciência possa ser compreendido como "modelo" ou como "padrão" a ser aceito por determinado grupo. Mas sem reprodução. A partir do momento em que há qualquer reprodução, não há o paradigma da ciência. Thomas Kuhn utiliza como ilustração a gramática. *Amo, Amas, Amat* é paradigma que funciona por permitir a reprodução, por ser o "padrão" utilizado na conjugação de verbos latinos, como *Laudo, Laudas, Laudat*. Diferente do paradigma da ciência, mais conhecido como "promessa de sucesso que pode ser descoberta em exemplos selecionados e ainda incompletos", aquele padrão costumeiro, mas passível de ser "melhor articulado".[5]

Aquela "ciência normal" é esta ciência que "consiste na atualização dessa promessa". Para Thomas Kuhn, essa atualização nada mais é do que "operações de acabamento". Em outras palavras, não se trata de inventar novas teorias, mas, sim, de "uma tentativa de forçar a natureza a encaixar-se dentro dos limites preestabelecidos e relativamente inflexíveis fornecidos pelo paradigma". Costuma-se permanecer na

---

[4] KUHN, *op. cit.*, p. 30.
[5] KUHN, 2011, p. 44.

articulação dos fenômenos das teorias fornecidas pelo paradigma, e, talvez, como menciona Thomas Kuhn, este costume são "defeitos".[6]

As áreas do investigador científico "normal", pela confiança demasiada no paradigma, são pequenas e restringem "drasticamente a visão do cientista". Apesar de essa restrição ter sido essencial para o desenvolvimento da ciência, a atitude dos cientistas de não estarem "constantemente procurando inventar novas teorias",[7] permanecendo nas teorias tidas como óbvias demais para merecerem análise crítica, é o que leva o nosso Direito Tributário à "desgraça", como defende Alfredo Augusto Becker.[8] Ou, ainda, como Thomas Kuhn menciona, "talvez a característica mais impressionante dos problemas normais da pesquisa que acabamos de examinar seja seu reduzido interesse em produzir grandes novidades, seja no domínio dos conceitos, seja no dos fenômenos".[9]

Margaret Masterman, em seus estudos, concluiu que Thomas Kuhn utiliza o termo "paradigma" de vinte e uma formas diferentes:

> Kuhn, é claro, com esse estilo quase poético dele, torna o paradigma uma a elucidação genuinamente difícil para o leitor superficial. Na minha contagem, ele usa "paradigma" em não menos que vinte e um sentidos diferentes em seu [1962], possivelmente mais, mas não menos. Assim, ele descreve um paradigma: (1) como uma conquista científica universalmente reconhecida, p.x [...]; (2) como um mito, p. 2 [...]; (3) como uma "filosofia", ou constelação de perguntas (pp. 4-5) [...]; (4) como livro didático ou obra clássica (p. 10) [...]; Como toda a tradição e, em certo sentido, como modelo (pp. 10-11) [...]; (6) Como conquista científica (p. 11) [...].[10]

Mas, para Thomas Kuhn, estas vinte e uma formas são facilmente diminuídas para apenas duas (paradigmas como a constelação dos

---

[6] Ibid., p. 45.
[7] Id., p. 45.
[8] BECKER, Alfredo Augusto. *Teoria Geral do Direito Tributário*. São Paulo: Saraiva, 1998. p. 10.
[9] KUHN, op. cit., p. 57.
[10] No texto original, a autora expressa-se da seguinte forma: "*Kuhn, of course, with that quasi-poetic style of his, makes paradigm elucidation genuinely difficult for the superficial reader. On my counting, he uses "paradigm" in not less tha twenty-one different senses in his [1962], possibly more, not less. Thus he describes a paradigm: (1) as a universally recognized scientfic achievement, p.x [...]; (2) as a myth, p.2[...]; (3) as a 'philosophy', or constellation of questions (pp. 4-5) [...]; (4) as a textbook, or classic work (p. 10) [...]; As a whole tradition, and in some sense, as a model (pp. 10-11) [...]; (6) As a scientific achievement (p. 11) [...]*" – The Nature of a Paradigm. In.: International colloquium in the philosophy of science. *Criticism and the Growth of Knowledge*. vol. 4. London: Cambridge University Press, 1965. p. 61-65.

compromissos de grupo e paradigmas como exemplos compartilhados), em razão de as outras serem devido a "incongruências estilísticas".[11] Paradigmas para Kuhn são, portanto, "as realizações científicas universalmente reconhecidas que, durante algum tempo, fornecem problemas e soluções modelares para uma comunidade de praticantes de uma ciência". Eis a razão para chamarmos de paradigma o objeto do nosso presente estudo, o princípio da indisponibilidade do crédito tributário.

3 Interesse público

Interesses públicos são interesses que possuem como finalidade a segurança e o bem-estar da sociedade.[12] Trata-se de "interesse do todo", do "próprio conjunto social", de "dimensão pública dos interesses individuais", dos "interesses de cada indivíduo enquanto partícipe da sociedade",[13] entre outros. São muitas as expressões polissêmicas, não é diferente com "interesse público", claramente expressão vaga[14] e ambígua.[15] [16]

Celso Antônio Bandeira de Mello conceitua interesse público como "resultante do conjunto dos interesses que os indivíduos pessoalmente têm quando considerados em sua qualidade de membros da sociedade e pelo simples facto de o serem".[17] Lembremos, com Renato Alessi,[18]

---

[11] KUHN, 2011, p. 228.
[12] MOREIRA NETO, Diogo de Figueiredo. Arbitragem nos Contratos Administrativos. *Revista de Direito Administrativo – RDA*, 209, Rio de Janeiro, p. 81-90, jul./set. 1997.
[13] MELLO, Celso Antônio Bandeira de. *Curso de Direito Administrativo*. São Paulo: Malheiros, 2012. p. 59.
[14] Diz Genaro Carrió: "*Hay un foco de intensidad luminosa donde se agrupan los ejemplos típicos, aquellos frente a los cuales no se duda que la palabra es aplicable. Hay una mediata zona de oscuridad circundante donde caen todos los casos en los que no se duda que no lo es. El tránsito de una zona a otra es gradual; entre la total luminosidad y la oscuridad total hay una zona de penumbra sin límites precisos. Paradójicamente ella no empieza ni termina en ninguna parte, y sin embargo existe. Las palabras que diariamente usamos para aludir al mundo en que vivimos y a nosotros llevan consigo esa imprecisa aura de imprecisión*" – Notas sobre derecho y lenguaje. 5. ed. Buenos Aires: Abeledo Perrot, 2006, p. 31-35; Ademais, expressões vagas são aquelas das quais se originam "casos de fronteira". Esses casos estariam ligados ao que Herbert Hart chama de "uso aberto do termo" – *O conceito de direito*. 2. ed. Lisboa: Fundação Calouste Gulbenkian, 1996, p. 20.
[15] CARRIÓ, *op.cit.*, p. 28-29.
[16] VALLE, Maurício Dalri Timm do; PASINATTO, Ana Paula. Arbitragem tributária no Brasil e o interesse público. *In*.: DOMINGOS, Francisco Nicolau. *Justiça Tributária*: Um Novo Roteiro. Lisboa: Rei dos Livros, 2018. p. 293.
[17] *Curso de direito administrativo*. 30. ed. São Paulo: Malheiros, 2013. p. 62.
[18] "*Aun pudiéndose concebir un interés secundario de la Administración considerada como aparato organizativo, tal interés no podría ser realizado sino en caso de coincidencia con el interés primario, público. Por el contrario, este interés secundario del aparato puede fácilmente encontrarse en conflicto*

que o interesse público não se confunde com o interesse da Administração.[19] Estão categorizados em primários, os verdadeiros interesses públicos, e os interesses públicos secundários, que são os interesses da Administração.

Os interesses públicos primários são aqueles que concretizam os valores que a sociedade escolhe, são os verdadeiramente considerados indisponíveis, sendo indispensável o regime público. Já os interesses públicos secundários possuem natureza instrumental, "resolvem-se em relações patrimoniais e, por isso, tornaram-se disponíveis na forma da lei, não importando sob que regime".[20] Eles existem, simplesmente, para que haja satisfação dos interesses públicos primários.

Concordamos com Alexandre Luiz Moraes do Rêgo Monteiro e Leonardo Freitas Castro[21] que são exemplos de interesses públicos secundários os próprios interesses relativos à arrecadação tributária. Afinal, a arrecadação é necessária para a manutenção dos interesses públicos primários. Lembrando, com Cass Sunstein e Stephen Holmes,[22] que os nossos direitos possuem um custo e estes custos dependem dos tributos cobrados, dos valores arrecadados.[23]

---

con el interés público, de tal manera que la Administración podría frecuentemente ser impulsada a realizarlo incluso más allá de los límites de la coincidencia con el interés público o en perjuicio de este último. Se impone por lo tanto la necesidad de una garantía de que la acción administrativa se dirija efectivamente a la realización del interés público" – Instituciones..., p. 185-187.

[19] VALLE; PASINATTO, 2018, p. 296.

[20] Conceitos cf. MOREIRA NETO, 1997, p. 81-90.

[21] "Não temos dúvidas neste ponto, que o crédito tributário encontra-se na subespécie dos interesses públicos secundários, isto é, relativos à arrecadação da pecúnia necessária ao investimento em interesses públicos primários, tais como a educação, saúde, segurança, dentre inúmeros outros. Trata-se, pois, de receita pública derivada, portanto afeta, via de regra, ao juízo arbitral". *In*: Direito Tributário e Arbitragem:..., São Paulo, ano 17, n. 88, p. 33-34, set./out. 2009.

[22] Utilizamos, aqui, a versão espanhola – *El costo de los derechos*: Por qué la libertad depende de los impuestos. Buenos Aires: Siglo Veituno Editores, 2011. Na apresentação do livro, Roberto Gargarella sintetiza bem o principal argumento dos autores. Diz ele: *"El libro de Sunstein y Holmes sostiene un argumento en extremo relevante para los debates de la actualidad: todos nuestros derechos dependen de los impuestos recaudados por el gobierno. Eso significa que no es posible pedir, al mismo tiempo, que la política reduzca los impuestos y dé garantía plena a nuestros derechos. La libertad de expresión, la seguridad social, el debido proceso, el voto son algunos de los derechos que más valoramos, y no son gratuitos, sino que cuestan dinero. Es decir que requieren la permanente inversión estatal"*.

[23] Vejamos, também, o posicionamento de Luís Roberto Barroso: "O interesse público primário é a razão de ser do Estado, e sintetiza-se nos fins que cabe a ele promover: justiça, segurança e bem-estar social. Estes são os interesses de toda a sociedade. O interesse público secundário é o da pessoa jurídica de direito público que seja parte em uma determinada relação jurídica – quer se trate da União, do Estado-membro, do Município ou das sua autarquias. Em ampla medida, pode ser identificado com o interesse do erário, que é o de maximizar a arrecadação e minimizar as despesas. [...] O interesse público secundário não

3.1 Supremacia do interesse público sobre o particular

Neste contexto de interesse público, é inevitável mencionarmos, mesmo que de forma breve, a discussão sobre a supremacia desse interesse sobre o particular. Nesse estudo, o administrativista considerado referência é Celso Antônio Bandeira de Mello. Afirma ele, com base em Renato Alessi,[24] que a supremacia do interesse público frente ao interesse particular é "verdadeiro axioma reconhecível no moderno Direito Público. Proclama a superioridade do interesse da coletividade, firmando a prevalência dele sobre o do particular, como condição, até mesmo, da sobrevivência e asseguramento deste último".[25] Tal conceito foi contestado no final do século passado por Humberto Ávila[26] e, recentemente, Daniel Hachem retomou o estudo do tema.[27]

Humberto Ávila concluiu inexistir a norma-princípio da supremacia do interesse público sobre o particular.[28] Não analisaremos as minudências de seu raciocínio, mas vale salientarmos que tal princípio jurídico "não se identifica com o bem comum", pressupondo "possibilidade de conflito entre o interesse público e o interesse particular no exercício da função administrativa".[29]

Afinal, como afirma Hely Lopes Meirelles: "enquanto o Direito Privado repousa sobre a igualdade das partes na relação jurídica, o Direito Público assenta em princípio inverso, qual seja, o da supremacia do Poder Público sobre os cidadãos".[30] Concordamos, assim, com Humberto Ávila ao afirmar não ser o princípio da supremacia do

---

é, obviamente, desimportante. Observe-se o exemplo do erário. Os recursos financeiros proveem os meios para realização do interesse primário, e não é possível prescindir deles. Sem recursos adequados, o Estado não tem capacidade de promover investimentos sociais nem de prestar de maneira adequada os serviços públicos que lhe tocam [...]". ...Prefácio à obra: *Interesses Públicos versus Interesses Privados*: Desconstruindo o Princípio de Supremacia do Interesse Público. SARMENTO, Daniel (Org.). Rio de Janeiro: Lumen Juris, 2005, p. 13.

[24] Instituciones de derecho administrativo..., p. 185-187.
[25] Curso..., p. 70.
[26] ÁVILA, Humberto Bergmann. Repensando o "Princípio da supremacia do interesse público sobre o particular". In: SARLET, Ingo Wolfgang (Org.). *O Direito Público em Tempos de Crise*: estudos em homenagem a Ruy Ruben Ruschel. Porto Alegre: Livraria do Advogado, 1999. p. 99-127.
[27] *Princípio constitucional da supremacia do interesse público*. Belo Horizonte: Fórum, 2011.
[28] ÁVILA, *op. cit.*, p. 126.
[29] *Ibid.*, p. 101.
[30] *Direito Administrativo Brasileiro*. 23. ed.. São Paulo: Malheiros, 1998. p. 44.

interesse público sobre o privado, "rigorosamente, um princípio jurídico ou norma-princípio",[31] inexistindo a mencionada supremacia.[32]

4 O paradigma do princípio da indisponibilidade do crédito tributário

A obrigação em si é relação jurídica, sendo o seu objeto determinada prestação e o objeto da prestação material ou imaterial. Tal prestação obriga uma ou mais pessoas a dar, fazer ou não fazer como finalidade de alcançar o adimplemento da obrigação contraída prevista em lei.

No Direito Romano, para o Jurisconsulto Gaio (ou Caio), existiam duas fontes da obrigação: i. as *Institutas* e ii. o *Libro Secundus Aureorum*. Já para Justiniano existia outra também denominada *Institutas*. Na primeira fonte de Gaio, a classificação se dava em um contrato e um delito. Na segunda fonte, *Libro Secundus Aureorum*, se dava em um contrato, em um delito ou, ainda, em figuras de causas. Na fonte de Justiniano, a classificação se dava em quatro espécies: i. contrato, ii. quase contrato, iii. delito, iv. quase delito.[33]

O Código Tributário Nacional nos direciona à natureza do crédito tributário, estabelecendo em seu artigo 139: "O crédito tributário decorre da obrigação principal e tem a mesma natureza desta". Não faria sentido a existência de relação jurídica sem sujeito ativo, passivo ou sem objeto. Tal objeto da obrigação tributária é a prestação pecuniária, é o "dar

---

[31] ÁVILA, 1999, p. 126.

[32] "[...] divisamos uma absoluta inadequação entre o princípio da supremacia do interesse público e a ordem jurídica brasileira, como também pelos riscos que sua assunção representa para a tutela dos direitos fundamentais. Parece-nos que o princípio em discussão baseia-se numa compreensão equivocada da relação entre pessoa humana e Estado, francamente incompatível com o leitmotiv Democrático de Direito, de que as pessoas não existem para servir aos poderes públicos ou à sociedade política, mas, ao contrário, estes é que se justificam como meios para a proteção e promoção dos direitos humanos. Tentaremos, enfim, demonstrar que a cosmovisão subjacente ao princípio em debate apresenta indisfarçáveis traços autoritários, que não encontram respaldo numa ordem constitucional como a brasileira [...]". SARMENTO, Daniel. Interesses Públicos versus Interesses Privados na Perspectiva da Teoria e da Filosofia Constitucional. *In*: SARMENTO, Daniel. *Interesses Públicos versus Interesses Privados*: Desconstruindo o Princípio de Supremacia do Interesse Público. Rio de Janeiro: Lumen Juris, 2007. p. 27.

[33] ALVES, José Carlos Moreira. *Direito Romano*. Rio de Janeiro: Forense, 2003. p. 28.

dinheiro ao Estado", e esse dinheiro denomina-se crédito tributário,[34] objeto da prestação[35] ou interesse público secundário.

O divisor entre a obrigação tributária e o crédito tributário é o momento em que a "Administração toma conhecimento de sua existência e o quantifica",[36] sendo este o momento do lançamento nos termos do artigo 142 do CTN:

> Compete privativamente à autoridade administrativa constituir o crédito tributário pelo lançamento, assim entendido o procedimento administrativo tendente a verificar a ocorrência do fato gerador da obrigação correspondente, determinar a matéria tributável, calcular o montante do tributo devido, identificar o sujeito passivo e, sendo caso, propor a aplicação da penalidade cabível.
> Parágrafo único. A atividade administrativa de lançamento é vinculada e obrigatória, sob pena de responsabilidade funcional.

Nesse contexto, existe posição dúbia sobre o lançamento e o crédito tributário entre os enunciados prescritivos dos artigos 142 e 144 do Código Tributário Nacional. Hugo de Brito Machado Segundo explica que o crédito tributário formaliza a obrigação tributária após o lançamento. Para ele, o lançamento transforma a obrigação tributária em crédito tributário, constituindo "o crédito tributário enquanto realidade formal autônoma", sendo certo dizer que o lançamento "é constitutivo do crédito tributário e apenas declaratório da obrigação correspondente".[37] Por sua vez, Sasha Calmon Navarro Coêlho compreende ser instrumental a obrigação tributária para possibilitar o crédito e afirma que o lançamento não cria o crédito tributário simplesmente por ser mero ato administrativo e não lei, "não podendo, pois, criar o crédito a ser pago pelos sujeitos passivos da obrigação",[38] sendo esta a razão do que estabelece o Código Tributário Nacional em seu artigo 144:

---

[34] COÊLHO, Sasha Calmon Navarro. *Curso de Direito Tributário Brasileiro*. Rio de Janeiro: Forense, 2018. p 560.
[35] Como explica Paulo de Barros Carvalho: "[...] uma coisa é o objeto da obrigação, no caso, a conduta da prestacional de entregar uma porção de moeda; outra, o objeto da prestação, representado aqui pelo valor pecuniário pago ao credor ou por ele exigido". CARVALHO, Paulo de Barros. *Direito Tributário – fundamentos jurídicos da incidência*. 8. ed. São Paulo: Saraiva, 2010. p. 371.
[36] SCHOUERI, Luís Eduardo. *Direito Tributário*. São Paulo: Saraiva, 2018. p. 635.
[37] MACHADO SEGUNDO, Hugo de Brito. *Manual de Direito Tributário*. São Paulo: Atlas, 2018. p. 178.
[38] COÊLHO, 2018, p. 561.

O lançamento reporta-se à data da ocorrência do fato gerador da obrigação e rege-se pela lei então vigente, ainda que posteriormente modificada ou revogada. §1º Aplica-se ao lançamento a legislação que, posteriormente à ocorrência do fato gerador da obrigação, tenha instituído novos critérios de apuração ou processos de fiscalização, ampliado os poderes de investigação das autoridades administrativas, ou outorgado ao crédito maiores garantias ou privilégios, exceto, neste último caso, para o efeito de atribuir responsabilidade tributária a terceiros. §2º O disposto neste artigo não se aplica aos impostos lançados por períodos certos de tempo, desde que a respectiva lei fixe expressamente a data em que o fato gerador se considera ocorrido.[39]

Como menciona Hugo de Brito Machado Segundo, nos casos em que o agente fiscal realizar o lançamento de um fato gerador que não ocorreu, "crédito tributário existirá, enquanto realidade formal autônoma, embora a obrigação correspondente não exista".[40] Eis a razão pela qual o crédito tributário e a obrigação tributária[41] são distintos. Tanto que o enunciado prescritivo do artigo 140 do CTN menciona que a obrigação tributária, que deu origem ao crédito tributário, não é afetada pelas "circunstâncias que modificam o crédito tributário, sua extensão ou seus efeitos, ou as garantias ou os privilégios a ele atribuídos, ou que excluem sua exigibilidade". Como afirma Hugo de Brito Machado Segundo, "é o lançamento que transforma a obrigação tributária, ainda ilíquida, incerta e não exigível, em crédito tributário, autônomo enquanto realidade formal, mas substancialmente decorrente da obrigação que lhe deu origem".[42]

Em regra, sendo constituído o crédito tributário, este somente se modificará, se extinguirá, terá sua exigibilidade suspensa ou excluída nos casos previstos no CTN, conforme seu art. 141. Ou seja, a suposta indisponibilidade do crédito tributário reside no fato de que "o sujeito ativo não pode utilizar-se arbitrariamente dos seus poderes: não pode dispensar o tributo sem autorização legislativa. O interesse público

---

[39] Recomenda-se a leitura do entendimento de Paulo de Barros Carvalho – *op. cit.*, p. 190.
[40] MACHADO SEGUNDO, 2018. p. 175.
[41] "[...] o CTN se escorou na teoria obrigacional para regrar juridicamente a relação entre o Estado que tributa e o contribuinte que paga. Em Direito Tributário, as taxas, as contribuições de melhoria e as previdenciárias retributivas refletem relações jurídicas ou obrigações sinalagmáticas entre o Estado e o contribuinte, enquanto os impostos refletem relações jurídicas em que o Estado tem direito subjetivo ao tributo, e o contribuinte, o dever de pagá-lo, independentemente de qualquer atuação específica do Estado relativamente à sua pessoa [...]" COÊLHO, 2018, p. 560-561.
[42] MACHADO SEGUNDO, *op. cit.*, p.175.

(revelado pela decisão do legislador, exclusivamente) prevalece sobre a vontade ou conveniência do sujeito ativo".[43] De um lado está o lançamento e o dever de a Administração cobrar o tributo que lhe é devido. Do outro lado está a "hipótese de a Administração contratar com o particular a dispensa de um tributo devido".[44]

Esta característica da "indisponibilidade" constitui o patrimônio indisponível frente ao disponível.[45] Se pensarmos no sentido *stricto sensu* de tal indisponibilidade, constataremos que se refere à obrigação tributária, outras vezes referida ao crédito tributário, outras ao poder de imposição ou ao tributo. De qualquer forma, genericamente refere-se à matéria tributária.[46]

Renato Alessi distingue a indisponibilidade de domínio público e a indisponibilidade do patrimônio. O primeiro possui natureza absoluta, sendo inadmissível qualquer forma de "externalização do poder de disposição pelo órgão público".[47] O segundo, por sua vez, se traduz nos muros invisíveis[48] postos pelo princípio da legalidade.[49] Há os muros invisíveis formais, que se submetem a certas formalidades de um destino determinado, e os substantivos, que dependem das condições de fato para o seu destino.[50]

---

[43] SCHOUERI, 2018. p. 550.

[44] Ibid., p. 701.

[45] "*La indisponibilidad constituye precisamente la característica del patrimonio indisponible frente al disponible. Se trata de una indisponibilidad que tiene un contenido bastante más restringido que la propia de los bienes de dominio público y en ello radica precisamente la diferencia entre patrimonio indisponible y dicho dominio*". ALESSI, Renato. *Instituciones de derecho administrativo*. t. I. Barcelona: Bosch, 1970. p. 432.

[46] GUIDARA, Antonio. *Indisponibilità del Tributo e Accordi in Fase di Riscossione*. Giuffrè Editore: 2010, p. 61.

[47] ALESSI, 1970, p. 432.

[48] Ou limitações. Optamos pela analogia dos muros invisíveis, utilizando a obra "Crime e Castigo", publicada em 1866 na Rússia pelo escritor Fiódor Dostoiévski. DOSTOIÉVSKI, Fiódor. *Crime e Castigo*. Tradução de Paulo Bezerra. São Paulo: Editora 34, 2001. p. 568.

[49] "*Mientras la indisponibilidad del dominio público es de carácter absoluto, que se traduce en la inadmisibilidad, al menos frente a los particulares, de toda exteriorización de la potestad de disposición por parte del ente público, por el contrario, la indisponibilidad del patrimonio indisponible se traduce más bien en una serie de limitaciones establecidas por la ley a la facultad de disponer del mismo. Estas limitaciones consisten en un vínculo genérico de contenido general (al menos para los bienes destinados a una determinada función o servicio público) por el cual (art. 828, 2º, párr. Del. C. c.) dichos bienes 'no pueden ser substraídos al destino recibido sino en las formas establecidas por las leyes correspondientes'*". ALESSI, *op. cit.*, p. 432.

[50] Ou "*límites formales*" e "*límites sustantivos*" denominados por Renato Alessi. "*Para los bienes verdaderamente sujetos a un destino determinado, se permite la enajenación únicamente cuando tal destino se respete (enajenación a otras entidades públicas o a los particulares: por ejemplo, concesionarios del servicio público al que esté destinado el bien). Por lo que se refiere a las otras manifestaciones de la potestad de disposición, se admite generalmente el que los bienes patrimoniales*

Como menciona Luís Eduardo Schoueri a respeito de tal dogma da indisponibilidade do crédito tributário, basta refletirmos "sobre a realidade da tributação, para se concluir que o dogma acima referido não pode ser tomado de forma absoluta".[51] Eis a razão da presente análise crítica, pela qual formulamos o convite para o questionamento de tal princípio. Parece-nos, assim como afirma Francisco Nicolau Domingos, que o princípio da indisponibilidade do crédito tributário não afasta a sua renúncia, mas restringe aos contornos da lei.[52]

4.1 Questionando o paradigma do princípio da indisponibilidade do crédito tributário

Iniciemos este questionamento definindo o termo "indisponibilidade".

Conforme explica John Hospers, para que as palavras sejam definidas, deve ser indicado o que elas são, o que elas significam. De forma usual, quando se formulam definições, são definições léxicas ou informativas. Essas definições têm a finalidade de informar o significado que determinada palavra já possui, principalmente pelas pessoas que se utilizam desta linguagem, sem inventar novos significados.[53]

Para Eduardo Talamini,[54] existem duas possibilidades de indisponibilidade: i. a indisponibilidade do direito material, e ii. a indisponibilidade da pretensão à tutela jurisdicional estatal. Segundo ele, a indisponibilidade pode ser compreendida como uma "impossibilidade de renúncia, abdicação, a uma posição jurídica". No primeiro caso, tal "indisponibilidade incide sobre o próprio direito material. O

---

de cualquier clase son susceptibles de usucapión; debiendo admitirse que también se aplique el limite genérico establecido en el artículo 828 del Código Civil [...]". Ibid., p. 432.

[51] SCHOUERI, 2018, p. 700.
[52] DOMINGOS, Francisco Nicolau. *Os métodos alternativos de resolução de conflitos tributários*. Porto Alegre: Núria Fabris, 2016. p. 383.
[53] "2) Estamos informando de lo que la gente en general y, más específicamente, la que usan este lenguaje, significa con ella. [...] En el segundo caso, estamos informando del uso de los demás y tenemos una definición informativa o léxica. Usualmente, cuando formulamos definiciones, formulamos definiciones léxicas, el tipo que generalmente encontramos en un diccionario, que informa de los significados que actualmente se les adscribe a las diferentes palabras de un lenguaje. [...] Generalmente no inventamos nuevos significados para una palabra; informamos de aquellos que tiene ya, esto es, que le han dado los demás." HOSPERS, John. *Introducción al análisis filosófico*. 2. ed.. Madrid: Alianza Universidad Textos, 1984. p. 51-52.
[54] TALAMINI, Eduardo. A (in)disponibilidade do Interesse Público: consequências Processuais (composições em juízo, prerrogativas processuais, arbitragem, negócios processuais e ação monitória) – versão atualizada para o CPC/2015. [S.l]: Re Pro 264, 2017, p. 88.

sujeito abre mão do direito material de que é titular", ao passo que, no segundo caso, "o atributo da indisponibilidade concerne ao direito à proteção judiciária. Aquele que não tem razão deixa de valer-se do direito à tutela da jurisdição estatal", ou seja, a renúncia, na segunda hipótese, não tem a ver com o direito material, mas com a "pretensão de tutela judicial".[55] Há dois subconceitos dentro do primeiro conceito de indisponibilidade gerada do direito material. O primeiro subconceito se refere à indisponibilidade como "vedação à renúncia de um direito existente", e o segundo subconceito como "necessariedade de intervenção jurisdicional".[56]

São várias as definições que podem, aqui, ser mencionadas justamente pelo fato de o termo "indisponível" ser coberto de vagueza.

i. Da vagueza do termo "dispor" e obviedade do "indispor" em relação ao crédito tributário[57]

Um termo é vago não quando suscita dúvidas a respeito do seu significado, da sua definição léxica ou informacional, mas quando não se sabe até onde vai seu campo de aplicação.

Esse fenômeno, como retrata Genaro Carrió, acontece, por exemplo, cada vez que a palavra tem como critério importante de aplicação a presença de característica ou de propriedade, dada sob a forma de processo contínuo. Por exemplo, imaginemos, com Genaro Carrió, três formas cortadas na continuidade. A primeira relacionada com a idade, a segunda com a altura e a terceira com o número de fios de cabelo que um homem pode ter. Cortadas, respectivamente, por: i. jovem/maduro, ii. alto/baixo, iii. calvo. O problema está na desnecessidade de questionar qual a idade exata para não ser mais jovem, a partir de qual medida posso estabelecer os parâmetros de alto/baixo e quantos fios de cabelo exatamente alguém precisa para não ser calvo. Melhor explicando, em que momento deixa de ser jovem? Com qual altura alguém deixa de ser baixo e passa a ser considerado alto? Com quantos fios exata e verdadeiramente falando um homem apresenta sua calvície? Esta é a razão da "vagueza do termo". Não se sabe o término do campo de aplicação da palavra. *Genaro Carrió* afirma que este momento de transição

---

[55] TALAMINI, 2017, p. 88.
[56] *Ibid.*, p. 96-97.
[57] PASINATTO, Ana Paula; VALLE, Maurício Timm do. Arbitragem Tributária: Breve Análise Luso-Brasileira. *In: Revista Jurídica Luso-Brasileira*, ano 3, n. 6, p. 1041-1073, 2017. Disponível em: https://www.cidp.pt/ publicacoes/revistas/rjlb/2017/6/2017_06_1041_1073.pdf. Acesso em: 18 abr. 2019.

está na denominada "zona de penumbra". Não se sabe quando começa e quando termina o campo de aplicação da palavra. Levando o termo, que caiu na zona de penumbra, à vagueza.[58]

Se se pretender analisar o termo "indispor", muito provavelmente o término do seu campo de aplicação não será facilmente encontrado em razão de sua vagueza.

Vejamos o exemplo dado por Irving M. Copi: "Os cientistas não foram capazes de decidir se certos vírus são coisas 'vivas' ou 'inanimadas', não porque ignorem se o vírus tem ou não poderes de locomoção, de reprodução etc., mas porque a palavra 'vivo' é um termo muito vago".[59] *Aqui pode ser feita analogia com o caráter "indisponível" do crédito tributário. Não se sabe qual o campo correto de aplicação do termo "indispor", em que momento um objeto deixa de ser "disponível" e passa a ser "indisponível". Se claro e bem delineado o início e o término do campo de aplicação, o caráter "indisponível" do crédito tributário não estaria sujeito à falseabilidade. Passou a ser falseável em razão de enunciados básicos contradizê-lo, deixando de ser teoria totalmente válida.*[60]

Frise-se: cair no "óbvio" não é saber qual o término do campo de aplicação do termo "indispor". Quando podemos levantar outra premissa que contraponha a premissa óbvia, a premissa contraposta deixa de ter o seu caráter óbvio. Assim, falseado está, "óbvio" não será.[61]

Por esta razão, levando em consideração que o termo "dispor" não possui um campo de aplicação definitivo, não sabendo exatamente quando algo, por exemplo, é "disponível" e quando passa a ser "indisponível", não é óbvio que o crédito tributário possui caráter indisponível. A partir do momento em que há uma segunda verdade, essa hipotética obviedade – hipotética, pois perde seu caráter de óbvio – deve ser analisada, questionada e, se passível de críticas, criticada. Da mesma forma que a segunda verdade, qual seja, a disponibilidade do crédito tributário, também deve passar por este crivo.

Justamente pelo levantamento de conjecturas pairar entre disponibilidade e indisponibilidade que se optou por colocar, a seguir, os parênteses em "(in)disponibilidade".

---

[58] CARRIÓ, Genaro R. *Notas sobre Derecho y Lenguaje*. 5. ed. Buenos Aires: Abeledo-Perrot, 2006. p. 31-35.
[59] COPI, Irving M. *Introdução à lógica*. Tradução de Álvaro Cabral. 2. ed. São Paulo: Mestre Jou, 1978. p. 108.
[60] POPPER, Karl. *A Lógica da Pesquisa Científica*. Tradução de Leonidas Hegenberg e Octanny Silveira da Mota. 2. ed. São Paulo: Cultrix, 2013. p. 76.
[61] Cf.: *Ibid.*, p. 76; BECKER, 1998, p. 7.

4.1.1 (In)Disponibilidade do crédito tributário

Para Diogo de Figueiredo Moreira Neto, são disponíveis todos os interesses com expressão patrimonial, quantificados monetariamente "e que são, por esse motivo e normalmente, objeto de contratação que vise a dotar a Administração ou seus delegados, dos meios instrumentais de modo a que estejam em condições de satisfazer os interesses finalísticos que justificam o próprio Estado".[62]

O interesse público secundário é interesse do Estado, interesse este de gerar patrimônio. Alexandre Luiz Moraes do Rêgo Monteiro afirma inexistir "o citado óbice da indisponibilidade por ente estatal".[63] Diferentemente do interesse público primário, que reflete a coletividade e é considerado como indisponível. Em outras palavras, por mais que a autoridade incumbida de exigir o pagamento correspondente seja o administrador fiscal, o interesse público secundário é um direito do Estado. Como direito do Estado, pode o Estado dele dispor.

Eros Roberto Grau parece estar com razão ao afirmar que um dos comuns erros que se cometem é o "de relacionar a indisponibilidade de direitos a tudo quanto se puder associar, ainda que ligeiramente, à Administração".[64] Ademais, o Código Tributário Nacional permite tanto a anistia como a remissão ou, até mesmo, a transação.

É unânime, também na jurisprudência,[65] que indisponível é o interesse público primário e não o interesse da Administração, qual seja, o interesse público secundário. Eis a razão de mencionarmos, no

---

[62] MOREIRA NETO, 1997, p. 81-90.
[63] MONTEIRO, Alexandre Luiz Moraes do Rêgo. *Direito Tributário Internacional*. A arbitragem nos Acordos de Bitributação Celebrados pelo Brasil – Série Doutrina Tributária. Vol. XX. São Paulo: Quartier Latin, 2016. p. 341.
[64] GRAU, Eros Roberto. Arbitragem e Contrato Administrativo. *Revista da Escola Paulista da Magistratura*, São Paulo, v. 3, n. 2, jul./dez. 2002. Disponível em: http://www.epm.tjsp.jus.br/FileFetch.ashx?id_arquivo=20533. Acesso em: 15 abr. 2019, p. 49-58.
[65] Existem dois acórdãos no Superior Tribunal de Justiça sobre o tema. O primeiro, proferido no julgamento do Recurso Especial n. 303.806/RO, de relatoria do Ministro Luiz Fux, reconhece que "os direitos secundários ou derivados têm natureza instrumental e existem para operacionalizar os interesses primários", eis sua ementa: "Processual civil. Recurso especial. Intervenção do Ministério Público em ação reparatória de danos morais. Desnecessidade. [...] 3. A escorreita exegese da dicção legal impõe a distinção jusfilosófica entre o interesse público primário e o interesse da administração, cognominado 'interesse público secundário'. Lições de Carnelutti, Renato Alessi, Celso Antônio Bandeira de Mello e Min. Eros Roberto Grau. 3. O Estado, quando atestada sua responsabilidade, revela-se tendente ao adimplemento da correspectiva indenização, coloca-se na posição de atendimento ao "interesse público". Ao revés, quando visa a evadir-se de sua responsabilidade no afã de minimizar seus prejuízos patrimoniais, persegue nítido interesse secundário, subjetivamente pertinente ao aparelho estatal em subtrair-se de despesas, engendrando locupletamento à custa do dano alheio. 4. Deveras, *é assente na doutrina e na jurisprudência que indisponível é o interesse público, e não o*

presente estudo, o princípio da indisponibilidade do crédito tributário como paradigma.[66]

5 Palavras finais

Como demonstra Karl Popper, "a crítica e o debate são os únicos meios de chegar mais perto da verdade. Isso criou a tradição de conjecturas ousadas e de crítica livre, a tradição que deu origem à atitude racional ou científica".[67] Premissas óbvias devem ser questionadas, pois, apesar de serem provadas verdadeiras, partiram de conjecturas restritas ao conhecimento humano daquele determinado tempo ou lugar, fortalecendo as chamadas "zonas de penumbra".

A necessidade de questionar o paradigma do princípio da indisponibilidade do crédito tributário reside em certas consequências de não o fazer. Dentre elas estão os "berros pré-históricos"[68] de Alfredo Augusto Becker em razão da inércia da tradição de conjecturas ousadas pela suposta obviedade de tal fundamento.[69] Dessa forma, sem rearticular o paradigma do princípio da indisponibilidade do crédito tributário, respeitando a transição sucessiva, a partir das especulações e proposições, os interesses relativos à arrecadação tributária são interesses públicos secundários.

---

interesse da administração. Nessa última hipótese, não é necessária a atuação do Parquet no mister de *custos legis*, [...]".
O segundo acórdão existente sobre o tema, por sua vez, é o do julgamento do Recurso Especial n. 640.412/SC, de relatoria também no Ministro Luiz Fux, 1ª Turma, julgado em 19.5.2005, DJ de 13 jun. 2005. Eis parte de sua ementa: "[...] 3. A escorreita exegese da dicção legal impõe a distinção jusfilosófica entre o interesse público primário e o interesse da administração, cognominado 'interesse público secundário'. 4. *Deveras, é assente na doutrina e na jurisprudência que indisponível é o interesse público, e não o interesse da administração*. Nessa última hipótese, não é necessária a atuação do Parquet no mister de *custos legis*. 5. Hipótese em que se revela evidente a ausência de interesse público indisponível, haja vista tratar-se de litígio travado entre o INSS e Município, onde se questiona o pagamento de contribuições previdenciárias" [grifo nosso].

[66] A título de curiosidade: "[...] sendo os interesses secundários relativos a direitos eminentemente patrimoniais, estaria a Administração Pública autorizada a se submeter ao juízo arbitral em tais casos. E isso porque os bens e direitos em referência existem para que o Administrador Público deles disponha para concretização de interesses públicos primários, estes sim indisponíveis". MONTEIRO, 2016. p. 339.

[67] POPPER, Karl. Os primórdios do racionalismo. *In*: MILLER, David (Org.). *Textos Escolhidos*. Tradução: Vera Ribeiro. Revisão de tradução: César Benjamin. Rio de Janeiro: PUC Rio, 2010. p. 26-31.

[68] BECKER, 1998, p. 11.

[69] A título de curiosidade, como exemplo de conjectura ousada, temos a possibilidade da arbitragem tributária no Brasil. Mas, atualmente, seu maior óbice é a arbitrabilidade objetiva, ou seja, o princípio da indisponibilidade do crédito tributário.

Referências

ALESSI, Renato. *Instituciones de derecho administrativo*. t. I. Barcelona: Bosch, 1970.

ALVES, José Carlos Moreira. *Direito Romano*. Rio de Janeiro: Forense, 2003.

ÁVILA, Humberto Bergmann. Repensando o "Princípio da supremacia do interesse público sobre o particular". In: SARLET, Ingo Wolfgang (Org.). *O Direito Público em Tempos de Crise:* estudos em homenagem a Ruy Ruben Ruschel. Porto Alegre: Livraria do Advogado, 1999.

BARROSO, Luís Roberto. Prefácio à obra: *Interesses Públicos versus Interesses Privados*: Desconstruindo o Princípio de Supremacia do Interesse Público. SARMENTO, Daniel (Org.). Rio de Janeiro: Lumen Juris, 2005.

BECKER, Alfredo Augusto. *Teoria Geral do Direito Tributário*. São Paulo: Saraiva, 1998.

CARRIÓ, Genaro. *Notas sobre derecho y lenguaje*. 5. ed. Buenos Aires: Abeledo-Perrot, 2006.

CARVALHO, Paulo de Barros. *Direito Tributário* – fundamentos jurídicos da incidência. 8. ed. São Paulo: Saraiva, 2010.

COÊLHO, Sasha Calmon Navarro. *Curso de Direito Tributário Brasileiro*. 16. ed. Rio de Janeiro: Forense, 2018.

COPI, Irving M. *Introdução à lógica*. Tradução de Álvaro Cabral. 2. ed. São Paulo: Mestre Jou, 1978.

DOMINGOS, Francisco Nicolau. *Os métodos alternativos de resolução de conflitos tributários*. Porto Alegre: Núria Fabris, 2016.

DOSTOIÉVSKI, Fiódor. *Crime e Castigo*. Tradução de Paulo Bezerra. São Paulo: Editora 34, 2001.

GUIDARA, Antonio. *Indisponibilità del Tributo e Accordi in Fase di Riscossione*. Giuffrè Editore: 2010.

HACHEM, Daniel. *Princípio constitucional da supremacia do interesse público*. Belo Horizonte: Fórum, 2011.

HART, Herbert. *O conceito de direito*. 2. ed. Lisboa: Fundação Calouste Gulbenkian, 1996.

HOSPERS, John. *Introducción al análisis filosófico*. 2. ed.. Madrid: Alianza Universidad Textos, 1984.

KUHN, Thomas. *A Estrutura das Revoluções Científicas*. Tradução: Beatriz Vianna Boeira e Nelson Boeira. 10. ed. São Paulo: Perspectiva, 2011. p. 30.

LUDWIG, Celso Luiz. *Para uma Filosofia Jurídica da Libertação:* Paradigmas da Filosofia, Filosofia da Libertação e Direito Alternativo. Florianópolis: Conceito Editorial, 2006.

MACHADO SEGUNDO, Hugo de Brito. *Manual de Direito Tributário*. 10. ed. São Paulo: Atlas, 2018.

MASTERMAN, Margaret. The Nature of a Paradigm. In: *International colloquium in the philosophy of science*. Criticism and the Growth of Knowledge. vol. 4. Cambridge University Press, London, 1965. p. 61-65.

MEIRELLES, Hely Lopes. *Direito Administrativo Brasileiro*. 23. ed. São Paulo: Malheiros, 1998.

MELLO, Celso Antônio Bandeira de. *Curso de Direito Administrativo*. 30. ed. São Paulo: Malheiros, 2012.

MONTEIRO, Alexandre Luiz Moraes do Rêgo. *Direito Tributário Internacional*. A arbitragem nos Acordos de Bitributação Celebrados pelo Brasil – Série Doutrina Tributária. Vol. XX. São Paulo: Quartier Latin, 2016.

MONTEIRO, Alexandre Luiz Moraes do Rêgo; CASTRO, Leonardo Freitas. Direito Tributário e Arbitragem: uma análise da possibilidade e dos óbices ao juízo arbitral em matéria tributária no Brasil. *Revista Tributária e de Finanças*, São Paulo, ano 17, n. 88, set./out. 2009.

MOREIRA NETO, Diogo de Figueiredo. Arbitragem nos Contratos Administrativos. *Revista de Direito Administrativo – RDA*, Rio de Janeiro, n. 209, jul./set. 1997.

PASINATTO, Ana Paula; VALLE, Maurício Timm do. Arbitragem Tributária: Breve Análise Luso-Brasileira. *In: Revista Jurídica Luso-Brasileira*, ano 3, n. 6, p. 1041-1073, 2017. Disponível em: https://www.cidp.pt/ publicacoes/revistas/rjlb/2017/6/2017_06_1041_1073.pdf. Acesso em: 18 abr. 2019.

POPPER, Karl. *A Lógica da Pesquisa Científica*. Tradução de Leonidas Hegenberg e Octanny Silveira da Mota. 2. ed. São Paulo: Cultrix, 2013.

POPPER, Karl. Os primórdios do racionalismo. *In*: MILLER, David (Org.). *Textos Escolhidos*. Tradução: Vera Ribeiro. Revisão de tradução: César Benjamin. Rio de Janeiro: PUC Rio, 2010.

SARMENTO, Daniel. Interesses Públicos versus Interesses Privados na Perspectiva da Teoria e da Filosofia Constitucional. *In*: SARMENTO, Daniel. *Interesses Públicos versus Interesses Privados*: Desconstruindo o Princípio de Supremacia do Interesse Público. Rio de Janeiro: Lumen Juris, 2007.

SCHOUERI, Luís Eduardo. *Direito tributário*. São Paulo: Saraiva, 2018.

SUNSTEIN, Cass; HOLMES, Stephen. *El costo de los derechos:* Por qué la libertad depende de los impuestos. Buenos Aires: Siglo Veituno Editores, 2011.

TALAMINI, Eduardo. *A (in)disponibilidade do Interesse Público*: consequências processuais (composições em juízo, prerrogativas processuais, arbitragem, negócios processuais e ação monitória) – versão atualizada para o CPC/2015. [S.l]: Re Pro 264, 2017.

VALLE, Maurício Dalri Timm do; PASINATTO, Ana Paula. Arbitragem tributária no Brasil e o interesse público: um novo mito da caverna? *In*: DOMINGOS, Francisco Nicolau. *Justiça Tributária*: um novo roteiro. Lisboa: Rei dos Livros, 2018.

Informação bibliográfica deste texto, conforme a NBR 6023:2018 da Associação Brasileira de Normas Técnicas (ABNT):

PASINATTO, Ana Paula; BORGES, Antônio de Moura. Enfrentando o paradigma do princípio da indisponibilidade do crédito tributário. *In*: SARAIVA FILHO, Oswaldo Othon de Pontes; SIQUEIRA, Julio Homem de; BEDÊ JÚNIOR, Américo; FABRIZ, Daury César; SIQUEIRA, Junio Graciano Homem de; CUNHA, Ricarlos Almagro Vitoriano (Coord.). *Noções gerais e limitações formais ao poder de tributar*. Belo Horizonte: Fórum, 2021. p. 453-469. (Coleção Fórum Princípios Constitucionais Tributários – Tomo I). ISBN 978-65-5518-057-2.

O PRINCÍPIO DA (NÃO) AFETAÇÃO E A DISPUTA POR RECURSOS PÚBLICOS

FRANCISCO SECAF ALVES SILVEIRA

1 Introdução

O princípio da não afetação está previsto no artigo 167, inciso IV, da Constituição Federal de 1988 e, com algumas ressalvas, impõe vedação à vinculação da receita de impostos a órgão, fundo ou despesa específica. Referido princípio impõe objetivos e obrigações ao legislador e, embora relacionado a uma das espécies tributárias, não traz em sua essência uma garantia direta ao contribuinte, tais como os princípios previstos no artigo 150 da Constituição Federal. Referido princípio não se encontra no capítulo do "sistema tributário nacional", mas no capítulo que trata das finanças públicas, mais especificamente na seção que trata dos orçamentos. Daí o fato de que o princípio da não afetação nem sempre é tomado como um princípio de Direito Tributário. De qualquer forma, seja como princípio de Direito Tributário, seja como princípio orçamentário, sendo garantia ou não dos contribuintes, a não afetação ou afetação de recursos é sem dúvida uma relevante norma constitucional e que se encontra no meio da disputa por recursos públicos.

Se para os impostos a Constituição impõe ao legislador uma vedação de vincular as receitas a finalidade determinada (justamente o princípio da não afetação), no caso dos demais tributos (contribuições sociais, de intervenção no domínio econômico e no interesse de categorias profissionais, as taxas e o empréstimo compulsório), a Constituição impõe ao legislador uma obrigação de destinar as receitas a uma determinada finalidade (o que poderíamos denominar de princípio da afetação). Ou seja, possui o princípio da não afetação dos impostos uma face oposta: a afetação aplicável às demais espécies.

À vedação veiculada pelo princípio da não afetação se impõe um importante critério ao "legislador tributário" (aquele que prevê as hipóteses tributárias, e respectiva carga a ser distribuída na sociedade), exigindo que, ao instituir um determinado imposto, não pode a lei dispor sobre o prévio destino das receitas do imposto criado. De outro lado, o princípio da afetação impõe ao legislador tributário e orçamentário um determinado destino à arrecadação dos demais tributos.

O que se pretende chamar atenção é que o princípio da não afetação (e sua face oposta – a afetação) é norma que se posiciona entre o Direito Tributário e o Direito Financeiro ou, dito de outro modo, promove a intersecção entre o estudo das receitas e das despesas, ainda que para impor uma desvinculação ente elas.

Feitas tais considerações, o objetivo do presente artigo é apresentar uma evolução histórica da (não) afetação de receitas tributárias, a fim de delimitar os contornos atuais do princípio da não afetação (aplicável aos impostos), sempre considerando a afetação das demais espécies como a sua face oposta e igualmente relevante. Justamente por promover o encontro e/ou o desencontro entre receitas e despesas, demonstra-se como o referido princípio foi sendo moldado a partir da acirrada disputa política, econômica e jurídica por recursos públicos.

Desta forma, a primeira seção deste artigo inicia-se com o debate sobre as espécies tributárias e a inclusão da afetação de receitas como um critério para diferenciar impostos, taxas e contribuições. Referido debate inclui a tradicional divergência entre as correntes dicotômicas e tricotômicas, a perspectiva adotada pelo Código Tributário Nacional, os desafios colocados a partir do complexo sistema tributário da Constituição Federal de 1988 e a posição adotada pelo Supremo Tribunal Federal. Na segunda seção, apresenta-se o conteúdo do artigo 167, inciso IV, da Constituição Federal, incluindo as mudanças em sua redação e o acréscimo de novas ressalvas ao princípio. Na terceira seção, adentra-se ao debate sobre as vantagens e desvantagens em afetar receitas tributárias e como o tema foi tratado no Brasil após a Constituição de 1988. Aqui, passa-se pelas mudanças no sistema tributário e orçamentário nacional, incluindo o aumento da carga tributária via contribuições e a consolidação e ampliação da DRU (Desvinculação das Receitas da União). Por último, a título de conclusão, apresentados os principais debates sobre a afetação de receitas e sua evolução normativa, responde-se à questão inicialmente proposta, identificando quais os contornos atuais do princípio da não afetação e do princípio da afetação no Brasil.

2 O debate sobre as espécies tributárias: a (não) afetação é um critério de distinção para as espécies tributárias?

Há muito se discute quais são as espécies tributárias e quais os critérios para distingui-las. A afetação ou não das receitas tributárias a uma determinada finalidade é possivelmente o critério de maior polêmica. Seria a (não) afetação das receitas um critério relevante ao Direito Tributário?

A ideia de classificar espécies tributárias tem por objetivo atribuir regimes jurídicos comuns a grupos de tributos distintos. O tradicional debate ganhou força na elaboração do Código Tributário Nacional e se renovou com a Constituição Federal de 1988. Igualmente tradicional é a consideração do jusfilósofo Genaro Carió de que as classificações não são verdadeiras nem falsas, mas são úteis ou inúteis; as vantagens ou desvantagens de um tipo de classificação são subordinadas ao interesse daquele que as formula.[1] As classificações, ademais, não estão no mundo real, mas na mente do homem (agente classificador)[2] e, por isso, são diversas as correntes que pretenderam classificar as espécies tributárias.

Tradicionalmente, as correntes se dividiram entre dicotômica (duas espécies) e tricotômica (três espécies).[3] Para ambas as correntes o critério de distinção era o mesmo: vinculação ou não do tributo a uma atividade estatal ou, em outras palavras, "hipótese de incidência vinculada ou não a uma atividade estatal".[4] A partir de tal critério, a corrente dicotômica apontava para os impostos (não vinculados a uma atividade estatal) e as taxas (vinculadas a uma atividade estatal).[5] Com o mesmo critério, a corrente tricotômica colocou as contribuições como um terceiro tipo, porque nelas não haveria uma atuação estatal direta, vale

---

[1] CARRIÓ, Genaro R. *Notas sobre derecho y linguaje*. Buenos Aires: Abeledo-Perrot, 1973.
[2] CARRAZZA, Roque Antonio. *Curso de Direito Constitucional Tributário*. 16. ed. São Paulo: Malheiros, 2001.
[3] Vide sobre o tema SCHOUERI, Luís Eduardo. *Direito Tributário*. 5. ed. São Paulo: Saraiva, 2015.
[4] ATALIBA, Geraldo. *Hipótese de incidência tributária*. 6. ed. São Paulo: Malheiros, 2010, p. 132.
[5] Vide BECKER, Alfredo Augusto. *Teoria Geral do Direito Tributário*. 4. ed. São Paulo: Noeses, 2007. Referido autor classifica os tributos entre impostos e taxas a partir da eleição do serviço estatal como base para o tributo (*Ibidem*, p. 403).

dizer, os contribuintes apenas indiretamente estariam beneficiados pela atuação estatal.[6] As contribuições, nesse sentido, resultam sempre em benefícios aos contribuintes, como auxílios em caso de doença e pensões em caso de morte, aposentadorias, ou ainda porque são realizadas obras que favoreçam o seu patrimônio imobiliário.[7] De qualquer modo, as doutrinas mais tradicionais defendiam a utilização de um critério jurídico. A destinação era encarada como elemento extrajurídico, que importava às finanças públicas.

O Código Tributário Nacional foi influenciado por tais correntes e expressamente dispôs que "os tributos são impostos, taxas e contribuições de melhoria" (artigo 5º). E, para não deixar dúvida sobre o critério adotado para identificar as espécies tributárias, dispôs o Código que, para definir "a natureza jurídica específica do tributo", é irrelevante "a destinação legal do produto da sua arrecadação" (artigo 4º, II). Pretendeu o Código deixar claro que para o Direito Tributário não importaria a destinação da arrecadação. Tal discussão caberia ao orçamento, à ciência das finanças e à definição das despesas.

A Constituição Federal de 1988, entretanto, reanimou o debate sobre as espécies tributárias ao trazer um sistema significativamente mais complexo do que aquele existente à época do Código Tributário Nacional. Novos critérios passaram a ser incorporados na definição das espécies tributárias e, em especial, a destinação do produto entrou de vez no debate. Eurico Diniz de Santi propôs uma classificação a partir não só do critério intrínseco, tradicionalmente utilizado pelas correntes clássicas (e adotado pelo Código), mas também de critérios extrínsecos – a destinação legal e a "restituibilidade".[8]

A partir desses critérios, identificam-se como espécies tributárias os impostos, taxas, contribuições sociais, contribuições especiais e os empréstimos compulsórios. Sobre a adoção da destinação como um critério para classificação dos tributos, José Eduardo Soares de Melo pontua que todos os tributos acabam tendo um destinado determinado:

---

[6] Vide ATALIBA, Geraldo. *Hipótese de incidência tributária*. 6. ed. São Paulo: Malheiros, 2010; CARVALHO, Paulo de Barros Carvalho. *Curso de Direito Tributário*. 26. ed. São Paulo: Saraiva, 2014.

[7] COELHO, Sacha Calmon Navarro. As contribuições especiais no Direito Tributário brasileiro. *Justiça Tributária*: direitos do Fisco e garantias dos contribuintes nos atos da administração e no processo tributário. I Congresso Internacional de Direito Tributário. Instituto Brasileiro de Estudos Tributários – IBET. São Paulo: Max Limonad, 1998, p. 773-792.

[8] DE SANTI, Eurico Marcos Diniz. Tributo e classificação das espécies no Sistema Tributário Brasileiro. *Revista Fórum de Direito Tributário – RFDT*, Belo Horizonte, ano 11, n. 62, mar./abr. 2013.

impostos para as necessidades coletivas, as taxas para retribuir o ônus do exercício regular do poder de polícia ou do serviço público, a contribuição de melhoria com a obra pública e respectiva valorização gerada, as contribuições relacionam-se ou com a regulação da economia ou com o custeio da seguridade e os empréstimos compulsórios com a calamidade pública, guerra e investimento de caráter urgente.[9] Verifica-se neste ponto uma crítica à perspectiva de um Direito Tributário isolado das finalidades de cada tributo. Apesar da disposição expressa do Código, há uma aproximação entre as receitas tributárias e suas finalidades (despesas).

De modo semelhante, Luís Eduardo Schoueri também propõe critérios extrínsecos ao fato gerador de cada tributo. Identifica, assim, um causa e uma justificação para cada um dos tributos, sendo um dos elementos para a classificação: "a busca da justificação revelará que nem todas as espécies tributárias têm igual justificação (...) Em síntese: tributos da mesma espécie encontram mesma justificação".[10] Veja-se que a justificação de cada tributo tem íntima relação com a finalidade da arrecadação. Desta forma, as taxas justificam-se em uma despesa estatal específica, a contribuição de melhoria pelas obras públicas que beneficiam um grupo (e que devem suportar em maior grau o custo da obra), os impostos voltam-se à necessidade geral do Estado e que não é imputada a um grupo de contribuintes, o empréstimo compulsório se relaciona a recursos específicos para fins constitucionalmente delimitados (calamidade pública, guerra e investimento de caráter urgente), as contribuições sociais visam financiar a ordem social, e as contribuições especiais se justificam por prover a União de recursos para atuar nas áreas econômica ou profissional.[11]

Os novos critérios, considerados extrínsecos justamente para se amoldar à ainda vigente disposição do artigo 4º do Código Tributário Nacional, estão em maior consonância com a complexidade do sistema tributário de 1988. Nesse sentido, também o Supremo Tribunal Federal, afastando-se das correntes dicotômicas e tricotômicas, definiu as espécies tributárias a partir de "critérios extrínsecos", apontando para os seguintes grupos (e subgrupos):

---

[9] MELO, José Eduardo Soares de Melo. *Contribuições sociais no sistema tributário*. São Paulo: Malheiros, 2000, p. 35.
[10] SCHOUERI, Luís Eduardo. *Direito Tributário*. 5. ed. São Paulo: Saraiva, 2015.
[11] SCHOUERI, Luís Eduardo. *Direito Tributário*. 5. ed. São Paulo: Saraiva, 2015.

a) os impostos (CF, art. 145, I, arts. 153, 154, 155 e 156), b) as taxas (CF, art. 145, II), c) as contribuições, que são c.1) de melhoria (CF, art. 145, III), c.2) sociais (CF, art. 149), que, por sua vez, podem ser c.2.1) de seguridade social (CF, art. 195, CF, 195, §4º) e c.2.2) salário educação (CF, art. 212, §5º) e c.3) especiais: c.3.1) de intervenção no domínio econômico (CF, art. 149) e c.3.2) de interesse de categorias profissionais ou econômicas (CF, art. 149). Constituem, ainda, espécie tributária, d) os empréstimos compulsórios (CF, art. 148).[12]

Assim, entende-se que a Constituição Federal também considerou a afetação ou não dos recursos como um critério relevante na distinção entre as espécies tributárias. Por essa razão, é plenamente plausível considerar a não afetação (aplicável aos impostos) como um princípio tributário (assim como a afetação o é para as demais espécies). E para encerrar dúvidas acerca de tal conclusão, o artigo 167, inciso IV, da Constituição Federal, consagrou o referido princípio, impondo vedação expressa para a "vinculação de receita de impostos a órgão, fundo ou despesa (...)". Verifica-se que a norma faz expressa referência ao imposto, do que se extrai não apenas que a não afetação é aplicável unicamente aos impostos, mas também que, para as demais espécies, aplica-se a afetação das receitas a objetivos determinados.

Diferentemente de sua versão "negativa", a ideia de afetação das receitas das demais espécies a finalidades predeterminadas não está expressa de forma explícita em um único artigo da Constituição, mas se extrai das diversas normas constitucionais de competência tributária (especialmente das contribuições[13]) e do próprio artigo 167, inciso IV. Lembra Fernando Facury Scaff que a Constituição de 1967 e a Emenda de 1969 não limitavam a não afetação aos impostos, aplicando referido princípio a *qualquer tributo*. A partir de 1988, a norma da não afetação passou a se referir expressamente aos impostos, o que leva à conclusão de que os demais tributos se submetem ao princípio da afetação das receitas.[14] Expresso ou não, pela natureza tributária ou por norma

---

[12] BRASIL. Supremo Tribunal Federal. Pleno. ADI nº 447. Relator Min. Octavio Gallotti, julgado em 05.06.1993.

[13] Cita-se, por exemplo, o artigo 177, §4º, que dispõe sobre contribuição de intervenção no domínio econômico do setor de combustíveis (CIDE-combustíveis), cuja arrecadação deve ser, em resumo, afetada ao transporte de combustíveis, financiamento de projetos ambientais relacionados à indústria do petróleo e infraestrutura de transportes. Menciona-se, também, as contribuições previstas no artigo 195 da Constituição, cuja arrecadação é afetada pelo financiamento da seguridade social.

[14] SCAFF, Fernando Facury. As contribuições sociais e o princípio da afetação. *Revista Dialética de Direito Tributário*, n. 98, p. 44-62, 2003.

financeira, fato é que, em se tratando de tributação, não mais se pode abandonar o critério da destinação da arrecadação, inclusive pela relevância do controle público e social do Estado sobre tais valores.[15]

3 O princípio da não afetação e as ressalvas no Texto Constitucional

A não afetação consagra não apenas a característica fundamental de uma espécie tributária – os impostos – como também tem por premissa a ideia de que uma quantidade significativa de recursos esteja livre e disponível para alocação pelos Poderes Executivo e Legislativo, permitindo o planejamento e a gestão orçamentária.[16]

O princípio da não afetação se encontra entre as vedações orçamentárias previstas no artigo 167 da Constituição, razão pela qual é tratado também como um princípio orçamentário, desdobramento ou complementação dos princípios da universalidade e da "contabilização pelo bruto". O princípio da universalidade exige que todas as receitas e despesas estejam previstas na peça orçamentária, devendo elas ser inscritas em separado e sem qualquer compensação ou dedução (contabilização pelo bruto), facilitando o controle parlamentar. De modo complementar, a não afetação (prévia) impõe que "as receitas devem formar uma massa distinta e única, cobrindo o conjunto de despesas", seguindo a alocação eleita pelo Parlamento.[17] Destaca-se, ainda, que a norma constitucional não representa apenas uma regra de organização orçamentária, mas "veicula o valor liberdade, pois permite que o legislador orçamentário disponha, durante seu mandato, de recursos financeiros para implementar seu programa de governo, consoante as diretrizes estabelecidas pela Constituição".[18]

Não por outra razão, a violação do princípio da não afetação tem sido suscitada justamente quando há restrição à liberdade do

---

[15] SCAFF, Fernando Facury. Direitos humanos e a desvinculação das receitas da União. *Revista de direito administrativo*, v. 236, p. 33-50, abr./jun. de 2004.

[16] DERZI, Misabel Abreu Machado. O princípio da não afetação da receita de impostos e a justiça distributiva. *In*: CONTI, José Maurício; HORVATH, Estevão; SCAFF, Fernando Facury. *Direito financeiro, econômico e tributário*: estudos em homenagem a Regis Fernandes de Oliveira. São Paulo: Quartier Latin, 2014, p. 647.

[17] *Ibidem*, p. 639-640.

[18] SCAFF, Fernando Facury. Liberdade do Legislador Orçamentário e Não-afetação – captura versus garantia dos direitos sociais. *In*: GOMES, Marcus Lívio; ABRAHAM, Marcus; TORRES, Heleno Taveira (Coord.). *Direito Financeiro na Jurisprudência do Supremo Tribunal Federal*: homenagem ao Ministro Marco Aurélio. Curitiba: Juruá, 2016, p. 150.

legislador, vale dizer, em situações nas quais se estabelecem vinculações gerais não previstas na norma constitucional ou quando se afeta uma parcela das receitas de determinado imposto. A título exemplificativo, pode-se citar os casos da inconstitucionalidade de lei paranaense que garantia um percentual do ICMS para o Fundo Estadual de Cultura;[19] a inconstitucionalidade de uma norma da Constituição do Estado de Santa Catarina que vinculava parte da receita corrente do Estado a programas de desenvolvimento da agricultura, pecuária e abastecimento.[20] Trata-se de casos em que a vinculação era direta.

A inconstitucionalidade não é suscitada apenas quando a afetação é direta, ou seja, quando se fixa um percentual de um imposto a uma determinada destinação. O Supremo Tribunal Federal já entendeu inconstitucional, também, norma estadual que previa reajuste automático de vencimentos de servidores públicos do Poder Judiciário, vinculando-o ao incremento da arrecadação do ICMS. Assim, parte das futuras receitas de ICMS já estaria reservada aos vencimentos dos servidores.[21] De modo semelhante, entendeu o Supremo inconstitucional norma distrital que autorizava o contribuinte a deduzir, em até 3% do IPVA devido, valores objeto de doações ou incentivos a atletas e pessoas jurídicas com finalidades esportivas. A mesma norma dispunha que as doações e incentivos, feitos por opção do contribuinte, comporiam o Fundo de Promoção do Esporte. Ainda que relacionada a um benefício fiscal e submetida a uma opção do contribuinte, entendeu o STF pela violação ao artigo 167, inciso IV, da Constituição. Interessantes as considerações do Ministro Nelson Jobim trazidas em sede cautelar e reproduzidas na decisão de mérito: "o que a vedação [do artigo 167, inciso IV] visa impedir é o engessamento do orçamento (...), e a permissão de vinculação do arrecadável por decisão do contribuinte não abre espaço ao que a proibição quer evitar?".[22]

Ainda quanto à interpretação do princípio pelo Supremo Tribunal Federal, importante citar decisão, já em sede de repercussão geral, na qual se considerou constitucional a previsão de uma lei paulista que atribuiu ao Poder Executivo a publicação mensal da aplicação dos

---

[19] BRASIL. Supremo Tribunal Federal. Pleno. ADI nº 2.529. Relator Min. Gilmar Mendes, julgado em 14.06.2007.
[20] BRASIL. Supremo Tribunal Federal. Pleno. ADI nº 1.759. Relator Min. Gilmar Mendes, julgado em 14.04.2010.
[21] BRASIL. Supremo Tribunal Federal. Pleno. Recurso Extraordinário nº 218.874. Relator Min. Eros Grau, julgado em 07.11.2007.
[22] BRASIL. Supremo Tribunal Federal. Pleno. ADI nº 1.750. Relator Min. Eros Grau, julgado em 20.09.2006.

recursos provenientes do aumento de 1% de parte do ICMS do Estado. Em redações anteriores, o aumento em um ponto percentual da alíquota de ICMS, renovado anualmente no Estado de São Paulo durante a primeira metade dos anos 90, sempre foi vinculado ao aumento de capital da nossa Caixa ou da CDHU (Companhia de Desenvolvimento Habitacional e Urbano do Estado de São Paulo). Referidas normas foram declaradas inconstitucionais e, em 1997, a redação da lei não mais previa afetação dos recursos, apenas impondo, nas palavras da Ministra Relatora Ellen Gracie, "uma inédita obrigação de prestação de contas para o Governador de Estado", mas não uma "prévia destinação dos recursos provenientes do aumento do ICMS".[23]

O que se nota da jurisprudência do Supremo Tribunal Federal é uma aplicação relativamente rígida do princípio da não afetação, afastando do ordenamento jurídico uma série de normas estaduais que, ainda que indiretamente, tenham afetado receitas de impostos a finalidades determinadas, limitando a decisão orçamentária.

O posicionamento do Supremo Tribunal Federal, protetivo do princípio da não afetação, aliado à disputa por recursos públicos no âmbito legislativo e orçamentário influenciou uma série de alterações na própria norma constitucional. O artigo 167, inciso IV, da Constituição Federal de 1988 foi modificado por três vezes e traz diversas ressalvas à não afetação da receita dos impostos, ou seja, autorizações constitucionais para a prévia vinculação da receita dos impostos a despesas específicas. Verifica-se que as ressalvas trazidas no artigo 167, inciso IV, referem-se a receitas que estão afetadas pelo próprio Texto Constitucional (ou que se pretendia afetar). Assim, em parte o objetivo das ressalvas é deixar explícita a harmonia do princípio da não afetação com outras normas da Constituição.

Em sua redação original, constavam três ressalvas: (i) a repartição do produto da arrecadação dos impostos da União com Estados e Municípios (a exemplo do Imposto de Renda, do IPI e do ITR) e a dos Estados com Municípios (a exemplo do IPVA), conforme previsão dos artigos 158 e 159 da Constituição Federal de 1998;[24] (ii) a destinação de recursos para manutenção e desenvolvimento do ensino (artigo 212 da

---

[23] BRASIL. Supremo Tribunal Federal. Pleno. Recurso Extraordinário nº 585.535. Relatora Min. Ellen Gracie, julgado em 01.02.2010 (Tema 92 da Repercussão Geral).

[24] A repartição de receitas não se configura precisamente uma exceção, já que por determinação da própria Constituição envolve uma parcela da arrecadação de um tributo federal e/ ou estadual que "pertence" ao outro ente (Estado ou Município). Assim, tais receias, ao serem transferidas e ingressarem nos cofres de outros entes, deixam de ser receitas de impostos sujeitas à não vinculação. Sobre o tema, vide: BINENBOJM, Gustavo. As parcerias

Constituição); e (iii) a prestação de garantias às operações de crédito por antecipação de receita (artigo 165, §8º, da Constituição).

A primeira alteração, feita pela Emenda Constitucional nº 03/1993, incluiu uma nova ressalva, relativa à (iv) possibilidade de que Estados e Municípios vinculem suas receitas (de impostos de sua competência tributária ou receitas transferidas) para prestação de garantia ou contragarantia à União e para o pagamento de débitos com ela. Relacionado à nova ressalva estava o debate acerca da legitimidade de os Estados e Municípios oferecerem como garantia em contratos com a União (e especialmente com a Caixa Econômica) as cotas do Fundo de Participação do Estado e do Município. Ou seja, seriam as receitas transferidas dos Fundos qualificadas como receita de impostos sujeitas ao princípio da não afetação. A nova redação pretendeu deixar explícita a possibilidade de oferecimento de garantia e contragarantia e a possibilidade de quitação de débitos com a União, incluindo-a como ressalva expressa ao princípio da não afetação.[25]

A segunda alteração foi feita pela Emenda Constitucional nº 29/200 e incluiu como ressalva (v) a vinculação da receita de impostos para ações e serviços públicos de saúde (conforme artigo 198, §2º, da Constituição). Assim, dois direitos fundamentais (educação e saúde) passaram a ter um orçamento mínimo, vale dizer, garantiu-se um percentual mínimo da arrecadação, inclusive de impostos, a ser aplicado em tais políticas, o que justificou a nova exceção. Não se trata de uma vinculação propriamente dita, mas um gasto mínimo obrigatório.

A última alteração resultou na atual redação da norma e foi feita pela Emenda Constitucional nº 42/2003. Foi incluída como a possibilidade de afetação de receitas de impostos para a (vi) realização de atividades da administração tributária, conforme artigo 37, inciso XXII, da Constituição Federal de 1988. Tal norma passou a dispor que as administrações tributárias "terão recursos prioritários para a realização de suas atividades". Não há uma vinculação propriamente dita, de modo que o objetivo da alteração teria sido explicitar uma prioridade de

---

público-privadas e a vinculação de receitas dos fundos de participação como garantia das obrigações do poder público. *Revista do Tribunal de Contas do Estado do Rio de Janeiro*, v. 7, p. 20-39, 2014.

[25] A interpretação foi confirmada em Parecer nº 02/2018/GAB/CGU, emitido pela Advocacia-Geral da União, no qual concluiu o órgão que, "nos termos do artigo 167, IV, §4º, da CF, os recursos vinculados a fundos de participação ofertados pelos Estados, Distrito Federal e Municípios, podem ser aceitos como garantia nas operações celebradas por entes subnacionais com as instituições financeiras federais" (BRASIL. AGU. Parecer nº 02/2018/GAB/CGU, de 26.03.2019. Processo 00400.000266/2018-87. Brasília, 2009).

despesa e possibilitar ao legislador infraconstitucional o estabelecimento de vinculação de receitas a despesas com a administração tributária.

Além das ressalvas expressamente previstas no artigo 167, inciso IV, da Constituição, há outras normas que facultam a criação de novas vinculações, a exemplo da possibilidade de Estados e Distrito Federal vincularem "parcela de sua receita orçamentária a entidades públicas de fomento ao ensino e à pesquisa científica e tecnológica" (artigo 218, §5º, da Constituição Federal); da previsão de criação, por Estados, Distrito Federal e Municípios, de Fundos de Combate à Pobreza, constituídos por adicionais do ICMS e do ISS (artigo 82, §1º e §2º da Constituição Federal); da possibilidade de criação de um fundo estadual de fomento à cultura, com vinculação de até cinco décimos por cento da receita tributária líquida (artigo 216, §6º, da Constituição Federal).

Lembra-se, também, que a Emenda Constitucional nº 42/2003 promoveu diversas alterações no Sistema Tributário Nacional, o que envolveu não apenas uma discussão acerca dos tributos propriamente ditos (e suas respectivas hipóteses de incidência, contribuintes, alíquotas, bases e regras gerais), mas também sobre o destino de sua arrecadação. Durante o trâmite da proposta que resultou na Emenda Constitucional nº 42/03, houve uma série de proposições para a "vinculação" e "desvinculação" de receitas tributárias. Cita-se, por exemplo, propostas de prorrogação da DRU (Desvinculação das Receitas da União), proposta de impedir a prorrogação da DRU, de extensão da desvinculação para Estados e Municípios (DRE e DRM), de exclusão de contribuições específicas da DRU, de afetação de recursos para as mais diversas áreas e programas, tais como segurança pública, meio ambiente, programas de geração de primeiro emprego, construção de refinarias de petróleo, fomento da atividade agrícola, programas de apoio à inclusão social e programas culturais.[26]

Portanto, além das ressalvas adicionadas expressamente no artigo 167, inciso IV, da Constituição Federal de 1988, há um amplo debate sobre as vantagens e desvantagens de afetar ou não a receita tributária a determinadas despesas. Trata-se de um debate mundial e que, no Brasil, tem como aspectos centrais a criação de novas vinculações e gastos obrigatórios, o aumento da carga tributária via contribuições e a desvinculação das receitas da União, Estados e Municípios. O princípio

---

[26] Vide documento que resultou da "Comissão Especial destinada a proferir Parecer à Proposta de Emenda à Constituição nº 41-A, de 2003, do Poder Executivo, que altera o sistema tributária nacional e dá outras providências". Disponível em https://bit.ly/2Ztsaaz. Acesso em: 23 abr. 2019.

da não afetação aplicável aos impostos e recheado de ressalvas passou a conviver com o princípio da afetação, aplicável aos demais tributos, também recheado de exceções. As espécies tributárias passaram de vez a ser objeto da disputa política, econômica e social por recursos públicos.

4 O debate sobre a afetação ou não das receitas e seus reflexos no Brasil pós-1988

A escolha entre estabelecer ou não um gasto mínimo obrigatório ou uma vinculação de receitas representa certamente um *trade-off*. Ao se estabelecer uma afetação de recursos, reduz-se a flexibilidade da gestão orçamentária e a discricionariedade do administrador público. De outro lado, tende-se a aumentar o controle na alocação dos recursos, afastando-os dos interesses políticos envolvidos e estabelecendo um liame mais claro entre a carga tributária e os benefícios gerados.[27] Ao se estabelecer uma afetação, retira-se um montante de recursos da disputa orçamentário-financeira, que deve ocorrer anualmente durante a elaboração e a aprovação da lei orçamentária. O que se verifica com cada vez mais frequência é a antecipação dessa disputa para um momento anterior, de aprovação de leis que petrificam determinadas escolhas orçamentárias.

A intensa disputa por recursos públicos pelos diversos grupos sociais não é aspecto exclusivo do Brasil. Trata-se de processo inerente ao próprio processo de alocação de receitas e despesas, acirrado pelo embate entre as promessas das Constituições Sociais promulgadas ao longo do século XX e a redução paulatina do Estado e do gasto público a partir do final do mesmo século. A partir dos anos 70, as sucessivas crises (de nível mundial) impõem restrições às promessas do Estado Social, aumentando as "tensões e contradições entre mercados capitalistas e as políticas democráticas".[28] De modo geral, os países da OCDE chegam aos anos 90 com o objetivo de reduzir o gasto público, para fazê-lo caber na já estagnada receita pública.[29] O resultado é um progressivo

---

[27] CARVALHO, André Castro. *Vinculação de Receitas Públicas*. São Paulo: Quartier Latin, 2010, p. 86-90.

[28] STREECK, Wolfgang. As crises do capitalismo democrático. *Novos estudos – CEBRAP*, São Paulo, n. 92, p. 35-56, mar. 2012, p. 35.

[29] STREECK, Wolfgang. The politics of public debt: Neoliberalism, capitalist development and the restructuring of the state. *German Economic Review*, v. 15, n. 1, p. 143-165, 2014. Conforme o mesmo autor, os anos 90 podem ser descritos como o primeiro período de consolidação fiscal e demonstram que as democracias de massas, ao serem colocadas sob pressão econômica e sem uma população suficientemente mobilizada, são capazes de

acirramento da disputa de recursos por variados grupos de interesse,[30] o que antecipou a alocação para momento anterior à própria aprovação do orçamento. A inclusão de transferências obrigatórias, tributos com arrecadação vinculada a determinada despesa ou percentuais de gastos obrigatórios são, de perspectivas distintas, formas de redução da discricionariedade e da liberdade do legislador orçamentário e, consequentemente, tentativas de garantia de recursos para determinadas áreas antes da aprovação do orçamento.[31]

Trata-se de fenômeno verificado mundialmente. Na América Latina, a inflexibilidade criada pelas exceções à não afetação não necessariamente indicam prioridades, mas um aprisionamento das receitas por grupos de interesses, gerando complexidade orçamentária, falta de transparência e dificuldade de controle social.[32] Nos Estados Unidos, cujo percentual de gastos obrigatórios é relativamente menor (se comparado à América Latina e Europa),[33] há também uma preocupação com o crescimento das afetações, especialmente nos governos estaduais. Jacob Sundelson, já na década de 30, demonstrava a preocupação dos financistas com "infrações" ao princípio da não afetação e o crescimento das vinculações estabelecidas pelos governos estaduais.[34] Trata-se de uma preocupação não apenas com aspectos econômicos e de

---

provocar uma redução no sistema de proteção social, impondo dificuldades econômicas à maioria da população pelo interesse de "solidez financeira" (*Ibidem*).

[30] Tais grupos de interesse incluem não somente grupos privados (com ou sem fins lucrativos), mas também os entes públicos, inclusive em uma disputa por transferência intergovernamental de recursos (vide MCLURE, Charles; MARTINEZ-VAZQUEZ, Jorge. The assignment of revenues and expenditures in intergovernmental fiscal relations. *Core course on Intergovernmental Relations and Local Financial Management, World Bank Institute*. Washington, DC: World Bank, 2000).

[31] Não se ignora, aqui, a distinção entre a vinculação de receitas, hipótese em que se estabelece um liame entre uma fonte de recursos a uma determinada despesa; e as despesas obrigatórias, em que não há uma fonte de recursos específica, mas se impõe obrigatoriedade da execução da despesa (ou de seu montante). As despesas obrigatórias, em tese, não podem ser contingenciadas e deveriam ser executadas no exercício. De outro lado, quando há vinculação de receitas, é possível o contingenciamento das respectivas despesas, postergando sua execução. Porém, não se deveria perder o vínculo, ou seja, deveria ser mantida a finalidade/destino da despesa postergada. Há, entretanto, uma prática de entesouramento que ameaça a manutenção desse vínculo (vide AFONSO, José Roberto; PINTO, Vilma da Conceição. Disponibilidade e Desvinculação Financeira. *FGV – IBRE. Texto de Discussão*, n. 39. junho, 2014).

[32] ECHEVERRY, Juan Carlos et al. Rigideces institucionales y flexibilidad presupuestaria: los casos de Argentina, Colombia, México y Perú. *CEdE*, v. 33, 2006

[33] Vide GIACOMONI, James. Receitas vinculadas, despesas obrigatórias e rigidez orçamentária. *In*: CONTI, José Maurício; SCAFF, Fernando Facury (Coord.). *Orçamentos Públicos e Direito Financeiro*. São Paulo: Revista dos Tribunais, 2011.

[34] SUNDELSON, Jacob. Budgetary principles. *Political science quarterly*, v. 50, n. 2, p. 236-263, 1935, p. 262.

equilíbrio, mas com a própria eficácia das afetações. Dados indicam que grande parte do acréscimo de receitas tributárias vinculadas não é direcionada às finalidades que as justificaram, mas acaba sendo utilizada discricionariamente pelos governantes.[35]

No Brasil, desde a Constituição Federal de 1988, houve um significativo aumento das vinculações e dos gastos mínimos obrigatórios.[36] Esse aumento ocorreu tanto porque: (i) a própria Constituição Federal de 1988 estabeleceu vinculações e gastos mínimos como forma de financiar parte do extenso rol de direitos sociais e econômicos nela previstas; quanto porque (ii) no período pós-88 reforçou-se o volume de receitas a serem aplicadas em áreas determinadas.

O reforço da afetação de recursos não ocorreu apenas pelos novos gastos obrigatórios (saúde e educação, por exemplo), mas pela política tributária fortemente amparada no aumento das contribuições. O aumento da carga tributária federal via contribuições (e não impostos) em parte é justificado pela facilidade de convencimento e aceitação da população: aumentar um tributo que financiará a seguridade social ou a saúde tende a ter menos rejeição do que o aumento de um tributo sem destinação certa[37] (imposto). No entanto, a principal razão do aumento das contribuições (em detrimento de impostos) é a não repartição de tais recursos com Estados e Municípios.[38] Dois dos principais impostos federais (Imposto sobre a Renda e o Imposto sobre Produtos Industrializados), bem como a criação de um novo imposto a partir da competência residual (artigo 154, inciso I da Constituição), são repartidos com Estados e Municípios. Essa repartição não é verificada nas contribuições,[39] como a contribuição ao PIS, a COFINS, a CSLL,

---

[35] CROWLEY, George R.; HOFFER, Adam J. Chapter 6. Earmarking Tax Revenues: Leviathan's Secret Weapon? *In*: HOFFER, Adam; NESBIT, Todd Nesbit (Ed.). *For Your Own Good*: Taxes, Paternalism, and Fiscal Discrimination in the Twenty-First Century. Arlington, VA: Mercatus Center at George Mason University, 2018.

[36] Vide SILVEIRA, Francisco Secaf Alves. *O estado econômico de emergência e as transformações do Direito Financeiro brasileiro*. Belo Horizonte: Editora D'Plácido, 2019.

[37] Na mudança de IPMF (Imposto Provisório sobre Movimentações Financeiras) para CPMF (Contribuição Provisória sobre Movimentações Financeiras), tal elemento ficou bastante claro. Vide https://www12.senado.leg.br/noticias/entenda-o-assunto/cpmf. Acesso em: 05 maio 2019. Sobre a relação entre tributos vinculados e aceitação dos cidadãos, vide WILKINSON, Margaret. Paying for public spending: is there a role for earmarked taxes? *Fiscal studies*, v. 15, n. 4, p. 119-135, 1994.

[38] MENDES, Marcos J. *Sistema orçamentário brasileiro*: planejamento, equilíbrio fiscal e qualidade do gasto público. Texto para discussão 39. Brasília: Consultoria Legislativa do Senado Federal, 2008, p. 41.

[39] Ressalva-se nesse grupo a CIDE-combustíveis, que, após a Emenda Constitucional nº 42/2003, passou a ter percentual de sua arrecadação repassado aos Estados e Municípios (artigo 159, III, CF).

a CPMF, contribuições previdenciárias, grandes responsáveis pelo aumento da carga tributária.[40] Daí a relevância em se falar também no princípio da afetação.

A tendência no aumento das contribuições levou a um engessamento orçamentário, não desejado pelo próprio Executivo federal (nos mais diversos governos). Por essa razão, o aumento das contribuições apenas foi viabilizado pela criação e pelas seguidas prorrogações da DRU (Desvinculação das Receitas da União). A norma constitucional estendia a não afetação de receitas para uma parcela da arrecadação tributária (inclusive das contribuições). Ficou claro que "o aumento de receita de contribuições sociais visava a geração de receitas para pagar despesas em geral, tanto que os recursos só foram contabilizados no Orçamento da Seguridade Social por uma questão formal".[41] Tratou-se de "contribuições travestidas de impostos".[42]

A desvinculação foi originalmente instituída com a Emenda nº 01/1994, com o nome de Fundo Social de Emergência (FSE), cujo objetivo era "sanear financeiramente a Fazenda Pública Federal e manter a estabilidade econômica". O Fundo foi estabelecido via acréscimo de norma ao Ato das Disposições Constitucionais Transitórias (ADCT), com vigência inicial para os exercícios financeiros de 1994 e 1995. O Fundo contaria com "vinte por cento do produto da arrecadação de todos os impostos e contribuições da União". Findo o prazo, houve a prorrogação da desvinculação pela Emenda Constitucional nº 10/1996, com o nome de Fundo de Estabilização Fiscal (FEF), com vigência inicial até 31 de dezembro de 1997, mas prorrogada até 1999 pela Emenda Constitucional nº 17/1997. Em 2000, pela primeira vez com o nome de Desvinculação das Receitas da União (DRU), com o mesmo patamar de 20%, a norma teve vigência ininterrupta de 2000 até 2015.[43] Em 2016, a Emenda Constitucional nº 93, de 08 de setembro de 2016, prorrogou a desvinculação até 2023 (abrangendo não mais 4 ou 5 anos, mas 8 anos)

---

[40] Dados do Tesouro Nacional apontam que, de 1997 a 2006, a arrecadação da União com contribuições aumentou de 4,8% para 8,2% do Produto Interno Bruto (PIB), enquanto as receitas obtidas com impostos aumentaram de 6,7% para 7,8% do PIB. Ou seja, as receitas da União com impostos, que em 1997 eram significativamente maiores do que as com contribuições, passaram a ser menores em 2006 (vide MENDES, Marcos J. *Sistema orçamentário brasileiro:* planejamento, equilíbrio fiscal e qualidade do gasto público. Texto para discussão 39. Brasília: Consultoria Legislativa do Senado Federal, 2008).

[41] *Ibidem*, p. 41.

[42] SCAFF, Fernando Facury. As contribuições sociais e o princípio da afetação. *Revista Dialética de Direito Tributário*, n. 98, p. 44-62, 2003.

[43] A DRU foi prorrogada pelas Emendas Constitucionais nº 27/2000 (vigência de 2000 a 2003); nº 42/2003 (2003 a 2007), nº 56/2007 (2008 a 2011) e nº 68/2011 (2007 a 2015).

e com um percentual de 30% (e não mais de 20%) da arrecadação das contribuições.[44]

Para além da (in)constitucionalidade da desvinculação e dos efeitos sobre o orçamento social,[45] fato é que o aumento da carga tributária pelas contribuições, aliado à definitividade e expansão da DRU, promoveu um reposicionamento do princípio da não afetação dos impostos (e da afetação das demais espécies, em especial das contribuições). Não se pode encarar a arrecadação tributária como sujeita majoritariamente ao princípio da não afetação, tendo em vista o protagonismo que as contribuições adquiriram no sistema tributário brasileiro. Da mesma forma, a afetação das contribuições deve ser vista também com ressalvas, já que, como ponto de partida, há uma potencial "desafetação" de 30% das receitas.

Ainda que se vislumbrem vantagens e desvantagens de um sistema com receitas divididas entre a afetação e a não afetação, o cenário orçamentário e tributário que se apresenta no Brasil alcançou um nível de complexidade que torna difícil a identificação das opções mais eficientes e mais justas para o país.[46]

5 Considerações finais: os contornos atuais do princípio da não afetação e o correlato princípio da afetação

A afetação das receitas sempre permeou os debates sobre a tributação e, mais especificamente, sobre as espécies tributárias. A despeito das disposições do Código Tributário Nacional (artigo 4º), após a Constituição de 1988, a afetação ou não da arrecadação passou

---

[44] Houve também a eliminação das ressalvas contidas nos parágrafos 1º e 3º do artigo 76 do ADCT. A única ressalva mantida diz respeito à contribuição social do salário-educação, destinado à educação básica (§2º do artigo 76 do ADCT). A nova emenda constitucional incluiu os artigos 76-A e 76-B ao ADCT, instituindo a Desvinculação de Receitas dos Estados (DRE) e a Desvinculação de Receitas dos Municípios (DRM), ambas também no montante de 30% das receitas de impostos, taxas e multas. Para a DRE e DRM, há uma ressalva para os gastos mínimos obrigatórios com saúde e educação, além das transferências obrigatórias e das voluntárias com previsão de destino específico.

[45] Vide SILVEIRA, Francisco Secaf Alves. *O estado econômico de emergência e as transformações do Direito Financeiro brasileiro*. Belo Horizonte: Editora D'Plácido, 2019.

[46] A combinação de impostos sem destinação específica (princípio da não afetação) e contribuições vinculadas a finalidade sociais (princípio da afetação) levaria a um sistema tributário redistributivo, porém, esse caráter não se verifica por fatores como desvinculação de receitas dos fins sociais, a incidência das contribuições sociais sobre salários, faturamento e receita (o que equivale dizer a consumo), de modo que se criou um "círculo vicioso em

a ser critério para distinguir as espécies tributárias. A Constituição Federal de 1988 positivou expressamente o princípio da não vinculação, circunscrevendo-o exclusivamente às receitas de impostos. Ao assim fazê-lo (e em conjunto com outras normas), submeteu as demais espécies tributárias ao princípio da afetação.

A discussão, porém, não se restringiu ao debate teórico acerca das espécies tributárias, alcançando o Supremo Tribunal Federal. Ao ser chamado a decidir, o Tribunal julgou inconstitucionais diversas normas que vinculavam a receita de impostos a despesas específicas, sob o fundamento de violação ao princípio da não afetação (artigo 167, inciso IV, da Constituição). Acompanhando um movimento internacional, houve no Brasil um aumento das receitas afetadas e dos gastos obrigatórios, reduzindo a liberdade do legislador orçamentário e impondo ressalvas ao princípio da não afetação. Concomitantemente, estabeleceram-se mecanismos de desvinculação de receitas tributárias (inclusive de contribuições), impondo exceções ao princípio da afetação.

Chegou-se, assim, a um complexo sistema orçamentário e tributário, formado por receitas de impostos sujeitas ao princípio da não afetação, recheado de ressalvas; e por receitas de outras espécies tributárias, especialmente contribuições, sujeitas ao princípio da afetação, e igualmente atingido por exceções. Nesse cenário, a afetação prévia de receitas deixa de ser uma indicação de prioridades republicanas e democráticas, mas é impulsionada por grupos de pressão que buscam capturar as verbas orçamentárias diretamente da fonte de receitas, afastando-as do processo orçamentário: no Brasil, "o que é assegurado pela Constituição apenas para a efetiva fruição dos direitos fundamentais referente à saúde e educação (...) corre o risco de se tornar um feudo de benefícios nada republicanos".[47]

O processo anual de elaboração e aprovação do orçamento perde então seu protagonismo como palco de debate sobre o destino dos recursos públicos. Antecipou-se a escolha acerca da destinação de recursos públicos para o momento da aprovação de normas gerais (leis

---

que os mais pobres custeiam com mais intensidade os benefícios a que fazem jus" (DERZI, Misabel Abreu Machado. O princípio da não afetação da receita de impostos e a justiça distributiva. *In*: CONTI, José Maurício; HORVATH, Estevão; SCAFF, Fernando Facury. *Direito financeiro, econômico e tributário*: estudos em homenagem a Regis Fernandes de Oliveira. São Paulo: Quartier Latin, 2014, p. 653).

[47] SCAFF, Fernando Facury. Liberdade do Legislador Orçamentário e Não-afetação – captura versus garantia dos direitos sociais. *In*: GOMES, Marcus Lívio; ABRAHAM, Marcus; TORRES, Heleno Taveira (Coord.). *Direito Financeiro na Jurisprudência do Supremo Tribunal Federal*: homenagem ao Ministro Marco Aurélio. Curitiba: Juruá, 2016, p. 150.

ou emendas constitucionais) que afetam receitas antes desvinculadas ou desvinculam receitas antes afetadas. Os princípios da não afetação e da afetação são, portanto, moldados por um intenso processo de disputa por recursos públicos, apresentado movimentos contraditórios. Seus contornos são delineados pelos períodos de maior ou menor espaço fiscal e pela força exercida por diferentes grupos de interesse. A destinação, critério extrajurídico (ou extratributário) por muito tempo evitado pela doutrina tradicional, entra em cena para moldar os princípios e as espécies tributárias.

Informação bibliográfica deste texto, conforme a NBR 6023:2018 da Associação Brasileira de Normas Técnicas (ABNT):

SILVEIRA, Francisco Secaf Alves. O princípio da (não) afetação e a disputa por recursos públicos. *In*: SARAIVA FILHO, Oswaldo Othon de Pontes; SIQUEIRA, Julio Homem de; BEDÊ JÚNIOR, Américo; FABRIZ, Daury César; SIQUEIRA, Junio Graciano Homem de; CUNHA, Ricarlos Almagro Vitoriano (Coord.). *Noções gerais e limitações formais ao poder de tributar*. Belo Horizonte: Fórum, 2021. p. 471-488. (Coleção Fórum Princípios Constitucionais Tributários – Tomo I). ISBN 978-65-5518-057-2.

SOBRE OS AUTORES

Adriana Salvati
Professora e Pesquisadora em Direito Tributário no Departamento de Direito da Universidade da Campanha Luigi Vanvitelli. Pesquisadora com Qualificação Científica Nacional de Nível Dois no Setor IUS 12. Advogada. *E-mail*: adriana.salvati@unicampania.it.

Ana Paula Pasinatto
Bacharela em Direito pelo UNICURITIBA. Pós-Graduada pela Escola da Magistratura do Distrito Federal. Mestranda em Direito na UnB. Vice-Presidente da Subcomissão de Arbitragem da OAB/DF. Diretora Científica da Associação de Mediadores e Árbitros do Distrito Federal. Realizou estudos e pesquisas na Faculdade de Direito da Universidade de Lisboa.

Antônio de Moura Borges
Bacharel em Direito pela UFPE. Mestrado em Direito pela Southern Methodist University School of Law – Dallas. Doutorado em Direito pela USP. Pós-doutorado em Direito por Georgetown University Law Center – Washington DC e pela Universidad Complutense de Madrid. Professor dos cursos de graduação e pós-graduação em Direito da UnB.

Antônio Lopo Martínez
Doutor em Controladoria e Contabilidade pela USP. Doutor em Administração pela FGV/SP. Doutorando em Direito. Mestre em Economia pela USP. Mestre em Direito Tributário pela PUC-SP. Mestre em Administração pela University of California – Berkeley. Professor do Mestrado em Ciências Contábeis da FUCAPE. Auditor da Receita Federal do Brasil.

Bernardo Motta Moreira
Doutorando, Mestre e Bacharel em Direito pela UFMG. Conselheiro do Conselho de Contribuintes de Minas Gerais. Ex-Conselheiro do CARF. Ex-Conselheiro do CART de Belo Horizonte. Consultor concursado da Assembleia Legislativa de Minas Gerais. Professor do Centro Universitário UNA. Professor da pós-graduação em Direito Tributário das Faculdades Milton Campos, Brasil. Advogado.

Claudio Sacchetto
Professor Emérito da Universidade de Turim. Diretor do Centro Studi di Diritto Tributario Nazionale, Europeo, Internazionale, Comparato e Telematico, da Universidade de Turim. Presidente do Comitê Científico do Massimario Tributario del Piemonte. Membro da International Fiscal Association. Membro

fundador e ex-vice-presidente e membro representante pela Itália da European Association of Tax Law Professors. Sócio-fundador e membro do Conselho de Administração do Institut International des Sciences Fiscales. Ex-professor de Direito Tributário na Academia della Guardia di Finanza di Bergamo, Itália. Ex-codiretor dos periódicos Diritto e Pratica Tributaria Internazionale. Codiretor dos periódicos Rivista di Diritto Tributario Internazionale e Rassegna Tributaria. Membro do Conselho Científico dos periódicos Finances Publiques/Public Action, Revue International et Europèenne de Droit Fiscal e Revista de Direito Tributário Atual. Advogado.

Daniel Giotti de Paula
Doutor em Finanças Públicas, Tributação e Desenvolvimento pela UERJ. Procurador da Fazenda Nacional. Presidente do Instituto de Estudos Tributários e de Finanças Públicas de Juiz de Fora e Região. Professor de Direito Tributário e Direito Financeiro. Autor do livro *A Praticabilidade no Direito Tributário: controle jurídico da complexidade* (Ed. Multifoco).

Daniela Conte
PhD, pesquisadora e titular das cadeiras de Direito Tributário e de Direito Tributário das Atividades Financeiras da Universidade de Nápoles Parthenope. Membro do colégio de PhD Research em "Il diritto dei servizi nell'ordinamento italiano ed europeo" no Departamento de Estudos Econômicos e Jurídicos da Universidade de Nápoles Parthenope. Bolsista do Conselho Nacional de Pesquisas e da bolsa de pós-doutorado do departamento de Finanças Públicas da Faculdade de Direito da Universidade de Nápoles Federico II, bem como vencedora do cheque da pesquisa na Universidade de Nápoles Parthenope. Membro do Comitê Editorial da Rivista di Diritto Tributario e da Collana del Dipartimento di Studi Economici e Giuridici – Sezione Giuridica da Universidade de Nápoles Parthenope. Membro de vários grupos de pesquisa da Universidade de Nápoles Parthenope e membro da unidade de pesquisa PRIN (projeto nacional de pesquisa). Chefe do projeto nacional "Parlamenti nazionali e Unione europea nella governance multilivello", na Universidade de Roma La Sapienza. Contabilista e auditora.

Eddy de la Guerra Zúñiga
Doutora em Direito pela Universidad Complutense de Madrid. Doutora em Jurisprudência pela Universidade Central del Equador. Mestre em Docência Universitária pela Escola Politécnica do Exército. Mestre em Direito pela Universidade Andina Simão Bolívar. Licenciada em Ciências Públicas e Sociais pela UCE. Professora e Pesquisadora em Direito Tributário pela UASB-E. Membro do Instituto Ecuatoriano de Derecho Tributário e do Instituto Ecuatoriano de Estudios de Derecho Administrativo y Social.

Eros Roberto Grau
Professor titular da Faculdade de Direito da USP [de 1990 a 2009]. Professor visitante da Université Paris 1 [Panthéon-Sorbonne] [2003-2004], da Université de Montpellier I [1996-1998], da Université du Havre (2009) e da Université

de Cergy-Pontoise [2013]. Doutor em Direito e livre-docente pela USP. Doutor Honoris Causa da Université Cergy-Pontoise (França), da Université du Havre (França), da Universidad de la República del Uruguay, da Universidad Siglo 21 (Córdoba, Argentina). Membro da Academia Paulista de Letras [desde setembro de 2011]. Ministro do Supremo Tribunal Federal [de junho de 2004 a julho de 2010]. Officier da Légion d'honneur e Officier da Ordre National du Mérite, condecorações outorgadas pelo Presidente da República Francesa.

Fábio Cunha Dower
Pós-graduado em Direito Tributário pelo CEU/IICS. Advogado em São Paulo.

Fábio Martins de Andrade
Doutor em Direito Público pela Universidade do Estado do Rio de Janeiro (UERJ). Advogado sócio da Andrade Advogados Associados.

Flávio Quinaud Pedron
Doutor e Mestre em Direito pela UFMG. Professor adjunto do mestrado em Direito e da graduação da Faculdade Guanambi (Bahia). Professor adjunto na graduação e pós-graduação da PUC Minas. Professor adjunto do IBMEC, Brasil. Editor-chefe da Revista de Direito da Faculdade Guanambi. Membro do Instituto Brasileiro de Direito Processual, da Associação Brasileira de Direito Processual Constitucional, da Associação Brasileira de Direito Processual e da Rede Brasileira de Direito e Literatura. E-mail: flavio@pedronadvogados.com.br.

Francisco Secaf Alves Silveira
Doutor e Mestre em Direito Econômico e Financeiro pela Faculdade de Direito da USP. Especialista em Direito Tributário pela USP. Professor. Advogado.

Gerard Meussen
Doutor em Tributação pela Radboud Universiteit Nijmegen. Mestre em Direito Tributário pela Tilburg University. Graduado em Direito pela Radboud Universiteit. Ex-professor associado na Tilburg University. Ex-inspetor de impostos. Professor em tempo integral da RU. Editor da Nederlands Tijdschrift Fiscaal Recht e do Nederlandse Documentatie Fiscaal Recht. Membro da European Association of Tax Law Professors.

Gloria Ramos-Fuentes
Advogada do Ministério de Relações Exteriores do Chile. E-mail: gloramos76@gmail.com. ORCID: https://orcid.org/0000-0002-8697-2649.

Henry Ordower
Doutor e Mestre em Direito pela University of Chicago. Membro do American College of Tax Counsel, da European Association of Tax Law Professors e da International Academy of Comparative Law. Ex-codiretor do Center for International and Comparative Law e professor na Faculdade de Direito, da University of Saint Louis. Consultor em planejamento tributário para empresas do setor privado. SSRN: http://ssrn.com/author=543396.

Hugo de Brito Machado
Professor titular de Direito Tributário da UFC. Presidente do ICET. Desembargador Federal aposentado do TRF5. Membro da Academia Brasileira de Direito Tributário, da Associação Brasileira de Direito Financeiro, da Academia Internacional de Direito e Economia, do Instituto Ibero-americano de Direito Público e da International Fiscal Association.

Ives Gandra da Silva Martins
Professor emérito da Universidade Mackenzie, da Universidade Paulista, do Centro Universitário FIEO, das FMU, do Centro de Integração Empresa-Escola/O Estado de São Paulo, da Escolas de Comando e Estado-Maior do Exército, da Escola Superior de Guerra e da Escola da Magistratura do TRF1. Professor honorário da Universidade Austral, da Universidade de San Martin de Porres e da Universidade Vasili Goldis, Romênia. Doutor Honoris Causa da Universidade Craiova, da PUCPR e da PUCRS. Professor catedrático da Universidade do Minho. Presidente do Conselho Superior de Direito da FECOMERCIO/SP. Fundador e presidente honorário do CEU/IICS.

Julio Homem de Siqueira
Mestre em Direitos e Garantias Fundamentais pela FDV. Pesquisador no programa de pós-graduação em Direito da FDV no Grupo de Pesquisa "Estado, Democracia Constitucional e Direitos Fundamentais". Membro do Centro Local de Inteligência e Prevenção de Demandas Repetitivas da Justiça Federal/RJ. Servidor público federal na SJRJ. Autor dos livros *Federalismo nominal brasileiro* (Kindle), *Direito tributário: ensaios* (Kindle) e *Reforma previdenciária antifraudes: pente-fino crítico às Leis 13.846 e 13.847/2019* (Ed. Alteridade – em coautoria com Victor Souza). *E-mail*: julio.pfhs@gmail.com. Publicações: http://bit.ly/2XY8E8c.

Junio Graciano Homem de Siqueira
Graduado em Direito pela FDV e em Engenharia Elétrica pela UFRN. Servidor Público Federal na JFRN.

Luis María Romero Flor
Doutor em Direito pela Universidade de Castilla-La Mancha e Universidade de Bolonha. Graduado em Direito pela UCLM. Foi, na UCLM, vice-reitor de Organização Acadêmica e Comunicação, coordenador do campus do mestrado oficial de acesso à advocacia, secretário da Revista Jurídica de Castilla-La Mancha, coordenador do curso de graduação em Direito e coordenador internacional de mobilidade estudantil. Membro de várias sociedades científicas e associações profissionais (IFA, AEDF, FUNDEF, AIBAT, AEDAF e RPDFT) e de comitês científicos, conselhos assessor, editorial e arbitral de vários periódicos internacionais. Professor titular de Direito Financeiro e Tributário na Facultad de Ciencias Jurídicas y Sociales de Toledo. Subdiretor do Centro de Estudos de pós-graduação de la UCLM. *E-mail*: luisMaria.Romero@uclm.es.

Margareth Vetis Zaganelli
Doutora em Direito pela UFMG. Mestre em Educação pela UFES. Estágios de pós-doutorado na Università degli Studi di Milano-Bicocca, na Alma Mater

Studiorum Università di Bologna e na Università degli Studi Del Sannio. Professora titular de Direito Penal e Processual Penal e de Teoria do Direito da UFES. Docente permanente do programa de pós-graduação em Gestão Pública da UFES. Coordenadora do *Bioethik* – Grupo de Estudos e Pesquisas em Bioética, do Grupo de Estudos e Pesquisas MIGRARE: Migrações, Fronteiras e Direitos Humanos e do Grupo de Estudos e Pesquisas "Direito & Ficção", todos na UFES. *E-mail*: mvetis@terra.com.br.

Mark Ørberg
Doutorando na Copenhagen Business School.

Marta Costa Santos
Doutoranda em Ciências Jurídico-Políticas e Mestre em Direito pela Faculdade de Direito da Universidade de Coimbra. Professora assistente convidada na FDUC. Advogada. *E-mail*: martacostasantos@fd.uc.pt.

Maurício Pereira Faro
Mestre em Direito pela UGF. Ex-conselheiro titular da primeira seção do CARF. Presidente da Comissão Especial de Assuntos Tributários da OAB/RJ. Professor da pós-graduação da Universidade Cândido Mendes, PUC-Rio e da FGV/RJ. Advogado no Rio de Janeiro e em Brasília.

Oswaldo Othon de Pontes Saraiva Filho
Mestre em Direito. Professor de Direito Financeiro e de Direito Tributário na Faculdade de Direito da Universidade de Brasília (UnB). Diretor científico da *Revista Fórum de Direito Tributário* – RFDT. Sócio sênior de serviço do escritório MJ Alves e Burle Advogados e Consultores. Ex-Procurador da Fazenda Nacional de categoria especial (aposentado). Advogado e parecerista.

Patrici Masbernat
Professor da Universidade Autônoma do Chile. *E-mail*: particio.masbernat@uautonoma.cl. ORCID: http://orcid.org/0000-0001-7137-9474.

Peter Koerver Schmidt
Doutor e Mestre pela Copenhagen Business School. Professor associado no Departamento de Direito da CBS.

Rafael Alves Nunes
Mestre em Direito Público pela PUC Minas. Especialista em Direito Civil e Processual Civil pela Faculdade Professor Damásio de Jesus. Especialista em Direito Tributário pelo Instituto de Educação Continuada da PUC Minas. Professor da graduação do Centro Universitário Newton Paiva. Professor na pós-graduação da PUC Minas e da Escola Superior da Advocacia do Estado de Minas Gerais. *E-mail*: rafael@pedronadvogados.com.br.

Raphael Maleque Felício
Mestre em Ciências Contábeis pela FUCAPE. Coordenador e professor do MBA em Gestão e Planejamento Tributário da Universidade Vale do Rio Doce, Brasil. Advogado tributarista.

Ricardo Lodi Ribeiro
Reitor da Universidade do Estado do Rio de Janeiro (UERJ). Professor adjunto de Direito Financeiro da UERJ. Diretor da Faculdade de Direito da UERJ. Presidente da Sociedade Brasileira de Direito Tributário. Advogado e Parecerista.

Suzana Tavares da Silva
Doutora em Direito e professora auxiliar da Faculdade de Direito da Universidade de Coimbra. E-mail: stavares@fd.uc.pt.

Tércio Sampaio Ferraz Júnior
Doutor em Direito pela USP. Doutor em Filosofia pela Johannes Gutemberg Universität de Mainz. Professor Emérito pela Faculdade de Direito da USP/Ribeirão Preto, Aposentado da Faculdade de Direito da USP e Titular da PUC-SP.

Vittorio Cassone
Especialista em Direito de Empresa e graduado em Direito pela PUC-SP. Técnico em Contabilidade pelas Faculdades Integradas Campos Salles. Ex-professor de 3º grau na PUC-SP, no CREOP da Álvares Penteado/SP e nas Faculdades Campos Sales. Professor do CEU. Procurador da Fazenda Nacional, autor do Parecer PGFN 405/2003.

Esta obra foi composta em fonte Palatino Linotype, corpo 10
e impressa em papel Offset 75g (miolo) e Supremo 250g (capa)
pela Gráfica Formato, em Belo Horizonte/MG.